［強制］執行法

執行法

實務 ◆增訂第四版◆

盧江陽 ◆著

五南圖書出版公司 印行

新修訂版序

　　一件完整之執行，除了強制執行程序外，在不動產執行實務尚包括執行後土地登記、優先購買權之行使等，因土地法第34條之1執行要點於民國112年8月22日大幅修正，並定113年1月1日施行，影響執行後之權利其鉅。又因敝人多年來兼任教學，將多年來從事訴訟實務及對不動產分割、農建地套繪、土地登記等專業心得，蒐集資料、彙集法規及司法實務，利用本次新版再予補充修正，希望能給學人從書中瞭解更多的司法實務現狀，期能有助於培養法律人的寬廣視野與專業能力。

編著　盧江陽　律師

113年1月1日 彰化

序

　　本書自民國86年3月初版後，雖多次修訂，最後於101年9月大幅增修，惟迄今已逾7年多，期間強制執行法又再歷經多次修法，相關法律及其子法亦有陸續修正，如民法物權、土地法、農業發展條例、家事事件法等等，對強制執行程序之進行均有所影響。地方法院辦理執行實務至今，雖大部分見解已漸趨統一，司法院並多次作強制執行改造計畫與資料整理，以為配合運作，但執行實務仍有諸多問題，法律見解常與實務操作不一，如法律上具有代物清償性質之移轉命令，實務上確准其他債權人得事後參與分配，故有再予推究之必要，為本次再修訂之推動力。

　　強制執行因採當事人進行主義，從債權人聲請強制執行開始，因此本書爰依此為撰著順序，即從債權人聲請強制執行開始，查封、拍賣、價金分配至點交等執行程序終結，依序編著，參酌最新理論、學說、外國立法例及實務見解，深入淺出，雖與強制執行法之法條次序稍有調整，但為各執行進行項目之便利參考，或為拋磚引玉，希望能對讀者有所裨益。雖敝人從事司法公職多年來，收集相當多最高法院有關執行實務之裁判及學者專論，並潛研整理，惟敝人才疏學淺、不揣譾陋，又逢司法業務繁忙，於撰編時必有疏漏，尚祈實務先進、學者專家不吝指教。

　　本次修訂，係因應內政部106年12月1日「土地法第34條之1執行要點」修訂，增加不動產拍定後優先購買權行使之爭議解決，及強制執行法有關債務人之人權暨其基本生活保障之新規定。又為配合刑事修法後有關沒收新制與民事扣押競合執行、裁判分割執行之法令修改，如合併分割要件、套繪爭議，實務上常見之法律疑義，均有一一詳述。並就家事事件之執行部分，如非財產執行之交付子女、會面探視等方法，請本院家事專家楊熾光法官提供精湛的執行方法，家事之執行流程，以簡圖表示，明瞭

易懂，以達迅速有效執行，因而增加第八編，藉以就教，期能增加執行功能。

　　本書再次修訂付印，承蒙台灣高等法院台中分院民事庭庭長、法官、科長、股長、書記官及法官助理提供專業的法律見解及協助，最後並請葉仲文書記官統合校稿，謹此誌謝。

編著　盧江陽

108年7月1日

|作者簡介|

盧江陽

學經歷　私立輔仁大學法律系法學組畢業

　　　　76年律師高考、司法官特考及格

　　　　司法官訓練所26期結業

　　　　地方法院法官、庭長

　　　　台灣高等法院台中分院民事庭法官、庭長

　　　　台灣金融研訓院精英講座

　　　　司法官學院講座

　　　　法官學院講座

現　任　惠陽法律事務所主持律師

目錄
CONTENTS

目錄 CONTENTS

目錄 CONTENTS

目錄 CONTENTS

目錄 CONTENTS

第一編

緒 編

第一章　前　言

　　強制執行爲最後私權的正義實現，而要如何正義的實現私權，則必須有一部完整的強制執行法，以供依據，始符合法制。因時空環境之更替、社會經濟的變化，舊強制執行法自民國（下同）29年1月19日經國民政府制定公布142條後，雖歷經34年5月16日修正公布其中第128條、第129條，37年12月31日再修正公布第128條、第129條，64年4月23日修正公布第4至7、11、18、25、32、39、43、51、70、75、91、92、94至96、99、114至116、119、124、129、131、132、140條、並增訂第114-1至114-4條，惟仍不符合時代要求，而有再修正之必要，立法院遂於85年再次作大幅修正，並於85年10月9日經總統令公布修正142條，此次應是歷年來最大修正。是前司法院院長施啓揚曾於85年11月22日假司法大廈三樓大禮堂舉辦「修正強制執行法研究會」說：「我國強制執行法自29年1月19日公布施行，已逾56年，64年雖曾作大幅度修正，但迄今亦達二十餘年。近來工商業發展迅速，社會經濟結構及人文觀念，均有重大的變遷，修正前的強制執行法已不足適應，爲因應當前社會需要，本院自76年8月即成立強制執行法研修委員會，參考外國最新立法例，國內外學說，判例及解釋，並吸收實務上經驗，就強制執行法作全面性檢討，經過長期無數次的研討，始完成修正草案，並送請立法院審議，最近經立法院於85年9月17日三讀通過，總統並於同年10月9日公布施行（10月11日生效）。此次修正幅度很大，總共修正105條，增訂32條，刪除5條，不修正者僅38條，其中涉及強制執行制度重大變革者，……。」[1]，足見修正篇幅甚大。嗣因應89年1月26日之農業發展條例、土地法、土地稅法修正，及爲疏解案件，於同年2月2日再度修正強制執行法。又前次修正時也已實施多年，理論及實務問

---

[1]　引自司法周刊第803期。

題匯集甚多，爲驗證實務運作，乃將本書作大幅度修訂。爲使初入門者，能迅速理解實務之運作，故以新修正強制執行法（以下簡稱強執法）爲內容，並將實務上經常發生之問題及執行程序彙整介紹，兼以從法院收受案件開始，查封，拍賣，價金分配，點交，……等程序作爲本書之次序。並對扣薪之執行、特別拍賣之性質、農地之執行等等重大爭議問題，再予闡述，以釐清爭議。本書按執行程序依次編著論述，共分八編，包括金錢債權之動產、不動產、船舶、航空器及其他財產權之執行，保全程序，行爲不行爲請求權之執行，物之交付請求權之執行，拘提、管收及執行程序不進行等執行方法之介紹，包羅萬象。尤其對農地上有違章建築時如何執行，土地增值稅課徵方法、如何辦理退稅、投標方法、原則及實務上認定得標、落標、廢標之標準，何謂特別拍賣程序、第三人在特別拍賣程序中如何表示承買，拍定後如何辦理點交，新舊強制執行法交替時如何適用法律，債權人如何確保債權？……等等，參酌最新之理論、學說、外國立法例與實務見解，做最詳盡之解說，深入淺出。又相關之公司法、農業發展條例、公寓大廈管理條例及民事訴訟法等相關法律，亦相繼於92年再度修法，使有關之股票執行、農地之定義、公寓大廈管理費之徵收等攸關執行之因素，及實務上近年來亦有新的見解，使得本書有須進一步加以闡述及修正過去見解之必要，以使執行工作更加順暢。

　　晚近又爲配合司法事務官辦理執行事務之法源依據，於96年12月12日再修正公布強執法第2、3條，增訂司法事務官得辦理執行事務之權責。100年6月29日又再修正公布第20、21、22、23、25、28-2、77-1、120、128、129條，並增訂第28-3條文，以因應司法院大法官會議第588號解釋，有關債務人拘提管收之人權，以符合憲法規定之人身自由之保障，及債務人之生存權益，這些變革，都已影響強制執行之執行。且期間又適逢96、98、99年間民法物權編之陸續修正，尤其在所有權及抵押權部分修正，對不動產執行之執行標的、價金分配、優先承買權等，都將影響執行次序，債權人及債務人之權益，故實有再予研究、說明之必要。

　　嗣爲加強對查封物之現況調查與核實鑑定價格以保障當事人及利害關

係人之權益，於103年6月4日再次修正第1、77、77-1、81條。又基於電子文書公告及社會福利不得扣押之理念，以保障債務人之基本人權及生存權，於107年6月13日修正第65、84、122、142條，又於108年5月29日修正第115-1條，其間相關法令亦陸續修法，如內政部106年12月1日頒修「土地法第34條之1執行要點」等，因此本書，實有再補述修正之必要。

第二章 強制執行之基本概念

第一節 執行法院之功能

一、公權力之執行者

　　執行法院一詞，通常係指地方法院或其分院民事執行處而言，但有時涉及因執行而爭執之實體訴訟時，則專指地方法院之民事庭，如強執法第14條債務人異議之訴、第15條第三人異議之訴等。就民事執行處之角色而言，因強制執行者，乃有執行名義之債權人聲請國家機關請求發動國家之強制力，強制債務人履行執行名義所載之義務，以實現債權人私權之程序，準此，為國家機關之民事執行處，除了依債權人之請求，發動公權力外，同時強制代債務人之地位，以實現債權人之私權，此觀強執法第3-1條第1項規定「執行人員於執行職務時，遇有抗拒者，得用強制力實施之。但不得逾必要之程度。」第2項「實施強制執行時，為防止抗拒或遇有其他必要之情形者，得請警察或有關機關協助。前項情形，警察或有關機關有協助之義務。」自明[1]。並於103年6月4日修正本法時增訂第1條第2項「強制執行應依公平合理之原則，兼顧債權人、債務人及其他利害關係人權益，以適當之方法為之，不得逾達成執行目的之必要限度。」（行政執行法第3條亦有相同規定），此公權力之作用，因強制執行程序攸關債權人、債務人及其他利害關係人之權益，故執行行為應公平合理兼顧渠等權益，故應以適當方法為之，不得逾必要限度，並符合比例原則，尤其在執行查封、點交時更顯重要，如此才能使強制執行目的，得以達成。

---

[1]　參照最高法院42年台上字第152號、49年台抗字第83號判例。

二、代債務人爲一定私法行爲

因執行法院於執行時係具有代債務人之地位，故有關一般私法上須債務人爲一定行爲者，執行法院均得代爲之，如強執法第59-1條「查封之有價證券，須於其所定之期限內爲權利之行使或保全行爲者，執行法院應於期限之始期屆至時，代債務人爲該行爲。」、第97條「拍賣之不動產，買受人繳足價金後，執行法院應發給權利移轉證書及其他書據。」、第121條「債務人對於第三人之債權或其他財產權持有書據，執行法院命其交出而拒絕者，得將該書據取出，並得以公告宣示未交出之書據無效，另作證明書發給債權人。」等。另在動產、不動產拍賣時，拍定人將價金交付予執行法院，因執行法院係代債務人爲一定私法行爲，故交付後，在未分配交付執行債權人前，該價金之所有權即歸屬債務人[2]。

第二節　強制執行之目的

一、實現債權人債權

依強執法第4條第1項規定，強制執行，由債權人依執行名義爲之，故強制執行係依執行名義以實現債權人之債權，雖與民事訴訟法均屬程序法之一，二者具有密切關係，而強執法第30-1條亦規定「強制執行程序，除本法有規定外，準用民事訴訟法之規定。」，但後者，乃在確定私法上之權利，與強執法之目的在實現私權者不同，故上開準用之規定，僅在性質不相牴觸下，方予適用，如法官、司法事務官及書記官迴避、當事人能力、當事人書狀、筆錄等，原則上均得準用，但如性質不相容者，如訴訟參加，當事人死亡之訴訟程序停止[3]，則不予準用。其中有關民事訴訟法

---

[2]　參照最高法院89年度台非字第388號判決。

[3]　參照楊與齡編著強制執行法論，85年10月修正版，第14頁。

之送達，於強執法第63條「執行法院應通知債權人及債務人於拍賣期日到場，無法通知或屆期不到場者，拍賣不因而停止。」、第102條「共有物應有部分第一次之拍賣，執行法院應通知他共有人。但無法通知時，不在此限。」均有就執行當事人及利害關係人予特別規定，即其但書亦特別載稱「無法通知或屆期不到場者，拍賣不因而停止」、「無法通知時，不在此限」，立法目的在使執行程序迅速進行，以保障債權人利益，以實現債權，故於送達時，如經按當事人住址或其住居所為直接送達或寄存、留置送達仍無法送達者，即不再行公示送達，始符合上揭立法旨趣，故有關民事訴訟法第149條至第153條有關公示送達之規定，於強執法即不準用之。另強執法與破產法雖亦均屬程序法，及目的均在實現債權人之債權，惟強執法之執行係個案各別執行，與破產法上規定之清理債務時，破產債權非依破產程序，不得行使之整體執行者不同（參照破產法第99條規定），故強執之目的，雖在實現債權人之債權，但所稱之債權人，乃指利用執行程序以實現其債權之人，如本案執行之債權人、併案執行之債權人及參與分配之債權人等。而參與分配之債權人，依強執法第34條第2項規定「依法對於執行標的物有擔保物權或優先受償權之債權人，不問其債權已否屆清償期，應提出其權利證明文件，聲明參與分配。」，尚包括擬制參與分配之無執行名義債權人。

二、避免債務人財產賤行

國家機關據債權人之聲請，以實現其之債權，乃係以公權力介入，並藉以確保公平正義，強執法雖較側重於債權人一方，對債務人實施強制力，但人民之生存權及財產權本為憲法所保障（參照憲法第15條），強執法於103年6月4日並增修第1條第2項規定「強制執行應依公平合理之原則，兼顧債權人、債務人及其他利害關係人權益，以適當之方法為之，不得逾達成執行目的之必要限度。」，因強制執行程序攸關債權人、債務人及其他利害關係人之權益，執行行為應公平合理兼顧渠等權益，以適當方法為之，不得逾必要限度，並符合比例原則，故強制執行一方面除了要實

現債權人之債權，另一方面也要確保債務人財產免遭賤行。強執法對避免債務人財產賤行之規定，如強執法第70條第5項規定之動產拍賣，「如拍賣物依前項規定，再行拍賣時，應拍歸出價最高之應買人。但其最高價不足底價百分之五十；或雖未定底價，而其最高價顯不相當者，執行法院應作價交債權人承受；債權人不承受時，執行法院應撤銷查封，將拍賣物返還債務人。」、第92規定不動產拍賣，「再行拍賣期日，無人應買或應買人所出之最高價，未達於減定之拍賣最低價額者，準用前條之規定；如再行拍賣，其酌減數額，不得逾減定之拍賣最低價額百分之二十。」，以確保債務人財產賤賣或無益執行。且於強執法第52條「查封時，應酌留債務人及其共同生活之親屬二個月間生活所必需之食物、燃料及金錢。」「前項期間，執行法官審核債務人家庭狀況，得伸縮之。但不得短於一個月或超過三個月。」，執行時應酌留債務人及其親屬生活必需物。強執法於100年6月29日及107年6月13日各再次修法，依修正第122條第1項規定「債務人依法領取之社會福利津貼、社會救助或補助，不得爲強制執行。」第2項「債務人依法領取之社會保險給付或其對於第三人之債權，係維持債務人及其共同生活之親屬生活所必需者，不得爲強制執行。」第3項「債務人生活所必需，以最近一年衛生福利部或直轄市政府所公告當地區每人每月最低生活費一點二倍計算其數額，並應斟酌債務人之其他財產。」第4項「債務人共同生活親屬生活所必需，準用前項計算基準，並按債務人依法應負擔扶養義務之比例定其數額。」，以符合社會正義。

第三節　以執行法院之作業論述疏解案件及解決之道

　　現在各法院經過司法院多次執行改造後，除了增加人力、股數以應付辦理，並建立一定規範、流程，已略見成果，惟執行案件量常與國家之經濟景氣有關，致法院受理之執行案件衍生不斷，量大質雜，值得吾人深思，解決之道拙見如下：

一、首要增加人力，並訓練執行人員，必須熟悉電腦操作。另執行人員雖以擇優任用，但不宜調動太頻繁，以免影響案件之熟悉度。故至少應以留任二年以上為原則，且在任職前應先予以職前訓練，以迅速適應工作。

二、其次要加強及簡化「定型化作業之處理」，因強制執行之業務係屬非訟性質，許多執行業務屬定型化之工作，例如查封筆錄，依強執法第54條、第77條固有規定應記載之事項，但對例稿之設計應盡可能以逐項記載方式，使執行書記官於現場查封時，得以打勾或刪除方式予以記載，以節省人力、物力等。

三、加強執行書記官間之相互代理，依據辦理強制執行事件應行注意事項（下簡稱應行注意事項）第1項第1款規定「執行期日，應由執行法官指定，不得由書記官代為辦理，……。」但實務上，都是由書記官與執達員先行將同一地區數個執行事件，排定執行日期、時間，再呈執行法官，若執行法官認有意見或不妥時，再予更改。為此，可不限於同股之書記官之業務，可結合數股，就同一路線之案件合併執行，以台中地區為例，倘一趟梨山路線之案件有數件時，可交由一股書記官執行，既可收便利之效，亦能節省人力、物力。又因執行書記官之業務是屬對外性質很高之業務，須經常接觸債權人、債務人等人，故亦不宜相鄰股別之書記官均同一時間排定外出執行，否則除了不便民外，亦增加業務困擾，如當事人（債權人）前來表示撤回執行，即由鄰股代為處理，以節省人力，亦即相鄰股別書記官應相互代理，以使強制執行程序有效率進行。

四、落實執行書記官為執行主角立場，執行法官、司法事務官改為職司事後審查或執行爭議事件。現行執行實務之推動均由執行書記官主導，各法院均相同，但應行注意事項規定（如第1項對執行期日之指定；第66項第4款對拆屋等）對定拍賣條件、點交、拆屋等都須由執行法官為之，但執行法官或司法事務官通常除了特殊案件外，查封時均不到場執行，對日後定拍賣條件、點交等工作無「現實感」，如何定拍

賣價格？如何確認點交範圍？故只有落實執行書記官主角立場，才能加速執行業務之進行，且倘若執行法官或司法事務官僅職司事後審查、監督或執行爭議事件處理，則法官工作量大為減少，亦不須要法官助理，甚至可以將一半之法官改調審理現在工作量亦很大的民、刑事審判業務，且此做法亦不涉及修法，僅須將司法院頒布之「辦理強制執行事件應行注意事項」等相關命令作適度修正即可，此一改革建議，除了權責分明外，必能加速結案。

五、縮短公文審核之流程。依高等法院頒布之處務規程，執行業務之對外公文均須由執行法官決行，從執行迅速著眼，實益不大，故宜修改為除了保留對外公文屬不能補救（或難於補救）之函文才須呈執行法官或司法事務官審核蓋章，如不動產塗銷、發權利移轉證書等，其餘如一般執行業務之公文逕由執行書記官決行即可，如查封函、拍賣通知、公告等，無須再呈執行法官或司法事務官審核，否則除了浪費人力外，亦拖延執行時間。

第三章　強制執行程序之流程

　　爲方便了解實務上在強制執行程序之進行，本章乃先將強制執行程序之流程並以執行方法爲內容，作一系統表，逐一說明如下：

第一節　就動產之執行流程

　　取得執行名義（聲請前應具備）→債權人具狀聲請→繳交執行費→引導執行→實施查封（債權人指封並立切結，或逕以變賣）→執行人員實施占有，並定保管人（即命債權人、債務人或第三人保管）→有登記原因者囑託登記（如汽、機車）→鑑價（指貴重物品或價格不易確定而有必要者）→通知行使抵押權（如動產抵押）→詢價（但不公開）→拍賣公告、通知→拍賣（無人應買時，債權人願承受者，由債權人承受；若債權人不願承受者，應撤銷查封，將拍賣物返還債務人，但拍賣物顯有賣得相當價金之可能者，可再做第二次拍賣）→有人應買→繳交價金→動產點交→囑託塗銷查封登記及移轉登記（指有囑託查封登記之情形）→製作分配表→定期分配→債權人領取價款→結案。

第二節　就不動產之執行流程

　　取得執行名義（聲請前應具備）→債權人具狀聲請→繳交執行費→囑託查封登記→引導執行、查封行爲（或併強制管理）→通知行使抵押權（田、旱、林函查使用分區情形、函查其他有無優先購買權資格、如國民住宅等）→囑託測量（若有增建情形）→估價→通知債權人、債務人詢價→定期拍賣（定保證金）→拍賣公告、通知→投標→拍定（未拍定，則依強執法第91條第1、2項規定由債權人承受，債權人不願承受者，再減價拍

賣二次，共計於三次拍賣後，仍無法拍定，即依強執法第95條第1、2項規定為特別拍賣程序）→通知優先購買權人行使權利（若無優先購買權情形，則省略）→函稅捐機關查土地增值稅、房屋稅、地價稅、營業稅，追繳書據、繳交價款→塗銷查封、抵押權登記→發權利移轉證明書→製作分配表→定期分配、領取價款→點交→結案（歸檔）（另船舶、航空器之執行除了強執法第114-1條至第114-4條另有規定外，依第114條之規定準用不動產執行之規定，故本文不另贅述）。

第三節　就其他財產權之執行流程

取得執行名義（聲請前應具備）→債權人具狀聲請→繳交執行費→發扣押命令（或擇一逕發扣押及收取命令、支付轉給命令、移轉命令）→第三人無異議（金錢債權附有已登記之擔保物權者，應通知該管機關登記）→逕對第三人強制執行（第三人不依上開命令執行，應另分新案，對第三人執行，並依動產、不動產及其他財產權執行）、第三人有異議→轉通知債權人，債權人認第三人之異議不實者，應向執行法院為起訴之證明及將訴訟告知債務人（若債權人未起訴者，第三人得聲請執行法院撤銷上開命令，結案）→債權人起訴，而債權人敗訴者→撤銷上開命令→結案（債權人起訴者，而債權人勝訴，債權人得具狀聲請繼續執行，逕對第三人強制執行，第三人不依上開命令執行，另分新案，對第三人執行，並依動產、不動產或其他財產權等執行程序進行）→結案。

第四節　就行為及不行為請求權之執行流程（含關於物之交付請求權之執行）

取得執行名義（聲請前應具備）→債權人具狀聲請→繳交執行費→發自動履行命令→自動履行者→結案（未自動履行者→對債務人拘提、管

收、限制住居或科處怠金→定期履勘→定期執行→結案）（本項執行與不動產之點交程序大約相同）。

第五節　就保全程序之執行流程

一、假扣押部分

　　取得執行名義（聲請假扣押裁定）→提供擔保→（向法院提存所辦理提存）→具狀聲請執行→繳交執行費→餘依債權人欲執行之標的而定，並分別依動產、不動產及其他財產權之執行（執行至查封囑託登記及扣押命令完成）→結案。

二、假處分部分

　　取得執行名義（聲請假處分裁定）→提供擔保（向法院提存所辦理提存，原則上按標的價額全部提存）→具狀聲請執行→繳交執行費→餘如假扣押之執行程序→結案。

第四章　強制執行之基本原則

第一節　當事人進行主義

　　強制執行應依當事人聲請而開始，依舊強執法第5條第1項規定「強制執行，依債權人之聲請為之。但假扣押、假處分及假執行之裁判，其執行得依職權為之。」，於85年10月9日修正之強執法將但書刪除，因該條但書所指之假扣押、假處分及假執行，除了於聲請執行時須繳納執行費外，尚須預供一定之擔保金始得強制執行，故將但書予以刪除，改採當事人進行主義。即除了涉及程序正義如何實現債權，以符合債權人、債務人之利益而應由公權力介入時，執行法院仍得依職權為之外（如指定囑託鑑價機關之鑑價、指定拍賣動產、不動產期日等），餘均採當事人進行主義。即執行程序之進行、終結均依當事人之意思而定，如聲請強制執行、撤回執行等等。而所謂當事人進行主義之當事人是指有執行名義之債權人而言（強執法第4條第1項），因有執行名義之債權人始有發動強制執行之權利，其中包含本案聲請強制執行之債權人、參與分配（或併案）之有執行名義之債權人均屬之，至無執行名義之債權人因無發動強制執行之權利，故不屬之。因此如執行程序中，有執行名義之債權人撤回執行，對無執行名義之債權人，執行法院得逕將其聲請或陳報之資料退還，無須詢問其是否續行執行，即可結案。再者，因強執法採當事人進行主義之結果，常發生之問題，如對本案執行參與分配或併案執行時，本案執行有多數之標的物，但若參與分配或併案執行未載明之執行標的物部分，將來該部分拍賣時，執行法院即不得予以分配。

　　強制執行之進行雖依債權人之聲請而開始，但強執法上規定之債權人定義並未完全相同，如強執法第51條第2項規定「實施查封後，債務人就查封物所為移轉、設定負擔或其他有礙執行效果之行為，對於債權人不生

效力。」所稱之「債權人」，是指有、無執行名義之本案、參與分配、併案債權人及拍定人[1]，即查封效力並及於拍定人，故拍定人並得以自己之權利，聲請點交。強執法第10條第1項「實施強制執行時，經債權人同意者，執行法院得延緩執行。」所稱之「債權人」是指有執行名義之本案、參與分配及併案債權人全部，因強制執行是由有執行名義之債權人發動執行，因此任何一有執行名義之債權人均有發動之權利，故僅其中一有執行名義之債權人雖同意暫緩執行，尚不能停止執行，必須全部有執行名義之債權人全體同意始得暫緩執行。強執法第91條第1項前段「拍賣之不動產無人應買或應買人所出之最高價未達拍賣最低價額，而到場之債權人於拍賣期日終結前聲明願承受者，執行法院應依該次拍賣所定之最低價額，將不動產交債權人承受，並發給權利移轉證書。」所稱之「債權人」是指本案、參與分配及併案債權人之有、無執行名義而言，其中無執行名義之債權人，如強執法第34條第2項規定之無執行名義抵押債權人，及參與分配之稅捐機關亦均得聲明承受。強執法第95條第2項前段規定「前項三個月期限內，無人應買前，債權人亦得聲請停止前項拍賣，而另行估價或減價拍賣。」所稱之「債權人」是指本案、參與分配及併案債權人之有執行名義中任何一人而言，蓋強制執行採合一執行程序原則，任何一有執行名義之債權人發動強制執行之效力，如為積極、前進之行為，其效力均及於全

---

[1] 參照最高法院51年台上字156號判例「債務人在查封後就查封物所為之處分，對於債權人不生效力，所謂債權人非僅指聲請執行查封之債權人而言，即參與分配之債權人，亦包括在內。」；最高法院71年度台上字第3636號判決「實施查封後債務人就查封物所為移轉，設定負擔或其他有礙執行效果之行為，對於債權人不生效力，強執法第51條第2項定有明文，所謂『其他有礙執行效果之行為』，係指處分行為以外，其他足以影響查封效力之行為，例如將查封物出租、出借等是，所謂債權人，應兼指聲請執行之債權人及拍定人而言，上訴人就系爭房屋之租賃契約訂立於查封之後，執行法院不知情而未予排除，被上訴人之拍定系爭房屋，係按無租賃條件支付價金，上訴人竟執不定期且可轉租之租賃契約主張權利，當然影響被上訴人對拍賣價額之估計，對於執行效果，大有妨礙，依據前開說明，係爭房屋之租賃契約，對於被上訴人既不生效力，上訴人殊無依民法第425條規定主張其租賃契約對系爭房屋之承受人或買受人繼續存在之餘地。」

部，是於特別拍賣時，如其中一有執行名義債權人聲請停止特別拍賣而另行估價或減價拍賣，以使強制執行程序繼續積極進行，則其效力自應及於全體債權人，故由其中之一有執行名義之債權人發動即為已足，而其他無執行名義之債權人則均不與焉。

第二節　剩餘主義下之塗銷主義

依強執法第34條第4項規定「第二項之債權人不聲明參與分配，其債權金額又非執行法院所知者，該債權對於執行標的物之優先受償權，因拍賣而消滅，其已列入分配而未受清償部分，亦同。」；第98條第3項前段「存於不動產上之抵押權及其他優先受償權，因拍賣而消滅。」，目的在解決不動產上擔保物權之問題，使存在不動產上之抵押權、優先權因拍賣而消滅，民法於96年3月28日修正物權抵押權時，民法第873-2條第1、2項亦為相同。而此應予塗銷部分包括不動產上之普通抵押權、最高限額抵押權及法定抵押權，且無論最高限額抵權所擔保之債權是否屆清償期，均因抵押物拍賣而消滅（民法第873-2條第1項），及法定抵押權無論有無登記亦均應予塗銷（如國民住宅條例第17條），故拍定人或承受人自法院所拍賣或承受而取得之不動產，執行標的物之第三人自不得再對其主張權利，惟有下列例外，一、依強執法第98條第3項但書規定「抵押權所擔保之債權未定清償期或其清償期尚未屆至，而拍定人或承受抵押物之債權人聲明願在拍定或承受之抵押物價額範圍內清償債務，經抵押權人同意者，不在此限。」（民法第873-2條第3項相同規定），即拍定或承受後，經抵押權人同意由拍定人或承受人承擔者，則例外不塗銷。二、未經除去之用益物權，如地上權、永佃權、地役權、典權及租賃權等（強執法第98條第2項），其權利仍存在拍賣之不動產上，為不塗銷。另在動產執行上，法理上，應與上揭相同，即於拍定或承受後，存在於動產上之優先權或抵押權，仍應俱予塗銷。三、經債權人聲請保全程序執行，如假扣押、假處分

執行後，本案調卷執行，嗣撤回本案執行，則原保全程序之執行，是否應併予塗銷？實務上有不同見解，本文認為，依強執法第4條第1項規定「強制執行，依左列執行名義為之」，而執行名義之種類依該條規定，保全程序規定在該條項第2款，顯見為獨立之執行名義，雖終局執行是保全執行之目的，但執行法院並無實體審查權，故如保全執行並未撤回，從而自不得因終局執行撤回，併就此部分亦併予塗銷。

第三節　無益執行禁止原則

指執行法院於拍賣標的物時，若由後順位之優先債權人（如抵押權）或普通債權人聲請拍賣，須賣得價金足以清償強制執行費用及前順位之優先債權後，尚有賸餘，始得進行拍賣，為日本民事執行法第63條、第59條第1項規定採之。在動產執行時，如應查封動產之賣得價金，清償強制執行費用後，無賸餘之可能者，執行法院不得查封，又查封物賣得價金，於清償優先債權及強制執行費用後，無賸餘之可能者，執行法院應撤銷查封，將查封物返還債務人（強執法第50-1條第1、2項）；在不動產執行時，如不動產之拍賣最低價額不足清償優先債權及強制執行之費用者，執行法院應將其事由通知債權人，債權人於受通知後七日內，得證明該不動產賣得價金有賸餘可能或指定超過該項債權及費用總額之拍賣最低價額，並聲明如未拍定願負擔其費用而聲請拍賣，逾期未聲請者，執行法院應撤銷查封，將不動產返還債務人（強執法第80-1條第1項）。立法目的用以修正塗銷主義之缺點，避免經一般債權人或後順位優先債權人聲請執行即應全部清償，以加速破產及危害債信，故有無益執行之禁止。又民事強制執行，以實現債權人之債權為目的，倘應查封之動產或不動產可能賣得之價金，經清償執行費及優先債權後，已無剩餘之可能者，後順位債權人之債權即無實現之可能，故新修正之強執法特別增設拍賣無實益之規定，以禁止執行，避免徒勞無益。

第四節　合一執行程序原則

一、所謂合一執行程序原則，依強執法第33條規定「對於已開始實施強制執行之債務人財產，他債權人再聲請強制執行者，已實施執行行為之效力，於為聲請時及於該他債權人，應合併執行程序，並依前二條之規定辦理。」，該規定係規定在強執法第二章第一節參與分配之內，理論上，所有關於金錢債權請求權之執行均有適用。又有執行名義之債權人，為發動強制執行時，他債權人再聲請強制執行，因須合併為一執行程序進行，其先聲請執行之效力並及於後來聲請執行之債權人，而此所指先聲請執行之債權人必須為有執行名義之債權人，因無執行名義之債權人並無發動強制執行之權利，此觀諸強執法第4條第1項規定「強制執行，依左列執行名義為之」甚明。至該規定所指「他債權人」，依85年10月9日修法後第34條第2項規定「依法對執行標的物有擔保物權或優先受償權之債權人，不問其債權已否屆清償期，應提出權利證明文件，聲明參與分配。」，即容許無執行名義之有擔保物權或優先受償權之債權人聲請強制執行予以參與分配，或縱該無執行名義債權人並未主動聲請參與分配，係經執行法院依強執法第34條第3項規定而擬制的參與分配者，亦應包括在內。故該規定所指「他債權人再聲強制執行」之「他債權人」應包括有執行名義之債權人及無執行名義對執行標的物有擔保物權或優先受償權之債權人在內；但有反對說，認為該「他債權人」係指有執行名義之債權人而言[2]。至於執行客體以原聲請強制執行之債務人特定財產為主，各別適用該原則，例如甲聲請執行債務人A、B二幢不動產，後來有乙債權人對A不動產聲請參與分配，丙對B不動產聲請強制執行，就執行效力言，A不動產部分，甲聲請強制執行之效力及於乙，但不及於丙；B不動產部分，甲聲請強制執行之效力及於丙，但不及於乙。易言之，他債

---

[2]　參照楊與齡編著強制執行法論，85年10月修正版，第343頁。

權人對債務人特定財產須經聲請執行時陳明執行標的物（強執法第5條第1、2項），否則，即不適用合一執行程序原則，且將來拍賣後亦不得受分配。又依民法第340條規定，受債權扣押命令之第三債務人，於扣押後，始對其債權人取得債權者，不得以其所取得之債權與受扣押之債權為抵銷，而強執法之執行雖採禁止雙重查封，即對於已開始實施強制執行之債務人財產，他債權人再聲請強制執行者，已實施執行行為之效力，於為「聲請時」及於該他債權人，應合併其執行程序，惟強執法之執行係個案各別執行，故民法第340條規定之受債權扣押命令之第三債務人於扣押後，始對其債權人取得債權者，不得以其所取得之債權與受扣押之債權，所稱之「扣押」，應指債權人本身之扣押而言，並不包括債務人之另案其他第三人債權人之扣押，是本案之債權人未聲請強制執行前，自不為另案之債權人已為執行扣押命令之效力所及，須待本案債權人聲請強制執行時始合一執行，適用上宜注意。

二、按債務人之財產為債權人之總擔保，且「前後各債權人之執行程序既經合併，其在前者所實施執行行為之效力，自應及於其後之加入者」[3]，即合一執行程序之效力係及於最初聲請強制執行時，例如甲聲請強制執行債務人之不動產，隨後執行法院定期查封，乙於第一次拍賣後始參與分配，嗣甲因故撤回執行，則查封效力仍以甲聲請執行之查封時為準，不得啟封，日後決定是否得點交仍以該時點為準，且若第一次拍賣無人應買須再行拍賣時，則逕進入第二次拍賣程序。執此，所指之「合一執行程序」乃指執行程序之「進行」而言，對於執行程序之「不進行」，則無合一執行程序原則之適用，如強執法第10條第1項之暫緩執行、第18條之停止執行及撤回執行等等。消極的不進行因無合一執行程序原則之適用，如先聲請執行之債權人撤回執行，後參與分配之債權人應如何處理？按參與分配之債權人如係有執

---

[3] 參照85年10月9日強執法第33條修正條文說明三。

行名義者，因具有「融合性」，此際，執行法院應通知最先為參與分配之債權人續行執行，日後有關執行程序配合事項，如登報、引導勘驗、繳鑑價費用等，即改由其任之；若係強執法第34條之無執行名義之債權人而無其他有執行名義之債權人參與分配時，因其僅具有「附隨性」[4]，先聲請執行之債權人撤回執行時，其效力是否及於該無執行名義之債權人？實務上有不同見解，有認為依強執法第30-1條準用民事訴訟法第249條第1項第6款規定，執行法院應定期通知無執行名義債權人是否續行執行，如願意，應依聲請強制執行之要件補正執行名義及繳執行費等，逾期未補正者，再予退件；有認無執行名義債權人僅有附隨性，故經先聲請執行之債權人撤回執行即失其依附，故不存在，此時執行法院即應逕予退件，結案。實務上，採後說。然本文認為，因執行程序既已實施，且將來點交之時點亦以原聲請執行之查封時為準，為避免時間延宕，造成權益損失及影響查封財產之價值，應容許參與分配之無執行名義債權人有表示意見之機會，似以前說見解較為允當。至於先聲請強制執行者，如係撤回執行者，則該部分將來分配時不列入分配，亦不適用民事訴訟法第83條規定退費三分之二予原聲請強制執行之債權人，因強制執行與民事訴訟不同，後者規定得退訴訟費三分之二，係為鼓勵當事人撤回無益或不必要之訴訟，減省法院勞費，並達止訟息爭之目的，而強制執行並非訴訟程序，故無準用之餘地；如為停止執行者，由後聲請強制執行者續行後，對先聲請停止執行債權人之債權所受分配之價金，則應予以提存，待停止原因消滅後再行分配[5]；如先聲請執行之債權人係聲請暫緩執行者，因有後聲請執行而不停止執行，故不受影響。

三、合一執行程序，乃多數債權人對同一債務人、同一財產為執行時合

---

[4]　參照台灣高等法院89年11月法律座談會紀錄。

[5]　參照最高法院88年度台抗字第342號裁定意旨。

併爲一執行程序。在法制上雖有行政執行處、公正第三人[6]，及民事執行處等執行機關，對同一債務人、同一財產爲執行，但此僅是受理執行之機關不同，並非無管轄權，故強執法第33-1條第1項規定「執行人員於實施強制執行時，發現債務人之財產業經行政執行機關查封者，不得再行查封。」、第33-2條第1項規定「執行法院已查封之財產，行政執行機關不得再行查封。」，目的僅在避免執行程序之浪費，而合併由一執行機關執行。執此，執行機關發現有他執行機關正執行中，即應將卷宗併入他機關執行（強執法第33-1條第2項、第33-2條第2項）。惟依強執法第33-1條第3項、第33-2條第3項規定，行政執行機關或執行法院就已查封之不動產不再繼續執行時，應將有關卷宗送請原執行機關繼續執行。因此，司法院與法務部會同頒訂「行政執行與民事執行業務聯繫辦法」予以規範，其中第5條第2項規定，「行政執行處或執行法院就前二項查封之財產不再繼續執行時，應維持已實施之執行程序或回復調卷執行前之原狀，將調取之卷宗退還原機關，並通知債權人或移送機關（同辦法第3條第2項亦有相同之規定），而該辦法規定所謂「不繼續執行」是否於公法上或私法上之債權人不爲請求時，即應停止執行，而不得再繼續執行，並將全卷移交他執行機關？適用上似有疑義。因如不經拍賣或變賣之執行程序者，固無問題，倘須經拍賣者，因執行機關爲執行動產或不動產拍賣或變賣時均有一定之「階段性執行程序」，如動產有二次拍賣程序、不動產有三次一般拍賣程序及一次特別拍賣程序，其間各踐行之執行程序均有一定階段性。例如有公法上金錢請求之債權人，於聲請執行債務人不動產後，因有民事執行處他案執行中，而移送執行法院併案執行，於民事執行處實施查封、測量、鑑價後，定期第一次拍賣，惟

---

[6] 公正第三人爲拍賣機關，係依據金融機構合併法第15條第2項規定成立的，財政部並訂「公正第三人之認可及其公開拍賣程序辦法」以爲適用準則，其主要業務在處理資產管理公司收購之不良債權，並以不動產拍賣爲主。

於拍賣在即時，民事執行之他案債權人聲請撤回執行，如依該辦法之規定，即應停止執行，將全卷移交行政執行處，此際，執行法院先前所實施之第一次拍賣程序將被浪費，須由行政執行處重新定第一次拍賣，如此實有浪費人力、物力，故該辦法所指「應維持已實施之執行程序」，應以調整至實施動產各次拍賣程序、不動產各次之一般拍賣程序及特別拍賣程序完成而言，始符合執行迅速之基本原則，才能保護當事人之利益，避免執行程序之浪費。

四、最高限額抵押權依民法第881-12條第1項第6款規定，抵押物因他債權人聲請強制執行經法院查封，而為最高限額抵押權人所知悉，或經執行法院通知最高限額抵押權人者，最高限額抵押權所擔保之原債權因而確定，即知悉或受通知後所發生之債權即非最高限額抵押權所擔保之範圍。然同條但書規定，抵押物之查封經撤銷時，不在此限，此所稱撤銷係指執行案件之全部有執行名義債權人撤回後並經執行法院塗銷查封而言，如僅其中一債權人撤回執行，而尚有其他有執行名義債權人未撤回，因強制執行採合一執行程序之效果，故效力並不及於其他債權人，從而不能回復原登記之抵押權期限，知悉或受通知後之債權仍不得列入優先分配。但如經執行法院撤銷查封後，即回復原抵押權登記之期間，於先前知悉或受通知後之債權，如為該抵押權期間內之債權，則仍為原抵押權所擔保，將來再次拍賣時，得優先分配，惟應注意民法第881-12條第3項規定，於原債權確定後，已有第三人受讓擔保債權，或以該債權為標的物設定權利者，上開但書即不適用之。

五、強執法第二章關於金錢請求權之執行，其執行之客體以對於動產之執行、對於不動產之執行、對於船舶及航空器之執行及對於其他財產權之執行為主，其中除對其他財產權之執行外，其餘對有多數債權人聲請強制執行者，通說均認得適用合一執行程序原則。但對其他財產權之執行部分，則有不同之見解，有認為不適用，理由略以，強執法第33條規定目的，主要係對執行債務人同一標的物時，因多數債權人聲

請強制執行，避免重複執行，因此，才有該條規定之適用，然若對其他財產權之執行，如為金錢交付請求，若以先請求執行債權人之債權金額對第三人發扣押命令，嗣他債權人參與分配再聲請執行時，其聲請執行之金額將超過原扣押之債權金額，並非如對特定動產或不動產執行之限定特定標的物之執行，故不適用；但有認為有適用，理由略以，縱他債權人再聲請執行超過原債權人聲請執行之金額，這僅是變更執行命令而已，因將來分配時，仍以原聲請執行之債權額與他債權人之債權額，依強執法第32條規定比例分配。以上二說，本文認為以後說，較為可採。舉例言之，如債權人甲以債權新台幣（下同）100萬元聲請執行法院對債務人之第三人發扣押命令，嗣有債權人乙再以債權50萬元聲請強制執行（或聲明參與分配），執行法院固將再對第三人發扣押命令50萬元，合計150萬元，但總共僅扣押120萬元，則將來再發收取命令時，係以120萬元，由甲、乙二人以其債權額比例分配，而乙得以分配甲先聲請執行而扣押部分，乃因合一執行程序之效力所及之故，其效力溯及於最初甲聲請執行時，否則，若不適用，乙僅得分配20萬元，則顯與強執法第32條規定有違。再就對債務人之薪水執行而言，實務上，通常依強執法第122條規定，預留債務人及其共同生活之親屬生活費所必要，而扣押債務人在第三人之薪水三分之一，如有債權人聲請強制執行後，他債權人再聲請強制執行（或聲明參與分配），亦僅以該薪水三分之一為執行標的，並非另外再扣押薪水三分之一，易言之，仍以原債權人聲請強制執行時之薪水三分一由全部債權人依其債權額比例分配，準此，若不適用合一執行原則，則後聲請執行之他債權人將無從分配，容易造成爭相執行，亦難謂公平。

六、因強執法採「合一執行程序」原則，兼採查封及終局執行優先原則[7]，故以最先聲請執行者，他債權人再聲請執行時應予併案執行

---

[7] 參照最高法院74年度台上字第341號判決。

之。故以最先聲請執行者，他債權人再聲請執行時應予併案執行之。故依土地登記規則第141條第1項「土地經辦理查封、假扣押、假處分、暫時處分、破產登記或因法院裁定而為清算登記後，未為塗銷前，登記機關應停止與其權利有關之新登記。但有下列情形之一為登記者，不在此限：一、徵收、區段徵收或照價收買。二、依法院確定判決申請移轉、設定或塗銷登記之權利人為原假處分登記之債權人。三、公同共有繼承。四、其他無礙禁止處分之登記。」第2項「有前項第二款情形者，應檢具法院民事執行處或行政執行分署核發查無其他債權人併案查封或調卷拍賣之證明書件。」其理由，按假處分與假處分或假處分與假扣押間之強制執行競合時，依學者通說及司法實務界見解，係兼採查封及終局執行優越之原則，是就債務人所有財產實施假處分於先，執行假扣押或另一假處分在後，而假扣押債權人就假扣押所保全之請求先取得執行名義，並聲請就假扣押之標的物為終局執行時，實施在先之假處分，其效力不能排除法院之終局強制執行，此即終局執行優越之原則。反之，實施假處分在先之債權人就其所保全之請求先取得執行名義，則可逕行請求實現該執行名義所載之內容（包括依確定判決申請地政機關辦理不動產所有權之移轉登記），執行在後之假扣押或假處分與之不相容部分之效力，即歸於消滅，此為保全執行在先者優越之原則（最高法院74年度台上字第341號判決參照）。從而實施假處分在先之債權人就其所保全之請求取得命債務人辦理不動產所有權移轉登記之確定判決，其併案執行在後之假扣押或假處分與之不相容部分之效力，即應歸於消滅。除法院有調卷為終局執行之情形外，實施假處分在先之債權人，即得據以依現行土地登記規則第26條（現行法第27條）第4款之規定，單獨申辦移轉登記（參照司法院秘書處長（82）秘台廳民二字第05333號函示）。

七、合一執行程序原則之建立，在執行實務上，固有其存在之必要性，但在運作上，仍有些困難。執行法院對他債權人併案執行之案件，因不再查封（或扣押）及登記，以致常在執行卷宗或登記機關看不出有否

併案執行情形，因而經常造成利害關係人之不便，甚至造成權利之妨害，尤其在不動產拍賣承受時，對是否有他債權人參與分配，是承受債權人重要之參考值，因爲如有多數債權人參與分配，則承受債權人得以扣抵債權之金額相對降低。執此，爲避免「合一執行程序」後所造成之瑕疵，執行機關宜確實將併案情形通知各債權人及債務人，並於拍賣公告中詳爲載明，以促注意，才不至於造成糾紛。

第五節　團體分配主義

強制執行債務人之金錢債權時，若有多數人參與分配時如何處理？有採優先主義，有採平等主義，前者係以最先聲請強制執行者優先受償；後者基於債務人之財產爲債權人之總擔保之理論，以平均受償之。二者各有優缺點，前者，易加速債務人破產，後者，對先聲請者不公平，故強執法第32條規定「他債權人參與分配者，應於標的物拍賣、變賣終結或依法交債權人承受之日一日前，其不經拍賣或變賣者，應於當次分配表作成之日一日前，以書狀聲明之。」，第2項「逾前項期間聲明參與分配者，僅得就前項債權人受償餘額而受清償；如尚應就債務人其他財產執行時，其債權額與前項債權餘額，除有優先權者外，應按其數額平均受償」。即採折衷說，爲團體分配主義，以一期限內爲債權受償範圍，且規定須於上揭原因一日之前，主要是考量實際執行作業流程，由收案至聲請狀送至執行人員之時程。但據以強制執行之執行名義有對人及對物之執行名義，其中對人之執行名義固受上開期間之限制，但對物之執行名義者，因屬對特定標的物之執行，故應行注意事項第19項第5款規定「本法第34條第2項規定之債權人，其參與分配，不受本法第32條第1項規定之限制。」，另土地增值稅、拍賣土地之地價稅、拍賣房屋之房屋稅、拍賣或變賣貨物之營業稅，應依稅捐稽徵法第6條第3項扣繳，不適用強執法關於參與分配之規定（應行注意事項第16項第4款）。即土地增值稅、地價稅、房屋稅、營業

稅之徵收，因優先於一切債權及抵押權。經法院或行政執行署執行拍賣或
交債權人承受之土地，執行法院或行政執行署應於拍定或承受五日內，將
拍定或承受價額通知當地主管機關，依法核課土地增值稅、地價稅、房屋
稅，並由執行法院或行政執行署代為扣繳（見稅捐稽徵法第6條第2項、第
3項規定），且因強制執行所得之金額，如有多數債權人參與分配時，執
行法院應作成分配表，並指定分配期日，於分配期日五日前以繕本交付債
務人及各債權人，並置於民事執行處，任其閱覽（強執法第31條），是稅
捐稽徵機關依稅捐稽徵法第6條第2項之規定，核課土地增值稅、房屋稅、
地價稅、營業稅，並依同法第3項規定通知執行法院依職權代為扣繳，自
不適用強制執行法關於參與分配之規定[8]，亦即不受上開期間之限制，因
此如債權人因而多受領時，稅捐機關仍得依不當得利之法律關係，請求返
還[9]。

---

[8]　參照最高法院78年度台上字第712號、97年度台上字第747號判決意旨。

[9]　參照台灣高等法院台中分院民事判決99年度上易字第173號判決。

第五章　執行名義

　　本章之執行名義，依本書之次序屬債權人聲請強制執行前應具備，故列在緒論中說明。按執行名義之意義，乃指債權人就其私法上確定之權利，得據以聲請法院或執行機關實施強制執行之公文書。因此，債權人得否聲請強制執行均須依執行名義所載而定，故除法律另有規定外，如「債權人聲請強制執行之執行名義係命債務人分期給付者，於各期履行期屆至時，執行法院得經債權人之聲請，繼續執行之。」（強執法第5-1條），即如執行名義載明債務人應給付之定期扶養金等，於所載期日屆至時，得依債權人之聲請繼續執行之，因屬繼續執行，自無須再繳執行費。否則，執行名義未載明之事項，執行法院即不得予以執行，因執行法院僅形式審查，尤應注意。

第一節　執行名義之分類

　　依強執法第4條第1項規定，得為強制執行之執行名義種類甚多，除了強執法第4條第1項第1至5款規定所列舉者外，舉凡法令上明文規定得為強制執行者，均屬之。惟對上開執行名義，以執行標的之執行名義內容而為分類，約略可分為下列二類：

第一目　對人執行名義

　　所謂「對人執行名義」，就是債權人持以對債務人之財產強制執行，只要係屬債務人所有者，均得強制執行，不限於對特定標的為執行內容。例如民事確定判決、本票裁定，支付命令、和解、調解等等，故對人之執行名義，性質上具有可代替性之執行內容。

第二目　對物執行名義

　　所謂「對物執行名義」，係指執行名義之執行對象僅限於特定標的物、行為而言，即除了執行名義所載之內容得為執行外，對於執行名義未載之標的，則不得據為強制執行。例如民法第873規定之拍賣抵押物裁定、第893條規定之拍賣質權之裁定等（強執法第4條第1項第5款）。蓋抵押權人持拍賣抵押物裁定聲請對抵押人（債務人或第三人所有）強制執行時，僅限於該裁定所載內容之執行標的物始得為強制執行，除此外，即不得據此執行名義強制執行。因此縱於強制執行程序進行中，尚發現債務人有執行名義所載標的物以外之財產，該執行名義之債權人，須另行取得其他執行名義，始得對之強制執行。而最高限額抵押權雖定有期間，但民法第881-12條第1項第5款規定，如於期限內，最高限額抵押權人聲請裁定拍賣抵押物時，其所擔保之債權即告確定，不能再回復原設定之期間，故除了抵押權人之聲請不合法外，最高限額抵押權應以聲請時所存在之債權為擔保範圍列入優先分配，聲請裁定後之其他債權因已非該最高限額抵押權所擔保，故不得列入優先分配。

　　以上二者執行名義之分類，雖從執行名義之外觀，大致可以判斷，何者為對人執行名義，何者為對物執行名義，但有些執行名義，仍須從實質內容才得以論定，例如以假處分裁定為執行名義，如限於特定標的物或一定行為或不行為者，為對物之執行名義，如為金錢之可代替物執行者，為對人執行名義，後者如民事訴訟法第579條第1項規定「法院對於未成年子女權利義務之行使或負擔，得依聲請或依職權命為必要之假處分。」，如依該規定為假處分裁定者，對債務人即命負擔扶養義務人履行金錢扶養義務，因該金錢債務係屬可代替性，故得依對人執行名義之執行方法，對債務人名下財產為強制執行，即不限於特定標的物之執行為內容。至有關「對人之執行名義」與「對物之執行名義」在強執法上之效果，則於參與分配章中另予闡述。

第二節　執行名義之種類

　　有關執行名義之種類，依強執法第4條第1項之規定予以論述，其中並以實務上常見之特殊執行名義併予闡明。

第一目　確定之終局判決

一、此乃指確定、終局之本國法院所做之給付判決而言，即民事判決主文載「被告應給付原告」等類屬之。又確定判決之執行，須屬給付判決，且適於強制執行者為限，主文須明確，如判決主文不明瞭，得參照該判決之理由為執行。倘不得據以強制執行者，誤為開始執行，應撤銷執行程序，並以裁定駁回強制執行之聲請（應行注意事項第2項第2、3款）。至確認之訴，如判決主文載「確認原告債權不存在。」，及形成之訴，如判決主文載「執行程序應予撤銷。」等，均不得據以聲請強制執行。惟實務上，對繼承財產及分割共有物之判決，依強執法第131條第1項規定執行法院得將各繼承人或共有人分得部分點交之，即得據以強制執行，然上開判決雖屬形成判決，惟本質上含給付之訴之性質。再依本項聲請強制執行時，依強執法第6條第1款規定，如尚可上訴至上級審者，應檢具各審級判決書正本及確定證明書，如係不能上訴之終審判決者，則應檢具判決書正本。

二、外國法院之判決，依強執法第4-1條第1項規定「外國法院確定判決聲請強制執行者，以該判決無民事訴訟法第四百零二條各款情形之一，並經中華民國法院以判決宣示許可其執行者為限，得為強制執行。」、第2項「前項請求許可執行之訴，由債務人住所地之法院管轄。債務人於中華民國無住所者，由執行標的物所在地或應為執行行為地之法院管轄。」，故債權人應先取得我國許可強制執行之確定判決，始得聲請強制執行。惟尤應注意者，按外國法院為債務人敗訴判

決，該債務人（即被告）倘於外國法院應訴，其程序權已受保障，原則上固應承認該外國法院確定判決於我國之效力。惟債務人未應訴者，為保障其程序權，必以開始訴訟之通知或命令已於相當時期在該外國域內對該債務人為合法送達，或依我國法律上之協助在該外國域外對該債務人為送達，給予債務人相當期間以準備行使防禦權，始得承認該外國法院確定判決於我國對債務人之效力。因此，外國法院如對在中華民國之債務人，送達有關訴訟程序開始之通知或命令時，揆之「送達，乃國家司法主權之展現」及「程序依據法庭地法之原則」，自應依我國制定公布之「外國法院委託事件協助法」、「司法協助事件之處理程序」及其他司法互助協定暨作業要點等相關法規為協助送達，不得逕由外國法院依職權或由債權人（即原告）律師以郵送或直接交付在我國為送達。否則，即難認該外國法院訴訟程序開始之通知或命令，已在我國發生合法送達債務人之效力，且不因於該外國認已對債務人發生送達之效力而受影響，此觀民事訴訟法第402條第1項第2款但書前段係規定為「但開始訴訟之通知或命令已於相當時期在『該國』（指該外國域內）合法送達」，而非以「但開始訴訟之通知或命令已於相當時期依該國法律為合法送達」等文字予以規範；並於但書後段規定「或依中華民國法律上之協助送達者，不在此限」，以兼顧該債務人如在該外國域外時，應如何送達，始承認其效力自明。再按依強執法第4-1條第1項規定，外國法院之確定判決聲請強制執行者，以該判決無民事訴訟法第402條第1項各款情形之一，並經中華民國法院以判決宣示許可其執行者為限，得為強制執行，且因執行名義尚須具備給付內容為確定及可能等要件，強制執行方克落實，足見外國確定判決，必以與我國法院許可執行判決相結合，始得認其為具執行力之執行名義。是以，我國法院就外國法院之確定判決許可執行之訴，除審查該外國法院判決是否為終局給付判決？是否確定？有無民事訴訟法第402條第1項所列不承認其效力之事由外，仍應就該外國法院之確定判決其內容是否明確、一定、具體、可能而適於

強制執行等要件[1]。

三、實務上經常發生之問題：

（一）分割共有物之判決，判決中之共有道路可否為執行名義遂行聲請點交？

按強執法第131條第1項前段規定，關於繼承財產或共有物分割之裁判，執行法院得將各繼承人或共有人分得部分點交之，依此規定，當事人得依確定之分割共有物判決請求點交者，僅限於該當事人之分得部分，本題所示，共有道路部分，仍依共有人之應有部分維持共有，非當事人分得部分，自不得請求點交[2]，故對共有道路部分，應另向法院民事庭提起拆除地上物及容忍通行權之訴解決之，依據該民事判決再向法院執行處聲請執行。

（二）分割共有物之判決，就分得之部分，他共有人之地上物是否得為執行名義遂聲請拆屋還地，並點交之？

按執行名義係命債務人返還土地（分割共有物），雖未命其拆卸土地上之房屋，惟本質上當然含有使債務人拆卸房屋之效力[3]，亦即

---

[1]　參照最高法院100年度台上字第42號判決。

[2]　強執法第131條第1項前段規定，關於繼承財產或共有物分割之裁判，執行法院得將各繼承人或共有人分得部分點交之。依此規定，當事人得依確定之分割共有物判決請求點交者，僅限於該當事人之分得部分。本題所示，巷道部分，仍依共有人之應有部分維持共有，並非當事人分得部分，自不得請求點交（73年7月20日廳民二字第553號函）。

[3]　實務上之見解如下：
(1)查共有物分割之裁判，依修正後之強執法第131條第1項規定，執行法院得將土地點交與分得之人。土地既應點交，則地上建物依司法院院解字第3583號解釋，亦當然包含拆除在內。共有人訴求分割共有物，就可分與部分之土地，為求取得明確之執行名義，同時訴求交付，要亦無礙。正如原告以一訴請求拆除地上物交還土地，實務上，就拆除地上物部分，不因有上開解釋而認為欠缺權利保護要件，是以原告以一訴請求分割共有物同時請求交付，對交付部分不應駁回，仍應就被上訴人現仍使用上訴人所分得土地之情形及其範圍予以確定，以為命其拆除地上物交付土地之依據（最高法院72年度台上字第1589號判決）。

得逕行拆除地上物點交之，毋庸另行訴訟。

（三）甲、乙二人共同合夥，嗣因經營不善倒閉，其債權人得否對甲、乙之非合夥財產執行。依民法第681條規定，合夥財產不足清償合夥之債務時，各合夥人對於不足之額，連帶負其責任。實務上，如確定判決係命合夥履行債務者，應先依上開規定，先對合夥財產為執行，如不足清償時，再對合夥人即甲或乙之財產執行之，但其人否認為合夥人，而其是否為合夥人亦欠明確者，非另有確認其為合夥人之確定判決，不得對之強制執行。又確定判決如就同一債務命數債務人連帶履行者，債權人得專對債務人中之一人聲請為全部給付之執行。執行法院不得依該債務人之聲請，就其他連帶債務人之財產，逕為強制執行。且確定判決，除有本法第4-2條情形外，祗能對於當事人為之，若對於非當事人之人命為給付，自不生效力。執行法院即不得本此判決，對之為強制執行，及判決所命被告交付之物，於判決確定後，經法律禁止交易者，執行法院不得據以執行（應行注意事項第2項第4至7款）。

---

(2) （設有甲在乙地基上強建房屋，乙之登時出頭阻止無效，旋即起訴，經一審判決令甲返還地基，甲收受到判決書後，一面提起上訴，一面將房屋出售與丙，並委丙為訴訟代理人，確定判決維持一審判決）丙為甲之特定繼承人，依民事訴訟法第400條第1項之規定，該事件之確定判決對丙亦有效力。至該確定判決雖僅命甲返還地基，並未明白命甲拆卸房屋，然由強執法第125條所準用之同法第100條意推之，該確定判決當然含有使甲拆卸房屋之效力，甲之特定繼承人丙，如不拆卸房屋返還地基，應依同法第127條、第124條、第125條、第100條辦理（司法院36院解字第3583號）。

(3) （研討結果）關於分割共有物之裁判，執行法院得將各共有人分得部分點交之，強執法第131條第1項定有明文。又執行名義命債務人返還土地。雖未命其拆卸土地上之房屋，惟由強執法第125條所準用之第100條法意推之，該執行名義當然含有使債務人拆卸房屋之效力（司法院院解字第3583號解釋、最高法院44年台抗字第6號判例參照）。本題情形，共有物分割之確定判決，未為交付管業或互為交付之宣示，而應交付之土地上又有建築物，依上開說明，執行法院自得按共有人分得部分，逕行拆屋交地。採甲說。（甲說：根據最高法院66年第3次民庭總會決議及司法院院解字第3583號解釋，土地既應點交，則地上物即應拆除）（74年11月8日74廳民一字第869號函復台高院）。

第二目　假扣押、假處分、假執行之裁判及其他依民事訴訟法得爲強制執行之裁判

一、假扣押及假處分爲保全程序，非屬本案執行，假扣押係指債權人就金錢請求或得易爲金錢請求之請求，欲保全強制執行，而聲請強制執行；假處分則指債權人就金錢請求以外之請求，欲保全強制執行，而聲請強制執行（民事訴訟法第522條第1項、第532條第1項）。假執行者，爲尚未確定之終局判決，法律賦與有執行力之裁判。三者若裁判中須預供擔保者，須供擔保後，始得開始強制執行。其他依民事訴訟法得爲強制執行之裁判者，如民事訴訟法第303條規定之證人罰鍰、第409條規定之當事人罰鍰等等。實務上就供擔保者，可由債權人預供裁判主文所定之金錢或可轉讓之有價證券，並向法院之提存所辦理後，再依本法第6條第1項第2款規定檢具提存書及假扣押、或假處分、假執行之法院裁定書正本後，向執行法院聲請強制執行。惟保全程序之裁定具緊急性，如債權人取得准許保全之裁定後，久不執行，即與保全之目的有違，故強執法第132條第3項於修正時新增列規定「債權人收受假扣押或假處分裁定後逾三十日者，不得聲請執行。」該規定之三十日爲法定期間，且爲強制規定，若債權人逾期聲請者，執行法院應以裁定駁回之（應行注意事項第69項第2款），因其規定並未如優先權之參與分配者，參與分配不繳納執行費者，不得予以駁回（應行注意事項第19項第3款），故應認債權人逾期限聲請者，則原保全程序之假扣押、假處分裁定即喪失執行名義之效力，亦不能再依強執法第132條第1項規定對債務人送達。在認定是否逾期，實務上，以送達證書上債權人收受之日期及債權人向法院遞狀時，經收發人員核蓋之日期章爲準，而不是以執行人員收狀時計算，故法院收發室人員收到債權人聲請狀時尚未逾三十日，縱轉送給執行書記官登簿時已逾三十日，仍應認爲聲請合法。

二、假扣押、假處分及假執行之擔保金額應以多少爲適當，實務上並無定論，一般情形，假扣押、假執行之定擔保金額，原則上爲債權額三分之一，但對損害賠償之車禍案件，則以十分之一，另對債務人爲納稅義務人欠繳應納稅捐者，稅捐稽徵主管機關聲請法院就其財產實施假扣押者，則免提供擔保金（稅捐稽徵法第24條第2項），故裁定債權人應供擔保時宜注意之。又依民事訴訟法第526條第3項規定「請求及假扣押之原因雖經釋明，法院亦得命債權人供擔保後爲假扣押。」第4項「債權人之請求係基於家庭生活費用、扶養費、贍養費、夫妻剩餘財產差額分配者，前項法院所命供擔保之金額不得高於請求金額之十分之一。」立法理由認爲，按法院於假扣押命供擔保時，幾乎一律要求所請求金額三分之一之擔保金，而長期爲婚姻生活犧牲、貢獻而處於經濟上弱勢之家事勞動者，幾乎無力提供，故特規定其等於請求家庭生活費用、扶養費、贍養費、夫妻剩餘財產差額分配之訴時，法院應降低所命供擔保金額之門檻，不得高於請求金額之十分之一，以免因程序規定而損及當事人實體利益，爰增列上開規定，以保障其請求權，故明定供擔保之金額，是裁定時宜注意。另假處分之擔保金部分，按法院定擔保金額而爲准許假處分之裁定者，該項擔保係備供債務人因假處分所受損害之賠償，其數額應依標的物受假處分後，債務人不能利用或處分該標的物所受之損害額，或因供擔保所受損害額定之，非以標的物之價值爲依據[4]。因此假處分裁定應以此爲標準計算擔保金，通常以債權金額之利息損失爲計算債務人之損失額，故依「各級法院辦案期限實施要點」第2項第2、7、8款規定，一審辦案期間爲一年四月、二審辦案期間爲二年、三審辦案期間爲一年爲計算，再加計其法定利息年息百分五計算之（民法第203條）。又假扣押、假處分，僅係保全執行，他債權人仍得調卷執行或參與分配，故無優先受償權。再假扣押、假執行或假處分，仍可能依債務人反擔保而聲

---

[4]　參照最高法院63年台抗字第142號判例參照。

請撤銷查封或扣押（民事訴訟法第392條、第527條、第533條），故經債務人反擔保後，應予撤銷查封或扣押，則依民事訴訟法第106條準用第103條第1項規定，債權人對提存物與質權人有同一之權利，應認有優先受償權。不動產經假處分查封登記後，原債權人依法院確定判決向地政機關申請移轉、設定或塗銷登記時，依土地登記規則第141條第2項規定，因應檢具法院民事執行處或行政執行處核發查無其他債權人併案查封或調卷拍賣之證明書件，始得辦理，故原債權人得聲請無其他債權人併案查封或調卷拍賣之證明，以便辦理。但在債務人於執行標的物經查封後，在拍定、變賣前提供擔保免為假執行，債權人撤回強制執行，則不得發給執行程序實施前撤回執行之證明[5]，尤應注意。另假扣押程序，係為債權人保全強制執行而設，若債權人之請求已有確定終局判決可為執行名義，即得逕行聲請強制執行，自無聲請假扣押之必要[6]，為此應予債權人駁回假扣押之聲請。惟如確定終局判決之執行名義係分期（定期）給付之判決，對未到期之部分，因不得持該已確定之執行名義請求強制執行，則對該部分若有日後不能強制執行或甚難強制執行之虞者，自非不得聲請假扣押[7]。

三、實務上經常發生之問題

（一）假扣押、假處分及假執行之裁判為准許相對人（即債務人）得預供擔保或提存請求標的物而免為假扣押、假處分及假執行之記載，則債權人聲請強制執行，經執行法院實施查封或囑託查封登記後，債務人可否再預供擔保免為執行？在假扣押、假處分之保全程序，實務上，採肯定說。但假執行部分，實務上，曾採反對說，即一經實施查封後，債務人即不得供反擔保而免為執行，但理論上甚為不當，因為債務人在受查封前根本不知，如何於實施前（查封前）供

---

[5] 參照司法院事廳法院辦理民事執行實務參考手冊，96年6月8日印行，第96頁。

[6] 參照最高法院31年聲字第151號判例意旨。

[7] 參照最高法院100年度台抗字第45號裁定。

反擔保？故最高法院於89年度第一次民事庭庭務會議變更63年度民庭庭推總會決議（四），採肯定說[8]。於92年2月7日修正公布，同年9月1日施行之民事訴訟法，於第392條第3項已修正為「依前項規定預供擔保或提存而免為假執行，應於執行標的物拍定、變賣或物之交付前為之。」立法上已採肯定說。

（二）債權人聲請對債務人之不動產假處分後，他債權人可否於本案執行時，聲請調卷執行？按假處分僅在禁止債務人就特定財產為自由處分，並不排除法院之強制執行，故他債權人仍可調卷執行[9]。又按債務人依民事訴訟法第533條準用同法第529條第4項規定，聲請撤銷假處分裁定，經法院裁定准許，而該撤銷假處分裁定所為之裁定，係宣示消滅原假處分裁定之效力，性質上屬形成裁定，而形成裁定僅具形成力，並無執行力，且其形成力須於裁定確定時始發生。是撤銷假處分裁定之裁定，因債務人之抗告而尚未確定，類推適用民事訴訟法第530條第2項規定準用同法第528條第4項規定，已實施之假處分執行程序，不受影響，故債權人於該撤銷假處分裁定之裁定確定前，就同一事件，再重複聲請假處分，無必要[10]。

（三）假扣押執行後，尚未取得執行名義參與分配，後他債權人就假扣押執行調卷拍賣並拍定，則原假扣押債權人所聲請之債權是否仍應予

---

[8] 實務見解：肯定說：王甲乙、楊建華、鄭健才先生著民事訴訟法，74年9月印行，第459頁，採此說。最高法院89年度第一次民事庭會議決議全文如下：「民事訴訟法第392條規定之假執行程序實施時，係指執行法院對於債務人強制其履行之行為以前而言。其情形應分別依執行事件之性質定之，例如就執行標的物為拍定、變賣或物之交付前即屬之。最高法院63年10月22日63年度第五次民庭庭推總會決議，應予變更。」

[9] 「債權人就他債權人設有抵押權之不動產，聲請為禁止處分之假處分准予執行後，禁止債務人就特定財產為處分行為之假處分，其效力僅在禁止債務人就特定財產為自由處分，並不排除法院之強制執行，可准許他債權人聲請拍賣該抵押物。」（最高法院60年2月20日民事庭庭長會議決議）。

[10] 參照最高法院100年度台抗字第163號裁定。

保留？依本法第133條規定「因執行假扣押收取之金錢，及依分配程序應分配於假扣押債權人之金錢，應提存之。」，且依第34條第1項規定有執行名義之債權人參與分配，並未排斥假扣押債權人，故假扣押之債權人雖尚未取得終局執行之執行名義，於分配時，仍應先予提存，待假扣押債權之本案訴訟終結，再決定是否分配或返還債務人[11]。另債務人之財產被法院假扣押後，他債權人執終局判決之執行名義聲請執行，經執行處製成分配表，其應分配於假扣押債權人之金額依法應予以提存，該提存金額係專為假扣押債權人而提存，嗣假扣押債權人如本案獲勝訴判決確定，即得單獨就此而受償，他債權人就此不得再聲請強制執行，以符強執法第133條規定因執行假扣押依分配程序應分配於假扣押債權人之金額應提存之立法意旨，否則他債權人就該保留款仍得再聲請執行，則該法條將失其意義[12]，但有反對說認假扣押之財產，未分配於假扣押債權人前，仍為債務人之財產，且我國強制執行乃採債權人平等主義，故除了有優先權外，仍應平均分配於債權人，故他債權人仍得對假扣押債權人之保留款，再聲請執行，二說，本文以為，因強制執行採團體分配主義，而其他之債權人既因於強執法第32條規定之期限始對債務人聲請執行，故假扣押之債權人受分配而提存之金額，自有優先受償之權，僅得於分配有餘額時，其他債權人始得受償，故應以得強制執行，但假扣押債權人有優先受償權為當。

（四）債權人逾強執法第132條第3項之規定，於送達三十日後始聲請執行，而執行法院亦誤為執行，則債務人得否聲請撤銷該執行？依強

---

[11] 台灣高等法院57年第二次之法律座談會，結論採肯定說：強執法第34條第1項既定為有執行名義之債權人參與分配時應提出該執行名義之證明文件，並未規定不包括假扣押之裁定，且同法第133條明定之因執行假扣押收取之金錢及依分配程序應分配於假扣押債權人之金額應提存之，可見債權人取得假扣押裁定後當然可以有執行名義參與分配之債權人資格參與分配。

[12] 參照司法院司法業務研究會第三期之座談會結論。

執法第132條第3項規定「債權人收受假扣押或假處分裁定後逾三十日者，不得聲請執行。」，立法理由乃因保全程序具有緊急性，必須迅速執行，故參考日本民事執行法第174條第2項，德國民事訴訟法第929條第2項之規定（參照立法理由書），增列三十日之規定，以符合保全之目的，故逾期限，即喪失執行名義之效力[13]，該規定為強制規定，及效力規定。因此，執行法院誤為逾期執行，債務人自得聲請撤銷執行。

第三目　依民事訴訟法成立之和解或調解

一、依民事訴訟法第380條第1項規定「和解成立者，與確定判決有同一之效力。」；第416條第1項規定「調解經當事人合意而成立；調解成立者，與訴訟上和解有同一之效力。」。按和解為起訴後之行為，調解為起訴前之行為，均為當事人互相讓步，解決紛爭之方法，其得為執行名義者，以依民事訴訟法成立者為限，其他在強制執行或破產時成立之和解，則無執行力，惟仍有民法上和解之效力，當事人仍須受其拘束，此際，執行法院得勸告雙方當事人依照和解了結（應行注意事項第2項第8款）。而和解本質上並無形成力，但有執行力，故新修正之民事訴訟法為落實和解功能，除授予法院於當事人和解之意思已甚接近時，得依聲請定和解方案（民事訴訟法第377-1條），並於民事訴訟法第380-1條明定「當事人就未聲明之事項，或第三人參加和解成立者，得為執行名義。」使和解之執行力予以明文化。故當事人於訴訟上之和解，只要得執行之項目，經兩造合意，均得記載於和解筆錄，使之有執行力，如分期付款，常載「如一期不履行，其他各期視為到期。」使給付附條件，而約束當事人，並具有執行力。再者，實

---

[13] 參照楊與齡編著強制執行法論，85年10月修正版，第773頁。

務上常見者，乃返還擔保金部分，依新修正之民事訴訟法第104條第1項規定，法院應供擔保人之聲請返還擔保金者，法院應以「裁定」命返還提存物或保證書，其中該條第1項第2款規定「供擔保人證明受擔保利益人同意返還者。」，即兩造因訟爭而訴訟上和解，乃一次終結爭端，故通常對所提存之擔保物亦請求一併於和解筆錄記載債務人同意返還提存金，則該「同意返還提存金」之記載於和解筆錄之效力如何？爭執不一，本文認為應與裁定有相同效力。蓋依同法第380條第1項規定和解成立既與確定判決同一效力，並得為執行名義，為此，即有執行力，當事人自應受拘束，第三人、法院提存所亦應受拘束，故於當事人提出和解筆錄時，提存所應逕予返還提存金，依提存法施行細則第16條規定，法院毋庸另為裁定。但依提存法第18條第1項第6款規定「假執行、假扣押或假處分所保全之請求，其本案訴訟經和解或調解成立，受擔保利益人負部分給付義務而對提存物之權利聲明不予保留。」，如上開情形，自宜注意。至於和解筆錄記載第三人應為給付兩造（或一造），但該第三人並非前述之參與和解之第三人，僅是兩造約定，其中之債務由第三人給付，或給付予第三人，則該第三人或兩造不能執該和解筆錄對第三人強制執行，第三人亦不能據以對兩造執行。

二、實務上經常發生之問題：

　　分割共有物事件成立之訴訟上和解，如未併約定交付管業或互為交付時，是否得為執行名義，據以聲請執行點交分得部分及拆除地上物？

　　按訴訟上之和解並無形成力，故共有人因和解分得部分，尚不得於協議分割之和解筆錄，就其分得部分聲請點交或拆除地上物[14]。

---

[14] 實務上對訴訟上和解分割共有物之正、反對說見解如下：

　(1)甲說（否定說）：按最高法院66年度第三次民庭總會決議認為強執法第131條第1項所定關於分割共有物之裁判，執行法院得將各共有人分得部分點交之。如命分割之判決，雖僅載明各共有人分得之部分，而未為交付管業之宣示，但其內容實有互為交付之意義，當事人仍得依該規定，請求點交。惟上開規定係

第四目　依公證法規定得爲強制執行之公證書

一、公證書得否逕爲強制執行，於公證法第13條有明文規定「當事人請
　　求公證人就左列各款法律行爲作成之公證書，載明應逕受強制執行
　　者，得依該證書執行之：（一）以給付金錢或其他代替物或有價證券
　　之一定數量爲標的者。（二）以給付特定之動產爲標的者。（三）租
　　用或借用建築物或其他工作物，定有期限並應於期限屆滿時交還者。
　　（四）租用或借用土地，約定非供耕作或建築爲目的，而於期限屆滿
　　時應交還土地者。前項公證書，除當事人外，對於公證書作成後，就
　　該法律行爲，爲當事人之繼受人及爲當事人或其繼受人占有請求之標
　　的物者，亦有效力。」，依公證法第13條第1項於公證書載明應逕受
　　強制執行，其給付約定期限者，應記明給付之時期或可得確定之給付
　　時期。債務人於給付期屆至時未爲給付者，得爲強制執行。依公證

　　指分割之判決而言，訴訟上和解在民事訴訟法上雖規定與確定判決有同一效
　　力，但其本質係基於當事人之協議，以自治方法解決分割之方法，僅爲共有人
　　之協議分割，不生形成判決之效力，且兩者在強執法第4條第1項第1款及第3款
　　復爲不同之執行名義，故此種實質上爲協議分割之和解，除已在和解成立之內
　　容約定交付義務外，自不得據爲聲請執行點交之執行名義。
(2)乙說（肯定說）：訴訟上和解與確定判決同一效力，且得爲執行名義，民事訴
　　訟法第380條第1項及強執法第4條第1項第3款分別定有明文。分割共有物之判
　　決既含有互爲交付之意義，毋庸併爲交付之請求，得依強執法第131條第1項規
　　定聲請點交，而強執法第131條第1項復無排除訴訟上和解適用之規定，則執行
　　法院應據以執行點交，以減輕訟累，而資便民。前司法行政部民事司台69年民
　　司函字第555號函及台北地方法院68年法律座談會均採此說。
(3)司法院民事廳研究意見：分割共有物之訴爲形成之訴，其訴訟標的之形成權，
　　須以法院之判決直接發生、變更或消滅當事人間之權利義務關係。分割共有物
　　之訴所成立之訴訟上和解，則係基於當事人之協議，以自治方法解決其分割方
　　法之爭執，僅生協議分割之效力，不發生分割判決之效力，應無強執法第131
　　條第1項規定之適用。因此，除和解內容已約定交付義務外，共有人尚不得本
　　於協議分割之和解筆錄，就其協議分得部分聲請執行點交。本則應以否定說
　　（即第31則甲說、第32則乙說）爲可採。參見民事法律專題研究 第31則、司
　　法院第21期司法業務研究會結論採肯定說。

法第13條第1項第1款、第2款之給付，未約定清償期而聲請強制執行者，債權人應提出經催告之證明（公證法施行細則第40條）。公證書除當事人外，對於公證書作成後，就該法律行為，為當事人之繼受人，及為當事人或其繼受人占有請求之標的物者，亦有效力（公證法第13條第2項）。實務上，在強制執行事件中以公證書聲請強制執行者，有極大部分為租賃公證書。又依公證法第13條第1項規定，於公證書載明應逕受強制執行者，其給付之標的，宜依下列各款規定記載之：「（一）金錢債權：載明貨幣之種類及金額。（二）代替物：載明其名稱、種類、數量、品質、出產地、製造廠商或其他特定事項。（三）有價證券：載明其名稱、種類、發行年、月、面額及張數。（四）特定之動產：載明其名稱、種類、數量、品質、型式，規格、商標、製造廠商、出廠年、月或其他足以識別之特徵。（五）建築物：載明其坐落、型式、構造、層別或層數、面積或其他識別事項。（六）土地：載明其坐落、類目、四至、面積（宜附圖說）及約定使用之方法。」（公證法施行細則第41條）。又關於租賃標的物之執行，應查明租約是否屆滿，若租約尚未屆滿，則不得逕為強制執行，至於租金、違約金之執行，以承租人不爭執為前提，若有爭議應另以訴訟解決，不得執行，因執行法院並無實體的審查權[15]。又租賃契約

---

[15] 按強制執行法第4條第1項第4款、第2項明定：「強制執行，依下列執行名義為之：依公證法規定得為強制執行之公證書。執行名義附有條件、期限或須債權人提供擔保者，於條件成就、期限屆至或供擔保後，始得開始強制執行」。又按，當事人請求公證人就下列各款法律行為作成之公證書，載明應逕受強制執行者，得依該證書執行之：以給付金錢或其他代替物或有價證券之一定數量為標的者，公證法第13條第1項第1款定有明文。再強制執行法第4條第1項第4款、公證法第13條第1項第1款所定之執行名義，須以依公證書可證明債權人得請求給付一定數量之金錢等為限。故必債權人聲請強制執行時，其給付約定期限者，應記明給付之時期或可得確定之給付時期，且債務人於給付期屆至時未為給付；若約定違約金應逕受強制執行者，則應將債務人違約事實，及違約時應給付之金額，載明於公證書內始可。如公證租約僅載債務人不履行給付租金或違約金，應逕受強制執行。既不能逕依該公證租約證明債務人確有積欠租金或違約情事，債務人對於應否給付租金或是否違約，復有爭執，即屬實體上應予斟酌之問題。執行法院無從

經公證，若約定租期屆滿後，當事人合意延展租賃期間，則該公證書之執行力，即歸於消滅，縱於延展期間屆滿，始聲請強制執行，仍不得據以強制執行[16]。又當事人依雙務契約互負給付義務，約定應逕受強制執行者，應將其相互應為之給付，於公證書內載明。以利息或租金之給付，約定應逕受強制執行者，應於公證書內載明其每期給付之金額或計算標準及給付日期；以違約金之給付，約定應逕受強制執行者，應將其違約事實及違約時應給付之金額，於公證書內載明。以承租人交付出租人之押租金或保證金，約定應於交還租賃物後返還並逕受強制執行者，應將其金額於公證書內載明。如約定為分次履行之期間，如遲誤一次履行，其後之期間視為亦已到期得對其全部為強制執行者，應於公證書內載明，惟當事人就已屆清償期之債權請求作成公證書者，不得附載逕受強制執行（公證法施行細則第42至46條、第48條）。債權人就公證書記載之他人債權認為有虛偽，得代位債務人提起確認債權不存在之訴，於確認之訴繫屬後，強制執行程序開始者，得變更為代位債務人提起異議之訴，並得依公證法第13條第3項但書之規定以裁定停止執行，而強制執行程序開始後，第三人亦得代位債務人提起異議之訴時（公證法施行細則第47條），相對地，債務人、繼受人或占有人，主張成立之公證書有不得強制執行之事由提起訴訟時，受訴法院得因必要情形，命停止執行，但債務人陳明願供擔保者，法院應定相當之擔保額，命停止執行（公證法第13條第3項）。

二、實務上經常發生之問題

當事人約定公證書後，並載明租約屆滿逕受強制執行，若承租人積欠租金達兩期以上，出租人乃依租賃契約終止租約，此際，出租人得否於租約屆滿前聲請承租人遷讓房屋？按租賃契約是否終止，乃實體審查問題，

遽行斷定債權人之請求確定存在，尚不得率就租金及違約金予以強制執行（最高法院43年台上字第524號判例、76年度台抗字第177號裁定意旨參照）。

[16] 參照最高法院79年台上字第1838號判例。

執行法院並無認定之權，應由出租人另向民事庭起訴請求，執行法院不得逕為強制執行。

第五目　抵押權人或質權人為拍賣抵押物或質物之聲請，經法院為許可強制執行之裁定

一、意　義

按抵押權，民法上雖有普通抵押權、最高限額抵押權、法定抵押權等不同。其中以普通抵押權、最高限額抵押權適用最廣。依民法第860條規定「稱普通抵押權者，謂債權人對於債務人或第三人不移轉占有而供其債權擔保之不動產，得就該不動產賣得價金優先受償之。」、第880-1條第1項規定稱最高限額抵押權者，謂債務人或第三人提供其不動產為擔保，就債權人對債務人一定範圍內之不特定債權，在最高限額內設定之抵押權。」、第2項規定「最高限額抵押權所擔保之債權，以由一定法律關係所生之債權或基於票據所生之權利為限。」；動產質權，依民法第884條規定「稱動產質權者，謂債權人對於債務人或第三人移轉占有而供其債權擔保之動產，得就該動產賣得價金優先受償之權。」其中質權之債權人如不自行拍賣，而聲請法院拍賣時，應先取得執行名義，即應先向法院民事庭聲請許可強制執行之裁定[17]，但實務上案例甚鮮，一般使用最多者仍為抵押權。又依破產法第108條規定，抵押權屬別除權之一，故債務人破產時，抵押權人仍可聲請強制執行[18]。又因抵押權具有追及效力，故不問不動產所有權移轉於任何第三人均得予以追及執行，通說認為應將受讓人列為債務人，故聲請執行時，若債務人已死亡者，應以繼承人列為債務人，並附戶籍謄本、繼承系統表為證，縱使聲請拍賣抵押物裁定送達原

---

[17]　參照司法院大法官會議解釋第55號。

[18]　參照最高法院52年台抗字第161號判例。

債務人，債務人於收受裁定書後始死亡者，亦同，但該裁定送達前債務人死亡者，應予補正其繼承人為債務人；又若已移轉於第三人者，應逕以該第三人為強制執行之債務人，毋庸重複聲請拍賣抵押物裁定。拍賣抵押物裁定，屬於非訟事件，一般均未宣示，故依新修正之民事訴訟法第238條規定（非訟事件法第1條規定準用），不宣示者，經公告或送達後受其羈束，故許可拍賣抵押物之裁定未經宣示者，須經合法公告或送達債務人始生效力，否則不具執行力。已否公告或送達有疑義者，執行法院應依職權調查之。至於拍賣抵押物裁定是否待確定始得聲請強制執行？依強執法第6條第1項第5款規定，於聲請執行時，不須檢附確定證明書觀之，應不待確定即得聲請強制執行，但債權人仍要證明該裁定已發生效力，即合法公告或送達，故可檢附送達證明書或法院公告證明為證據[19]。

二、本款所指之抵押包括動產抵押權及不動產抵押權

（一）動產抵押權是依據動產擔保交易法而來，抵押權人實行占有該動產時，若抵押人拒絕交出，而其契約已登記（如汽車、機車向交通部公路監理機關登記，機器向各直轄市或縣、市政府建設廳、局登記者），並載明應受強制執行者，抵押權人得以該登記之契約為執行名義（強執法第4條第1項第6款），聲請執行法院解除抵押人占有（即強制取回車輛），而使抵押權人取得占有（動產擔保交易法第17條第2項），抵押權人取得占有後，自行出賣或拍賣者，除依動產擔保交易法所定之程序外，並應依民法債編施行法第28條（即舊法第14條）、第14條規定辦理[20]。若抵押權人取回動產後不自行出賣或拍賣，欲聲請執行法院拍賣，則應先向法院民事庭聲請許可拍賣抵押物之裁定，始得聲請強制執行[21]，此即為本款之執行名義。

---

[19]　參照司法院院字第2235號解釋、最高法院58年台抗字第524號判例。

[20]　參照楊與齡編著強制執行法論，85年10月修正版，第88頁。

[21]　最高法院於61年8月22日民事庭總會之決議為「動產抵押權人不自行拍賣，而聲請法院拍賣抵押物時，法院應為許可與否之裁定。」

（二）不動產抵押權方面，行使抵押權種類最多者爲普通抵押權、最高限額抵押權及法定抵押權。依修正之強執法第6條第1項第5款原規定「依第四條第一項第五款聲請者，應提出債權或抵押權或質權之證明文件及裁定正本。」，將「債權」下之「或」字，修正爲「及」字，即抵押權不問是普通抵押權、最高限額抵押權或法定抵押權依該規定均應提出債權證明。故債權人行使各該擔保物權時，不僅須證明其各該擔保物權存在，同時須證明其所擔保之債權存在（參照修正強執法第6條之立法理由），否則未補正者，應以裁定駁回之。至法定抵押權，雖指依法律規定而發生之抵押權而言，例如民法第513條及國民住宅條例第17條所定之抵押權等，惟現行民法修正後（89年5月5日實行），依第513條第1項規定「承攬之工作爲建築物或其他土地上之工作物，或爲此等工作物之重大修繕者，承攬人得就承攬關係報酬額，對於其工作所附之定作人之不動產，請求定作人爲抵押權之登記；或對於將來完成之定作人之不動產，請求預爲抵押權之登記。」第2項「前項請求，承攬人於開始工作前亦得爲之。」第3項「前二項之抵押權登記，如承攬契約已經公證者，承攬人得單獨申請之。」第4項「第一項及第二項就修繕報酬所登記之抵押權，於工作物因修繕所增加之價值限度內，優先於成立在先之抵押權。」，已規定改採登記主義，即法定抵押權人須持有地政機關所爲土地、建築物登記簿謄本登記爲抵押權人者始得行使權利及參與分配。雖法理上有生效或成立要件之爭議，但觀諸現行民法之修法技術，與修正前民法第513條規定「承攬之工作，爲建築物或其他土地上之工作物或爲此等工作物之重大修繕者，承攬人就承攬關係所生之債權，對於其工作所附之定作人之不動產，有抵押權。」二者之立法不同，前者，須請求登記，始取得抵押權，後者，則於承攬之工作物上有抵押權，二者顯不相同。再觀相同立法之現行民法第824-1條第4項規定「前條第三項之情形，如爲不動產分割者，應受補償之共有人，就其補償金額，對於補償義務人所

分得之不動產，有抵押權。」，即為分割共有物時對共有人之補償金有法定抵押權之立法技術，與民法第513條修正法前之相同，可見修法後之現行民法第513條之抵押權係採意定主義，即要經登記始取得抵押權，為其成立之要件，在未經登記前其法定抵押權即未成立，與修法前，縱未登記，承攬人仍取得所有權者不同，故以法定抵押權聲請強制執行時，執行法院仍應審查其是否已登記，如未登記，仍不得據以強制執行。實務上亦採相同見解，認「不動產物權，依法律行為而取得、設定、喪失及變更者，非經登記，不生效力，民法第758條定有明文。修正前民法第513條規定之法定抵押權，係基於法律規定、非本於法律行為而發生，原不待承攬人與定作人意思表示合致及辦理物權登記即生效力。至其拋棄，因屬依法律行為而喪失其不動產物權之處分，非依法為登記，不生效力（參照司法院院字第2193號解釋），即於未依法為拋棄登記前，仍不生消滅法定抵押權之效果（參照最高法院74年台上字第2322號判例）。惟法定抵押權，旨在保護承攬人之私人利益，究與公益無涉，非不得由承攬人事先予以處分而為拋棄之意思表示，此細繹修正後民法第513條已規定法定抵押權應辦理物權登記，並可預為登記。如未辦理登記，縱其承攬關係之報酬請求權發生在先，仍不能取得抵押權，亦無優先於設定抵押權之效力等意旨益明。」[22]，足資參考。

---

[22] 參照最高法院95年度台上字第1809號判決，另最高法院97年度台抗字第443號裁定「按承攬之工作為建築物或其他土地上之工作物，或為此等工作物之重大修繕者，承攬人得就承攬關係報酬額，對於其工作所附之定作人之不動產，請求定作人為抵押權之登記，或對於將來完成之定作人之不動產，請求預為抵押權之登記；前項請求，承攬人於開始工作前亦得為之；上開就修繕報酬所登記之抵押權，於工作物因修繕所增加之價值限度內，優先於成立在先之抵押權，民國88年4月21日修正施行（下稱修正後）之民法第513條第1項、第2項、第4項分別定有明文。準此，可知因承攬關係所生之報酬額，應辦理法定抵押權登記，或預為登記，始有優先權可言。如未辦理登記，縱其承攬關係之報酬請求權發生在先，仍不能取得抵押權，自無優先於設定抵押權之效力。」，亦採相同見解。

三、實務上經常發生之問題

（一）依民法第877條第1項規定「土地所有人於設定抵押權後，在抵押之土地上營造建築物者，抵押權人於必要時，得於強制執行程序中聲請法院將其建築物與土地併付拍賣。但對於建築物之價金，無優先受清償之權。」，抵押權人依此規定而聲請強制執行時，就建物部分是否須先經法院為許可拍賣抵押物之裁定？按抵押權人得將建築物併付拍賣，為法律所明定，自毋庸另行取得執行名義，即以此規定即有執行名義（強執法第4條第1項第6款），逕請求將土地及建築物一併實施查封拍賣[23]。土地或建築物設定抵押權後，抵押人於土地上營造建築物或於原建築物再行擴建或增建者，除應認為係抵押物之從物，或因添附而成為抵押物之一部者外，執行法院於必要時得就原設定抵押權部分及其營造、擴建或增建部分分別估定價格，並核定其拍賣最低價額後一併拍賣之（應行注意事項第43項第3款）。

（二）房屋之增建，於實行抵押權時，是否得併付拍賣？民法第862條第1項規定「抵押權之效力及於抵押物之從物與從權利。」，因此，房屋增建之部分，若無獨立之樓梯或出入道路與外界交通，使用上及構造上未具獨立性，故應認係輔助主建物經濟效用之從物，執行法院自得併付拍賣，惟執行時應先定期囑託地政機關測量，且於拍賣後就價金得優先受償；另外，若有獨立之出入與外界交通，即應視為獨立之建築物，不得併付拍賣[24]。

（三）公寓之車庫或公共設施部分，實行抵押權時，得否併付拍賣？公寓之車庫及公共設施部分，因與專有主建物部分，具有同一之經濟目

---

[23] 「按土地所有人於設定抵押權後，在抵押之土地上營造建築物，經執行法院認為必要，將其建築物與土地併付拍賣時，就建築物部分，無須再經法院為許可拍賣之裁定。」（司法院77年1月9日77廳民一字第13號函）。

[24] 參照72年5月司法業務研究會第3期。

的，且依公寓大廈管理條例第4條第2項規定，不得與專有部分分離而為處分，自應併付拍賣，但有認為車庫或公共設施為房屋專有部分之從物，故得併付拍賣，結論相同，但理由不同[25]。而車庫性質上應屬公寓大廈管理條例第3條第5款之約定專有部分，即公寓大廈共用部分經約定供特定區分所有權人使用者而言。使用人取得車位編號位置，具有分管契約效力，既經分管特約約定，縱將其車位（應有部分）讓與第三人，其分管契約對受讓人仍繼續存在[26]，即公寓大廈其中之停車位，自應併同專有部分予以點交。

（四）水井（含灌溉用之池塘）及魚池於實行抵押權時，得否併付拍賣？

按水井在交易觀念上乃常係幫助土地達到一定之經濟目的，應屬不動產上土地之一部分，應非獨立之定著物，故以土地設定抵押權，

---

[25] 「公寓之公共設施部分，依民法第799條之規定，為該公寓各區分所有人共有（互有）。而此項互有部分與區分所有之專有部分，具有同一之經濟目的，不得與專有部分分離而為處分，自屬專有部分之從物。依民法第862條第1項之規定，不待登記，當然為抵押權效力所及。拍賣抵押物裁定屬非訟事件裁定，不審查實體上權利之存否，對於依法律規定為效力所及之從屬關係之有無，亦毋庸調查審認，該公共設施如確屬附於公寓之互有部分，自得為一併准予拍賣之裁定。但該項座談會結論是在公寓大廈管理條例制定前所做成的，自該條例施行後，應不再適用為當，否則與該條例第4條第2項規定有違。」（參照司法業務研究會第三期及楊與齡編著強制執行法論，85年10月修正版，第95頁）。

[26] 參照：

(1)「共有人於與其他共有人訂立共有物分割或分管之特約後，縱將其應有部分讓與第三人，其分割或分管契約，對於受讓人仍繼續存在。」（最高法院48年台上字第1065號判例）。

(2)「最高法院48年台上字第1065號判例，認為『共有人於與其他共有人訂立共有物分割或分管之特約後，縱將其應有部分讓與第三人，其分割或分管契約，對於受讓人仍繼續存在。』就維持法律秩序之安定性而言，固有其必要，惟應有部分之受讓人若不知悉有分管契約，亦無可得而知之情形，受讓人仍受讓與人所訂分管契約之拘束，有使善意第三人受不測損害之虞，與憲法保障人民財產權之意旨有違，首開判例在此範圍內，嗣後應不再援用。至建築物為區分所有，其法定空地應如何使用，是否共有共用或共有專用，以及該部分讓與之效力如何，應儘速立法加以規範，併此說明（司法院大法官會議第349號解釋）。」

於實行抵押權時自可將水井一併拍賣[27]。另魚池，若用水泥或其他器材鞏固，具有獨立的經濟效用，其繼續附著於土地而達其一定經濟上之目的者，應認為係獨立之不動產[28]，此時即不得併付拍賣。

（五）以拍賣抵押物裁定聲請強制執行時，是否要附該裁定確定證明書始得聲請？依本法第6條第1項第5款規定「依第4條第1項第5款聲請者，應提出債權及抵押權或質權之證明文件及裁定正本。」，並未如同條項第1款之須提出判決確定證明書之規定。而是與同條項第2款假扣押、假處分、假執行之裁判相同，故應認毋庸待確定，即得聲請強制執行。

（六）公寓大廈區分所有權人於公寓大廈管理條例公布施行（84年6月28日公布施行）前，僅以建物或基地設定抵押權，於該條例施行後，抵押權人聲請法院拍賣抵押物，拍定人持憑法院核發之建物或基地權利移轉證明書，申辦所有權移轉登記，是否仍要受該條例第4條第2項規定之禁止？依公寓大廈管理條例第4條第2項規定「專有部分不得與其所屬建物共用部分之應有部分及基地所有權或地上權之應有部分分離而為移轉或設定負擔。」，該規定並未定過渡條款，故單以移轉建物或基地，自應受該條規定之禁止[29]，即拍賣時仍應

---

[27]　參照司法院72年4月13日73廳民二字第252號函。

[28]　參照司法院大法官會議第93號解釋。

[29]　內政部85年7月13日台85內地字第8506813號函（台灣省政府公報85年秋字第27期），全文如下：
受文者：台灣高雄地方法院民事執行處
副　本：台灣省政府地政處
主　旨：關於公寓大廈區分所有權人於公寓大廈管理條例公布施行前，僅以建物或基地設定抵押權，於該條例施行後抵押權人申請法院拍賣抵押物，拍定人持憑該法院核發之建物或基地權利移轉證明書，申辦所有權移轉登記是否有違該條例第4條第2項之禁止規定疑義乙案，復請查照。
說　明：
一、復貴院民事執行處85年3月1日85高澤民執（行）字第0024號函。
二、案經函准法務部85年6月25日法85律決字第15454號函轉准司法院秘書長85

合併拍賣，否則無效。

第六目　其他法律之規定，得爲強制執行名義

即指除了前五款（目）外之其他依法律之規定，得爲強制執行名義者
而言，種類甚多，僅以實務上常見如下：

一、本票之強制執行

依票據法第123條規定「執票人向本票發票人行使追索權時，得聲請
法院裁定後強制執行。」，應受強制執行之債務人僅限於發票人，對背書
人、保證人均不得依本條聲請法院裁定強制執行，而須另行訴訟追償。且
依本條聲請強制執行時，雖無待確定即聲請強制執行，但裁定除宣示外，
應於送達始發生效力（民事訴訟法第239條準用第225條規定），故債權

年6月12日85祕台廳民二字第08209號函略以：「按公寓大廈管理條例於民國
84年6月28日公布施行，其第4條第2項明定：專有部分不得與其所屬建築物
共有部分之應有部分及其基地所有權分離而爲移轉，且未訂有過渡條款，故
公寓大廈管理條例公布施行前，僅以建物或基地設定抵押權，於該條例施行
後，抵押權人聲請法院拍賣抵押物時，法院應就未設定抵押權之基地或建物
併予查封、拍賣，以符該條例之規定。如執行法院僅就抵押物部分拍賣，與
前述第4條第2項之規定有所不符時，因強制執行法上之拍賣，爲民法買賣之
一種（參照最高法院47年台上字第152號，49年台抗字第83號判例），此種
情形，其法律效果如何，係適用民法所生實體效力之問題，宜依具體情形由
受訴法院或主管之行政機關依職權認定之。」

三、本部同意上開法務部轉准司法院祕書長意見，基於公寓大廈管理條例第4條
第2項規定，並未訂有過渡條款，且強制執行法上之拍賣，爲民法買賣之一
種，是以有關區分所有建物與其基地所有權屬同一人所有，而所有權人僅以
建物或基地設定抵押權，並於該條施行後始行拍定者，拍定人持憑法院核發
之建物或基地權利移轉證明書，申辦所有權移轉登記，似仍應受前揭條例規
定之限制，另查「已登記之區分所有建物與其基地所有權非屬同一人者，不
受本條項之限制。」，本部85年2月5日台85內地字第8578394號函釋在案，
併此敘明。

部長　林豐正

人除了須提出法院之裁定外，尚須提出該裁定合法送達債務人之送達證明（即法院送達證書）或確定證明書（經法院核發確定證明，應表示已合法送達），若未提出，執行法院應命其補正，逾期未補正者，得以裁定駁回其強制執行之聲請。

二、強制取回車輛（或其他動產）之執行

依動產擔保交易法第17條第1項規定「債務人不履行契約或抵押物被遷移、出賣、出質、移轉或受其他處分，致有害於抵押權之行使者，抵押權人得占有抵押物。」第2項「前項之債務人或第三人拒絕交付抵押物時，抵押權人得聲請法院假扣押，如經登記之契約載明應逕受強制執行者，得依該契約聲請法院強制執行之。」，依該條聲請強制執行者應注意：一為該契約是否經主管機關登記，二為該契約是否載明應逕受強制執行。若未具備者，即不得為強制執行。

三、少年法庭科處罰鍰裁定之執行

依少年事件處理法第84條第1項規定少年之法定代理人，因忽視教養，致少年再有觸犯刑罰法律之行為，或有第3條第2款觸犯刑罰法律之虞之行為，而受保護處分或刑之宣告時，拒不接受前項親職教育輔導或時數不足者，經少年法院裁定處科處罰鍰時，該裁定得為執行名義，免徵執行費。

四、檢察官執行命令囑託之執行

依刑事訴訟法第470條第1項前段規定「罰金、罰鍰、沒收、沒入及追徵之裁判，應依檢察官之命令執行之。」第2項規定「前項命令與民事執行名義有同一之效力。」，且依該法第471條第3項規定「檢察官之囑託執行，免徵執行費。」，但將來執行無效果時，則不得核發債權憑證，因罰金刑乃國家罰刑權之行使，並非國家對自然人或法人存有債權，自然人若

無法繳納罰金須易服勞役，可見罰金並非債權，故法人無法繳納罰金，法院應不得核發債權憑證[30]。其他如係公法上給付之金錢債權，雖行政機關得參與分配，但不得逕向民事執行處聲請強制執行，應向行政執行處聲請執行（行政執行法第6條）。

五、鄉、鎮、市（區）公所調解書之執行

依鄉鎮市調解條例第27條第2項規定「經法院核定之民事調解，與民事確定判決有同一之效力；經法院核定之刑事調解，以給付金錢或其他代替物或有價證券之一定數量為標的者，其調解書得為執行名義。」，民事調解書具有以給付為內容及刑事調解書以上開為內容者，亦有執行力，惟審查時應注意是否經法院核定，另上開調解書並無形成力，無強執法第131條之適用，亦應特別注意。

六、國宅不動產之執行

國民住宅主管機關依國民住宅條例第21條至第23條及第29條規定收回住宅及其基地，終止租賃契約收回該住宅，或收回貸款者，應由該管地方法院民事庭裁定准許後，始得聲請執行法院為之強制執行（參照應行注意事項第2項第15款）。

七、支付命令

民事訴訟法第521條第1項：債務人對於支付命令未於法定期間合法提出異議者，支付命令得為執行名義。104年7月1日修正前為有與確定判決同一效力，修法後理由以，參酌德國及日本之督促程序制度，未於法定期間內提出異議之支付命令僅為得據以聲請假執行裁定，仍不具有既判力。舊法（修法前）條文賦予確定之支付命令與確定判決具有同一效力，雖有

---

[30]　參照司法行政部61年4月28日（61）台涵刑字第03287號。

便利債權人行使權利之優點，但對於債務人之訴訟權保障仍有不足之處。為平衡督促程序節省勞費與儘早確定權利義務關係之立法目的，及債務人必要訴訟權保障之需求，確定之支付命令雖不宜賦予既判力，惟仍得爲執行名義。故而依民法第129條第2項第1款規定：依督促程序，聲請發支付命令，與起訴有同一效力，仍產生時效中斷事由。（民事訴訟法第77-19條第1款規定聲請費爲新台幣500元），及倘債權有爭執時，應另行起訴確認之。

八、家事事件之財產執行（交付子女及會面探視之執行，詳見另述關於行爲請求權之執行及第八編家事事件法履行之確保及執行編）

第三節　執行名義與消滅時效

強制執行所據以執行之債權，如因時效消滅時，債權人仍得聲請強制執行，因執行法院並無實體審查權，故不予審查，但債務人得依強執法第14條規定提起債務人異議之訴，可見消滅時效乃屬實體問題。然爲尊重現存秩序，維護社會交易安全，簡化法律關係，避免將來舉證困難，故法律不保護長期不行使者，民法及其他法律乃規定消滅時時效制度，而不予保護。而法律所規定之期間長短不一，如民法第125條規定期間爲十五年，第126條規定之利息、租金或其他定期間給付爲五年，第127條規定之二年等。但依民法第129條第1項規定消滅時效，因：一、請求；二、承認；三、起訴而中斷。第2項第5款並規定開始執行行爲或聲請強制執行時與起訴有同一效力，故經債權人聲請強制執行時，則發生消滅時效中斷事由。而民法第137條第1項規定「時效中斷者，自中斷之事由終止時，重行起算。」第2項「因起訴而中斷之時效，自受確定判決，或因其他方法訴訟終結時，重行起算。」第3項「經確定判決或其他與確定判決有同一效力

之執行名義所確定之請求權，其原有消滅時效期間不滿五年者，因中斷而重行起算之時效期間為五年。」，可見消滅時效雖定有一定期間，但可能因中斷而重新起算原時效期間，故不消滅。而所謂開始執行行為或聲請強制執行時，包括本案債權人、併案債權人及參與分配債權人聲請強制執行或參與分配在內。又其中所謂其他與確定判決有同一效力之執行名義所確定之請求權者，如民事訴訟法第380條第1項和解、第416條第1項調解、第521條第1項支付命令、鄉鎮市調解條例第27條第2項調解、仲裁法第37條第1項仲裁等，若消滅時效未滿五年者，於上揭和解、調解、支付命令確定者，消滅時效則延長為五年，以後重新聲請強制執行時，每次均以延長五年計，而非原來之二年。但執行名義如無與確定判決有同一效力者，則消滅時效仍依原法律規定，如強執法第4條第1項第2至6款規定之執行名義，因此如票據法第123條規定，執票人對本票發票人到期不履行之強制執行，因該執行名義無與確定判決有同一效力，故仍依票據法第22條第1項規定之三年，尤應注意。

　　抵押權為擔保物權，是擔保主債權而存在，屬從權利，故主債權存在者，則抵押權即不塗銷，從而有關最高限額抵押權登記之期間，僅為第一次債權確認擔保之標的而已，如嗣後主債權因時效中斷而延長時，雖已逾抵押權登記之期限，但主債權既仍在在，從權利之抵押權並不消滅，債務逾期未清償，債權人仍得依民法第873條規定實行抵押權。故民法第880條「以抵押權擔保之債權，其請求權已因時效而消滅，如抵押權人，於消滅時效完成後，五年間不實行其抵押權者，其抵押權消滅。」該五年期間，通說為除斥期間，而該五年期間之起算，係指抵押權所擔保之主債權時效消滅而言。

第二編

金錢請求權之執行程序

第一章　聲請強制執行

第一節　聲請強制執行之要件

　　85年10月9日公布施行之新修正強執法中爲強化當事人進行主義原則，將舊法第5條第1項但書「假扣押、假處分及假執行之裁判，其執行得依職權爲之。」之規定刪除。按「民事強制執行，以實現債權人之私權爲目的，其程序應否開始或進行，宜尊重債權人之意思。且債權人應預納執行費，爲強制執行之合法要件。其執行名義爲假扣押、假處分或假執行裁判而須供擔保者，尚須債權人提供該裁判所定之擔保，始得強制執行。」[1]。強制執行之發動，除了債權人依民法第151條規定，爲保護自己權利，因不及受法院或其他有關機關協助，自行拘束債務人之自由或押收其財產，而聲請法院處理者，債權人雖尚未聲請強制執行，但依強執法第5-2條規定視爲強制執行之聲請外，如強制取回車輛之執行等[2]。須依有執行名義債權人之聲請而開始，強執法第5條第1項規定「債權人聲請強制執行，應以書狀表明左列各款事項，提出於執行法院爲之：一、當事人及法定代理人。二、請求實現之權利。」第2項「書狀內宜記載執行之標的

---

[1]　參照司法院印「強制執行法、辦理強制執行事件應行注意事項」新舊條文對照表中強執修正總說明，85年11月、貳、五，第3頁。

[2]　強制執行雖於債權人聲請強制執行而開始，但如「有執行名義之債權人依民法第151條規定，自行拘束債務人之自由或押收其財產，而聲請法院處理者，依本法規定有關執行程序辦理之。」第2項「前項情形，如債權人尚未聲請強制執行者，視爲強制執行之聲請。」，而依民法第151條規定「爲保護自己權利，對於他人之自由或財產施以拘束、押收或毀損者，不負損害賠償之責。但以不及受法院或其他有關機關援助，並非於其時爲之，則請求權不得實行或其實行顯有困難者爲限。」，即依民法第151條前段實行，須符合該條但書之規定始得爲之，又是否適用該執行之規定應按具體個案而定。從而，若符合規定者，強制執行之聲請於債權人爲上開行爲時，即視爲強制執行之聲請。

物，應爲之執行行爲或本法所定其他事項。」，因此強制執行狀宜記載：

一、執行之標的物、行爲及其他法定事項

　　聲請狀記載執行之標的物、行爲等，爲實現債權之內容，故債權人自有協助之義務。但債權人若不知執行標的所在，依強執法第19條第1項規定「執行法院對於強制執行事件，認有調查之必要時，得命債權人查報，或依職權調查之。」第2項「執行法院得向稅捐及其他有關機關、團體或知悉債務人財產之人調查債務人財產狀況，受調查者不得拒絕。但受調查者爲個人時，如有正當理由，不在此限。」，第20條第1項規定「已發現之債務人財產不足抵償聲請強制執行債權或不能發現債務人應交付之財產時，執行法院得依債權人聲請或依職權，定期間命債務人據實報告該期間屆滿前一年內應供強制執行之財產狀況。」第2項「債務人違反前項規定，不爲報告或爲虛僞之報告，執行法院得依債權人聲請或依職權命其提供擔保或限期履行執行債務。」第3項前段「債務人未依前項命令提供相當擔保或遵期履行者，執行法院得依債權人聲請或依職權管收債務人。」，即得依上揭規定，聲請執行法院調查債務人財產或命債務人報告財務義務及限期履行執行債務，受調查之機關除了個人有正當理由外不得拒絕。或另依稅捐稽徵法第33條規定向稅捐機關請求調查債務人財產。

二、繳交執行費

　　執行費之徵收，依強執法第28-2條第1項規定「民事強制執行，其執行標的金額或價額未滿新臺幣五千元者，免徵執行費；新臺幣五千元以上者，每百元收七角，其畸零之數不滿百元者，以百元計算。」第2項「前項規定，於聲明參與分配者，適用之。」第3項「執行非財產案件，徵收執行費新臺幣三千元。」第4項「法院依法科處罰鍰或怠金之執行，免徵執行費。」第5項「法院依法徵收暫免繳納費用或國庫墊付款之執行，暫免繳執行費，由執行所得扣還之。」第6項「執行人之食、宿、舟、車

費，不另徵收。」，故原超過五千元者，以聲請金額徵收千分之七。但強執法第30-1條規定準用民事訴訟法之規定，司法院乃依民事訴訟法第77-2條，基於法律授權，而提高執行費千分之一，即自92年9月1日起，將執行費提高爲千分之八。另各行政機關聲請參與分配者，仍應依法徵收執行費，惟檢察官囑託執行（刑事訴訟法第471條第3項）、持債權憑證聲請強制執行（強執法第27條）、少年法庭所爲少年執行保護處分之教養費及科法定代理人罰鍰之裁定（少年事件處理法第60條第2項、第84條第4項）、租佃爭議事件或勞資爭議事件經調解、調處或仲裁成立者，於聲請強制執行時，均免徵執行費（耕地三七五減租條例第27條、勞資爭議處理法第59條第1項）；至於同一債權人，前聲請保全執行之假扣押、假處分，嗣後聲請本案執行時，不再徵收執行費，但前聲請假扣押、假處分執行時，如未繳足執行費者，應再補徵收執行費至千分之八。另於100年6月29日再修正強執法第28-3條第1項規定「債權人聲請執行，依第二十七條第二項逕行發給憑證者，徵收執行費新臺幣一千元。但依前條第一項規定計算應徵收之執行費低於新臺幣一千元者，依該規定計算徵收之。」第2項「債權人依前項憑證聲請執行，而依第二十七條第二項逕行發給憑證者，免徵執行費。」第3項「債權人依前二項憑證聲請強制執行債務人財產者，應補徵收按前條第一項規定計算執行費之差額。」，因爲如債務人現無財產可供執行，債權人爲免其債權罹於消滅時效，而聲請執行並請求逕予發給憑證者，執行法院雖不必進行一般執行程序，惟仍須核發憑證，是仍應徵收執行費，爲減輕債權人預納執行費之負擔，增訂此類事件徵收執行費1,000元，及債權人持第1項憑證聲請執行，執行法院依第27條第2項規定逕行發給憑證者，因未實際執行債務人之財產，且債權人已依第1項規定繳納執行費，增訂免徵執行費，但債權人依第1項、第2項憑證聲請強制執行債務人財產者，應補徵收按第28-2條第1項規定計算執行費之差額，以維公允[3]。然尚應注意者，乃上開所指，係指同一債權人而言，如非同一

---

[3]　參照強執法第28-3條之立法理由。

債權人，於調卷執行時，仍應依上開規定徵收執行費。

第二節　執行法院收案之程序

　　一般強制執行案件如爲終局執行，均由法院服務處統一收狀，如爲保全程序案件（如假扣押、假處分）及參與分配，則因須迅速執行，故由執行處之收文處收狀，再分送各該股。案件經收狀人員收狀後，即予登載，再送請分案。現各法院都實施電腦化，故都先由分案人員依案件種類，編字號，先將當事人姓名、住址（設籍）輸入電腦。其中爲終局執行者，字別爲執、執罰、執聲、執更、執聲更、執助等；保全案件者，字別爲全、全聲、執全、全聲更、執全更、全更、裁全、裁全更、裁全聲、裁全聲更等，之後，按股別電腦抽籤分案，完成後並予存檔、整卷、傳送各股，整卷時應將執行費、收據、證件附卷，再交各股承辦書記官核卷蓋章（雖各法院之分案方式不盡相同，惟對債務人相同，應執行之標的物或執行行爲相同者均分由同一股辦理），書記官收案後應逐件查點，注意各案編字號是否符合規定，並按其類別、字號順序，分別登載辦案進行簿，同時登記進行日期及進行情形[4]，隨即送請法官或司法事務官批辦。

　　強執法第30條之1規定「強制執行程序，除本法有規定外，準用民事訴訟法之規定。」，又民事訴訟法第116條第3項規定「當事人得以電信傳眞或其他科技設備將書狀傳送於法院，效力與提出書狀同。其辦法，由司法院定之。」其立法理由，乃因隨著科技進步，以電信傳眞或其他科技設備傳送文書，已日漸普遍，爰增設規定，供當事人遵循。爲使民事強制執行文書亦能有效利用電信傳眞或科技設備，促進其傳送效能，強制執行事件之當事人，其書狀之提出，應可準用民事訴訟法第116條第3項規定辦理。司法院108年8月28日依強執法第30條之1準用民事訴訟法第116條第3

---

[4]　參照司法研究年報第九輯上冊、鍾慧芳著民事強制執行案件實務處理解析，第991頁。

項、第153條之1第2項規定，頒訂「強制執行文書使用電子訴訟文書服務平台傳送作業辦法」，以供電子文書傳送依據。

第三節　執行法官對執行案件之審核內容

依強執法第3條第1項規定「強制執行事件，由法官或司法事務官命書記官督同執達員辦理之。」第2項「本法所規定由法官辦理之事項，除拘提、管收外，均得由司法事務官辦理之。」，依強執法第9條規定「開始強制執行前，除因調查關於強制執行之法定要件或執行之標的物認為必要者外，無庸傳訊當事人。」，反之，執行法院於開始強制執行前，應依職權調查強制執行是否具備法定要件，調查時如認有必要，仍得傳訊當事人。依強執法第28-1條規定「強制執行程序如有左列情形之一，致不能進行時，執行法院得以裁定駁回其強制執行之聲請，並於裁定確定後，撤銷已為之執行處分：一、債權人於執行程序中應為一定必要之行為，無正當理由而不為，經執行法院再定期限命為該行為，無正當理由逾期仍不為者。二、執行法院命債權人於相當期限內預納必要之執行費用而不預納者。」，因此欠缺強制執行之法定要件者，得補正外者，如未繳執行費或繳納不足，代理未提出委任狀、未提出執行名義正本或原本等等，應定期間命其補正（強執法第30-1條準用民事訴訟法第249條第1項），債權人逾期未補正者即生不為行為之失權效果。而上述所謂「債權人於執行程序中應為一定必要之行為，無正當理由而不為，經執行法院再定期限命為該行為，無正當理由逾期仍不為者」，如引導執行法院至現場查封、繳納鑑定費等。此債權人之協助行為，而債權人不為一定必要之行為或不預納必要之費用，將使事件因此不能進行，即得駁回債權人強制執行之聲請（應行注意事項第15-1項），故並非僅駁回其等特定之執行行為，而是整個執行事件之聲請駁回。另如不得補正者，如無執行名義之債權人聲請強制執行等，應裁定駁回強制執行之聲請。為此於強制執行事項及範圍發生疑義

時，執行法院應調閱卷宗，惟調閱之卷宗，如為他法院所需用者，應自作
繕本或節本或囑託他法院移送繕本或節本（強執法第8條第1、2項）。又
執行法院對債權人所提之執行名義成立與否，是否有審查權？實務上見解
不一。本文認為，雖執行法院並無實體審查權，惟對執行名義是否成立，
仍應依職權為形成審查，最高法院81年台抗字第114號判例「強制執行應
依執行名義為之，執行法院對於執行名義是否有效成立，自應加以審查。
未確定之支付命令，不備執行名義之要件，其執行名義尚未成立，執行法
院不得據以強制執行。法院誤認未確定之裁判為確定，而依聲請付與確定
證明書者，不生該裁判已確定之效力。執行法院就該裁判已否確定，仍得
予以審查，不受該確定證明書之拘束。」採同說。另債權人聲請執行之標
的物，執行法院應調查是否確為債務人所有。調查除由債權人提出證明文
件外，並得依職權調查，認有必要得傳訊當事人。再就執行法院具體審核
項目大略如下：

第一目　強制執行聲請狀是否使用司法狀紙？

司法院依民事訴訟法第116條第4項訂定民事訴訟書狀規則（民國93年
11月26日修正），第2條第1項規定「民事事件當事人向法院有所陳述，除
法律另有規定或依法得用言詞外，應使用司法狀紙。」第3條「司法狀紙
大小規格，應為A4尺寸（寬21公分、高29.7公分），並應以中文直式橫書
書寫。」，第4條「當事人未使用司法狀紙或未依格式記載者，法院得拒
絕其書狀之提出。」，強制執行事件通說為非訟事件，為此，故當事人之
聲請強制執行、參與分配等，應以書狀時，須依上開規定使用司法狀紙，
若未使用者，依強執法第30-1條規定準用民事訴訟法第249條第1項第6款
規定，應命當事人補正，逾期未補正者，得以裁定駁回之。

第二目　本院有無管轄權？

依強執法第7條第1項規定「強制執行由應執行之標的物所在地或應爲執行行爲地之法院管轄。」第2項「應執行之標的物所在地或應爲執行行爲地不明者，由債務人之住、居所、公務所、事務所、營業所所在地之法院管轄。」第3項「同一強制執行，數法院有管轄權者，債權人得向其中一法院聲請。」第4項「受理強制執行事件之法院，須在他法院管轄區內爲執行行爲時，應囑託他法院爲之。」，若債權人誤向無管轄法院聲請，則依強執法第30-1條準用民事訴訟法第28條第1項規定，應移送於有管轄權之法院。又定執行法院之管轄以聲請時爲準（強執法第30-1條準用民事訴訟法第27條規定）。因此，若查封後將查封標的物遷移至他法院轄區，亦不影響管轄權之恆定，例如保管人於查封後將動產移至他法院轄區僅得囑託他法院拍賣，以免當事人任意選擇法院。另有關股票之執行，因股票依現行證券交易法第43條規定採集中保管帳簿劃撥原則，雖上市、上櫃股票均採集中保管，但集中保管帳簿劃撥制度係採兩階段式法律架構，首階段爲投資人與參加人（即證券商）訂立契約，由參加人設置客戶帳簿，集保公司僅提供其客戶之電腦處理服務，依規定客戶帳簿仍由參加人負責管理；第二階段爲集保公司與參加人訂立契約，由集保公司設置參加人帳簿，即集保公司僅提供電腦服務而已，執行之第三人仍屬證券商（即第三人），故定其管轄權，仍應以證券商所在地爲管轄法院，非以集保公司所在地爲管轄法院。又依最高法院101年度台抗字第137號裁定意旨「按民事強制執行事務，於地方法院及其分院設民事執行處辦理之，強制執行法第一條既定有明文，則債權人聲請民事強制執行，應否准許？自專屬地方法院及其分院民事執行處職責，高等法院或最高法院並無越俎代爲准許與否之權。縱民事執行處否准強制執行之聲請之理由不當，高等法院或最高法院亦僅就該駁回聲請裁定部分予以廢棄爲已足，無須另爲准予強制執行聲請之諭知。」值得參考。

第三目　是否依強執法第4條、第6條規定提出執行名義及證明文件？

依強執法第6條第2項規定，應提出之執行名義、證明文件未能提出正本者，且在本院另案執行時，執行法院應調閱卷宗，以查核債權人所提出據以聲請之執行名義是否真實。又債權人聲請執行之執行名義應提出正本，不得以影本代替，否則應命其補正，未補正者，則應以裁定駁回其強制執行之聲請，故依強執法第6條第1項規定「債權人聲請強制執行，應依左列規定，提出證明文件：一、依第四條第一項第一款聲請者，應提出判決正本並判決確定證明書或各審級之判決正本。二、依第四條第一項第二款聲請者，應提出裁判正本。三、依第四條第一項第三款聲請者，應提出筆錄正本。四、依第四條第一項第四款聲請者，應提出公證書。五、依第四條第一項第五款聲請者，應提出債權及抵押權或質權之證明文件及裁定正本。六、依第四條第一項第六款聲請者，應提出得為強制執行名義之證明文件。」其中就以拍賣抵押物裁定為執行名義者，修正後之強執法對以該裁定為執行名義聲請強制執行時，其證明文件須同時提出證明所擔保之債權存在之文件。按不動產抵押權在實行抵押權之種類，實務上，有普通抵押權、最高限額抵押權及法定抵押權等。而所謂最高限額抵押權者，係指所有權人提供抵押物，與債權人訂立一定金額之限度內，擔保現在已發生及將來可能發生之債權之抵押權設定契約而言（民法第881-1條）。此類抵押權所擔保之債權，除訂約時已發生之債權外，將來發生之債權，在約定限度之範圍內，亦為抵押權效力所及。雖抵押權存續期間內已發生之債權，因清償或其他事由而減少或消滅，原訂立之抵押權契約依然有效，嗣後在存續期間內陸續發生之債權，債權人仍得對抵押物行使權利[5]。此與普通抵押權不同者，在於普通抵押權之存在是一定先有債權存在再以不動產為抵押權供擔保，然最高限額抵押權則以抵押權之設立時，所擔保之

---

[5]　參照最高法院66年台上字第1097號判例。

債權不一定存在。理論上，普通抵押權因所擔保之債權已存在，在實行抵押權時不須檢附債權證明，如借據、本票等，僅須檢具法院許可拍賣抵押物裁定，抵押權設定契約書及他項權利證明書即可聲請強制執行，但最高限額抵押權，則須檢具債權證明，以證明其債權存在，否則執行法院應命其補正，未補正者應以裁定駁回之。然修法後，將強執法第6條第1項第5款原規定「依第四條第一項第五款聲請者，應提出債權或抵押權或質權之證明文件及裁定正本。」將「債權」下之「或」字，修正為「及」字，則不問是普通抵押權或最高限額抵押權甚或法定抵押權均依該規定須提出債權證明，最主要之理由在於普通抵押權，所擔保之債權可能一部分清償而僅餘部分存在，最高限額抵押權、法定抵押權亦均須表明其所擔保之主債權存在，故債權人行使各該擔保物權時，不僅須證明其各該擔保物權存在，同時須證明其所擔保之債權存在[6]，否則應命其補正，未補正者，應以裁定駁回之。另法定抵押權，則指依法律之規定而發生之抵押權而言，例如民法第513條及國民住宅條例第17條所定之抵押權，惟因法定抵押權所擔保之債權較不確定，則須由債權人提起確認抵押權存在之訴或給付之訴，以資解決[7]。另實務上，常據以強制執行名義，如本票裁定者，應提

---

[6] 參照強執法第6條之立法理由及最高法院96年度台抗字第298號裁定「按以拍賣抵押物裁定為執行名義，應提出債權及抵押權之證明文件及裁定正本，強執法第6條第1項第5款定有明文。該條款所稱之『債權及抵押權之證明文件』，執行法院仍應為形式上之審查，於最高限額抵押權之情形，因未登記有被擔保之債權存在，如債務人或抵押人否認抵押債權存在，且從抵押權人提出之債權證明文件為形式上之審查，不能明瞭是否有抵押債權存在時，自不得准許其強制執行之聲請。」值得參考。

[7] 按承攬關係所生之債權，對於其工作所附之定作人之不動產有抵押權，承攬人有因承攬關係取得對定作人之債權，在未受償前，自得聲請法院拍賣定作人之不動產。惟承攬人有無因承攬關係取得對定作人之債權，非如設有抵押權登記之被擔保債權，得逕依該公正證書（即國家機關作成之登記文件）證明確有債權，則定作人有無債務，自無從遽行斷定。從而如定作人就債權人之發生或存在有爭執時，仍應由承攬人提起確認之訴，以保護定作人之利益。此與實行經登記之抵押權，債務人就抵押關係有爭執時，應由債務人提起確認之訴，不能作同一解釋（參照最高法院55年台抗字第616號判例）。

該裁定正本及送達證書（或確定證明書），支付命令者，應提出該支付命令及確定證明書。又執行名義成立後，債權人將債權讓與第三人，該第三人為強執法第4-2條第1項第1款所稱之繼受人，雖得以原執行名義聲請強制執行，惟民法第297條第1項既明定債權之讓與，非經讓與人或受讓人通知債務人，對於債務人不生效力，則債權受讓人於該項讓與對債務人生效前，自不得對債務人為強制執行。是債權受讓人依強執法第4-2條規定，本於執行名義繼受人身分聲請強制執行者，除應依強執法第6條規定提出執行名義之證明文件外，對於其為適格之執行債權人及該債權讓與已對債務人發生效力等合於實施強制執行之要件，亦應提出證明，併供執行法院審查，不得以債權之讓與人或受讓人未將債權讓與之事實通知債務人前，受讓人即對該債務人為強制執行，而責由執行法院以送達書狀或讓與證明文件予債務人之方式為通知[8]。至於債權讓與之通知，為通知債權讓與事實之行為，得以言詞或文書為之，不需必以何等方式為之，受讓人對於債務人主張受讓事實行使債權時，既足使債務人知有債權讓與之事實，即應認為兼有通知之效力，即其通知方式不拘，以使債務人知悉其事實即可，於訴訟中如有事實足認債務人已知悉其事，該債權讓與即對債務人發生效力[9]。惟受讓人應依上開說明，提出證明始得聲請強制執行，否則經執行法院命其補正而未補正者，得以裁定駁回其強制執行之聲請。

第四目　是否依法繳納執行費？

一、85年10月9日修法後，參與分配之債權人參與分配亦規定須徵收執行費，並將執行費提高為千分之八，另將差旅費等予以刪除，使執行費

8　參照最高法院98年度第5次民事庭決議。

9　參照最高法院42年台上字第626號、22年上字第1162號判例。

之徵收單一化，且參與分配之執行費亦得優先受償[10]，故債權人聲請強制執行時，除法律有免徵執行費之情形，如強執法第28-3條第2項規定持債權憑證聲請強制執行、刑事訴訟法第471條規定檢察官囑託執行、耕地三七五減租條例第27條調解或調處成立而聲請執行、少年事件處理法第60條第1項前段、第84條第1、2項裁定罰鍰之執行等等之外。另同一債權人，前曾聲請執行假扣押、假處分，已繳納執行費，嗣後聲請本案執行時，於同一債權額度內，不再徵收執行費，但前聲請假扣押、假處分執行時，如未繳足執行費者，應再徵收執行費至千分之八[11]，執行費未繳或未繳足者，不得逕予駁回，須命債權人於相當期間內預納，逾期未納，始得再以裁定駁回其強制執行之聲請（強執法第28-1條第1款）。再參與分配之抵押權人，依強執法第34條第2項規定「其應徵收之執行費，於執行所得金額扣繳之。」（應行注意事項第19項第3款），並非全無須繳納執行費，故必須於分配

---

[10] 司法院第31期司法業務研究會法律問題研究報告提案：抵押債權人甲對債務人乙所有之抵押物聲請強制執行，甲之抵押債權額為新台幣（下同）200萬元，乙所有抵押物約值100萬元。拍賣前，丙以對乙有1,000萬元之普通債權聲請參與分配，並依法繳交7萬元（現行法已改為千分之八）之執行費，執行法院應如何處理？

甲說：依強執法第80-1條第3項之規定，不動產由順位在先之抵押權人或其他優先受償權人聲請拍賣，不適用前兩項禁止無益執行之規定。因此本件應繼續執行，並准丙參與分配、拍賣結果得金額如在200萬元以下，丙所分配之受償額為零，但其聲明參與分配所支出之7萬元執行費用，仍應優先於甲之抵押債權而受償。

乙說：甲說情形，顯然侵害甲之抵押債權，如有更類似丙之參與分配債權，例如1億元或5億元，將使甲之抵押債權毫無受償之可能，亦即全部拍賣所得，均先抵充執行費，對於普通債權人既無益且無損，對於甲則損害鉅大。因此，應類推適用無益執行禁止之規定，亦禁止無益之參與分配。

丙說：抵押債權執行費均優先於抵押權，執行法院似可認聲請強制執行之甲債權人所支出之執行費優先於抵押債權，而抵押債權則優先於參與分配之丙債權人支出之執行費用，以免侵害抵押債權。

結論：聲請強制執行與參與分配之執行費，均得優先受償。

[11] 參照司法院大法官會議解釋第136號解釋。

時，先算出參與分配之抵押權人受分配之金額，再以此金額核算其應納之執行費，並於分配時予扣繳。惟此係指抵押權人擬制參與分配之情形而言，如抵押權人係主動聲請強制執行者，則仍應依強執法第28-2條第1項規定徵千分之八之執行費。

二、實務上在徵收執行費時經常發生之問題

（一）依強執法第3-1條第2項規定請求警察或有關機關協助之人員旅費是否亦免徵？按強執法第28-2條第6項僅規定執行人員之食、宿、舟、車費，不另徵收，至於非執行人員雖有協助之義務，但並無免徵旅費之規定，故仍應命債權人預納。實務上是按人數計算，每人新台幣400元，將來分配價金時得為執行費用之一部分，而優先受償。

（二）取得執行名義之費用，是否列入執行費優先受償？依強執法第29條第2項規定限於債權人因強制執行而支付之費用及其他為債權人共同利益而支付之費用，得求償於債務人者，始得就強制執行之財產優先受償。易言之，得列為執行費者限於「共益費用」，至於取得執行名義之費用，係債權人為自己之利益而支出，並非共益費用，不應列入為優先受償，故如聲請假扣押裁定或民事訴訟、支付命令之訴訟費用，即不得列入優先受償[12]，且計算聲請執行或參與分配之執行費，是以債權人請求實現之權利金額或價額計徵執行費，例如聲請執行狀中請求實現之金額為新台幣100萬元，即以100萬元徵千分之八，即8,000元之執行費，至於日後實現之債權僅50萬元，亦不生退費之問題。

（三）有擔保物權或優先受償權人聲請參與分配，其執行費如何徵收？依強執法第98條第3項前段規定「存於不動產上之抵押權及其他優先受償權，因拍賣而消滅。」即採強制塗銷主義，不問其所擔保之債權是否屆清償期，均應被強制參與分配，故法理上均應按聲請參

---

[12] 參照強執法第28-2條、第29條之立法理由。

與分配請求實現之權利金額或價額計徵執行費，而不是以實際受償金額計徵。但依強執法第34條第3項後段規定「其應徵收之執行費，於執行所得金額扣繳之。」應行注意事項第19項第3款中段規定「其應納之執行費，就執行標的物拍賣或變賣後所得金額扣繳之。」宜注意。而實務上常見抵押權有普通抵押權，法定抵押權及共同抵押權，其中普通抵押權，因必須先有所擔保之債權存在，而後抵押權始得成立，惟最高限額抵押，抵押權成立時，可不必先有債權存在。因此，在抵押權人具狀參與分配時，固可依所聲請實現之債權金額計徵。但如被強制參與分配時，普通抵押權人是以土地、建物登記簿謄本所載之金額計徵，另最高限額抵押權人，若仍未聲明參與分配或陳報債權，則以其所擔保之債權為零，即不予計徵（但有反對說，認應以最高限額之抵押權之債權金額列入分配，參照86年司法院第31期司法業務座談會紀錄，容後另論）。就實務上曾有為了避免參與分配之抵押權人於尚未分配到金錢，卻要負擔執行費，故於應行注意事項第19項第3款規定，以實際分配所得金額多少再扣繳之[13]。

（四）有擔保物權或優先受償權之債權人參與分配，未繳執行費可否以程序不備之理由予以駁回？按擔保物權或優先受償權之債權人參與分配，因新修正之強執法採塗銷主義，無論抵押權所擔保之債權是否屆期，均應行使權利，其是否繳費自非法定必備之程序，故不得予以駁回（應行注意事項第19項第3款前段）。又擔保物權人、優先受償權人應於聲明參與分配時繳納執行費之規定，既非法定必備程式，故依第34條第3項規定「執行法院知有前項債權人者，應通知之。知有債權人而不知其住居所或知有前項債權而不知孰為債權人者，應依其他適當方法通知或公告之。經通知或公告仍不聲明參與分配者，執行法院僅就已知之債權及其金額列入分配。其應徵收

---

[13] 參照台中地方法院民事執行處86年3月份之庭務會議。

之執行費，於執行所得金額扣繳之。」第4項「第二項之債權人不聲明參與分配，其債權金額又非執行法院所知者，該債權對於執行標的物之優先受償權，因拍賣而消滅，其已列入分配而未受清償部分，亦同。」，顯見如果擔保物權人、優先受償權人只聲明參與分配，而未於聲明參與分配時繳納執行費，亦未遵執行法院補繳執行費之命令補繳執行費，執行法院此時已知該擔保物權人、優先受償權人之債權金額，仍應依職權將之列入分配，並於執行所得金額中扣繳執行費，而不得以擔保物權人、優先受償權人之聲明參與分配不備法定程式為由，駁回其參與分配之聲請（應行注意事項第19項第3款前段亦明白規定「本法第34條第1項之債權人聲明參與分配而不繳執行費者，不得予以駁回。」）。是以擔保物權人、優先受償權人於聲明參與分配時，並非必須立即繳納執行費，而是在執行有效果時，始有受扣繳之義務。

（五）拍定人點交取得不動產，債務人復占有該不動產，再聲請點交是否須另徵執行費？按再點交程序之實施，係因受點交義務人（如拍定人）於受點交之強制執行後，違反原點交命令而導致另一點交程序，其再點交之程序費用自屬另一點交程序，由拍定人自行負擔[14]，基於同一法理，強執法第124條第2項關於物之交付請求之執行後，再執行，第129條第4項關於行為及不行為請求權之執行後，再執行，均依規定須另再徵執行費，並另分新案，由原承辦股繼續執行（應行注意事項第57項第8款）。

（六）參與分配之債權人繳執行費後，以同一執行名義在另案再參與分配是否要另繳執行費？按債務人財產為債權人之總擔保，參與分配之債權人以同一執行名義再對債務人之財產執行並參與分配，其繳交執行費之程序自已具備，自不須再繳，惟參與分配之債權人應註明其前參與分配執行名義在何股及案號，以便調查。又將來受分配

---

[14]　參照強執法第99條之立法理由。

時，應提出執行名義正本始得分配，以免重複受分配，此時書記官應在執行名義上註明受分配情形。

（七）於本案拍賣、變賣或債權人承受之日一日前或分配表作成前一日後始參與分配之債權人所繳參與分配之執行費，是否應於本案分配表製作時予以扣繳？按強執法第28-1條第2項規定聲明參與分配者，亦須繳執行費，惟強執法第32條第2項規定逾拍賣、變賣或分配表作成之日一日前，承受之日一日前始聲明參與分配，僅得就債權餘額而受清償。即本件情形，於本案之分配時尚不得列入分配，亦即未利用本案之執行程序，故不得扣繳執行費，須待如有分配餘額而再分配時，再予扣繳，始符第28-1條第2項之團體分配主義之立法本旨。

（八）假扣押債權人聲請假扣押執行後，取得本案之執行名義聲請強制執行時，是否須再繳交執行費？實務上之見解不一，肯定說者，認爲按假扣押執行程序爲保全程序，保全程序終結，則執行程序即予終結，另同一債權人取得之執行名義雖得以調卷接續執行，惟係屬另一執行程序之進行，與保全之假扣押程序不同，故仍應再繳執行費[15]。否定說則認爲假扣押之執行，依規定徵收之執行費，於本案確定執行時，予以扣除，另保全程序之假處分亦同[16]，亦即同一債權於本案調卷執行時，即毋庸再補繳執行費。

（九）債權人已取得對物之執行名義，再取得對人之執行名義同時或先後聲請執行時，是否須再繳執行費？即如以拍賣抵押物裁定聲請強制執行，並已按其債權額繳足執行費，因僅獲部分清償，乃於執行程序終結後，就未能受償之同一債權，另以支付命令爲執行名義，聲

---

[15] 因非同一債權之同一債權人聲請執行，依強執法第28-2條第2項規定之立法本旨，應認仍要繳納執行費。

[16] 參照司法院大法官會議第136號解釋。

請強制執行,是否須再繳執行費?實務上見解不一[17],但就債權人實際求償之債權而言,債權請求之金錢債權若是同一者,以不必繳執行費,較符實際,依應行注意事項第19項第3款規定「依本項規定參與分配之債權人,如已取得拍賣抵押物或質物裁定以外之金錢債權執行名義,其未受清償之金額,得依本法第27條之規定發給憑證。」以觀,顯然亦同採否定說,即同一債權,以不同執行名義聲請執行時,毋庸再繳執行費。但若有疑義時,執行法院應調閱卷宗查明(強執法第8條第1項),惟此,若在同一法院,調卷及其他調查較方便,但若為分散在數個法院執行時,較不易查詢,故應依強執法第8條第2項規定囑託他法院移送繕本或節本,以供參辦。

(十)參與分配之執行費是否優先受償?實務上均採肯定說,因強執法第29條規定債權人因強制執行而支出之費用,得求償於債務人,得就強制執行之財產先受清償。故依最高法院57年3月12日民刑庭總會決議認為所指之債權人,除了聲請強制執行之債權人外,包括參與分配之債權人在內,故無論以對人或對物之執行名義之債權人聲請強制執行(含併案)或參與分配之債權人均包括在內,其等之執行費均得最優先受償。

(十一)聲請強制執行後,債權人撤回強制執行者,因強制執行之性質與

---

[17] 司法院第37期司法業務研究會法律問題研究報告提案:債權人以拍賣抵押物裁定聲請拍賣抵押物強制執行,並已按其債權額繳足執行費,因僅獲部分清償,乃於執行程序終結後,就未能受償之同一債權,另以支付命令為執行名義,聲請強制執行,是否須再繳執行費?

　　肯定說:同一債權,取得不同執行名義,前後聲請強制執行,前案已繳執行費,並已執行終結。嗣又以另一執行名義聲請強制執行,因執行名義不同,性質上屬另一執行程序之進行,自應再繳執行費(參考70年1月5日(70)廳民2字第004號函)。

　　否定說:按強制執行係以實現債權人之權利為目的,故強執法第28-2條明定,關於財產之執行,按債權請求實現之權利金額或價額計徵執行費。同一債權前後以不同執行名義聲請執行,但請求實現之債權同一,自無庸重複計徵執行費(參照司法院大法官會議解釋第136號解釋)。

　　結論:採否定說,但以同一債權為前提。

民事訴訟不同，故不準用新修正民事訴訟法第83條之規定，亦
即不準用得於三個月內退回三分之二之執行費之規定。按強執法
第30-1條固有：「強制執行程序，除本法有規定外，準用民事訴
訟法之規定。」之規定，惟所謂準用，應視各個執行程序之性質
而定，與民事訴訟法之規定性質相近時始得準用，而強制執行之
程序係實現私權之程序，與確定私權之民事訴訟程序有所不同，
繳納執行費固係聲請強制執行必備之程序，與繳納裁判費為民事
訴訟法規定起訴之必備程序，同其性質，惟民事訴訟法第83條
第1項規定：「原告撤回其訴者，訴訟費用由原告負擔。其於第
一審言詞辯論終結前撤回者，得於撤回後三個月內聲請退還該審
級所繳裁判費三分之二。」乃為鼓勵當事人撤回無益或不必要之
訴訟，減省法院之勞費，並達止訟息爭之目的，而其聲請退還裁
判費三分之二，係於訴訟程序終結後之行為，並非訴訟程序之訴
訟行為，故民事訴訟法第83條第1項後段得聲請退還裁判費之規
定，於強執法無準用之餘地[18]。

（十二）有關公法上金錢給付義務之執行，如房屋稅等，依行政執行法第
25條規定，不徵收執行費，故依強執法第33條、第33-2條第1項
參與分配或併案執行，即不必命其補繳執行費。

（十三）對連帶債務人中之一聲請強制執行並繳足執行費，因無財產而發
債權憑證結案，嗣另案聲請對其他債務人強制執行，毋庸再繳納
執行費[19]。

（十四）債權人聲請執行法院拆屋還地後，事後聲請執行法院依強執法第
29條第1項規定確定其因強制執行而支出必要費用後，再就必要
費用聲請強制執行時，不需繳納執行費[20]。

---

[18] 參照台灣高等法院89年11月法律座談會紀錄。

[19] 參照台灣高等法院89年法律座談會民事執行類提案4。

[20] 參照台灣高等法院92年法律座談會民事執行類提案11。

（十五）債權人於聲請強制取回車輛事件已繳納執行費，因該車輛拍賣所得不足清償債權，而就其債權餘額另行取得執行名義並聲請強制執行，毋庸再繳執行費[21]。其他如債權人聲請強制執行時，除了提出一般金錢債權之執行名義外，及提出附有動產擔保交易契約書、並已向主管機關登記及公告，聲請拍賣擔保動產者，經拍賣而未拍定，執行法院仍將該動產交付債務人，嗣債權人再持該金錢債權之執行名義聲請強制執行，依司法院大法官會議解釋136號意旨，不用重複再繳費[22]。

（十六）依強執法第23條規定「債務人依第二十二條第二項、第三項及第二十二條之四第二款提供之擔保，執行法院得許該管區有資產之人具保證書代之」。「前項具保證書人，如於保證書載明債務人逃亡或不履行義務時，由其負責清償或賠償一定之金額者，執行法院得因債權人之聲請，逕向具保證書人為強制執行。」，依該規定為執行名義聲請強制執行時，毋庸補繳執行費[23]。

（十七）依強執法第119條規定「第三人不承認債務人之債權或其他財產權之存在，或於數額有爭議或有其他得對抗債務人請求之事由時，應於接受執行法院命令後十日內，提出書狀，向執行法院聲明異議。」第2項「第三人不於前項期間內聲明異議，亦未依執行法院命令，將金錢支付債權人，或將金錢、動產或不動產支付或交付執行法院時，執行法院得因債權人之聲請，逕向該第三人為強制執行。」聲請逕對第三人強制執行者，毋庸繳執行費[24]。

（十八）探視子女強制執行事件經執行完畢結案一年後，債權人以同一執

---

[21] 參照台灣高等法院93年法律座談會民事執行類提案11。

[22] 參照台灣高等法院93年法律座談會民事執行類提案12。

[23] 參照司法院民事廳頒法院辦理民事執行實務參考手冊，96年6月8日印行，第169頁。

[24] 同註23，第170頁。

行名義再聲請強制執行時，毋庸繳執行費。因執行債權人請求實現之權利同一，且探視子女屬繼續性法律問題，於未成年子女成年之前，均持續發生，如每次之探視均需繳納執行費，債權人可能負擔過多，故不應再命債權人繳納[25]。

第五目　執行名義所載債權人、債務人姓名與強制執行聲請狀所載姓名是否相符？

按強制執行之進行是依執行名義為之（強執法第4條第1項），故執行名義所載之債權人、債務人通常分別為執行債權人、債務人，亦即執行之當事人。但由於強制執行之執行客體，對執行標的物之認定係採「外觀原則」，如已登記之不動產依土地、建築改良物登記簿謄本可憑者外，其餘未保存登記之增建、擴建、建造中之房屋等，即須由建造執照或客觀之證據以為憑證，其中建造執照雖為行政上許可建築之文件，惟依建築法第70條第1項前段規定，建築工程完竣後，應由起造人會同承造人及監造人申請使用執照；又依土地登記規則第79條第1項規定，申請建物所有權第一次登記，應提出使用執照。故如無特別情事，建造執照所載之起造人，恆為該建物所有權第一次登記之申請人亦即原始建築人，是執行法院乃以建造執照所載起造人作為形式資料判斷孰為建物之原始建築人[26]，主要理由為執行法院並無實體審查權之故也。惟其中對於執行主體之債務人是否亦採外觀原則？即執行債務人是否僅以執行名義所載之人為限？是否僅依形式來認定，對實體上是否為執行債務人即無審查權？頗有疑義。如下列情形：

---

[25] 參照台灣高等法院94年法律座談會民事執行類提案11。

[26] 參照台灣高等法院85年度抗字第973號裁定。

一、執行債務人之當事人能力及行為能力

在強執法中並未就執行當事人是否須有當事人能力及行為能力設有規定，理論上自應準用民事訴訟法有關當事人能力及行為能力之規定（強執法第30-1條），但因民事訴訟法與強執法對當事人之定位不同，民事訴訟法是將原告、被告立於平等地位，以盡公平之攻擊防禦，但強執法是將當事人立於不公平之地位，執行債務人則須忍受執行債權人對其強制執行，即執行債權人為積極主動行為，但執行債務人為消極被動行為，故通說認執行債權人須具備當事人能力及行為能力，但執行債務人是否亦須具有當事人能力即行為能力，則有不同之見解，有肯定、否定說不同，理論上以折衷說為當[27]。依強執法第5條第3項規定「強制執行開始後，債務人死亡者，得續行強制執行。」民法對繼承之規定雖採當然繼承（民法第1147條），但無論有無繼承人或繼承人有無行為能力，均應對其繼續強制執行，即縱無繼承人或繼承人為無行為能力仍應繼續執行，自不準用民事訴訟法第168條有關當然停止之規定，主要認為強制執行目的在實現債權，並非在確定私權，執行債務人有忍受強制執行之義務，自無須具備當事人能力及行為能力，以免延滯執行程序之進行，惟如執行債務人須積極為一定行為時，仍須具備一定之行為能力，兼以保障債務人之利益，如聲明異議、抗告等，故如執行債務人為無當事人能力及行為能力者，應依強執法第5條第4項之規定選任特別代理人為執行債務人，以為執行行為。

二、強執法所認定之執行債務人

按強制執行之債權人、債務人僅為執行程序之名稱，與實體上之債權人、債務人未必一致。尤其執行債務人之名稱，邇來經常引起爭議，如拍賣抵押物裁定之債務人、以連帶保證人為執行債務人等。因在強制執行實

---

[27] 參照楊與齡編著強執法論，85年10月修正版，第41、42頁；張登科著強執法，86年2月修訂版，第79、80頁；陳榮宗著強執法，88年11月初版，三民書局印行，第53頁。

務上所指執行債務人之認定，將影響執行權利甚大之故也，舉例言之，如抵押人甲以其所有不動產為債權人乙設定抵押權後，因買賣而將不動產所有權移轉登記予丙，但仍占有該不動產，乙於債權屆清償期聲請法院對丙拍賣該抵押物，實務上，認為法院在裁定拍賣抵押物時是列丙為相對人，並於強制執行時，將丙列為執行之債務人，丙雖為形式上之債務人，而非實體上之債務人，實體上之債務人為甲，且甲之占有行為又非無權占有，亦非查封後占有，自不屬強執法第99條各項規定之範圍，是否得予點交？即形式之執行債務人是否包括實體上之債務人？學說上見解不一，有認為「甲說：甲既已將不動產所有權移轉予丙，乙為實行抵押權拍賣抵押物自應以丙為相對人而聲請法院拍賣抵押物，丙為執行債務人，該不動產於查封前為第三人甲占有，則甲非查封之效力所及，與強執法第99條第1項規定不合，執行法院不得點交。」；「乙說：甲既設定抵押權予乙，則甲為乙之債務人，雖嗣將抵押物所有權移轉予丙，但抵押權並未隨同移轉，甲仍為抵押人，惟民法第867條後段之規定，抵押權不因此受影響，乙自得對現所有權人丙聲請法院拍賣抵押物，甲丙均屬強執法第99條第1項規定之債務人，執行法院自得點交不動產予拍定人，否則易使抵押人利用此方式移轉抵押物所有權予他人，致執行法院拍定後不點交，影響拍賣價金，有違抵押權之追及效力。」；實務上採甲說，認為「強執法第99條所稱債務人，係指執行事件之債務人，甲將不動產為債權人乙設定抵押權後，將不動產所有權移轉登記予丙。嗣乙基於抵押權追及效力，聲請拍賣該抵押之不動產，其執行事件之債務人即應為丙，而非甲。則查封時不動產雖仍為甲占有中，但甲為執行事件之第三人，且非於查封後始占有，依強執法第99條第1項之規定，執行法院自不得對之執行點交。研究結論採甲說，尚無不合。」[28]即認為形式債務人不包括實體之債務人，但採甲說對執行債權人權益影響甚鉅，除了事實上因不點交而影響不動產之拍賣價格外，理論上亦有未洽。蓋抵押權設定後，抵押物所有權之移轉而以新所有權人

---

[28]　參照民事法律問題研究彙編第九輯，第860-862頁。

為債務人聲請拍賣抵押物，其債務人仍為原所有權人，新所有權人乃債權人實行抵押權時之所有權人，並非實際上之債務人，僅為形式上之執行債務人，顯然新所有權人乃繼受原所有權人之債務人資格而為債務人，依繼受之法理，自無不使新所有權人負同一義務，才能保障抵押權人，符合物權追及效力。故於此情形，本文認為形式之執行債務人應包括實體之債務人為當，且對於是否為實體之債務人，在執行實務上從執行債權人聲請之「請求實現之權利」（強執法第5條第1項第2款）或聲請之理由中，即可查明而認定，自不涉及實體上之認定。

三、個案中之執行債務人

（一）執行名義效力所及之執行債務人

執行名義所載當事人之效力，強執法第4-2條第1項規定「執行名義為確定終局判決者，除當事人外，對於左列之人亦有效力：一、訴訟繫屬後為當事人之繼受人及為當事人或其繼受人占有請求之標的物者。二、為他人而為原告或被告者之該他人及訴訟繫屬後為他人之繼受人，及為該他人或其繼受人占有請求之標的物者。」，民事訴訟法第401條第1、2項亦有相同之規定。但得據以強制執行之執行名義並非僅限於強執法第4條第1項第1款規定之確定判決一種而已，尚有強執法第4條第1項第2款至第6款規定各種，故於同條第2項規定「前項規定，於第四條第一項第二款至第六款規定之執行名義準用之。」，為免爭議。立法上乃參考日本民事執行法第23條、德國民事訴訟法第727條至第729條之規定，明定執行名義之效力及於訴訟繫屬後為當事人之繼受人，及為他人而為當事人之該他人及其繼受人，以及為當事人、該他人或其繼受人占有請求標的物之人，即不以確定終局判決為限。至於是否為執行名義效力所及，發生爭執時，強執法增訂第14-1條之救濟程序以資因應，對於依法應為繼受人者之權益，已無損害之虞。又上開規定為準用，乃性質上得以適用者才予準用，因強執法第4條第1項第2至6款規定之執行名義，如有係命履行公法上義務者，性質

上不能繼承，故本條第2項，設準用之規定，俾視具體案件之性質，而能為彈性處理[29]。其中所謂繼承人包括因法律行為而受讓訴訟標的之特定繼承人在內。又所謂為「為他人而為原告或被告者之該他人及訴訟繫屬後為他人之繼受人，及為該他人或其繼受人占有請求之標的物者。」，如破產管理人、強執法第5條第3項之遺產管理人、遺囑執行人、特別代理人等。至認為係執行名義效力所及之人為執行債務人時，債權人應提出得證明之相當證據，執行法院並應為必要之調查。如債權人之聲請，經執行法院認定非執行效力所及，執行法院應以裁定駁回之。但債權人收到執行法院裁定後十日之不變期間內，得向執行法院（應指所屬法院），對債務人（即債權人所認應為執行之債務人）提起許可執行之訴（強執法第14-1條第2項），且債務人認非執行效力所及，亦得對債權人提起異議之訴（強執法第14-1條第1項），而是否為執行效力所及之人，有爭執時，則非執行法官所得認定。又依最高法院98年度第3次民事庭會議決議（一）「執行名義成立後，債權人將債權讓與於第三人，該第三人為強制執行法第4條之2第1項第1款所稱之繼受人，雖得以原執行名義聲請強制執行，惟民法第297條第1項既明定債權之讓與，非經讓與人或受讓人通知債務人，對於債務人不生效力，則債權受讓人於該項讓與對債務人生效前，自不得對債務人為強制執行。是債權受讓人依強制執行法第4條之2規定，本於執行名義繼受人身分聲請強制執行者，除應依同法第6條規定提出執行名義之證明文件外，對於其為適格之執行債權人及該債權讓與已對債務人發生效力等合於實施強制執行之要件，亦應提出證明，併供執行法院審查。至於本院42年台上字第626號、22年上字第1162號判例所稱『讓與之通知，為通知債權讓與事實之行為，得以言詞或文書為之，不需何等之方式』、『受讓人對於債務人主張受讓事實行使債權時，既足使債務人知有債權讓與之事實，即應認為兼有通知之效力』等語，旨在說明債權讓與之通知，其性質為觀念通知，其通知方式不拘，以使債務人知悉其事實即可，於訴訟中如

---

[29] 參照強執法第4-2條之立法理由。

有事實足認債務人已知悉其事，該債權讓與即對債務人發生效力；惟究不得因此即謂債權之讓與人或受讓人未將債權讓與之事實通知債務人前，受讓人即得對該債務人為強制執行，而責由執行法院以送達書狀或讓與證明文件予債務人之方式為通知。」值得參考及注意。

（二）拍賣抵押物裁定所指之執行債務人

1. 在拍賣抵押物裁定後，原所有權人將不動產移轉與第三人，嗣聲請強制執行時是以原所有權人或第三人為債務人？頗有疑義。實務上，認依民法第867條規定「不動產所有人設定抵押權後，得將不動產讓與他人，但其抵押權不因此而受影響。」，即抵押權之設定並不影響所有權人對抵押物之移轉，故聲請拍賣抵押物時，應以現實不動產之所有權人列為債務人，縱非基於讓與之意思而取得，如詐欺、脅迫等，仍應列現所有權人為債務人。於查封時，如發現債務人已於執行名義成立後死亡者，仍應實施查封，改以繼承人為執行債務人，並應檢附戶籍謄本、繼承系統表為證。於強制執行程序進行中死亡者亦同。故法院為准許拍賣抵押物裁定，並合法送達後，債權人未查仍以原債務人名義聲請強制執行，應否准許債權人聲請更正以繼承人為執行債務人？有不同之見解，否定說認為強制執行程序之當事人，須有當事人能力。有關執行當事人能力，強執法並未規定，應準用民事訴訟法之規定，即有訴訟當事人能力者，有執行當事人能力。對無當事人能力之債務人所為之執行行為，應屬無效，亦無從准其更正當事人，執行法院應駁回債權人之聲請。肯定說認為債權人既執有合法送達之執行名義，且已繳納執行費，宜准其更正，方能省時經濟。二說以肯定說較為可採[30]，肯定說雖未具體說明法理之依據，蓋拍賣抵押物裁定係對物之執行名義，不注重當事人之特性，且拍賣抵押物裁定又無待該裁定確定即有執行力（強執法第4條第1項第5款、第6條第1項第5款），

---

[30]　參照司法院第37期司法業務研究會提案結論。

從而，以肯定說爲當。

2. 拍賣抵押物裁定是否記載債務人？關於抵押權人聲請拍賣抵押物，法院裁定時，抵押物所有權人已經變更，是否記載相對人？有不同之見解，有認爲「不動產所有人設定抵押權後，將不動產讓與他人者，依民法第867條但書規定，其抵押權不因此而受影響，抵押權人本追及效力實行其抵押權。系爭不動產既經抵押人讓與他人而屬於受讓之他人所有，則因實行抵押權而聲請法院裁定准許拍賣該不動產時，自應列受讓之他人爲相對人。」[31]。該「相對人」是否即爲拍賣抵押物裁定之執行債務人？從外觀而言，固無不合，現行各執行法院亦均以相對人列爲執行債務人。但在實質上及強執法之規定似有可議。按強制執行，固依執行名義爲之，依強執法第4條第1項第5款規定「抵押權人或質權人，爲拍賣抵押物或質物之聲請，經法院爲許可強制執行之裁定。」第6條第1項第5款規定「依第4條第1項第5款聲請者，應提出債權證明及抵押權或質權之證明文件及裁定正本。」並無須具備確定證明書即可聲請強制執行，與同法第6條第1項第1款規定「依第4條第1項第1款聲請者，應提出判決正本並判決確定證明書或各審級之判決正本。」不同，因前者爲對物執行之執行名義，後者爲對人執行之執行名義。而對物執行之執行名義，因不須有對人之屬性，而限於特定標的物，故法律規定自與對人之執行名義情形不同，且得爲強制執

---

[31]　參照最高法院74年度台抗字第431號裁定。另最高法院於87年度台抗字第311號裁定「抵押權人聲請法院強制執行拍賣抵押物，應以抵押物現在所有人爲執行債務人。李莊阿理既已非系爭抵押土地之所有人，相對人聲請法院對其實施強制執行拍賣抵押物，顯有未合，自屬不應准許。次按債權人聲請強制執行，非有執行名義，不得爲之。不動產所有人設定抵押權後，將不動產讓與他人，抵押權人固得本於追及其物之效力實行抵押權，但因實行抵押權而聲請法院裁定許可拍賣該不動產時，仍應列受讓之他人爲相對人，取得執行名義，始得對之聲請強制執行拍賣抵押物。相對人聲請法院裁定許可拍賣系爭土地，並未列受讓李莊阿理於系爭土地應有部分之李志傑爲相對人，該准許拍賣抵押物裁定之效力不及於李志傑，相對人以之爲執行名義，對李志傑聲請強制執行拍賣抵押物，難認有據，自不應准許。」亦採相同之見解。

行之執行名義者，並不限以應送達於債務人者始有執行力，如保全執
行之假扣押、假處分裁定，依強執法第132條第1項規定「假扣押、假
處分之執行，應於假扣押或假處分之裁定送達同時或送達前為之。」
第6條第1項第2款規定「依第四條第一項第二款聲請者，應提出裁判
正本。」即未送達於債務人前亦發生執行力。益徵對物執行之拍賣抵
押物裁定所記載之相對人（即債務人）僅是便利事後通知之任意性而
已，而其通知並非發生執行力之要件至明。

（三）執行債務人死亡如何處理？

如債務人於執行名義成立前即死亡，則因該執行名義即有欠缺，未合
法成立，執行法院不得查封，如已開始執行查封者，亦應撤銷執行程序，
並駁回債權人之聲請[32]，另指示債權人應取得合法之執行名義再向執行法
院聲請執行。故一般查封時債務人不在場，經詢問其家屬未能得知債務人
之狀況者，即應令債權人補債務人最新之戶籍謄本，以便核對[33]。至執行

---

[32] 按人之權利能力始於出生終於死亡，民法第6條定有明文。又有權利能力者，有
當事人能力；原告或被告無當事人能力者，法院應以裁定駁回原告之訴，民事訴
訟法第40條第1項、第249條第1項第3款亦有規定，而前揭民事訴訟法之規定，
為強制執行法第30條之1所準用。是債權人聲請強制執行時，債務人已死亡者，
即欠缺執行當事人能力之要件，亦不生補正之問題（最高法院101年度台抗字第
867號裁定意旨參照），自應以裁定駁回債權人強制執行之聲請。又民事訴訟法
第401條第1項及強制執行法第4條之2乃在規範確定判決之既判力及執行名義之效
力，得及於訴訟繫屬後為當事人之繼受人者，係屬二事。若於起訴前死亡者，原
即欠缺當事人能力之要件，自有當事人適格之欠缺（最高法院70年台上字第2846
號判例參照）。而此訴訟要件之欠缺，因係於訴訟繫屬前死亡而無從補正，亦無
從適用強制執行法第5條第3項「強制執行開始後，債務人死亡者，得續行強制
執」該條項之適用。

[33] 查封標的物之債務人如已死亡者，須債務人死亡在執行名義成立後始得查封，否
則執行名義成立前死亡者，係執行名義尚未成立或發生效力，應另對其債務人之
繼承人重新取得執行名義，否則不得據以執行。反對説，依司法院30年2127號解
釋，對違法判決，在尚未撤銷前，執行法院仍應據以執行，但本文認為形式上已
足以認定債務人死亡後才成立之執行名義，則該執行名義即不發生效力，故不得
執行。

名義成立後債務人死亡以何人爲債務人，執行法院應如何處理？司法院爲解決未辦理繼承登記之不動產，曾於85年2月8日與行政院會銜發布制定「未繼承登記不動產辦理強制執行聯繫辦法」爲依據（94年1月26日修正），故執行名義成立後債務人死亡者，對其名義之不動產（包括未辦保存登記之建築改良物）執行時，應分別爲如下處理[34]：

1. 按強制執行開始後，債務人死亡者，繼承人對債務人之債務，以因繼承所得遺產爲限，負清償責任，僅得對遺產續行強制執行（應行注意事項第5項第3款），因依民法第1148條第2項現定，現行民法已改採法定當然限定繼承，故僅得對其遺產續行強制執行，若其遺產不足清償債務時，債權人對於繼承人自有之財產，不得聲請強制執行。但若強制執行開始前，債務人死亡者，尚未辦理繼承登記時，可否查封、拍賣？實務及理論上曾見解不一，現均已統一見解，就查封言之，依強執法第11條第3項規定「債務人因繼承、強制執行、徵收或法院之判決，於登記前已取得不動產物權者，執行法院得因債權人之聲請，以債務人之費用，通知登記機關登記爲債務人所有後而爲執行。」第4項「前項規定，於第五條第三項之續行強制執行而有辦理繼承登記之必要者，準用之。但不影響繼承人拋棄繼承或限定繼承人之權利。」依未繼承登記不動產辦理強制執行聯繫辦法第10條規定「執行法院對於未辦理繼承登記之不動產實施查封時，應開列不動產標示，被繼承人、全部繼承人或遺產繼承人或遺產管理人或遺囑執行人之姓名、年齡、出生地、住居所、囑託該管地政機關辦理查封登記。如繼承人或全體繼承人爲債務人者，應於該不動產登記簿就全部爲查封登記；如係一部分繼承人爲債務人者，應載明係就該繼承人應繼分爲查封登記。地政機關辦理完畢後應即函執行法院，並副本知會該管稅捐稽徵機關。」第11條「查封之不動產，如係未辦理所有權登記之建築改良物

---

[34] 參照司法院研究年報第12輯上冊，81年6月，李得灶法官著不動產執行之研究，第245-247頁。

者，應依土地登記規則第一百三十九條之規定辦理。」依此規定，不動產雖未辦理繼承登記，仍應先辦理查封登記，因倘若不能先辦理查封登記，則債權人須代位辦理繼承登記，並須經法院訴訟，再代辦繼承登記，期間費時，且債務人易脫產，對債權人不利。又繼承因被繼承人死亡而開始，被繼承人一經死亡，其財產即歸繼承人所有，繼承登記無非使其所有權完成物權上之效力，尚難認為是一種處分行為，故通說均認為先行查封再辦理繼承登記。至於拍賣，依民法第759條規定「因繼承、……，於登記前已取得不動產物權者，非經登記，不得處分其物權。」，但若未經辦妥繼承登記即拍賣，其效力如何？有認為違反強制規定者無效（民法第71條前段），有認為應解為其拍賣仍屬有效，即拍定之買受人，仍可依執行法院發給權利移轉證明書取得其所有權，並辦理所有權登記，惟應依遺產及贈與稅法第8條第1項前段規定，繳清遺產稅之後，始得辦理所有權移轉登記，且應先辦理繼承登記，始能辦理移轉登記[35]。影響當事人利益甚鉅，通說係採後說，認為拍賣有效。為此，為免爭議，債務人在債權人聲請執行前死亡或於債務人聲請執行後死亡，宜均應令債權人具狀改列繼承人為債務人並辦理繼承登記後為執行。至可得改列之債務人依「未繼承登記不動產辦理強制執行聯繫要點」第9點規定如下：甲、以債務人之繼承人為債務人。乙、如繼承全部拋棄繼承，或繼承人有無不明者，以遺產管理人為債務人。丙、債務人以遺囑處分遺產者，以其他繼承遺產之人或遺囑執行人為債務人。

(1) 為辦理繼承登記，應命債權人依「未繼承登記不動產辦理強制執行聯繫要點」第2點規定，提出聲請書一式兩份，記載左列事項及提供下列文件於法院：「一、債權人姓名、年齡、出生地及住居所。二、被繼承人姓名、年齡、出生地及住居所。三、繼承人或遺囑執

---

[35] 參照田正恆先生著未繼承登記不動產之執行，強制執行法、破產法論文選輯，五南圖書，第171-173頁。

行人姓名、年齡、出生地及住居所。四、聲請之原因。五、繼承系統表或指定繼承人之遺囑及繼承人之戶籍謄本。六、不動產所有權狀。其不能提出者，債權人應陳明理由，聲請執行法院通知地政機關公告作廢。但應提出不動產登記簿謄本代之。」、第3點「執行法院依第一點通知地政機關時，應副知債權人，並應將第二點聲請書及所列文件轉送地政機關。」、第4點「債權人依第一點向稅捐稽徵機關申繳遺產稅者，其應代繳之遺產稅額，得就其聲請強制執行之不動產所占全部遺產總額之比率計算之。」、第5點「債權人繳清核定遺產稅額者，稅捐稽徵機關應發給執行不動產之遺產稅繳清證明書及代繳證明書，其免稅者，應發給免稅證明書。」、第6點「債權人取得遺產稅繳清證明書或取得免稅證明書後，除應以影本報請執行法院存案外，並應檢同下列文件，送請地政機關辦理繼承登記：一、法院通知副本。二、遺產稅繳清證明書或免稅證明書。」

(2) 再由執行法院將聲請書及文件轉送地政機關並副本知會債權人（亦可直接命債權人提出前列文件逕持向地政機關辦理繼承登記並以副本知會地政機關），俟債權人代為繳清遺產稅，並檢具稅捐機關出具之遺產稅繳清證明書或免納遺產稅證明書陳報辦妥繼承登記後，即得拍賣。但若債權人不前往代辦理繼承登記，依上揭說明，尚難進行拍賣，故執行法院得再定期限命為該行為，無正當理由逾期仍不為者，得以裁定駁回其強制執行之聲請，並於裁定確定後，撤銷已為之執行處分（強執法第28-1條第1款）。

2. 如尚未辦理查封登記，於囑託登記函中應開列不動產標示，被繼承人、全體繼承人或遺囑執行人，或遺產管理人之姓名、年齡、出生地、住所等項。

3. 如已辦理查封登記，應即囑託予以變更。

4. 於為1.(2)項登記時，如係以全體繼承人為債務人者，則在囑託登記函中載明「請於不動產登記簿記載就全部為查封登記」；如係以一部分繼承人為債務人者，則在囑託登記函中載明「請就該繼承人應繼分為查

封登記」。

5. 不動產拍定前債務人死亡，然為執行法院所不知，最後拍定，由拍定人（或承受人）標得並發予權利移轉證書後始知悉，則該不動產於拍定前既已繼承而屬於債務人之繼承人所有，故仍應辦理繼承登記始得移轉登記為拍定人（或承受人）所有。此時，執行法院應函知地政機關將不動產移轉登記予繼承人後再予登記予拍定人（或承受人）所有。如有應納之稅捐、費用，在案款尚未核發前，固仍得命債權人先代墊後列入執行費用扣除，惟若案款已核發，全部執行程序已終結，則由拍定人（或承受人）繳納再向繼承人求償。

（四）拍賣中之執行債務人

　　強執法上拍賣之性質，各國立法例及學者見解不一，有認為公法說，主要認為強執法為程序法，而程序法為公法，乃國家機關代表國家，依公法中之強制執行程序為處分，以實現權利人應有之權利及義務人應履行之義務，故有認為其得喪變更類似於行政機關公用徵收，德國立法例採之；有認為私法說，認為拍賣行為，為執行機關代債務人立於出賣人之地位，與拍定人發生買賣關係，出賣人仍為義務人，故買受人取得所有權，係繼受取得，非原始取得，故應解釋為買賣之一種；有認為折衷說，認為強執法之拍賣，就買受人方面而言，雖然仍是一種私法上之關係，就拍賣人方面而言，至少拍賣人就拍賣物與所有權人間之關係是一種公法之關係，亦即拍賣雖為買賣之一種，但強執法上之拍賣原係執行機關根據國家強制力所為之處分行為，與民法上之拍賣，係當事人根據民法債編所訂立之契約行為迥然不同，故強執法上之拍賣為公法上之處分，以民法債編關於拍賣規定，與強執法之規定不相牴觸者，強執法上之拍賣亦有其適用，一方面認為公法上之強制執行行為係公法上之處分行為，另一方面又認為可適用民法規定之繼受取得，適用權利瑕疵擔保、解除契約等規定也。實務上對法院拍賣之見解，最高法院曾多次就強制執行之拍賣性質做說明，歸納之，認為強制執行法上之拍賣應依通說認為買賣之一種，即拍賣機關

代替債務人立於出賣人之地位，與拍定人成立買賣[36]。即認爲是採私法行爲說，但究其理，應以類似折衷說論之，從程序上言之，拍賣爲公法上之處分行爲，但實體上，拍賣仍是私法上之買賣，因法院之拍賣從程序上而言，是法院本於公權力作用所爲之變賣、交付處分行爲，但實則拍賣乃有私法上之買賣性質或效果，但與民法上繼受取得尚有差異，如強執法上規定之「拍賣物買受人就物之瑕疵無擔保請求權。」（強執法第69條），但相對的，買受人卻有權利瑕疵擔保請求權，亦即因買受人取得所有權乃取自出賣人之結果，故從實務上言之，似有採類似之折衷說。因採公法說之性質者，自無對承買人之限制，即債務人仍得應買，但採私法說及折衷說者，其立論本質乃執行法院代債務人爲出賣人，故債務人既爲出賣人，自不得兼爲買受人，爲吾國及日本立法例採之（日本民事執行法第68條），依強執法第70條第6項規定「債務人不得爲應買人。」惟依吾國（強執法第34條第4項、第98條第3項前段）與日本民事執行法（日本民事執行法第59條第1款）對法院拍賣後之擔保物權或其他優先受償權部分均採塗銷主義，即存在於不動產上之抵押權及其他優先受償權，因拍賣而消滅。但在拍賣抵押物裁定時，依前述之實務上見解，若所有權人甲於設定抵押權後，將抵押物移轉與第三人乙時，則依前述之最高法院之見解認爲應以該第三人乙列爲相對人即債務人，即以現在之所有權人乙爲執行債務人，但乙並非實體上之債務人，且乙僅是對物爲擔保之有限責任，經執行法院之拍賣即得將抵押物之負擔因消滅而予除去，並非如實體之債務人甲對債權人負完全責任者不同，故實務上，對得否爲應買之人，是否包括甲、乙，未有定論[37]，但從法理上及執行上之便利上，強執法第70條第6項規定所

---

[36] 參照最高法院31年9月22日民刑庭總會決議、47年台上字第152號判例、49年台抗字第83號判例、49年台上字第2385號判例、前司法行政部57年11月21日台57字第7457號函。

[37] 89年法律座談會彙編，第213、214頁，第5號，台灣高等法院編印，90年7月。
　　一、提案機關：臺灣臺北地方法院
　　二、法律問題：

指之債務人不得爲應買人，所指之債務人若解爲包括形式上之債務人乙，
似有可議。

（五）點交程序之執行債務人

　　法院拍賣之不動產得否點交[38]，影響不動產拍賣之價格甚大。依85年
10月9日新修正強執法第81條第2項之規定，與舊強執法第81條第2項規定
比較，新法已將法院拍賣公告應載明之事項，於修正後，該條項增加第7
款「拍賣後不點交者，其原因。」之規定。易言之，即凡拍賣之不動產應
予點交者，得不予拍賣公告中載明，足見立法意旨，對法院拍賣之不動產

　　　設定不動產抵押權之債務人某甲，將不動產所有權移轉登記給某乙，經抵押
　　權人聲請法院裁定許可拍賣抵押物並列債務人爲某乙，抵押權人乃聲請法院
　　強制執行拍賣抵押物，問某甲及某乙可否爲應買人買受該不動產？
三、討論意見：
　甲說：某甲爲抵押權之債務人，而某乙爲抵押物之所有權人，亦爲拍賣抵押
　　　　物之債務人，兩者均不得爲應買人。
　乙說：某甲所有之抵押物已移轉爲某乙所有，已非執行拍賣抵押物之債務
　　　　人，故某甲得爲應買人。某乙則爲拍賣抵押物之所有人，居債務人之
　　　　地位，且某乙自己買受自己所有之不動產，亦與買賣之要件及性質不
　　　　符，故不得應買。
　丙說：某甲爲設定抵押權之債務人，不得應買。而某乙並非抵押權之債務
　　　　人，只是抵押物之所有權人，故某乙得爲應買人。
　丁說：某甲及某乙均得應買人，其理由分如乙說、丙說所載。
　初步研討結論：採甲說。
四、審查意見：採丙說。
五、研討結果：經付表決結果：甲說：12票。乙說：38票。丙說：27票。
六、相關法律：強執法第70條第6項、第113條。

[38] 執行法院爲非訟法院，僅得依原裁定內容行拍賣，尚無權調查審認當事人間實體
　　上爭執，對此拍賣抵押物係屬非訟事件，執行法院僅得依據當事人提出之權利證
　　明文件爲形式上審查，而爲准駁與否之裁定。倘當事人或利害關係人對屬涉及實
　　體權利存否有所爭執，應另循民事訴訟程序，訴請法院爲實體上之裁判，以謀解
　　決，自不在執行法院所得審酌、判斷之範圍內。故縱執行法院於拍賣公告記載
　　「拍定後點交或不點交」，然當事人既對系爭租賃契約有所爭執，除經執行法院
　　依強制執行第99條第1、2項之規定查明查封當時之占有外，如經利害關係人循民
　　事訴訟程序，訴請法院爲實體上之裁判，此核屬實體法律關係之爭執，即非執行
　　程序所得審究。

以得點交者爲原則，不點交者爲例外。再依強執法第99條第1項之規定，債務人應交出之不動產，爲債務人占有者，執行法院應解除其占有點交予買受人或承受人。通說所指之債務人包括占有輔助人（民法第942條），如受僱人、學徒等。倘債務人於該拍賣之不動產上成立公司，並予經營者，則債務人與公司雖屬各自獨之人格，但其關係仍有類似占有輔助人之性質，故應解爲包括公司在內。至連帶債務人中一人爲執行債務人之情形，則雖其債務具有連帶關係，但仍屬各自之獨立人格，自不包括其他連帶債務人。

（六）以法人爲相對人之執行債務人

依法成立之法人有當事人能力（民法第25條、第26條），即公司爲獨立之人格，公司爲債務人時，原則上以董事（董事或董事長）爲其法定代理人（民法第27條第2項、公司法第108條第1項、第208條第3項），又董事或董事長死亡，除了依法尚有其他得爲法定代理人外，如爲執行業務之經理，亦得爲其法定代理人（公司法第8條第2項、民法第555條），無適用強執法第5條第4項選任特別代理人之規定[39]。又依民法第40條第2項規定「法人至清算終止，在清算之必要範圍內，視爲存續。」，「解散之公司，於清算範圍內，視爲尚未解散。」（公司法第25條），即對法人執行時，雖經解散，在了結債務前，其法人之人格仍存續，未消滅，並以原公司爲之執行債務人。其經合併、變更組織者，即承受其權利義務，則由合併、變更組織後之公司爲執行債務人（公司法第75條、第113條、第115條、第319條）。惟對分公司爲執行債務人者，實務上對其是否有當事人能力，雖有正反二說[40]，但爲訴訟經濟及便利言，學說上以肯定說較爲可

---

[39]　參照最高法院88年度台抗字第679號裁定。

[40]　最高法院40年台上字第105號判例採否定說；40年台上字第39號採肯定說。

探[41]，故對分公司之確定判決效力，應及於總公司[42]，此效力及於總公司並非實體繼受，故執行債權人於取得對分公司之執行名義後，不問分公司是否仍存在，即得以該執行名義對總公司為強制執行。

（七）以非法人團體為執行債務人

依民事訴訟法第40條第3項規定「非法人之團體，設有代表人或管理人者，有當事人能力。」為民事訴訟上承認之形式當事人能力，其要件為1.須有代表人或管理人；2.須其團體之組織有一定之名稱及事務所或營業所；3.團體須有一定之目的並有繼續之性質；4.團體之財產須與其構成員或關係人之財產截然有別，始認為有當事人能力[43]。既為當事人能力，如因訴訟標的之法律關係，得為實體上之判決者，自得為強制執行之當事人能力，即為執行之債務人，例如法人或寺廟在未完成法人設立登記或寺廟登記前，以代表人名義參加投標之情形，依土地登記規則第104條第1項規定：「法人或寺廟在未完成法人設立登記或寺廟登記前，取得土地所有權或他項權利者，得提出協議書，以其籌備人公推之代表人名義申請登記。其代表人應表明身分及承受原因。」第2項「登記機關為前項之登記，應於登記簿所有權部或他項權利部其他登記事項欄註記取得權利之法人或寺廟籌備處名稱。第一項之協議書，應記明於登記完畢後，法人或寺廟未核准設立或登記者，其土地依左列方式之一處理：一、申請更名登記為已登記之代表人所有。二、申請更名登記為籌備人全體共有。」第3項「第一項之法人或寺廟在未完成法人設立登記或寺廟登記前，其代表人變更者，已依第一項辦理登記之土地，應由該法人或寺廟籌備人之全體出具新協議

---

[41]　參照楊與齡編著強制執行法論，85年10月修正版，第41頁；黃永泉著強執法析論，87年7月初版，第65頁。

[42]　最高法院52年度台上字第2866號判決「分公司為總公司分設之獨立機關，就其業務範圍內之事項涉訟時，自有當事人能力，其訴訟之裁判力，當然及於總公司。」

[43]　參照王甲乙、楊建華、鄭健才著民事訴訟法新論，89年11月，第47、48頁。

書，辦理更名登記。」既得以非法人團體之代表人名義辦理不動產登記，故應認得以應買，即執行之債務人為該非法人團體，而非其代表人或管理人。至祭祀公業雖有管理人，但非屬非法人團體，並無當事人能力[44]而逕以其管理人為當事人，惟祭祀公業與其管理人之財產有別，其執行債務人本質為祭祀公業，自不得執行管理人與祭祀公業無關之個人財產。再者，債務人破產時，「破產人因破產之宣告，對於應屬破產財團之財產，喪失其管理及處分權。」（破產法第75條），即除了專屬債務人本身之權利及禁止扣押之財產外（破產法第82條第1、2項），屬破產財團者，應由破產管理人代為管理，為此，應以破產管理人為執行債務人。另合夥在實務上認為具非法人團體之當事人能力，故得對合夥財產強制執行，但合夥應先對合夥財產強制執行，如有不足者，始得對合夥人個人之財產強制執行（民法第681條、應行注意事項第2項第4款），並無須再行對合夥人取得執行名義，至合夥人否認為合夥之人，而其是否合夥人亦欠明確者，非另有確認其為合夥人之確定判決，不得對之強制執行。另依公寓大廈管理條例第38條第1項規定「管理委員會有當事人能力。」，即得為執行當事人之債權人或債務人資格。

（八）以獨資商號之負責人為執行債務人

執行名義是以獨資之商號為當事人者，因獨資之商號實務上均認為並無當事人能力[45]，以獨資商號之負責人為當事人，實務上之裁判中常以獨資之商號即該負責人為當事人，故以該商號之負責人為債務人時，對其所有財產均得強制執行，因此不限於該商號之財產，即其負責人之財產亦得執行，易言之，商號之負責人即執行債務人。

---

[44]　參照最高法院39年台上字第364號判例。

[45]　參照最高法院41年台字第1040號、42年台抗字第12號、43年台上字第601號、44年台上字第271號判例。

第六目 代理人之代理是否合法代理？

在執行上爲代理者，通常爲法定代理人或訴訟代理人，債權人在聲請強制執行時，有法定代理人者，應於書狀中記載表明（強執法第5條第1項第1款），因此，若未記載表明者，應定期命債權人補正，亦得命其提出公司股東名冊或戶籍謄本以核對，逾期未提出者，得以裁定駁回之。而依強執法第30-1條準用民事訴訟法第70條第2項規定，關於強制執行之行爲準用該條但書之規定，即爲強制執行之代理時，應爲特別代理，如爲無特別代理權者，則其代理權即有欠缺。又依新修正之民事訴訟法第68條第1項規定，除了經審判長許可外，原則上應選任律師爲訴訟代理人（強執法第30-1條準用），即應選任律師爲執行代理人，但依「民事事件委任非律師爲訴訟代理人許可準則」第4條第1項規定「非律師爲訴訟代理人已到庭者，審判長應許其爲本案訴訟行爲。」第2項「前項情形，視爲已有民事訴訟法第六十八條第一項之許可。」，故原則上，非律師爲執行代理人未經執行法官禁止者，實務上，仍得爲代理人。另因強制執行之拍賣，探立即決斷性原則（詳下論述），故於拍賣時，如參與應買而未補委任狀或所提出之委任未有全權代理者，其拍賣仍屬無效，不得補正，宜注意。

第七目 執行名義所載停止條件、履行期間、對待給付、提供擔保者，是否成就、時間屆至、已否履行、提供擔保？

按強執法第4條第2項規定「執行名義附有條件、期限或須債權人提供擔保者，於條件成就、期限屆至或供擔保後，始得開始強制執行。」，第3項「執行名義有對待給付者，以債權人已爲給付或已提出給付後，始得開始強制執行。」，未成就、未提供者、現尚未屆至、未履行者均不得執行，若欠缺者，應定期命債權人補正，逾期未補正者得以裁定駁回之。實

務上，以上開爲條件者，有以租賃爲內容之公證書，其執行名義須租期屆滿始得開始執行行爲；又依強執法第18條規定停止執行，經法院裁定應供擔保者，則須經提供擔保者後始得停止執行；假扣押、假處分應提供一定擔保者，亦須經當事人提供擔保者始得開始執行，即執行法院應檢視是否有於法院提存之提存書。惟對執行標的物有擔保物權或優先權之債權人，期限雖未屆至亦應參與分配，乃爲例外，即依新修正之強執法第34條第2項規定「依法對執行標的物有擔保物權或優先權之債權人，不問其債權已否屆清償期，應提出權利證明文件，聲明參與分配。」，蓋因修正後之強執法是採「塗銷主義」之關係，即存在於該標的物之債權，將因拍賣而消滅（強執法第34條第4項、第98條第3項前段），故應准予上開對執行標的物有擔保物權或優先權之債權人參與分配。

第八目　執行名義所載內容是否適於強制執行？

適於強制執行者僅給付判決，其他之確認判決、形成判決均不適於執行。另依強執法第128條第2項規定夫妻同居之判決不適用同條第1項規定之債務人未履行不可代替行爲義務之執行。又在給付判決之聲明須與聲請強制執行之請求事項一致或聲明範圍才得執行，逾此範圍均不適於執行。實務上常見者，於分割共有物事件，經兩造聲請調解成立，但所繪之測量圖非地政機關所製繪，若此，則有違地政統一管理，對界址將有不確定，故不得據以執行。

第九目　債權人是否於聲請狀載明執行之標的物或應爲之執行行爲？

債權人聲請執行之內容影響執行法院執行之方法，故強執法第5條第2項規定宜記載之，以爲執行。但債權人對債務人之財產不明瞭或不足抵償

其債權時，除了得依職權或聲請執行法院命債務人據實報告該期間屆滿前一年內應供強制執行之財產狀況（強執法第20條），債務人經合法通知無正當理由，拒絕陳報者，得拘提管收、限制住居，並得命債權人查報，或依職權調查之（強執法第19條第1項）。此外，並得依強執法第19條第2項規定，聲請執行法院向稅務或其他機關查報債務人財產，受調查者不得拒絕，但受調查者為個人而有正當理由者除外。故除了公營機關外，其他如公司、社團均不得拒絕調查，但個人如夫妻間常有私人容隱之顧忌，如有正當理由，仍應使其注意稅捐稽徵法第33條等有關保密之規定，不得允許其他人員閱覽（應行注意事項第9-1項）。又假扣押裁定是否聲請調查財產？有肯定說與反對說[46]，本文認為以肯定說較為可採，因假扣押裁定也

---

[46] 依據86年司法院第31期司法業務座談會紀錄結論採不得聲請調查財產，提案如下：假扣押之執行可否適用強執法第20條之規定，命債務人報告財產狀況？

　甲說：強執法第20條規定於第一編總則部分，並無假扣押之執行不適用第20條之規定，應採肯定說。

　乙說：應採否定說，其理由如下：

(1) 民事訴訟法第526條第2項之規定，債權人雖未釋明請求及假扣押之原因，如就債務人所應受之損害已供法院所定之擔保者，得命為假扣押。否則就債權人是否確有其主張之債權，亦尚不明。在債務人是否確負有該債務前，債務人報告其財產狀況顯失公平，且易造成為瞭解某人之財產狀況，虛偽主張對某人之債權取得假扣押裁定，再藉法院行使強執法第20條之規定，以達其目的之流弊。

(2) 依強執法第132條第1項「假扣押或假處分之執行應於假扣押或假處分之裁定送達同時或送達前為之。」，是則法院命債務人報告財產狀況時假扣押裁定應尚未送達債務人，則於假扣押裁定尚未送達債務人前，即命債務人報告其財產狀況，似依法無據。又強執法第133條第1項之立法目的係為求事前保密，如解為命債務人報告財產狀況係假扣押執行之一部分，而假扣押之裁定送達債務人，則不能達事前保密之目的。

(3) 依民事訴訟法第523條第1項「假扣押非有日後不能強制執行或甚難執行之虞者，不得為之。」，所謂不能強制執行，如債務人浪費財產，增加負擔或就其財產為不利益之處分將成為無資力之情形是。所謂甚難執行之虞者，如債務人將移往遠方或逃匿是。於假扣押執行程序，命債務人報告財產狀況與假扣押之目的有違。

(4) 強執法第20條所謂「聲請強制執行之債權」、「債務人應交付之財產」、解釋上應係指已取得執行名義（保全程序除外）、已「確定之債權」、「確定應交付之財產」而言。

是執行名義之一種，同具有發動強制執行之權利，尤其在損害賠償事件，如車禍案件，根本就不知債務人之財產狀況，因此，不使債權人有查財產權之權利，顯失公平[47]。且強執法第19條規定之調查債務人財產係規定在第一章總則內，則其餘各章之執行，包括保全程序之執行自有其適用，而假扣押程序之裁定即得同時送達裁定，則何嘗不可於現場命債務人陳報財產狀況，故以肯定說較爲可採。再者，實務上常見之調查財產情形如下：

1. 向稅捐稽徵處查債務人財產。依稅捐稽徵法第33條第1項第8款規定，稅捐人員對於「債權人已取得民事確定判決或其他執行名義者。」得提供納稅義務人之財產、所得、營業及納稅資料，惟個人財產乃屬保密之規定，故債權人應絕對保密，違者，應予處分；觸法者，並移送法辦。

2. 向經濟部、台灣省政府建設廳、台北市政府建設局、高雄市政府建設局查債務人登記於公司之股份。

3. 向經濟部中央標準局查債務人專利權、商標專用權。

4. 向金融機關查存款。

5. 向證券公司查集保之股票，查股票之交易紀錄。

6. 債務人爲公職人員財產申報法第2條所列應申報之人，向監察院、服務機關之政風單位（服務機關無政風單位者，其上級機關之政風單位或其上級指定之單位），選舉委員會查債務人申報之財產資料。

7. 向監理機關查車輛登記情形。

結論：強執法第20條規定命債務人報告財產之要件爲：須已發現之債務人財產不足抵償聲請強制執行之債權或不能發現債務人應交付之財產。申言之：此項「債權」，業經執行名義命債務人應爲清償或應爲交付某項財產，始有本條項之適用。至假扣押僅屬保全程序，尚不發生已發現之債務人財產不足抵償債權人之債權或不能發現債務人應交付之財產問題，故假扣押執行，與債權人聲請命債務人報告財產之狀況之要件不符，自無適用強執法第20條規定之餘地。

[47] 參照：

(1) 參照台中地方法院86年3月份民事執行處庭會議決議。

(2) 司法院舉辦之第37期司法業務座談會提案第4、6結論改採肯定說。

8. 向公司、行號查債務人持股狀況。

第十目　債權人聲請之執行是否爲併案執行？

依強執法第33條前段「對已開始實施強制執行之債務人財產，他債權人再聲請強制執行者，已實施執行行爲之效力，於爲聲請時及於該他債權人，應合併其執行程序……。」現行法院都實施電腦化作案，一般分案通常都將債務人相同者分歸同股辦理，因此，在審核時，其債務人之執行標的相同者，即應併案辦理（85年10月9日修正之強執法已修改舊法之參與分配概念，即修正後併案執行之效力及於本件案件執行程序之全部），此際執行法院即可將併案部分批示「一、併入某案號、某事件辦理。二、報結。」，另因係併案辦理，若執行中前案撤回，則併案債權人如認要繼續執行，得接續執行，如前案於第一次拍賣後撤回，則併案之債權人得接續第二次拍賣，無須從頭開始。而上開所指之債權人是有執行名義之債權人而言，如屬無執行名義之債權人，則無發動強制執行之權利，即得逕予退件報結即可。

第四節　審核完成後之執行登記

依強執法第11條第1項規定，供強制執行之財產權，其取得、設定、喪失或變更，依法應登記者，爲強制執行時，執行法院應即通知該管登記機關登記其事由。

一、登記方法：由執行法院通知主管機關辦理登記。

（一）通知方法通常由法院發函主管機關登記，惟爲防止債務人於財產受執行查封後，搶先辦理移轉或設定權利之登記，強執法特規定債權人得向執行法院聲請，請求執行法院將通知登記機關之通知書交債權人，逕行持向登記機關登記（強執法第11條第2項）；惟配合

科技發達，實施電子郵件傳眞，由執行處專人負責，於囑託查封登記書製作完成，送達前，將查封登記書以電子郵件方式傳送至地政事務所，地政機關於收到電子傳眞後，應逕行登記，並副知執行法院，免去當事人自行將查封登記書逕行持向登記機關之煩。

（二）當事人聲請爲土地權利變更登記，尚未登記完畢前，登記機關接獲法院查封、假扣押、假處分或破產登記之囑託時，應即改辦查封、假扣押、假處分或破產登記，並通知登記聲請人（土地登記規則第138條第2項）。

（三）查封後始完成移轉登記，應由債權人訴請判決塗銷移轉登記後，始得進行拍賣。

二、對債務人因繼承等取得不動產物權之登記：債務人因繼承、強制執行、徵收或法院之判決，於登記前已取得不動產物權者，執行法院得因債權人之聲請，以債務人之費用，通知地政機關登記爲債務人所有後而爲執行（強執法第11條第3項）。

三、對於遺產續行執行之登記：執行法院得因債權人之聲請，以債務人費用，通知登記機關登記爲繼承人所有後而爲執行。而此項登記，不能影響繼承人限定繼承或拋棄繼承之權利，強執法第11條第4項）。而供強制執行之財產有強執法第11條第3項情形，如經債務人表示願自行辦理繼承登記，得由其自行辦理。但自被繼承人死亡時已逾10個月仍未辦竣者，執行法院應轉知債權人得依強執法第11條第3項規定聲請代辦繼承登記後而爲執行（應行注意事項第4項第4款）。

四、查封之動產，如係經公路監理機關登記之車輛，應記明牌照及引擎號碼，通知該機關登記其事由（應行注意事項第4項第2款）。

五、聲請撤銷查封、假扣押、假處分或債權人聲請撤回強制執行，其應准許，且無併案執行之情形時，執行法院應即通知該管登記機關登記其事由（應行注意事項第4項第3款），以免影響當事人權益。

第二章　動產之執行程序

第一節　動產之意義及認定

第一目　認定是否爲動產與民法上規定大致相同

　　依民法第67條規定「稱動產者，爲前條所稱不動產以外之物。」，而同法第66條第1項規定「稱不動產者，謂土地及其定著物。」，第2項「不動產之出產物，尚未分離者，爲該不動產之部分。」，即土地及其定著物以外之物，原則上，均爲動產。故舉凡機械、車輛、電視機、冰箱等電氣器材，金銀物品，或有生命之雞、豬、牛等牲畜；松、榕、蘭花等花卉盆裁，但查封未與土地分離之天然孳息，如稻米、林木果實、植物等，須於一個月內收穫始可查封。海商法規定以外之船舶，亦均包括在內。

第二目　執行標的物爲權利

　　如有價證券、股票、票據、債券、公債、載貨證券等，依其性質雖與一般動產有別，惟其權利之行使與處分，須依該證券之占有而交付爲之，是以強執法第59條第2項規定，將有價證券與貴重物品同列於動產執行之範圍，自應依動產之執行程序[1]。另物件之證明者，如土地、建物所有權等，因該等證件僅是權利之證明，並非權利本身，故如債務人拒絕交出時，依原執行方法爲之，如係不動產所有權狀，依強執法第101條規定「債務人應交出書據而拒絕交出時，執行法院得將書據取交債權人或買受人，並得以公告宣示未交出之書據無效，另作證明書發給債權人或買受

---

[1] 參照前司法行政部63年3月30日台（63）字第63號函。

人。」，如係其他財產權執行之權狀者，依強執法第121條規定「債務人對於第三人之債權或其他財產權持有書據，執行法院命其交出而拒絕者，得將該書據取出，並得以公告宣示未交出之書據無效，另作證明書發給債權人。」，並非適用動產之執行。

第三目　動產是否爲債務人所有，原則上以占有爲認定標準

因動產之轉讓是以動產占有爲公示方法。但對法令上須登記者，則登記雖非如不動產登記之生效要件，但尚具有公示、公信作用，故以登記名義人爲動產所有權人，如汽、機車、機械等。至對無登記之動產，則以外觀上足以認定是債務人占有者，即認定爲其所有，例如對同一戶內之動產執行，原則上以債權人提出之戶籍謄本中戶長爲該戶內動產之占有人，但如債權人對於非戶長之債務人爲執行，而能提出相當證據，即應予執行，惟如債務人常住之臥房內之動產，或債務人爲交易之憑證，如債務人之購買憑證（統一發票），即不予執行，因執行法院並無實質之認定權，僅就社會上通常觀念認定之。至於另有第三人表示該動產爲其所有者，除了提出外觀上足以確信爲其所有之證明聲請執行法院依強執法第16、17條規定撤銷其執行處分外，須由第三人依強執法第15條規定另行提起異議之訴，排除執行，以資救濟。

第二節　查封之方法

一、依強執法第46條前段規定「查封動產，由執行法院命書記官督同執達員爲之。」，「不得僅命執達員前往實施。」（應行注意事項第25項後段）。故執行法院之書記官於收到由分案人員送來之案件，即應依案號、案由及債權人、債務人姓名登入電腦，隨即檢同證物，一併呈

執行法官、司法事務官核示[2]。且應於收案後十五日內實施查封或開始其他執行程序[3]。

二、書記官接到執行法官批示定期執行後，即通知債權人前來引導執行[4]。到場執行查封時，得檢查啓視債務人居住所、事務所、倉庫、箱櫃及其他藏置物品之處所（強執法第48條第1項），如遇有抗拒或其他必要情形時得請有關機關、自治團體、商業團體、工業團體或其他團體，或對於查封物有專門知識經驗之人協助（強執法第46條後段），又如執行之標的物性質特殊者，得請對該物有特別知識經驗之機關協助。例如：拆屋還地事件，於必要時，得請電力、電信或自來水機構協助斷電、斷水（應行注意事項第1項第4款）。實施強制執行時，遇有抗拒或防止抗拒，得請警察協助，債務人爲現役軍人時，並得請憲兵協助，參與協助之警憲人員，其出差旅費，視爲執行費用，執行法院得命債權人代爲預納。而依強執法第3-1條第3項規定「警察或有關機關有協助之義務。」，故警察或有關機關違背強執法第3-1條第3項之義務者，執行法院得函請其上級機關議處或送請監察院處理（應行注意事項第1項第5款）。又如債務人不在場，應命其家屬或鄰右之有辨別事理能力者到場，如遇抗拒或其他必要時，得請警察到場協助（強執法第48條第2項），以示公示、公開。惟查封時，應

---

[2]　注意事項第1項第1款雖規定「執行期日，應由法官指定，不得由書記官代爲辦理」，惟邇來每個地方法院民事執行處案件量龐大，每股每月新收案件很多，量很大，實務上之運作，每件之定期日自不可能全由執行法官、司法事務官，尤其指定查封期日，且爲達迅速及便利執行，該注意事項同項第2款「同一地區之數個執行事件，宜儘量指定同一期日執行。」，故運作上通常由執行法官、司法事務官決定得否定期執行，駁回聲請或補正事宜，若決定定期執行，即交由書記官將同一地區、路線，擇同日前往執行。

[3]　參照各級法院辦案期限規則第31條。

[4]　由於社會進步，資訊發達、執行法院爲迅速執行，除了以書面通知外，現在實務上常以電話通知亦無不可，僅以電話通知，因無送達證明，且依強執法第28-1第1款規定，若經二次通知前來引導，而債權人未來引導得以裁定駁回聲請，則須有二次送達證明，否則當事人恐將有爭議。

有到場之規定，乃訓示規定，執行人員未照辦時，不影響查封之效力[5]。且除有急迫情事，經執行法官許可者或日沒前已開始查封行為者，得繼續至日沒後外，星期日或其他休息日及日出前、日沒後不得進入有人居住之住宅實施關於查封之行為，若經執行法院許可於星期日或其他休息日及日出前、日沒後為查封行為時，應將許可之命令，於查封時提示債務人（強執法第55條），或上揭有辨識能力之人。

三、查封之動產，依強執法第47條第1項規定「查封動產，由執行人員實施占有。其將查封物交付保管者，並應依左列方法行之：一、標封。二、烙印或火漆印。三、其他足以公示查封之適當方法。」第2項「前項方法，於必要時得併用之。」，即規定由執行人員實施占有，再交付保管，與不動產執行之保管人得逕交付債務人或第三人保管者不同（強執法第78條）。按動產物權之變動，以占有為公示方法，執行法院自須占有該動產，始可限制債務人之處分權及維護交易之安全，故規定以執行人員實施占有，且亦為查封發生效力之基準點[6]。執行人員占有後即應擇定保管人及保管處所，依強執法第59條第1項規定「查封之動產，應移置於該管法院所指定之貯藏所或委託妥適之保管人保管之。認為適當時，亦得以債權人為保管人。」第2項「查封物除貴重物品及有價證券外，經債權人同意或認為適當時，得使債務人保管之。」。一般實務上，除了上開第2項所示之貴重物品或有價證券外，都以命債務人保管為多，因查封僅限制債務人之處分權，債務人對物之管理、使用權並無喪失，即以債務人為保管人，得許其於無損查封物之價值範圍內使用之（強執法第59條第5項）。以避免有不執行之原因發生時，如債權人撤回執行，撤銷查封時，致動產須再移交債務人之不便，但執行人員仍應衡情酌定為宜。又縱債權人不同意，但執行法院認為適當者，仍得交付債務人保管，惟債權人則得

5　參照楊與齡編著強制執行法，85年10月修正版，第408頁。

6　同註5，第409頁。

聲明異議予以救濟。又查封物除貴重物品及有價證券外，經債權人之同意，得使債務人保管之，執行法院依此而使債務人保管時，應解爲債務人不得拒絕，因此項受查封之動產，原屬債務人之所有物，由於查封之效力，使其不得爲事實上之處分行爲，故債務人不能拋棄其占有，而拒絕保管之故也，而所謂債務人應包括其家屬在內，故執行法院就查封物既命債務人之家屬保管，不問其家屬有無同意，及曾否出具保管收據，亦難謂未命合法保管，而不發生查封之效力[7]。再查封物交付保管人時，應告知刑法所定損壞、除去或污穢查封標示或爲違背其效力之行爲之處罰，且命保管人出具收據（強執法第59條第3、4項），即出具切結書附卷，實務上以法院已印製之例稿切結書上具結簽名，在具結前應注意是否將查封標的填載明確。

四、查封爲限制債務人之處分行爲，在執行程序中查封情形極爲重要，故書記官應作成查封筆錄及查封物品清單（強執法第54條）。其中查封清單是依債權人指封之動產一一記載，然後再由執達員就逐項填載封條以：1.標封；2.烙印或火漆印；3.其他足以公示查封之適當方法實施之[8]。且上開方法於必要時得併用之（強執法第47條）。另書記官作成之查封筆錄應載明左列事項：

1. 爲查封原因之權利，即執行名義所載之債權。
2. 動產之所在地、種類（如廠牌、型號）、數量、品質及其他應記載事項。
3. 債權人及債務人。
4. 查封開始之日時及終了之日時。爲確定查封效力發生之時間，新修正之本法爰修正應予載明（參照強執法第47條立法理由）。

---

[7] 參照最高法院56年度台上字第1635號判決。

[8] 例如「查封系爭二千隻鴨，固無法可用烙印或火漆印，即標封亦無法逐一爲之，如果現場鴨寮，除系爭二千隻生蛋鴨外，當時別無其他鴨隻，則將系爭二千隻鴨，放置該鴨寮，加以蓋有法院大印之封條，亦不失爲法定標封。」

5. 查封之動產保管人。

6. 保管方法。包括保管地點，如由債權人或第三人保管而將動產遷移，非留在查封地保管，應命債權人或第三人盡速陳報保管地，以為將來拍賣時就地拍賣，及願買人查看。

執行書記官記載完成後，除了查封人員應於筆錄簽名外，保管人及依強執法第48條第2項規定之人員到場者，亦應令其簽名，查封行為始得完成。

五、書記官、執達員於查封時發現債務人之動產業經因案受查封者，應速將其查封原因報告執行法官、司法事務官（強執法第56條）。執行法官、司法事務官接獲上開情形，應速批示調該查封卷，如係假扣押案，即調卷繼續執行，如係本案執行，則應併案執行，並將本案報結，函本案之債權人、債務人及將副本送併案之債權人，以便使相關人員知悉動產執行情形。

六、強執法規定不得查封之物：

（一）依強執法第53條有：

1. 債務人及其共同生活之親屬所必需之衣服、寢具及其他物品。

2. 債務人及其共同生活之親屬職業上或教育上所必需之器具、物品。但開業醫師之X光攝影機、農人冷凍機、私人藏書、供販賣之圖書、學習用之電子琴[9]，則得查封，因此，認定是否為本款之不得查封物，應依社會觀念為之，即缺少這些器具、物品即無從為營業才不得查封。

3. 債務人所受或繼受之勳章及其他表彰榮譽之物品。

4. 遺像、牌位、墓碑及其他祭祀、禮拜所用之物。

5. 未與土地分離之天然孳息不能於一個月內收穫者。若查封物為上開得於一個月內收穫之天然孳息，如即將收成之稻、麥

---

[9] 同註5，第423頁。

等，則適用動產之執行程序，惟須於收穫期屆至後，始得拍賣，並得於採收後爲之，則採收所支出之費用，自得爲執行費用之一部分；但若其於分離前拍賣者，應由買受人自行負擔費用採收之（強執法第59-2條）。故於拍賣公告中亦應註明，以免爭議。至物之構成部分，除有如民法第799條之特別規定外，不得單獨爲物權之標的物，未與土地分離之天然孳息，依民法第66條第2項之規定，爲土地之構成部分，與同條第1項所稱之定著物爲獨立之不動產者不同[10]，即不得單獨爲查封之標的物，但如對生長之土地爲執行，則該孳息即爲土地之一部分，其效力自及於地上孳息，若該地上之孳息如甘蔗、林木有一定之經濟價值，於查封時應一併估價，併付拍賣，並適用不動產之執行程序[11]。

6. 尚未發表之發明或著作。

7. 附於建築物或其他工作物，而爲防止災害或確保安全，依法令規定應設備之機械或器具，避難器具及其他物品。如消防器材、逃生工具等。但爲免失公平，於強執法第53條第2項亦規定已經債務人同意，或執行法院得依聲請查封右列各款中之全部或一部，如消防器材數量很多，得酌量查封一部分拍賣。

（二）應查封動產之賣得價金，清償強制執行費用後，無賸餘之可能者，執行法院不得查封（強執法第50-1條第1項），用以避免利用公權力以實現債權，惟其債權即無實現之可能，自無實施執行之實益，故應禁止查封。至有賸餘之可能，應依客觀事實及具體案件認定，如繳了執行費新台幣3萬元，但發現債務人只有桌椅一張，明顯該桌椅賣得價金不足新台幣3萬元，即不得查

10　參照司法院院解字第1988號解釋。

11　參照台灣高等法院55年民事執行會議第49號。

　　　封。

（三）依強執法第52條規定雖非第53條所規定各款之不得查封之物，但爲維持人類基本生命生存，另規定「查封時，應酌留債務人及其共同生活之親屬二個月間生活所必需之食物、燃料及金錢。」，且執行法官、司法事務官審酌債務人之家庭狀況，得伸縮之，惟不得短於一個月或超過三個月（強執法第53條第2項）。

（四）查封之動產，如汽、機車、機器等（如動產擔保交易法施行細則第3條第1項規定之機器等），如已有登記者，執行法院應函通知登記機關，如各地監理站、經濟部或其各區辦公室登記其事由。

（五）有價證券之執行時，依強執法第59-1條規定「查封之有價證券，須於其所定之期限內爲權利之行使或保全行爲者，執行法院應於期限之始期屆至時，代債務人爲該行爲。」，第68-1條規定「執行法院於有價證券拍賣後，得代債務人爲背書或變更名義與買受人之必要行爲，並載明其意旨。」，故查封之有價證券須於一定之期限爲承兌、提示、支付之請求或其他保全證券上權利之行爲者，執行法院應注意於其期限之始期屆至時，代債務人爲該行爲，以免證券之權利喪失，及依強執法第68-1條規定，執行法院代債務人爲背書等行爲，應由執行法官、司法事務官爲之，並應記明依該條代爲該行爲之意旨（應行注意事項第37-1項第1、2款）。

七、實務上經常發生之問題：

（一）違禁物得否查封拍賣？按違禁物係不融通物，固不得查封，如槍砲等，但依法令管制交易之物品，例如醫療上麻醉類之嗎啡等，執行法院應依職權洽請政府指定之機構，按照規定價格收購之（應行注意事項第34項第2款）。此時則得查封，但仍不得公開拍賣。

（二）尚未完成建築之房屋（即無屋頂尚不足以遮蔽風雨），是否適用動產之執行程序？定著物（如房屋）在未完成以前，亦非土地之重要成分，依民法第67條之規定，仍應認為動產，即拍賣其材料，故其執行程序應依動產執行程序處理[12]。

（三）動員時期應徵召服役之軍人於在營服役期間，其家屬賴以維持生活必須之財產，可否查封？按動員時期應徵召服役之軍人於在營服役期間，其家屬賴以維持生活必須之財產，債權人不得請求強制執行，固為軍人及其家屬優待條例第10條所明定，惟動員戡亂時期業經總統命令宣告終止，軍事動員隨即終止，其應徵召服役者，因與前開條例第10條「動員時期應徵召」之規定要件不符，當然不得再為適用[13]。

第三節　查封之限制及效力

一、查封之效力

　　按強制執行之查封，乃在限制債務人之處分權，而處分權包括法律上及事實上的處分權，即「實施查封後，債務人就查封物所為移轉、設定負擔或其他有礙執行效果之行為，對於債權人不生效力。」（強執法第51條第2項）。而所謂「其他有礙執行效果之行為」，係指處分行為以外，其他足以影響查封效力之行為，如將查封物出租、出借等是；所謂「債權人」，應兼指聲請執行之債權人及拍定人而言（最高法院71年度台上字第3636號判決意旨參照）。又上揭所稱限制之處分行為，僅限制債務人之處分權而已，並不包括債務人以外其他有權處分之人，如行政機關之徵收、拆除違建，法院之裁判分割等。另所指之債權人兼指所有本案、併

---

[12] 參照司法院76年2月20日（76）廳民二字第1878號函復台灣高等法院。

[13] 參照司法院81年1月10日廳民二字第028號函。

案、參與分配之有執行名義債權人、無執行名義債權人及拍定人[14]，且第三人未經執行法院允許，占有查封物或為其他有礙執行效果之行為者，執行法院得依職權或依聲請排除之（強執法第51條第3項）。若查封物為不動產，依強執法第113條準用動產執行之規定，及強執法第76條第2項雖增修規定「已登記之不動產，執行法院並應先通知登記機關為查封登記，其通知於第1項執行行為實施前到達登記機關時，亦發生查封之效力。」，惟此僅限於不動產才有適用，若動產，如汽車、機車、機械雖有向監理機關、直轄市、經濟部、縣（市）政府建設廳（局）登記，亦不得以先行函通知發生查封之效力，仍須實際扣到動產才能查封（強執法第47條第1項前段）。至已登記之不動產雖得先行通知登記機關，仍不得省略到場執行查封行為。再依強執法第50-1條第1項規定「應查封動產之賣得價金，清償強制執行費用後，無賸餘之可能者，執行法院不得查封。」第2項「查封物賣得價金，於清償優先債權及強制執行費用後，無賸餘之可能者，執行法院應撤銷查封，將查封物返還債務人。」，雖強執法有超額查封之限制規定，但除極為明顯之情形外，如於拍賣時，就超額債權額及執行費用之動產不予拍賣並啟封，即未違反強執法第50條超額查封禁止之規定，債務人如認為超額查封而聲明異議，應證明債權人依查封之動產足以清償其債權，且其異議有理由非以查封時為準，而應以異議裁判時是否超額為準[15]，即如於裁判時已有多數債權人參與分配及併案執行時，應一併計算在內，而非以債權人最初查封時之債權額為準。且強執法之查封及終局執行採優越原則，除了有不相容者外，先查封及終局執行者，有優先效力。

---

[14] 參照最高法院51年台上字第156號判例。

[15] 參照司法院民事廳頒法院辦理民事執行實務參考手冊，96年6月8日印行，第211頁。

二、實務上經常發生之問題

（一）查封之效力及於孳息是否包括法定孳息（如利息、租金）？

依強執法第51條第1項規定「查封之效力及於查封物之天然孳息。」，修正明確規定僅限於天然孳息，如果實等，但不包括法定孳息，蓋法定孳息是對第三人之給付，故應另再適用強執法第115條規定以下之其他財產權之執行（因85年10月9日修正後之強執法規不包括在內）。

（二）共有物之應有部分經查封後，共有人得否請求分割共有物？

按共有物之應有部分經實施查封後，共有人仍得請求分割，惟協議分割之結果有礙執行效果，對於債權人不生效力，至裁判分割係法院基於公平原則，決定適當方法而為分割共有物，自不生有礙執行效果之行為，債權人不得主張不生效力[16]。因此裁判分割後，原查封之效力自僅存在於共

---

[16] 1. 最高法院69年7月29日第14次民事庭總會決議紀錄如下：共有物之應有部分經查封後，共有人得否請求分割共有物，有下列諸說：

甲說：共有物分割請求權之行使，不因共有人之應有部分被查封而受影響，故任一共有人均得請求分割共有物。執行法院亦僅得就分割後之特定物予以執行。

乙說：共有物之應有部分經查封後，任何共有人均不得請求分割共有物。因債務人就共有物之應有部分如經查封，則其於分割時易生懈怠之心，或勾串其他共有人為不當之分割，以圖損害債權人。又若許查封後裁判分割之請求，則於分割訴訟期間，執行標的物究為應有部分，或分割後之特定物或係變價分割之價金請求權，殊難確定。再者，土地共有人依土地法規定得優先承買，尤無於執行前請求分割致喪失優先承買權之必要，故共有土地查封後，不許其分割，於他共有人亦無損害。

丙說：共有物之應有部分被查封後，債務人即不得基於共有權行使任何權利，自亦不得請求分割共有物。惟其餘共有人分割請求權則不應因而受到影響。按強制執行程序非必即時終結，假扣押、假處分之查封期間，往往持續經年，苟須待其本案執行後，始得請求分割，則對於共有人顯失公平，亦易勾串以查封阻礙他共有人請求分割。故應允許其餘共有人請求分割為宜。至其分割是否妥當，債權人既得代位債務人（被查封之共有人）行使權利，亦得另行訴請撤銷，尚無受侵害之虞。

以上三說，究應以何說為當？

有人之分得部分，至於其他共有人分得部分，自得請求執行法院塗銷查封登記，乃當然之理。又雖經起訴請求法院判決分割，嗣經法院和解分

提請公決決議：共有物之應有部分經實施查封後，共有人（包含執行債務人及非執行債務人）仍得依民法第824條規定之方法，請求分割共有物。惟協議分割之結果有礙執行效果者，對於債權人不生效力，至於裁判分割，係法院基於公平原則，決定適當之方法而分割共有物，自不發生有礙執行效果之問題，債權人即不得對之主張不生效力。孫大法官森焱就「共有物之應有部分經查封後，共有人得否請求分割共有物」乙案，試擬之決議文：共有物之原物分割，依民法第825條及第1168條規定觀之，係各共有人就存在於共有物全部之應有部分，互相移轉，使各共有人取得各自分得部分之單獨所有權；共有物之價金分割則係變賣共有物，以價金分配於各共有人。可知共有物之分割，性質上屬於處分行為。關於查封之效力，依強執法第51條第2項規定觀之，債務人就查封物所為移轉，設定負擔或其他有礙執行效果之行為，僅對於債權人不生效力而已，並非絕對無效，如其並無礙於執行效果，則債權人即不得指為不生效力，因此，共有人中一人或數人之應有部分，經實施查封後，共有人請求分割共有物者，如分割之結果，有礙執行之效果，債權人即得對於債務人主張該分割共有物之行為，對其不生效力；如無礙於執行效果，則於查封之效力並無違背，對於共有人分割請求權之行使，即無影響。按共有物分割之方法，依民法第824條規定，有協議分割及裁判分割二種，前者共有人協議之方法，如在客觀上足認為有礙執行之效果，對於債權人當不生效力；後者則係法院基於公平原則，以定適當之方法分割共有物，自不發生有礙執行效果之問題，於查封之效力並無違背，債權人即不得遽指分割共有物之裁判，對其不生效力。債務人之應有部分，經實施查封以後，因有效之協議分割或裁判分割，其權利即集中於分割後之特定物或價金，此為債務人原有權利在型態上之變更，當為查封效力之所及。雖然共有人就不動產之應有部分設定抵押權者，依民法第868條規定，該抵押之不動產，如經分割，其抵押權並不因此而受影響，是為抵押權不可分之原則，此與強執法第51條第2項規定查封之相對效力，係屬二事，不容相提並論。（五）依上說明，應認共有物之應有部分經實施查封後，共有人（包含執行債務人及非執行債務人）仍得依民法第824條規定之方法請求分割共有物。惟協議分割之結果有礙執行效果者，對於債權人不生效力；至於裁判分割，既於查封之效力無礙，債權人即不得對之主張不生效力。

2. 最高法院72年度台上字第2642號判例「債務人就查封物所為移轉、設定負擔或其他有礙執行效果之行為，依強執行法第51條第2項規定，僅對於債權人不生效力而已，並非絕對無效；裁判分割，既係法院基於公平原則，決定適當之方法分割共有物，自不發生有礙執行效果之問題，債權人即不得對之主張不生效力；且債務人之應有部分，經實施查封以後，因裁判分割，其權利即集中於分割後之特定物，此為債務人原有權利在型態上之變更，當為查封效力之所及，於假處分亦無影響。」值得參考。

割者，雖經法院和解成立者與確定判決有同一之效力（民事訴訟法第380條第1項），但和解本質上乃互相讓步，以終止或防止爭執（民法第736條），實質上，法院並無以公權力介入，如裁判分割之情形，做公平之判斷，且債權人亦未參與和解，為避免其他共有人將不利益之應有部分分給共有之債務人，故僅能視同一般的協議分割而已。

（三）房屋經查封後，於拍賣前租期屆滿，屋主未為反對承租人繼續租賃，日後拍賣，承租人是否得主張有民法第451條之不定期租賃關係存在？

　　債務人雖得於查封後，為從來之管理或使用，但須在一般社會觀念上不致使查封物毀損或其權利變更，亦不能有礙查封之目的。故不動產之出租或原租期屆滿時之續租，雖屬管理行為，但均有礙執行，不得為之，民法第451條之規定，亦不能適用[17]，故屋主雖未為反對續租之表示，惟原租賃關係既已消滅，承租人之占有將成為無權占有，拍定以後，拍定人得請求點交。

---

[17] 最高法院67年8月29日第9次民事庭決議紀錄如下：甲將所有之房屋出租與乙，後因負債，出租之房屋經法院查封，於拍賣時期適租期屆滿，乙仍繼續使用收益，甲未即為反對之意思表示，嗣該房屋由丙拍定，取得權利移轉證書，丙遂以租賃關係業經租期屆滿而消滅，認乙方無權占有，訴請返還房屋，有下列二說：
甲說：甲之房屋出租於乙租賃期限屆滿，仍由乙繼續使用，甲雖未即為反對續租之意思表示，但該房屋於租期屆滿前，業經法院查封，甲對於房屋已喪失處分或設定負擔之權利。其對該房屋之繼續出租與否，更漠不關心，在乙於租期屆滿後，仍繼續使用該房屋時，甲雖未即為反對續租之意思表示，亦難認為甲有默示同意繼續出租之意思，乙不能主張民法第451條所定默示更新不定期繼續租約之效果。租賃關係仍於租期屆滿時消滅，而成為無權占有，故丙之請求有理由。
乙說：強制執行之查封程序，原以禁止債務人就所執行之財產處分或設定負擔為目的，依強執法第78條之規定，債務人並不因此即喪失管理權或使用該財產之權。反對續租，非處分行為，債務人尚非不得為之。甲既未即為反對續租之意思表示，仍有民法第451條之適用，而成不定期租賃，故丙之請求無理由。以上二說，應以何者為當？敬請公決。
決議：採甲說。

（四）假處分經查封後，是否即得排除法院之強制執行？

按禁止債務人就特定財產為處分行為之假處分，其效力僅在禁止債務人就特定財產為自由處分，並不排除法院之強制執行[18]。故他債權人仍得聲請調卷執行。

（五）有最高限額抵押權之抵押物，經他人查封，抵押權所擔保之債權效力，決算期算至何時？

最高限額抵押權之標的物，經第三人之聲請強制執行而查封者，自最高限額抵押權人知悉該事實後，最高限額抵押權所擔保之債權即告確定[19]。在實務上，以法院通知最高限額抵押權人行使抵押權函，送達時發生效力。即送達後再借予債務人之金額，即非抵押權效力所及，不得主張優先受償。

（六）違章建築物經法院查封後，是否亦禁止行政機關拆除？

不動產經查封後，其效力僅在禁止債務人就該不動產為自由處分，並不排除法院之強制執行，亦不排除國家行政機關基於行政權之作用，對該不動產所為之行政處分。故違章建築雖經法院查封，行政機關如認該違章建築應拆除，仍可本於其行政權之作用，予以拆除，毋庸函請法院予以啟封。惟拆除後，因執行標的物已失其存在，法院自不得繼續執行，應予塗銷查封登記。再命債權人查報其他財產，以供執行[20]。

---

[18]　參照最高法院62年第1次民庭庭長會議決議。

[19]　最高法院78年8月1日第17次民事庭會議決議：「最高限額抵押權之標的物，經第三人之聲請強制執行而查封者，自最高限額抵押權人知悉該事實後，最高限額抵押權所擔保之債權即告確定。」民法於96年3月28日修正擔保物權時，已增訂最高限額抵押權，並於第881-12條第1項第6款增訂上開規定。

[20]　參照司法院72年4月13日（72）廳民二字第0252號函復台灣高等法院。

（七）第三人聲請不動產移轉登記在查封前，而於查封後始完成之移轉登記是否有效？

按移轉登記須登記完成，始發生登記之效力，而查封為公法上之處分行為，不以登記為生效要件，故債務人對不動產之處分行為，係在查封前聲請登記，而於查封後，始完成移轉於第三人之登記者，對債權人不生效力，債權人得訴請法院塗銷其登記[21]。因此，依土地法第75-1條規定，登記機關受理土地權利變更登記事件，尚未辦畢登記前，接獲法院查封、假扣押、假處分或破產登記之囑託時，應即改辦查封、假扣押、假處分或破產登記（土地登記規則第138條第2項）。另實務上對不動產雖經查封後，但已辦理移轉登記者，執行程序得不停止，仍得進行拍賣，拍定後由拍定人另提塗銷登記之訴，但應於拍賣公告中註明，以免爭議。

（八）土地經查封後，行政機關得否徵收？

按查封僅在限制債務人之自由處分，故非債務人之行政機關本於行政作用，自得徵收，故依土地法第136條規定徵收時，應給予債務人地價補償金及遷移費。此際原被徵收之土地，於徵收公告前經法院查封者，其原被徵收土地所為查封之效力，即應轉換為對該土地補償地價之執行[22]。另地價加四成之補償金，雖依內政部78年1月5日台內地字第661991號函意旨謂非屬地價部分，惟上開加四成之補償金既因行政機關徵收才有補償，故實務上亦認為係查封之效力所及，得併予執行。因此，在保全程序補償地價之發放，雖由主辦機關（如縣、市政府）依土地法施行法第59條規定，代為清償或交付被徵收之土地所有權人，惟既經查封，主辦機關應將上開補償地價依執行法院之命令解繳法院，或予提存。提存者即以原土地所有權人為受取人，並於提存書內註明查封登記案號及其對待給付條件為：

---

[21]　參照最高法院68年台上字第3079號判例。

[22]　參照司法院秘書長75年10月9日（75）秘台廳民二字第01717號函意旨。

「憑撤銷查封登記之文件提領」，或若以債權人爲受取人者另俟執行法院通知辦理領取。若在本案執行時，即應通知主辦機關將上開價金解交法院，以憑分配[23]。

（九）查封後繼承人是否仍得辦理繼承登記？

繼承登記非處分行爲，故執行中因繼承而取得之不動產，雖經查封，繼承人仍得自行辦理繼承登記。倘繼承人不自行辦理繼承登記，依本法第11條之規定，仍應囑託代辦繼承登記。

（十）查封後之土地得否辦理土地重劃？或變更地目？

按土地重劃可使土地之利用價值增加（土地法第135條、平均地權條例第56條），故土地於查封後仍得實施重劃，因除了法令另有規定外，查封之效力及於查封後爲土地重劃而重分配之債務人土地，且「查封僅在禁止債務人就該財產爲自由處分，並無排除國家行政機關基於行政權之作用，對該財產所爲行政處分之效力。是經法院查封之土地，地政機關依非都市土地使用管制規則規定，核准土地所有權人申請用地變更，編定爲其他用地，自不受查封之限制。」[24]。

第四節　拍賣前之準備行為

第一目　鑑定價格

依強執法第62條規定爲「查封物爲貴重物品而其價格不易確定者，執行法院應命鑑定人鑑定之。」，故查封物是否須鑑價，是依具體案件而

---

[23]　參照司法院84年2月8日（84）秘台廳民二字第01987號函。

[24]　參照司法院84年9月11日（84）秘台廳民二字第16850號函。

定，如一般汽車、大型機器、古董、未上市股票等等，而鑑價機關以查封物品之組織同業公會較具公平及專業，如汽車則可委託台灣省汽、機車公會，或委託坊間中華、華聲鑑定公司等等亦可。鑑價時所需費用可函債權人前往預納，並得爲執行費用優先受償。然鑑定人就執行標的物所估價額，是否適當及可否爲拍賣之最低價額，仍應由執行法院酌量核定[25]，且一經核定，當事人不得任意指爲不實或指爲估價過低，請求複估。

第二目　酌定保證金及底價

依強執法第70條第1項規定「執行法院因債權人或債務人之聲請，或認爲必要時，應依職權於拍賣前預定拍賣物之底價，並得酌定保證金額，命應買人於應買前繳納之。未照納者，其應買無效。」，第2項「執行法院定底價時，應詢問債權人及債務人之意見，但無法通知或屆期不到場者，不在此限。」，宜注意，縱定底價亦不一定要定保證金。定保證金，在應行注意事項第47項第1款規定對不動產之酌定，以底價10%至30%定之，因此，在動產拍賣時得參考。且拍賣動產因不公告底價，故債權人及債務人經通知前往詢價而知悉動產底價時，應嚴守秘密，以防與應買人串通作弊。

第三目　定拍賣期日

依強執法第57條第1項規定「查封後，執行法官應速定拍賣期日。」第2項「查封日至拍賣期間，至少應留七日之期間。但經債權人及債務人同意或因查封物之性質，須迅速拍賣者，不在此限。」。但書所指如查封市場之魚、海鮮須迅速變賣等，第3項「前項拍賣期日不得多於一個

---

[25]　參照最高法院24年度抗字第918號裁定。

月，但因查封物之性質或有不得已之事由者，不在此限。」，又第66條規定「拍賣，應於公告五日後行之。但因物之性質須迅速拍賣者，不在此限。」，惟上開規定均屬執行法院於拍賣時應遵守之程序，若有違反，當事人得聲明異議，但未聲明異議，因而拍定，則不得指拍賣無效或撤銷拍賣。另實施查封後，第三人未經執行法院允許而占有查封之動產，或第三人為其他有礙執行效果行為者，執行法院應先予排除後再行拍賣（應行注意事項第28項），以利應買，並保障債權人及承買人之利益。且如查封未與土地分離之天然孳息者，於收穫期屆至後，始得拍賣，若此情形之拍賣，得於採收後為之，其於分離前拍賣者，應由買受人自行負擔費用採收之（強執法第59-2條），但應於拍賣公告中載明，以促注意並免爭議。

第四目　指定拍賣場所

依強執法第61條第1項規定「拍賣動產，由執行法官命書記官督同執達員於執行法院或動產所在地行之。」第2項「前項拍賣，執行法院認為必要時，得委託拍賣行或適當之人行之。」，實務上，對動產拍賣以在動產所在地拍賣為最多，因拍賣動產要一併交付動產及價金，及便利應買人到場查看動產，以決定是否應買。因「拍賣物買受人就物之瑕疵無擔保請求權。」（強執法第69條），即債權人、債務人不負物之瑕疵擔保責任，而使應買人自行負瑕疵存在之危險（但得主張權利瑕疵擔保請求權[26]）。

---

[26] 有關拍賣物之權利瑕疵擔保請求權，於強制執行法中並無排除之規定，故仍有適用。即出賣人應擔保第三人就買賣之標的物，對於買受人不得主張權利（民法第349條），因此發生買受人不能取得權利（所有權）時，「買受人得依債務不履行之規定，行使其權利，請求出賣之債務人返還其價金之全部或一部。惟如債務人並無資力時，得否請求受分配之債權人返還其價金？按我國法律上並未如外國立法例，明定以債務人無資力為限，受分配之債權人應負返還價金之責任，應為否定之解釋，又拍定人可否對受分配之債權人，依不當得利請求返還其支付之價金？有認為，因各債權人所受清償之利益，係另一原因事實，除有惡意外，不能認與買受人所受之損害有直接因果關係，自不負返還其利益之責任。惟拍賣物如

故實務上，爲使應買人親往閱覽查封物，且以現金當場交付，才多以到查封物現場拍賣。另上市有價證券，如上市股票，則以委託證券經紀商變賣爲宜（應行注意事項第34項第3款）。

第五目　拍賣通知及公告

依強執法第63條規定「執行法院應通知債權人及債務人於拍賣期日到場，無法通知或屆期不到場者，拍賣不因而停止。」[27]。故爲了使多數人知悉拍賣動產之情形，應先期公告（強執法第64條），公告中應載明下列事項：

一、拍賣物之種類、數量、品質及其他應記明之事項。

二、拍賣之原因、日時及場所。

三、閱覽拍賣物及查封筆錄之處所及日時。

四、定有拍賣價金之交付期限者，其期限。

五、定有應買之資格或條件者，其資格或條件。

六、定有保證金者，其保證金。

係動產抵押標的物時，依動產擔保交易法第17條第3項規定『第三人善意有償取得抵押物者，經抵押權人追蹤占有後，得向債務人或受款人請求損害賠償。』，故拍賣物如經抵押權人取回，拍定人除向債務人請求賠償外，亦可向受價金分配之債權人請求賠償，是爲例外。」（參照張登科先生著強執法，79年10月再版，第329、330頁）。但本文認爲仍得依不當得利之法律關係請求，始符公平。

[27] 按通知與送達在法律上之效果不同，因送達乃法律用語，一般係針對實體裁判之傳達，而通知則是事實名詞，通常係對拍賣程序之告知。因此依法應送達者，若未能依一般方法送達時，應爲補充送達即公示送達，否則不能發生該行爲之效力，如強執法第132條第2項規定「前項送達前之執行，於執行後不能送達，債權人又未聲請公示送達者，應撤銷其執行。其公示送達之聲請被駁回確定者亦同。」，然通知，則未能通知者，其行爲依然有效進行，如強執法第63條規定對債務人之通知，第102條規定對共有人之通知等，因執行程序係就已確定之權利執行，較無爭執，且須迅速，故通常以通知方法執行程序，但實體法上則因要確定私權，則以送達方法來進行程序，以確保當事人之利益。

　　拍賣公告除了揭示於執行法院及動產所在地之鄉鎮市（區）公所或拍賣場所外，如認為必要或因債權人或債務人之聲請，並得登載於公報或新聞紙（強執法第65條前段）。實務上在拍賣動產時，除價額較大或上市股票拍賣外，登報者不多。

第五節　拍賣是否拍定之認定及後續行為

第一目　拍定之情形

一、拍賣動產時，若有定底價及保證金者，應買人應買時應先預納保證金，而所出願買價格應達底價，並以應買人所出之最高價者，高呼三次後，無人再加價者拍定（強執法第70條第3項）。實務上為了維持秩序，拍賣時，常先告知願買人出示身分證明後予以記載，之後再進行喊價，並以最高價者為得標。得標後，拍定人應依拍賣公告所載期限內繳清價金，繳足後再交付拍定物品，若無定期限者，以當場繳交價金後交付拍定物品。且拍賣時執行人員應注意如賣得價金足以清償強制執行之債權額及債務人應負擔之費用時，應即停止（強執法第72條），故如查封之物品數量多，且價值足夠時，於定拍賣公告時宜將查封物品按序編號，並於拍賣時按序拍賣以減少爭端，即按序（編號次序）拍賣，於其價格足清償強制執行之債權額及債務人應負擔之費用時即予停止，避免超額拍賣，拍賣成立時書記官應製作拍賣（成立）筆錄，並記載下列事項（強執法第73條）：

（一）拍賣物之種類、數量、品質及其他應記明之事項。

（二）債權人及債務人。

（三）拍賣之買受人姓名、住址及其應買之最高價額。

（四）拍賣不成立或停止時，其原因。

（五）拍賣之日時及場所。

（六）作成拍賣筆錄之處所及年、月、日。

筆錄作成後除了執行人員簽名外，其餘到場之參與應買之人，協助拍賣之人（如警察）均應於筆錄上簽名。

二、拍定後之處理

（一）應買人所出價金未達底價，或未定底價，但應買人所出價金不足，而經債權人或債務人反對者；或第二次拍賣時應買人出價未達原底價百分之五十，或雖未定底價，而應買人所出之最高價顯不相當，即不予拍定，但以上情形，債權人願意承受，執行法院應即作價交債權人承受，即第一次拍賣如未定底價，則以債權人、債務人認為相當之價格，如有定底價則以底價承受，如為第二次拍賣亦以原第一次拍賣認相當之價格一半為價格，或第一次定底價之50%為價格，為承受價格。

（二）無論是經應買人拍定或債權人承受，如債權人僅一人得將價金逕交付債權人收訖，如為多數債權人，則應將價金帶回執行處，暫入國庫，製作分配表定期分配。

（三）動產拍賣之次數依強執法第70條之規定最多僅二次，故於第二次拍賣後無論結果如何，無論是有人應買或未拍定，均不得再作第三次以上之拍賣。

第二目　未拍定之情形

一、拍賣定有保證金，應買人未繳或未繳足保證金者（強執法第70條第1項）。

二、應買人所出之價格未達底價，或雖未定底價，於第一次拍賣時，經債權人或債務人對於應買人所出之最高價認為不足而為反對之表示者，此際執行拍賣人員應不為拍定，由執行法院定期再行拍賣（強執法第70條第4項前段）。第二次再拍賣，如有人應買，即拍歸出價最高之

應買人。但若定有底價，而出價之應買人，其最高價不足底價50%，或雖未定底價，而所出價金顯不相當者，債權人亦不願承受時，此際，執行法院應撤銷查封，將拍賣物返還債務人。實務上，以令債權人再查報可供執行之債務人其他財產，若逾期未查報者，即依強執法第27條第1項規定發債權憑證，報結，待查得債務人財產再聲請強制執行（強執法第70條第5項）。惟應注意者，拍賣時，債務人不得應買（強執法第70條第6項），因強制執行之拍賣性質上為買賣，執行法院係代債務人出賣，故債務人自不得同時為出賣人又為買受人。

三、拍賣物無人應買，若有債權人願承受者，依前述方法承受，除了拍賣物顯有賣得相當價金之可能，得作第二次拍賣外，應作價交債權人承受，承受方法如前所敘，如債權人不願承受者，則執行法院應撤銷查封，將拍賣物返還債務人。

四、拍定人未繳足價金，此際執行法院應再作第二次拍賣。若因而再拍賣時，於拍賣公告中亦應載明「原拍定人不得應買」以促注意（強執法第68-2條第1項中段、應行注意事項第37-2項）。即再拍賣之價金低於原拍賣價金及所生費用，均應由原拍定人負擔其差額。執行法院並應依職權以裁定確定其差額，並以之為強執法第4條第1項第6款之執行名義，故得依該裁定對拍定人強制執行，亦即不僅得執行原拍定人所繳之保證金外，對其所有財產亦得強制執行（強執法第68-2條第2項）。尤應注意者，依強執法第68-2條第3項所為差額價金之裁定，應屬強執法第4條第1項第6款規定執行名義之一，雖原拍定人係因本次拍賣所衍生，而應負擔差額價金責任，但債權人於取得該執行名義而對原拍定人強制執行，應屬另一執行程序，故原拍定人之債權人得參與分配，不受本案之原拍定時期間之限制（強執法第32條），從而原債權人並無優先受償權。又上開所指差額須有再行拍賣時始發生，如無再行拍賣者，如債權人撤回，或於最後一次拍賣而無人應買致視為撤回（強執法第70條第5項、第95條第2項），則因案件已視為撤回或經執行法院撤銷而不存在，故無差額問題，原拍定人即毋庸負補差

額責任。

五、撤回執行（含拍賣），強制執行以實現債權人之私權為目的，故債權人於拍定前得隨時撤回執行，以阻止拍賣。但拍定後，在拍賣物所有權移轉前，經拍定人同意者，亦得撤回（強執法第58條第2項）。按動產以占有為公示方法，故以執行人員尚未將拍賣物交付拍定人前，經拍定人同意，亦得撤回，故經拍定人同意撤回，即不予拍定。

六、查封後，債務人於拍定前提出現款清償，而聲請撤銷查封者強執法第58條第1項），即為清償債務，應包括執行費及債權。

七、拍定人購買時未具備應買資格（或條件），如麻醉藥品製劑之購買者，須為醫師或醫療機構或持有醫師之處方箋者（參照藥事法第64條規定），未具備者即不予拍定。

八、動產拍賣，無論是有人應買而未拍定或無人應買執行書記官均應作成拍賣筆錄，並送請執行法官核閱。

九、查封物賣得價金，於清償優先債權及強制執行費用後，無賸餘之可能者，經詢問債權人之意見，如債權人聲明於查封物賣得價金不超過優先債權及強制執行費用時，願負擔其費用者，仍得拍賣外，執行法院應不為拍賣，即應撤銷查封，將查封物返還債務人（強執法第50條第2、3項）。因此，如債權人願負擔費用，予以拍賣時，則拍賣之最低價格應在債權優先權（如動產抵押所擔保之債權）及執行費，合計價額之上，否則即不予拍定。另債權人願意承受之價額亦應在上開合計價額之上，始得交付承受。否則亦應撤銷查封，將查封物返還債務人。

十、拍賣動產於第一次拍賣無人應買，而進行第二次拍賣前，債權人得否承受？按強執法關於拍賣動產之規定，並無如不動產拍賣有第91條第1項規定限於到場及拍賣期日終結前表示之限制，且進行第二次拍賣將被減價百分之五十為底價，而債權人即願按第一次拍賣底價承受，於債權人及債務人均屬有利，故應予准許。

第六節　特殊物品之拍賣

第一目　股份有限公司股權之執行

一、公司法之公司本質上係以營利爲目的之社團法人，其中股份有限公司分別以股東之出資額或股東就其所認股份，對公司負其責任之公司（公司法第1條、第2條第1項第2、3、4款），即其股東之責任均屬有限責任，以出資額或認股爲責任範圍，相對地，該出資額或認股即爲股東對公司之股權，故爲現行社會上運用最多之公司類型。從而，倘股東因須負金錢債務時，其股權自得爲執行之標的，故債權人仍得對債務人即股東聲請強制執行其股權。

二、對股份有限公司股東股權之執行：依公司法第2條第4款規定，稱股份有限公司者，謂「二人以上股東或政府、法人股東一人所組織，全部資本分爲股份；股東就其所認股份，對公司負其責任之公司。」而用以表彰股東取得公司之股權者，爲股票。故公司法第161-1條第1項規定「公司資本額達中央主管機關所定一定數額以上者，應於設立登記或發行新股變更登記後三個月內發行股票；其未達中央主管機關所定一定數額者，除章程另有規定者外，得不發行股票。」第2項「公司負責人違反前項規定，不發行股票者，除由主管機關責令限期發行外，各處新台幣一萬元以上五萬元以下罰鍰，期滿仍未發行者，得繼續責令限期發行，並按次連續各處新台幣二萬元以上十萬元以下罰鍰，至發行股票爲止。」，即除未達中央主管機關所定一定數額之公司，得不發行股票外，原則上均應發行股票。顯見股票爲股份有限公司成立後用以表彰股東取得權利之證明，是屬設權證券，即以表示股東取得之股權，與票據法之票據爲設權證券，用以表現票據即權利者相同，但二者均屬有價證券，其權利之行使均須占有才能行使。故依強執法第59條第2項之規定，其執行方法與動產之執行程序相同，

必須實際查封占有，始得變價。再由上揭規定，股份有限公司股東之股權因其設立登記及發行情形不同，可分為（一）上市（含上櫃）股票；（二）未上市股票；（三）未發行股票者三種，其執行方法亦不同：

（一）上市股票之執行

1. 所謂上市股票，即指股份有限公司公開發行之股票，依證券交易法第150條前段規定「上市有價證券之買賣，應於證券交易所開設之有價證券集中交易市場為之。」第43條第1項規定「在證券交易所上市或證券商營業處所買賣之有價證券買賣之給付及交割，應以現款、現貨為之。其交割期間及預繳買賣證據金數額，得由主管機關以命令定之。」第2項規定「證券集中保管事業保管之有價證券，其買賣之交割，得以帳簿劃撥方式為之；其作業辦法由主管機關定之。」，又台灣證券交易所股份有限公司「證券商辦理有價證券買賣融資融券業務操作辦法」第8條第1項規定「證券商應與委託人簽訂融資融券契約並開立信用帳戶，始得受託辦理有價證券買賣融資融券。」從以上規定，可知買賣上市股票應在證券商開戶及開立集中保管劃撥帳戶，證券經紀商始得受其委託買賣。

2. 拍賣方式：

    (1) 若上市股票是在債務人占有中得以查封動產方式，予以查封、占有，但不得委託債務人保管（強執法第59條第2項）。查封時，如債務人拒絕交出，得聲請執行法院命債務人陳報一年內之財產狀況（強執法第20條），必要時並得對債務人拘提、管收之（強執法第22條第4項、第5項），或到債務人可能藏匿處所搜查。又對債務人之股票所在不明時，亦得依強執法第19條規定向債務人出入之證券商調查財產，雖集保公司有集中保管部分上市股票，但「目前集中保管帳簿劃撥制度係採兩

階段法律架構，首階段為投資人與參加人（即證券經紀商）訂立契約，由參加人設置客戶帳簿，集保公司僅提供其客戶帳簿之電腦處理服務，依規定客戶帳簿仍由參加人負責管理；第二階段為集保公司與參加人訂立契約，由集保公司設置參加人帳簿。」[28]。由此可知，集保公司並非執行之第三人，而集保公司亦僅能提供債務人之往來證券經紀商資料而已，之後，仍應再向債務人往來之證券商查詢，始能調查債務人持股狀況，並為查封之依據。

(2) 若上市股票是在證券經紀商或集保公司集中保管者，得至證券經紀商執行或發扣押命令，並以證券經紀商為第三人，將副本抄送集保公司，且以扣押命令到達證券經紀商時，若無異議或逾時（十日）未異議者，即發生扣押之效力。並請證券經紀商將股票交由執行法院，或暫放證券經紀商，並由集保公司集中保管，實務上以後者為多，因為以後可委託該證券經紀商拍賣。惟實務上對債務人持有之上市股票是否保管在證券經紀商仍不明時，可先至該證券經紀商調查，或命其陳報，若逾期不為陳報得科以新台幣1萬5,000元以下罰鍰（強執法第77-1條第3項）。經查得股票後，隨即發扣押命令，因現行證券經紀商之上市股票買賣均以電腦操作，實務上之調查並無困難。另依強執法第59條第2項之規定有價證券之拍賣適用動產執行方法，但因上市股票具有交易市場之特殊性，故扣押後之拍賣，因須公開交易，故拍賣時亦不必委託執行人員到場監督（強執法第61條第2項但書應不適用），以符合實際，僅須證券經紀商於拍賣結束後向法院陳報即可。

(3) 「上市有價證券（股票），宜委託證券經紀商變賣之。」（應行注意事項第34項第3款），即逕委託證券經紀商以其自己所開

---

[28] 參照台灣證券集中保管股份有限公司89年1月4日（88）證保企字第18054號函。

立帳戶賣出，如台灣台中地方法院在中央信託局台中分局開立帳戶，並委託該分公司拍賣等，實務上以此較便利，並得將上市股票帶回，在法院公開拍賣，再由拍定人持上市股票到證券經紀商處存入其集保帳戶自由買賣。

(4) 上市股票因於執行法院所定之拍賣期日前一日均有收盤價格，故宜以執行法院所定拍賣期日前一日之收盤價格為第一次拍賣價格之參考，並以拍賣當日開盤時即予賣出。若無法賣出，則執行法院應再定期第二次拍賣，雖強執法第70條第5款規定底價得降至第一次拍賣價格之百分之五十，惟若於第二次拍賣時，以所定拍賣期日之前一日價格為準，並以拍賣當日跌停板價格賣出即降為前一日價格百分之七於開盤前掛出，大多即能以開盤價賣出。故為了避免違反強執法第70條第5項之降價超過百分之五十，故第二次拍賣期日與第一次拍賣期日相距不要太久，以免股票連續下跌而超過第一次拍賣價格之百分之五十。

(5) 上市股票交易之種類有四：①符合集中交易市場交易單位之交易，即以申報買賣之數量通常為一交易單位1,000股或其倍數。②零股交易，指在集中市場交易作為買賣標的股票不足一交易單位（1,000股）之交易，也就是以999股以下之零股股票為交易之標的。但股票除息或除權交易日前三個營業日，國曆及農曆年終最後一個營業日均暫停零股交易，故於拍賣時定期日要注意避開。而其拍賣價格之底價，亦得參考前述方法酌定。（鉅額證券買賣，即指一次交易在50萬股以上之交易。其每筆申報不得超過要買或要賣之申報總數量，並於成交當日辦理交割）。③除了以上三種方式外，對委託拍賣之股票數量過鉅，經證券交易所認有影響交易之正常程序者，受委託之證券經紀商得向台灣證券交易所改採單獨拍賣或標購方式進行證券之買賣。其方式及程序並依「台灣證券交易所股份有限公司受託辦理上市證券拍賣辦法」及「台灣證券交易所股份有限公司上市

證券標購辦法」為之[29]。上市股票既得依上開方式自由買賣，故執行法院扣得後得予變賣。

（二）未上市股票之執行

1. 未上市股票之執行，亦應先扣得股票始得拍賣，亦適用動產之執行方法（強執法第59條第2項），惟因未上市，故不在證券經紀商之集中市場買賣。經扣得後可定期在法院公開拍賣。其拍賣之效力，如為記名股票，依公司法第164條規定「記名股票，由股票持有人以背書轉讓之，並應將受讓人之姓名或名稱記載於股票。無記名股票，得以交付轉讓之。」第165條第1項「股票之轉讓，非將受讓人之姓名或名稱、住所或居所，記載於公司股東名簿，不得以其轉讓對抗公司。」第2項「前項股東名簿記載之變更，於股東常會開會前三十日內，股東臨時會開會前十五日內，或公司決定分派股息及紅利或其他利益之基準日前五日內，不得為之。」，因此，為保障股票之轉讓及其效力，若債務人未背書者，執行法院得代債務人背書或變更名義與買受人之必要行為，並載明其意旨（強執法第68-1條），以證明連續及代為轉讓。

2. 實務上，對未上市股票之處理，若未背書者，由執行法官在股票背面載明「本股票由拍定人某某拍定，執行法官○○記，日期」。再由拍定人持往公司辦理過戶手續，並由執行法院函知該公司，載明已由拍定人拍得之情形，以便利拍定人過戶[30]。又雖未

---

[29]　參照財團法人中華民國證券暨期貨市場發展基金會，83年出版之中華民國證券市場，第155至158頁。

[30]　現行公司法第164條規定，記名股票，得由股票持有人以背書轉讓之，惟因背書而取得股票之人，得於辦理過戶前，再以背書轉讓，而由最後持有人提出股票，請求公司辦理過戶，亦得以空白背書方法轉讓，而由最後持有人將其本名或名稱，記載於股票，提出公司，請求過戶，無須讓與人協同辦理，此項過戶手續，僅為對抗公司之要件（參照同法第165條第1項），非讓受當事人間之生效要件，為保護交易之安全，維持證券之信用，自須實際予以扣押（即查封），始得進行

申辦此項變更登記，依公司法第12條及上述規定，僅不得以其事由對抗公司而已，並不影響實際轉讓行為之效力[31]。

（三）公司未發行股票之股份執行

1. 因未發行股票，故其執行方法應適用強執法第115條對於其他財產權之執行方法為之。即先命債權人提出董、監事名冊及公司設立登記卡，以證明屬實後，即先發扣押命令，再定期在法院拍賣，其拍賣方法如前述動產之拍賣方法（強執法第115條第3項）。如未鑑價者，而執行法院認為價格適當者，得以公司登記章程所載，每股之面額為底價。拍定後，拍定人即執經由法院強制執行程序取得之持有股份，再至公司辦理過戶手續。另因股份有限公司之股份，以自由轉讓為原則，雖因拍賣取得即生轉讓之效力，惟以過戶為對抗要件，故仍應依公司法第164條及第165條辦理。且轉讓股份乃私權行為，並不須向主管機關登記，故應由拍定人持執行法院之函文前往公司辦理過戶。但拍定人取得股份有限公司之持有股份後，如因公司全體董事、監察人均避不見面，致拍定人無法向公司辦理過戶手續，該拍定人得以該公司之股東身分依公司法第173條第4項規定自行召集股東會[32]。

2. 依公司法第163條第2項規定「發起人之股份非於公司設立登記一年後，不得轉讓。」，則董事為發起人，債權人對其一年內之股份得否拍賣？按該法條之規定，目的乃在預防發起人為不法行為，故僅在限制發起人自由轉讓，並不限制經公權力介入之法院

拍賣。如實施扣押時，債務人拒不交出，應依強執法第48條第1項規定，檢查、啟視債務人居住所、事務所、倉庫、箱櫃及其他藏置物品處所，以扣押之，亦得依同法第22條規定對債務人為拘提管收，不能因債務人有拒不交出情形，改依強執法第117條規定辦理，參照前司法行政部台（63）函民字第02751號函。

[31] 參照司法院秘書長79年6月26日（79）秘台廳峰宇第0169號函。

[32] 參照經濟部64年9月28日（64）經商字第13391號函、74年1月21日（74）經商字第2877號函。

強制處分行為，故仍得依債權人之聲請查封（扣押）、拍賣[33]。

三、有限公司及兩合公司之股權執行，另於對其他財產權之執行章節中論述。

第二目 票據、載貨證券等有價證券之執行

有價證券之執行方法原則上亦依動產之執行程序，即應先扣得該證券（如支票等），再予拍賣，如以不經拍賣為適當者，亦得準用強執法第115條至第117條規定（強執法第60-1條規定），發收取命令，由債權人逕行收取，或支付轉給命令，交付執行法院再分配。如在法院拍賣後，有不連續之情形，執行法院亦應依強執法第68-1條規定代為背書，並將名義變更為買受人，以防失效。

第三目 應變賣物品之執行

依強執法第60條後段規定，有左列情形之一者，執行法院得不經拍賣程序，將查封物變賣之：

一、債權人及債務人聲請或對於查封物之價格為協議者。

二、有易於腐壞之性質者。如市場之鮮魚、蔬果等。

三、有減少價值之虞者。

四、為金銀物品或有市價之物品者。

五、保管困難或需費過鉅者。

因變賣常有迅速性，故不受公告期間之限制，以保障債權人、債務人利益，若為無人應買時，亦準用強執法第71條之規定，命債權人承受或再次變賣。

---

[33] 參照經濟部57年3月5日商字第07372號函。

第四目　動物之執行

對動物之執行，除了得以烙印、火漆印在動物身上外，如牛隻烙在牛角上。但如數量龐大者，亦得命債權人造冊，詳載種類、數量後一併予以標封[34]，惟動物因有生命，且須適當之照養，故須選定適當之保管人，並以管理費為執行費用之一部分，如無法覓得適當之保管人、保管場所，則得於實施查封後速予變賣，以防耗費或死亡。

第五目　花卉、植物之執行

本項所指乃非定著土地之花卉、盆栽植物而言。按定著土地之植物，依民法第66條第2項規定「不動產之出產物，尚未分離者，為該不動產之部分。」，為不動產之一部分，不得單獨查封，但能於一個月內收穫者不在此限（強執法第53條第1項第5款），故若於一個月收成之天然孳息，如果實須於收穫期屆至後，始得拍賣。並於採收後拍賣，如於分離前拍賣者，應由買受人自行負擔費用採收之（強執法第59-2條），故執行法院如拍賣查封後一個月內收作之孳息，仍應依拍賣動產程序辦理，餘不得逕予查封拍賣，但另外之盆栽，因非定著土地上，故應依拍賣動產之程序辦理，但因盆栽是屬植物，亦較不像動物易於死亡，故除了擇定保管人及保管場所外，如價格不易確定，例如蘭花，亦可請國蘭協會或專門人員鑑定，以為拍賣之底價。另為保管時應告以適當之管理，且查封與拍賣之相距時間亦不宜差太長，以免枯萎死亡。

---

[34] 參照最高法院56年度台上字第1635號判決「查封動產之方法，有標封烙印及火漆印之三種，查封系爭二千隻鴨，固無法可用烙印或火漆印，即標封亦無法逐一為之。如果現場鴨寮，除系爭二千隻生蛋鴨外，當時別無其他鴨隻，則將系爭二千隻鴨，放置該鴨寮，加以蓋有法院大印之封條，亦不失為法定之標封。」值得參考。

第七節　動產執行與不動產執行之差異

編號	動產執行	不動產執行
一	執行方法：查封、拍賣、變賣	執行方法：查封、拍賣、強制管理
二	原則上不要估價、鑑價，例外則要	要估價、鑑價
三	查封效力：於查封時發生	查封效力：於查封時，或查封公函到達登記機關時發生
四	保管人：由執行人員占有後交付保管（§47），但金銀貴重物品或有價證券不得交債務人保管（§59Ⅱ），除外任何人均得為保管人	保管人：無限制任何人（§78）
五	拍賣次數為最多二次，再拍賣減價不得逾百分之五十	拍賣次數為最多四次，其中另有特別拍賣一次，每次再拍賣減價不得逾百分之二十
六	公告：查封至公告至少要七日，至多不得逾一個月（§57）	公告：第一次查封至公告不得少於十四日（§82），第二至四次拍賣不得少於十日，多於三十日
七	原則上不定底價，例外則要，但不公開	要定底價，且公開
八	原則上不定保證金，例外則要	要定保證金，以總價百分之十至三十為準
九	債權人於下次拍定時，均可承受	債權人須於拍賣期日到場，始可承受（§91），並得以債權抵繳價金
十	拍賣公告原則上不登報，例外則要	拍賣公告要登報，例外如標的金額過低者則可不要

第三章　不動產之執行程序

第一節　不動產執行標的物之認定

「不動產」之意義雖源起於民法之概念，但在強制執行程序中「不動產」之意義，內容如何、共有、未保存登記如何認定、所有權人歸屬等在執行程序上存有甚多疑義。尤其不動產之所有人認定亦與民法之概念不盡相同，因在強執法上之執行行為，應嚴格執行之「外觀原則」，除了已登記之不動產有土地、建築改良物登記簿謄本可憑外，其餘未保存登記之增建、擴建、建造中之房屋等，尚須由建造執照或客觀之證據以為憑據，因建造執照雖為行政上許可建築之文件，惟依建築法第70條第1項前段規定，建築工程完竣後，應由起造人會同承造人及監造人申請使用執照；又依土地登記規則第79條第1項規定，申請建物所有權第一次登記，應提出使用執照。故如無特別情事，建造執照所載之起造人，恆為該建物所有權第一次登記之申請人亦即原始起造人，是執行法院乃以建造執照中所載起造人作為形式資料判斷孰為建物之原始起造人，故執行法院如發現債權人查報之財產確非債務人所有者，應命債權人另行查報，於強制執行程序開始後始發現者，應由執行法院撤銷其處分，強執法第17條定有明文。而債權人查報之財產是否確屬債務人之財產，執行機關僅能就財產上之外觀認定，如係不動產者，應以地政機關登記名義之外觀為調查認定之依據；如未於地政機關登記者，得依房屋納稅義務人、建造執照、使用執照等相關公文書認定之。從而，就執行標的物有足以排除強制執行之權利者，固得提起第三人異議之訴以資救濟，然若債權人無法提出上開證據，使執行法院得由外觀上即可為債權人所查報之財產屬於債務人所有之認定時，執行

法院應依職權撤銷執行之處分，無待第三人提起異議之訴之餘地[1]，主要乃因執行法院並無實體審查權之故也，因此，在認定所有權上與民法之概念時有差異。但以不動產為執行之標的，卻為整個執行之重心，蓋因不動產在確保金錢債權較特定、易確保，故有須將執行法上所指不動產執行之標的物詳予闡明。至直轄市、縣（市）（局）主管建築機關，依建築法規定所核發之執照，僅為建造、使用或拆除建築物或工作物之許可（建築法第26條），屬表彰行政處分之公文書，不具財產交易之性質，故依建築法第30條、第31條規定所申請之建造執照，其起造人如有變更，除依同法第55條第1項第1款或其他規定，向主管建築機關申報變更起造人外，尚不得將該建造執照併同建築物為讓與，自不得以之為強制執行之標的[2]，即建築執照及使用執照僅是行政機關所核發之許可證件而已，並非財產權之本身，故不得對之為強制執行。至最高法院70年台上字第3760號判例「房屋稅納稅義務人，並非必為房屋所有人，繳納房屋稅之收據，亦非即為房屋所有權之證明（本院40年台上字第126號判例參照），本件上訴人提出之房屋稅收據上關於系爭房屋之納稅義務人之記載，雖變更為上訴人名義，仍不足據以證明上訴人即為系爭房屋之所有人。」乃涉及實體爭議問題，非執行法院所得審究，並予敘明。

建築物與房屋在法律上規定不一，前者如民法第862條第2項規定抵押權範圍、第876條法定地上權等，後者如民法第796條規定之越界建屋、土地法第104條規定優先承買權等，其間意義不同，按建築法第4條規定「本法所稱建築物，為定著於土地上或地面下具有頂蓋、樑柱或牆壁，供個人或公眾使用之構造物或雜項工作物。」第7條「本法所稱雜項工作物，為營業爐竈、水塔、瞭望臺、招牌廣告、樹立廣告、散裝倉、廣播塔、煙囪、圍牆、機械遊樂設施、游泳池、地下儲藏庫、建築所需駁崁、挖填土

---

[1] 參照台灣高等法院85年度抗字第973號裁定要旨，最高法院88年度台抗字第610號裁定。

[2] 參照最高法院94年度台抗第865號裁定。

石方等工程及建築物興建完成後增設之中央系統空氣調節設備、昇降設備、機械停車設備、防空避難設備、污物處理設施等。」，第8條「本法所稱建築物之主要構造，爲基礎、主要樑柱、承重牆壁、樓地板及屋頂之構造。」，基於法律定義同一性原則，顯見所稱建築物之概念及其範圍非常廣泛，舉凡上列所舉之事項均括在內。至房屋在法律並無一定之定義，但觀諸實務見解「民法第66條第1項所謂定著物，係指非土地之構成部分，繼續附著於土地，而達一定經濟上目的，不易移動其所在之物而言。凡屋頂尚未完全完工之房屋，其已足避風雨，可達經濟上使用之目的者，即屬土地之定著物，買受此種房屋之人，乃係基於法律行爲，自須辦理移轉登記，始能取得所有權。」[3]，足見房屋須定著於土地上，得足以避風雨，可達經濟上使用之目的者而言，僅單純定著於土地，但未能足以避風雨之地上物，如游泳池、停車場等，均非房屋，故強制執行之標的物，如爲上開房屋者，於拍賣時，於符合租地建屋情形，房屋所有權人始得依土地法第104條規定，有優先承買權，否者，如非房屋而僅係建築物者，則該建築物之所有權人自不得主張優先承買權，應值辨明。

第一目　土地及定著物

依民法第66條第1項規定「不動產者，謂土地及其定著物。」第2項「不動產之出產物，尚未分離者，爲該不動產之一部分。」，而所謂定著物乃附著於土地上而達一定經濟目的，不易移動之地上物，如房屋、橋樑、水塔、魚塭、游泳池等。土地與其定著物，原則上各得爲獨立之不動產，即各得單獨爲執行之標的物。但建築物及其基地同屬債務人所有者，爲避免事後衍生複雜法律問題，故修正後規定得併予查封、拍賣（強執法第75條第3項），爲此，對該不動產標的物之認定爲已登記之土地或房屋

---

[3]　參照最高法院63年度第6次民庭庭推總會議決議（一）。

者，以土地、建物登記簿謄本登記爲認定之依據，故執行時應請債權人提出地政機關核發之土地、建物登記簿謄本。惟依信託法第12條第1項規定「對信託財產不得強制執行。但基於信託前存在於該財產之權利、因處理信託事務所生之權利或其他法律另有規定者，不在此限。」第2項「違反前項規定者，委託人、受益人或受託人得於強制執行程序終結前，向執行法院對債權人提起異議之訴。」、第3項「強執法第十八條第二項、第三項之規定，於前項情形，準用之。」，因信託財產名義上雖屬受託人所有，但受託人係爲受益人之利益管理處分之，參考日本信託法第16條、韓國信託法第21條等立法例，原則上規定任何人對信託財產不得強制執行。但爲保障信託關係發生前已生之權利及因信託財產所生或處理信託事務發生之稅捐、債權，依下列權利取得之執行名義可例外對信託財產強制執行：一就信託財產因信託前存在於該財產之權利，如抵押權，二因處理信託事務所生之權利，如修繕信託財產之修繕費債權，三其他法律有特別規定得對信託財產強制執行之權利，如有關稅法中明定之稅捐債權等。債權人違反第1項規定對信託財產強制執行時，委託人、受益人或受託人得於強制執行程序終結前，向執行法院對該債權人提起異議之訴，以資救濟。此時，準用強執法第18條第2項、第3項有關停止強制執行裁定之規定，俾保全信託財產，免受難以回復之損害。反之，如債權人聲請執行時已非以債務人爲登記名義人，外觀上，該財產非債務人所有，故其縱爲信託財產之受益人，仍不得對該財產強制執行。另上開所指不得強制執行，解釋上應包括終局執行及保全程序之執行在內。

一、公寓之執行

（一）公寓在執行上之基本概念

依民法第799條第1項規定「稱區分所有建築物者，謂數人區分一建築物而各專有其一部，就專有部分有單獨所有權，並就該建築物及其附屬物之共同部分共有之建築物。」、第2項「前項專有部分，指區分所有

建築物在構造上及使用上可獨立，且得單獨爲所有權之標的者。共有部分，指區分所有建築物專有部分以外之其他部分及不屬於專有部分之附屬物。」、第3項「專有部分得經其所有人之同意，依規約之約定供區分所有建築物之所有人共同使用；共有部分除法律另有規定外，得經規約之約定供區分所有建築物之特定所有人使用。」、第4項「區分所有人就區分所有建築物共有部分及基地之應有部分，依其專有部分面積與專有部分總面積之比例定之。但另有約定者，從其約定。」、第5項「專有部分與其所屬之共有部分及其基地之權利，不得分離而爲移轉或設定負擔。」，即集合式住宅或謂公寓，在民事執行處拍賣之不動產中，公寓所占的比例相當高，尤其是越都市化及人口集中之城市地區越高。又因公寓之每一住戶係以共用部分爲相互相連，並共同分享公共設施的所有權及使用權，故其所有權之型態是以區分所有爲典型，而「區分所有」之定義，依上開規定及公寓大廈管理條例第3條第2款之規定「指數人區分一建築物，而各有其專有部分，並就其共用部分按其應有部分有所有權。」，具體言之，即房屋一部分爲專有，一部分爲共有（即大、小公共設施），土地部分則爲共有，此即公寓之基本組合。

（二）專有部分與共用部分之關係

1. 意　義

所謂公寓大廈之專有部分，係指公寓大廈之全部或一部分，具有使用上之獨立性，且爲區分所有之標的者，即在構造上及使用上具有獨立性，得單獨使用而言。因此，只要在建築物執照設計圖樣有明顯界線，及實際上有明顯之界址者均包括在內，縱無固定牆壁予以隔間，亦宜解讀得爲專有部分，例如攤位與攤位之間雖無明顯之造作物加以區隔，停車位與停車位之間僅有明顯線條加以劃分等亦屬之[4]。至共用部分，則指公寓大廈專

4　參照公寓大廈管理條例第3條第1款規定，及尹章華、王惠光、林旺根、張德周、

有部分以外其他部分及不屬專有之附屬建築物，而供共同使用者而言，例如走廊、停車棚等，區分所有權人即因公用關係，而使相互間成立共有關係，故在房屋之共用部分，即因該共用部分為全體或一部分住戶所共有，而得分為大公、小公，前者如管理人室、機房等，後者如各樓層之走廊、公用電梯等。

2. 共用部分之從屬性

共用部分在使用上為區分所有權人所共同使用，性質上為「互有」，通說認為分別共有，故對於共有物，除契約另有訂定外，應由共有人共同管理之（民法第820條第1項），如未經共有人協議分管之共有物，共有人對共有物之特定部分之占有使用，須徵得他共有人全體之同意。至共有物之處分，依一物一權原則，各共有人固得隨時請求分割（民法第823條第1項前段），但因區分所有權人之專有部分是因共用部分而與其他專有部分連結成集合住宅，故其使用上彼此間具有關連性，應不得分割（民法第823條第1項但書[5]），但區分所有建物之共有部分，為與專有部分區分，故在登記管理上，應另編建號，單獨登記，除了法令另有規定外，應隨同各相關專有部分移轉、設定或為限制登記（土地登記規則第81條、第94條），即於各區分所有權人之專有部分所有權移轉時，應隨同移轉於同一人，不得分別移轉於數人，實務上，亦認為共用部分是專有部分之從物，如抵押人以公寓區分所有之建物設定抵押，經地政機關設定登記，對另編有建號之公共設施部分（即共用部分），如地政機關未予辦理抵押權設定登記，致抵押權人聲請法院裁定拍賣抵押物時未就該公共設施部分，一併聲請拍賣，於將來拍賣時，因共用部分為專有部分之從物，依民法第862

溫豐文、詹文凱等人合著，公寓大廈管理條例解讀，月旦出版社股份有限公司，1995年8月初版，第41頁。

[5]　參照謝在全著，民法物權論（上冊），79年修訂版，第240頁，但溫豐文著「論區分所有建築物共用部分之法律性質」（法學叢刊第131期，第14頁）認為是公同共有。

條有關抵押權效力之規定，認為仍得將共用部分併予拍賣[6]，但理論上似有疑義，因民法第799條第5項及公寓大廈管理條例第4條第2項規定「專有部分不得與其所屬建築物共用部分之應有部分及其基地所有權或地上權之應有部分分離而為移轉或設定負擔。」，而該公寓大廈管理條例係於84年6月28日修正公布（84年6月30日生效），民法擔保物權部分於96年3月28日修正公布，於同年9月28日施行並無緩衝條款之規定，即公寓大廈之所有權人將其專有部分設定抵押權登記之時間是在該條例生效前後，均有該條規定之適用。依該規定，專有部分既不得與共用部分分離而為移轉或設定負擔，則在生效前，地政機關未將共用部分併付設定登記，基於法律不溯既往之原則，並非無效[7]，但基於抵押權之效力，於拍賣時應將共用部分併付拍賣，不得僅拍賣其專有部分，故債權人聲請拍賣抵押物裁定時，雖共用部分因未設定抵押權，而未經法院裁定准予拍賣，仍得於將來予以併付拍賣，至拍賣時，當事人對共用部分是否為專有部分之從物有爭執時，則應另提訴訟以解決。但如抵押權設定在生效後，因公寓大廈之專有部分不得與共用部分分離而設定抵押權，如將專有部分或共用部分分別設定登記予不同之所有權人，或僅專有部分設定登記，而共用部分未設定登記抵押權者，應屬違反強制規定而無效（民法第71條前段），自不得聲請拍賣抵押物裁定或併付拍賣。又主物與從物之關係乃實體法之法律關係，在程序上，如債權人是持對人之執行名義（如支付命令、本票裁定等）而僅對執行客體之專有部分執行查封時，自不得就未查封之共用部分併付拍賣。再者，縱使保全程序之執行仍應有該條項之適用，故在本案查封時，應將房屋之專有部分、共用部分及土地之共用部分全部執行，即保全程序之假扣押、假處分亦須全部執行，蓋保全程序係本案終局執行之一部分，否則，倘債權人僅聲請執行其中之專有部分，對其他共用部分未聲請執行

6　參照民事法律問題研究彙編第2輯，第125頁。

7　參照內政部85年2月5日台內地字第8578394號函台灣省政府地政處之函示第一點。

扣押，因其他共用部分不得與專有部分分離而為移轉，債權人豈不僅聲請扣押專有部分即達扣押全部之目的，如此，對債務人亦不公平，故保全程序之執行應仍有該條項之適用。

（三）車庫之執行

1. 車庫之意義

車庫在公寓大廈之建築設計上，一般建商於起造時，均將之設計在公共設施中，為共用部分之一部分，並編為獨立建號之應有部分，甚至在建物登記謄本上並加登記為「車位編號○○號」，而該車位既經各共有人實際上劃定範圍使用之共有物，即屬經約定供特定區分所有權人使用之約定專用部分也（公寓大廈管理條例第3條第5款），為專有部分之所有權人所單獨使用，其約定性質上為分管契約[8]，故得為分管契約之主體及客體，應以其區分所有權人及具有共用部分之應有部分者為前提[9]，倘區分所有權人對車庫之共用部分並無應有部分者，自不得為分管契約之當事人。

2. 車庫之使用

按車庫為約定之專用部分，區分所有權人自得使用、收益。但苟區分所有權人不自行使用，是否得將車位單獨出租予他人？就物權之利用，公寓大廈管理條例第4條第2項對所有權及地上權已有明文規定，須與區分所有權人之專有部分一同使用，不得分離，但對債權之利用，如租賃權、借貸權之利用，是否亦包在內，得否單獨出租？學說上見解不一，有採肯定說，認為基於分管契約，得依租賃、使用借貸等法律行為，授權第三人使用其分管部分[10]；有採否定說，認為應包括在用益物權內，須與專有部

---

[8] 參照最高法院57年台上字第2387號判例。

[9] 參照最高法院77年度台上字第2329號判決。

[10] 參照黃茂榮著，分管契約與土地稅之歸屬或分擔，植根雜誌第17卷第8期，第27頁以下。

分一併讓與使用，始得將其共用部分出租或借貸[11]，按區分所有權人間，對共用部分所約定之分管，是根據公寓大廈之規約而來，一般建商在銷售時，與購買車位者，所簽訂買賣契約及規約，而成為區分所有權人就車位使用之分管契約，屬共有人對共有物之使用約定，自有拘束全體共有人，且依公寓大廈管理條例第31條有關公寓大廈之約定專用部分事項，應經區分所有權人會議應有區分所有權人三分之二以上及其區分所有權比例合計三分之二以上出席，以出席人數四分之三以上及其區分所有權比例占出席人數區分所有權四分之三以上之同意行之，故從法理上，債權契約所約定之租賃、借貸等，如出租車庫，未經區分所有權人會議同意，實難對抗其他共有人，又基於區分所有權人之專有部分與共用部分之主從關係，及一同利用之原則，以避免法律關係之複雜化，宜以採否定說為當，但實務上採肯定說[12]。

3. 車庫之讓與

　　共用部分與專有部分一併移轉時，其存在共用部分所約定分管之車庫，移轉後對第三人之效力如何？依最高法院48年度台上字第1065號判例，認為「共有人於與其他共有人訂立共有物分割或分管之特約後，縱將其應有部分讓與第三人，其分割或分管契約，對於受讓人仍繼續存在。」，分管契約本質上雖為債權契約，但對契約之效力即承認具有對世之準物權效力，用以拘束繼受之第三人，以維持法律秩序之安定性，事實上固有其必要，但分管契約性質上乃共有人內部之協議或約定，對善意之第三人，若不知有分管契約，亦無可得而知之情形，受讓人仍受讓與人所訂分管契約之拘束，有時使善意第三人受不測損害之虞，故實務上認為於此情形下，應予除外[13]，而採相對物權效力。但區分所有權人對於其應有

----

[11]　同註1，第80頁。

[12]　參照最高法院86年度台上字第1656號判決。

[13]　參照司法院大法官會議釋字第349號解釋。

部分之讓與？區分所有建物，於84年7月12日修正之土地登記規則第75條第1款「區分所有建物之共同使用部分，應另編建號，單獨登記，並依左列規定辦理：同一建物所屬各種共同使用部分，除法令另有規定外，應視各區分所有權人實際使用情形，分別合併，另編建號，單獨登記為各相關區分所有權人共有。但部分區分所有權人不需使用該共同使用部分者，得予除外。」，該條規定，嗣於90年9月14日作部分文字修正、並更改條號為第81條。依土地登記規則第81條第1項規定「區分所有建物所屬共有部分，除法規另有規定外，依區分所有權人按其設置目的及使用情形之約定，分別合併，另編建號，單獨登記為各相關區分所有權人共有。」，於98年7月6日將第1款移作第1項，並基於區分所有建物共有部分之項目及所有權之劃分，係屬私法上契約關係，原則上應由全體區分所有權人合意為之，又考量區分所有建物之共有部分，性質上應為建物區分所有權人利用該建物所必要者，故區分所有權人間之約定仍應合乎設置目的及使用性質，亦即應以該共有部分之固有使用方法為之，因而參照公寓大廈管理條例第9條第2項及司法院釋字第600號解釋意旨，修正共有部分依各區分所有權人按其設置目的及使用性質約定情形，分別編列建號單獨登記為各相關區分所有權人共有，俾使共有部分之登記客觀明確，另慮及條文已明定共有部分得單獨登記為各相關區分所有權人共有，故將原條文第1款但書之重複規定刪除（見該條立法理由）。因此，公寓大廈管理條例第4條第2項「專有部分不得與其所屬建築物共用部分之應有部分及其基地所有權或地上權之應有部分分離而為移轉或設定負擔」之規定，應係指各區分所有權人不得將公寓大廈地下室停車位單獨讓與該公寓大廈區分所有權人以外之他人而言，擁有停車位使用權之區分所有權人，仍得將該停車位與區分所有建物所有權一併移轉於同一人，或只將停車位使用權單獨移轉予同一公寓大廈之其他區分所有人。內政部為配合該規定，亦曾函示「區分所有建物共用部分之應有部分如移轉或調整於該建物之區分所有權人時，不

受本條項之限制」[14]，即不受公寓大廈管理條例第4條第2項規定之限制，最高法院亦認為「如區分所有人買受停車位後，又因故不需停車位者，依上述不需使用共用部分者，得予除外之規定，亦得單獨移轉於同一公寓大廈之其他區分所有人。」[15]，從以上法律之規定及實務上之見解，顯然公寓大廈管理條第4條第2項所規定區分所有權之專有部分不得與建築物或其基地之應有部分分離而為移轉，是指對於區分所有權人不得將其共用部分之應有部分移轉於區分所有權人以外之第三人而言，至於區分所有權人相互間移轉時，則不包括在內，即同一棟公寓內相互間得自由移轉其共用部分，僅不得移轉至零而已，而違反共用部分與專有部分之從屬關係，但若將車庫轉讓與區分所有權人以外之第三人，則必須與其專有部分一併移轉始得為之，否則違反上開規定，應為無效。嗣民法用益物權部分，於98年1月23修正公布（於同年7月23日施行），依修正後民法第826-1條第1項規定「不動產共有人間關於共有物使用、管理、分割或禁止分割之約定或依第820條第1項規定所為之決定，於登記後，對於應有部分之受讓人或取得物權之人，具有效力。其由法院裁定所定之管理，經登記後，亦同。」，目的乃因共有物之管理契約、約定或決定之性質屬債權行為，基於債之相對性原對第三人不生效力，惟為保持原約定或決定之安定性，特賦予物權效力，爰參照司法院釋字第349號解釋，並仿德國民法第746條、第1010條

---

[14]　參照內政部79年7月16日台（79）內地字第819823號函、83年8月2日台（83）內地字第8309551號函，均採相同之見解。

[15]　參照最高法院86年度台上字第1655號判決「按民法第818條固規定：各共有人按其應有部分，對於共有物之全部，有使用、收益之權。惟同法第820條第1項復規定，共有物除契約另有規定外，由共有人共同管理之。而所謂管理，旨在為使用、收益。足見第818條之規定，係指共有物尚未經共有人為分管之約定時始有其適用。倘共有人就共有物已為分管之約定，共有人只能就各自分管部分而為使用、收益，此為分管之解釋。上訴人向法院拍定買受上開房屋及停車位，有上開不動產權利移轉證書可稽，而停車位部分並於備考欄註『分管停車位二位共六十萬元』字樣，上訴人似已買受經分管之停車位，依上開說明，自得就其買受之分管停車位行使其使用收益之權利。」，而共有物之出租屬共有物之管理行為，故分管之權利人得予出租其分管之停車位。

第1項、瑞士民法第649-1條之外國立法例，於不動產爲上述約定或決定經登記後，即對應有部分之受讓人或取得物權之人，具有效力，以杜爭議。是於98年7月23日民法用益物權修正施行後，公寓之專有部分均予編號並登記，始生對抗第三人之效力。

（四）管理費之執行

　　依公寓大廈管理條例第18條規定，公寓大廈應設置公共基金，其來源除了由起造人就公寓大廈領得使用執照一年內之管理維護事項，而按工程造價一定比例或金額提列，基金之孳息及其他收入外，一般定期性者爲區分所有權人依區分所有權人會議決議繳納之公共基金，即一般通稱之管理費，而依同條例第21條規定「區分所有權人或住戶積欠應繳納之公共基金或應分擔或其他應負擔之費用已逾二期或達相當金額，經定相當期間催告仍不給付者，管理負責人或管理委會得訴請法院命其給付應繳之金額及遲延利息。」，且住戶如果遭判決給付並經強制執行後，再度積欠之管理費達區分所有權總額百分之一者，得訴請法院強制其遷離，及強制出讓其區分所有權和基地所有權之應有部分（同條例第22條第1項第1款、第2項），即對未繳管理費時，已規定有一定之追償程序。但對於欠繳管理費之區分所有權人，將其所有權讓與他人後，受讓人是否要承受原區分所有權人所積欠之管理費？實務上有不同之見解，有認爲依公寓大廈管理條例第24條規定「區分所有權之繼受人應繼受原區分所有權人依本條例或規約所定之一切權利義務。」，即應由繼受人繼受，易言之，債務人即原所有權人所積欠之管理費，拍定後，因由拍定人繼受其所有權，故由繼受人負繳納管理費之義務，因此認爲管理費之請求權具有準物權之效力；有認爲依公寓大廈管理條例第24條排除第21條之適用，管理費之請求權僅具有債權之效力。實務上之見解則採後說，認爲「公寓大廈管理條例第24條所謂『依本條例或規約所定之一切權利義務』區分所有權之繼受人應繼受，立法之主要目的應是避免特定繼受人於繼受後主張未參加規約之訂定不受規約之拘束，爲使規約對繼受人亦有拘束力所爲規定。至於已具體發生之管

理費給付不在規範範圍內。即繼受人繼受契約之地位，而非繼受已發生之債務。本院89年度法律座談會提案民事類第23號討論結果，認該條係規範後手繼受前手之區分所有權人地位，後手對其後所發生權利義務悉依相關規約法律定之。並非規定後手應繼受前手所欠之管理費。」[16]，二說以後

---

[16] 參照台灣新竹地方法院88年度簡上字第111號判決「按公寓大廈管理條例第24條固規定區分所有權人之繼受人應繼受原區分所有權人依本條例或規約所定之一切權利義務等語；惟該條當時之立法說明爲「明定區分所有權人之繼受人應繼受前區分所有權人之權利義務，以維護『區分所有關係』之一貫性」等語；蓋區分所有權之性質，並非單獨使用專有部分之財產權，亦非僅爲財產之共有關係，乃爲一種財產（私權）與生活（共益）之調和，而所謂規約，依同條例第3條第12款規定，乃公寓大廈區分所有權人爲增進共同利益，確保良好生活環境，經區分所有權人會議決議之共同遵守事項，因區分所有權人會議爲區分所有權人團體之最高意思決定機關，其所作之決議又係爲區分所有權人之共同事務及涉及權利義務之有關事項而發，則凡屬區分所有權人團體之構成員，不問其究在爲該決議之前或之後加入，各區分所有權人間爲共同關係所訂立之管理規約，其效力不僅應約束每一區分所有權人，對於其繼受人亦應同樣存在，此始能維持原區分所有關係之和諧存在，亦即爲維護區分所有關係之一貫性，繼受之區分所有權人或住戶，仍應承受其前手就規約所定之權利義務。是以，依前述立法說明及立法沿革解釋，上開條例第24條所規範者，乃區分所有權人之繼受人應繼受原區分所有權人依該條例或住戶規約所定之區分所有相鄰關係之一切抽象之權利義務。蓋公寓大廈管理條例或住戶規約所定者，均係抽象之權利義務，以之昭示遵守，資爲具體行使權利或負擔義務之依據，此觀該條例於第二章定有住戶之權利義務專章共21條條文亦明；苟義務人違反前開所定抽象義務，即屬義務之不履行，就具體發生之個別債務，債務人應負債務不履行或損害賠償責任，非經第三人與債權人或債務人訂立契約承擔債務人之債務，其債務自不移轉於該第三人。次按善意第三人應受保護，以維交易安全，亦爲我民法揭櫫之原則，復爲司法院大法官會議釋字第349號解釋之本旨，苟未依法爲債之移轉，遽令不知情之第三人擔負履行債務之責，致其生有不測損害之虞，殊屬有悖債之相對性法理，亦與保護善意第三人之旨有違。且按區分所有權人或住戶積欠應繳納之管理費已逾二期或達相當金額，經定相當期間催告仍不給付者，管理委員會得訴請法院命其給付應繳之金額及遲延利息，同條例第21條定有處置明文；同條例第22條並就住戶違反法令及規約，管理委員會得依區分所有權人之決議，訴請法院強制遷離、命區分所有權人爲出讓其區分所有權及其基地所有權應有部分、聲請法院拍賣等效力爲明定；足見對於違反義務之區分所有權人得有多項制裁及救濟之道，益徵區分所有權之繼受人，固應繼受原區分所有權人依本條例或規約所定之一切抽象權利義務，惟對於原區分所有權人積欠管理費或其他應分擔費用之債務，因屬原區分所有權人與大廈管理委員會間之債權債務關係，後手之區分所有權人除已依民法第300條或第301條所定訂約承擔債務者外，管理委員會自應循上開各規定加以請求；且

說較爲可採，按強執法第38條規定「參與分配之債權人，除依法優先受償者外，應按其債權額平均分配。」，即除了有優先受償權外，一般債權應平均受償，故依法有優先受償權者，如執行費及爲共同利益而支出之費用（強執法第29條第2項）、抵押權（民法第860條）、稅捐及土地增值稅（稅捐稽徵法第6條第1、2項）、關稅（關稅法第95條第4項）等，均爲法律所明文規定優先於一般債權而受償，但管理費之追償，法律並無規定得優先受償之情形，且倘若得逕對繼受人請求，則公寓大廈之管理人或管理委員會，自可不依上揭方式追償或參與分配，等待住戶遷入時再行使同時履行抗辯，以阻礙其遷入居住，事實上，反而將優先予上揭之優先權人而受償，顯不公平，故繼受人應僅繼受原所有權人之地位，債務人所積欠之管理費應不得向繼受人請求。至於管理費以拍定人爲負擔之計算時點是以拍定日或點交日爲基準？實務上容或有不同之見解，但以法院之拍賣本質上乃私法拍賣[17]，故雖經法院拍賣而取得不動產之所有權，但對拍賣之不動產仍須因交付（或點交）而占有使用，在未交付（點交）前既仍爲債務人或第三人占有使用，因此，宜解釋爲自交付（點交）時起始由拍定人負擔管理費，始爲合理。

區分所有權之繼受人，其無論係經由自由交易買賣方式或經由法院拍賣取得，因對於前手積欠之管理費用或其他應分擔費用並無從知悉，而購買者（含拍賣程序之應買人）亦係針對該區分所有物之市場客觀價值、地理環境、有無物上擔保等加以評估其價值，苟尚應就該區分所有物之前手有無積欠管理費用及其他應分擔費用加以調查評估，因此部分並無公示性，除強人所難，亦有礙交易之靈活，而此亦非公寓大廈管理條例第24條之立法本旨，是就前手已具體發生而積欠之管理費用及其他應分擔費用，實難令繼受人當然承受而負履行債務之責。復按前開規定苟包括繼受前手已生之具體債務，因區分所有物所有權移轉時即生法定承擔之效果，則使前手得以免卻其本應負擔之債務，管理委員會對於積欠管理費用或依規約其他應負擔之費用之區分所有權人，亦可無視前開賦予其得對積欠管理費及其他應擔分費用之區分所有權人之相關制裁及救濟規定，則上開規定豈非具文。」，台灣台中地方法院89年11月份法律座談會紀錄，台灣台南地方法院89年度新小字第271號判決，亦採相同見解。

17 參照最高法院31年9月22日民刑庭總會決議、47年台上字第152號、49年台抗字第83號、49年台上字第2385號判例。

二、夫或妻之不動產

　　不動產認定爲夫或妻所有，如在74年6月5日修正民法親屬編公布生效後者，以土地、建物登記簿之記載爲準，登記爲夫或妻所有，即爲夫或妻所有（民法第1017條規定）。但在74年6月5日修正前，則雖登記爲妻名義所有，但除非是屬妻之原有財產或特有財產，仍屬夫所有（舊民法親屬編第1017條規定），故夫之債權人查封修正民法親屬編前之妻名義之夫所有財產時，除了提出土地、建物登記簿謄本外，並應提出戶籍謄本證明夫妻關係，尤應注意者，債權人提出之戶籍謄本只要證明在修正前是夫妻即可，縱修正後離婚，亦不受影響。又「修正前登記爲妻名義之不動產，如妻之債權人認其爲妻所有，並以土地、建物登記簿謄本爲據，請求查封執行，則因執行法院無實體上審查權，如非經夫提起異議之訴加以排除，無從予以拒絕。又執行法院既以登記簿爲據，並依妻之債權人聲請，認定爲妻所有而爲執行，則夫之債權人不得復以同一財產爲夫所有請求逕爲執行，必須代位行使夫之權利，經訴訟排除對於妻之執行後，始得更以爲夫之財產請求執行。」，惟對上開舊民法親屬編之適用，於85年9月25日總統令公布增訂民法親屬編施行法第6-1條條文，將妻之原有財產規定之溯及適用：「中華民國七十四年六月四日以前結婚，並適用聯合財產制之夫妻，於婚姻關係存續中以妻之名義在同日以前取得不動產，而有左列情形之一者，於本施行法中華民國八十五年九月六日修正生效一年後，適用中華民國七十四年民法親屬編修正後之第一千零十七條規定：一、婚姻關係尚存續中且該不動產仍以妻之名義登記者。二、夫妻已離婚而該不動產仍以妻之名義登記者。」即於86年9月27日（含）起，於74年6月4日以前，並適用聯合財產制之夫妻，如夫尚未更名登記者，即不得再予更名登記，亦即夫或妻，依登記名義各保有其所有權，夫之債權人自不得再主張於74年6月4日前登記爲妻名義，爲夫所有，而予強制執行。尚有疑問者，在於新舊法交替間所衍生之問題，實務上曾有下列之見解：

1. 以對物之執行名義爲執行之情形：例如甲、乙於74年6月5日以前結

婚，並購買土地一筆暨其上之建物一棟，登記為妻乙之名義，乙於80年間將上開不動產設定抵押權向丙借款新台幣100萬元，又甲於85年8月間向丁借款新台幣100萬元亦屆期未償還，甲之債權人丁以甲欠債未還，而認乙有上開不動產為乙與甲婚姻存續中所取得，依法定財產制，屬甲所有，並於85年8月間向法院聲請其願供擔保請求對上開不動產予假扣押，經法院准予查封後，嗣丙於86年10月間，以對乙取得拍賣上開不動產抵押物之裁定為執行名義，請求強制執行，實務上見解不一[18]。通說採肯定說，認為法院應以拍賣抵押物之裁定係對物執行名義，故妻乙所有系爭不動產，既經囑託查封登記，有建物及土地登記簿謄本可證，則法院可逕行批示調前開假扣押卷執行。

2. 以對人之執行名義為執行之情形：例如債權人甲聲請法院對債務人乙以其妻丙名義登記之不動產為假扣押執行，法院於85年1月1日對該不動產實施查封。嗣乙未於86年9月27日前向法院起訴請求丙將該不動產更名登記為乙所有，則債權人甲執行對乙之終局執行名義，聲請執行法院對前開不動產強制執行，實務上有不同之見解，通說採肯定說[19]，

---

[18] 參照司法院第37期司法業務研究會法律問題提案結論，另否定說則有：

乙說（否定說）：甲未於86年9月28日以前辦理系爭不動產之更名登記，則該不動產已非甲所有，雖有丙聲請本案執行，係就債務人乙之同一不動產請求查封拍賣，惟因前假扣押案所查封者係債務人甲之財產，非以債務人乙之財產囑託查封，故執行法院應依土地登記規則第135條（已刪除）之規定囑託地政機關就前開假扣押查封登記先行辦理塗銷登記，並就債務人乙之同一不動產實施查封登記，不可逕行調前開假扣押卷執行。

丙說（否定說）：同一法院對不動產究屬夫甲或妻乙所有，不宜有不同之認定，且依土地登記規則第129條第1項前段（現行法第141條）規定土地經法院囑託辦理查封、假扣押、假處分或破產登記後，未為塗銷前，登記機關應停止與其權利有關之新登記。執行法院既已認定該不動產為夫甲所有，且辦理假扣押查封登記，對丙之請求應認執行標的非債務人乙所有，逕予駁回。

[19] 參照司法院第37期司法業務研究會法律問題提案結論，另否定說則認為依民法親屬編施行法第6-1條之規定，於該施行法85年修正生效一年後，適用現行民法第1017條之規定，前開不動產現既仍以丙之名義登記，即由丙保有所有權，債權人

認為執行法院於85年1月1日實施查封前開不動產時，該不動產依修正民法第1017條第2項之規定，應認為屬乙所有。且民法親屬編施行法第6-1條規定，所欲規範者純係夫妻間有關74年民法親屬編修正前取得財產之權利義務關係，對74年修正前取得而以妻名義登記，且於85年民法親屬編施行法修正前，已經夫之債權人聲請查封之情形並未加以規範。再者，強執法之查封係執行法院剝奪債務人對其特定財產之處分權，改由國家取得處分權之執行行為，故實施查封後，債務人就查封物為移轉、設定負擔或其他有礙執行效果之行為，對債權人不生效力；依土地法第43條規定所為之登記，有絕對之效力；土地經法院囑託查封、假扣押、假處分或破產登記，未為塗銷前，登記機關應停止與其權利有關之新登記。強執法第113條準用第51條第2項、土地法第43條、土地登記規則第141條第1項前段分別定有明文。故上開財產乃屬債務人乙所有，債權人甲自得持對乙之終局執行名義（如本票裁定、支付命令等），聲請執行法院對前開不動產強制執行。又若債權人丁執對乙之終局執行名義，聲請執行法院對前開不動產強制執行時，實務上亦有不同之見解[20]。通說亦採肯定說見解，認為前開不動產既經法院假扣押查封，現仍屬債務人乙所有，債權人丁自得執對乙之終局執行名義，聲請執行法院對該不動產強制執行，易言之，不動產經查封後，債務人喪失處分權，該不動產仍屬夫乙所有，債權人自得聲請對該不動產強制執行。

3. 夫妻於民國74年6月4日以前結婚，並適用聯合財產制，於婚姻關係存

甲不得執對乙之終局執行名義，聲請執行法院對丙之不動產強制執行。

[20] 參照司法院第37期司法業務研究會法律問題提案結論，另否定說則認為依民法親屬編施行法第6-1條規定，於該施行法85年修正生效一年後，適用現行民法第1017條之規定，前開不動產現既仍以丙名義登記，即由丙保有所有權。且強執法第113條準用之第51條第2項係規定實施查封後，債務人就查封物所為移轉、設定負擔或其他有礙執行效果之行為，對債權人不生效力，並非對債權人以外之其他人均不生效力。故債權人丁不得執對乙之終局執行名義，聲請執行法院對丙之不動產強制執行。

續中以妻之名義在同日取得房屋一棟，夫之債權人於86年7月1日取得執行名義聲請強制執行妻名義登記之房屋一棟，經查封後尚未拍賣，於86年9月26日以後，依新修正之民法親屬編施行法第6-1條規定，執行法院是否逕予認定上開房屋確定爲妻所有，而予啓封？實務上認爲依夫妻聯合財產更名登記審查要點第7點規定，以妻名義登記之夫妻聯合財產，經法院囑託辦理查封登記，在未經第三人提起異議之訴，撤銷強制執行前，不得辦理更名登記爲夫所有。又強執法第17條所謂非債務人所有，必須經過確切查明，且債權人對之已無爭執，始足當之，執行法院並無實質之調查權。如債權人對此已有爭執時，執行法院不得令債權人另行查報，而不爲執行，於強制執行開始後，亦不得依職權撤銷其執行處分[21]，故本件執行法院不得依職權逕予塗銷查封登記。足見舊法時代是以「先下手爲強」之方式解決婚姻關係存續中之聯合財產爲夫或妻所有。

4. 實務上，對過渡時期查封之效力，仍有一則判決值得參考，「夫妻於婚姻關係存續中以妻之名義在74年6月4日以前取得之不動產，依當時適用之民法第1016條本文規定，爲聯合財產，如夫之債權人認此財產係夫所有，聲請法院強制執行，予以查封，而妻主張係其所有，提起第三人異議之訴，法院應適用取得當時之民法之規定，查明其所有權之歸屬，資爲判斷之依據。上開已被法院查封之妻名義之不動產，於85年9月25日增訂之民法親屬編施行法第6-1條公布實施後，夫無論爲重新認定屬妻所有之積極行爲，或不爲重新認定屬夫所有之消極行爲，致仍登記爲妻名義者，如有此增訂法律規定之適用，而認係妻之

---

[21] 參照最高法院60年台上字第2920號判例、司法院37期司法業務研究會法律問題提案結論，另肯定說則認爲得依職權逕予塗銷。理由認爲新修正之民法親屬編施行法第6-1條之規定，夫妻於85年9月27日起，至86年9月26日止，向地政機關辦理更名登記，夫妻未於此期間辦理更名登記，該房屋已確定屬妻所有。又依強執法第17條規定，執行法院如發現債權人查報之財產確非債務人所有者，應命債權人另行查報，於強制執行開始後發現者，應由執行法院撤銷其執行程序處分。故本件執行法院應認該房屋確非夫所有，依職權逕予塗銷查封登記。

所有，妻得提起第三人異議之訴，則有礙執行效果，查封登記之公信力必遭破壞，而影響於夫之債權人之權益，自與立法之目的有違，允非可取。故應認此增訂之法律施行後，在緩衝之一年期間或之前已被查封之夫妻聯合財產，仍應依取得當時適用之民法，定其所有權之歸屬，不能依此增訂之法律逕認於緩衝期間屆滿後，仍登記為妻名義之不動產係妻所有。」[22]。而民法有關剩餘財產分配請求部分，剩餘財產分配請求權制度目的原在保護婚姻中經濟弱勢之一方，使其對婚姻之協力、貢獻，得以彰顯，並於財產制關係消滅時，使弱勢一方具有最低限度之保障。參酌司法院大法官會議釋字第620號解釋，夫妻剩餘財產分配請求權，乃立法者就夫或妻對家務、教養子女、婚姻共同生活貢獻之法律上評價，是以，剩餘財產分配請求權既係因夫妻身分關係而生，所彰顯者亦係「夫妻對於婚姻共同生活之貢獻」，故除夫妻對婚姻關係中經濟上之給予，更包含情感上之付出，且尚可因夫妻關係之協力程度予以調整或免除，該等權利與夫妻「本身」密切相關而有屬人性，其性質上具一身專屬性，要非一般得任意讓與他人之財產權。從而101年11月26日民法修正刪除第1009條「夫妻之一方受破產宣告時，其夫妻財產制，當然成為分別財產制。」、第1011條「債權人對於夫妻一方之財產已為扣押，而未得受清償時，法院因債權人之聲請，得宣告改用分別財產制。」規定，故法定財產制僅於婚姻關係消滅如離婚時，由夫妻協議或訴請法院分配財產，債權人不得聲請宣告改用分別財產制後再代位請求剩餘財產差額分配之規定，甚至縱使夫妻之一方聲請個人破產，因非離婚，亦無財產分配之問題，故夫妻之一方債權人不得代位聲請分配財產，而據以執行剩餘分配之財產。

---

[22]　參照最高法院87年度台上字第2316號判決。

三、耕　地

（一）耕地之意義

何謂耕地？耕地是法律用語，如耕地三七五減租條例，是一個概括的名詞，一般坊間、法規或稱為農地，如農地重劃條例之農地，但與農業發展條例第3條第10款之農業用地之定義不同。而耕地之定義，在土地法並未明定，僅土地法第2條第1項將土地依其使用性質之不同分為四類，其中第二類為直接生產用地，如農地、林地、漁地、牧地、狩獵地、礦地、鹽地、水源地、池塘等屬之。另依土地法第2條第2項規定，前項各類土地得再分目，從而，台灣省政府民政廳於民國36年7月29日頒布台灣省地目明細表之地類地目對照表，其中第二類直接生產用地之地目計有八種：即田：水田用地。旱：旱田用地。林：林地、林山均屬之。養：魚池。牧：牧畜用地。礦：礦泉用地，但限於湧泉口及維持上必要之區域。鹽：製鹽用地。池：池塘用地。由此以觀，土地法所稱之農地，係指地目田、旱之土地。地目非田、旱之土地，即非屬農地。而89年1月29日修正公布農業發展條例，為配合開放農地買賣，以符合實際，故於第3條第11款規定，對耕地做更明確之定義，以為農地分割及承受之依據，即指「（一）依區域計畫法劃定為特定農業區、一般農業區、山坡地保育區、森林區之農牧用地、或依都市計畫法劃定為農業區、保護區之田、旱地目土地，或非都市土地暫未依法編定之田、旱地目土地。（二）國家公園區內，依國家公園法劃定之分區別及使用性質，經該法主管機關會同有關機關認定屬於前目規定之土地。」，依此，因目前台灣地區已無「依土地法編定之農業用地」作為農地管理依據之情形，故將舊法之該部分刪除（見立法理由）。又承受農地如係國家公園區內之農地，該農地之認定，應由申請人先向國家公園處申請。而國家公園管理處應依國家公園區域內農業用地（含耕地）認定作業要點第2點規定，予以認定後核發國家公園區內所稱農業用地（含耕地）證明書，即未編定用地別，須個案予以認定。嗣於92年2月

7日再次修正第3條第11款為「耕地：指依區域計畫法劃定為特定農業區、一般農業區、山坡地保育區及森林區之農牧用地。」，即將「耕地」之定義修正及縮小其範圍，因加入WTO後，糧食生產用地面積可適度縮小，且多年來政府已不再辦理地目等則調整工作，逐漸廢除以田、旱地目別作為土地管制之依據，實有配合刪除本款耕地定義中所列「田、旱地目土地」文字之必要，故將耕地之定義範圍縮小，這些保留為耕地之農牧用地，悉以區域計畫土地使用編定之用地別作為界定耕地之分際，符合辦理土地使用編定之精神；同時，將「依都市計畫法劃定為農業區、保護區之田、旱地目土地」、「非都市土地暫未依法編定之田、旱地目土地」及「國家公園區內，依國家公園法劃定之分區別及使用性質，經該法主管機關會同有關機關認定屬於前目（指田、旱地目）規定之土地」，改列為「耕地以外之農業用地」，以符實際[23]，據此將來對耕地之強制執行，已限縮範圍，且不單以土地登記簿謄本之記載為準，故執行時對是否為耕地不明時，除了先向各地政事務所調取土地登記簿謄本外，仍有不明者，應再向縣市轄下鄉鎮市區公所查詢其使用分區證明，即可明瞭。

（二）耕地之使用

稱農業使用者，依農業發展條例第3條第12款規定「指農業用地依法實際供農作、森林、養殖、畜牧、保育及設置相關之農業設施或農舍等使用者。但依規定辦理休耕、休養、停養或有不可抗力等事由，而未實際供農作、森林、養殖、畜牧等使用者，視為作農業使用。」，依同法第31條原規定「耕地之使用，應符合區域計畫法或都市計畫法土地使用分區管制之相關法令規定，始得辦理所有權移轉登記。但因繼承或法院拍賣而移轉者，不在此限。」，即為落實農地農用原則，始得將農地所有權移轉登記，且為獎勵農地為農業使用，於第37條、第38條規定得為免徵土地增值稅、遺產稅及免徵田賦十年。惟因89年1月29日修正公布後，非自願性之

---

[23]　參照92年2月7日修正公布農業發展條例第3條之修正理由。

取得農地已有變更，故於92年2月7日、96年1月10日再次修正第31條，現行第31條規定為「耕地之使用及違規處罰，應依據區域計畫法相關法令規定；其所有權之移轉登記依據土地法及民法之規定辦理。」，即耕地之買賣，縱農地上未作農業使用亦可買賣，惟非作農業使用而出賣耕地者，應依上開規定課徵土地增值稅、遺產稅等。

（三）取得主體之限制

就私人及私法人取得農地資格之限制而言，經修法後，並同時刪除土地法第30條第1項「私有農地所有權之移轉，其承受人以能自耕者為限，並不得移轉為共有。但繼承而移轉者，得為共有。」，第2項「違反前項規定者，其所有權之移轉無效。」；第30-1條第1項「農地繼承人部分不能自耕者，於遺產分割時，應將農地分歸於能自耕者繼承之。其不能按應繼分分割者，依協議補償之。」，第2項「農地繼承人均無耕作能力者，應於繼承開始後一年內，將繼承之農地出賣與有耕作能力之人。」等規定，即私人取得農地並無資格之限制及農地得為共有。但為避免農地炒作，故農業發展條例第33條規定「私法人不得承受耕地。但符合第34條規定之農民團體、農業企業機構或農業試驗研究機構經取得許可者，不在此限。」，「規定農業企業法人以外之私法人不可購買耕地，乃考量農業經營利潤不高，而一般私法人以追求利潤為第一優先，如准予承受耕地，未必能專注農業之經營而引起農地之廢耕或從事土地之炒作，甚至多方設法變更農地之使用，有違農地農用之原則。同時，基於台灣現有之農業經營型態，大部分屬傳統之家庭農場為主，此一農業型態構成農村社會安定之基礎，今後仍宜繼續維持此種制度。」[24]。至於公法人因無炒作及為實現農業政策，有時必須取得農地，如公共需要之造林等，故所指之「不得承受耕地者所以僅指『私法人』而不包括公法人」，係公法人如國家、直轄市、縣（市）或鄉鎮、市等各級政府常因納稅人以耕地抵繳稅賦、依法照

---

[24] 參照農業發展條例第33條之立法理由。

價收買等原因而有承受耕地之必要，基於公法人執行法令之立場，應排除於不得承受耕地範圍之外。又依同法第33條但書所指之團體、機構，依同法第3條第7款規定「農民團體：指農民依農會法、漁會法、合作社法、農田水利會組織通則所組織之農會、漁會、農業合作社及農田水利會。」；第8款「農業企業機構：指從事農業生產或農業試驗研究之公司。」；第9款「農業試驗研究機構：指從事農業試驗研究之機關、學校及農業財團法人。」其中第8款之公司不限於股份有限公司，第9款之農業財團法人，行政院並訂有「行政院農業委員會補（捐）助之農業團體認定原則」予以規範。但依上揭規定，農民團體、農業企業機構、農業試驗研究機構均須為從事相關農業產銷或研究之業務為前提，但89年1月26日修正公布之農業發展條例，卻對非從事上開業務之「既有寺廟登記有案之寺廟、教堂或依法成立財團法人之教堂（會），其以自然人名義登記之農業用地，得更名為該寺廟、教堂或依法成立財團法人之教堂（會）所有。」（同法第17條），立法目的，除了解決社會遺留之現實問題，以防產權不明外，顯然違背上開規定及農地使用之目的。

（四）取得之限制

　　私人即自然人取得農地面積是否受限制？私人取得農地面積之限制，原於89年1月26日修正農業發展條例時，為避免農地集中在少數人手中，造成農地壟斷，故於第11條第1項規定「私人取得農地之面積，合計不得超過二十公頃。但因繼承或其他法律有規定者，不在此限。」，第2項規定「私人取得之農地面積合計超過二十公頃者，其超過部分之轉讓契約或取得行為無效，並不得移轉登記。」以防止私人炒作農地，但於92年2月7日再次修法公布時已將該條刪除，故以後取得農地並無最多面積之限制。至於私人取得最小面積之限制，農業發展條例並無限制之規定，但於土地法第31條規定「直轄市或縣（市）地政機關於其管轄區內之土地，得斟酌地方經濟情形，依其性質及使用之種類，為最小面積單位之規定，並禁止其再分割。」，而農業發展條例第16條前段規定「每宗耕地分割後

每人所有面積未達○‧二五公頃者，不得分割。」，以避免農地細分造成經營之不便。但為解決事實問題而發生，故於本條但書修正為有下列情事者仍得分割：「一、因購置毗鄰耕地而與其耕地合併者，得為分割合併；同一所有權人之二宗以上毗鄰耕地，土地宗數未增加者，得為分割合併。二、部分依法變更為非耕地使用者，其依法變更部分及共有分管之未變更部分，得為分割。三、本條例中華民國八十九年一月四日修正施行後所繼承之耕地，得分割為單獨所有。四、本條例中華民國八十九年一月四日修正施行前之共有耕地，得分割為單獨所有。五、耕地三七五租約，租佃雙方協議以分割方式終止租約者，得分割為租佃雙方單獨所有。六、非農地重劃地區，變更為農水路使用者。七、其他因執行土地政策、農業政策或配合國家重大建設之需要，經中央目的事業主管機關專案核准者，得為分割。」，是為例外。即不受0.25公頃之限制。然而，雖有上揭但書之規定，不受私人取得最小面積未達0.25公頃不得分割之限制，但依土地法施行法第21條規定「依土地法第三十一條規定土地使用最小面積單位……應報請中央地政機關核定。」，又在修正農業發展條例時，行政院曾提出「為維持未來農地經營最小單位面積，不宜任由本條例修正施行後因繼承而移轉之耕地無條件再細分，故將本條例修正施行後因繼承而共有之耕地，如再分割後每人所有每宗耕地面積達0.1公頃以上者，明定得分割為單獨所有。此一面積規定係參照農地重劃條例施行細則第34條關於重劃後不再分配耕地之最小坵塊面積短邊不得小於十公尺之規定而算得（十公尺乘以長邊一百公尺）。又目前非都市土地每宗耕地達面積0.25公頃，得分割為二宗之面積0.1公頃，故明定0.1公頃為本條例修正施行後因繼承而共有之耕地得為分割之最小面積，以維持未來農業經營之需求，並可符合多數因繼承而須辦理分割之情況。」[25]，立法本旨在維持農業經營之最小面積，以建立合理農地租賃制度，以「小地主，大佃農」之農業經營方式，予以配合，但立法院以繼承為事實問題，不宜以法律規定其最小面積，而

---

[25]　參照農業發展條例第16條之立法理由。

予改得分割爲單獨所有，即不受最小面積之限制，但土地法爲農業發展條例之普通法，農業發展條例未規定者，即應適用土地法之規定（農業發展條例第1條後段規定），而土地法及土地法施行法均有授權直轄市或縣市政府地政機關等行政機關爲最小面積之規定，及經中央政府地政機關核定之規定，故該主管機關仍得依法爲最小面積之限制規定。以彰化縣爲例，彰化縣政府於86年10月2日以86彰府地測字第181515號公告，「訂定都市計畫保護區之林地及非都市土地編定爲林業用地之土地最小面積單位爲0.1公頃，禁止再分割。」理論上固以上揭說明較爲適當，但實務上仍有瑕疵，依民法第824條第1項規定「共有物之分割，依共有人協議之方法行之。」，第2項「分割之方法不能協議決定，或於協議決定後因消滅時效完成經共有人拒絕履行者，法院得因任何共有人之請求，命爲下列之分配：一、以原物分配於各共有人。但各共有人均受原物之分配顯有困難者，得將原物分配於部分共有人。二、原物分配顯有困難時，得變賣共有物，以價金分配於各共有人；或以原物之一部分分配於各共有人，他部分變賣，以價金分配於各共有人。」、第3項「以原物爲分配時，如共有人中有未受分配，或不能按其應有部分受分配者，得以金錢補償之。」其中分割方法，以第二種方法變賣方式固無問題，但如原物分配或原物分配並價金補償爲分割方法時，共有人中若有應有部分面積不足0.25公頃者，是否仍應分配至0.25公頃，再以金錢補償？倘若共有人面積甚少，分割時將得更多之面積，似顯失公平，適用上將有「以小博大」之缺點，否則又不得分割，似有疑義，值得探討[26]。

（五）農地與農舍

1. 農　舍

農地上以何種方式興建農舍，爲修正農業發展條例之重點，有認爲以

---

[26]　參照彰化縣政府於86年10月2日以86彰府地測字第181515號公告。

集村方式；有認以自地興建方式。依農業發展條例第18條第1項規定「本條例中華民國89年1月4日修正施行後取得農業用地之農民，無自用農舍而需興建者，經直轄市或縣（市）主管機關核定，於不影響農業生產環境及農村發展，得申請以集村方式或在自有農業用地興建農舍。」，第3項「本條例中華民國八十九年一月四日修正施行前取得農業用地，且無自用農舍而需興建者，得依相關土地使用管制及建築法令規定，申請興建農舍。本條例中華民國八十九年一月四日修正施行前共有耕地，而於本條例中華民國八十九年一月四日修正施行後分割為單獨所有，且無自用農舍而需興建者，亦同。」，第4項「第一項及前項農舍起造人應為該農舍坐落土地之所有權人；……已申請興建農舍之農業用地不得重複申請。」，是採二者並可之規定，惟以集村方式應予獎勵。因此，農地為有條件准許興建農舍，其要件歸納為 (1) 取得農業用地無自用農舍而需興建者，申請人以農民為限；(2) 農業用地確供農業使用；(3) 已申請興建農舍之農業用地不得再重複申請。至依同條例第8-1條規定者為「農地申請以竹木、稻草、塑膠材料、角鋼或鐵絲網搭建無固定基礎之臨時性與農業生產有關之設施，免申請建築執照。」，但該臨時性建物之興建者仍應受第18條第4項前段規定之限制，即須與農地所有權人為同一人之限制，以符合農地農用之原則。

2. 農舍所有權之移轉

按「農地上之農舍，雖屬於獨立之不動產，惟農舍係與農業經營不可分離之房舍，於申請建造農舍時，應檢附現耕農身分證明，此在實施區域計畫地區建築管理辦法第6條第1項第1款、都市計畫法台灣省施行細則第27條第1款、都市計畫法台北市施行細則第19條第1項第1款、都市計畫法高雄市施行細則第25條第1款均有規定，目的是在於便利農地就地耕種而特予准其興建，故農舍興建人應以該農業區內有農地或農場之農民為限，且為貫徹農地農用之規定，農舍所有權之移轉，應與基地一併移轉。[27]」

---

[27] 參照內政部68年4月4日台內地字第12350號函、內政部71年4月19日台內地字第

故農業發展條例第18條第4項中段規定「農舍應與其坐落用地併同移轉或併同設定抵押權。」。所謂基地，係指該農舍所坐落之該筆土地，至於已申請建築之農地（包含百分之五農舍面積及百分之九十五農地），建築主管機關應依規定於都市計畫及地籍套繪圖上著色標註，嗣後不論該百分之九十五農地是否移轉，均不得再申請建築[28]。按農舍係屬於獨立於土地上之不動產，農舍應與農地一併移轉雖係配合當前農地政策而為上開規定，故農業發展條例第18條第2項並規定「前項農業用地應確供農業使用；其在自有農業用地興建農舍滿五年始得移轉。但因繼承或法院拍賣而移轉者，不在此限。」，第5項「前四項興建農舍之農民資格、最高樓地板面積、農舍建蔽率、容積率、最大基層建築面積與高度、許可條件、申請程序、興建方式、許可之撤銷或廢止及其他應遵行事項之辦法，由內政部會同中央主管機關定之。」，第6項「主管機關對以集村方式興建農舍者應予獎勵，並提供必要之協助；其獎勵或協助辦法由中央主管機關定之。」，即明定農舍興建滿五年始得移轉以及申請興建農舍之農業用地不得再重複申請，可充分防止投機炒作，益見農地上興建之方式為於自有之農地上興建及集村方式二種，但前者較簡便，後者較不易實行，至於，利弊得失仍要實施一段時間才能分明。

（六）承購農地後土地增值稅之課徵

依農業發展條例第37條第1項規定「作農業使用之農業用地移轉與自然人時，得申請不課徵土地增值稅。」，得免徵土地增值稅者限於農地移轉自然人，移轉於第34條所規定之農民團體、農業企業機構或農業試驗研究機構者亦得申請不課徵土地徵值稅（同條例第37條第2項）。又所謂農業使用者，已如前述，但因農地之移轉，除了繼承、拍賣外，須為農業使

82346號函、79年1月27日台內地字第848935號函、內政部81年11月19日台內地字第811414號函。

[28]　參照內政部71年4月19日（71）台內地字第82346號函。

用始得移轉（農業發展條例第18條第2項），故除了繼承或拍賣外，須依前述取得農業使用之證明者，始得移轉，並得以之爲申請免徵土地增值稅之證明，又本次修正之農業發展條例爲避免農地作非農業使用，或申請人於申請免徵土地增值稅後又作非農業使用，而違反「農地農用」原則，故該條例第37條第3項「前二項不課徵土地增值稅之土地承受人於其具有土地所有權之期間內，曾經有關機關查獲該土地未作農業使用且未在有關機關所令期限內恢復作農業使用，或雖在有關機關所令期限內已恢復作農業使用而再有未作農業使用情事者，於再移轉時應課徵土地增值稅。」、第4項「前項所定土地承受人有未作農業使用之情事，於配偶間相互贈與之情形，應合併計算。」，至農業發展條例於92年2月7日再次修正公布時，刪除依都市計畫法所定農業用地之限制，但於修法後，農業區或保護區之田、旱等地目之農地申請稅捐減免時，仍需檢附農業用地作農業使用證明書，宜注意。

第二目　附合於不動產之增建部分

按動產因附合於不動產而歸不動產所有人取得其所有權者，以動產因附合而成爲不動產之重要成分爲要件。若附合後仍獨立於不動產之外者，不動產所有人尚不能取得動產之所有權（民法第811條）。因此，如土地建築房屋未至完成爲獨立之定著物以前，該未完成之建物固非不動產，而建築房屋原即在土地之外，另創獨立之不動產標的物，故定著物在未完成以前亦非土地之重要成分，依民法第67條之規定，仍應認爲動產[29]。是房屋之增建部分，如非屬獨立之建物，即有獨立之出入者外，則增建部分即因附合而爲不動產之重要成分者，不動產所有人取得增建部分之所有權（民法第811條），如房屋加蓋之頂樓、廚房部分，均爲該房屋之一部

---

[29] 參照最高法院75年台上字第116號判例。

分，一般所指之增建部分均屬未保存登記部分，故於查封時應詳加注意是否有增建。另房屋內之裝潢如係固著在房屋者，亦應以附合物看待，即將裝潢視為不動產之一部分，但非固著之裝潢，如可移動之衣櫃、酒櫥，既無附合固定作用，故非不動產之部分。對未保存登記建築物之認定，原則上以房屋稅籍單證明之納稅義務人為所有權人，至建造中之未保存登記之房屋則以起造人為所有權人，對前者可向稅捐機關查詢；後者則以各縣、市政府工務局核發之建築執照所載之起造人為準，但債權人如能證明為債務人所有，如已經債務人買受，並經移交於買受人者，債權人即得聲請執行，或建築商為債務人，經債權人提出建築商出售房屋之廣告圖樣，與地主訂立之合建契約書，或與承包商訂立之工程承攬契約書等，足認為建築商係建物之原始建築人，則不問向工務局申請之何人為起造人，亦得執行。但如未辦保存登記建物之買受人為債務人，尚未收受交付，即尚未取得所有權，故債權人雖持買賣契約書以證明為債務人買受，但尚未證明已交付予債務人者，自尚不得為執行之標的物[30]。而未保存登記建物（或稱附屬建物），是否具獨立性在法律上之效用者有不同，依民法第862條第3項前段規定「以建築物為抵押者，其附加於該建築物而不具獨立性之部分，亦為抵押權效力所及。」，故如未具獨立性之建築物，無論於抵押權設定前或設定後均為抵押權效力所及，於查封時，對主建物執行效力並及於未保存建物，但未保存建物，因未保存登記，仍須通知地政機關測量確定後始得拍賣，將來拍賣時，抵押權人對該未保存建物仍具優先受償權；惟如未保存建物具有獨立性者，則依上開規定之反面解釋，自非抵押權效力所及，債權人須另行取得對人之執行名義，始得對之查封拍賣，且將來拍賣所得抵押權人對之仍無優先受償分配權。至未保存建物之具獨立性判斷，實務上以「按所謂附屬建物，係指依附於原建築以助其效用而未具獨立性之次要建築而言，諸如依附於原建築而增建之建物，缺乏構造上及使用上之獨立性（如由內部相通之頂樓或廚廁），或僅具構造上之獨立性，

---

[30]　參照最高法院48年台上字第209號判例。

而無使用上之獨立性，並常助原建築之效用（如由外部進出之廚廁）等
是。此類附屬建物依民法第811條之規定，固應由原建築所有人取得增建
建物之所有權，原建築所有權範圍因而擴張。但於構造上及使用上已具獨
立性而依附於原建築之增建建物（如可獨立出入之頂樓加蓋房屋），或未
依附於原建築而興建之獨立建物，則均非附屬建物，原建築所有權範圍並
不擴張及於該等建物。是以判斷其是否為獨立建物或附屬建物？除斟酌上
開構造上及使用上是否具獨立性外，端在該建物與原建築間是否具有物理
上之依附關係以為斷。」[31]，但其主要判斷尚以構造上及使用上之獨立性
為主，且須二者兼備，始得認為具有獨立性。又查封未經登記之房屋，仍
應通知地政機關依有關法令之規定辦理查封登記（應行注意事項第40項
第2款）。故就抵押權之效力，實務上，最高法院88年台上字第485號判例
亦認為「所有人於原有建築物之外另行增建者，如增建部分與原有建築物
無任何可資區別之標識存在，而與之作為一體使用者，因不具構造上及使
用上之獨立性，自不得獨立為物權之客體，原有建築物所有權範圍因而擴
張，以原有建築物為擔保之抵押權範圍亦因而擴張。倘增建部分於構造上
及使用上已具獨立性，即為獨立之建築物。苟其常助原有建築物之效用，
而交易上無特別習慣者，即屬從物，而為抵押權之效力所及。若增建部分
已具構造上之獨立性，但未具使用上之獨立性而常助原有建築物之效用
者，則為附屬物。其使用上既與原有建築物成為一體，其所有權應歸於消
滅；被附屬之原有建築物所有權範圍因而擴張，抵押權之範圍亦同。是從
物與附屬物雖均為抵押權之效力所及，惟兩者在概念上仍有不同。」即法
律概念雖不同，實則仍抵押權效力所及，為優先分配之範圍。

---

[31]　參照最高法院100年度台上字第4號判決。

第三目　不動產之從物

常助主物之效用，雖非該不動產之成分，因同屬債務人所有之從物（民法第68條第1項），為不動產之效力所及，如房屋內之水、電設備等。則對該不動產執行時，其效力及於該從物，即從物部分不必另為查封行為，僅就查封該不動產，如房屋即可。是否為從物依各個案件而定，如上述房屋之水、電、窗簾、門窗、懸掛之電器燈管，衛浴設備天然瓦斯等均屬之。但非必然存在之物品，依一般社會觀念非屬從物者，如裝在牆壁上之冷氣、電話、桶裝瓦斯，則非房屋之從物，應另依動產程序執行。

第四目　不動產之出產物

尚未與不動產分離者，依民法第66條第2項規定為不動產之部分，至收取權是否為債務人所有在所不問。但對於一個月內收穫之出產物（天然孳息），則依強執法第53條第1項第5款規定得單獨依動產執行程序執行，是屬例外。

第五目　共有不動產之應有部分

不動產共有為二，一為「數人按其應有部分，對於一物有所有權者，為共有人。」（民法第817條第1項），即分別共有，亦即債權人聲請執行債務人之應有部分（即持分），應依不動產執行方法執行。二為民法第827條第1項規定「依法律規定、習慣或法律行為，成一公同關係之數人，基於其公同關係，而共有一物者，為公同共有人。」、第2項「前項依法律行為成立之公同關係，以有法律規定或習慣者為限。」、第3項「各公同共有人之權利，及於公同共有物之全部。」即公同共有，公同共有人個人應無如分別共有之應有部分，故不得對公同共有物執行，但對債務人公

同共有不動產之權利執行，得執行。其執行方法仍應依強執法第117條以下規定之其他財產權之執行方法，即除了通知地政機關囑託查封登記，並註明是查封債務人對公同共有物之權利外，仍應依第76條規定到場執行及拍賣。但有認為應逕依不動產之執行程序執行始為合法，因拍賣之標的既為土地之公同權利，其權利之標的為土地，自應依不動產之執行程序執行。又公同共有人對於公同共有物並無所謂之應有部分，如因繼承而取得，其應繼分係各繼承人對於遺產上之一切權利義務所得繼承之比例，並非對於個別遺產之權利比例，則因繼承人於遺產未分割前，公同共有人中一人之債權人，雖不得對於公同共有物聲請強制執行，然對於該公同共有人公同共有之權利，則得請求執行[32]。故此時執行法院不得以「因繼承而來之不動產公同共有權利，於辦妥遺產分割前，尚不得為聲請強制執行標的」為由，裁定駁回強制執行之聲請[33]，則因繼承人於遺產分割析算完畢前，對特定物之公同共有權利，尚無法自一切權利義務公同共有之遺產單獨抽離而為執行標的，故應俟辦妥遺產分割後，始得進行拍賣[34]，此時執行法院應命債權人補正繼承人已辦妥遺產分割之資料或命債權人代位提起分割遺產訴訟，俟公同共有關係消滅後，再對公同共有所分得部分（單獨所有或分別共有）執行。債權人如未依上開方式補正或辦理，執行法院得駁回其強制執行之聲請[35]。

---

[32] 參照司法院院字第1054號解釋。

[33] 參照最高法院83年度台抗字第389號、台灣高等法院台南分院98年度重抗字第6號、98年度抗字第15號、97年度重抗字第63號裁定意旨。

[34] 參照司法院民事廳，法院辦理民事執行實務參考手冊，96年6月8日印行，第243頁。

[35] 參照台灣高等法院暨所屬法院98年法律座談會民執類提案第21號。

第六目　不動產上之其他物權

　　如地上權、永佃權、典權等爲執行之標的時，則依不動產之執行程序進行。另法律上規定視爲不動產物權之權利，如漁業權（漁業法第20條）、礦業權（礦業法第8條），亦屬之。但依原住民保留地開發管理辦法第15條第1項規定「原住民取得原住民保留地之耕作權、地上權、承租權或無償使用權，除繼承或贈與於得爲繼承之原住民、原受配戶內之原住民或三親等內之原住民外，不得轉讓或出租。」，其原保留地之耕作權、地上權、承租權或無償使用權之移轉受一定限制，宜注意。另抵押權係從屬於主債權而存在，不得單就抵押權而爲執行之標的，但如依對其他財產權之執行，執行第三人之主債權時，而就該主債權附有已登記之抵押權而爲執行時，應依強執法第115條規定執行，並應通知地政機關登記其事由，再依強執法第115條第3項規定予拍賣或變賣後分配之。

第七目　合併拍賣之動產部分

　　依強執法第75條第4項規定「應拍賣之財產有動產及不動產者，執行法院得合併拍賣之。」、第5項「前項合併拍賣之動產，適用關於不動產拍賣之規定。」，即合併拍賣之動產，應適用關於不動產拍賣之規定。但動產合併於不動產執行者，以具有不可分離之關係或能增加拍賣總價額爲限（應行注意事項第40項第4款），如工廠與廠內之動產機器一併拍賣，故合併拍賣之動產部分仍應依強執法規定之不動產執行程序，查封、公告、拍賣次數等規定。

第八目　海商法所定之船舶及民用航空法規定之航空器

依海商法所定之船舶及民用航空法所定航空器之執行準用不動產之執行（強執法第114條第1項，第114-4條第1項規定）。故上揭標的物之船舶、航空器之執行仍適用不動產之執行程序。但如非屬海商法所定之船舶及民用航空法所定航空器，如竹排、輕氣船等，仍應依動產執行之程序執行之。

第二節　查　封

第一目　查封前之準備

一、新案經書記官收案後，應先登入電腦。

二、書記官應命執達員將不動產之標示先製成「附表」，因現行執行法院已實施電腦化，案件之進行，應先由書記官登入其所職掌電腦，即將債權人聲請查封之標的物，按電腦設計之格式，將不動產種類（如土地、房屋），坐落地段、地號、面積、地目、應有部分（持分）、所有權人、共有人占應有部分多少、房屋之樓層、樓別、構造、型式（如本國式、加強磚造等）等，逐一製作成查封之「附表」，以便利將來查封、拍賣使用。

三、不動產附表製作完成，書記官即應檢卷呈送法官核示。執行法官、司法事務官應依第一章第三節各目所示詳細審核，如屬合法、程序正確，應即定期執行（應行注意事項第1項第1款）及通知地政機關囑託查封登記。

　　（一）雖依應行注意事項第1項第1款之規定「執行期日，應由法官指定，不得由書記官代為辦理。」，但因近來經濟不景氣，每

個法院執行處案件量劇增，書記官每次前往執行之案件不只一件，為「同一地區之數個執行事件，宜儘量指定同一期日執行。」（應行注意事項第1項第2款），以節省人力、物力，故實務上仍以執行法官、司法事務官批示「定期執行」即可，至於排定日程則由書記官統籌規劃。或由書記官先行擬定執行日程，再送法官或司法事務官核示，如認不妥再變更日期，亦無不可。惟定查封日期時應注意強執法第55條（第113條規定，於不動產執行亦準用）規定，即星期日或其他休息日（如國定假日）及日出前、日沒後（不含日沒前繼續查封至日沒後之情形），均不得進入有人居住之住宅實施查封之行為，但有急迫情形，且經執行法官許可者，不在此限，若經執行法官許可者，應將該許可命令，提示予債務人。

（二）依強執法第76條第3項前段規定「已登記之不動產，執行法院並應先通知登記機關為查封登記。」，而該項通知除了得依一般民事訴訟法上規定送達方式通知外（如郵務送達），並得依債權人聲請「交債權人逕行持送登記機關登記。」（強執法第11條第2項），惟執行法院之書記官應在其發文簿內記明其事由，並命債權人簽收（應行注意事項第4項第1款），及應向債權人告知於通知該登記機關時，應注意須該登記機關之簽收人簽名，並記載簽收日期（含年、月、日、時、分），之後速將該通知之送達證書檢送回該承辦股書記官，以便附卷。

四、通知債權人前來法院引導到現場查封，通知之方式有以電話通知[36]或書件通知，若以電話通知應先訊問接話人姓名與債權人之關係，並記明電話紀錄簿內，後影印附卷，但若第一次以電話通知未到法院引導

---

[36] 以電話通知，在現行法律（令）上，尚無根據，但為執行之迅速著眼，及通訊之便利，亦未嘗不可，故本書認為仍可採用，但應於電話記錄簿記錄。故經第二次通知仍未到院引導執行，執行法院仍得依強執法第28-1條第1款予以裁定駁回債權人強制執行之聲請。

　　執行，即不宜於第二次通知仍以電話通知，應改以書件通知。如經二次通知引導執行，而拒未引導者，執行法院得依強執法第28條第1款規定裁定駁回其強制執行之聲請。

五、引導執行，依強執法第28-2條第4項規定不另徵收執行費（即旅費）。

第二目　實施查封

一、不動產之查封，執行法官、司法事務官應命書記官督同執達員為之，不得僅命執達員前往實施（應行注意事項第25項）。

二、執行人員於執行查封時，遇有抗拒者，得用強制力實施之，但不得逾必要之程度。實施強制執行時，為防止抗拒或遇有其他必要之情形者，得請警察或有關機關協助。警察或有關機關有協助之義務（強執法第3-1條）。實務上對房屋之查封，遇有債務人拒絕入內勘驗時，得請警察協助排除；遇有門鎖未開，得請鎖匠前來開鎖；遇有未知不動產所在地，則得請地政機關派員指界等。

三、建築物及坐落之基地同屬債務人所有者，宜將建築物及其基地併付查封（強執法第75條第3項，應行注意事項第40項第7款）。若土地為共有，建築物為債務人所有（指非公寓大廈而言），並占有部分土地者，則應將建築物查封後，囑託地政機關派員測量所占位置、面積，雖土地為共有，但因債務人已現實占有土地位置、面積，自須特定，以便將拍定人拍定後點交（應行注意事項第57項第5款），例如共有農地之債務人所蓋之農舍。

四、查封之不動產為公寓大廈管理條例所指之公寓大廈者，應將土地之應有部分、建物之專有部分及公共設施之應有部分一併查封，否則與該條例第4條第2項規定不合。

五、查封時應注意不動產房屋是否增建，或有獨立出入情形，例如廚房是

否增建、頂樓是否加蓋，以便認定是否為從物或附屬建物。如單純之廚房增建、頂樓加蓋而可認為是主建物之從物，即查封主建物效力及於該增建或加蓋部分，並為抵押權之效力所及（民法第862條第1項）。但如增建或擴建之部分具獨立性者，則非抵押權效力所及。因此，債權人若持拍賣抵押物裁定之對物執行名義，則不得查封，但如持一般債權之對人執行名義，如支付命令、本票裁定，得併付查封、拍賣。

六、查封之不動產為房屋時，對屋內裝潢應詳細記載，例如酒櫥是否固著於該房屋（固著者可認定房屋之從物，否則者非），地面為花崗石或木板磚等，以便作為將來拍賣、點交之依據。

七、依強執法第77-1條第1項第1、2款規定「執行法官或書記官，為調查前條第1項第2款情事或其他權利關係，得依下列方式行之：一、開啓門鎖進入不動產或訊問債務人或占有之第三人，並得命其提出有關文書。二、向警察及其他有關機關、團體調查，受調查者不得拒絕。」第2項「前項情形，債務人無正當理由拒絕陳述或提出文書，或為虛僞陳述或提出虛僞之文書者，執行法院得依債權人聲請或依職權管收債務人。但未經訊問債務人，並認非予管收，顯難查明不動產狀況者，不得為之。」第3項「第三人有前項情形或拒絕到場者，執行法院得以裁定處新臺幣一萬五千元以下之罰鍰。」，因債務人於執行法院為第一項調查不動產狀況時，不履行其陳述或提出文書義務，將影響執行法院定不動產之拍賣條件，為促使債務人履行上開義務，俾維護債權人權益，宜使執行法院得依債權人聲請或依職權管收債務人。惟管收係限制債務人人身自由，須經訊問債務人，並認非予管收，顯難查明不動產狀況者，始得為之。又本條係調查已查封之不動產狀況，故無於管收債務人前，先命其提供相當擔保或限期履行之必要。即對占有查封物之情形應詳細查明，例如為債務人自住，或其家屬居住或第三人占有，占有原因是租賃關係，或使用借貸關係，並將承租人之姓名、住址、租金、租期（起租及訖租時日）、押金，如訂有租

約者，應命提出租約，即時影印附卷，如未能提出租約，或未訂有書面租約者，亦應詢明承租情形，逐項記明於查封筆錄，以防止債務人事後勾串第三人僞訂長期或不定期限租約，阻撓點交（應行注意事項第41項第2款），故強制執行程序進行中，關於強制執行程序涉及之實體上事項，執行法院於得調查認定之範圍內，仍得於該程序中自爲判斷[37]。且債務人或占有之第三人並有接受執行法官、司法事務官或書記官訊問有關不動產之實際狀況、占有使用情形或其他權利關係之義務。若債務人無正當理由拒絕陳述或提出文書，如租賃契約書或爲虛僞陳述，或提出虛僞之文書者，執行法院得準用強執法第22條之規定，對債務人予以拘提、管收、限制住居。若第三人有上揭情形，或經通知到場而拒絕到場者，執行法院亦得以裁定處新台幣1萬5,000元以下之罰鍰，但不得拘提、管收、限制住居，且經第三人抗告者，抗告中應停止該處罰之執行（強執法第77-1條）。又執行法官、司法事務官及書記官雖有上揭之調查權，惟並無實質認定之權，即應僅就債務人或第三人所提出之文書及陳述爲紀錄，因此對租賃關係是否眞實，應由債權人、債務人另行提起確認之訴解決。

八、查封時應注意以查封債務人之不動產，爲將來拍賣所得價金足敷清償債權額及債務人應負擔之費用爲限，不得過度查封（應行注意事項第40項第9款）。因此，認定是否過度查封應以債權人陳報之債權額及將來可能發生之執行費，並以裁定時爲準。而上開之債權額應包括查封之不動產已設定抵押權之債權在內，及包含聲請參與分配或併案執行之債權人。

九、土地及建築物非屬同一債務人所有者，查封時應查明土地或建築物之所有權人。如土地及其土地上之建築物同屬抵押人所有，而僅以土地或僅以建築物設定抵押權者，執行法院拍賣抵押物時，應先確定建築物使用土地之面積及範圍（宜繪圖說明）於拍賣公告內載明之，並說

---

[37] 參照最高法院94年度台抗字第649號裁定。

明建築物占用部分之土地，建築物所有權人享有法定地上權，以促應買人注意（應行注意事項第40項第5、8款），依民法第876條規定，上開拍賣時，建築物有法定地上權，故亦應詳為查明。

十、查封時應注意核對債權人指封之不動產，是否與其檢附之土地、建築物登記簿謄本相符，門牌號碼是否與建築物登記簿謄本相同，若有門牌整編應請債權人另向戶政機關申請門牌整編證明，如為未保存登記建築物，有稅籍資料亦併抄錄，後向稅捐機關查明納稅義務人，以便認定是否為所有權人之參考，前揭若土地、建物登記簿謄本記載之面積與實際查封不符或門牌不合整編者，應以實際查封、測量之面積為準，並於拍賣公告中所附之不動產「附表」之備考欄中註明，原土地、建築物登記簿謄本之面積，及原舊門牌號碼，以供應買人參考。

十一、租約係於民國89年5月5日以後訂立者，如租期超過五年或未定期限者，應查明租約有無經過公證，未經公證則無民法第425條第2項規定買賣不破租賃原則之適用。

十二、查封時，書記官應作成查封筆錄，載明下列事項：

（一）為查封原因之權利，即執行名義所載之權利。

（二）不動產之所在地、種類、實際狀況、使用情形、現場調查所得之海砂屋、輻射屋、地震受創、嚴重漏水、火災受損、建物內有非自然死亡或其他應記載之事項，如租賃給第三人占有之正當權源與否等。故查封筆錄記載，如為土地，應載明其坐落地號、地目、面積、地上物或其他使用情形；如為房屋，應載明坐落地號、門牌、房屋構造及型式、層別或層數、面積、用途、稅籍號碼。如查封之不動產於查封前一部或全部為第三人占有者，應載明債務人及第三人占有之實際狀況，第三人姓名、住所、占有原因、占有如有正當權源者，其權利存續期間。如訂有租約者，應命提出租約，即時影印附卷，如未能提出租約，或未訂有書面租約者，亦應詢明其租賃起訖時間、租金若干及其他租賃條件，逐項記明查封筆錄，以防止債務人事後勾串第三人偽訂長期或不定期限租約，阻撓點交。查封

共有不動產之應有部分者，並應於查封筆錄記明債務人對於共有物之使用狀況及他共有人之姓名、住所。查封之不動產有設定負擔或有使用限制者，亦應於查封筆錄載明（應行注意事項第41項第2、3、4款）。

（三）債權人及債務人。

（四）查封方法，如1.揭示；2.封閉；3.追繳契據，前項方法亦得併用之（強執法第76條第1項）及其實施之年、月、日、時。並包括執行人員到達執行標的物所在時間，離開時間及揭示時間（應行注意事項第41項第1款）均應記載。

（五）查封之不動產有保管人者，其保管人。

查封人員及保管人應於前項筆錄簽名，如有強執法第48條第2項規定之人員到場者，亦應簽名，如警員、鎖匠及地政人員均應於查封筆錄內簽名，另債權人（或其代理人），並應於指封筆錄簽名，保管人並應於不動產保管切結書上簽名。

十三、查封時應張貼查封公告，以公告周知。

第三目　查封後之後續行為

一、已登記之不動產，應依強執法第11條規定，通知地政機關辦理查封登記，並登記其事由。

二、於查封後發現土地上建物屬未保存登記建物，或部分為未保存登記建物者，應先依下列方式處理：

（一）未保存之建物，如查封之不動產為未保存登記之房屋時，應即通知地政機關為測量占用位置、面積，並於查封後一日內，通知該管地政機關登記（應行注意事項第40項第2、10款）。依土地登記規則第139條第1項規定「法院或行政執行處囑託登記機關，就已登記土地上之未登記建物辦理查封、假扣押、假

處分或破產登記時，應於囑託書內另記明登記之確定標示以法院或行政執行處人員指定勘測結果為準字樣。」第2項「前項建物，由法院或行政執行處派員定期會同登記機關人員勘測。勘測費，由法院或行政執行處命債權人於勘測前向登記機關繳納。」第3項「登記機關勘測建物完畢後，應即編列建號，編造建物登記簿，於所有權部辦理查封、假扣押、假處分或破產登記。並將該建物登記簿與平面圖及位置圖之影本函送法院或行政執行處。」實務上，對未保存建築物之查封，除了由債權人於聲請執行時陳報者，得於到場查封時，並囑託地政機關會同測量，以節省人力，且於測量時並諭令地政機關人員將複丈成果圖於該地政機關登記，並新編一個臨時建號後函覆執行法院，即可節省查封後再定期測量及第二天須再函地政機關登記之公文往返，一般做法上亦以此為最多。

（二）建築物之增建或擴建，即查封主建築物外，於查封時發現尚有增建或擴建之情形。應再定期通知地政機關會同前往勘測，測量時應注意增建或擴建之位置、面積，如有占用到鄰地時，亦應一併測量其位置、面積，以便將來拍賣時載明於拍賣公告。

三、執行名義成立後債務人死亡者，於查封後應即囑託地政機關辦理繼承登記才得拍賣，並副本抄送債權人，以便債權人前往辦理，所繳之稅款及規費，並得為執行費優先受償。

四、土地、建築物登記簿謄本登記為國民住宅者，應予註明。依國民住宅條例第2條第1項規定國民住宅「係指由政府計畫，依下列方式興建、用以出售、出租或貸款自建供收入較低家庭居住之住宅：(1) 政府直接興建；(2) 貸款人民自建；(3) 獎勵投資興建；(4) 輔助人民自購。」四種而言。其中對獎勵投資興建之國民住宅依內政部82年7月15日台內營字第8204146號函暨83年4月26日台內營字第8372359號函釋：「獎勵民間投資興建之國民住宅，依國民住宅條例第32條規定，其承購如符合國民住宅承購資格者，得比照同條例第16條規定辦理國

民住宅貸款,至有關承購或轉售之資格限制,現行國民住宅條例及其施行細則暨其他有關規定均未加以規範。準此,國民住宅主管機關對經法院強制執行查封、拍賣之獎勵投資興建之國民住宅,自不得比照國民住宅條例第19條之規定行使同意權或優先承買權,亦不得對承買人之資格加以限制。」,即對該類之國民住宅僅須函查購買人資格即可。又申購資格在台灣省、台北市及高雄市規定略有不同:

(一)台灣省部分

1.女子年滿二十二歲,男子年滿二十五歲,在本市設有戶籍者(但未婚者需與直系親屬共同生活並設籍)。

2.本人、配偶及其共同生活之直系親屬,均無自有住宅。

3.符合行政院公告之收入較低家庭標準者[38]。

4.原已有承購國宅者原承購人及其配偶,或共同生活之直系親屬及未婚之兄弟姐妹,自出售其住宅五年內,不得再行承購國民住宅。

(二)台北市部分

1.年滿二十歲,在台北市設有戶籍者(時間長短不拘)。

2.承購本人、其配偶及共同生活之直系親屬均無自有住宅。

3. 符合行政院公告的收入較低家庭標準者。

(三)高雄市部分

1.承購國宅或貸款自購住宅者:男子年滿二十五歲、女子年滿二十二歲。

2.在本市設有戶籍者(時間長短不拘)。

3.本人、配偶及其共同生活之直系親屬均無自有住宅。

4.符合行政院公告之收入較低家庭標準者。

前揭申請登記之資格條件,如屬單身未婚戶,除符合前項(1)(2)

---

[38] 省、市每年對低收入之規定不同,故是否符合低收入情形,應逕行詢問國民住宅主管機關就該年度之規定如何。

　　(3) (4) 款條件外，尚應與一人以上三親等之親屬共同生活。

五、查封之不動產為農地者，農業發展條例於89年1月26日修正公布，第1條開宗明義規定「為確保農業永續發展，因應農業國際化及自由化，促進農地合理利用，調整農業產業結構，穩定農業產銷，增進農民所得及福利，提高農民生活水準，特制定本條例；本條例未規定者，適用其他法律之規定。」，其中對「促進農地合理利用」即為該次修法重點之一。因此，農地與其地上農舍應合併拍賣，自89年1月4日以後興建之農舍，依農業發展條例第18條第4項規定農舍應與農地合併移轉。但於該日之前興建之農舍或違章建築，農舍與基地分屬不同人所有者，法院僅就上開農舍或基地執行拍賣，拍定人持法院發給之權利移轉證明書申請所有權移轉登記時，地政機關應准予受理。但其中對違章建築部分，因屬於無法律上原因而興建，應屬無權占有，得本於所有權之作用訴請拆除地上物（民法第767條）。另對農業發展條例第8-1條第1項規定之臨時性之未保存登記建築物，則於法院拍賣時應先行囑託地政機關測量，再行拍賣。

六、查封地目為原住民保留地者，應向該土地所在鄉、鎮、市、區公所函查購買人之資格限制，依原住民保留地開發管理辦法第18條第1項規定「原住民取得原住民保留地所有權後，除政府指定之特定用途外，其移轉之承受人以原住民為限。」，第2項「前項政府指之特定用途，指政府因興辦土地徵收條例規定之各款事業。」，故函查時，以便查詢有上開除外條款之限制。

七、查封後，如該不動產登記簿謄本上有抵押權設定或另有其他機關（如國稅局、稅捐稽徵處）為禁止處分之記載者，應分別向登記之抵押權所擔保之債權人，或禁止處分之機關，通知如有債權，應即檢具債權證明及相關證明文件聲明參與分配[39]，因本次強執法修正採塗銷主

---

[39]　參照司法研究年報第9輯上冊，鍾慧芳編著民事強制執行案件實務處理解析，第1110頁。

義，故查封後應即通知，以免影響抵押權之債權人及禁止處分機關之權益，因拍定而塗銷上開登記。

第四目　查封不動產之保管

依強執法第78條規定「已查封之不動產，以債務人為保管人者，債務人仍得為從來之管理或使用。由債務人以外之人保管者，執行法院得許債務人於必要範圍內管理或使用之。」，該條規定債務人得為從來或於必要範圍內管理或使用者，乃指債務人願意保管或得保管而不便保管之情形而言，如查封之不動產，債務人拒絕保管，得不許其為從來之使用（應行注意事項第41-2項）。故若以債務人為保管人者，債務人仍得為從來之管理或使用。由債務人以外之人保管者，執行法院得許債務人於必要範圍內管理或使用之。前者當然有之，後者須經執行法院之許可。按已查封之不動產，債務人僅喪失其對該不動產之處分權，仍保有所有權，其管理、使用權能在不違背查封目的範圍內原則上仍保有之。如以債務人為查封不動產之保管人時，得為從來之管理、使用，無須執行法院之特別許可，所謂從來之使用，即於查封時相同狀態，而不改變現狀之使用而言，因此，設定其他負擔，如地上權、典權、出租等，對債權人不生效力，即不得為之。又倘執行法院將該不動產交由債務人以外之人保管時，債務人若仍為從來之管理、使用，自與保管人之占有保管該不動產行為相衝突，故執行法院自須衡量債務人從來之管理、使用，是否影響保管人之保管行為及是否違背查封目的，而為必要之裁量[40]。故由債務人以外之人保管者，債務人即不得干涉保管人之保管行為。且債務人經執行法院諭令為保管人，但拒絕保管者，執行法院得不許債務人為從來之使用。

---

[40]　參照強執法第78條之立法理由。

第五目　查封之效力

一、按強制執行之查封，乃在限制債務人之處分權，而處分權包括法律
　　上及事實上的處分權，即「實施查封後，債務人就查封物所為移轉、
　　設定負擔或其他有礙執行效果之行為，對於債權人不生效力。」（強
　　執法第51條第2項）故債務人於查封後將不動產用途申請行政機關變
　　更，亦屬有妨礙之行為。又依強執法第113條規定，第51條之規定於
　　不動產亦準用之，而所指之債權人兼指所有聲請執行之債權人、參
　　與分配之債權人以及拍定人。查封物為不動產，依強執法第76條第
　　3項規定「已登記之不動產，執行法院並應先通知登記機關為查封登
　　記，其通知於第一項執行行為實施前到達登記機關時，亦發生查封之
　　效力。」，僅限於不動產執行才有適用，若動產，如汽車、機車、機
　　械雖有向監理機關、省、市建設廳（局）登記，亦不得以先行函知發
　　生查封之效力，仍須查扣到動產才能查封，因動產須由執行人員占有
　　（強執法第47條）。又已登記之不動產雖得先行通知登記機關，仍不
　　得省略到場執行查封行為。且已登記之不動產，經執行法院先通知地
　　政機關為查封登記者，以該通知到達地政機關時發生查封之效力（強
　　執法第76條第3項），但若由執行人員到場查封者，按查封為公法上
　　之處分行為，故亦以到場查封時發生查封之效力。二者衝突時，以通
　　知地政機關或到場查封最先者，即發生查封之效力。而查封之效力僅
　　在限制債務人處分行為，並不限制債務人以外有權利之處分，故如經
　　有權利處分之人處分後而獲取之補償金或賠償，效力及於該補償金或
　　賠償，如經行政機關公用徵收或重劃之地價補償金等[41]，據此將原查
　　封之不動產予撤銷，改發扣押命令。

二、因查封僅限於對特定不動產有其效力，如：民法第513條規定承攬之

---

[41] 參照司法院民事廳，法院辦理民事執行實務參考手冊，96年6月8日印行，第255
　　頁。

工程為建築物或其他土地上之工作物，或為此等工作物之重大修繕者，承攬人就承攬關係所生之債權，對於其工作所附之定作人之不動產，有法定抵押權。此之所謂「定作人之不動產」如承攬人承攬之工作物為房屋建築，僅對「房屋」部分始有法定抵押權。至房屋之基地，因非屬承攬之工作物，自不包括在內[42]。即查封後，自不得將基地併付拍賣，效力不及於基地。

三、不動產實施查封後，第三人未經執行法院許可，占有查封物或為其他有礙執行效果之行為者，執行法院自得依職權或依聲請排除之，俾以貫徹強制執行之效果，確保執行債權人之權益。至於同法第99條第1項規定債務人應交出之不動產，現為債務人占有或於查封後為第三人占有者，執行法院應解除其占有，點交於買受人或承受人，係指有關不動產拍賣後點交之規定，與上述第三人於查封後為有礙執行效果之行為，執行法院得予除去，以利執行之規定，核屬二事[43]，宜注意。但學說上仍有不同見解，認為不動產查封，並不準用強執法第51條第3項有關排除第三人占有查封物之規定，因有關拍賣不動產之點交，強執法第99條另有規定，故無準用強執法第51條第3項規定之餘地[44]，二說，本書認為前說較為可採，因採前說較有利於不動產之拍賣也。故如債權人聲請查封拍賣債務人為起造人之未辦保存登記之建物，第三人於執行法院揭示後未辦會測查封登記前，向主管機關辦理變更原始起造人名義，隨後並向地政機關辦畢保存登記，債權人聲請繼續執行拍賣上開建物，執行法院仍得依職權通知地政機關塗銷保存登記並辦理會測查封登記後，續行拍賣之[45]。

---

[42] 參照最高法院87年度第二次民事庭會議提案紀錄。

[43] 參照最高法院92年度台抗字第61號裁定。

[44] 參照張登科著強執法，86年修訂版，第317、318頁；黃永泉著強制執行法析論，87年新版，第393頁。

[45] 參照台灣高等法院暨所屬法院95年法律座談會民執類提案第7號。

四、土地法第43條雖規定「依本法所為之登記，有絕對效力。」，而此立法目的係為保護交易安全之信賴登記取得土地權利而設[46]。然因查封並不以登記為生效要件，查封完畢後，即生效力，任何人均受拘束，故無土地法第43條規定之適用[47]。而此所指所有權移轉登記之情形而言，並不包括所有人之保存登記在內。蓋保存登記並非具有創設效力，須經地政機關為登記之公告，在公告期內無人提起異議者，始得視為確定，倘在公告期內已經法院查封，即失其效力。但因執行法院無實體審查權，故土地法第43條規定，將登記事項賦予絕對真實之公信力，第三人信賴登記而聲請所有權移轉登記，嗣經法院查封而對於查封後始辦妥移轉登記，縱使債務人之處分有無效之原因，在債權人未提起塗銷登記之訴，並得有勝訴之確定判決以前，其登記尚不失其效力。因此債權人殊難以該不動產之登記在實施查封以後為無效，認定第三人尚未取得所有權，並無足以排除強制執行之權，而主張第三人執行異議之訴為無理由[48]。是於此情形，執行法院應諭知債權人提起塗銷登記之訴，待判決後，始決定是否繼續執行。

五、依法院確定判決申請移轉、設定或塗銷登記之權利人為原假處分登記之債權人外，土地經法院囑託辦理查封、假扣押、假處分登記後，未為塗銷前，登記機關應停止與其權利有關之新登記。土地登記規則第141條第1項第2款定有明文。是不動產經法院囑託辦理查封、假扣押、假處分登記後，在未為塗銷登記前，登記機關既應停止與其權利有關之新登記，則對該不動產相關權利登記之請求，即處於給付不能之狀態，法院自不得命為該相關權利之登記（最高法院100年度台上字第367號、69年度台上字第50號民事判決參照），聲請不動產移轉登記時，宜注意。

---

[46] 參照最高法院40年度台上字第1982號判決。

[47] 參照最高法院71年度台上字第4419號判決。

[48] 參照最高法院50年台上字第96號判例。

第三節　拍　賣

第一目　強執法上拍賣之概念

一、法院拍賣之性質

　　強執法上拍賣之性質，學者見解不一，有認為是採公法說[49]，其理由無非以強執法為程序法，而程序法為公法，乃國家機關代表國家，依公法中之強制執行程序為處分，以實現債權人應有之權利及債務人應履行之義務，故認為其取得、喪失及變更類似於行政機關之公用徵收；有採私法說[50]，認為拍賣行為，為執行機關代債務人而立於出賣人之地位，與拍定人發生買賣關係，出賣人仍為債務人，故買受人取得所有權，係繼受取得，非原始取得，故應解釋為買賣之一種；有採折衷說[51]，認為強制執行之拍賣，就買受人方面而言，雖然仍是一種私法上之買賣關係，就拍賣人方面而言，至少拍賣人就拍賣物與債務人間之關係是一種公法之關係，亦即拍賣雖為買賣之一種，但強執法上之拍賣原係執行機關根據國家強制力所為之處分行為，與民法上之拍賣，係當事人根據民法債編所訂立之契約行為迥然不同，故強執法上之拍賣為公法上之處分，以民法債編關於拍賣規定，與強執法之規定不相牴觸者，強執法上之拍賣亦有其適用，此說一方面認為公法上之強制執行行為係公法上之處分行為，另一方面又認為可適用民法規定繼受取得等規定也。但實務上雖認為法院之拍賣採私法說，實則採折中私法說，即有關私法上之法律關係，強執法有特別規定者，如物的瑕疵擔保（強執法第113條準用第69條）、一屋（房地）二賣、合意

---

[49]　參照陳榮宗著法院拍賣之理論基礎，收於五南書局出版之強制執行法、破產法集論文選輯第191頁以下。

[50]　參照司法通訊第384期。

[51]　參照吳光陸著強制執行法拍賣之研究，第153頁以下。

解除（強執法第51條）等，於強制執行程序中所爲拍賣即不適用之。其中合意解除部分，因債務人經執行法院查封之後，依強執法第51條第2項規定，查封後，債務人就查封物所爲移轉、設定負擔或其他有礙執行效果之行爲，對債權人不生效力，法律雖規定採相對無效說，但債務人之權利已由執行法院所取而代之，債務人對查封物已失其權利，從而債務人不得自行再出賣或由其任意解除法院拍定之契約行爲。

二、實務上對法院拍賣之見解

（一）最高法院曾多次就強制執行之拍賣性質做說明，歸納之，認爲強執法上之拍賣應依通說爲買賣之一種，即拍賣機關代替債務人立於出賣人之地位，與拍定人成立買賣[52]，即認爲係採私法行爲說，但究其理，似應以折衷說論之[53]較爲適當。從程序上言之，拍賣爲公法之處分行爲，惟實體上，拍賣仍是私法上之買賣，因法院之拍賣，係法院本於公權力作用所爲之變價、交付處分行爲，但實則拍賣乃有私法上之買賣性質或效果，與民法上繼受取得尚有差異，且強執法亦規定「拍賣物買受人就物之瑕疵無擔保請求權。」（強執法第69條），相對地，買受人確有權利瑕疵擔保請求權，亦即因買受人取得所有權乃取自出賣人之結果，故從實務上言，似採折衷說。

（二）凶宅是否屬物之瑕疵？凶宅應屬物之瑕疵，但按強執法第81條第2項第1款所指「應記明事項」，係指執行法院依通常調查之方法，查明執行標的物之情形後，應將調查所得記載於拍賣公告。苟執行案卷內全無執行標的曾有人於其內因非自然因素死亡之記載或

---

[52] 參照最高法院31年9月22日民刑庭總會決議、47年台上字第152號判例、49年台抗字第83號判例、49年台上字第2385號判例、前司法行政部57年11月21日台57函字第7457號函。

[53] 同註3之第173頁以下。

資訊,則執行法院自無從於拍賣公告上為此記載,執行程序自無應記明拍賣公告事項而未記明之瑕疵,自不得聲請撤銷拍定[54]。反之,若執行案卷已有因非自然因素死亡之記載或資訊,執行法院疏未依通常調查之方法為調查,或調查後於拍賣公告未為適當之載明,即有前開「應記明事項」而未記載之程序瑕疵,應得於權利移轉證書核發拍定人之前,依拍定人之聲請撤銷拍定[55]。

(三)拍賣公告記載之拍賣不動產使用地目為「建」,拍定人於拍定後,辦理登記始發現使用分區為「道」,可否請求撤銷拍賣?按民事強制執行之拍賣,係由國家實施強制力所為之拍賣,與普通買賣係出賣人自願出賣不同,且為維持拍賣結果之安定,依強執法第69條規定「拍賣物之買受人,就物之瑕疵無擔保請求權」,益見強制執行之拍賣,應買人就標的物之狀況、價值及各類影響使用品質情事,有自行查明之責,則不得向執行法院聲明異議予以撤銷[56]。但此尚屬土地之使用用途及價值應屬交易上認為重要之事項,是此類錯誤,應視為意思表示內容之錯誤,如投標人係出於錯誤或不知而為應買之意思表示,該錯誤不知情事,亦非投標人之過失所致者,依民法第88條第1項規定,自得另行起訴請求予以撤銷其拍賣程序[57]。

---

[54] 參照最高法院99年度台抗字第520號、99年度台抗字第551號裁定。

[55] 台灣高等法院暨所屬法院99年法律座談會民執類提案第20號。

[56] 參照86年10月17日台灣南投地方法院85年度執字第2307號裁定。

[57] 參照台灣高等法院台中分院87年度重上字第110號民事判決。

第二目　拍賣之程序

一、拍賣前之準備

（一）測　量

查封之不動產爲房屋，且未辦理保存登記，執行法院應於拍賣前先行囑託地政機關派員會同測量面積、位置。另增建、擴建之未保存登記建物者，亦同。但若債權人係以強執法第4條第1項第6款之拍賣抵押物裁定爲執行名義聲請強制執行者，而該未保存之建物係屬獨立之建物，經認定非抵押權效力所及之獨立建築物者（民法第862條第3項），則不必測量，故執行法院於查封時對未保存建物是否爲抵押權效力所及應先查明，再決定此部分是否囑託地政機關測量。

（二）鑑價、詢價

拍賣不動產與動產不同（強執法第62條），拍賣不動產依強執法第80條規定「執行法院應命鑑定人就該不動產估定價格，經核定後，爲拍賣最低價額。」，故不動產均應行鑑價，以爲定拍賣價格之參考[58]，而就鑑價機關之鑑價原則及囑託鑑價之處理方式爲：

1. 土地部分：囑託當地縣、市政府之地政科（處）爲土地鑑價或不動產估價師爲鑑價。
2. 房屋部分：囑託當地縣、市政府之建設局、工務局或當地鄉（鎭、市、區）公所、建築師公會或不動產估價師爲建物鑑價。
3. 若不動產數量龐大，價值不易確定者，而各縣市地政、工務機關鑑定

---

[58] 核定拍賣最低價額乃屬執行法院之職權，而執行法院核定最低拍賣價額，除參考鑑定人所提出之估定價格外，尚須斟酌該不動產之實際狀況，債權人及債務人之利益；最低拍賣價額核定後，當事人即不得任意指摘爲不當或指爲估價過低（最高法院22年抗字第561號判例）。

之價格與市價顯不相當者，必要時得囑託信用卓著之法人或團體爲鑑定，以期鑑價與市價相當（應行注意事項第42項第6款）。如中華不動產鑑定中心股份有限公司、華聲企業發展鑑定股份有限公司等，但盡可能避免同股之案件均委由同一鑑價機關鑑價，以免發生流弊及遭社會非議。

4. 一般在不動產鑑價之程序，依序爲搜集資料、勘察現場、比較分析[59]：

(1) 在蒐集資料方面

甲、地籍資料：包括土地登記簿謄本、建物登記簿謄本、地籍圖、建物平面圖、地價證明等。

乙、都市計畫資料：包括都市計畫說明或使用分區證明書。

丙、交通資料：包括現有交通建設概況、服務等級及重要建設計畫等，如高鐵、台鐵、捷運等經過附近之地區、地段等。

丁、人文資料：包括附近地區之風土民情、居民品質、社會風氣等，如文教區、工業區、商業區等。

戊、物理資料：包括土地之地質、地勢、地形、土壤及建物之用途、建材、格局、保養維護狀況，必要時並包括氣候、雨量、日照等，如山坡地與平地之差異等。

(2) 在勘察現場方面

甲、將現場位置與街道圖、地籍圖、航照圖、地形圖、都市計畫圖等圖面上之位置互相確認，如地上有建築物時，並應將建築物之坐落建物平面圖上之記載互相核對，以查明有無拆除或增建等情事。

乙、確認土地之四周地界，以確認有無占用或滅失塌陷等情事。

丙、確認勘估標的之使用現況，查明有無借用、占用或出租等情事。

---

[59] 參照張義權著不動產估價入門，永然文化出版股份有限公司，85年7月出版，第116至120頁。

丁、確認勘估標的之物理條件，以查明土地之地質、地勢、坡向及建物格局、建材、保養狀況等情事。

戊、儘量勘察並了解勘估的四周環境之人文及物理條件。

己、拜訪當地主管機關及當地相關人士，充分蒐集相關資訊。

(3) 比較分析方面

甲、與勘估標的物位於同一供需圈之近鄰或類似地區。

乙、與勘估標的物使用分區管制相同或相近。

丙、與勘估標的物使用性質相同或相近。

丁、最後案例價格之形成，以實例之價格形成日期與勘估標的物價格日期最接近者。

5. 鑑價除了參考上述之順序外，在強執法亦應注意下列規定及情形：

(1) 囑託鑑價時，應由執行法院函文鑑價機關，並將副本抄送債權人，請其先預納鑑價費用及引導鑑定人員前往現場估鑑。

(2) 函囑鑑價時，通知鑑定人應就不動產之有無出租第三人情形，或設定負擔時分別估價（應行注意事項第42項第4款）。

(3) 依民法第66條第2項規定「不動產之出產物，尚未分離者，為該不動產之部分。」[60]，故對土地上之出產物如林木、果樹等應一併估價，至短期作物如稻米、蔬果等，如預定查封後拍賣前收成者，不用估價，若預估拍賣後始得收成，則亦應另行估價。對地上出產物之估價可委託縣、市政府農業局前往鑑價。

(4) 查封之土地面積與土地登記簿謄本面積不符（如土地重測），鑑價時應以實際面積為準。

60　參照最高法院32年台上字第6232號判例「物之構成部分除法律有特別規定外，不得單獨為物權之標的物，未與土地分離之樹木，依民法第66條第2項之規定，為土地之構成部分，與同條第1項所稱之定著物為獨立之不動產者不同，故向土地所有權人購買未與土地分離之樹木，僅對於出賣人有砍伐樹木之權利，在未砍伐以前未取得該樹木所有權，不得對於更自出賣人或其繼承人購買樹木而砍取之第三人，主張樹木為其所有。」

(5) 查封之房屋鑑價，實際構造與建物登記簿謄本不符時，仍應按實際構造情形鑑價（應行注意事項第42項第2款）。

(6) 鑑價時除了注意現時繁榮情形及地段價值，對未來日趨繁榮，商業日趨興盛等，存有其他無形之價值，應一併為鑑價之參考。依司法院103年6月9日修訂「地方法院民事執行處選任不動產鑑定人作業參考要點」第7點第（三）款規定「不動產鑑定書須載明下列內容各項：1.權利標示：含債權人、債務人、抵押權人及他項權利人。2.土地坐落：地段地號、應有部分之比例及面積（平方公尺及坪各若干）。3.建物坐落：門牌號碼、建號、已登記面積及未登記面積（分別及合計各若干）。4.構造及樓層：材質（如磚造、鋼筋混凝土造等）、總樓層及所屬樓層。5.鑑定依據：對鑑定標的價額判斷之基礎。如有特殊情事，例如海砂屋、輻射屋、地震受創、嚴重漏水、火災受損、建物內有非自然死亡等，務必記載明確。其查證確有困難者，應於鑑定書敘明原因。6.鑑定價值。7.扣除土地增值稅後之淨值。8.鑑定標的有無門牌整編之情形。9.土地、建物之鑑估分析表。10.環境概況分析表。11.他項權利分析表。12.土地增值稅計算表。13.標的物現況照片：宜包含標的物前、後、二側之立面及臨路狀況，並應以手勢、箭頭等符號註明標的物之位置。若標的物為公寓大廈之一樓、頂樓或透天厝時，照片須能判斷一樓、頂樓有無增建部分。如有無法拍攝之情形，應以文字、圖片或其他適當方法表明標的物之現況。14.鑑定標的之位置略圖，並以手勢、箭頭等符號註明標的物之位置。15.鑑定標的為土地時，須附土地登記簿謄本、地籍圖謄本及其都市計畫使用分區證明。16.鑑定標的為建物時，須附建物登記簿謄本、建物測量成果圖及建築改良物平面圖。17.土地或建物現狀如有因法院未發現之特殊狀況，而影響拍賣結果者，應併陳明。例如土地現已為道路使用；土地上有油槽、祠堂、墳墓或倒置廢棄物；建物內有自用電梯等情形。18.建物有打通使用或占用鄰地情形。19.建物有增建部分未經查封者，應一併鑑定並記

明其事由。20.農林作物種類如有多筆，應分別標示各筆土地上作物之數量及價值，及作物鑑定依據之相關資料。21.鑑定時發現有附屬車位者，應標示之。 22.鑑定標的須特別應買條件者，如原住民保留地等，亦併註明。23.鑑定標的所屬區段之成交行情簡表或訪談紀錄（坐落、面積、每坪單價）。24.鑑定價值低於一般市價或土地之公告現值者，應陳明理由。25.分別拍賣或合併拍賣之建議。26.其他依法令應記載之事項。」鑑定時宜一併注意參考之。

(7) 房屋之從物，如室內裝潢、設備，可否增加房屋之價格者，應一併估定。

(8) 鑑價完成，即經鑑價機關函覆執行法院後，執行法院應即通知各債權人（含參與分配債權人、假扣押債權人及抵押權人）、債務人詢問對鑑價之意見，上開關係人對鑑定之價格得提出相關證明，如相鄰土地買賣契約書，或其他機關之鑑價意見以供執行法院參考。

(9) 執行法院執行查封債務人之不動產，經囑託鑑定人員鑑定價格後，如債權人或債務人認為所鑑定之價格有過高或過低時，得聲請執行法院重行鑑價，經執行法院認為適當者，亦得重新指定鑑定人重行鑑價，以符實際。但未經債權人或債務人聲請重新鑑定時，執行法院認為鑑價有過高或過低情形，能否依職權將鑑定之價格酌予提高或降低，以免重行鑑定增加當事人之負擔？實務上認為，鑑定人就執行標的物所估價額是否適當，及可否以為拍賣之最低價額，應由執行法官酌量核定，惟非無增減鑑定價額之權。又不動產之價額，既經執行法院選任鑑定人合法估定，經執行法院核定後，當事人亦不得任意指為不實，請求複估[61]，惟若查封之不動產確有無形之價值存在，而鑑定人未將其估定在內時，執行法院亦無妨酌予提高其原估價額，以求公允。

---

[61] 參照最高法院24年抗字第918號判例、22年抗字第561號判例及同年抗字第938號判例、台灣高等法院暨所屬法院55年度法律座談會民事執行類第62號提案。

(10) 引用前案鑑價資料：依強執法第95條規定，於特別拍賣程序，於公告之日起三個月內無人應買，或經債權人聲請停止拍賣而另行估價或減價拍賣，仍未拍定或由債權人承受，或債權人未於該期限內聲請另行估價或減價拍賣者，視為撤回該不動產之執行時。結案後，債權人再對同一不動產聲請強制執行，並請引用前案之鑑價報告及拍賣底價，作為本案第一次拍賣底價者，免再鑑價，執行法院經詢價程序後，得准許之[62]。同理，債權人於鑑價完成後撤回強制執行而結案，嗣債權人又對同一不動產聲請強制執行，亦應為相同之解釋，原則上得毋庸再行鑑價程序，但執行法院應審酌債權人再聲請強制執行之時間與前案之間距及社會經濟現況，如已相隔甚久，或期間物價已有波動者，則仍應再行鑑價為宜，以保障當事人之利益。

(11) 土地或建築物設定抵押權後，抵押人於土地上營造建築物或於原建築物再行擴建或增建者，除應認為係抵押物之從物，或因添附而成為抵押物之一部者外，執行法院於必要時得就原設定抵押權部分及其營造、擴建或增建部分分別估定價格，並核定其拍賣最低價額後一併拍賣之，但抵押權人就營造、擴建或增建部分，無優先受償之權（應行注意事項第42項第3款）。

(12) 核定拍賣最低價額應儘量與市價相當，且於核定前應使債權人、債務人就鑑定價格表示意見，俾作為核定拍賣最低價額之參考（應行注意事項第42項第5款）。

(13) 依鑑價意見之價額，已足認拍賣無實益者，則毋庸行詢價程序，得逕依強執法第80-1條規定通知債權人[63]，並依該條規定命債權人再報債務人財產。

---

[62] 參照司法院民事廳，法院辦理民事執行實務參考手冊，96年6月8日印行，第258頁。

[63] 同註51，第259頁。

（三）定底價

1. 不動產須經執行法院核定估定之價格爲拍賣最低價額（強執法第80條）。若拍賣應有部分，其最低價額之核定，應就共有物全部估價，再按債務人應有部分比例定之（強執法第102條第2項），另拍賣公同共有土地時，雖公同共有並無應有部分，僅抽象（潛在）的共有，但估定底價，仍應準用，即仍應按其人數比例定之。又核定最低拍賣價格時，如鑑價機關估定之不動產價額與市價不相當時，執行法院得參考其他資料，如相鄰土地之買賣價格，予以核定，必要時並得親赴現場勘驗，了解不動產內部裝潢設備及四周環境、商業繁榮情形、遠景作適當的提高或降低拍賣價格（應行注意事項第42項第1、7款）。再者，對該不動產設定抵押權之金額亦可作爲參考。又如拍賣條件是拍賣數棟不動產而分別拍賣時，保證金應亦分別酌定，不得就全部定一個保證金，如強執法第96條規定之依序拍賣或分別標價、合併拍賣等情形。且因對附屬建築物、未保存登記建築物或其他增建、擴建部分，是否依民法第862條第3項規定具有獨立性常有爭議，因執行法院並無實體審查權，爲避免將來爭議而影響分配，自宜分別酌定底價。尤其依民法第877條規定而合併拍賣時，第三人所有之地上建築物因被合併拍賣，但將來拍賣所得之價金係要還給該第三人，故應分別酌定底價。

2. 民法第877條規定合併拍賣之要件及效果

   (1) 因強執法之拍賣，係以總價爲基準之拍賣（應行注意事項第50項第1款），且依強執法第113條準用第69條規定，買受人就物之瑕疵無擔保請求權，可見執行法院所進行之拍賣應屬總量拍賣，除了單獨標價、單獨拍賣外，如分別標價、合併拍賣時，分別標價之各筆縱低於底價，總價仍高於底價，且爲最高標而符合拍賣條件者，雖爲得標，但因民法物權編關於擔保物權部分，96年9月28日總統公布施行，其中依修正民法第877條規定，對抵押權設定後之抵押物上第三

人之所建築物，得合併拍賣，惟應將拍賣所得價金交還給第三人，如此情形而合併拍賣，將影響第三人之分配價金及抵押權人之受償利益，故實有須詳述之必要。

(2) 併付拍賣之要件：

依民法第877條第1項規定「土地所有人於設定抵押權後，在抵押之土地上營造建築物者，抵押權人於必要時，得於強制執行程序中聲請法院將其建築物與土地併付拍賣。但對於建築物之價金，無優先受清償之權。」第2項「前項規定，於第八百六十六條第二項及第三項之情形，如抵押之不動產上，有該權利人或經其同意使用之人之建築物者，準用之。」，茲將其要件詳分析如下：

甲、聲請人須為抵押權人：

依民法第877條第1項之規定得聲請併付拍賣之人僅規定抵押權人，是執行名義中屬對人執行名義之一般債權人、抵押人或其他債務人均無權聲請併付拍賣之權，且法院亦不得依職權逕予併付拍賣第三人建築物。惟該規定所稱抵押權人是否受登記順位之限制？法無明文。按抵押權設定後，抵押人乃得將其抵押物再為設定後順位之抵押權，因此，得聲請併付拍賣第三人建築物之抵押權人應僅限於第三人營造建築物前之抵押權人，故如第三人營造建築物之後始成立之抵押權人聲請併付拍賣，則不應准許。又第三人營造建築物之前已成立之多順位抵押權人，是否均得聲請併付拍賣？按抵押權人聲請併付拍賣第三人建築物是否對抵押權人有利，於聲請時未必即得查知，實際上，仍須經踐行強制執行之拍賣程序，始得知悉，為維護抵押權人利益，縱由第三人營造建築物前之後順位抵押權人聲請，而先順位抵押權人反對或未聲請併付拍賣，應不受影響，亦即只要在第三人營造建築物之前存在之抵押權人，無論是普通抵押權人或最高限額抵押權人等，均得聲請併付拍賣，始符立法本旨。現行強執法對不動產之執行係採塗銷主義（強執法第34

條第4項前段、第98條第3項前段規定），故同法第34條第2項規定「依法對於執行標的物有擔保物權或優先受償權之債權人，不問其債權已否屆清償期，應提出其權利證明文件，聲明參與分配。」，即抵押權人縱為無執行名義之人，仍應被強制的參與分配，是此，無論有無執行名義之抵押權人均須利用強制執行程序予以清償其抵押債權，故上開規定所指之抵押權人應包括無執行名義之抵押權人在內。

乙、須於強制執行程序中聲請：

按拍賣乃強制執行程序中之執行方法，本次修法時特別明定為強制執行程序中之拍賣始得聲請併付拍賣，至於抵押權人自行拍賣則不包括在內（見民法第877條立法理由）。但所謂強制執行程序中係指何程序？對依強執法之法院民事執行處及依行政執行法之行政執行處所進行拍賣之執行程序，固無爭議，但對依金融機構合併法所為之拍賣是否包括在內，則較有疑義。依金融機構合併法第15條第1項規定，「以收購金融機構不良債權為目的之資產管理公司，處理金融機構之不良債權，得依下列方式辦理：三、資產管理公司就已取得執行名義之債權，得就其債務人或第三人所提供第一順位抵押權之不動產，委託經主管機關認可之公正第三人公開拍賣，並不適用民法債編施行法第28條之規定。公開拍賣所得價款經清算應收帳款後，如有剩餘應還債務人。但有資產管理公司以外之其他第二順位以下抵押權人時，應予提存。四、資產管理公司已取得執行名義而有第一順位以下順位抵押權者，主管機關得請法院委託前款經主管機關認可之公正第三人，準用強執法之規定拍賣之。」，依上開規定，金融機構合併法所為之拍賣本質上固屬由公正第三人之自行拍賣，但其拍賣之前提仍須先取得執行名義，拍賣方法原則上並準用強執法之拍賣程序。再參以農業發展條例第31條修正前規定（92年2月7日之修法），關於耕地移轉之限

制，同時將依金融機構合併法所爲之拍賣與依法院（民事執行處）、行政執行處所爲之拍賣並列，足見上開修正條文所指強制執行程序中聲請之強制執行程序應包括依金融機構合併法所進行之拍賣程序，較爲允當。

丙、建築物須由有用益權人或第三人營造：

按併付拍賣第三人之建築物係爲兼顧土地用益權人之利益，故對無權占有或雖有權占用但無合法營造之建築物，應均不予保護，如違章建築物等。又依農業發展條例第18條第4項規定，在耕地上興建農舍時，必須爲土地所有權人，故以耕地設定抵押權後，第三人縱有合法承租而使用耕地，並於承租耕地上營造建築物，惟因違反上開強制規定，從而，亦應認無保護之必要。

(3) 併付拍賣之評釋：

甲、抵押權人於強制執行程序中，法律賦予其得聲請對第三人之建築物予以併付拍賣，自屬強執法第4條第1項第6款規定「其他依法律之規定，得爲強制執行名義者。」，自毋庸聲請法院裁定另行取得執行名義即得併付拍賣[64]。建築物依法得併付拍賣，則該建物所有權人即爲強執法上之形式債務人，即應適用強執法有關減價拍賣之規定，如是始能達到民法第877條有關併付拍賣規定之立法目的。且民法第877條立法本旨係爲維護抵押權人利益，於不動產抵押後，在該不動產上有用益權人或經其同意使用之人之建築物者，該權利人使用不動產之權利雖得先依第866條第2項規定予以除去，惟爲兼顧社會經濟及土地用益權人利益，該建築物亦允應併予拍賣爲宜，但建築物拍賣所得價金，抵押權人無優先受償權，而民法第877條之立法精神

---

[64] 參照台灣高等法院暨所屬法院99年法律座談會民執類提案第19號、司法院民事廳（74）廳民一字第013號函附法律提案。

既在保障抵押權人更易於行使抵押權，則就實現抵押債權及強制執行迅速實現債權目的之觀點而言，於併付拍賣第三人建物時，應可比照債務人之財產，於二成之範圍內賦予執行法院裁量權[65]。又聲請併付拍賣與除去抵押權負擔二者並不衝突，因抵押權爲擔保物權，不動產所有人設定抵押權後，於同一不動產上，仍得爲使用收益，但如影響抵押權者，對於抵押權人不生效力。故土地所有人於設定抵押權後，在抵押之土地上營造建築物，並將該建築物出租於第三人，致影響於抵押權者，抵押權人自得聲請法院除去該建築物之租賃權，依無租賃狀態將該建築物與土地併付拍賣[66]。惟依民法物權編施行法修正條文第24條第2項規定「民法物權編修正條文及本施行法修正條文自公布後六個月施行。」，該對第三人之建築物併付拍賣之規定，係於本次修法時始新增之規定，然目前實務上已認爲抵押權人得聲請併付拍賣，謂「土地所有人於設定抵押權後，在抵押之土地上營造建築物者，抵押權人於必要時，得將其建築物與土地併付拍賣，但對於建築物之價金，無優先受清償之權，民法第877條定有明文。此規定之目的，在於期使房屋與土地能同歸一人，易於拍賣，以保障抵押權人，並簡化法律關係，以避免或減少紛爭。故如土地所有人於將土地供抵押權人設定抵押權後，雖未自行於土地上營造建築物，但容許第三人在土地上營造建築物，爲避免單獨拍賣土地，可能使土地及建物非由同一人所有，法律關係趨於複雜，衍生糾紛，及爲使土地易於拍賣，保障抵押權人之權益，本於上述法條之立法意旨，自應許抵押權人行使抵押權時，將第三人於抵押權設定後在土地上營造之建築物與抵押之土地併付拍賣，而將房屋賣得價金交還

---

[65]　參照台灣高等法院暨所屬法院100年法律座談會民執類提案第2號。

[66]　參照最高法院86年台抗字第588號判例。

該第三人。」[67]，甚而，實務上亦有認爲參酌民法物權編修正草案第877條規定，而認現行民法規定似有漏洞，應以民法物權編修正草案爲法理而類推適用修正前民法第877條規定予以填補該漏洞，即認應得併付拍賣第三人建築物[68]。最近實務見解「抵押人設定抵押之後，用益物權人或經抵押人同意使用之人在民法第877條第2項規定增訂前，於該抵押土地上興建具有獨立性之房屋，於民法第877條第2項規定施行後，抵押權人聲請強制執行該抵押標的物時，可類推適用民法第877條第2項規定聲請執行法院併付拍賣該屋。又依民法第877條第2項規定併付拍賣前，應先依民法第866條第2、3項規定除去或終止該權利後，始可爲之；且該併付拍賣標的物之所有權人，亦可參與應買。」[69]。

---

[67] 參照最高法院92年度台抗字第641號裁定。

[68] 參照最高法院95年度台抗字第511裁定。

[69] 參照96年11月2日司法院公布新修正民法物權與強制執行事件適用相關疑義決議：爲因應民法物權編修正後，於強制執行事件實務適用上所可能發生的疑義，司法院於96年9月底邀請各法院辦理強制執行相關業務的庭長、法官等，舉行物權法之修正與強制執行事件有關之問題研討會，就民法第861、862-1、871及877條等條文修正施行後所可能遭遇之強制執行實務問題進行討論，並達成初步共識。司法院經縝密彙整相關資料後，即將公布會議決議內容，以供法官辦理強制執行相關業務時之參考，茲就重要討論議題及共識摘要如下：

(1) 抵押權人取得法院准許拍賣抵押物裁定之後，就該抵押物滅失後之殘餘物、該抵押物之成分非依物之通常用法而分離成爲獨立之動產，性質上屬於抵押物之變形物或其延伸，該殘餘物或分離物倘未在抵押權人占有中，則於民法第862-1條修正施行後，抵押權人得聲請法院逕依准許拍賣抵押物之裁定爲強制執行。

(2) 爲同一債權之擔保而於數不動產上設定抵押，如各該共同擔保之抵押標的物均於同一執行事件中經執行法院查封拍賣，其拍賣公告應記載「本件拍賣應先行開標某標部分，如該標標的物之拍定總價金，於扣除優先受償之土地增值稅、地價稅、房屋稅、執行費用後，連同其他標的物已拍定部分之價金，已足清償本件執行債權時，其餘各標即停止拍賣，縱經拍定，亦得撤銷其拍定。」等語。另執行法院依據民法第875-2條計算各抵押物對債權分擔之金額時，屬主債務人所有之抵押標的物，或因繼受主債務人之抵押物而成爲執行

乙、抵押權因具有排他性及優先受償之效力，故於設定後，第三人於土地上營造建築物，除依修正條文第866條第1項規定「不動產所有人設定抵押權後，於同一不動產上，得設定地上權或其他以使用收益爲目的之物權，或成立租賃關係。但其抵押權不因此而受影響。」、第2項「前項情形，抵押權人實行抵押權受有影響者，法院得除去該權利或終止該租賃關係後拍賣之。」[70]，是執行法院於執行時，有影響抵押權者，得依抵押權人之聲請或依職權予以排除以保護抵押權人之利益。而修正時雖增加第三人之建築物，亦得依抵押權人聲請併付拍賣，修正理由乃謂「爲維護抵押權人利益，於不動產抵押後，在該

債務人者，於計算各抵押物對債權分擔之金額時，該標的物之價值皆不應計入。

(3) 抵押人設定抵押之後，用益物權人或經抵押人同意使用之人在民法第877條第2項規定增訂前，於該抵押土地上興建具有獨立性之房屋，於民法第877條第2項規定施行後，抵押權人聲請強制執行該抵押標的物時，可類推適用民法第877條第2項規定聲請執行法院併付拍賣該屋。又依民法第877條第2項規定併付拍賣前，應先依民法第866條第2、3規定除去或終止該權利後，始可爲之；且該併付拍賣標的物之所有權人，亦可參與應買。

(4) 依民法第871條第1項請求或處分所生之保全費用，應逕由執行法院確定後直接列入分配，無須另爲裁定確定其數額。

(5) 依民法第861條第1項規定，普通抵押權人就約定之利息及違約金，只要地政機關於土地登記簿上記載「依原契約約定」者，即屬已登記，基於公示原則，該經登記之約定利息、違約金，均屬抵押權之擔保範圍。

(6) 民法第881-2條第1項已明定「最高限額抵押權人……僅得於其約定之最高限額範圍內，行使其權利」，則最高限額抵押權之債權原本加計利息、遲延利息、違約金後之總額，自不得逾越最高限額，逾越之部分，即非屬最高限額抵押權之擔保範圍。

(7) 依民法第861條第2項文義，若未經拍定視爲撤回或有強執法第80-1條情形之前次強制執行程序，只要係發生在本次聲請強制執行前五年內者，則該前次執行程序所生之利息、遲延利息得優先受償；反之，則不得列入。又該五年期間之起算時點，應自債權人聲請強制執行遞狀聲請日起算。

[70] 民法第766條修正前，向來實務上依司法院院字第1446號、大法官釋字第304號解釋等通說見解，均認爲執行時有影響抵押權者，得依抵押權人之聲請或職權予以排除。

不動產上有用益物權人或經其同意使用之人之建築物者，該權利人使用之權利雖得先依第866條第2項規定予除去，惟為兼顧社會經濟及土地用益權人利益，該建築物允應併予拍賣為宜。」，該修法規定僅限於得由抵押權人聲請，不得由法院依職權為之，惟強執法規定之執行除採當事人進行主義外，對執行方法如查封方法、定拍條件、除去租賃、點交等，執行法院仍得依職權為之，而併付拍賣又涉及執行方法，故執行法院為當事人利益，自有執行公權力之必要，但依上開修正條文所示，經抵押權人聲請後，執行法院並無權為准許與否之裁量權，此際，若屬具有相當經濟價值之建築物，併付拍賣固對土地之利用有其實益，但因抵押權設定時係不移轉抵押物予抵押權人占有（民法第860條規定），則抵押人對抵押物仍得為管理、使用，並得設定其他用益物權，如出租、地上權等，則出租人、地上權人等若與土地所有人勾串，則得依民法第866條第2項規定除去侵害而得以保護抵押權人，而此新增併付拍賣之規定，除了使執行標的物易於拍賣外，卻將使抵押權人不易獲得競標利益。例如土地與第三人建築物併付拍賣時，如土地底價為新台幣（下同）100萬元，第三人建築物底價為50萬元，第三人委由他人投標時而以超乎常情之總價1,000萬元投標，土地仍按底價定100萬元，建築物則定為900萬元，合併拍賣結果實務上通常必由第三人所委之他人得標，此際，將來拍賣價金分配時，土地部分自僅以底價受償，故對抵押權人未必有受益。再者，併付拍賣之第三人標的物既規定為建築物即可，而建築物之定義如上所述極為廣泛，對於非屬房屋之雜項工作物如招牌廣告、煙囪等，是否仍有保護之必要，更值深疑，顯見上開修正後民法第877條第2項之條文對執行法院未授予裁量權之部分，似有疏漏。倘如將修正條文第877條第1項前段規定修正為「土地所有人，於設定抵押權後，在抵押之土地上營造建築物

者，法院得於必要時，因抵押權人於強制執行程序中之聲請將其建築物與土地併付拍賣。」，即修法時能併加賦予執行法院適當的裁量權，似更盡妥當。

(4) 常見併付拍賣之問題：

甲、併付拍賣第三人建築物時，對建築物之所有權人，於拍賣時可能有不同情形：(1) 所有人以土地設定抵押權後，自己在土地上營造建築物，後將建築物出賣予第三人者。此情形與由第三人營建者，實則並無差異，故依修正後民法第877條第2項規定，應認仍得併付賣；(2) 所有人以土地設定抵押權後，第三人於土地上營造建築物，後將建築物出賣予所有人者。基於民法第877條係為保護抵押權人之利益，及社會之經濟而設之規定，於土地抵押後，在其上營造之建築物，雖非土地所有人所建，但於抵押權實行時，該建築物若與抵押之土地已歸一人所有，則為貫徹上開立法目的，仍宜解為有上開法條規定之適用，得於必要時，將土地抵押後在其上營造之建築物，與該土地併付拍賣[71]。

乙、土地或建築物共有之情形：(1) 共有人以其共有土地設定抵押權後，第三人於土地上營造建築物者：依民法第820條第1項規定「共有物之管理，除契約另有約定外，應以共有人過半數及其應有部分合計過半數之同意行之。但其應有部分合計逾三分之二者，其人數不予計算。」，共有人雖得自由處分其應有部分（民法第819條第1項），但對特定共有物之使用收益，仍應由多數共有人共同管理，如共有土地之出租屬共有物之管理行為，故共有人未經其他共有人多數同意，擅將共有土地出租予

---

[71]　參照最高法院89年度台抗字第352號裁定判例；謝在全著，民法物權中冊，修訂三版，第572頁，亦採相同見解。

他人，對其他共有人不生效力[72]，準此，共有人既同意由第三人在共有土地營造建築物，足以推論第三人之使用共有土地，已由共有共同約定由其使用，自屬有權占有之人，基於社會經濟及土地用益權人之利益立法本旨，應認得予併付拍賣第三人之建築物；(2) 所有人以土地設定抵押權後，所有人與第三人在土地上共同營造建築物者：民法第877條修正後，對以土地設定抵押權後，無論所有人或對土地使用有權利之人或經其同意第三人所興建之建築物，均得因抵押權人之聲請予以併付拍賣，為此該建築物之權利人，自不因是否共有而有影響，故應認均得併付拍賣。

(5) 併付拍賣之方法及價金分配：

甲、依修正後民法第877條第2項準用同條第1項後段規定，抵押權人聲請法院將第三人建築物併付拍賣後，「對於建築物之價金，無優先受償之權」，因該建築物並非抵押權之標的物，抵押權人對該建築物賣得之價金，自無權行使優先受償權，亦即對於建築物拍賣所得之價金應交付予第三人[73]。至價金如何分配？按合併拍賣時被認定為得標，除了明確記載土地、建築物之價金及總價，而符合拍賣條件並達最高標者外，對投標金之記載可能有下列情形：(1) 未記載土地與建築物價格，但記載總價者；(2) 未記載總價，但記載土地與建築物價格者；(3) 記載土地與建築物各筆或其中一筆未達底價，或達底價而各筆合計價格與總價記載不符，但總價為最高標者。依應行注意事項第50項第1、2款，及地方法院民事執行處不動產投標參考要點第10點 (3)、(4) 規定，認為若拍賣時，投標人未記載土地、建築物之價額或其記載價額之合計數額與其所記載之總

---

[72] 參照最高法院86年度台上字第3020號判決。

[73] 參照台灣高等法院台中分院95年度抗字第149號裁定。

價不符者，及如部分土地、建築物所出之價額未達拍賣底價或未記載各筆價額者，均以其所載之總價為準，則得標後先由投標人於總價範圍內自行調整，如不自行調整，再由執行法院代為計算，以投標人所投標之總額除以拍賣公告之土地及建築物底價後，比例核算，例如執行法院核定底價土地新台幣50萬元、建築物新台幣100萬元，合計總價新台幣150萬元，而投標人以土地新台幣100萬元、建築物以新台幣150萬元，合計新台幣300萬元投標，若總價符合最高標及拍賣條件而得標時，雖土地及建築物合計與總價不符，仍應以總價新台幣300萬元為得標，此時，如投標人不自行調整各筆價格，則由執行法院以拍賣公告之底價比例計算之，即新台幣200萬元（計算式：3,000,000×2/3=2,000,000），而非投標人之建築物投標金額新台幣150萬元。簡言之，土地或建築物所出價額未達拍賣低價，而投標人不自行調整時，執行法院即按總價額與拍賣底價比例予以調整，後核算應交付第三人之建築物拍賣價金。

乙、民法第877條第2項修正後，增訂對第三人之建築物得予併付拍賣，與同法條第1項規定土地所有人於抵押權設定後自行營造之建築物併付拍賣之情形不同。如債務人為土地有權人時，抵押權人對土地所有人本有債權債務關係存在，雖土地所有人所營造之建築物非抵押權之標的物，但若抵押物拍賣受償債權金額不足時，抵押權人對土地所有人因仍有未受償債權存在，自得對土地所有人另行取得對人之執行名義以執行土地所有人自行營造建築物之拍賣價金。惟第三人與抵押權人並無任何債權債務關係，於拍賣後須將拍賣建築物所得價金交付予第三人，是抵押權對第三人之建築物拍賣所得價金即無任何求償可能，故抵押權人聲請拍賣第三人建築物，自須審慎。

（四）定保證金

1. 拍賣不動產，爲了防止拍定後，拍定人不繳交價金或圍標情形，執行法院得酌定保證金、命投標人於開標前繳納之（強執法第86條）。雖不動產之拍賣公告載明投標人應提出保證金，但債權人表明承受時，則無須當場繳納保證金[74]，因依強執法第91條第1項規定，債權人聲明承受時，即發生承受之效力，並未規定債權人需併同時提出保證金。且保證金之目的，係在於擔保應買人事後未能按時繳足價金時，預供負擔再爲拍賣差額之用（強執法第68-2條），而承受不動產之債權人既有可供扣除負擔之債權，自無命債權人繳交保證金之必要，況承受之債權人於應分配之債權額高於承受不動產之價金時，亦可行使抵銷權[75]。因此，若承受之債權人亦應提出保證金，顯然對債權人有損害，亦不合承受之意旨。再者，依強執法第94條第2項之規定，亦僅規定承受不動產之債權人應補繳價金差額，並無需繳付保證金之意旨甚明。至於若拍賣行爲有瑕疵，而予撤銷拍定者，應將保證金發還原拍定人，例如執行法院拍賣一筆土地，雖爲拍定，然於拍賣公告未予註明已被徵收爲道路用地，嗣繳交尾款前，發現已被徵收，即原拍賣行爲有瑕疵，自應予撤銷拍定，退還保證金，方屬公平。

2. 實務上定保證金應行注意之情形如下：

   (1) 執行人員及出納室承辦人員，在開標前，對於投標人姓名及繳納保證金人數，應嚴守秘密（應行注意事項第47項第6款）。

   (2) 拍賣時，投標人應繳納之保證金，宜定爲底價百分之十至百分之三十，但如有圍標之虞時，可提高保證金額，以減少投機並防止圍標（應行注意事項第47項第1款）。

   (3) 實務上以保證金在新台幣5萬元以下者，可以繳納現金。

---

[74] 參照86年司法院第31期司法業務研究法律問題提案結論。

[75] 參照最高法院76年度台抗字第227號裁定。

(4) 超過新台幣5萬元者，則以銀行即期本票或劃線支票逕行繳交法院出納室，再由出納室製作保證金臨時收據一式三聯，第一聯存查，第二、第三聯交投標人，由投標人將第二聯黏貼於投標書，投入標櫃，第三聯由投標人收執，但實務上為投標便利，大都已不採，改逕以如下(5)之方式。又銀行並不限台灣銀行，只要金融機構即可，如合作金庫、合作社，甚至郵局亦可。

(5) 執行法院得斟酌情形自行規定，保證金得不必向出納室繳納，而由投標人逕將以經金融主管機關核准之金融業者為發票人之即期支票、本票或匯票為保證金，放入執行法院印製之保證金封存袋，將之密封，與投標書一併投入標櫃。惟應防止保證金票據遺失、被竊及投錯標櫃等情事發生。開標時由執行法官、司法事務官當眾開示投標書朗讀之，並將得標者之保證金封存袋當眾拆封展示，必要時可將得標者之投標書及保證金票據即時影印，張貼於投標室，以昭公信。其未得標者之保證金封存袋，應由投標人在執行人員監視下自行拆封，當場簽章取回（應行注意事項第47項第5款）。

(6) 開標後凡未得標，或係停止拍賣者，執行法官、書記官應即時於投標人持有之臨時收據第三聯上「未得標或停止拍賣，應予發還」欄簽名或蓋章，交還投標人持向出納室領回原繳保證金，出納室核對聲請書及存根無誤後，退還原繳保證金時，命投標人在該聯收據上「原款如數領回」欄簽名或蓋章，並註明時間後，立即將該收據黏貼存根，通知會計室補製收支傳票。但通訊投標之保證金，當場憑身分證明文件、交寄投標書之郵局執據及與投標書相符之印章退還之；投標人未到場者，其保證金應交由會計室入帳處理，並通知投標人依規定領取之（應行注意事項第47項第8款）。即未得標者之保證金封存袋，應由投標人在執行人員監視自行拆封，當場簽章領回，即當場由投標人持原蓋在投標單之印章及身分證當場辦理領回，並於「原款如數領回」處或「未得標領回簽章」欄簽名或蓋章（實務上以蓋同投標之印章）。相符者，即予領回保證金「台支、

合支票、本票」，後將投標書附卷。投標人未到場者，由執行法院依一般會計程序處理予以發回。

(7) 拍賣得標時，由執行法官、司法事務官、書記官於原保證金臨時收據「得標應換正式收據」欄簽名或蓋章，交由投標人持向執行法院出納室換發正式收據後，由執行法院依一般會計程序處理。通訊投標之得標人所繳保證金，應即交同院出納室，並發給正式收據（應行注意事項第47項第9款）。即拍賣得標時，由執行法官在投標書批示得標，再由書記官開立繳款單，交由投標人持往法院出納室繳交，並由法院出納室開立正式收據，交給投標人，投標人將紅單聯留存，綠單聯交原股書記官附卷。

(8) 得標後，如拍定人不繳足價金而再行拍賣時，拍定人所繳納之保證金，應於清償再拍賣程序所生費用及差額後，始予發還（應行注意事項第47項第2款）。

(9) 保證金未放入投標書內，而逕交執行人員者，無效。

(10) 依司法院頒地方法院民事執行處不動產投標參考要點第18點第14款規定，經司法院於107年6月12日修正「依票據法第三十七條第一項前段、第一百二十四條、第一百四十四條規定，執票人應以背書之連續證明其權利，保證票據如未經受款人背書，執行法院取得票據，即無從據以主張權利。類此情形，投標人縱於開標後再行補正，亦與投標前已依法繳交保證金有間，依強執法第89條規定，不能認其投標有效，爰刪除序文有關允許補正背書連續之規定。」（見修法理由）。同法理，依最高法院85年台抗字第553號民事判例「強制執行法第八十八條規定開標應由執行法官當眾開示，並朗讀之。拍賣程序係在利害關係對立之不特定多數關係人注視下公開行之，其執行程序事項有即斷即決之必要，以期其程序明確。故應買人雖得委任他人代理應買，惟應即時提出證明書，以證明合法授權之事實，如未提出證明書，代理權即有欠缺，其投標無效，性質上自不許準用民事訴訟法第75條第1項定期

命補正之規定。」而107年10月16日在該參考要點修法後,自應適用該修法後之規定,是則投標人提出之保證金支票為禁止背書、未背書,依上開規定,其投標自屬無效,並不能事後補正,而無效,依民法第71條規定,為自始、絕對、當然無效,應認投標無效。故強制執行拍賣前,投標人以載有受款人而未經受款人依規定背書之票據為保證金者,於拍定後不繳納價金時,因該票據背書不連續,執行法院即無從主張票據權利而以之抵償再行拍賣費用及價金差額,自與投標人未於拍賣前繳納保證金同,其投標自屬無效(最高法院85年度台上字第1567號民事判決意旨參照)。

(五)定拍賣場所

「拍賣不動產,由執行法官命書記官督同執達員於執行法院或其他場所為之」(強執法第83條),法條雖規定得於其他場所為之,但實務上,各法院均設有投標室,故不動產之拍賣都在法院之投標室公開投標。

(六)拍賣時間

第一次拍賣情形者,拍賣期日距公告之日,不得少於十四日,第二次以後之再行拍賣期日,距公告之日,則不得少於十日多於三十日(強執法第82條、第93條)。至於不動產拍賣及再拍賣之期日,與公告應距離之期間,係指張貼於法院公告牌示、不動產所在地或鄉、鎮、市(區)公所處最先揭示之日為起算(應行注意事項第45項第6款),即以上開最先公告之日起算拍賣公告期間。上述公告期間,不得任意增、縮,但屬執行法院應遵守之期間,並非通知當事人期間之限制,故執行法院通知拍賣之期間與上開期間不符者,仍屬合法[76],但執行法院違反上開公告期間者,當事人得於執行程序終結前,依強執法第12條規定聲明異議,逾期未聲明異議

---

[76] 參照司法院民事廳,法院辦理民事執行實務參考手冊,96年6月8日印行,第261、262頁。

者，因而喪失責問權，當事人即不得再指摘拍賣瑕疵。

（七）拍賣通知

　　拍賣之通知，除了應通知債權人、債務人外（強執法第63條、第113條），對共有人，即拍賣共有物應有部分，第一次之拍賣時，執行法院並應通知其他共有人（強執法第102條第1項前段），自應於第一次揭示拍賣公告之同時，一併通知其他共有人，或公同共同之共有人，及其事由，如通知書應載明他共有人得以同一價格共同或單獨優先承買等（應行注意事項第58項）。故查封不動產如為共有之應有部分，於查封時，即應命債權人製作共有人名冊，名冊應按共有人之姓名、住址、應有部分（持分）明確記載，以便通知，若通知後，有不能通知之情形，並應再命債權人速補共有人戶籍謄本，再按址通知。又該通知屬於程序通知，並非實體裁判之傳達，故按址通知仍無法通知者，則不必公示送達，因其程序已合法（強執法第63條後段、第102條第1項後段）。

（八）公　告

　　拍賣之不動產為了使不特定人得以知悉，便利應買，故執行法院對於拍賣之不動產應先期公告（強執法第81條第1項）。而拍賣公告並要揭示於執行法院及不動產所在地或其所在地之鄉鎮市（區）公所，拍賣公告，應公告於法院網站；法院認為必要時，得命登載於公報或新聞紙（強執法第84條第1、2項）。又拍賣公告之目的在公告周知，故除了刊登報紙、張貼法院牌示處及不動產所在地外，並得囑託該管鄉鎮市（區）公所張貼於該公所之公告牌示處，如拍賣標的物比較特殊者，並可以通知公會、上網，以廣為宣傳（應行注意事項第45項第5款）。再者，該公告實務上，均認為此一規定有認為強行規定[77]，有認係訓示規定，同一公告不能以當

---

[77]　參照司法院民事廳，法院辦理民事執行實務參考手冊，96年6月8日印行，第261頁。

地有無公報或新聞而異其效力，亦不能因債權人未登載報紙，即認為無效[78]，實務上採後說。既仍可進行拍賣，不得逕以裁定駁回債權人強制執行之聲請（指第一次未按規定登報之情形），但不動產價值過高，執行法院認為必要，得於拍賣前停止拍賣程序，另定期日拍賣[79]。如債權人仍未依執行法院之命令將拍賣公告刊登新聞紙時（第二次未按規定登報之情形），執行法院得依強執法第28-1條第1款規定，裁定駁回其強制執行之聲請[80]。

　　現行實務上，現各執行法院均設置寬大加鎖之玻璃型公告欄，張貼拍賣公告，並於投標室設置公告欄，開標前並將該拍賣期日照常開標或應停止拍賣之案件，列表公告於該公告欄，其中對停止拍賣之案件，於公告中並載明停止拍賣之原因，一式複寫二份，一份揭示，另一份附卷核考（應行注意事項第45項第1、2款）。再者，拍賣公告應載明左列事項（強執法第81條第2項）：

1. 不動產之所在地、種類、實際狀況、占有使用情形、調查所得之海砂屋、輻射屋、地震受創、嚴重漏水、火災受損、建物內有非自然死亡或其他足以影響交易之特殊情事及其應記明之事項：

   如不動產坐落地段、地號（或暫編建號）、面積、地目狀況，然拍賣之

---

[78] 參照最高法院51年度台上字第3631號判例「執行法院拍賣之公告，祇須揭示於執行法院及該不動產所在地即生效力，強執法第84條雖另規定：『如當地有公報或新聞紙亦應登載，或有其他習慣者，並得依其習慣方法公告之』等語，亦僅屬一種訓示規定，不能以其未登載公報或新聞紙，或未依習慣方法公告，即認拍賣為無效。至於就不動產所在地所為公告之揭示方法雖有不當，當事人或利害關係人祇得依強執法第12條規定，為聲請或聲明異議，但其揭示行為，未經撤銷前要非當然無效。」，司法院院解字第32176號解釋「拍賣公告。祇須揭示於執行法院及該不動產所在地，即生效力。強執法第84條雖載。如當地有公報或新聞紙。亦應登載字樣。然同一拍賣公告。未便以當地之有無公報或新聞紙，而異其效力之發生要件，自應解為訓示規定，不能以其未登載公報或新聞紙即認拍賣為無效。」，亦採相同見解。

[79] 參照司法院70年8月28日70台廳一字第4877號函。

[80] 參照第37期司法業務研究會法律問題案結論。

不動產首重是否得點交，故對依查封時所調查之狀況亦應載明（強執法第77條），如第三人租賃者，第三人之姓名、住址、租期、租金、押金等，有地上權人者亦同。另對第三人有無正當之權源者，亦應記載，如是否無償使用借貸而占有者。又如只查封土地或房屋，以土地或房屋之所有權人、占有人亦應記載，另對拍賣應有部分者，債務人占有應有部分或無現實占有，及有無優先承買權之限制亦應公告以讓應買人注意。但若拍賣公告所記載之不動產面積與實際坪數有差異者，其買賣之效力雖不受影響，仍以實際面積為準[81]。因不動產之拍賣是以整個不動產為標的而投標出售，且依強執法第113條準用第69條之規定，拍賣物買受人就物之瑕疵無擔保請求權，故要難以根據土地或建物登記簿上表示拍賣公告之坪數與實際坪數為多少有出入，謂其應買之意思表示有瑕疵。但為防爭議，於開標前發現，宜另行公告更正，並予開標時當場宣示，並記明筆錄，或停止拍賣。拍定人拍定取得之不動產若為海砂屋、輻射屋、地震受創、嚴重漏水、火災受損、建物內有非自然死亡或其他足以影響交易等特殊情事者，因強執法之拍賣，執行法院不負物的瑕疵擔保（強執法第113條準用第69條），故拍定人尚不得據以聲請撤銷拍賣程序，惟倘若拍定人拍賣時之意思表示有錯誤而非可歸責於拍定人之過失者，得依民法第88條規定另行起訴，請求撤銷拍賣程序。

2. 拍賣之原因、日期及場所：

如以投標方法拍賣者，其開標之日時及場所、定有保證金額者，其金額。

3. 拍賣最低價額：

係指底價而言，因不動產與動產之拍賣不同，在於不動產之底價是公開，而動產之底價是不公開，此觀之強執法第64條第2項有關動產之拍賣並未如第81條第2項將拍賣之底價予以公告，主要乃因不動產之價格

---

[81]　參照台灣宜蘭地方法院43年9月份之司法座談會記錄。

較高，因投標人之出價而影響債權人、債務人利益，故對底價應予記載。

4. 交付價金之期限：

承買人除了於投標時繳交保證金外，對得標後，不足之價金，在實務上，執行法院原則上定七日內繳足，但金額龐大是否得分期繳納者，一切依拍賣公告為之，未定分期者，不得延展或縮短，縱拍定人請求，或執行法院依職權均不得為之[82]，因拍賣之計息以拍定人繳交全部價金為計算日（應行注意事項第16項第3款），且一旦公告後，執行法院及拍定人均應受其拘束。因此，不動產拍賣公告就拍定價金既明定於開標之翌日起七日內一次繳交全部價金（或尾款），逾期以棄權論者，即拍定人、優先承買權人未依限繳交全部價金者，應作棄權論，再行拍賣，執行法院不得依職權或聲請將交付價金之期限予展延。

5. 閱覽查封筆錄之處所及日、時：

近年因法院執行案件據增，每股書記官業務量甚鉅，為了使投標人閱覽方便，都直接將查封筆錄影印一併於拍賣公告，並張貼，在閱覽上甚為方便。

6. 定有應買資格或條件者，其資格或條件：

按拍賣不動產之公告應載明定有應買資格或條件者，目的在使一般投標人預先明瞭應買之資格或條件，促其注意，以避免發生買賣契約為無效或得撤銷之情形。又因不動產使用分區不同，依法令亦有不同承買人資格之限制，其拍賣公告應記載之條件及資格亦有不同，故應明確記載，實務上常見之應買人資格及條件如下：

(1) 土地為耕地之拍賣情形：

公告為：「依農業發展條例第33條規定私法人不得承受農地，但符合第34條規定之農民團體、農業企業機構或農業試驗研究機構，經

---

[82] 參照最高法院54年台抗字第452號判例、台灣高等法院55年民事座談會記錄民事執行類。

向承受耕地所在地之直轄市或縣（市）主管機關提出，經核轉中央主管機關許可者，不在此限。該得承受之農民團體、農業企業機構或農業試驗研究機構為應買時，應提出該許可證明文件。」。

理由：對是否符合農業發展條例第34條規定之農民團體、農業企業機構或農業試驗研究機構，則應於拍賣時當場提出向耕地所在地之直轄市或縣（市）或鄉鎮市區主管機關提出，經核轉中央主管機關許可並核發證明文件後始得應買，即於投標前應先申請准許，並取得證明文件，於投標時，與投標書一併放入標匭，以便執行法官得以立即決斷是否符合資格及是否得標，始符合「立即決斷性原則」。現行土地法已刪除第30條及第30-1條規定，即刪除農地不得由二人以上共同承買及須具備自耕能力之規定，即今後，耕地拍賣時，每宗耕地得由二人以上共同買受或承受，或將其一部分拍賣或交債權人承受，亦得使買受人或承受人與原所有權人成為共有，且自然人並無資格限制。

(2) 耕地訂有三七五租約之拍賣情形：

公告為「本件土地訂有三七五租約，承租人有優先購買權，拍定後不點交。」。

理由：因依耕地三七五減租條例第15條第1項規定，訂有三七五租約者，承租人有優先承買權。至於優先承買權之效力，容後另論。

(3) 土地與建物或動產與不動產合併之拍賣情形：

公告為「分別標價，合併拍賣。」。

理由：因依強執法第75條第3項規定「建築物及其基地同屬於債務人所有者，得併予查封、拍賣。」，又同條第4、5項規定「應拍賣之財產有動產及不動產者，執行法院得合併拍賣之。前項合併拍賣之動產，適用關於不動產拍賣之規定。」，故經執行法院為合併拍賣者，即應為上項之公告。

(4) 有地上權或典權等用益物權之拍賣情形：

公告爲「本件土地設定地上權（或典權），拍定後該地上權人（或典權人）有優先承購權，拍定後不點交。」。

理由：因關於地上權、典權等優先權之權源是依土地法第104條規定而來。

(5) 有租地建物之土地之拍賣情形：

公告爲「本件土地現有○○○租地建物中，承租人有優先承購權，拍定後不點交。」。

(6) 查封前爲第三人承租之拍賣情形：

公告爲「本件建物（或土地）爲第三人○○○租用，租期自○年○月○日起至○年○月○日止（或不定期），每月租金新台幣○○元，拍定後不點交。」。

(7) 抵押權設定後查封前，債務人出租予第三人或設定地上權者，經法院除去之拍賣情形：

公告爲「本件房屋（土地）之第三人承租權（地上權）已由本院於○年○月○日裁定除去，拍賣後點交。」。

理由：因對除去租賃之處分，固得於執行程序終結前即拍定前聲明異議，惟一經拍定，則不得異議，是以執行法院於拍定前，遇有異議者，應即速爲裁定，如不及裁定，而確信無理由，則俟拍定後再裁定駁回，如認爲有理由者，應即時裁定停止拍賣，並公告之[83]。

(8) 第三人借用之拍賣情形：

甲、查封前借用之情形：

公告爲「本件房屋（或土地）爲第三人○○○借用中，借用期間自○年○月○日起至○年○月○日止（或不定期），拍定後

---

[83] 參照86年司法院31期司法業務研究會提案結論、拙著法院拍賣動產不動產實務，86年版，第131、132頁。

不點交。」。

乙、查封前借用、但拍定前借期屆滿者之情形：

公告為「本件房屋（或土地）為第三人○○○借用中，借用期間自○年○月○日起至○年○月○日止，拍定後點交。」。

丙、查封後借用之情形：

公告為「本件房屋（或土地）為第三人○○○於查封後借用中，借用期間自○年○月○日起至○年○月○日止（或不定期），第三人為無權占有，拍定後點交。」。

(9) 第三人無權占有之拍賣情形：

公告為「本件房屋（土地）為第三人○○○無權占有中，拍定後點交。」。

理由：因對於第三人是否無權占有，執行法院並無實質認定之權，故從外觀上認為無權占有，而予公告中註明者，宜將該公告通知該第三人，以期於拍定前有聲明異議之機會，否則依強執法第99條第2項前段規定「第三人對其在查封前無權占有不爭執者」，拍定後點交之，影響第三人之利益甚大。

(10) 拍賣之建物全部或部分，占用第三人土地之拍賣情形：

公告為「本件建物（或部分，實測面積）占用第三人○○○坐落○○鄉（鎮、市）○○段○○小段○○地號土地上，拍定後危險由拍定人負擔。」。

理由：因房屋仍屬拍賣之標的，但占用在第三人土地上之房屋（面積以實測為主），應由拍定人與第三人自行解決之。

(11) 拍賣之不動產為第三人建物占用之拍賣情形：

公告為「拍賣之本件土地現由第三人○○○房屋（或工廠、建物）占用中，拍定後不點交。」。

(12) 拍賣土地為應有部分（持分），建物所有權為全部之情形：

公告為「分別標價，合併拍賣。」。

理由：本件所指含區分所有之情形，因基於土地法第104條規定土

地與房屋合一使用之精神，土地之其他共有人並無優先購買權（詳見下論行使優先權）。

(13) 拍賣數宗不動產，而其一部分即賣得價金足以清償債權及執行費、優先權之拍賣情形：

公告為「本件不動產按序拍賣，如其中一筆賣得價金足以清償強制執行之債權、執行費、優先權時，其餘各筆即不予拍定。」。

理由：若有此情形，為公告方便，宜將拍賣之不動產以附表編號順序，債務人於公告前亦得指定順序，但建物及其基地不得單獨指定拍賣（強執法第96條第2項），即土地與建築物應合併拍賣，不得分別拍賣，其餘則不受限制。而上開所指按序拍賣之意，並非限於一定要編號在先之不動產出賣後始得拍賣次編號之不動產，只要先編號之不動產無人應買或落標時，即審核次編號之不動產，如次編號之不動產有人投標，而承買價金足以清償債務及執行費者，亦應予以拍定。

(14) 拍賣之不動產為國民住宅之拍賣情形：

公告為「本件國民住宅，承買人應具備下列各款條件：（以台中市為例）(1) 女子年滿二十二歲，男子年滿二十五歲，在台中市設有戶籍者（但未婚者須與直系親屬共同生活並設籍）；(2) 本人、配偶及其共同生活直系親屬均無自有住宅者；(3) 符合行政院公告之收入較低家庭標準者；(4) 原已有承購國宅者原承購人及其配偶、或共同生活之直系親屬及未婚之兄弟姊妹，自出售其住宅五年內，不得再行承購國民住宅。」以上第(2)、(3)項投標人應提出相關證明文件，第(3)項以財政部財稅資料處理及考核中心查核者為準，第(4)項可以出具切結書。」。

理由：因投標人應具備之上揭條件是依據各省（市）政府核定及國民住宅出租、出售辦法之規定而來，故執行法院執行之標的，如為國民住宅，即應向省（市）政府或縣（市）政府函

查承購人之資格，再以各該政府函文所示爲依據，並定拍賣條件。但實務上都由承購人自行查明，並以切結書代之，因國民住宅條例第19條第1項規定「政府直接興建之國民住宅，其承購人居住滿一年後，得將該住宅及其基地出售、出典、贈與或交換。其承購、承典、受贈或交換人，如具有國民住宅購買資格者，得按原承購人之國民住宅貸款餘額及剩餘期限，申請國民住宅貸款。」，第3項「取得使用執照滿十五年以上之國民住宅，其出售、出典、贈與或交換該住宅及基地，不受前項規定之限制。」，依國民住宅條例第17條規定，對政府興建之國民住宅，其國民住宅主管機關有優先承買權，且拍賣之不動產爲政府直接興建之國民住宅及其基地，債務人有辦理國民住宅貸款者，應於拍賣公告記載應買人或聲明承受人如欲承接國民住宅貸款餘額及剩餘期限，應以法令所定具有購買國民住宅資格者爲限（應行注意事項第43項第7款）。又承購人未具備國民住宅之資格者，亦僅生國民住宅主管機關不得予同意之問題，非謂其出售、出典、贈與或交換行爲，概屬無效。又執行法院定拍賣條件時，應預留較長之期間，俾應買人或承受人得有充裕之時間，以便申請承受國民住宅之證明文件[84]。

---

[84] 最高法院87年度第6次民事庭會議紀錄如下：

（一）法律問題：

某甲於民國68年4月間，與台北市政府締約承購系爭國宅後，旋於同年月將之轉讓予不具承購台北市國民住宅資格之某乙，試問某甲與某乙買賣是否有效？

甲說：依當時即訂約時之國民住宅條例第12條規定，國民住宅承購人承購之國民住宅及其基地，非經國民住宅出售機關之同意，不得出售、出典、贈與或交換；經同意出售者，國民住宅出售機關有優先承購權。國民住宅出售、出典、或交換之承受人，應以具有購買國民住宅之資格者爲限。某乙不具備承購台北市國民住宅資格，且某甲出售國民住宅未經出售機關之同意，某甲與某乙間買賣難謂有效。

(15) 拍賣原住民保留地之拍賣情形：

公告為「本件土地為原住民保留地，承購人應具備原住民身分。」。

理由：是否為原住民身分，由投標人向當地鄉（鎮、市、區）公所申請所出具之證明為準。又依行政院頒布之原住民保留地開發管理辦法，係依山坡地保育利用條例第37條及農業發展條例第17條第2項規定，授權制定之中央法規，該辦法第15條第1項規定：「原住民取得原住民保留地之承租權，除繼承或贈與於得為繼承之原住民、原受配戶內之原住民或三親等內之原住民外，不得轉讓或出租。」旨在保障依法受配原住民之生活，避免他人脫法取巧，使原住民流離失所，係屬效力規定，如有違反，依民法第71條規定，應屬無效[85]。

(16) 外國人為應買人之拍賣情形：

公告為「應買人為外國人者，應檢具相關文件，依土地法第20條第1項規定，向土地或建物所在地縣（市）政府申請核准得購買該不動產之資格證明，並於參與拍賣時提出。」。

理由：依據司法院於86年10月27日以（86）院台廳民二字第22665號函釋關於外國人應買或承受強制執行事件拍賣之不動產

乙說：查國民住宅承購人所承購之國民住宅及其基地，非經國民住宅出售機關之同意不得出售、出典、贈與或交換，修正前國民住宅條例第12條第1項定有明文。惟如有違反者，僅生國民住宅出售機關依同條例第13條第3款規定，予以收回之問題。至承受人未具備購買國民住宅資格，亦僅生國民住宅出售機關不得予同意之問題，非謂其出售、出典、贈與、或交換行為，概屬無效。

決議：採乙說。

（二）參照台灣高等法院87年12月11日以（87）院仁文速字第16839函轉司法院87年12月8日（87）院台廳民二字第2651號函辦理。

[85] 參照最高法院88年度台上字第3075號判決。

處理事宜，自民國86年10月20日起，應依內政部86年8月4日會議辦理，即應於拍賣公告中載明，以促外國人應買時注意，自應於拍賣時提出相關文件，不得事後再補正，否則違反「立即決斷性」原則，不能認為得標。

(17) 地目為田、旱之耕地，但使用分區編為其他用途之拍賣情形：

公告為「本件土地已依都市計畫編為住宅區（風景區、商業區、機關用地……）。」。

(18) 拍賣分別共有土地之拍賣情形：

甲、如債務人無現實占有之情形

公告為「拍賣應有部分，債務人未現實占有，拍定後不點交，共有人有優先承買權。」。

乙、如債務人有現實占有之情形：

公告為「拍賣債務人之應有部分，債務人占有如附圖（即地政機關之複丈成果圖）部分點交，其餘應有部分債務人未現實占有，拍定後不點交，共有人有優先承買權。」。

理由：因共有人為現實占有之部分，如有分管之情形，應於查封時先聲請地政機關會同測量，以其繪測之複丈成果圖為本件之附圖，並於拍賣後點交之（應行注意事項第57項第5款）。

(19) 拍賣公同共有土地權利之拍賣情形：

公告為「甲、本件係拍賣公同共有中債務人○○部分之公同共有權利，本件土地（建物）含債務人在內計公同共有人○人，拍定後由拍定人自行請求所有權移轉登記及分割共有物。乙、拍賣公同共有部分之權利，債務人未現實占有，拍定後不點交，共有人有優先承買權。」。

理由：因公同共有之不動產，其公同共有之權利，實務上得為拍賣之標的，又公同共有之拍賣，依土地法第34-1條第5項之規定，仍準用分別共有之規定，即其他公同共有之權利人

亦有優先承買權。

(20) 拍賣之不動產有抵押權（或優先權）設定之拍賣情形：

公告爲「抵押權（或優先權）拍定後塗銷。」。

理由：因依強執法第98條第3項前段規定「存於不動產上之抵押權
及其他優先受償權，因拍賣而消滅。」，故存在於不動產
上之抵押權（或優先受償權）拍定後塗銷。

(21) 拍賣之不動產有稅捐機關禁止處分之拍賣情形：

公告爲「禁止處分拍定後塗銷。」。

(22) 拍賣數棟不動產，含土地、建物合併之拍賣情形：

公告爲「附表編號一、二……（數目）各分別標價，各合併拍
賣。」。

理由：若拍賣數棟不動產，含土地、建物合併拍賣時，宜將數筆
土地、建物作成附表編號，以列示拍賣。

(23) 拍賣僅單一之土地或房屋之拍賣情形：

公告「單獨標價、單獨拍賣。」。

(24) 拍賣公寓（集合式住宅）有管理費積欠之拍賣情形：

公告爲「積欠管理費等公共基金，承買人應先向管理委員會或
管理負責人查詢，並依該管理規約辦理，拍賣後由拍定人負
擔。」。

理由：爲防止公寓大廈之管理規約未約定造成爭議，故宜予公告
中載明。另修正後之公寓大廈管理條例第24條第1項規定，
區分所有權之繼受人，應於繼受前向管理負責人或管理委
員會請求閱覽或影印該條例第35條所定文件，並於繼受
後遵守原區分所有權人依本條例或規約所定之一切權利義
務事項。目的在使繼受人於承買前先行查知管理費積欠情
形，以便日後代償，以減少糾紛。

(25) 拍賣之土地含有地上竹木、果樹之拍賣情形：

公告爲「分別標價，合併拍賣。」。

理由：因一般果樹雖屬土地之一部分，但因屬有價值之經濟作物，故通常均一併鑑價拍賣，因此於拍賣時，應合併拍賣。

(26) 拍賣我國共有之船舶情形：

拍賣我國之船舶且係拍賣應有部分者，應載明：「本件拍賣之船舶屬中華民國國籍，他共有人有優先購買權，如經外國人拍定而有喪失我國國籍情形，應得全體共有人之同意」字樣（應行注意事項第61項第11款）。

7. 拍賣後不點交，其原因。

拍賣之不動產是否點交影響承買人之意願及價格甚鉅，惟是否得點交係以占有時之狀態為準（應行注意事項第57項第2款前段）。實務上，在拍賣公告中以得點交為原則，無須於拍賣公告中載明，但不點交則應予拍賣公告中載明，詳如下述點交中闡明。

8. 定有應買人察看拍賣物之日、時者，其日、時。

按不動產之拍賣，買受人就物並無瑕疵擔保請求權（強執法第113條準用第69條），故為了使承買人了解不動產之狀況，為強執法之特別規定，故應予拍賣中載明。

二、投　標

（一）投標之意義

投標之方法，現行執行法院之拍賣不動產都以投標之方式拍賣（強執法第85條），開標時，並由執行法官當眾開示，全程參與，並朗讀之（強執法第88條）。且不得委由書記官開標（應行注意事項第49項第3款），否則即屬違法，以示慎重[86]。執行法上，並有通訊投標之規定（應行注意事項第46項第1款），故本書先以現場投標為論述。

---

[86] 參照花蓮地方法院46年1月份司法座談會結論。

1. 投標之時間

依各法院之運作不同，而有於上午或下午拍賣者，但以每日上午9時半至11時，或下午2時至4時之間為拍賣時間（應行注意事項第49項第1款），對於執行法院所定之拍賣時間不得撥快或撥慢投標室時間，且應依拍賣公告所載時間準時開標，縱當事人請求延緩時間，亦不應准許（應行注意事項第49項第2款）。

2. 投標須以書面為之

投標為要式行為，具有秘密性，即應以密件投入標匭，其標單用紙，有司法院規定格式印製之投標書，欲投標者，向法院執行處或服務處任意取用，不須再憑保證金之票據，或充當保證金之票據才能領取投標書，以避免保證金多寡，而以票據代之，進而推知拍賣標的物金額，故由投標人任意索取之。又投標書並應載明（強執法第87條）：

(1) 投標人之姓名、年齡及住址。有代理人者，代理人姓名、住址。

(2) 願買之不動產。

(3) 願出之價格。

但實務上為方便各股案件之歸類，亦請投標人記明願投標之股別、案號，以便迅速開標，並蓋妥印章，以便核章於落標時發還保證金。又投標書投入任何一股之標匭均屬有效，實務上，雖有反對說，但為防止圍標之情形，故現均採有效說[87]。

3. 投標人之資格

投標人為自然人者，應提出國民身分證正本或影本；不能提出國民身分證者，應提出相類之身分證明文件正本或影本。投標人為法人者，應提出相當之證明文件影本。投標人為未成年人或法人者，應於投標書上載明其法定代理人之姓名，如父母為未成年人之法定代理人，除不能行使權利

---

[87] 反對說參見司法院76年7月9日（76）廳民二字第2490號函復台灣高等法院。

者，應提出相關釋明文件外，父母均應列為法定代理人，並提出法定代理人之證明文件、國民身分證正本或影本，或其他相類之身分證明文件正本或影本。又投標人委任代理人到場者，代理人應提出具有民事訴訟法第70條第1項但書及第2項規定特別代理權之委任狀，附於投標書，一併投入標匭內，並應提出國民身分證正本或影本，或其他相類之身分證明文件正本或影本。如數人共同投標時，應分別載明其權利範圍。如未載明，推定為均等，且願買之不動產，須按照拍賣公告之記載填寫。不動產為數宗者，應分別記明，並將各宗願出之價額及合計總價額詳細載明，投標人應將投標書暨保證金封存袋之內容填載明確，且記明執行案號。保證金應以經金融主管機關核准之金融業者為發票人之支票、匯票或本票，放進保證金封存袋內，不必向法院出納室繳納（地方法院民事執行處不動產投標參考要點第2至8點）。

4. 拍賣人應注意土地上套繪

套繪是指土地上有共有人興建之建築物等地上物，他共有人須先解除該地上物套繪，否則其他共有人不得再興建地上物，依強執法第113條準用第69條規定，拍賣物買受人就物之瑕疵無擔保請求權，故投標人須注意購買之土地上是否有套繪，以免權利受損，現行法規定有下列規定，可以參考：

(1) 建地：建築法第11條第1項「本法所稱建築基地，為供建築物本身所占之地面及其所應留設之法定空地。建築基地原為數宗者，於申請建築前應合併為一宗。」、第2項「前項法定空地之留設，應包括建築物與其前後左右之道路或其他建築物間之距離，其寬度於建築管理規則中定之。」、第3項「應留設之法定空地，非依規定不得分割、移轉，並不得重複使用；其分割要件及申請核發程序等事項之辦法，由中央主管建築機關定之。」，故依建築基地法定空地分割辦法第6條第1項「建築基地之土地經法院判決分割確定，申請人檢附法院確定判決書申辦分割時，地政機關應依法院判決辦理。」、第2項「依前項規定

分割為多筆地號之建築基地，其部分土地單獨申請建築者，應符合第三條或第四條規定。」，第3條「建築基地之法定空地併同建築物之分割，非於分割後合於左列各款規定者不得為之。一、每一建築基地之法定空地與建築物所占地面應相連接，連接部分寬度不得小於二公尺。二、每一建築基地之建蔽率應合於規定。但本辦法發布前已領建造執照，或已提出申請而於本辦法發布後方領得建造執照者，不在此限。三、每一建築基地均應連接建築線並得以單獨申請建築。四、每一建築基地之建築物應具獨立之出入口。」、第4條「建築基地空地面積超過依法應保留之法定空地面積者，其超出部分之分割，應以分割後能單獨建築使用或已與其鄰地成立協議調整地形或合併建築使用者為限。」規定。據此，建地劃為法定空地可以分割，但須解除套繪，其他共有人始得再建築地上物，故投標時須注意，而他共有人所興建之地上物，不因其是否保存登記而受影響。解除須向主管機關申請撤銷建造執照及使用執照，再向主管機關申請拆除執照，拆除後始完成。

(2) 農地（耕地）：農業發展條例第18條第1項「本條例中華民國八十九年一月四日修正施行後取得農業用地之農民，無自用農舍而需興建者，經直轄市或縣（市）主管機關核定，於不影響農業生產環境及農村發展，得申請以集村方式或在自有農業用地興建農舍。」、第2項「前項農業用地應確供農業使用；其在自有農業用地興建農舍滿五年始得移轉。但因繼承或法院拍賣而移轉者，不在此限。」、第3項「本條例中華民國八十九年一月四日修正施行前取得農業用地，且無自用農舍而需興建者，得依相關土地使用管制及建築法令規定，申請興建農舍。本條例中華民國八十九年一月四日修正施行前共有耕地，而於本條例中華民國八十九年一月四日修正施行後分割為單獨所有，且無自用農舍而需興建者，亦同。」、第4項「第一項及前項農舍起造人應為該農舍坐落土地之所有權人；農舍應與其坐落用地併同移轉或併同設定抵押權；已申請興建農舍之農業用地不得重複申請。」、第5項

「前四項興建農舍之農民資格、最高樓地板面積、農舍建蔽率、容積率、最大基層建築面積與高度、許可條件、申請程序、興建方式、許可之撤銷或廢止及其他應遵行事項之辦法，由內政部會同中央主管機關定之。」規定。依農業用地興建農舍辦法第12條第1項「直轄市、縣（市）主管建築機關於核發建造執照後，應造冊列管，同時將農舍坐落之地號及提供興建農舍之所有地號之清冊，送地政機關於土地登記簿上註記，並副知該府農業單位建檔列管。」、第2項「已申請興建農舍之農業用地，直轄市、縣（市）主管建築機關應於地籍套繪圖上，將已興建及未興建農舍之農業用地分別著色標示，未經解除套繪管制不得辦理分割。」、第3項「已申請興建農舍領有使用執照之農業用地經套繪管制，除符合下列情形之一者外，不得解除：一、農舍坐落之農業用地已變更為非農業用地。二、非屬農舍坐落之農業用地已變更為非農業用地。三、農舍用地面積與農業用地面積比例符合法令規定，經依變更使用執照程序申請解除套繪管制後，該農業用地面積仍達零點二五公頃以上。」、第4項「前項第三款農舍坐落該筆農業用地面積大於零點二五公頃，且二者面積比例符合法令規定，其餘超出規定比例部分之農業用地得免經其他土地所有權人之同意，逕依變更使用執照程序解除套繪管制。」、第5項「第三項農業用地經解除套繪管制，或原領得之農舍建造執照已逾期失其效力經申請解除套繪管制者，直轄市、縣（市）主管建築機關應將農舍坐落之地號、提供興建農舍之所有地號及解除套繪管制之所有地號清冊，囑託地政機關塗銷第一項之註記登記。」規定。據此，農地依農業發展條例第16條規定之法定條件固可以分割，但仍須解除套繪始得分割。惟實務上，依法務部108年6月26日法律字第10803509650號函示說明三「民眾農業用地，倘經法院判決分割確定，其檢附法院確定判決書，逕向地政機關申辦分割登記者，地政機關自應受理並辦理之。」（參見112年5月15日清地二字第1120004679號函），所採見解與建築基地法定空地分割辦法第6條規定相同，即縱未解除套繪仍得分割，但須解除套繪，其他

共有人始得再蓋農舍。

（二）實務上認定得標、落標及廢標之原則

1. 前　言

依強執法第85條規定「拍賣不動產，執行法院得因債權人或債務人之聲請或依職權，以投標之方法行之。」，現行各地方法院在實務上對拍賣不動產都以公開投標之方法為之，且拍賣不動產牽涉法律問題甚多，認定是否得標影響當事人權益甚大，故於應行注意事項第49項第3款規定「開標期日，應由執行法官全程參與，不得委由書記官辦理。執行法官應在法院投標室當眾開示投標書，並朗讀之。」，足見當事人之投標與執行法院之認定得標與否均應依法慎重處理。

2. 認定得標之原則

執行法院認定投標是否有效時，應依投標人之投標書各項記載之外觀，為整體與綜合之考量，故歸納有下列之基本原則：

(1) 同一性：投標人所記載之投標書必須與執行法院所公告拍賣之不動產標的同一。而同一性，實務上是採從寬原則，即「倘投標書之記載，足以確定其投標應買之不動產與拍賣之不動產具同一性者，且無其他事故時，其投標即應認為有效。」（應行注意事項第50項第4款後段）。舉例言之，如拍賣中之不動產為單獨一筆，則投標人僅載地段、地號、建號，縱未載詳細住址（甚或住址載錯），或已載詳細住址，但未載地段、地號，因足以判斷投標人是欲標購該不動產，若符合拍賣條件，亦可認為得標；反之若拍賣之不動產是多筆土地，而投標人未載明是欲購何筆不動產，僅籠統記載一筆之價金，這時因無法使執行法官認為欲承買之不動產標的為何，故應認為廢標也。實務上，曾有下列之見解，例如投標書將土地地號或建物建號書寫錯誤，是否得標？即僅須投標書所載與公告一致，即投標書既已書寫案號，

除標的物號碼外，可從其他記載如坐落、門牌、面積等資料客觀上足以推知欲標買之標的物，既是該拍賣事件所標售之不動產，應認為得標。易言之，標單所填寫之標的物必須與拍賣公告一致，否則不能宣布其得標[88]。

(2) 立即決斷性：所謂「立即決斷性」即於開標時須執行法官對於是否得標，除了法律規定外（如共有人之優先承買權，須經其他共有人行使後才能認定），得以立即判斷者而言，立即決斷性，實務上是採從嚴原則。如須委任狀、私法人承購耕地證明、原住民證明等，未於投標書中附件者，即無法使執行法官立即判斷投標人有無代理權、私法人是否得許可、是否為原住民。從而，即不得事後補正，故不得依強執法第30-1條規定準用民事訴訟法第249條第1項之規定為補正。反對說，認為「強執法第81條第2項第6款所明定，惟是項規定，係使一般投標人預先明瞭應買之資格或條件，促其注意，以避免發生買賣契約為無效或得撤銷之情形，當不能以其未記載，即認拍賣為無效。倘該項公告就此漏未記載，而具備有購買之資格或條件者，參與應買時，雖未提出應買資格（或條件）之證明文件，但得標後已補正，並不損及當事人之權益，其拍賣程序尚難謂有瑕疵。」[89]。但本書認反對說較不可採，因依強執法第88條規定「開標應由執行法官當眾開示，並朗讀之。」拍賣程序係在利害關係尖銳對立之不特定多數人注視下公

---

[88] 板橋地方法院司法座談會紀錄：

法律提案：投標書將土地地號或建物建號書寫錯誤，是否得標？

甲說：標單既已書寫案號，除標的物號碼外，可從其他記載如坐落、門牌、面積……等資料客觀上足以推知欲標買之標的物，既定該拍賣事件所標售之不動產，應認為得標。

乙說：標單所填寫之標的物必須與拍賣公告一致，否則不能宣布其得標。

丙說：執行法官可訊問該最高投標人定否願依公告所載予以更正，如更正，則宣布其得標。

結論：採乙說。

[89] 參照最高法院97年度台抗字第24號裁定。

開行之，其執行程序事項具有立即性，須立即決斷之必要，以期其程序明確，公開拍賣行為之瑕疵如許事後補正，勢必妨害拍賣程序之進行及安定，滋生紛擾。故應買人雖得委任他人代理應買，惟應即時提出證明書以證明合法授權之事實，如未提出證明書，其代理權即有欠缺，其投標無效，性質上，尚不許準用民事訴訟法第75條第1項規定期限補正之規定，即准其先行應買，再限期命補正[90]。且實務上，亦以投標亦為買賣方式之一種，強執法第85條至第90條即為實施投標之特別規定，第86條規定：「以投標方法拍賣不動產時，執行法院得酌定保證金額，命投標人於開標前繳納之。」、第89條規定「投標應繳納保證金而未照納者，其投標無效。」即以預納保證金，為投標之有效要件。所謂應納保證金，係執行法院已依第86條之規定訂定保證金額並載於拍賣公告而言，保證金均應於開標前繳納於執行法院，而稱未繳納保證金，兼指於全部未納及繳納不足情形而言，即通訊投標聲明日後補納或開標後投標人當場聲明願立即補繳，亦非所許，一概認為投標無效。投標無效乃自始、絕對的無效，即視無此投標書存在[91]。例如，而僅有一人投標，而沒有私法人承購耕地證明書附件放入投標書內者，而以新台幣1,000萬元投標，超過底價新台幣50萬元甚多者，於開標時發現僅其一人投標，且出價為過高者，就以期待下一次減價拍賣（依強執法第91條第2項規定，應再減價），縱減價數額甚少，如減為新台幣49萬元，但因前次拍賣時僅一人前來投標，顯然拍賣市場不好，故於第二次拍賣時，將改接近之第二次低價來投標（如以100萬元投標），即能從中取利（低價得標，與第一次投標差額900萬元）外，又因未補正，案件之進行繫於投標人之意思，實有違強執法之立法本旨，且整個案件將久懸不決，影響當事人權益甚鉅。實務上為緩和立即決斷性之嚴格性，在不損害當事人權益，依地方法院民事執行

---

[90] 參照最高法院85年度台抗字第553號判決。

[91] 參照台灣高等法院86年度抗字第1425號民事裁定。

處不動產投標參考要點第18點規定，對於應認為投標無效者，如對資格或條件部分，如委任狀，投標人提出之保證金票據已記載法院以外之受款人而該受款人未依票據法規定連續背書，拍賣標的為耕地而私法人投標時未將主管機關許可之證明文件附於投標書，投標人為外國人而未將不動產所在地縣市政府核准得購買該不動產之證明文件附於投標書，拍賣標的為原住民保留地而投標人未將原住民之證明文件附於投標書等，於執行法官、司法事務官在於該件拍賣標的當眾開示朗讀投標書前補正者，仍屬有效，因於上開當眾開示朗讀投標書前補正，尚不足以發生上揭所示之投機情形，故認為得予補正，從而如於當眾開示朗讀投標書後，即不得再准補正。實務上，最高法院106年度台抗字第149號民事裁定意旨，亦認為「按強執法第88條規定開標應由執行法官（或事務官，下同）當眾開示，並朗讀之，是基於拍賣程序係在利害關係尖銳對立之不特定多數關係人注視下公開行之，其執行程序事項具有立即性，並有須即斷即決之必要，以期程序明確，是有關拍賣行為之瑕疵如許事後補正，勢必妨礙拍賣程序之進行及安定，滋生紛擾。故為期強制執行程序明確，避免當事人得標後以不出示身分證明文件之方式選擇是否得標，或何人得標之圍標之情事，執行法官或事務官當眾開示朗讀時，應以投標櫃上現有書面資料為依據，做明確且立即之判斷，投標人應提出之證明文件，自不得於開標後再行補正。又次投標人為自然人者，應提出國民身分證正本或影本；不能提出國民身分證者，應提出相類之身分證明文件正本或影本。地方法院民事執行處不動產投標參考要點（下稱投標參考要點）第2點定有明文。另依同要點第18點第6款規定，不動產拍賣公告載明投標人應提出第2點所示證明（釋明）文件，投標人未提出，又未於執行法官在該件拍賣標的當眾開示朗讀投標書前補正者，投標無效。是投標人應提出之身分證明文件正本或影本，雖不必附於投標書，一併投入標匭，惟須於執行法官在該件拍賣標的當眾開示朗讀投標書『前』補正，否則，投標即為無效。所謂朗讀投標書前補正，係指執行法官就

該拍賣標的開始朗讀投標書前而言。系爭強制執行事件拍賣公告已記載：『十、其他公告事項（四）：投標人應提出身分證或相類之身分證明文件，如委託他人代爲投標，並應提出具有特別代理權之委任狀。』、『十一、本公告未盡事項，請參閱投標室張貼之地方法院民事執行處不動產投標參考要點及一般公告事項。』而上開投標參考要點第18點內容，亦已記載於台中地院投標保證金封存袋封面。乃再抗告人既未將身分證明文件附於標封內，復未於事務官開始朗讀投標書『前』提出補正，僅於事務官當眾開始朗讀其投標書內容後，方補正身分證正本，其投標即屬無效等詞，因認事務官就再抗告人之投標爲廢標之處分，台中地院法官駁回再抗告人對該處分之異議聲明，並無不合，駁回再抗告人之抗告，經核於法洵無違誤。再抗告意旨，所提本院103年度台抗字第953號裁定意旨，與本件情形有間，其另執前詞，指摘原裁定適用法規顯有錯誤聲明廢棄，非有理由。」值得參考。

(3) 秘密性：所謂秘密性是指投標程序而言，即投標書之記載及投入標匭應予秘密爲之，以避免圍標及減少投機。故「法院認定投標是否有效時，應依投標書各項記載之外觀，爲整體與綜合之考量，並依其投標能否確保投標之秘密性及正確性，客觀認定之。」（應行注意事項第50項第4款前段），以維公平，並避免紛爭。而法院之拍賣，乃執行法院立於出賣人之地位爲要約行爲，投標人之投標爲承諾行爲，故一經投標人投入標匭，即應認爲承諾之意思表示，自應受其拘束，應不得任意撤回，因投標爲一種非對話之意思表示，依民法第95條第1項規定，其投標行爲於投入執行法院之標匭即發生到達之效力。故嗣後投標人雖於開標前或開標時，撤回投標或表示變更投標金額，均不生撤回或變更意思表示之效力[92]。故於投標完成後，執行法官或司法事務

---

[92] 參照最高法院85年度台上字第1527號判決及台灣高等法院暨所屬法院99年法律座談會民執類提案第37。

官之開標行為僅是在核定何人得標而已，尤應注意。

（三）實務上認定得標與否之標準

1. 認定得標之情形

(1) 繳足保證金（以下以繳足保證金為例），分別標價、合併拍賣，投標書記載每宗不動產之價額及總價達拍賣公告所定底價。

(2) 單獨標價、單獨拍賣，每宗價額及總價達拍賣公告所定底價。如拍賣建築物及其基地時，應於公告內載明拍賣最低之總價額並附記建築物及其基地之各別最低價額，而以應買人所出總價額最高者為得標人。數宗不動產合併拍賣者，亦同（應行注意事項第43項第1款）。

(3) 數宗不動產分別標價、合併拍賣時，投標人未記載每宗之價額，但有記載總價者，且達於拍賣公告所定之總價者，為得標。但為公平起見，先詢問拍定人是否調整，若無意見，宜按拍賣公告所記載每宗之價額比例折算每宗價額，例如：拍賣公告載底價土地為新台幣20萬元，房屋新台幣80萬元，總價新台幣100萬元，如投標人以新台幣150萬元之總價得標者，則每宗得標價額為土地新台幣30萬元（比例為五分之一），房屋新台幣120萬元（比例五分之四）（應行注意事項第50項第2款）。

(4) 數宗不動產分別標價、合併拍賣時，投標人未記載合計總標價者，亦為得標，並由執行法院代為核計其總價額（應行注意事項第50項第1款）。

(5) 數宗不動產分別標價、合併拍賣時，投標人所出之各宗不動產價額與總價不符，然總價達拍賣公告之總價，且屬最高標者，以總價為得標（應行注意事項第50項第1款），並依前述之比例折算不動產各宗價額。亦即以投標單所載總價為決標之價額，而非以各宗不動產之合計價額為準，尤應注意，因此，如拍賣公告之底價

土地爲20萬元，建物爲80萬元，總價100萬元情形：

甲、投標人之投標書爲土地10萬元、建物70萬元，合計100萬元類似情形，則本件以100萬元得標，而非80萬元得標，再以總價100萬元折算各宗不動產價額，即土地20萬元（非10萬元）、建物80萬元（非70萬元）得標。

乙、投標人之投標書中土地爲30萬元、建物80萬元，總價爲100萬元，即每宗合計價額超過總價額者，仍以總價100萬元得標，而非以合計價額110萬元得標，而得標之每宗價額，再依總價100萬元，比例折算各宗不動產價額，得標價額土地爲20萬元（非30萬元），建物爲80萬元（非70萬元）。

(6) 數宗不動產分別標價、合併拍賣時，每宗不動產之價額與拍賣公告所載底價，有其中一宗未達底價，但總價達拍賣公告所定總價者，仍爲得標，執行法院應命投標人自行調整之，如不自行調整者，執行法院得按總額及拍賣最低價額比例調整之，如前述所述（應行注意事項第50項第2款），對當事人較有利，避免再減價。至依司法院82年3月23日（82）院台廳民二字04842號函指廢標之認定標準第2項認爲無效，但該項結論與該應行注意事項第50項第2款規定不符，且屬修正強執法前之結論，宜不應再適用。

(7) 保證金未與投標書一併投入標匭者，即保證金與投標書分別投入標匭，而保證金足以認定是爲其投標單之投標而提供，即保證金袋中註明投標人及案號者，亦認爲已提供保證金，且標價達拍賣公告價額及最高標者，亦屬得標。

(8) 投標書已載明案號，且標示門牌號碼者，足以認定是與拍賣公告之拍賣不動產同一性，且達拍賣公告所定之價額者，爲得標[93]。

(9) 債務人已成年之子女或妻參加投標，投標條件符合拍賣條件者，亦爲得標。蓋債務人已成年之子女及妻，均具有獨立人格，且強

---

[93]　參照最高法院51年台抗字第345號判例。

執法之拍賣，執行法院代債務人爲出賣，僅債務人不得爲應買外，其餘之人均得應買（強執法第113條、第68-2條第1項）。

(10) 投標人未以法院印製之投標單參與投標，因投標爲要式性，只要以書面，並依強執法第87條規定記載一定之應記載事項，且符拍賣條件，亦可認爲得標。

(11) 投標書未簽名或未寫案號者，只要符合拍賣條件，不影響其投標之效力。因是否簽名僅在廢標、落標時當場發還保證金核對印章方便而已，但若未蓋章，核對投標人身分證亦無不可，又是否書寫案號，僅在歸類其應買之不動產方便而已，不影響其投標之效力。

(12) 拍賣耕地共有人之應有部分，其一人非共有人，而其餘投標人爲共有人，且達拍賣條件，亦應認得標，因土地法第30條之規定已刪除，即拍賣之耕地得爲共有。

(13) 數投標人所出價額相同者，依強執法第90條第1項規定以當場增加之金額最高者爲得標人；無人增加價額者，以抽籤定其得標人。由執行法院以適當方法爲之，如以當場喊價比價，以決定何人出價最高爲得標，但其程序應由執行法官主持，並高喊三聲，無人加價時，即爲得標。若二人以同額出價最高，亦不願再加價者，即以抽籤定本次拍賣之得標人，抽籤時應力求公正、公平、公開原則。

(14) 投標書未記載投標人之年齡、住址及職業者，投標有效。因投標時，投標人須到場，故能即時認定。

(15) 投標書僅記載案號，而未載明願買之不動產者，如僅拍賣單一不動產（含土地、建物各單一）者，得標。

(16) 投標書上經塗改投標金額、姓名，而未於塗改處蓋章，仍認有效，但應當場亮標，以免遭人誣指爲事後更改。

(17) 投標書漏載建物之應有部分，應認有效。因主物之處分效力及於從物（民法第68條第2項）。

(18) 投標人之姓名、身分證字號、出生年月日錯誤，但投標人在場證明是筆誤者，仍以正確之姓名、身分證字號、出生年月日為得標。

(19) 投標書上房屋之住址錯誤，但建號正確者，仍認有效。

(20) 法人或寺廟在未完成法人設立登記或寺廟登記前，以代表人名義參加投標者，依土地登記規則第104條第1項規定：「法人或寺廟在未完成法人設立登記或寺廟登記前，取得土地所有權者，得提出協議書，以其籌備人公推之代表人名義申請登記。其代表人應表明身分及承受原因。」，第2項「登記機關為前項之登記，應於登記簿所有權部其他登記事項欄註記取得權利之法人或寺廟籌備處名稱。」，第3項「第一項之協議書，應記明於登記完畢後，法人或寺廟未核准設立或登記者，其土地依左列方式之一處理：一、申請更名登記為已登記之代表人所有。二、申請更名登記為籌備人全體共有。」，第4項「第一項之法人或寺廟在未完成法人設立登記或寺廟登記前，其代表人變更者，已依第一項辦理登記之土地，應由該法人或寺廟籌備之人全體出具協議書，辦理更名登記。」，是法人或寺廟既得以代表人名義辦理不動產登記，故應認得參與應買，惟投標時應表明為其法人或寺廟之代表人。

(21) 代理人為多數人者。

2. 認定為廢標、落標之情形

(1) 投標人委任代理人投標，但投標單內未附委任狀或未載特別代理權者，廢標。因投標須具有使法官立即決斷，且為了避免投標人事後不補，及若單一投標時，投標人發現僅有一人投標而認其所投標之價額太高即不補，而使得標不確定，亦使執行法官無法立即決斷得標與否，故實務上，通說都採廢標論。

(2) 投標書所載總價額未達拍賣公告所定之總價者為廢標。

(3) 投標人雖未載總價，但每宗不動產合計價額核算亦未達拍賣公告所定之總價者，爲廢標。

(4) 多數人投標，而投標人之投標書雖達拍賣公告之總價，但非最高價者，爲落標。

(5) 分別標價，合併拍賣時，投標人僅載願買之其中一宗不動產者，其餘各宗不動產未載者，爲廢標。

(6) 投標人對願出之價額，未載明一定之金額，僅表明就他人願出之價額爲增、減之數額者，爲廢標（應行注意事項第50項第3款）。

(7) 投標應繳納保證金而未繳納者，其投標無效（強執法第89條），爲廢標。開標宣示後再補正，不應准許。

(8) 拍賣公告載明應具備特定資格或條件者，未附於投標書內者爲廢標，如拍賣耕地私法人未具許可證明書、拍賣國民住宅未具切結書等。

(9) 投標書之金額以外國貨幣投標者，爲廢標，因外國貨幣與本國貨幣換算比率是浮動的，故金額不確定，即無法使執行法官當場立即決斷，故以廢標論。

(10) 拍賣耕地之應買人爲私法人，但符合農業發展條例第34條規定之農民團體、農業機關經准許者爲例外。

(11) 拍賣數宗不動產，拍賣公告載爲「如一宗或數宗不動產拍賣所得價金已足敷清償債權額及債務人應負擔之費用時，其餘部分即不予拍定。」情形，如一宗或數宗不動產已足清償債權及執行費用者，其餘部分縱有投標人投標，且達拍賣條件，亦不予得標。

(12) 投標人於投標書上載稱將不動產移轉登記給第三人之情形，縱投標人在場，但在開標後將其指定移轉登記之記載刪除，雖其投標達拍賣公告所定之條件，亦不認其得標，爲廢標。

(13) 分別標價、合併拍賣時，投標人有數人，雖合併出價，但表明其中一共同投標人購買其中之一宗不動產，另外之共同投標人表明願買另外之不動產者，爲廢標，如共同投標人甲購買房屋、乙購

買土地者廢標。以避免土地分離爲多數人或土地與房屋爲不同人而影響不動產之效用。

(14) 拍賣公寓大廈不動產者，土地應有部分，與房屋專有部分及公共設施之應有部分，應分別標價，合併拍賣，否則爲廢標，因違反公寓大廈管理條例第4條第2項規定。

(15) 投標者爲外國人時，未檢附縣、市政府之核准證明，因無法使執行法官立即決斷，應認爲廢標[94]。

(16) 法人爲應買人而未載法定代理人姓名者，廢標，因違反立即決斷原則。

(17) 投標書上未簽名亦未蓋章，無法辨別是何人投標者，爲廢標。

(18) 僅記載案號，但同一案號有多數拍賣之不動產者，廢標，因無法辨識願買何筆不動產者，爲廢標。

(19) 投標時於投標書上註有附帶條件者，爲廢標。

(20) 拍賣人提出之台支本票（或其他銀行支票等）受款人爲第三人，但未背書者。因未背書而使票據不連續致無法領款，應視同未繳保證金，故認爲廢標。按執票人應以背書之連續證明其權利，票據法第37條第1項前段定有明文，依該條反面解釋，保證金之支票既未經受款人背書，執行法院取得之支票即無從據以主張權利，投標人縱於開標宣示後再補正，亦與投標時已繳納保證金有別，即難認已繳足保證金[95]，應逕依廢標處理。但有反對說，認爲有效[96]，惟已違反「立即決斷」原則，即該投標有效與否，將繫於投標人之意思，故本書不採之。另載禁止背書轉讓之台支票

---

[94] 參照鐘慧芳著，民事強制執行案件實務處理解析，司法研究年報第9輯，第1138頁。

[95] 參照司法院第21期司法業務座談會紀錄司法院民事廳研究結論，民事法律專題研究，第201、202頁。

[96] 參照台中地方法院87年度3月份民事暨財務執行庭務會議紀錄。

據，依票據法第30第2項規定，為不得轉讓，而載受款人為投標人或其他第三人，因非法院，故縱有背書，因不得提領，故亦認投標無效。雖票據法另有規定禁止背書之委任取款規定，惟此乃投標事後的事，並與立即決斷性有違。

(21) 逾投標時間始投標者，應以廢標論。

(22) 開標前業已公告停止拍賣程序，或由主持開標之法官或司法事務官宣告停止拍賣程序。

(23) 投標書未投入法院指定之標匭。

(24) 除執行分割共有物變賣判決之拍賣外，投標人為該拍賣標的之所有人。

(25) 投標人為未繳足價金而再拍賣之前拍定人或承受人（強執法第70條第6項）。

(26) 投標人為未成年人，而未由其法定代理人代理投標者，廢標。

(27) 投標人以實物代替願出之價額。

(28) 投標書記載之字跡潦草或模糊，致無法辨識。

(29) 投標人提出之保證金票據，其發票人為非經金融主管機關核准之金融業者。

(30) 其他符合拍賣公告特別記載投標無效之情形。

(31) 律師或其本案執行事件之代理人。為使律師或代理人對於其所受任處理之事件，皆能盡心盡力求取當事人之最大利益，俾履行對當事人之忠實義務，律師或代理人受委任為強制執行事件之代理人，無論係受債權人或債務人委任，依法務部法105年檢字第10504512770號函示，皆不得參與投標該執行事件拍賣之不動產。

(32) 參與本案之執行人員。民法第392條規定「拍賣人對於其所經管之拍賣，不得應買，亦不得使他人為其應買。」於強執法上之拍賣亦適用之。強執法之本案執行法官、司法事務官、書記官及執達員等，即為民法第392條所稱之拍賣人。如自行應買或使他人

爲其應買，參照院字第2568號解釋，則主張拍賣無效有法律上利益，自得以訴主張無效。至非本案之執行法院人員或其他職員。均非民法第392條之拍賣人。縱令司法行政監督長官曾有禁止應買之命令，如院長、書記官長等。其應買亦僅發生應否懲戒之問題。仍不得謂拍賣爲無效。

（四）現場投標之疑義

投標時，投標人是否應在場？實務上有不同見解，有認爲「強執法第88條規定開標應由執行法官當眾開示，並朗讀之。拍賣程序係在利害關係對立之不特定多數關係人注視下公開行之，其執行程序事項有即斷即決之必要，以期其程序明確。此所以同法第90條第1項，關於投標人願出之最高價額相同者，以『當場』增加之金額最高者爲得標人之所由定。準此，不動產拍賣，於開標時，如投標人或其委任之代理人不在場，經執行開標之法官當眾宣示該不動產開標程序終結前，投標人或其委任之代理人仍未到場者，自應認其投標爲無效，難謂該投標應買之買賣契約已成立。」[97]，有認爲「本件執行法院並未於拍賣公告或投標須知中載明開標時投標人不在場，投標無效，則開標時雖最高價投標人不在場，且於拍賣終結前仍未到場，基於投標人信賴保護之必要，並參酌執行法院開標時爲防堵圍標情事，及保障債權人能獲最大受償，兼顧債務人得減少最多債務之權益，而予拍定，自應尊重其即決即斷之立即性判斷考量」[98]，而認爲有效。又依應行注意事項第46項規定「投標得以通訊投標之方式爲之。」，且於第47項第8款後段亦規定「投標人未到場者，其保證金應交由會計室入帳處理，並通知投標人依規定領取之」，既得採行通信投標爲拍賣方式，顯見強執法之拍賣，並不以到場投標爲限。再者，除強執法第

---

[97] 參照最高法院95年度台抗字第313號裁定，司法院第21期司法業務座談會廢標之認定標準第16項。

[98] 參照最高法院97年度台抗字第239號裁定。

91條規定承受時，須到場者外，於實施拍賣尚無投標人必須到場之規定，況投標人於投入標匭後，即視為承諾之意思，即不得撤回，故投標後迄至執行法院開標，僅是執行法院在宣示何人得標而已，其買賣行為應已完成，故有無在場已不影響投標之結果，故應以後說較可採。從而，拍賣終結前，縱投標人未到場，但符合拍賣條件者，仍認為得標。且投標人是否在場並非拍賣條件，故縱拍賣公告載應到場，而投標人未到場並不影響拍賣之成立，因投標人於投入標匭入即為承諾之意思，而執行法院之開標宣示，僅是投標之執行程序延長而已，是仍應認為有效標[99]。至於拍賣時二人以出價相同，而其中一以上未到場者，依強執法第90條第1項規定「投標人願出之最高價額相同者，以當場增加之金額最高者為得標人；無人增加價額者，以抽籤定其得標人。」第2項「前項得標人未於公告所定期限內繳足價金者，再行拍賣。但未中籤之投標人仍願按原定投標條件依法承買者，不在此限。」，而依應行注意事項第50項第5款規定「投標人願出之最高價額相同者，於定得標人時，以當場增加價額或抽籤定之，由執行法官主持之。」，即其方法為當場增加價額或抽籤之方式，而其中一願出最高價額之投標因有未到場，故宜由執行法官（或司法事務官）主持，由書記官代未到場之投標人抽籤之，應得解決此一問題，並免爭議。

（五）投標完成後之處理

投標人拍賣得標時，由執行法官、司法事務官、書記官於原保證金臨時收據「得標應換正式收據」欄簽名或蓋章，交由投標人持向執行法院出納室換發正式收據後，由執行法院依一般會計程序處理。通訊投標之得標人所繳保證金，應即交同院出納室，並發給正式收據（應行注意事項第47項第9款）。

---

[99]　參照司法院民事廳，法院辦理民事執行實務參考手冊，96年6月8日印行，第276、278頁。

三、其他投標及拍賣方法

（一）通訊投標

1. 依強執法第85規定，不動產拍賣得以投標方式為之，故除了現場投標外，通訊投標符合便利原則，但因投標仍須符合上述之拍賣三原則，以為立斷立決，始能保障當事人權益，因此司法院於101年6月21日修正公布應行注意事項第46、47、48項等規定，以配合運用。蓋投標方式為強制執行方法，具體執行事件究應採何種投標方式為之，屬執行法院裁量權範圍，為使執行法院辦理強制執行事件，適用通訊投標時有參考之標準。又通訊投標具有投標隱密性，可降低圍標情形，並可增加投標人投標意願，宜適用通訊投標。強執法第81條已規定拍賣公告應載明之事項，為使通訊投標之投標人知悉投標書應寄達之日、時、處所及未依規定寄達之法律效果，故規定應於拍賣公告一併載明。又投標人將投標書寄達法院指定之地址或郵局信箱後，即買受人出價之要約行為即應拘束，不許投標人撤回或變更投標之意思表示。且開標應當眾開示，並朗讀之，故通訊投標之開標亦應公開為之，為杜爭議。

2. 依應行注意事項第46項規定，有下列情形之一者，執行法院宜採通訊投標：
   (1) 有圍標之虞。
   (2) 法院因債權人或債務人聲請認為適當或有其他必要之情形。

3. 採通訊投標時，應於拍賣公告載明下列事項：
   (1) 投標書最後寄達之日、時。
   (2) 投標書應寄達之地址或郵局信箱。
   (3) 投標書逾期寄達指定之地址或郵局信箱者，其投標無效。
   (4) 投標書寄達後，不得撤回或變更投標之意思表示。

4. 通訊投標得與現場投標並行。易言之，亦得通訊投標或現場投標

擇一為之，但如同時為之者，通訊投標之寄達時間應早於現場投標，始得同時開標，故酌定時間宜注意之。

5. 通訊投標之開標應以公開方式為之。通訊投標之投標人或其代理人於開標時，得不在場，而投標以通訊投標方式為之者，投標人、其法定代理人或代理人應將拍賣公告所定應提出之文件「影本」附於投標書，一併寄達拍賣公告指定之地址或郵局信箱（地方法院民事執行處不動產投標參考要點第21點）。

6. 各法院得依所在區域之特性，訂定通訊投標要點，辦理通訊投標。

7. 各法院如採通訊投標時，有關保證金部分，由投標人填具聲請書，連同現金繳交執行法院出納。但通訊投標人應將願買之標的及願出之價額，填具投標書連同應繳之保證金妥為密封，以雙掛號信函依拍賣公告所定方式及最後寄達日、時，寄達執行法院指定之地址或郵局信箱，而保證金不以繳納執行法院當地臺灣銀行為付款人之票據為必要（應行注意事項第47項第3款）。

8. 通訊投標之投寄地點，得為法院或郵局信箱，如為其以通訊投標而投標書寄達處所為郵局信箱者，執行法官應於拍賣公告所定最後寄達日、時，率同書記官及會同同院政風人員或院長指定之人前往郵局領取投標信函，並於開標前由書記官會同同院政風人員或院長指定之人將投標信函投入標匭，以維公平、公正；寄達處所非郵局信箱者，執行法院應妥善保管投標信函，並於開標前依上述方式將投標信函投入標匭（應行意事項第47項第4款）。

9. 通訊投標之投標人應依司法院規定標封之格式載明相關內容，再將標封黏貼於信封；未依規定格式黏貼標封，並載明開標日、時及案號者，其投標為無效。

10. 得標時之尾款繳納處理：得標人時如不動產依法有優先承買權人時，待優先承買權人放棄承買確定後，另行通知繳交。除此情形外，得標人不待通知即應於得標後七日內繳足全部價金，不得以

任何理由要求延長繳款期限。又如得標人為通訊投標之投標人而於開標時未在場者，應於法院繳款通知送達後七日內繳足全部價金，繳納尾款之票據受款人應指定為法院（地方法院民事執行處不動產投標參考要點第11點）。

11. 落標時之保證金處理：因通訊投標時，投標人得不在場，故如投標人未在場者，落標時之保證金，由法院通知領回，或依其聲請逕將保證金匯款至其本人帳戶，故保證金票據受款人為法院者，未得標時，得由法院在支票背面加蓋「○○地方法院發還落標保證金專用章」，或請落標人逕持該票據至發票銀行註銷受款人（地方法院民事執行處不動產投標參考要點第9點）。

12. 實務上，通訊投標時，執行法院會先上網公告，有意投標的民眾先到法院購買投標書，如本書附件一、二所載，填妥資料並檢附如本書附件三所載之文件，再依上揭投標書所載之司法院網址列印通訊投標書的標封，貼在牛皮袋上，寄到執行法院拍賣公告指定之通訊投標的郵局專用信箱，但注意宜以雙掛號為之，以保障權益。

（二）網路投標

依強執法第85條規定，執行法院實施不動產拍賣時，得以投標之方法行之，但投標之方法並無一定之方式，故除了法律規定外，僅須遵守公開、公平、公正之方式為之即無不可。按網路投標已為現行時下之流行拍賣方法，其存在乃在於方便，任何人在法院約定之時間內都可進行參與應買或投標。其中就保證金之繳納方面，現行國內各銀行已有網路轉帳、自動櫃員機（Automatic Teller Machine，簡稱ATM）轉帳等，故在繳納保證金方面已無困難。另外尚應考慮者為投標原則之秘密性問題，按強執法之不動產拍賣採秘密性原則，其立法目的是在避免圍標及使其相互競價而增加價格，前者如網路投標時得考慮使用代號（如同銀行密碼等），按使用該代號者因須與繳納保證金之代號相同，從而即可得確定係何人投標，故

不影響投標人之利益及執行法院之認定，故此部分僅須網路程式設計即可上線，爲此並可避免圍標。至於後者競價部分，如採秘密性，則在電腦上尚得爲下列設定：(1) 投標人的人數公開、各投標金額不公開。即民眾僅得從網路上查看該執行案號投標之標的物之投標人數但不知各投標人之投標金額；(2) 投標人的人數及投標金額均不公開。即民眾從網路上均不能查看該執行案號投標之標的物之投標人數及各投標金額。擇一爲之；設定完成後，於執行法院開標時執行人員始在電腦上當場開機讀取，公開宣示之，自亦達公開、公正原則。至民眾爲網路投標所應附之證件，因只須檢附如本書附件三所示之文件影本，從而自可以在拍賣期日前傳眞或文件掃描上網傳送至執行法院或執行法院指定之網站，於開標時，即可使執行法官（司法事務官）得以立即決斷何人符合條件，是否得標，故網路投標已爲現時潮流，且投標方便，亦可增加購買力，顯爲將來法院拍賣不動產之趨勢，執行法院研究實值參用。其餘得標之認定、落標之處理或保證金之發還等，得依上開通訊投標之方式爲之。

（三）當場拍賣

1. 有關不動產之拍賣方法，除了上揭之投標方式外，本質上應以拍賣方式爲之，又不動產拍賣之場所並不限於執行法院之投標室，甚至在不動產所在地或鄉鎮市禮堂等適當場所亦得爲之（強執法第83條），經擇定後，執行法院得當場拍賣。因此，如以拍賣爲之時，其方法依強執法第113條準用第70條第3項規定「拍定，應就應買人所出之最高價，高呼三次爲之。」、應行注意事項第38項第3款規定「在最後一次之高呼與拍定之間，應間隔相當之時間」。準此，如經債權人、債務人聲請或依職權爲當場拍賣時，法律上本有依據，值得參用。

2. 當場拍賣時之參與應買之人，除了應具備拍賣公告所定之條件及資格外，保證金應事先或同時於拍賣時繳納，始取得應買人資格，以避免糾紛及保障債權人、債務人之權利，故就此部分在進

行當場拍賣時應無問題。惟一堪慮者，在秘密性方面，因係當場公開拍賣而公開喊價，故必知悉參與應買之人，因而容易有圍標之發生，或因畏懼而不敢參與應買致影響拍賣之進行及當事人之權益。惟我國乃法治國家，此應屬拍賣技術及管理之問題，因觀之現世界各地如法國、香港等，已有很多公開拍賣場，均能充分發揮拍賣功能，值得借鏡參考。

（四）議價拍賣

所謂議價拍賣，指就拍賣之不動產標的物，由執行法院與有資格或條件之應買人協商議價，結果經雙方同意後，予以出賣之。依現行強執法等相關法律規定，並無禁止議價拍賣，故參之政府採購法第57條規定，政府機關（法院）採行協商措施時，應遵行下列原則辦理：1. 開標、投標、審標程序及內容均應予保密；2. 協商時應平等對待所有合於招標文件規定之投標廠商，必要時並錄影或錄音存證；3. 原招標文件已標示得更改項目之內容，始得納入協商；4. 得更改之項目變更時，應以書面通知所有得參與協商之廠商；5. 協商結束後，應予廠商依據協商結果，於一定期間內依修改投標文件重行遞送之機會，似值參考。該立法要目的乃議價拍賣係採各別之拍賣人核准拍定，即屬不公開方式為之，故容易有舞弊發生，甚至執行拍賣之人員與拍賣人勾結之事而衍生法律糾紛，故立法訂定應遵守之原則。惟議價拍賣並非全然不可行，對一些特殊之不動產標的物，如不規則鄰地、通行地等等，因進行公開拍賣時，幾不可能得以公賣拍賣出去，故如因當事人能找得購買人，又為執行法院經鑑價後認為適當之價格，實值得予以議價拍賣，因經法院拍賣時，依強執法第34條第4項、第98條第3項規定採塗銷主義（如不動產上之抵押權將全被塗銷），議價拍定後，拍定人能取得完全無擔保之權利，相對地，債權人及債務人之權益亦獲得債權確保及債務履行，故參考政府採購法之上開規定，必要時尚值得援用。

第三目　拍定後之程序

壹、優先承買權之行使

強執法所為不動產之拍賣，通說認為具有買賣之性質，由拍賣機關代替債務人立於出賣人之地位，與拍定人成立買賣[100]，因程序上，拍賣為公法上之處分行為，但實體上，拍賣仍是私法上之買賣。法院之拍賣從程序上言之，是法院本於公權力作用所為之變價、交付處分行為，但實則拍賣仍有私法上之買賣性質或效果，除了強執法有特別規定，如強執法規定之「拍賣物買受人就物之瑕疵無擔保請求權。」（強執法第69條），與民法上繼受取得有所差異外，其餘應適用民法有關買賣之規定，如權利瑕疵擔保請求權、契約解除權、優先承買權等等，其中優先承買權乃決定當事人間買賣契約成立之前提，足見優先承買權攸關當事人買賣契約之權益甚大。優先購買權通說為形成權，即有優先購買權之權利人，得依其一方之意思，形成以義務人出買與第三人同樣條件為內容之契約，無須義務人之承諾（最高法院68年度第5次民事庭庭推總會議決議【三】參照）。

一、優先承買權依其效力可分為

（一）債權效力：所謂債權效力，即優先購買權人對原契約之成立，並無拘束力，性質上與債之相對性相同，但因優先購買權具有形成力，故於行使時則有形成之拘束力。例如土地法第34條之1第4項第5項（土地法第34條之1執行要點第10點、第11點（四）、農地重劃條例第5條、祭祀公業條例第52條、民法第824條第7項、民法物權編施行法第8條之5等規定屬之。

---

[100] 參照最高法院31年9月22日民刑庭總會決議、47年台上字第152號判例、49年台抗字第83號判例、49年台上字第2385號判例、前司法行政部57年11月21日台57函字第7457號函。

（二）物權效力：所謂物權效力，即優先購買權人對原契約之成立，具有拘束力，性質上與物權之絕對性相同，故未合法通知此優先購買權人者，其原成立之契約自不得對抗有優先購買權人。例如土地法第104、107條、耕地三七五減租條例第15條、民法第426條之2、460條之1等規定屬之。

（三）如何區分債權效力和物權效力？依最高法院65年台上字第853號判例「土地法第34條之1第4項僅規定共有人出賣共有土地或建築改良物之應有部分時，他共有人得以同一價格共同或單獨先承購，並未如同法第104條第2項後段設有出賣人未通知優先購買權人而與第三人訂立買賣契約者，其契約不得對抗優先購買權人之明文。故該條項規定之優先承購權係指他共有人於共有人出賣共有土地或建築改良物時，對於該共有人有請求以同樣條件訂立買賣契約之權而言，倘共有人違反法律規定將應有部分賣與他人已依法取得所有權時，他共有人不得主張該買賣為無效而塗銷其依法所為之登記。」、最高法院65年台上字第2701號判例「土地法第104條第2項已於64年7月24日修訂為出賣人未通知優先購買權人而與第三人訂立買賣契約者，其契約不得對抗優先購買權人。上訴人間之買賣，既在土地法修訂以後，則有上開優先購買權之被上訴人請求確認其就系爭土地有優先購買權，命上訴人甲塗銷已為之所有權移轉登記，由上訴人乙與被上訴人補訂書面契約，並協同辦理所有權移轉登記，委無不合。」據此見解，如法律規定為出賣人未通知優先購買權人而與第三人訂立買賣契約者，其契約不得對抗優先購買權人者，屬物權效力外，其餘未有相同規定者，為債權效力。

二、優先購買權得否創設？

除具有物權效力之優先購買權，基於物權法定原則，不得任意創設

外，另具有債權效力之優先購買權得否創設，有不同見解：

（一）肯定說：最高法院78年度第12次民事庭會議（一）決議，部分共有人依土地法第34條之1第1項規定，將共有土地之全部出賣予第三人，就各該共有人言，仍爲出賣其應有部分，不過對於他共有人之應有部分，有權代爲處分而已，並非以此剝奪他共有人優先承購之權利，故他共有人得依同條第4項規定主張優先承購權，即得創設。據此，內政部於106年12月1日修正「土地法第34條之1執行要點」第10點「部分共有人依本法條第1項規定出賣共有土地或建物時，他共有人得以出賣之同一條件共同或單獨優先購買。」立法理由(1)按內政部75年訂定本要點時，基於本法條施行以來，部分共有人以極不相當之對價將共有土地全部出賣予第三人，形成他共有人權利遭排擠之弊端，考量倘不允許他共有人以同一價格優先購買，將有悖社會公平原則，爰於現行條文第10點第1款規定，部分共有人依本法條第1項規定出賣共有土地時，應先就應有部分通知他共有人是否願意優先購買。(2)最高法院78年度第12次民事庭會議（一）決議，部分共有人依本法條第1項，將共有土地之全部出賣予第三人，就各該共有人言，仍爲出賣其應有部分，不過對於他共有人之應有部分，有權代爲處分而已，並非以此剝奪他共有人優先承購之權利，故他共有人得依同條第4項規定主張優先承購權。(3)土地法規定，他共有人得以「同一價格」共同或單獨優先承購，惟實務上解釋係指「同一條件」優先承購（最高法院65年台上字第853號判例、85年度台上字第793號、88年度台上字第2126號、100年度台再字第46號等判決參照）。又所謂「同一條件」係指出賣之共有人與他人所訂契約或他人承諾之一切條件而言，他共有人行使優先承購權，應接受出賣之共有人與他人所訂原買賣契約之一切條件。故於實務執行上，依本法條第1項處分全部共有物時，應就該全部處分之同一條件通知他共有人是否主張優先購買權。（四）承上並參酌學者見解，部分共有人

依本法條第1項規定出賣全部共有土地或建物時，乃出賣共有物全部之所有權，亦即爲各共有人應有部分之總和，故爲平衡當事人之利益及保障他共有人之權益，他共有人對共有土地全部應享有優先購買權（謝在全民法物權論【上】103年9月修訂6版第371頁及陳立夫著土地法釋義（一），第81頁至第83頁參照）。故認爲有得創設優先購買權。最高法院107年度台上字第2434號判決認爲有條件准予有優先，理由「例如合併出賣之多筆土地僅有單一總價，而共有土地之客觀上經濟價值高於非共有土地，除去共有土地後，就其他非共有土地部分，第三人即不願買受或僅願以較低價格買受，或原共有人即不願出賣，或分開出賣不利於土地整體利用，該全部土地之買賣即應視爲單一交易客體，其他共有人行使優先承購權之同一價格或同樣條件，應以全部土地之買賣爲判準。惟第三人如仍願以原來約定價格僅買受經濟價值較低之非共有土地，即無強要其他共有人除得以同一價格優先承購共有土地外，亦必須承購非共有土地。例如合併出賣之多筆土地僅有單一總價，而共有土地之客觀上經濟價值高於非共有土地，除去共有土地後，就其他非共有土地部分，第三人即不願買受或僅願以較低價格買受，或原共有人即不願出賣，或分開出賣不利於土地整體利用，該全部土地之買賣即應視爲單一交易客體，其他共有人行使優先承購權之同一價格或同樣條件，應以全部土地之買賣爲判準。惟第三人如仍願以原來約定價格僅買受經濟價值較低之非共有土地，即無強要其他共有人除得以同一價格優先承購共有土地外，亦必須承購非共有土地。」這是從整體經濟上的角度著論，其立論尚合土地之利用。

（二）否定說：優先購買權不創設。依最高法院93年度台抗字第933號裁定意旨「按土地出賣時，須該土地爲共有，始有優先承購之可言，此觀土地法第34條之1第4項規定即明。又此項優先承購之效力，並非執行法院所得創設，是該法院縱於拍賣公告註明優先承

購人應一併承買合併拍賣之共有及單獨所有土地，亦不能使其中共有土地之共有人得優先承購其餘之單獨所有土地。」最高法院97年度台抗字第602號裁定意旨「按土地法第34條之1第4項規定，共有人出賣其應有部分時，他共有人得以同一價格共同或單獨優先承購，此乃共有人之法定優先承買權，為法律所明定，不得任意創設。執行法院雖將數執行標的合併拍賣，惟並無創設優先承買權之效力，自不得要求僅對部分標的有優先承買權之共有人承買全部標的，縱執行法院於拍賣公告載明『本件合併拍賣之部分標的之共有人主張優先承買權時，應連同合併拍賣其他標的一併購買』之條件，亦不得拘束該合併拍賣之部分標的有優先承買權之共有人，而駁回其僅對該共有部分標的行使優先承買權。」另最高法院101年度台抗字第337號裁定意旨亦為相同認定，均認為優先購買權不得創設。是依上開裁定意旨：甲、乙共有A地一筆，各持分二分之一，乙又有相鄰單獨所有B地一筆，於共有人乙出賣A、B兩地時，甲僅得對A地依土地法第34條之1第4項規定行使優先購買權，不得對B地併行使優先購買權。

（三）現行地政實務上採肯定說，除此之外，其他司法機關民事執行處、民間當事人均仍不得任意創設優先購買權。

三、共有不動產之優先購買權

土地法第34條之1「（第1項）共有土地或建築改良物，其處分、變更及設定地上權、農育權、不動產役權或典權，應以共有人過半數及其應有部分合計過半數之同意行之。但其應有部分合計逾三分之二者，其人數不予計算。（第2項）共有人依前項規定為處分、變更或設定負擔時，應事先以書面通知他共有人；其不能以書面通知者，應公告之。（第3項）第一項共有人，對於他共有人應得之對價或補償，負連帶清償責任。於為權利變更登記時，並應提出他共有人已為受領或為其提存之證明。其因

而取得不動產物權者，應代他共有人申請登記。（第4項）共有人出賣其應有部分時，他共有人得以同一價格共同或單獨優先承購。（第5項）前四項規定，於公同共有準用之。（第6項）依法得分割之共有土地或建築改良物，共有人不能自行協議分割者，任何共有人得申請該管直轄市、縣（市）地政機關調處，不服調處者，應於接到調處通知後十五日內向司法機關訴請處理，屆期不起訴者，依原調處結果辦理之。」民國64年7月24日增訂本法條之理由為解決共有不動產之糾紛，促進土地利用，便利地籍管理及稅捐課徵。而本法條之適用範圍，依土地法第34條之1執行要點補充規定。第1條「依土地法第三十四條之一（以下簡稱本法條）規定，部分共有人就共有土地或建築改良物（以下簡稱建物）為處分物權行為、變更及設定地上權、農育權、不動產役權或典權，應就共有物之全部為之。」第2條「共有土地或建物之應有部分為公同共有者，該應有部分之處分、變更及設定地上權、農育權、不動產役權或典權，得依本法條規定辦理。」第3條「本法條第一項所定處分，以有償讓與為限，不包括信託行為及共有物分割；所定變更，以有償或不影響不同意共有人之利益為限；所定設定地上權、農育權、不動產役權或典權，以有償為限。」故多數決之共有人不得以無償行為（如贈與）將全部不動產贈與他人。113年1月1日修正公布施行土地法第34條之1執行要點新增第3條第2項「前項有償讓與之處分行為，共有人除依本法條規定優先購買外，不得為受讓人。」，立法理由「考量共有人倘同為受讓人時，除可能產生密謀合議而侵害他共有人權益之情形外，該共有人之應有部分實際未為處分，乃竟得就未同意處分共有人之應有部分強制予以處分，並參與其價格之決定，即有利害衝突顯失公平情形，並妨害他共有人之優先承購權，亦難認正當（最高法院72年度台抗字第94號裁定、103年台上字第2333號判決、105年台上字第1700號判決、內政部101年2月1日內授中辦地字第1016650079號令參照），爰增訂第2項部分共有人與未行使優先購買權之他共有人皆不得為依本法條第1項有償讓與時之受讓人規定，以落實憲法保障財產權之意旨。」，例如甲、乙、丙、丁、戊五人共有A土地，應有部分各五分之

一，如甲、乙、丙三人決議將A土地出賣時，丁、戊不得為買受人，但得為優先購買權人。且依最高法院84年度台上字第1615號判決：「土地法第34條之1第1項，係就數人共有土地或建築物，而為處分，變更或設定負擔時，所為之規定。故於公同共有之情形，亦僅於數人公同共有土地或建築物時，始得依同條第5項準用第1項之規定，數人如就土地或建築物之應有部分（非全部出賣）有公同共有權利時，自無準用該第1項規定之餘地。此由內政部77年8月18日台內地字第621767號函修正之『土地法第34之1執行要點』第12點規定（舊法）：分別共有土地或建築物之應有部分為數人公同共有，公同共有人就該應有部分為處分（非全部出賣），變更或設定負擔，無本法條第1項之適用。」益為明瞭。第5條「共有土地或建物為公私共有者，有本法條之適用。私有部分共有人就公私共有土地或建物全部為處分時，如已符合本法條各項規定，其申請所有權變更登記，應予受理。但公有部分為直轄市或縣（市）有時，其管理機關於接獲共有人之通知後，以其處分係依據法律之規定，應即報請該管區內民意機關備查。」第6條「共有土地或建物標示之分割、合併、界址調整及調整地形，有本條之適用。」「二宗以上所有權人不相同之共有土地或建物，依本法條規定申請合併，應由各宗土地或建物之共有人分別依本法條規定辦理。即合併出賣時，依各宗分別依本法辦理。」第7條「本法條第一項所稱共有人過半數及其應有部分合計過半數，指共有人數及應有部分合計均超過半數；應有部分合計逾三分之二，指應有部分逾三分之二者，共有人數可以不計。共有人數及應有部分之計算，以土地登記簿上登記之共有人數及應有部分為準。但共有人死亡者，以其繼承人數及繼承人應繼分計入計算。」「前項共有人數及應有部分之計算，於公同共有土地或建物者，指共有人數及其潛在應有部分合計均過半數。但潛在應有部分合計逾三分之二者，其共有人數不予計算。各共有人之潛在應有部分，依其成立公同關係之法律規定、習慣或法律行為定之；未有規定者，其比率視為不明，推定為均等。」「分別共有與公同共有併存之土地或建物，部分公同共有人已得依本法條規定處分其公同共有之應有部分，且另有分別共有之共有人

同意處分全部共有物計算本法條第一項共有人數及其應有部分時，該公同共有部分，處分之人數及其潛在應有部分併入計算。」

四、土地法第34條之1優先購買權與裁判分割競合

（一）最高法院100年度台抗字第399號裁定意旨：「土地共有人請求分割共有物及多數共有人依土地法第34條之1規定處分共有物，其目的均在消滅共有關係，且均屬共有人固有之權利，少數共有人縱提起分割共有物之訴，多數共有人並不因此即喪失其依上開土地法規定處分共有物之權利。共有人就上開權利之行使，如發生衝突，共有人之一方，為防止發生重大之損害或避免急迫之危險或有其他相類之情形而有必要時，固非不得依民事訴訟法第538條規定，聲請為定暫時狀態之處分；但法院應就聲請人因假處分所得利益、不許假處分可能受有之損害暨相對人因假處分所受損害等情衡量之，尚不得僅因共有人提起分割共有物之訴，即謂為避免土地現狀變更，其得依民事訴訟法第532條規定聲請假處分，禁止其他共有人依上開土地法規定處分共有物。」

（二）上揭二者權利各為固有權，並不得以假處分禁止另外一方主張權利。如裁判分割確定（取得民法第759條之物權效力，不待登記），則因「判決之結果足使各共有人間之共有關係變成單獨所有或共有關係之其他變更，是創設共有人間之權義關係，故為形成之訴，所為分割之判決，則為形成判決」（最高法院43年台上字第1016號判例，見謝在全著民法物權上冊第630頁），從而優先購買權之「同一條件」變更，土地法第34條之1之原優先購買權人即不得再以同一條件行使優購買。如土地法第34條之1之優先購買權人已經移轉登記（取得民法第758條之物權效力）給第三人者，則系爭土地於言詞辯論時已非共有人所有，自不得仍依原共有人之共有土地予以分割，法院應予以駁回。

（三）金錢債權執行中，有第三人取得標的物判決之所有權，後第三人聲請強制執行，如何處理？

依司法院秘書長82年6月25日（82）秘台廳民二字第09272號函示，司法院秘書長82年5月10日（82）秘台廳民覺字第05333號函所稱：「『終局執行優越之原則』，係指金錢債權之終局強制執行而言。至命債務人為移轉不動產所有權登記意思表示之判決，依強制執行法第130條規定，視其為自判是確定時已為其意思表示。債權人得據以逕依法申辦登記，此項判決既毋庸經法院之強制執行，自不包括在此之所指終局強制執行之內。故假處分債權人嗣取得法院命債務人移轉不動產所有權之本案勝訴確定判決後，能否據以申辦登記，仍應視其是否為最先實施假處分之債權人以為斷，而非適用終局執行優越之原則。」即於此情形不適用終局執行優越之原則。即假處分執行在先者優先取得移轉登記之執行名義得優先登記，其後與不相容之假扣押執行即歸消滅，反之假處分則不得執行。故就後者實務上最高法院100年度台上字第367號判決認為「按除依法院確定判決申請移轉、設定或塗銷登記之權利人為原假處分登記之債權人外（如執行在先之假處分債權人），土地經法院囑託辦理查封、假扣押、假處分登記後，未為塗銷前，登記機關應停止與其權利有關之新登記。土地登記規則第141條第1項第2款定有明文。是不動產經法院囑託辦理查封、假扣押、假處分登記後，在未為塗銷登記前，登記機關既應停止與其權利有關之新登記，則對該不動產相關權利登記之請求，即處於給付不能之狀態，法院自不得命為該相關權利之記。原審既謂系爭土地目前仍於假處分、假扣押中，則上訴人對系爭土地已喪失處分之權能，處於給付不能之狀態，無從塗銷或移轉該土地之所有權登記，法院自不得命相關權利之登記，亦無從命為土地之返還。」值得參考。依修正土地法第34條之1執行要點第9條（六）規定「他共有人之應有部分經限制登記者，應依下列規定

辦理：

1. 他共有人之應有部分經法院或法務部行政執行署所屬行政執行分署（以下簡稱行政執行分署）囑託查封、假扣押、假處分、暫時處分、破產登記或因法院裁定而為清算登記者，登記機關應依土地登記規則第一百四十一條規定徵詢原囑託或裁定機關查明有無妨礙禁止處分之登記情形，無礙執行效果者，應予受理登記，並將原查封、假扣押、假處分、暫時處分、破產登記或法院裁定開始清算程序事項予以轉載，登記完畢後通知原囑託或裁定機關及債權人；有礙執行效果者，應以書面敘明理由及法令依據，駁回登記之申請。

2. 他共有人之應有部分經有關機關依法律囑託禁止處分登記者，登記機關應洽原囑託機關意見後，依前目規定辦理。

3. 他共有人之應有部分經預告登記且涉及對價或補償者，應提出該共有人已受領與經原預告登記請求權人同意之證明文件及印鑑證明；為該共有人提存者，應提出已於提存書對待給付之標的及其他受取提存物所附之要件欄內記明提存物受取人領取提存物時，須檢附預告登記請求權人同意之證明文件及印鑑證明。登記機關應逕予塗銷該預告登記，於登記完畢後通知預告登記請求權人。

五、優先購買權之通知內容

（一）如僅通知部分契約內容（如僅告知價格），而未通知全部契約內容，是否盡了通知義務？法律效果為何？最高法院58年台上字第715號判例「所謂達到，係指意思表示達到相對人之支配範圍，置於相對人隨時可了解其內容之客觀之狀態而言。」準此，如未能完整通知即不生通知之效力。又所謂同一條件係指在買賣條件如：買賣標的、範圍、價金、付款方式、瑕疵擔保等均相同情形

下，承租人得要求優先成為基地之買受人（最高法院106年度台上字第2335號判決參照）。故就此買賣之一切情形，均應通知優先購買權人，否則不生通知之效力。

（二）「同一價格」與「同一條件」之意義：土地法第34條之1執行要點第12條第1項「部分共有人依本法條第一項規定出賣共有土地或建物時，他共有人得以出賣之同一條件共同或單獨優先購買。」、第2項「前項情形，於數宗土地或建物併同出賣，他共有人得僅就其共有之土地或建物行使優先購買權。但有下列情形之一者，不在此限：（一）部分共有人表示使用上具不可分性並經法院判決確定或提出依法與法院確定判決有同一效力之證明文件。（二）依法令規定應併同移轉。」、第3項「多人主張優先購買權時，其優先購買之部分應按各主張優先購買人之應有部分比例定之。」、第4項「部分共有人依本法條第一項規定設定地上權或典權後出賣土地，他共有人仍有第一項優先購買權之適用。」，立法理由「本點第一項所謂『同一條件』係指出賣之部分共有人與他人所訂契約或他人承諾之一切條件而言，惟當數宗土地或建物依本法條第一項規定處分，於有優先購買權與無優先購買權之不動產併同出賣時，為維護他共有人主張優先購買之選擇權，他共有人得僅就其共有之土地或建物行使優先購買權，以避免變相以比本法條更嚴苛的條件阻止他共有人行使優先購買權，爰增訂第二項規定。至數宗土地或建物之後續整合利用，非本法條涵蓋範圍。前述情形茲舉例分述之：（一）如甲、乙、丙共有A地，甲、乙共有B地，甲、乙依本法條第一項規定將A、B兩土地併同出賣，此時丙得僅就A地表示優先購買。（二）如甲、乙、丙均共有A、B兩地，甲、乙依本法條第一項規定將A、B兩地併同出賣，此時丙得就A地及B地表示優先購買，但因丙亦為B地之共有人，不得僅就A地表示優先購買，以避免權利濫用。三、為使數宗土地或建物合理及有效利用，如部分共有人表示具使用上不可分性

並經法院判決確定或提出依法與法院確定判決有同一效力之證明文件，抑或依法令規定應併同移轉者，他共有人優先購買權之行使應就該數宗土地或建物全部爲之，爰增訂第二項第一款及第二款規定。四、爲使第一項多數他共有人同時主張優先購買時比例之計算明確化，爰參依修正規定第十三點第十款多人主張優先購買權時之比例計算方式，增訂第三項規定。五、本法條之立法意旨並非以損害少數共有人權益爲目的，如先依本法條規定辦理土地之地上權 或典權設定，部分共有人再依本法條第一項規定出售該共有土地時，考量該地上權人或典權人已取得之權利仍存在於該土地上，尚不因土地所有權人之不同而受影響，參照內政部87年9月9日台內地字第8778266號函意旨，仍應通知他共有人是否願意優先購買，爰增訂第四項規定。」，本法條規定，他共有人得以「同一價格」共同或單獨優先承購，惟實務上解釋係指「同一條件」優先承購（最高法院65年台上字第853號判例、85年度台上字第793號、88年度台上字第2126號、100年度台再字第46號等判決參照）。又所謂「同一條件」係指出賣之共有人與他人所訂契約或他人承諾之一切條件而言，他共有人行使優先承購權，應接受出賣之共有人與他人所訂原買賣契約之一切條件。故於執行實務上，依本法條第1項處分全部共有物時，應就該全部處分之同一條件通知他共有人是否主張優先購買權。土地法第34條之1第1項之同一條件，依最高法院97年度台上字第2222號判決：「按共有人依土地法第34條之1第1項規定出賣共有之土地者，他共有人雖亦得依同條第4項規定，以同一價格優先承購，惟共有人既係出賣共有物，而非出賣其應有部分，則主張優先承購之共有人亦應就共有物全部按同一價格爲承購，不得主張僅承購其中若干應有部分，而按該應有部分計其價金。至於共有人出賣共有土地未合於土地法第34條之1第1項規定之情形，其出賣之標的既爲共有物，則他共有人亦不得逕認該共有人係出賣其應有部分，而僅就該應

有部分主張優先承購。」又依最高法院106年度台上字第2335號判決，(1)同一條件之認定，按基地出賣時，承租人有依同樣條件優先購買之權，土地法第104條第1項定有明文，目的在保護現有承租人之權益，使土地所有權之歸屬及利用於公平合理之原則下，歸併同一人。如只承租基地之一部興建建築物者，得主張優先購買之土地，限於承租範圍內之基地。故僅得請求移轉部分土地，即持分比；(2)承租人有依同樣條件優先購買之權，係指在買賣條件如：買賣標的、範圍、價金、付款方式、瑕疵擔保等均相同情形下，承租人得要求優先成為基地之買受人。優先購買權為形成權之一種，一經合法行使，即生與出賣人按其與第三人約定之「同樣條件」補訂買賣契約之效力，自無由法院依職權調整買賣價金。至民法第148條之行使權利，履行義務，應依誠實及信用方法，乃當事人行使權利、負擔義務之誠信準則，法院固可據以衡量雙方當事人之利益及所受損害，檢視當事人之權利行使或義務履行是否公平妥當，然尚不得逕依該規定，依職權為增減原定之給付。

（三）最高法院106年度台上字第953號判決

1. 同一條件之認定：

(1) 按租用基地建築房屋，出租人出賣基地時，承租人有依同樣條件優先承買之權。民法第426條之2第1前段定有明文。蓋因於此情形，承租人之租賃權雖繼續存在，然其使用與所有仍不能合一，不能促進物之利用並減少糾紛。而此項優先承買權具有相對物權效力，承租人一旦行使，即係對於出賣之出租人行使買賣契約訂立請求權，亦即請求出賣人按照與第三人所約定之同樣條件補訂書面契約。又因出賣人與第三人以買賣為原因而成立之物權移轉行為不得對抗優先承買權人，從而優先承買權人得請求法院確認優先承買權存在及塗銷該項登記，並協同辦理所有權移轉登記（最高法院65年台

上字第2701號判例採相同見解）。

 (2) 次按同一土地上，如有二個以上承租人本於租用基地法律關係而建築之房屋，或出租人與第三人約定買賣之土地，尚包括承租人承租土地以外之他筆土地者，本條項之立法目的既爲達使用與所有合一，法院自得依個案情節，解爲各該承租人均可就其承租土地部分主張優先承買權，且不以主張承買出賣人與第三人約定買賣之全部土地爲必要。

 (3) 至其承買之態樣，得就其房屋坐落之承租土地，爲共同優先承買權之主張，亦得按其房屋坐落基地之「比例」各自主張優先承買權。惟有優先承買權之人，倘係各自主張優先承買，僅得請求出賣人按其房屋坐落基地比例換算之應有部分，與其訂立買賣契約，並無請求出賣人分割該土地後，由其取得分割後土地所有權之法律上依據。

2. 因該請求分割部分，超出原買賣契約之範圍，故優先購買權人僅得就占有持分（應有部分比例）有優先購買權，是審判時當事人應請求測量位置面積，予以計算持分比例，否則倘若就特定占用位置爲優先購買，則若分配位置係在裏地時，將來優先購買權人再行使通行權時，則其他部分之土地所有權人，除依民法第787條規定，應給予通行外，依同法條第2項規定「有通行權人無須支付償金」，即其他部分之土地所有權人亦不得請求支付償金，則有優先購買權人因而取得超過優先購買權占有範圍之利益，應顯失公平，故不宜認就特定位置爲優先購買爲宜。準此，若優先購買權人取得上揭持分比例之確定判決優先購買權，因特定位置占有應認有分管權利，而其成爲共有人之一後，其間共有人嗣後得另案提起裁判分割，法院職權定分割方案，本於公平原則，符合經濟效益而定分割案，自可解決上開不公平現象，然此則屬另一問題。

（四）優先購買權人不得任意變更同一條件，按土地法第34條之1第4項

所稱之優先承購權，乃基於該法律規定，對於出賣共有土地或建築改良物共有人而生「先買特權（先買權）」之形成權，一旦行使該權利，即係對出賣人行使買賣契約訂立請求權，並請求出賣人按其與第三人約定之「同樣條件」補訂書面契約。易言之，該權利係指他共有人於共有人出賣共有土地或建築改良物時，對於該共有人有請求以「同樣條件」訂立買賣契約之權而言（最高法院65年台上字第853號判例參照）。因此，出賣之共有人與他人所訂契約或他人承諾之一切條件，優先承購權人必須均表示接受，始得謂為合法行使優先承購權；倘有部分不接受或擅加變更買賣條件時，自不得稱之。又強制執行法上之拍賣應解釋為買賣之一種，即拍定人為買受人，而以拍賣機關代替債務人立於出賣人之地位為出賣，故於執行法院拍賣二筆以上共有土地或建築改良物之情形，若經執行法院代債務人（出賣之共有人）定合併拍賣之條件，並經拍定人依該條件標買，主張優先承購權之他共有人自應為合併購買之表示，始得認其已依上開「同樣條件」之趣旨合法行使優先承購權（最高法院100年度台上字第432號判決）。實務上有下列問題，值得注意：

1. 承租人僅願購買耕地中部分土地之優先購買：依行政院秘書處45年9月19日台（45）內字第5194號函，承租人未依地主所提條件優先承買，僅表示願承買地主出賣耕地之一部分，顯屬未能依地主所提之同一條件優先承買，自應視為放棄。

2. 89年1月4日修土地法前（89年1月26日公布）第30條（舊法）：私有農地所有權之移轉，除繼承外，其承受人以能自耕者為限，並不得移轉為共有。現行法已得共有，則僅耕作部分，是否仍應優購全部耕地？依農業發展條例第18條第3項「第一項及前項農舍起造人應為該農舍坐落土地之所有權人；農舍應與其坐落用地併同移轉或併同設定抵押權；已申請興建農舍之農業用地不得重複申請。」故承租人不得興建農舍，自無適用土地

法第104條規定之優先購買權。89年1月4日修土地法前（89年1月26日公布）第30條（舊法），新法已刪除下列第30條及第30條之1規定，現農地得爲共有。依舊法第30條規定，私有農地所有權之移轉，其承受人以能自耕者爲限，並不得移轉爲共有。但因繼承而移轉者，得爲共有。違反前項規定者，其所有權之移轉無效。舊法第30條之1，農地繼承人部分不能自耕者，於遺產分割時，應將農地分歸能自耕者繼承之。其不能按應繼承分分割者，依協議補償之。農地繼承人均無耕作能力者，應於繼承開始後一年內，將繼承之農地出賣與有耕作能力之人。

六、對優先購買權人之效力

對優先購買權人之通知期間，各法律規定不一，有十日（如土地法第104條），有十五日（如耕地三七五減租條例第15條、土地法第34條之1執行要點第11點）者等，但通說均認爲除斥期間，期間一過，優先購買權即喪失，但未經通知，而有優先購買權人知同一條件者，其效果爲何，應認若優先購買權人知悉出賣事實之同一條件時，即不得再主張優先購買。依最高法院107年度台上字第837號確定判決：上訴人知悉買賣條件後，怠於行使優先購買權，依土地法第104條第2項規定，已生失權之效果，否則違反民法第148條規定之誠實信用原則。但知悉之積極事事實，依民事訴訟法第277條前段規定，應由主張權利者負舉證責任。

七、對優先購買權之共有人之通知方法

（一）113年1月1日施行土地法第34條之1執行要點規定第8條規定本法條第二項所定事先、書面通知與公告，其方式及內容，依下列規定：

1. 部分共有人依本法條規定爲處分、變更或設定負擔前，應先行通知他共有人。

2. 書面通知應以雙掛號之通知書或郵局存證信函，送達他共有人之戶籍地址；如爲法人或非法人團體，應送達其事務所或營業所地址。但他共有人已遷出國外或無戶籍者，依第4款第2目或第3目規定辦理。

3. 他共有人之戶籍地址無法送達、有戶籍法第50條戶籍暫遷至戶政事務所情形或部分共有人已確知他共有人未居住於戶籍地而能依實際住居所送達者，應就其實際住居所通知，並由部分共有人於登記申請書適當欄記明「他共有人受通知之處所確係實際住居所，如有不實願負法律責任。」無法知悉他共有人實際住居所者，部分共有人應於登記申請書適當欄記明「義務人確不知悉他共有人實際住居所，如有不實願負法律責任。」。

4. 不能以書面通知而以公告代替者，以下列情形爲限：

(1) 他共有人住所不明或依前二款規定通知無法送達。

(2) 他共有人戶籍資料載有遷出國外或喪失國籍之記事，部分共有人就除戶地址通知無法送達且已依前款規定辦理。

(3) 他共有人於臺灣地區無戶籍，部分共有人就土地或建物登記簿地址通知無法送達且已依前款規定辦理。

5. 公告可直接以布告方式，由村里長簽證後，公告於土地或建物所在地之村、里辦公處，或以登報方式公告之，並自布告之日或登報最後登載日起，經二十日發生通知效力。

6. 通知或公告之內容應記明土地或建物標示、處分、變更或設定方式、價金分配、償付方法及期限、受通知人與通知人之姓名、名稱、住所、事務所或營業所及其他事項。數宗土地或建物併同出賣時，應另分別記明各宗土地或建物之價金分配。

7. 他共有人已死亡者，應以其繼承人或遺產管理人爲通知或公告之對象。

8. 委託他人代爲事先通知，其委託行爲無須特別授權。

（二）有關法院之送達方法：107年6月13日新修正民事訴訟法第151條

「（第1項）公示送達，應由法院書記官保管應送達之文書，而於法院之公告處黏貼公告，曉示應受送達人應隨時向其領取。但應送達者如係通知書，應將該通知書黏貼於公告處。（第2項）除前項規定外，法院應命將文書之繕本、影本或節本，公告於法院網站；法院認爲必要時，得命登載於公報或新聞紙。」第152條「公示送達，自將公告或通知書黏貼公告處之日起，公告於法院網站者，自公告之日起，其登載公報或新聞紙者，自最後登載之日起，經二十日發生效力；就應於外國爲送達而爲公示送達者，經六十日發生效力。但第一百五十條之公示送達，自黏貼公告處之翌日起，發生效力。」（即第二次公示送達）。

八、對優先購買權人之提存及通知

（一）依本法條第3項規定辦理提存之方式如下：

1. 提存人應爲本法條第1項之共有人，並得由其中一人或數人辦理提存。

2. 他共有人之住所爲日據時期之番地，可以該番地所查對之現在住所向法院辦理提存。

3. 他共有人之住所不詳，經舉證客觀上仍無法查明時，依下列方式辦理：

    (1) 他共有人確尚生存者，部分共有人可以該他共有人爲受取權人，辦理提存，並依提存法規定辦理。

    (2) 他共有人已死亡者，應以其繼承人爲清償或辦理提存之對象。

    (3) 他共有人已死亡而其繼承人之有無不明者，則應依民法第1177條選定之遺產管理人或依民法第1178條第2項選任之遺產管理人爲清償或辦理提存之對象。

    (4) 他共有人行蹤不明而未受死亡宣告者，可依民法第10條、家

事事件法第143條第1項、第2項所定財產管理人爲清償或辦理提存之對象。

4. 以他共有人之繼承人爲提存對象時，應依提存法第21條規定在提存書領取提存物所附條件欄內記明相關被繼承人姓名及提存物受取人領取提存物時，應依遺產及贈與稅法第42條檢附遺產稅繳清證明書、免稅證明書、同意移轉證明書、不計入遺產總額證明書、逾核課期間證明書或逾徵收期間證明書。

（二）對共有人之提存通知方法

1. 土地登記規則第97條：「（第1項）申請土地權利移轉登記時，依民法物權編施行法第八條之五第三項、第五項、土地法第三十四條之一第四項、農地重劃條例第五條第二款、第三款或文化資產保存法第二十八條規定之優先購買權人已放棄優先購買權者，應附具出賣人之切結書，或於登記申請書適當欄記明優先購買權人確已放棄其優先購買權，如有不實，出賣人願負法律責任字樣。（第2項）依民法第四百二十六條之二、第九百十九條、土地法第一百零四條、第一百零七條、耕地三七五減租條例第十五條或農地重劃條例第五條第一款規定，優先購買權人放棄或視爲放棄其優先購買權者，申請人應檢附優先購買權人放棄優先購買權之證明文件；或出賣人已通知優先購買權人之證件並切結優先購買權人接到出賣通知後逾期不表示優先購買，如有不實，願負法律責任字樣。（第3項）依前二項規定申請之登記，於登記完畢前，優先購買權人以書面提出異議並能證明確於期限內表示願以同樣條件優先購買或出賣人未依通知或公告之條件出賣者，登記機關應駁回其登記之申請。」

2. 他共有人之權利請求：

(1) 土地法第三十四條之一執行要點第11點（五）「本法條之優先購買權係屬債權性質，出賣人違反此項義務將其應有部分

之所有權出售與他人，並已爲土地權利變更登記時，他共有人認爲受有損害者，得依法向該共有人請求損害賠償。」

(2) 嗣後不動產過戶後即不得請求回復之塗銷登記：最高法院65年台上字第853號判例：「倘共有人違反法律規定將應有部分賣與他人已依法取得所有權時，他共有人不得主張該買賣爲無效而塗銷其依法所爲之登記。」

九、共有不動產之優先購買權例外

（一）最高法院72年台抗字第94號判例：「土地法第34條之1第4項規定共有人出賣應有部分時，他共有人得以同一價格共同或單獨優先承購，其立法意旨無非爲第三人買受共有人之應有部分時，承認其他共有人享有優先承購權，簡化共有關係。若共有人間互爲買賣應有部分時，即無上開規定適用之餘地。相對人既爲土地共有人之一，則其於執行法院拍賣程序中買受共有人陳甲、陳乙之應有部分，其他共有人即不得主張優先承購權。」

（二）例外之實務法律問題

1. 修正土地法第34條之1執行要點第3條「本法條第1項所定處分，以有償讓與爲限，不包括信託行爲及共有物分割；所定變更，以有償或不影響不同意共有人之利益爲限；所定設定地上權、農育權、不動產役權或典權，以有償爲限。」

2. 按法務部99年9月23日法律決字第0999023709號函示「無償性之處分行爲、事實上處分行爲及共有不動產涉及性質之變更，影響不同意共有人之利益，且無補償之道，應作不包括之限制解釋。」爰修正本點有關本法條第1項處分、變更及設定地上權、農育權、不動產役權或典權之適用範圍。

3. 依上揭法律及實務見解（指部分共有人處分其持分），如共有土地，先贈與，後出賣予共有人之法律效果？因非出賣予共有

人，故無須通知其他共有人行使優先購買權。

（三）其他共有不動產之優先購買權例外

1. 土地登記規則第98條「土地法第三十四條之一第四項規定，於區分所有建物之專有部分連同其基地應有部分之所有權一併移轉與同一人所有之情形，不適用之。」（土地法第34條之1執行要點第11點第3款相同規定，依第4款規定，但部分共有人出賣其專有部分及基地之應有部分時，其他專有部分之共有人仍有優先購買權）。

2. 土地及建物各共有情形之案例：

   土地法第34條之1第4項規定，共有人出賣其應有部份時，他共有人得以同一價格優先承購，設有甲、乙、丙三人共有土地一筆，而其土地上房屋則係甲、丁、戊三人所共有（丁、戊對基地無地上權、典權或租賃權存在），今甲負債，其土地及房屋應有部份被法院同時查封，合併拍賣，乙丙為基地共有人，丁戊為房屋共有人，若均主張優先承買權，應如何處理？

   參照高等法院暨所屬法院66年度法律座談會民事執行類第21號（會議日期：民國66年11月04日、座談機關：台灣台南地方法院）

   結論採丙說：按土地法第34條之1第4項規定，其立法意旨原在避免土地畸零及所有權分散等，係對農地及空地而言，若土地已建有房屋，且房屋與基地應有部份合併出售時，基地共有人，即無保護之必要。內政部64.10.21台內字第65006號釋示亦認為對於地上已有建物，且該建物區分為各別所有者，如各別所有人出賣其建物時，就其建物所在基地之應有部份，併同出賣者，本土地法第104條，使其地與地上之房屋所有權人合而為一之立法精神，基地之他共有人無優先承買權。是本件情形應僅准由房屋共有人丁戊優先購買。即保護地上物之權利人，有優先購買權。

十、集合式住宅（公寓）之優先購買權

（一）民法物權編施行法第8條之5「（第1項）同一區分所有建築物之區
分所有人間為使其共有部分或基地之應有部分符合修正之民法第
七百九十九條第四項規定之比例而為移轉者，不受修正之民法同
條第五項規定之限制。（第2項）民法物權編修正施行前，區分
所有建築物之專有部分與其所屬之共有部分及其基地之權利，已
分屬不同一人所有或已分別設定負擔者，其物權之移轉或設定負
擔，不受修正之民法第七百九十九條第五項規定之限制。（第3
項）區分所有建築物之基地，依前項規定有分離出賣之情形時，
其專有部分之所有人無基地應有部分或應有部分不足者，於按其
專有部分面積比例計算其基地之應有部分範圍內，有依相同條件
優先承買之權利，其權利並優先於其他共有人。（第4項）前項情
形，有數人表示優先承買時，應按專有部分比例買受之。但另有
約定者，從其約定。（第5項）區分所有建築物之專有部分，依第
二項規定有分離出賣之情形時，其基地之所有人無專有部分者，
有依相同條件優先承買之權利。（第6項）前項情形，有數人表示
優先承買時，以抽籤定之。但另有約定者，從其約定。（第7項）
區分所有建築物之基地或專有部分之所有人依第三項或第五項規
定出賣基地或專有部分時，應在該建築物之公告處或其他相當處
所公告五日。優先承買權人不於最後公告日起十五日內表示優先
承買者，視為拋棄其優先承買權。」

（二）未保存建物之專有權利人有無優先購買權？
實務上有肯定說及否定說不同見解，但依公寓大廈管理條例第53
條「多數各自獨立使用之建築物、公寓大廈，其共同設施之使用
與管理具有整體不可分性之集居地區者，其管理及組織準用本條
例之規定。」即概括性的適用公寓大廈管理條例相關規定，故以
採肯定說較可採。

十一、變賣共有不動產之優先購買權

（一）民法第824條第7項「變賣共有物時，除買受人為共有人外，共有人有依相同條件優先承買之權，有二人以上願優先承買者，以抽籤定之。」立法上，因共有物變價分割之裁判係賦予各共有人變賣共有物，分配價金之權利，故於變價分配之執行程序，為使共有人仍能繼續其投資規劃，維持共有物之經濟效益，並兼顧共有人對共有物之特殊感情，因而於以變價分配時，共有人有依相同條件優先承買之權。但為避免回復共有狀態，與裁判分割之本旨不符，爰強制執行法第94條規定，有二人以上願優先承買時，以抽籤定之。又買受人為共有人時，因本項規範目的已實現，且為免法律關係之複雜化，故明定於此種情形時，排除本項之適用。

（二）變賣共有物時：因強制執行法第4條第1項規定，依執行名義為之，而執行名義既為變賣，故不行特別拍賣程序，且無拍賣次數之限制。

（三）按分管契約，係共有人就共有物之使用、收益或管理方法所訂定之契約，共有人請求分割共有物，應解為有終止分管契約之意思。是經法院判決分割共有物確定者，無論所採行分割方法為何，均有使原分管契約發生終止之效力。僅分割方法採行變價分割時，因於該判決確定時，不當然發生共有物變賣之效果，共有物之所有權主體尚未發生變動，共有人間之共有關係應延至變賣完成時消滅而已。而分管契約既經判決分割共有物確定而消滅，共有物之用益及管理回復原來之關係，除非經共有人協議或依民法第820條第1項規定為決定，共有人不得任意占有使用共有物之特定部分（最高法院107年度台上字第879號判決參照）。

十二、毗鄰農地出賣之優先購買權

農地重劃條例第5條「重劃區內耕地出售時，其優先購買權之次序如

左：一、出租耕地之承租人。二、共有土地現耕之他共有人。三、毗連耕地之現耕所有權人。」，第23條「（第1項）同一土地所有權人，在重劃區內所有土地應分配之面積，未達或合併後仍未達最小坵塊面積者，應以重劃前原有面積按原位置查定之單位區段地價計算，發給現金補償。但二人以上之土地所有權人，就其未達最小坵塊面積之土地，協議合併後達最小坵塊面積者，得申請分配於其中一人。（第2項）前項發給現金補償之土地，應予以集中公開標售，經兩次標售而未標出者，直轄市或縣（市）主管機關應出售與需要耕地之農民。（第3項）第二項公開標售或出售時，其毗連土地之現耕所有權人有依同樣條件優先購買之權，如毗連土地現耕所有權人有二人以上主張優先購買時，以抽籤定之。」故只要是農地重劃之土地出賣即有該法條規定之適用。而農地重劃分為公辦及自辦二項，稱公辦者，係依該條例第6條第1項規定「直轄市或縣（市）主管機關因左列情形之一，得就轄區內之相關土地勘選為重劃區，擬定農地重劃計畫書，連同範圍圖說，報經上級主管機關核定，實施農地重劃：一、耕地坵形不適於農事工作或不利於灌溉、排水者。二、耕地散碎不利於擴大農場經營規模或應用機械耕作者。三、農路、水路缺少，不利於農事經營者。四、須新闢灌溉、排水系統者。五、農地遭受水、砂壓等重大災害者、六、舉辦農地之開發或改良者。」，第2項「農地重劃區之勘選，應兼顧農業發展規劃與農村社區建設，得不受行政區域之限制。」；謂自辦者，則依該條例第10條之規定為「為促進土地利用，擴大辦理農地重劃，中央主管機關得訂定辦法，獎勵土地所有權人自行辦理之；其獎勵事項適用平均地權條例第五十八條之規定。」，第2項「前項所稱自行辦理，指經重劃區內私有土地所有權人三分之二以上，而其所有面積亦達私有土地三分之二以上者之同意，就重劃區全部土地辦理重劃，並經該管直轄市或縣（市）主管機關核准者而言。」，因此自辦之農地重劃即不受第6條第1項各款之限制，惟經拍賣出售時，仍應有條例第5條之優先承買權之適用。

十三、祭祀公業占有人之優先購買權

（一）祭祀公業條例第52條「（第1項）依前條規定代爲標售之土地，其優先購買權人及優先順序如下：一、地上權人、典權人、永佃權人。二、基地或耕地承租人。三、共有土地之他共有人。四、本條例施行前已占有達十年以上，至標售時仍繼續爲該土地之占有人。（第2項）前項第一款優先購買權之順序，以登記之先後定之。」

（二）祭祀公業條例第53條「（第1項）直轄市或縣（市）主管機關代爲標售土地前，應公告三個月。（第2項）前項公告，應載明前條之優先購買權意旨，並以公告代替對優先購買權人之通知。優先購買權人未於決標後十日內以書面爲承買之意思表示者，視爲放棄其優先購買權。（第3項）直轄市或縣（市）主管機關於代爲標售公告清理之土地前，應向稅捐、戶政、民政、地政等機關查詢；其能查明祭祀公業土地之派下現員或利害關係人者，應於公告時一併通知。」

十四、無人繼承之占有人優先購買權

地籍清理條例第11條「（第1項）第十七條至第二十六條（即日據時期會社或組合名義登記土地之清理及神明會名義登記土地之清理）、第三十二條及第三十三條規定（登記文件與事實不符）之土地，有下列情形之一者，除公共設施用地外，由直轄市或縣（市）主管機關代爲標售：

一、屆期無人申報或申請登記。二、經申報或申請登記而被駁回，且屆期未提起訴願或訴請法院裁判。三、經訴願決定或法院裁判駁回確定。（第2項）前項情形，相關權利人有正當理由者，得申請暫緩代爲標售。（第3項）前二項代爲標售之程序、暫緩代爲標售之要件及期限、底價訂定及其他應遵行事項之辦法，由中央主管機關定之。」，第12條「（第1項）依前條規定代爲標售之土地，其優先購買權人及優先順序如下：一、

地上權人、典權人、永佃權人。二、基地或耕地承租人。三、共有土地之他共有人。四、本條例施行前已占有達十年以上，至標售時仍繼續為該土地之占有人。（第2項）前項第一款優先購買權之順序，以登記之先後定之。」，第13條「（第1項）直轄市或縣（市）主管機關代為標售土地前，應公告三個月。（第2項）前項公告，應載明前條之優先購買權意旨，並以公告代替對優先購買權人之通知。優先購買權人未於決標後十日內以書面為承買之意思表示者，視為放棄其優先購買權。」

十五、怠於辦理繼承之土地之優先購買權

　　怠於辦理繼承之土地，未聲請繼承登記之土地或建築改良物之代管者，依土地法第73條之1「（第1項）土地或建築改良物，自繼承開始之日起逾一年未辦理繼承登記者，經該管直轄市或縣市地政機關查明後，應即公告繼承人於三個月內聲請登記；逾期仍未聲請者，得由地政機關予以列冊管理。但有不可歸責於聲請人之事由，其期間應予扣除。（第2項）前項列冊管理期間為十五年，逾期仍未聲請登記者，由地政機關將該土地或建築改良物清冊移請國有財產局公開標售。繼承人占有或第三人占有無合法使用權者，於標售後喪失其占有之權利；土地或建築改良物租賃期間超過五年者，於標售後以五年為限。（第3項）依第二項規定標售土地或建築改良物前應公告三十日，繼承人、合法使用人或其他共有人就其使用範圍依序有優先購買權。但優先購買權人未於決標後十日內表示優先購買者，其優先購買權視為放棄。（第4項）標售所得之價款應於國庫設立專戶儲存，繼承人得依其法定應繼分領取。逾十年無繼承人申請提領該價款者，歸屬國庫。（第5項）第二項標售之土地或建築改良物無人應買或應買人所出最高價未達標售之最低價額者，由國有財產局定期再標售，於再行標售時，國有財產局應酌減拍賣最低價額，酌減數額不得逾百分之二十。經五次標售而未標出者，登記為國有並準用第二項後段喪失占有權及租賃期限之規定。自登記完畢之日起十年內，原權利人得檢附證明文件

按其法定應繼分，向國有財產局申請就第四項專戶提撥發給價金；經審查無誤，公告九十日期滿無人異議時，按該土地或建築改良物第五次標售底價分算發給之。」民國64年7月24日增訂理由，依民法第759條規定，物權因繼承而取得者，不以登記爲生效要件，本法雖已明定聲請登記之期限及逾期聲請得科處登記費罰鍰，但對於繼承人逾期仍怠不聲請繼承登記者，迄無有效之解決辦法，以致未辦繼承登記之土地建物與年俱增，導致地籍失實，亟應力謀防止而增訂本條文。而司法院大法官會議解釋第773號解釋：此類案件屬普通法院管轄。

十六、古蹟之優先購買權

文化資產保存法第28條「古蹟、歷史建築或紀念建築經主管機關審查認因管理不當致有滅失或減損價值之虞者，主管機關得通知所有人、使用人或管理人限期改善，屆期未改善者，主管機關得逕爲管理維護、修復，並徵收代履行所需費用，或強制徵收古蹟、歷史建築或紀念建築及其所定著土地。」何謂文化資產及歷史文物？依第3條「本法所稱文化資產，指具有歷史、藝術、科學等文化價值，並經指定或登錄之下列有形及無形文化資產。」包括有形文化資產及無形文化資產等。第14條「（第1項）主管機關應定期普查或接受個人、團體提報具古蹟、歷史建築、紀念建築及聚落建築群價值者之內容及範圍，並依法定程序審查後，列冊追蹤。（第2項）依前項由個人、團體提報者，主管機關應於六個月內辦理審議。」即被列入文化資產，國家有權強制徵收之優先購買權。

十七、地上權、典權人或承租人之占有權利人之優先購買權

（一）地上權、典權人或承租人之占有權利人：民法第919條「（第1項）出典人將典物出賣於他人時，典權人有以相同條件留買之權。（第2項）前項情形，出典人應以書面通知典權人。典權人於收受出賣通知後十日內不以書面表示依相同條件留買者，其留買權視

爲拋棄。（第3項）出典人違反前項通知之規定而將所有權移轉者，其移轉不得對抗典權人。」

（二）民法第426條之2「（第1項）租用基地建築房屋，出租人出賣基地時，承租人有依同樣條件優先承買之權。承租人出賣房屋時，基地所有人有依同樣條件優先承買之權。（第2項）前項情形，出賣人應將出賣條件以書面通知優先承買權人。優先承買權人於通知達到後十日內未以書面表示承買者，視爲放棄。（第3項）出賣人未以書面通知優先承買權人而爲所有權之移轉登記者，不得對抗優先承買權人。」

（三）土地法第104條「（第1項）基地出賣時，地上權人、典權人或承租人有依同樣條件優先購買之權。房屋出賣時，基地所有權人有依同樣條件優先購買之權。其順序以登記之先後定之。（第2項）前項優先購買權人，於接到出賣通知後十日內不表示者，其優先權視爲放棄。出賣人未通知優先購買權人而與第三人訂立買賣契約者，其契約不得對抗優先購買權人。」例如轉典，依先後順序行使優先購買權，但民法第915條第4項規定土地及建物爲同一人所有，且已同時設定典權，不得將土地、建物分別轉典，以免法律關係複雜化。故適用本法規定者，限房屋者，才有優先購買權，但不以保存登記爲必要。其他建築物，如建築法第4條、第7條之主要結構物或雜項工作物等非房屋者，不包括之。是依法律適用之順序：特別法之土地法規定應優先於普通法之民法規定，至如未依民法以書面通知，其效力如何？但能證明已爲適當之通知，縱未書面通知，仍屬有效。而得行使優先權之時間：須仍有租約之權利存在，依最高法院67年度第5次民事庭庭推總會議決議（一）（決議日期：民國67年5月23日）：土地法第104條所定之優先購買權，爲物權之先買權。先買權人於該不動產出賣於第三人時，有權向不動產所有人以意思表示，使其負有移轉其不動產於自己，而自己負有支付所有人原與第三人所約定代價之義務，

故亦為形成權之一種。此形成權之行使，須以行使時所有人與承租人間有租約之存在為要件（採該決議之甲說）。

（四）地上權、典權或承租人行使優先購買權後，其權利即不存在時，民法第762條「同一物之所有權及其他物權，歸屬於一人者，其他物權因混同而消滅。但其他物權之存續，於所有人或第三人有法律上之利益者，不在此限。」，民法第763條「（第1項）所有權以外之物權，及以該物權為標的物之權利，歸屬於一人者，其權利因混同而消滅。（第2項）前條但書之規定，於前項情形準用之。」即其優先購買權將因混同而消滅。行使優先購買權後，其土地及建築物成為同一人，其上之地上權人、典權人或承租人之權利，將因混同而消滅。

十八、農地承租人之優先購買權

（一）農業發展條例第18條第5項「第一項（耕地）及前項農舍起造人應為該農舍坐落土地之所有權人；農舍應與其坐落用地併同移轉或併同設定抵押權；已申請興建農舍之農業用地不得重複申請。」，第3條第11款「耕地：指依區域計畫法劃定為特定農業區、一般農業區、山坡地保育區及森林區之農牧用地。」，土地法第82條「凡編為某種使用地之土地，不得供其他用途之使用。但經該管直轄市或縣（市）地政機關核准，得為他種使用者，不在此限。」，耕地出賣時，須耕地與農舍一同出賣，即無得分別移轉之情形，從而自無民法第876條規定法定地上權之適用。

（二）農地承租人之優先購買權，民法第460條之1第1項「耕作地出租人出賣或出典耕作地時，承租人有依同樣條件優先承買或承典之權。」，土地法第107條「（第1項）出租人出賣或出典耕地時，承租人有依同樣條件優先承買或承典之權。（第2項）第一百零四條第二項之規定，於前項承買承典準用之。」，耕地三七五減租

條例第15條「（第1項）耕地出賣或出典時，承租人有優先承受之權，出租人應將賣典條件以書面通知承租人，承租人在十五日內未以書面表示承受者，視爲放棄。（第2項）出租人因無人承買或受典而再行貶價出賣或出典時，仍應照前項規定辦理。（第3項）出租人違反前二項規定而與第三人訂立契約者，其契約不得對抗承租人。」，第5條「耕地租佃期間，不得少於六年；其原約定租期超過六年者，依其原約定。」，第6條「（第1項）本條例施行後，耕地租約應一律以書面爲之；租約之訂立、變更、終止或換訂，應由出租人會同承租人申請登記。（第2項）前項登記辦法由內政部、直轄市政府擬訂，報請行政院核定之。」，而該規定之性質，最高法院51年台上字第2629判例：「耕地三七五減租條例第6條第1項載『本條例施行後耕地租約應一律以書面爲之，租約之訂立、變更、終止或換訂，應由出租人會同承租人申請登記』云云，係爲保護佃農及謀舉證上便利而設，非謂凡租約之訂立、變更、終止或換訂，須經登記，始能生效。」即縱未定有書面租約仍屬有效之承租，並有優先購買權。

（三）依89年1月4日修法後農業發展條例第18條「（第1項）本條例中華民國八十九年一月四日修正施行後取得農業用地之農民，無自用農舍而需興建者，經直轄市或縣（市）主管機關核定，於不影響農業生產環境及農村發展，得申請以集村方式或在自有農業用地興建農舍。（第2項）前項農業用地應確供農業使用；其在自有農業用地興建農舍滿五年始得移轉。但因繼承或法院拍賣而移轉者，不在此限。（第3項）本條例中華民國八十九年一月四日修正施行前取得農業用地，且無自用農舍而需興建者，得依相關土地使用管制及建築法令規定，申請興建農舍。（第4項）本條例中華民國八十九年一月四日修正施行前共有耕地，而於本條例中華民國八十九年一月四日修正施行後分割爲單獨所有，且無自用農舍而需興建者，亦同。（第5項）第一項及前項農舍起造人應爲

該農舍坐落土地之所有權人；農舍應與其坐落用地併同移轉或併同設定抵押權；已申請興建農舍之農業用地不得重複申請。」，然農業發展條例於89年1月4日修法前土地與建物不同人之優先購買權，業於法律不追溯既往原則，內政部93年11月2日內授中辦地字第0930015211號函，「【要旨】農業用地於農業發展條例89年修正施行前已興建農舍，該農業用地與農舍分屬不同所有權人，農舍申辦所有權移轉登記事宜。【內容】按『……三、農業用地於農業發展條例89年修正施行前已興建農舍，若該農業用地與農舍分屬不同所有權人，為避免該類所有權人無法處分其產權之疑慮，本會業於91年10月21日農企字第0910156498號函建議該農舍或農地移轉時得不受農業發展條例第18條第4項之限制，並供貴部參酌；另農舍如屬農業發展條例89年修正施行後興建者，上開條例第18條第4項精神宜維持。即農舍若屬上開條例89年修正施行前已興建完成，且農舍與農地分屬不同所有權人時，於農舍或農業用地移轉時，本會認為得不受上開條例第18條第4項之限制。四、若農舍與農業用地已分屬不同所有權人者，農舍於拍賣或移轉時，農舍坐落用地之土地所有權人宜有依同樣條件優先購買之權，以符合土地法第104條及農業發展條例第18條第4項之立法意旨與政策目的。』為行政院農業委員會93年10月27日農企字第0930150054號函所明釋，故本案農地及其地上農舍於農業發展條例修正施行前即分屬不同所有權人，今該農舍單獨申辦所有權移轉登記，無須依本部86年8月8日台（86）內地字第8684869號函具結，惟仍需要先踐行土地法第104條之程序；倘嗣後該農舍（或坐落基地）再移轉時，亦不受農業發展條例第18條第4項之限制。」

（四）至於農地之地目改編之優先購買權：

1. 改編為建地：依內政部80年4月25日台內字第915988號函：依耕地三七五減租條例第15條規定，因已非耕地，故承租人無優先購買權。

2. 改編為住宅及道路用地：依內政部94年10月7日台內地字第0940066442號函，承租人無優先購買權。

3. 公有出租耕地管理機關依平均地權條例終止租約：依行政院80年2月7日台（80）內字第5200號函，承租人無優先購買權。

4. 繼承人以三七五耕地抵繳遺產稅：依內政部75年10月2日台內字第444156號函，承租人無優先購買權。

十九、多數優先承買權人競合行使時處理方法

（一）修正土地法第34條之1執行要點第13條：

本法條所定優先購買權，依下列規定辦理：

1. 他共有人於接到出賣通知後十五日內不表示者，其優先購買權視為放棄。他共有人以書面為優先購買與否之表示者，以該表示之通知達到同意處分之共有人時發生效力。

2. 他共有人之優先購買權，仍應受有關法律之限制。

3. 區分所有建物之專有部分連同其基地應有部分之所有權一併移轉與同一人者，他共有人無本法條優先購買權之適用。

4. 區分所有建物之專有部分為共有者，部分共有人出賣其專有部分及基地之應有部分時，該專有部分之他共有人有優先購買權之適用。

5. 本法條之優先購買權係屬債權性質，出賣人違反此項義務將其應有部分之所有權出售與他人，並已為土地權利變更登記時，他共有人認為受有損害者，得依法向該共有人請求損害賠償。

6. 本法條之優先購買權與土地法第104條、第107條或民法物權編施行法第8條之5第3項規定之優先購買權競合時，應優先適用土地法第104條、第107條或民法物權編施行法第8條之5第3項規定。但與民法物權編施行法第8條之5第5項規定之優先購買權競合時，優先適用本法條之優先購買權。

7. 共有人之應有部分經限制登記者，不影響其優先購買權之行使。

8. 權利人持執行法院或行政執行分署依強制執行法或主管機關依法辦理標售或讓售所發給之權利移轉證書，向地政機關申辦共有人之應有部分移轉登記，無須檢附優先購買權人放棄優先承購權之證明文件。

9. 共有人出賣其應有部分，除買受人同為共有人外，他共有人對共有人出賣應有部分之優先購買權，均有同一優先權；他共有人均主張或多人主張優先購買時，其優先購買之部分應按各主張優先購買人之應有部分比例定之。

10. 土地或建物之全部或應有部分為公同共有，部分公同共有人依本法條規定出賣該共有物全部或應有部分時，他公同共有人得就該公同共有物主張優先購買權，如有數人主張時，其優先購買權之範圍應按各主張優先購買權人之潛在應有部分比例計算之。

11. 優先購買權人已放棄或視為放棄優先購買權者，出賣人應依土地登記規則第97條第1項規定附具切結書之規定辦理，切結書內容應包括通知方式、優先購買權人主張情形並由出賣人記明「如有不實願負法律責任」，不適用同條項於登記申請書適當欄記明之方式。

（二）依上開規定，1.多數農地重劃之現耕共有人時，按比例取得，多數毗鄰現耕人時，依農地重劃條例第23條第3項規定以抽籤定之；2.多數祭祀公業共有人行使時，以比例取得。但其屬祭祀公業條例第52條第1項第1款「地上權人、典權人、永佃權人」者，依第2項規定，其優先購買權之順序，以登記之先後定之。即其他具有物權效力者，以成立或登記先後順序定優先承買權人（土地法第104條第1項後段），例如轉典，依成立之先後順序行使優先購買權；3.區分所有建築物（公寓）多數共有人對土地部分行使優先承買權

時，按專有部分面積比例取得；多數共有人對專有部分行使優先
承買權時，以抽籤定之（民法物權施行法第8條之5第4、6項）；
4.變賣共有物時：若多數共有人表示行使時，以抽籤定之（民法第
824條第7項）。

（三）公同共有人行使優先承買權，有民法第828條第3項規定之適用，自
應經其他公同共有人之同意，始得為之（最高法院69年度台上字
第1252號、99年度台上字第1469號民事判決參照），最高法院78
年度台上字第412號民事裁判要旨同採此見解「所謂應繼分，係指
各繼承人對於遺產上之一切權利義務所得繼承之比例，並非對於
個別遺產之權利比例。又民法第1151條規定，繼承人有數人時，
在分割遺產前，各繼承人對於遺產全部為公同共有。是則在未分
割遺產之前，繼承土地之應有部分所生之優先購買權，仍屬全體
繼承人公同共有之財產權。各繼承人尚非得按各人應繼分之比
例，予以處分，或行使其權利。」，是則繼承依民法第1151條規
定，在遺產分割前為公同共有，公同共有之繼承人之一人對共有
物出賣時，行使優先購買權，應經其他繼承人同意始得行使，宜
注意之。

二十、優先承買權之拋棄

（一）有優先承買權之人，自行拋棄（放棄）或經執行法院除去者，得
否再主張優先承買權？實務上多數說採肯定說。但屬耕地三七五
減租條例之承租人者，因立法目的在保護佃農利益，依司法院大
法官釋字第124號解釋「依耕地三七五減租條例第15條第1項之規
定，承租人於耕地出賣或出典時，有優先承受之權。必須出租人
將賣典條件以書面通知承租人後，始有表示承受或放棄承受之可
言。此項規定，自不因承租人事先有拋棄優先承受權之意思表示
而排除其適用。」此為例外，則事先拋棄無效。

（二）不動產所有權人設定抵押權後，將該土地與第三人設定地上權（或典權、承租權），抵押權人聲請執行法院拍賣抵押物，因而無人應買，已影響抵押權人之擔保債權，執行法院依聲請，排除地上權負擔後拍定，原地上權人是否可再主張優先購買權？實務上，認為如承租人之耕地租賃契約係在抵押權設定之後，法院查封前所訂立，因於抵押權有影響，經執行法院裁定除去租賃權，則該承租人已非耕地之承租人，即無優先購買權。

（三）土地法第34條之1執行要點第11點：「……（七）共有人之應有部分經限制登記者，不影響其優先購買權之行使。（八）權利人持執行法院或行政執行分署依強制執行法或主管機關依法辦理標售或讓售所發給之權利移轉證書，向地政機關申辦共有人之應有部分移轉登記，無須檢附優先購買權人放棄優先承購權之證明文件。」

貳、函查土地增值稅

一、土地增值稅在法院拍賣後之課徵情形

土地增值稅之課徵原則上以公告現值為主，但拍賣價格低於公告現值者，以拍賣價格課徵（86修正之土地稅法第30條第1項第5款、第2項、財政部86.3.28台財稅第861887227號函）。又稅捐稽徵法於96年1月12日修正施行，增訂第6條第1項規定「稅捐之徵收，優先於普通債權。」第2項「土地增值稅、地價稅、房屋稅之徵收，優先於一切債權及抵押權。」，第3項「經法院或行政執行署執行拍賣或交債權人承受之土地，執行法院或行政執行署應於拍定或承受五日內，將拍定或承受價額通知當地主管機關，依法核課土地增值稅、地價稅、房屋稅，並由執行法院或行政執行署代為扣繳。」，後於100年11月23日再次修法第6條第1項「稅捐之徵收，優先於普通債權。」第2項「土地增值稅、地價稅、房屋稅之徵收及

法院、行政執行處執行拍賣或變賣貨物應課徵之營業稅，優先於一切債權及抵押權。」，第3項「經法院、行政執行處執行拍賣或交債權人承受之土地、房屋及貨物，執行法院或行政執行處應於拍定或承受五日內，將拍定或承受價額通知當地主管稅捐稽徵機關，依法核課土地增值稅、地價稅、房屋稅及營業稅，並由執行法院或行政執行處代為扣繳。」，此有問題者，乃上開核課之點應以何時為準，本書認為應以權利移轉證書核發日為準（強執法第94條第2項、第98條第1項）。又依立法院於85年12月31日三讀通過，86年1月17日總統公布施行之土地稅法第30條第1項第5款規定「法院拍賣之土地，以拍定日當期之公告現值為準。」第2項「前項第一款至六款申報人申報之移轉現值，經審核低於公告土地現值者，得由主管機關照其自行申報之移轉現值收買或照公告土地現值徵收土地增值稅。但前項申報移轉現值，經審核超過公告土地現值者，應以其自行申報之移轉現值為準，徵收土地增值稅。」，對該第2項之適用發生極大疑義，即債權人及債務人間利益相差甚鉅，且依財政部86年2月28日以台財稅字第861887227號函解釋，就土地稅法第30條修正條文於86年1月17日公布生效後有關適用之疑義（說明（三）之3）認為「如權利人一方單獨申報之移轉現值超過公告現值者，仍以其自行申報之移轉現值為準。」，而所謂權利人是指出賣人（即債務人）及買受人（指拍定人），準此，倘拍賣之價金超過公告現值時，拍定人定以拍定價格申請課徵，雖國庫可增加收入，但因本件以較高價格課徵，往後數年再轉售即可免繳土地因漲價而課徵之土地增值稅，因前次移轉已超課了，而相對地，債權人與債務人權益即受損失，分配價金減少。此際財政部為解決該問題，乃再請立法院修法，遂於86年10月29日再修正公布土地稅法第30條第1項第5款為「經法院拍賣之土地，以拍定日當期之公告土地現值為準。但拍定價額低於公告土地現值者，以拍定價額為準；拍定價額如已先將設定抵押金額及其他債務予以扣除者，應以併同計算之金額為準。」，第3項並規定追溯條款「八十六年一月十七日本條修正公布生效日後經法院判決移轉、法院拍賣、政府核定照價收買或協議購買之案件，於本條修正公布生效日尚未核課或尚未核課

確定者，其申報移轉現值之審核標準適用第一項第四款至第六款及第二項規定。」，至此確定，始免爭議。因此，未來經法院拍賣之土地，若拍定價格低於公告現值者，就依該價格核課，超過者，依公告現值核課，並追溯尚未確定核課之案件。故執行人員在函稅捐稽徵機關查土地增值稅時應註明拍定日期，俾稅捐機關核課時計算。至拍賣公同共有土地之債務人部分時，依據財政部84年8月7日以台財稅字第841640561號函示解釋，仍應核課土地增值稅，即按債務人之權利部分計算之。又土地經拍賣課徵「增值稅」後，依契稅條例第2條第1項但書規定，即免徵契稅。若有誤徵者，應於退稅後，再行分配或返還予債務人。

二、農地如作農業使用者不課徵土地增值稅之情形

依農業發展條例第37條規定「作農業使用之農業用地，移轉與自然人時，得申請不課徵土地增值稅。」該條例所指之農業用地，其法律依據及範圍如下：「本條例第三條第十款所稱依法供該款第一目至第三目使用之農業用地，其法律依據及範圍如下：一、本條例第三條第十一款所稱之耕地。二、依區域計畫法劃定為各種使用分區內所編定之林業用地、養殖用地、水利用地、生態保護用地、國土保安用地及供農路使用之土地，或上開分區內暫未依法編定用地別之土地。三、依區域計畫法劃定為特定農業區、一般農業區、山坡地保育區、森林區以外之分區內所編定之農牧用地。四、依都市計畫法劃定為農業區、保護區內之土地。五、依國家公園法劃定為國家公園區內按各分區別及使用性質，經國家公園管理處會同有關機關認定合於前三款規定之土地。」（農業發展條例施行細則第2條）。至得免徵土地增值稅者限於農地移轉自然人，若移轉於第34條所規定之農民團體、農業企業機構或農業試驗研究機構者亦免課徵。又所謂農業使用者已如前述，其所有權之移轉登記依據土地法及民法之規定辦理（農業發展條例第31條後段），故已不限制取得農業使用之證明者，始得移轉，僅得以之為申請免徵土地增值稅之證明。但是否為農業使用既涉及

是否課徵土地增值稅之問題，而課徵土地增值稅相對地影響債權人之價金分配。因此須取得「農業用地作農業使用證明書」，始得依農業發展條例第37條、第38條規定申請不得課徵土地增值稅、遺產稅、贈與稅、田賦等。申請時依農業用地使用證明核發暫行處理原則第7條規定，應具備 (1) 土地登記簿謄本；(2) 申請人身分證明文件；(3) 繼續作農業使用承諾書；(4) 其他相關證明文件。因此，若農地作農業使用而應依上開規定不課徵土地增值稅等稅賦時，依財政部79年4月30日台稅字第700945807號函示不得以債權人名義申請之，又於89年5月30日更以台財稅字第0890453884號函同認爲「法院拍賣之農業用地係屬無須申報土地移轉現值之案件，其合於同法（土地稅法）第39條之2第1項規定要件者，依上開規定，應由權利人或義務人提出申請，債權人尚不得代位申請不課徵土地增值稅。」，惟上開函令解釋似有疑義，因法院在拍賣不動產後之分配價金時，除了執行費用外，土地增值稅爲最優先受償，相對地，課徵多少影響債權人及債務人之利益甚鉅，而課徵土地增值稅乃本於公法上之行爲，稅捐機關本應依職權爲之，顯然財政部之上開函釋似有未周慮及，且有與民爭利之嫌，應以任何人均得促請稅務機關爲退稅行爲，自不以當事人爲限，因法院拍賣農地後，債務人通常因債信不良，已避不見面，而權利人即拍定人相對地即可利用農地是否辦理不課徵（或退）土地增值稅之機會與債權人爭利，而使農地之價格操控在拍定人而非市場，顯與市場公開拍賣之原則有違。故行政院農業委員會於89年5月26日以（89）農企字第890124807號函對有關法院拍賣農地案件何人得聲請辦理免徵土地增值稅等疑義，說明三，「有關農業用地作農業使用證明書之申請人，可由土地所有權人或權利關係人任何一方提出申請皆可。」，即債權人亦得申請之，值得參考。但債權人申請時，因債權人並非土地所有權人，如何填具前述之「繼續作農業使用承諾書」？將生疑義。若拍定人（土地所有權人）拒填時如何處理？是否仍不得徵課土地增值稅？依上開處理原則第8條規定「鄉鎮市區公所應組成小組辦理現場會勘，並審核其農業用地是否符合『作農業使用』，如合於作農業使用之情事者，即由鄉鎮市區公所核發農業用地作農業使用

證明書，供申請人持向稅捐稽徵機關及地政事務所申辦不課徵土地增值稅、免徵遺產稅或贈與稅以及移轉登記手續。如有違規使用情事，則予駁回，並副知稅捐稽徵機關。」，即鄉鎮市區公所仍應實際勘查農地是否供農業使用，以為核發農業使用證明書之依據。而核發自應以勘查時為準，又修正之農業發展條例為避免日後農地作非農業使用，或申請人於申請免徵土地增值稅後又作非農業使用，而違反「農地農用」原則，於該條例第37條第3項規定「前二項不課徵土地增值稅之土地承受人於其具有土地所有權之期限內，曾經有關機關查獲該土地未作農業使用且未在有關機關所令期限內恢復作農業使用，或雖在有關機關所令期限內已恢復作農業使用而再有未作農業使用情事者，於再移轉時應課徵土地增值稅。」第4項「前項所定土地承受人有未作農業使用之情事，於配偶相互贈與之情形，應合併計算。」。且為防杜農地投機與維護社會正義，農業發展條例第40條規定直轄市或縣（市）主管機關應會同有關機關定期檢查或抽查，如有違法不作農業使用者，除了應補徵外，並依第69條規定通知主管機關予以處罰及科處一定之罰鍰，故本書認為縱由債權人申請時，經實際勘查時確係供農業使用無誤，自應予核發農業使用證明書，以為不得課徵土地增值稅之證明。又農地本質即應供作農使用，至於嗣後，拍定人是否繼續作業使用或違規使用，乃依法是否應予補徵或科以罰鍰之問題。

參、向債務人追繳書據（強執法第101條）

函催債務人將其所有之不動產所有權狀繳給法院後，轉給拍定人持往地政機關辦理換發所有權移轉登記狀。另如未經拍賣而現由債務人持有債權人書據、印章或其他相類之憑證之執行方法亦同，即先命債務人交付（自動履行命令），執行法院得到場搜取交給債權人（強執法第123條第1項、第2項）並得宣告該書據無效，另作證明書交給債權人（強執法第121條）。若債務人經執行法院命令交出而不交出者，得拘提、管收之或處新台幣3萬元以上30萬元以下之怠金，其續經定期履行而仍不履行者，得再

處怠金（強執法第123條第2項、第128條第1項），以促債務人履行。

肆、外國人購買之情形

應買人為外國人時，拍賣之不動產若有土地法第17條所定各款情形，不得應買。即一、林地；二、漁地；三、狩獵地；四、鹽地；五、礦地；六、水源地；七、要塞軍備區及領域邊境之土地。但投資人雖為外國人，或其投資事業經行政院專案核准者，依外國人投資條例第16條第2款之規定不受限制（應行注意事項第43項第8款）。因此，外國人購買土地為土地法第17條第1項所列各款以外之土地時，應於拍賣公告內記載外國人應買或聲明承受時，應依土地法第20條第1項規定，向土地所在地縣市政府申請核准，並將該縣市政府核准之證明文件附於投標書，始得予以拍定（應行注意事項第43項第9款）。尤應注意外商銀行如美商花旗銀行，保險業如美商喬治亞人壽保險公司等，於該法人承受或應買時，亦同。又承買人如為外國銀行時，除了上開限制外，依銀行法第117條第1項規定「外國銀行在中華民國境內設立，應經主管機關之許可，依公司法申請認許及辦理登記，並應依第五十四條申請核發營業執照後始得營業；在中華民國境內設置代表人辦事處者，應經主管機關核准。」經核准後，始得認定拍定。且基於「立即決斷原則」，財政部於86年1月16日召開「外國人因拍賣抵押物強制執行事件得標買受土地及建物處理事宜」地方法院與地政機關聯繫事宜如下：[101]

（一）執行法院於拍賣不動產，應於拍賣公告載明應買人為外國人者，應檢具相關文件，依土地法第20條第1項規定，向土地或建物所在地方縣（市）政府申請核准得購買該不動產之資格證明，並於參與拍賣時提出。

---

[101] 參照「研商外國人因拍賣抵押強制執行事件得標買受土地及建物處理事宜會議紀錄。」、司法院86年10月27日以（86）院台廳民二字第22665號函、財政部86年10月9日以台（86）內地字第8609303號函。

（二）外國人於拍定買受土地或建物時，由執行法院發給權利移轉證明書，並同時通知縣（市）政府依土地法第20條第3項規定，辦理層報行政院備查手續。

（三）縣（市）政府收到執行法院上開通知後，應即依規定層報行政院，經行政院准予備查後，由縣（市）政府函復申請人憑以向不動產所在地之地政事務所申辦土地或建物所有權移轉登記。但應注意者，依上開決議，外國人參與投標時仍應於投標時提出上開之核准購買不動產之證明，不能事後補正。

伍、繳交尾款

拍定人應依拍賣公告所定期間繳交價金尾款，且因債權人請求金額利息之計算，是計算價金全部繳交之日止，故拍定人繳交價金之期限不得展期，拍定人聲請延展亦不應准許（應行注意事項第16項第3、6款）。有疑問者，在競買為同額時，如拍定人未按時繳款是以原價格為準或以增加之價格為準，曾有不同之見解，實務上以該「原拍賣之價金」係指強執法第90條第1項當場增加之金額最高者而言，蓋執行法院即以此定拍定價格，拍定人亦以此繳足價金，故以增加後之價格為準[102]。又繳交之價金，其

---

[102] 參照第37期司法業務研究會法律問題提案：

法律問題：某甲、某乙向執行法院標買不動產所出之最高價格相同，經當場增加金額，由某甲最高而得標。後某甲未於公告所定期限內繳足價金，某乙未按原投標條件承買，執行法院再行拍賣、後再行拍賣之價金低於原拍賣價金及因再拍賣所生之費用，依強執法第113條準用第68-1條第1項定，某甲應負擔差額。該第68-2條第1項之原拍賣價金係指何者？

甲說：該「原拍賣之價金」係指強執法第90條第1項當場增加之金額最高後之金額而言，蓋執行法院即以此定拍定價格，拍定人亦以此繳足價金，故以增加後之價格為準。

乙說：原一原拍賣之價金」係指某甲、某乙原投標出價相同之金額。蓋某甲未繳足價全時，某乙仍得按原定投標條件依法承買，故某甲應按原投標出價之金額負擔差價。

結論：採甲說。另陳計男著強執法釋論，第443頁，元照出版社，亦採相同見解。

所有權之歸屬為債務人所有，按執行法院拍賣不動產所得價金，除先扣除執行費用，再分配予各執行債權人後，倘尚有餘額，應交付債務人，此觀之強執法第113條、第74條之規定自明，足見執行法院依法持有之拍賣價金，在未分配交付執行債權人前，其所有權仍歸屬於債務人，即執行法院僅係基於公權力代替債務人立於出賣人地位而占有而已[103]。

陸、拍定人取得權利

一、拍賣之不動產，買受人自繳足價金後，執行法院應發給權利移轉證書，買受人（或承受人）自領得執行法院所發給權利移轉證書之日起，取得該不動產所有權（強執法第97條、第98條第1項）。執行法院並應於五日內按拍定人（或承受人）名義發給權利移轉證書（應行注意事項第56項第1款），不得依拍定人之意思指定移轉登記予以第三人。因此，拍定人應於取得權利移轉證書後不待辦理所有權移轉登記，即得行使所有權之權利，並得聲請點交不動產（指拍賣公告註明點交之情形）。至未辦保存登記之不動產部分，因拍賣是買賣不動產之所有權，由於未辦第一次保存登記緣故，僅拍定人不得持執行法院核發之權利移轉證書前往地政機關辦理所有權移轉登記而已。但拍賣違章建築之房屋而債務人非原始建築人時，究係拍賣其所有權抑為交付請求權？實務上亦有不同之見解，多數說以拍賣所有權，認為所謂違章建築之房屋，乃違反建築法規定而建築之房屋，現行法律並無違章建築之房屋不得辦理所有權移轉登記之明文，依法律行為取得違章建築房屋者，依法自有辦理所有權移轉登記之義務，從而，債務人非違章建築房屋之原始建築人而未辦理移轉登記時，自以拍賣其所有權為宜，若認如拍賣其交付請求權者，則自拍定後進而法院發給權利移

---

[103] 參照最高法院89年度台非字第388號刑事判決、台灣高等法院台中分院86年度抗字第1180號裁定、88年度抗字第1322號裁定。

轉證明書後，如該原始建築人即予擅將該違章建築之房屋所有權移轉
登記與第三人，反使法院徒增困擾，而對拍定人無法辦理，如非認為
拍賣所有權糾紛特多，尤以不得依強執法第99條點交與拍定人，則影
響拍賣價格，況向例均拍賣所有權並無何實務上難題[104]。又權利移
轉證書尚未發給拍定人，而查封之土地於拍賣前或拍賣後被徵收時，
應如何處理？實務上見解認為若拍賣前被徵收之情況，以裁定撤銷該
次拍賣程序，以拍賣之標的物於拍賣時已非債務人所有，予以拍賣不
合法。按不動產之公用徵收，非以登記為國家取得所有權之要件（民
法第759條），依土地法第235條規定「被徵收土地之所有權人，對
於其土地之權利義務，於應受之補償發給完竣時終止」，準此，經政
府合法徵收之土地，只須政府對所有人之補償發放完竣，即由國家
取得被徵收土地之所有權，又查封土地於拍賣被徵收，債務人對政府
（第三人）即有補償金請求權。該項補償未發給債務人完竣前，政
府尚未取得所有權，查封之土地縱被徵收，執行法院固非不得進行拍
賣，但為免使拍賣後之處理發生困擾計，以不予拍賣為宜。其執行程
序自應改依對於第三人金錢債權之執行程序辦理為當。至拍賣後被徵
收之情形，因拍賣當時土地尚屬債務人所有，並無拍賣無效或撤銷之
原因，執行法院不得以土地被徵收為由，任意宣告拍定無效或予以撤

---

[104] 參照台灣高等法院暨所屬法院55年度法律座談會民事執行類第46號提案結論，
但反對說認為（即乙說）民法第248條規定，物之出賣人負交付其物於買受人，
並使其取得該物所有權之義務，惟違章建築之房屋，因無法辦理所有權第一次登
記，自無法辦理所有權移轉登記與買受人，因之買受人僅取得所有權移轉登記請
求權，及交付其物之交付請求權，買受人既未取得所有權，法院自不得拍賣所有
權，況強執法第98條規定，拍賣之不動產買受人自領得執行法院所發給權利移
轉證書之日起，取得該不動產所有權。違章建築依法並不得辦理所有權第一次登
記，因之其後雖經買賣移轉，均不得辦理所有權移轉登記，其所有權仍屬於原始
建築人，而法院竟發給所有權移轉登記證書，無異以公權力承認違章建築之合法
性，並使用一物上同時有二個以上之所有權存在，（因原始建築人既非債務人，
亦即非出賣人，其所有權自不因法院非以其為當事人之拍賣而消滅，買受人則因
依強執法第98條之規定而取得所有權，因之將使二所有權併存於同一物上矣）殊
有背於法理，故僅拍賣交付及移轉請求權。

銷[105]。債務人之土地所有權在政府發放補償完竣前，既尚未喪失，執行法院於拍定人繳足價金後，自非不得發給權利移轉證書。惟如政府發放補償完竣，政府即取得土地所有權，債務人對拍定人應履行移轉之給付，陷於給付不能，依民法第225條第1項規定代債務人為出賣人地位之執行法院，因免給付義務，自不得核發權利移轉證書。此時，執行法院僅能告知拍定人速依同條第2項規定速謀救濟，且此時不得執行該補償金，而應由拍定人逕向政府領取或命債務人交付其受領之補償。土地法第235條雖規定，被徵收土地之所有權人，對於其土地之權利義務，於應受之補償發給完竣時終止。此際始由國家取得被徵收土地之所有權；但依同法第232條第1項規定「被徵收之土地公告後，除於公告前因……強制執行……而取得所有權或他項權利，並於公告期間內聲請登記者外，不得移轉或設定負擔。」，此之所謂因強制執行而取得所有權，係指因領得執行法院所發給之權利移轉證書，依強執法第98條及民法第759條之規定，不待登記而取得所有權者而言，是經公告徵收之土地，在發給補償完竣前，雖仍屬債務人所有，但依法既不得移轉，自不得再為強制執行之標的。故執行法院查封拍賣中之土地，一經政府公告徵收，除於公告前業已發給權利移轉證書者外，應即停止對該土地之執行，其已拍定者，依土地法上述之強制規定，亦不得再發給權利移轉證書，應撤銷已為之查封、拍賣程序，改依對於其他財產權之執行程序，就債務人應受之補償地價及其他補償費執行之[106]。

二、倘拍賣之標的物為國民住宅及其基地時，拍定人應持憑法院核發之權利移轉證明書申辦不動產所有權移轉登記，登記機關是否無須再審查國民住宅主管機關核准證明文件？依據內政部於87年10月15日邀同司

---

[105] 參照台灣板橋地方法院82年3月份法律座談會。

[106] 參照司法院82年8月12日（82）廳民二字第15217號函復台高院，錄自司法院公報第35卷第10期。

法院、省（市）地政機關及國宅機關研商結論認為僅拍定人持憑法院核發之權利移轉證書申辦不動產所有權移轉登記，登記機關無須再審查國民住宅主管機關核准證用文件[107]，以免擾民。所以承辦國宅拍賣時，對買受人之資格仍應於拍賣公告中詳載，並確實審核，以免糾紛。

三、拍賣之不動產，其危險負擔之時點為何？有認為：拍賣之不動產，買受人自領得執行法院所發給權利移轉證書之日起，取得該不動產所有權；拍賣物買受人就物之瑕疵無擔保請求權，為強執法第98條第1項、第113條、第69條所明定，是拍定人取得拍定物之所有權後，對於拍定物上之任何瑕疵，皆應承受，並無民法上物之瑕疵擔保請求權之適用；且依強執法第99條第1項之規定，僅於「債務人應交出之不動產，現為債務人占有或為第三人占有者」執行法院才應解除占有點交於買受人或承受人，亦即拍定人取得拍定物之程序，非必以點交為要件，故應以拍定人取得法院所發權利移轉證書之日即取得該拍定物所有權之時，為拍定物之利益及危險移轉之時點[108]；有認為：按強執法第68條規定：「拍賣物之交付，應於價金繳足時行之。」，此項規定自屬強制執行應遵守之程序。本件拍賣之執行標的物，既有部分於交付前已經滅失而不存在，則就拍賣標的物已經滅失部分，已無法於相對人價金交付之同時點交與相對人，雖「拍賣物之買受人，就物之瑕疵無擔保請求權」（強執法第69條），惟仍不排除拍賣標的物之交付。部分拍賣標的物既已滅失，執行法院無從點交與相對人取得，則債務人自應返還該滅失拍賣標的物部分之價金與相對人[109]，即以

---

[107] 參照內政部87年11月21日台（87）內字8783641號函、台灣高等法院87年12月11日（87）院仁文速字第16839號函。

[108] 參照最高法院89年台抗字第166號裁定，陳計男著強執法釋論，第443頁，元照出版社。

[109] 參照最高法院85年度台抗字第198號裁定，張登科著強執法，第369頁。

交付時爲準。按法院拍賣之不動產其危險負擔，應以何時爲準，強執法並無規定，惟按拍賣本質上乃適用私法上之買賣，又法院之拍賣固依強執法第98條第1項規定，自領得執行法院所發給之權利移轉證書之日起，取得該不動產所有權，惟此乃指取得不動產之物權而言，此觀之民法第759條規定「因繼承、強制執行、徵收或法院之判決或其他非因法律行爲於登記前已取得之不動產物權者，應經登記，始得處分其物權。」，即依強制執行拍賣取得之物權不以登記爲生效要件，僅於將來要處分時，始須辦理登記，然對因買賣之債權行爲，則應依民法第348條第1項規定使買受人取得該拍賣物之義務，即執行法院乃代債務人爲執行行爲，當負有此義務，故依民法第373條規定「買賣標的物之利益及危險，自交付時起，均由買受人承受負擔，但契約另有訂定者，不在此限。」，是不動產買賣除契約另有訂定外，雖拍定人已取得不動產物權之所有權，如尙未交付，仍應由出賣人承受危險負擔，始爲合理。易言之，未取得占有，即應負擔危險責任實與公平正義有違也。再者，有謂日本民事執行法有規定，於買受人繳交價金時，即應承受危險負擔，惟依日本民事執行法第79條規定「買受人於繳納價金時取得不動產。」，依該規定而取得不動產與我國強執法第98條第1項規定取得不動產所有權意義不同，且二國之執行制度亦不同，自難比附援用。又有謂如不動產拍賣公告爲不點交時，其危險責任，將不確定，但如拍賣公告約定爲不點交，則承受人即僅取得物權之所有權，拍賣內容顯然不包括債權之交付占有在內，自無危險負擔之問題。至拍賣物之交付，除了點交外，債務人爲交付者亦包括在內，即無論爲點交或債務人之交付行爲，均以交付占有時，始由拍定人負擔危險責任，如在交付前，標的物滅失者，除了上述不點交外，拍定人仍可依嗣後給付不能之規定（民法第256條）解除契約。解除契約後，拍定人所繳交之價金，得請求返還，如已分配給執行債權人，仍得依不當得利之法律關係對執行債權人請求返還，此乃實務上

現行之見解[110]。

柒、公告書據無效，另作證明書給拍定人

公告債務人未交出之書據無效，另作證明書發給債權人或承買人（強執法第101條）。但如拍賣公同共有之權利者，只能發權利移轉證明書。

捌、塗銷查封及抵押權、優先權登記

拍定人（或承受人）繳清價金後，執行法院應即 (1) 塗銷查封登記；(2) 塗銷抵押權、優先權登記。即存在於不動產上之抵押權及其他優先受償權（如禁止處分），因拍賣而消滅（強執法第98條第3項前段），這是強執法修正之重大變更，即無論抵押權人及優先權人是否行使其權利，均因拍賣而消滅，使物權之追及力因而中止。但有下列例外：

一、拍定後，因抵押權所擔保之債權未定清償期或清償期尚未屆至，而拍

---

[110] 按拍賣原存在於債務人（即出賣人）與拍定人之間之關係，惟經撤銷拍賣或買賣無效，而使拍定人所繳交之價金，因分配而分配給債權人，則債權人受償分配之金額，本與拍定人所繳交之價金無因果關係，惟如因此而認為拍定人所繳交之價金不得向受償分配之債權人求償，似欠公平，故實務上，最高法院90年第一次民事庭會決議，乃決議將62年台上字第1893號之判例予以維持，另對87年台上字第2993號判例，則不予選列，此錄該二則判例如下：

（一）最高法院62年台上字第1893號判例：「兩造既經訴訟，被上訴人應徵之土地增值稅，應否優先於上訴人之抵押權以獲清償，上訴人自應受上開訴訟確定判決之拘束，今既判決確定被上訴人勝訴，則上訴人前由法院依分配表受領之系爭款項，即成為無法律上之原因而受領，定其受領時雖有法律上之原因，而其後已不存在，仍屬民法第179條後段之不當得利，被上訴人既因而受有損害，依不當得利之法律關係請求返還，自屬正當。」

（二）最高法院87年台上字第2993號判例（民法第179條）：「執行法院拍賣抵押之不動產，經拍定人繳納價金，如該拍賣為無效，執行法院即應將拍定人所繳納之價金退還，不得以之分配於抵押權人；縱已分配終結，無從由執行法院退還該價金予拍定人，惟其既非抵押物賣得價金，抵押權人對之即無行使抵押權優先受償之可言，其受領分配款，自屬無法律上原因而受利益，致拍定人受損害，拍定人得依不當得利之法則請求返還。」

定人或承受抵押物之債權人聲明願在拍定或承受之抵押物價額範圍內清償債務，經抵押權人同意者，則予以保留不塗銷（強執法第98條第3項後段、民法第873-2條第3項），即民間俗稱「揹胎」。又拍定人有上開情形而不塗銷者，應於執行法院通知繳交價金期限前聲明之。但有疑問者，抵押債權經由買受人承受，是否限於先順位之抵押權，或是限於其所擔保之債權未定清償期或尚未屆至者始可准許，實務上有不同之見解，否定說認為「限於先順位抵押權，其所擔保之債權未定清償期或清償期尚未屆至，且可由不動產賣得價金獲得清償，始可適用，故行使抵押權之債權或抵押權擔保之債權已屆清償期者，均不得由買受人承受。」[111]。法律雖有上開規定，惟實務上及基於便利上，以不限於上揭為限，即「先順位抵押權人聲請拍賣抵押物，後順位抵押權人無論有否參與分配，設經拍定人或承受抵押物之債權人及先順位與次順位抵押權人同意，仍非不得由拍定人或承受之債權人承受該抵押權，又普通債權人指聲請查封拍賣已設定不動產抵押權之情形，執行債權人、拍定人或承受人之債權人及抵押人之同意，亦得准由拍定人或承受人之債權人承受抵押債權。再者，抵押權所擔保之債權定清償期，而其清償期亦已屆至之情形，拍定人或承受抵押物之債權人及抵押權人之同意，由買受人承受抵押權，依當事人進行主義之原則，解釋上，仍應予准許[112]。且此情形乃因拍定後由拍定人（或承買人）與抵押權人之協議而不塗銷，並不違反塗銷主義之立法原意。又拍定人有上開情形而不塗銷者，應於執行法院通知繳交價金期限前聲明之。

二、存在於不動產之地上權、永佃權、地役權及典權等用益物權，具有物權之追及效力，故不塗銷，即採「不動產拍賣之承受主義」。至於

---

[111] 參照楊與齡編著強制執行法論，85年10月修正版，第572頁。

[112] 參照莊柏林著「不動產拍賣之剩餘土義塗銷主義與承受主義」論文，法令月刊，第48卷，第7期，第18頁以下。

　　租賃權，依民法第425條規定，亦不因租賃物所有權之讓與而受影響者，亦同。且此等權利均係以對於不動產之使用收益爲目的，故除其權利係發生於抵押權設定之後，經執行法院依法除去其權利而爲拍賣，使其權利因拍賣而消滅者外，原則上應由拍定人承受之（強執法第98條第2項）。

三、訴訟登記亦不塗銷，依民事訴訟法第254條第1項規定「訴訟繫屬中爲訴訟標的之法律關係，雖移轉於第三人，於訴訟無影響。但第三人如經兩造同意，得聲請代當事人承當訴訟。」，第5項「第一項爲訴訟標的之權利，其取得、設定、喪失或變更，依法應登記者，於起訴後，受訴法院得依當事人之聲請發給已起訴之證明，由當事人持向該管登記機關請求將訴訟繫屬之事實予以登記。訴訟終結後，當事人或利害關係人得聲請法院發給證明，持向該管登記機關請求塗銷該登記。」，因訴訟登記僅具公示作用，使利害關係人得以知悉訴訟標的之權利在訴訟之事實，其本質不影響權利之行使及價值，故只要待訴訟終結，兩造或利害關係人即得聲請塗銷，與標的物是否拍定無關，故不塗銷。

四、不動產經法院或行政執行分署拍賣，囑託登記辦理塗銷查封登記，或登記機關辦理繼承、徵收等其他非因法律行爲所生之權利移轉登記時，得逕行辦理塗銷刑事訴訟法第116條之2規定之禁止處分登記，並於登記完畢通知原囑託禁止處分機關（司法院108年10月28日院台廳刑一字第080027893號函、內政部108年10月9日台內地字第1080141087函參照）。

玖、製作分配表

　　另於本編第五章詳述。

拾、拍定人應自行承擔之責任

此所指是因有不特定因素，而非於拍賣條件中註明，但拍定後拍定人即依法有承受之義務者：

一、工程受益費

拍定人於拍定後應承擔工程受益費始得移轉，依工程受益費徵收條例第6條第3項規定「第一項受益範圍內之土地及其改良物公告後之移轉，除因繼承者外，應由買受人出具承諾書，願依照規定繳納未到期之工程受益費或先將工程受益費全部繳清，始得辦理移轉登記，經查封拍賣者亦同。」，即債務人尚未繳納之工程受益費，拍定後由拍定人承擔。

二、繳交契稅

依契稅條例第4條規定「買賣契稅，應由買受人申報納稅。」，第2條第1項但書「但在開徵土地增值稅區域之土地，免徵契稅。」，亦即繳交契稅之不動產以房屋為主，而依規定即由承買人繳納，並按得標價額核計課徵。

三、繳交地價稅

依土地稅法第51條第1項規定「欠繳土地稅之土地，在欠稅未繳清前，不得辦理移轉登記或設定典權。」，而土地稅分為地價稅、田賦及土地增值稅（土地稅法第1條）。土地稅中之土地增值稅於法院拍賣時即予扣繳，然債務人積欠之地價稅即影響土地所有權之移轉，且未繳清前不得辦理移轉登記，故仍要由拍定人先行負擔。

四、差額地價

依平均地權條例第60-1條第4項規定，未繳差額地價之土地，不得移

轉，但因繼承而移轉者，不在此限。故拍賣時應於拍賣公告中記載，作為拍賣之條件，並由拍定人承受。

拾壹、點　交

另於本章第五節詳述。

第四目　未拍定之情形

一、發還保證金

開標後凡未得標，或係停止拍賣者，執行法官、司法事務官、書記官應即時於投標人持有之臨時收據第三聯上「未得標或停止拍賣，應予發還」欄簽名或蓋章，交還投標人持向出納室領回原繳保證金，出納室核對聲請書及存根無誤後，退還原繳保證金時，命投標人在該聯收據上「原款如數領回」欄簽名或蓋章，並註明時間後，立即將該收據黏貼存根，通知會計室補製收支傳票。但通訊投標之保證金，當場憑身分證明文件、交寄投標書之郵局執據及與投標書相符之印章退還之；投標人未到場者，其保證金應交由會計室入帳處理，並通知投標人依規定領取之（應行注意事項第47項第8款），故投標人之投標書經執行法院認定為廢標或落標時，應即發還保證金，實務上，以開標後當場辦理，由廢標、落標之投標人持原蓋在投標書之印章及身分證，經執行法官、司法事務官核對無誤後，即予發還，並由書記官在投標書之發還處及拍賣筆錄蓋章。

二、無人應買之情形

拍賣不動產時，應買人欠缺法定資格條件者，其應買無效。如無其他合於法定要件之人應買者，應認「無人應買」（應行注意事項第51項第5款），即投標當日無人參與投標及雖有人參與投標，但未符合拍賣公告

所定之條件及最低價額，如拍賣耕地，私法人未提出主管機關准許購買證明書等，執行法院應諭知到場之債權人得於拍賣期日終結前聲明承受。而聲明承受之債權人不以有執行名義者爲限，無執行名義而依法對於執行標的物有擔保物權或優先受償權之債權人，經聲明列入分配者，亦得承受之（應行注意事項第51項第4款），即上開所指得承受之債權人，包含有、無執行名義之債權人在內，甚至稅捐機關亦得承受之，只要利用本次強制執行程序得分配之債權人均包括之，其他非利用本次強制執行程序之債權人則不得承受，雖強制執行採團體分配主義，但逾強執法第32條第1項所規定之標的物拍賣、變賣終結之日一日之前者，如有餘額仍就餘額分配，惟仍屬另一執行程序，故此逾期之債權人自不得承受。另承受須於期日到場，所指期日，依強執法第30-1條準用民事訴訟法第158條規定以朗讀案由爲始立法本意，故僅指地方法院開標之時點而已，並非當日整日，尤應辨明。故執行法院於無人應買時，應即點呼債權人是否承受，而到場之債權人如願意承受，應於該執行法院拍賣期日，即定早上拍賣者，應於上午9時半至11時，下午拍賣者，應於下午2時至4時（應行注意事項第49項第1款），並於拍賣終結前向執行法院表示，經表示後，執行法院應依該拍賣最低價額交債權人承受，並通知應於七日內繳交價金，繳清後，即按拍定人拍定之程序辦理，已如前所述（強執法第91條第1項）。又如「債權人有二人以上願承受者，以抽籤定之。」，「承受不動產之債權人，其應繳之價金超過其應受分配額者，執行法院應限期命其補繳差額後發給權利移轉證書，逾期不繳者，再行拍賣。但有未中籤之債權人仍願按原定拍賣條件依法承受者，不在此限。」（強執法第94條第1、2項）。但一般債權人爲免先繳價金，再發還之不便，得主張以債權抵繳亦可，故毋庸預先繳保證金[113]。債權人有二人以上願承受者，以抽籤定之（強執法第94條第1項），與投標時出價相同者，以當場增加之金額最高者爲得標人，如無人增加價額者，再以抽籤定其得標人之規定不同（強執法第90條第1項）。

---

[113] 參照台灣高等法院93年法律座談會民事執行類第24號提案。

又經核定承受後，如承受應繳之價金超過其應受分配額者，執行法院應限期命其補繳差額，始得發給權利移轉證書（強執法第94條第2項前段）。

三、錯誤認定得標之處理

（一）按投標人所投之投標書，雖經執行法官認定為符合拍賣條件，但事後審查結果發現最高標應屬廢標時，或不符合拍賣條件者，如何處理？實務上之見解不一，有認為決標程序違法，應撤銷該次拍賣程序，重新再行拍賣，即恢復原來之拍賣程序；有認為應由符合條件之次高標之投標人得標，因只須將得標之最高標撤銷即可，毋庸重新拍賣[114]。二說各有見地，實務上採後說。蓋因僅認定得標程序錯誤而已，並非全部拍賣程序有瑕疵，故以宣告由次高標或符合拍賣條件者得標即可，又倘若無次高標或符合拍賣條件者，應以無人應買論，以定下次拍賣程序。但理論上，仍有疑義，因採後說者，若次高標者，前經執行法院宣告廢標後不再表示承買者，如時過太久，資金已挪他用，現已無資金可購買等，將如何處理？自有待深究，因原買賣契約（投標）已經執行法院宣告不成立（落標），是否仍強迫次高標者應買？似有違常情。且若無次高標者，於無人應買時，是否仍須詢問債權人之意見，是否願意承受？但該詢問是否違反強執法第91條第1項承受之要件「應於拍賣期日終結前」表示之規定？故本書認為應以採折衷說，即詢問次高標者（符合拍賣條件者）之意見，其願意承買者，由其承買，以免影響其權益；若次高標者不願意承買者，則應撤銷該次拍賣程序，重新拍賣，恢復原拍賣程序，即如第一次拍賣程序，再拍賣者，仍定為第一次拍賣程序也。

（二）拍賣之不動產為第三人所有時，依實務上之見解，有採無效

---

[114] 參照民事法律專題研究，第205、206頁，司法院第21期司法業務研究會、民事去律專題研究（十），第198、199頁。

說[115]；有採得撤銷說[116]。前者認爲買賣標的物爲第三人所有，自屬給付不能，依民法第246條第1項前段規定爲無效；後者認爲出賣人以第三人所有之物爲買賣標的物與買受人訂立之買賣契約，並非所謂以不能之給付爲契約標的，故不得依民法第246條第1項前段規定認定買賣契約爲無效，實務上多數說爲無效說。在執行程序中，以拍賣第三人之物較多者爲未保存建物，故在查封時宜盡調查之能事，以避免爭議，但如第三人仍主張爲有所有權時，仍應勸諭另提第三人異議之訴，因執行法院無實體審查權；但如查封之不動產，當事人均不爭執爲第三人所有或已經法院判決認定爲第三人所有者，此際執行法院應依聲請或依強執法第17條規定以職權撤銷其執行處分。

四、再行拍賣，實務上常見發生之原因有

（一）無人應買（強執法第92條前段）。

（二）有人應買，但投標不符合拍賣條件及底價者（強執法第92條前段）。

（三）債權人不願意承受者。

（四）債權人未到場或逾拍賣期日始表示承受者。

（五）投標人逾期未繳交價金（尾款）者，除底價相同者，得由未中籤之投標人表示按原拍賣條件承買外（強執法第90條第2項），此時，執行法院得依強執法第94條第3項準用第68-2條之規定，再行拍賣，並以職權裁定其拍賣差額，對原拍定人之保證金執行，不足抵償差額時，亦得對原拍定人之財產權強制執行，而此補繳差額價金之裁定，屬強執法第4條第1項第6款規定之其他法律規定得

---

[115] 採得撤銷說，參照最高法院71年台上字第368號判決。

[116] 採無效說，參照最高法院62年台再字第100號判決、30年上字第2203號判例、司法院院字第578號解釋等。

爲強制執行之執行名義，於對拍定人強制執行時，爲另一執行程序，故拍定人之債權人亦得參與分配。而投標人有上開情形時即有補繳差額價金之義務，故是否投標或承受均須謹愼。但宜注意者，再拍賣時，原投標人（即拍定人）不得應買（強執法第113條準用第68-2條第1項）。

（六）承受人逾期未繳交價款者，但多數債權人表示承受，而未中籤者，於原承受之債權人逾期不繳，得按原拍賣條件承受外，仍要負強執法第68-2條規定之責任。而此再行拍賣者，仍依原定之拍賣次數爲拍賣，如原來是第二次拍賣而有拍定人未繳尾款價金，因而再行拍賣時，下一次進行者仍爲第二次，而非第三次，因上開規定爲再行拍賣並非規定再減價拍賣，尤應注意。

（七）拍賣無實益之情形，民事強制執行以實現債權人之債權爲目的，倘應查封之不動產可能賣得之價金，經清償執行費及優先債權後，已無剩餘之可能者，債權人之債權即無實現之可能。故新修正之強執法特別增設拍賣無實益之規定，以禁止執行，並免徒勞無益。就強執法之規定如下：

1. 拍賣無實益之原因，須不動產之拍賣最低價額不足清償優先債權及強制執行之費用者（強執法第80-1條第1項前段），即不應拍賣，這種情形之發生可能在第一次拍賣前經鑑價結果即發生，亦有可能不動產經多次拍賣而未拍定始發生上開情形，故執行時，每一次定拍賣底價時，即應注意。又所謂「不足清償優先債權」是指被擬制的參與分配優先權之無執行名義債權人之債權而言（強執法第80-1條第1項），因此，拍賣時係由順位在先之抵押權人或其他優先受償人聲請拍賣時，仍應予拍賣（強執法第80-1條第3項），即該優先受償債權人爲有執行名義並已聲請強制執行，自有發動執行之權利。又清償之執行費包括土地增值稅、房屋稅、地價稅、貨物稅及其他一切稅捐等（稅捐稽徵法第6條），因上開稅捐爲優先受償，應先予扣繳。

簡言之，不動產於得拍賣之情形，須足以清償執行費、上開稅捐及無執行名義之優先債權，否則不得進行拍賣，此即拍賣無實益。但對有最高限額抵押權之債權人不申報債權時，而其所登記之最高限額抵押權之債權即為執行法院所知，實務上，認應以該債權決定該不動產拍賣有無實益（但有反對說，參見參與分配章詳論）。舉例言之，普通債權人甲以乙有新台幣100萬元之確定支付命令查封乙之房地，然該不動產上另有抵押權人丙、丁、戊分別設定500萬元、400萬元、300萬元之最高限額抵押權，嗣法院以底價1,200萬元拍賣該房地並無人應買，債權人亦不願承受，旋執行法院命抵押權人丙、丁、戊陳報實際債權，該三人均置之不理，則執行法院應依強執法第80-1條規定以拍賣無實益處理[117]。

2. 拍賣無實益之禁止，對次順序抵押權人或其他優先債權人均有適用（應行注意事項第42-1項）。

3. 拍賣無實益之後續程序（強執法第80-1條）

(1) 執行法院應將無實益之事由通知債權人。

(2) 債權人於受通知後七日內，得證明該不動產賣得價金有賸餘可能或指定超過該項債權及費用總額之拍賣最低價額，並聲明如未拍定願負擔其費用而聲請拍賣。若債權人七日內為該聲請時，執行法院應定期拍賣，惟所定底價必須在執行費用、土地增值稅及抵押權（含其他優先權，如船舶優先權、稅捐優先權等）總額之上，例如執行費經初估為新台幣3萬元，土地增值稅（可先函稅捐機關依公告現值核算，參照土地稅法第30條第1項第5款）30萬元，抵押權所擔保之債權200萬元，則定底價時，應為233萬元以上。如以該底價拍賣而未拍定者，債權人亦不承受時，執行法院應公告願買受

---

[117] 參照司法院第37期司法業務研究會法律問題提案結論。

該不動產者，得於三個月內依原定拍賣條件爲應買之表示，執行法院於訊問債權人及債務人意見後，許其應買，但非須得債務人及債權人同意，即在詢問其有無更高價格者，爲應買與否而已。又債權人復願承受者亦同。倘逾三個月無人應買或承受者，執行法院應撤銷查封，將不動產返還債務人。又上開三個月內應買者，只要有人表示，並經執行法院准許，執行程序即爲終結，並不必等待三個月期滿始決定何人應買。上開三個月之期間於85年10月9日修正之強執法規定原爲六個月，後爲疏解執行案件，於89年2月2日修正爲三個月，以加速執行之進行。

(3) 債權人經執行法院通知七日後未爲任何聲請者，執行法院應撤銷查封，將不動產返還債務人。實務上，對債權人拍賣無實益，除了以拍賣抵押物裁定聲請執行外，均會發債證予債權人，以便日後發現債務人之財產時，再聲請繼續執行。

4. 拍賣無實益之例外

若查封之不動產拍賣無實益，惟該不動產已併付強制管理之情形，或債權人已聲請另付強制管理，而經執行法院認爲有實益者，應予強制管理（強執法第80-1條第4項），即不得撤銷查封將不動產返還予債務人。而強制管理之方法同不動產之強制管理（強執法第103條至第112條）。

五、再行拍賣之程序

（一）再行拍賣時，執行法院應酌減拍賣最低價額，酌減數額不得逾百分之二十（強執法第91條第2項、第92條）。而酌減數額，執行法官應斟酌當地經濟狀況以減少適當金額，不宜一律減少原拍賣底價百分之二十）（應行注意事項第52項），如原不動產有租賃存在，經除去後，因可點交，故再行拍賣時，不宜一律減少百分之二十。

（二）再行拍賣之次數是指第一次有上開再行拍賣原因，而再拍賣，第二次拍賣亦同。但經第三次拍賣者，仍有上開再行拍賣原因者，依強執法第95條第1項前段規定，應於第三次拍賣終結後十日內公告依特別拍賣程序進行。

（三）經第三次拍賣後，原依85年10月9日修正之強執法第95條第1項前段規定應為強制管理者，並在管理中，得經依債權人或債務人聲請減價或另行估價拍賣，或強制管理顯有困難，或無實益者，執行法院得逕行減價或另行估價拍賣。得再行第四次拍賣，又依強執法第95條第2項規定適用第91條至第94條之規定，故得再減價拍賣至第六次。經第六次拍賣後仍無人應買者，即不得再減價拍賣，應依強執法第95條第3項規定依特別拍賣程序進行（參見強執法第95條之立法理由）。但依89年2月2日新修正之強執法第95條規定，刪除了強制管理及縮短一般拍賣次數為三次。

六、特別拍賣程序之解析

（一）特別拍賣之立法意義

司法院為疏解各地方法院民事執行處之案件量，遂研究修正強執法部分條文，乃參考日本民事執行規則第51條規定「特別賣卻」之立法例，增修強執法第95條第3項之特別拍賣程序（有稱為特別變賣程序）。嗣因仍無法疏解案件，乃再次修法，於89年2月2日再度修正公布第95條第1項為「經二次減價拍賣而未拍定之不動產，債權人不願承受或依法不得承受時，執行法院應於第二次減價拍賣期日終結後十日內公告願買受該不動產者，得於公告之日起三個月內依原定拍賣條件為應買之表示，執行法院得於詢問債權人及債務人之意見後，許其買受。債權人復願為承受者亦同。」第2項「前項三個月期限內，無人應買前，債權人亦得聲請停止前項拍賣，而另行估價或減價拍賣，如仍未拍定或由債權人承受，或債權人未於該期限內聲請另行估價或減價拍賣者，視為撤回該不動產之執

行。」第3項「第九十四條第二項、第三項之規定，於本條第一項承買準用之。」，將原第95條條文中有關「強制管理及再減價拍賣或另行估價拍賣之規定刪除，以利程序之速度。」（見立法理由），但因執行實務上仍發生很多問題，且各法院做法又常不一致，爲了兼顧理論與實務，爰將特別拍賣程序解析如下。

（二）特別拍賣程序

1. 前　言

依85年增修之強執法第95條之規定，通說認爲一般拍賣程序合計共爲六次，即舊法第95條第2項適用第91條及第92條規定之結束，於強制管理，須再經三次減價拍賣或另行估價拍賣後經二次減價拍賣而未拍定，始進入特別拍賣程序。其立法理由明示「不動產經二次減價拍賣無結果，再依本條規定減價或另行估價拍賣三次（合計共經六次拍賣）仍無結果，……」。故實應經六次拍賣，債權人亦不願承受時始進入特別拍賣程序。但89年2月2日修正公布後，於第95條第1項規定經二次減價拍賣而未拍定之不動產，執行法院應於第二次減價拍賣期日終結後十日內公告願買受該不動產者，得於三個月內依原拍賣條件爲應買之表示，故修正後，一般拍賣程序之次數爲三次，之後，即逕進入特別拍賣程序，毋庸行強制管理程序，且將原規定之特別拍賣公告期間六個月縮短爲三個月，以免案件廷滯。

2. 何謂特別拍賣程序？

所謂特別拍賣程序是指經第二次減價拍賣後仍有再行拍賣之原因，執行法院應公告願買受該不動產者之不特定人，得於公告期間三個月內依原拍賣條件爲應買之表示，即任何人（含債權人承受）只要符合拍賣條件，均得於三個月內向執行法院表示，只要有應買人表示應買，執行法院即應詢問債權人及債務人意見，以決定是否許其應買，而此「詢問債權人及債

務人意見」，係在讓債權人及債務人了解不動產價額有無漲跌或條件須變更等情形[118]，如按原定拍賣條件之最低價出賣顯失公平者，即不得准許其應買，或如不動產之價格已上漲，且債權人或債務人表示反對，執行法院應不准應買或承受（應行注意事項第54項第1款）等。而此詢問意見並非在徵求債權人或債務人同意。故經通知之債權人、債務人僅能表示不動產狀況及價額意見，最後決定是否准許由應買人依特別拍賣程序應買者乃執行法院，即倘合乎市場價格，縱債權人或債務人不同意出賣，亦無影響執行法院准許應買人為應買之效力。但執行法院對債權人、債務人為反對者應以裁定駁回之。又行特別拍賣程序只要於三個月內有應買人願意買受即應實踐上開程序，不須待三個月期滿，且行特別拍賣程序之拍賣僅有一次（即第四次）。又此「三個月」之期間，係自法院公告之當日起算，非翌日，且不扣除在途期間[119]。於三個月內有依強執法第10條規定聲請暫緩執行而暫緩或依第18條規定聲請停止執行而停止者，於暫緩或停止原因消滅後續行執行時，該暫緩或停止前後之期間應合併計算[120]，如特別拍賣程序中已經執行法院許其應買後，買受人逾期不繳納價金者，應再行拍賣，而此謂再行拍賣係指回復原來再行特別拍賣程序，重行公告三個月，原買受人不得應買，並應負擔再行拍賣所生費用（強執法第113條準用第70條第6項[121]）。另特別拍賣程序於公告三個月內，如有人為應買之表示，執行法院詢問債權人及債務人之意見後，未許其應買前，債權人得撤回強制執行，但應買人不得撤回應買之表示[122]。又如被擬制之參與分配之第一順位或其他前順位抵押權人係在特別拍賣程序之公告期間，尚未有

---

[118] 參照楊與齡編著強制執行法論，85年10月修正版，第536頁；張登科著強制執行法，86年2月修正版，第340頁。

[119] 參照司法業務座談會第49期第6號題提案。

[120] 參照台灣高等法院87年法律座談會民事強制執行類第1號提案。

[121] 參照司法業務座談會第49期第53號提案。

[122] 參照司法業務座談會第49期第45號題提案。

人應買前撤回執行，致其他併案債權人有拍賣無實益之情形者，執行法院應即公告停止拍賣，依強執法第80-1條有關拍賣無實益之規定，通知其他併案債權人[123]。又債權人雖得於三個月內聲請停止執行，而另行估價或減價拍賣，亦僅再賣一次。故如仍未拍定或由債權人承受，或債權人未於三個月內聲請另行估價或減價拍賣者，即視為撤回該不動產之執行，並啟封。

3. 一般拍賣程序與特別拍賣程序有何不同？

按執行法院所為之拍賣，實務上及通說均認為具有實體法上買賣之性質，故除了有特別規定（如強執法第69條規定之物的瑕疵擔保）外，仍適用民法買賣之規定，即以債務人為出賣人，拍定人為買受人，而以執行機關代替債務人為出賣人，已如前述。因此，當事人對買賣內容之意思表示一致者，買賣契約始成立，並發生效力。故在一般拍賣程序（指1至3拍）以執行法院所定拍賣條件為要約，應買人（即投標人）依拍賣條件為承諾之表示，符合拍賣條件（內容），買賣契約即為成立[124]。然在特別拍賣程序（非指經債權人聲請另行估價或減價拍賣之拍賣程序）是以執行法院所定拍賣條件為要約引誘，公告於三個月內表示願意應買者為要約之表示，嗣須經執行法院為承諾之表示，買賣契約始成立。因強執法第95條第1項規定「經二次減價拍賣而未拍定之不動產，債權人不願承受或依法不

---

[123] 參照台灣高等法院90年法律座談會民事強制執行類第12號提案。

[124] 參照：

(1) 最高法院33年永字第531號判例。

(2) 最高法院89年度台抗字第354號裁定亦採相同之見解，認「按強執法第95條第1項規定：「經二次減價拍賣而未拍定之不動產，債權人不願承受或依法不得承受時，執行法院應於第二次減價拍賣期日終結後十日內公告願買受該不動產者，得於公告之日起三個月內依原定拍賣條件為應買之表示，執行法院得於詢問債權人及債務人意見後，許其買受。債權人復願為承受者，亦同。」而此項拍賣之性質與買賣之法律行為無異，故執行法院尚未為許其買受之表示前，買賣契約即未成立，債權人得隨時撤回其強制執行之聲請。」，即未經執行法院為許其應買之承諾前，該拍賣即未成立，故債權人得撤回執行。

得承受時，執行法院應於第二次減價拍賣期日終結後十日內公告願買受該不動產者，得於公告之日起三個月內依原定拍賣條件爲應買之表示，執行法院得於詢問債權人及債務人意見後，許其買受。債權人復願爲承受者亦同。」，即特別拍賣程序以公告對不特定人表示之後，仍應於詢問債權人及債務人意見，始得爲決定是否允許即承諾之表示，雖非經債權人及債務人同意，但債權人及債務人（但債務人不得爲應買人）尚得於期限內表示更高之價格，亦即並非應買人於表示應買即發生買賣合致之意思。強執法第95條第1項之相同立法例，如政府採購法第58條規定「機關辦理採購採最低標決標時，如認爲最低標廠商之總標價或部分標價偏低，顯不合理，有降低品質、不能誠信履約之虞或其他特殊情形，得限期通知該廠商提出說明或擔保。廠商未於機關通知期限內提出合理之說明或擔保者，得不決標予該廠商，並以次低標廠商爲最低標廠商。」。因法律已明定「須詢問債權人及債務人意見後，許其應買」爲條件，並非投標人一投標而符合拍賣公告之條件，即得予認定得標，顯與一般拍賣程序不同，尤應辨明。

4. 聲請特別拍賣之應買程序

聲請應買法院特別變賣程序公告拍賣之不動產者，應以書狀向法院爲表示。聲請應買時，應買人應同時繳納保證金，並注意下列事項：（地方法院民事執行處特別變賣程序之公告拍賣聲請應買參考要點第1、2點）

(1) 記明執行案號。

(2) 該執行案號之不動產有數標者，應載明應買之標別。

(3) 應買人爲自然人者，應提出國民身分證影本；不能提出國民身分證者，應提出相類之身分證明文件影本。應買人爲法人者，應提出相當之證明文件影本。

(4) 應買人爲未成年人或法人者，應於聲請應買狀上載明其法定代理人之姓名，如父母爲未成年人之法定代理人，除不能行使權利者，應提出相關釋明文件外，父母均應列爲法定代理人，並提出法定代理人之證明文件、國民身分證影本，或其他相類之身分證

明文件正本或影本。

(5) 應買人委任代理人聲請應買者，代理人應提出具有民事訴訟法第70條第1項但書及第2項規定特別代理權之委任狀，附於聲請應買狀，並應提出國民身分證影本，或其他相類之身分證明文件正本或影本。

(6) 數人共同應買者，應分別載明其權利範圍。如未載明，推定為均等。

(7) 私法人除符合農業發展條例第33條但書之規定外，不得應買或承受該條例第3條第11款規定之耕地。

(8) 應買人為外國人者，應將不動產所在地縣市政府核准得購買該不動產之證明文件附於聲請應買狀。

(9) 拍賣標的為原住民保留地，應買人應將原住民之證明文件附於聲請應買狀。

(10) 應買人為優先承買權人者，應將證明文件附於聲請應買狀。

(11) 應買人應注意應買之不動產是否有積欠大樓管理費、水費、電費、瓦斯費、工程受益費、重劃工程費、差額地價或其他稅捐、費用。於辦理權利移轉登記時，應自行處理相關事務，不得以任何理由要求法院處理。

(12) 聲請應買狀到達法院後，不得撤回應買之意思表示。惟此規定，尚與實務上見解最高法院89年度台抗字第354號裁定意旨有違，本文認為以後說為當。

5. 應認為聲請應買無效情形（地方法院民事執行處特別變賣程序之公告拍賣聲請應買參考要點第7點）

(1) 未以書狀聲請應買。

(2) 於法院公告牌示之日前應買。

(3) 於法院公告牌示之日起逾三個月後應買。

(4) 合法聲請停止特別變賣程序後應買。

(5) 應買人爲該拍賣標的之所有人。

(6) 應買人爲未繳足價金而再拍賣之前拍定人或承受人。

(7) 應買人爲未成年人，未由其法定代理人代理聲請應買，或僅由其父或母爲法定代理人，而未提出其母或父不能行使權利之釋明文件。

(8) 委由他人代理聲請應買，未將委任狀附於聲請應買狀。

(9) 代理人無第2點第5款所示之特別代理權。

(10) 聲請應買狀記載之字跡潦草或模糊，致無法辨識。

(11) 聲請應買狀既未簽名亦未蓋章。

(12) 應買時未繳納保證金，或應買人於聲請應買狀內所附之保證金票據不符合第3點第1款之規定。

(13) 應買之價格較拍賣公告記載之價格爲低。

(14) 分別標價合併拍賣時，聲請應買狀載明僅願買其中部分之不動產及價額。

(15) 聲請應買狀載明其應買之不動產指定登記予應買人以外之人。

(16) 聲請應買狀內附加應買之條件。

(17) 拍賣標的爲耕地時，應買人爲私法人而未將主管機關許可之證明文件附於聲請應買狀。

(18) 應買人爲外國人，未將不動產所在地縣市政府核准得購買該不動產之證明文件附於聲請應買狀。

(19) 拍賣標的爲原住民保留地，應買人未將原住民之證明文件附於聲請應買狀。

(20) 其他符合拍賣公告特別記載應買無效之情形。

6. 保證金部分

特別拍賣程序中，應買人是否仍須繳交保證金？學說見解不一，有認爲因原拍賣條件既已規定要繳交保證金，故仍應繳交。有認爲不要，認爲特別拍賣程序與一般拍賣程序不同，並無秘密性，故無須依一般拍賣程序

規定繳交保證金。二說以前說較為可採。因強執法第95條第1項規定是指「依原拍賣條件為應買之表示」，如依原拍賣條件既規定應買人要繳納保證金，依法自仍應繳交始符合立法本旨。但應買人應於何時繳交保證金？本文認為應於應買人為要約之表示後（含同時，下同），執行法院承諾前為之，即倘應買人為應買之表示後，執行法院承諾前未為繳納，即不許其應買，若有數應買人為應買者，未繳納保證金者，即不准許比價應買。而有關保證金得以下列方式之一繳納：（地方法院民事執行處特別變賣程序之公告拍賣聲請應買參考要點第3點）

(1) 聲請應買狀內併附經金融主管機關核准之金融業者為發票人，以法院為受款人之支票、匯票或本票。

(2) 於上班時間內洽承辦股書記官開具繳納保證金通知，向法院出納室繳納，取得保證金收據附入聲請應買狀內。

7. 繳納尾款之期限及效果（地方法院民事執行處特別變賣程序之公告拍賣聲請應買參考要點第5、6點）

(1) 保證金抵繳價款之餘額，應於法院繳款通知到達後七日內繳足全部價金，不得以任何理由要求延長繳款期限，繳納尾款之票據受款人應指定為法院。

(2) 逾期未繳款者，視為放棄應買資格，如再行拍賣所得價金低於原拍賣價金及因再拍賣所生之費用者，該應買人應負擔其差額。

(3) 放棄應買資格者，其繳納之保證金，須待確定前款之差額並扣抵後，仍有餘額時，始無息退還。

(4) 法院不許應買人聲請應買，或法院許其應買後再依法撤銷准許者，應買人所繳納之保證金、尾款無息退還。

（三）特別拍賣程序之爭議問題

1. 於特別拍賣程序中，先後多數應買人表示應買時如何處理？

按特別拍賣程序中「應買人爲應買之表示，僅爲要約之性質，須經執行法院准許，拍賣始能成立。」。因此，特別拍賣程序之公告應屬民法第154條第2項但書規定「價目表之寄送，不視爲要約。」之性質，即對不特定人所爲之拍賣公告僅爲要約引誘而已。故經應買人向執行法院表示應買時，並非執行法院即受拘束，因依強執法第95條第1項規定仍應「詢問債權人及債務人之意見」，始許其應買（債權人承受亦同），即爲承諾之表示。經執行法院爲承諾之表示後，契約始合法成立，其私法上之權利義務，才受契約之拘束，至承買人僅爲要約之表示時，執行法院自應不受要約之拘束，乃當然之理。而「詢問債權人及債務人之意見」爲特別拍賣程序應履行之執行程序，且屬對拍賣標的物之限制，並非對應買人資格之限制，因應買人之資格已由執行法院於定拍賣條件中審酌。至多數人表示承買者，對最先表示者是否有優先承買之權利，學說見解不一，有認爲應以先後表示者爲決定何人應買[125]；有認爲基於債權人及債務人之利益，如有多數應買人表示承買者，於第一次經詢問債權人、債務人意見後，在執行法院承諾之表示前再有應買人表示承買者，因強執法規定之執行程序係採「合一執行原則」，即執行程序具單一性，即連貫爲一執行程序，此觀之強執法第33條規定自明，從而自得援用，毋庸重複詢問。因此，執行法院所定三個月之期限內有多數應買人參與應買時，仍應依強執法第90條第1項規定「以當場增加之金額最高者爲得標人。」之方式比價，以定承買人[126]。以上二說，本文認爲以後說較爲可採。因採後說於競價時，經多數應買人比價以增加應買之價額，對債權人、債務人有利，且應買人既

---

[125] 同註118。

[126] 參照拙著現行不動產執行之研究，台灣台中地方法院印行，88年5月，第176頁至178頁。

僅爲要約之表示，依上開規定尙須詢問債權人、債務人之意見，何以執行法院於應買人爲應買之要約表示即受拘束？顯與契約之成立及效力有違，益徵在特別拍賣程序，並非任何人依原拍賣條件表示，即可認定爲承買，尙須經執行法院爲允許之承諾表示始可認定爲承買至明。惟地方法院民事執行處特別變賣程序之公告拍賣聲請應買參考要點第4點規定准許應買之程序爲「(1) 應買人須於法院公告牌示之日起三個月內向法院爲應買之表示。法院於詢問債權人及債務人意見後，始許其買受；(2) 應買之順位，以聲請應買狀到達法院之時間先後定之；(3) 聲請應買狀到達法院之時間無法判斷先後者，以抽籤定其優先順位；(4) 不動產依法有優先承買權人時，待優先承買權人放棄承買確定後，始許應買人買受。」，依此規定，應買之時間有先後者，以應買在先者爲得買人，不以出價高低定其應買人，並以第三次拍賣之底價爲應買價格[127]。但此說顯然忽略強制執行之目的，按強制執行之目的乃實現債權人之債權、避免債務人之財產賤行，而強制執行就因爲實施競標拍賣方式目的亦在使拍賣之不動產得以提高價格，以實現債權人之債權，因此如實施競標比價，自然使價格提高，對債權人及債務人必然有利，足見第三次拍賣之底價應爲最低之保障價格，以免債務人之財產受到賤行，故上開見解實有可議。再者，如採應買之順位，以聲請應買狀到達法院之時間先後定之，惟依應行注意事項第45項第6款規定，公告以最先揭示之日起算，而一般執行法院之公告，都由執達員、工友甚或工讀生張貼，則亦容易循私，執行法院不易控制，易生弊端，實有違公開競價之缺失，應屬不當，故本書認上開見解，有修正之必要。

---

[127] 參照司法院民事廳，法院辦理民事執行實務參考手冊頁，96年6月8日印行，第281。

2. 強執法第95條第2項規定之「前項三個月期限內，無人應買前，債權人亦得聲請停止前項拍賣……。」之「債權人」定義如何？

此為新修正之條文，其要件須於無人應買前始得聲請，但因停止執行，將影響全部債權人之受償利益及執行程序之進行，故所指債權人應指具有發動強制執行權利之債權人中任何一人，易言之，即具有執行名義之債權人始有之，而此所指之有執行名義之債權人是指聲請執行之債權人、併案執行之債權人及有執行名義聲明參與分配經執行法院獲准之債權人而言，至無執行名義之債權人，如稅金優先之債權人（稅捐稽徵法第6條第1項）、對物有優先權之債權人（強執法第34條第2項）等均不屬之。

3. 承買人於執行法院依強執法第95條第1項規定之公告前表示承買之效力如何？

按強制執行程序之進行，具有公法性質，須具備一定之要件始符合程序，故認為尚未經執行法院公告之特別拍賣程序，因程序尚未開始，從而，經執行法院二次減價拍賣仍未拍定，而債權人不願承受或依法不得承受時，執行法院尚未公告，縱承買人為承買之表示，尚不具要約之效力，故執行法院仍應履行特別拍賣程序，以避免流弊。

4. 特別拍賣公告之期間如何計算？

依強執法第84條第1項規定「拍賣公告，應揭示於執行法院及不動產所在地或其所在地之鄉鎮市（區）公所，如當地有其他習慣者，並得依其習慣方法公告之。」，第2項「拍賣公告，如當地有公報或新聞紙者，並應登載，但不動產價值過低者，得不予登載。」，依此規定，原則上，不動產拍賣須公告及登報，但公告之效力以何時為準實務上見解不一，有認為應以法院公告時為起算；有認為應以不動產所在地或其所在地之鄉鎮市（區）公所公告時為準；有認為以前二者最先公告者發生公告之效力，以上三說並無一定之立論基礎，司法院於89年2月24日所舉行之修正強執法

後統一見解是以法院公告時爲計算基準，值得參考，主要係因執行法院之公告比較能確定公告時間。後依應行注意事項第45項第6款改以拍賣公告揭示於執行法院及該不動產所在地、鄉鎮市（區）公所中最先揭示之日起算公告期間。

5. 強執法第95條規定之另行減價或估價拍賣是否受第91條第2項規定之「酌減數額不得逾百分之二十」之限制？

應分別以觀，若是僅聲請減價拍賣者，係延續前執行程序之價格再予減價，故宜準用之；但若是聲請另行估價拍賣者，因價格顯有漲跌之情形，故宜不適用之，即另行估價（鑑價），得減價超過百分之二十以上。

6. 強執法第95條第1項之詢問債權人及債務人意見之「債權人」意義如何？是否均合法送達？如未能合法送達者，是否亦須公示送達？

按強執法第95條第1項之規定係將債權人及債務人同列規定，與同條第2項規定之僅列債權人者不同，顯然第1項規定之「債權人」並無須具有發動強制執行權利之人。因此，無論是否爲聲請強制執行之債權人、併案執行之債權人及有執行名義參與分配之債權人、無執行名義而優先受償權者經執行法院准許參與分配之債權人均包括在內。且該通知是屬執行通知，並非實體權利之通知，故經按址傳達後，仍未能合法通知者，準用強執法第63條、第102條但書規定，其執行程序不因而停止，以避免執行程序延滯，即執行法院仍得依職權認定是否准許應買之。另期間若有債權人或債務人聲明異議者，執行法院應爲准駁之裁定，若係准許固無問題，但如駁回者，宜待該裁定確定再爲許否准其應買之表示，以免爭議。

7. 新、舊強執法規定之公告期間如何計算？

有認爲舊法已進行至第四、五、六次拍賣者，均應停止拍賣，另於特別拍賣程序進行中，依舊法原公告六個月之特別拍賣程序，依同一法理亦

應停止拍賣程序，重新公告三個月，爲新的特別拍賣程序始爲適法[128]；有認爲應依舊法所爲公告六個月之特別拍賣程序進行，及原第四、五、六次之拍賣者仍不失其效力，應繼續進行，如該第四、五、六次拍賣仍未拍定者，始依新修正強執法第95條之規定，逕行三個月之特別拍賣程序。以上二說，就法之安定性及當事人之經濟效益而言，以後說較爲可採。因依強執法第141條規定「本法施行前，已開始強制執行之事件，視其進行之程度依本法所定程序終結之，其已進行之部分不失其效力。」，爲過渡時期法律所定之法安定性條文，且後說亦爲過去85年10月9日修正強執法時爲實務上所採[129]。又如執行程序已進行至四、五、六次拍賣程序，或進入特別拍賣程序並登報、公告者，仍予停止拍賣，其支出之費用如何負擔？又如何定特別拍賣程序之最後一次價格，是以前一次未拍定之底價或停止拍賣之底價爲準？甚有疑義。故宜進行至該程序終結，始進入特別拍賣程序，再以最後一次拍賣之底價及條件爲特別拍賣程序之原拍賣條件。

8. 變賣分割之情形不適用特別拍賣程序

以變價分割之確定判決爲執行名義聲請強制執行拍賣共有物時，無特別變價程序之適用，即於第三次拍賣未拍定之後，仍應續行拍賣，迄至拍定爲止[130]。

（四）新修法後特別拍賣程序之得失

依修正之強執法第95條規定固將不動產拍賣之次數，在一般拍賣程序中由原來六次減爲三次，特別拍賣程序之公告期間由原來之六個月減爲三個月，可以減少案件進行之次數，便利執行及結案。但經拍賣之不動產若

---

[128] 參照司法院民事廳89年2月11傳眞研究結論。

[129] 參照司法院86年6月13日秘台廳民字第13039號函、86年2月份司法業務研究會第31期研究結論。

[130] 參照台灣高等法院90年法律座談會民事強制執行類第14號提案。

仍未拍定，債權人為了確保其債權，必定再次聲請執行，以免被債務人移轉過戶等，反而更增加執行人員之困擾，即除了須辦理塗銷手續外，尚須重複辦理查封登記，乃現場執行。為了解決此困難問題，乃建議執行法官在鑑價後，定拍賣底價時儘量與時（市）價相符，不宜定太高。又經特別拍賣程序後，雖經強執法第95條第2項後段規定視為撤回該不動產之執行，但一般有對人之執行名義債權人卻不得聲請換發債權憑證，因與第27條規定不合，為此，再聲請執行時仍須再繳交執行費，徒增債權人、債務人之負擔。至在修正強執法研修會時曾有學者建議經二次減價拍賣而未拍定之不動產，得聲請通知地政機關於該不動產為債權人設定抵押權之規定，以免債權人受有損失[131]，但因設定抵押權與否涉及實體法上物權法定主義而未被採納，但就程序法上而言，似得仿效假扣押之保全程序方武，准予以保全登記若干年，因既然短期內無法拍賣（或因市價因素等），而債權人又為了確保其債權，以免不動產被移轉過戶而造成債權損失，宜於經另行估價或減價之特別拍賣程序終結日，仍未拍定或債權人承受時，自該日起保全登記五年（期間仍可伸縮，須做權益評估、法院卷宗保存年限等因素而定），再由執行法院函地政機關註明附有期限之條件變更登記，為此係屬附有期限登記，若於期限屆滿前，債權人仍未聲請執行者，視為保全登記塗銷，以免日後債權人未聲請調卷執行，後續卷宗長期保存困難，及再調卷辦理塗銷登記之不便，隨後將原特別拍賣程序終結卷證結案歸檔（因案件結案歸檔只是行政管理而已）。如此從法之立論而言，須將該條項後段「視為撤回該不動產之執行」刪除，因日後若債權人再聲請執行時，仍得引用前案之查封現況、鑑價、不動產拍賣價格，以避免不必要之人力、物力浪費，似更能增加疏解案件，又兼債權人之利益。

---

[131] 參照楊與齡著強執法第五次修正經過及內容之分析一文，法令月刊第51卷，第2期。

第四節 強制管理

第一目 強制管理之意義

所謂強制管理係指執行法院對於已查封之不動產，命令強制管理，以管理所收取之利益清償債權人之債權而言，執行上限於依不動產執行程序得為執行之標的物為限，至其他如動產或其他財產之執行，則不適用之。

第二目 強制管理發生之原因

一、併行之強制管理

依強執法第75條第1項規定「不動產之強制執行，以查封、拍賣、強制管理之方法行之。」，第2項「前項拍賣及強制管理之方法，於性質上許可並認為適當時，得併行之。」，即強制管理與查封、拍賣進行之程序得併行，但實務上對已查封之不動產，僅在禁止債務人之處分權，其管理、使用權並未喪失（強執法第78條立法理由），故對查封時仍為債務人占有者，即不適用之，為性質上不適當，其餘執行法院應為適當之斟酌。又現行強執法第95條已刪除原第1項前段規定「經二次減價拍賣而未拍定之不動產，債權人不願承受或依法不得承受時，應命強制管理。」，即不動產拍賣經二次減價後，除強制管理顯有困難或無實益外，應命強制管理之規定。

二、單純之強制管理

依強執法第103條規「已查封之不動產，執行法院得因債權人之聲請或依職權，命付強制管理。」，但此須管理有實益始得為之。即執行法院依強執法第103條規定，對於已查封之不動產命付強制管理者，應以該不

動產在相當期間內，其收益於扣除管理費用及其他必需之支出後，足以清償債權額及債務人應負擔之費用者為準（應行注意事項第59項）。

第三目　強制管理之方法

強制管理時由執行法院選任管理人，人數並得為多人，執行法院並得定其職務（強執法第106條），但實務上如未經債權人特別陳明，即以債權人為管理人。而管理人在執行管理職務時應受執行法院之監督，並應按月或於業務終結後向執行法院陳報收支情形及繕具收支計算書，以便執行法院分配於各債權人，如債權人或債務人對管理人之管理有異議得向執行法院聲明，如管理人之管理受到債務人、債權人或第三人阻礙者，得請執行法院核辦或請警察協助（強執法第107條、第108條、第109條、第110條）。又管理人之報酬及必要費用得為執行費用優先受償。

第四目　強制管理之限制

一、不動產出租應以書面為之，依強執法第107條第2項規定「管理人將管理之不動產出租者，應以書面為之，並應經執行法院之許可。」，第3項「執行法院為前項許可時，應詢問債權人及債務人意見，但無法通知或屆期不到場者，不在此限。」，而上揭所謂詢問債權人或債務人意見，並非須經其等同意，僅為執行法院之參考而已。故債務人所有之不動產因執行實施強制管理，並命不動產之承租人按期向管理人給付租金，而承租人不遵行時，管理人得對之提起交租之訴。管理人聲請將管理之不動產出租時，須所收租金足以清償債權及應由債務人負擔之費用總額，或雖不能為此清償，但其出租並不影響該不動產之同時併行拍賣者，執行法院始得為許可。許可前，並應詢問債權人及債務人之意見（應行注意事項第60項第1、2款）。

二、酌留債務人或其共同生活之親屬生活必要費用，為強執法第110條第3項所明文規定，惟數額多少，除了依債務人聲請外，得斟酌實際情形個案定之。

三、管理人僅得於執行目的範圍內為管理行為，故將不動產設定物權或負擔、協議分割共有不動產，執行法院不應許可之。

四、強制管理後無實益時，亦即不動產之收益，扣除管理費用及其他必需之支出後，無賸餘之可能者，執行法院應撤銷強制管理程序，以免無益之執行（強執法第112條第2項）。惟撤銷前管理人所為之管理行為（如租約），仍繼續有效。

五、拍賣與強制管理併行時，如債權人聲請撤回執行，或有視為撤回執行之情形，執行法院應撤銷強制管理程序。

六、經二次減價拍賣而未拍定之不動產，債權人不願承受或依法不得承受時，應依本法第95條規定進行特別拍賣程序，執行法院不得應債權人之聲請單純命付強制管理。已進行特別拍賣程序公告者，亦不得停止公告，改命強制管理。

第五目 強制管理之終結

依強執法第112條第1項規定「強制執行之債權額及債務人應負擔之費用，就該不動產之收益已受清償時，執行法院應即終結強制管理。」，第2項「不動產之收益，扣除管理費用及其他必需之支出後，無賸餘之可能者，執行法院應撤銷強制管理程序。」，以上為終結之原因，但實務上為強制管理而有收益者少之又少，故本節部分僅以略述。

第五節　點交與租賃權

第一目　強執法上點交之意義及性質

一、點交之意義

　　法院拍賣之不動產得否點交，影響不動產拍賣之價格甚大，然是否得點交又以查封時之占有狀態爲準？（應行注意事項第57項第2款前段）。依85年10月9日修正強執法第81條第2項之規定，與舊強執法第81條第2項規定比較，新法已將法院拍賣公告應載明之事項，於該條項增加第7款「拍賣後不點交者，其原因。」之規定，反面解釋，即凡拍賣之不動產應予點交者，得不予拍賣公告中載明，足見立法意旨，對法院拍賣之不動產以得點交者爲原則，不點交者爲例外。因此，實務上在拍賣公告中對於應點交之不動產者，即得不予公告中註明，但不點交者，依本條之規定，則應予註明，以促使應買人注意。

二、點交之性質

　　點交係拍定人或承受人於執行法院核發權利移轉證書後，聲請交付之執行行爲，與債權人之聲請而開始之查封拍賣程序分開，而構成另一執行程序[132]。準此，點交應係強執法第4條第1項第6款所規定之其他法律規定之執行名義，故聲請點交之主體爲拍定人或承受人等，非原執行名義之聲請強制執行之債權人，從而因管理遺留物而支出之管理費，因已逾強執法第32條規定之本次分配期間，即不得列入當次拍賣之執行費而於當次分配表分配。

---

[132] 參照最高法院97年度台抗字第838號裁定。

第二目　租賃權與法院拍定不動產後點交之關係

壹、前　言

一、按租賃者，謂當事人約定一方以物租與他方使用、收益，他方支付租金之契約（民法第421條第1項），又「出租人於租賃物交付後，承租人占有中，縱將其所有權讓與第三人，其租賃契約，對於受讓人，仍繼續存在。」，「前項規定，於未經公證之不動產租賃契約，其期限逾五年或未定期限者，不適用之」（民法第425條第1項、第2項），即所謂「租賃權之物權化原則」，故租賃權之存在，並不因承租之標的物所有權移轉於他人而受影響。因此，強執法第98條第1項規定「拍賣之不動產，買受人自領得執行法院所發給權利移轉證書之日起，取得該不動產所有權，債權人承受債務人之不動產者亦同。」第2項前段規定「前項不動產原有之地上權、永佃權、地役權、典權及租賃關係隨同移轉。」，即從法院拍賣取得之不動產，其租賃關係原則上對買受人（即拍定人或承受人）仍繼續存在，但法院拍賣之不動產，拍定人或承受人主要目的除了要取得所有權外，尚在取得占有，以便管理、使用。而占有之取得，又除了經由占有人同意交付外，亦須聲請法院執行點交才能取得占有，然因第三人有租賃權存在，是否得以阻斷點交，實務上及理論上尚有諸多疑義，尤其因租期起訖影響點交程序之進行，且在執行法官定拍賣條件時亦經常發生困擾。

二、依96年3月28日修正公布（同年9月28日施行）民法第866條第1項規定「不動產所有人設定抵押權後，於同一不動產上，得設定地上權或其他以使用收益為目的之物權，或成立租賃關係。但其抵押權不因此而受影響。」第2項「前項情形，抵押權人實行抵押權受有影響者，法院得除去該權利或終止該租賃關係後拍賣之。」第3項「不動產所有人設定抵押權後，於同一不動產上，成立第一項以外之權利者，準用

前項之規定。」，修法時，明確肯認對抵押權設定後之地上權、地役權、典權等用益物權或成立租賃關係或其他權利之使用者，如使用借貸或不動產買賣而交付占有等，而影響抵押權，為避免疑義，參照司法院院字第1446號、大法官會議釋字第119號及釋字第304號解釋，於實體法上訂定原則，以為強制執行程序之依據。且除去其抵押物上負擔之執行處分，法院既得依聲請，亦得依職權為之。又上述之權利雖經除去，但在抵押之不動產上，如有地上權等用益權人或經其同意使用之人之建築物者，就該建築物則得依民法第862條第3項、第877條第2項規定辦理併付拍賣，以利拍賣。

三、抵押物上之負擔

（一）除去抵押物上負擔之要件

1. 上開權利須成立於抵押權設定後，按抵押權為擔保物權，其取得喪失變更，依民法第758條第1項規定，須經登記始生效力，所謂登記者乃須完成登記而言。故無論普通抵押權、最高限額抵押權，均須於登記後，始得排除之。至法定抵押權，有以登記為成立要件者，如民法第513條規定之承攬人對承攬之工作為建築物或其他土地上之工作物，或為此等工作物之重大修繕而生報酬額等債權。有不以登記為成立要件者，如國民住宅條例第17條規定之政府出售國民住宅及其基地，於買賣契約簽訂後，應即將所有權移轉與承購人，其因貸款所生之債權，自契約簽訂之日起，債權人對該住宅及其基地，享有第一順位之法定抵押權等，是以自契約簽訂之日起取得法定抵押權，則於該日後成立用益權者，得予除去之。

2. 須對抵押權受有影響：所謂抵押權受有影響，係指抵押權人屆期未受償，實行抵押權時，因抵押物上有用益權人之權利存在，影響抵押物之交換價值，致無人應買或出價不足以清償擔

保債權之情形而言，例如[133]：

(1) 依強執法第95條第2項規定，視為撤回該不動產執行後，重新聲請強制執行時，參酌前案最後一次拍賣之最低價額，已不足以清償抵押物之擔保債權者，得認為抵押物上之負擔，已影響抵押權，而得為除去之處分，故除去之時點並不限於拍賣之次數。

(2) 依抵押物有負擔之情況，核定之最低拍賣價額，經拍賣無人應買，或出價低於底價而流標，減價後之最低價額，已不足清償擔保債權時，得認影響抵押權，而為除去其負擔之處分。

(3) 第一順位抵押權人聲請強制執行，第二順位抵押權人雖未取得執行名義，於執行程序進行中，就債務人於抵押權設定後與第三人成立之租賃關係，已影響其抵押權者，亦得聲請除去租賃關係。

（二）除去之方式：

1. 不動產所有人於設定抵押權後，復就同一不動產與第三人訂立租賃契約，致影響於抵押權者，執行法院得依聲請或職權於拍賣程序終結前，以裁定除去其租賃關係，依無租賃狀態逕行強制執行。惟若執行法院於拍賣程序終結後，點交程序中，始以命令除去租賃關係，自不准許[134]。

2. 執行法院認抵押人於抵押權設定後，與第三人訂立之租約，致影響於抵押權者，得依聲請或職權除去其租賃關係，依無租賃狀態逕行強制執行。執行法院所為此種除去租賃關係之處分，

---

[133] 參照司法院民事廳頒法院辦理民事執行實務參考手冊，96年6月8日印行，第271至273頁。

[134] 參照最高法院91年度台抗字第33號裁定。

性質上係強制執行方法之一種，故應以執行命令方式爲之[135]。

3. 救濟方式：當事人或利害關係人之第三人如有不服，應依強執法第12條規定，向執行法院聲明異議，不得逕行對之提起抗告。

（三）除去之效果：

1. 除去後，拍定人或承受人得聲請執行法院點交之。

2. 除去後，如有已登記之用益物權者，如典權。於拍定後，應依職權通知地政機關爲塗銷登記[136]。

3. 執行法院所爲除去抵押物上負擔之執行命令，既屬執行處分，應即隨於執行事件而存在，於執行事件撤回時，該執行命令即失效，無待執行法院撤銷。又該執行命令之主觀範圍，僅及於抵押權人及受除去處分人之間，其他債權人則不得主張該執行命令之效力。從而於抵押權人撤回執行後，因另有其他對人之執行名義債權人聲請參與分配或併案執行時，原則上，執行法院應撤銷該除去負擔之執行命令後，再爲拍賣。抵押權人撤回強制執行，依強執法第34條規定，仍應被擬制參與分配，故執行法院仍得依職權斟酌上揭除去負擔要件之情形決定是否爲除去之。

貳、租賃權與經法院拍定不動產後點交之個案關係

一、查封前有承租權之第三人占有中者

拍定人或承受人得否主張點交，以查封時承租人是否有權占有爲認定（應行注意事項第57項第2款）。若查封前承租人依租賃契約關係而占有

---

[135] 參照最高法院74年台抗字227號判例。

[136] 參照司法院大法官會議解釋第119號。

租賃物，拍定人即不得請求法院執行點交。雖拍賣是經由執行法院本於公權力之實施，但其本質仍爲買賣，故有民法第425條第1項規定之買賣不破租賃之適用，即該租賃關係對於拍定人繼續存在，爲有權占有，故拍定人不得主張點交。

二、查封前因租賃關係而占有，於拍定後，點交前租賃期間屆滿者

按拍賣本質上既爲買賣，在拍賣公告所定之條件載有租賃關係之事實者，則租賃之事實即爲買賣契約內容之一部。無論應買人投標買得或債權人承受，依繼受之法理，其租賃關係對應買人或承受人當然繼續存在[137]。故於拍賣公告中註明有租賃關係未經執行法院裁定除去者，拍定人於拍定後即不得主張點交。因此，執行法院應依強執法第81條第2項第7款規定，將租賃關係之「拍賣後不點交者，其原因。」之租賃事實於拍賣公告中註明，以便應買人注意。

三、查封前因租賃關係而占有，但於拍定前租賃期限屆滿者

依民法第451條規定「租賃期間屆滿後，承租人仍爲租賃物之使用收益，而出租人不即表示反對之意思者，視爲以不定期限繼續契約。」，對於該條規定之不動產租賃契約之性質，在外國立法例中有認爲是屬原租賃契約之延長（參照德國民法第568條），有認爲是新成立之租賃契約（參照法國民法第1738條、瑞士民法第268條）[138]。若採原租賃契約之延長

---

[137] 參照最高法院60年台上字第4615號判例「抵押人於抵押權設定後，與第三人訂立租約，致影響於抵押權者，對於抵押權人雖不生效，但執行法院倘不依聲請或依職權認爲有除去該影響抵押權之租賃關係之必要，而爲有租賃關係存在之不動產拍賣，並於拍賣公告載明有租賃關係之事實，則該租賃關係非但未被除去，且已成爲買賣（拍賣）契約內容之一部。無論應買人投標買得或由債權人承受，依繼受取得之法理，其租賃關係對應買人或承受人當然繼續存在。」

[138] 參照史尚寬先生著債法各論，75年11月版，第218頁。

者，則應認承租人之占有是延續原定期租賃契約之繼續，故於查封後占有為有權占有。另若採租賃契約之更新者，則該不定期租賃契約即存在於查封後，亦即承租人係於查封後才占有，自不得對抗債權人，債權人自得主張點交。後說為我國實務上採之，即「甲之房屋出租於乙，後因負債，經法院查封，甲對該房屋即喪失處分或設定負擔之權，其對該房屋之繼續出租與否，更漠不關心，嗣於拍賣期間屆滿，乙仍繼續使用該房屋，甲雖未即為反對之意思表示，亦難認為默示同意繼續出租之意思，乙自不得主張民法第451條所定默示不定期繼續租約之效果，迨該房屋由丙拍定，取得權利移轉證明書，丙遂以租賃關係因租期屆滿而消滅，認乙為無權占有，訴請返還房屋，自非法所不許。」[139]。又依85年10月9日修正之強執法第99條第2項規定「第三人對其在查封前無權占有不爭執……，前項規定亦適用之。」，即查封前無權占有不爭執者，依該條第1項之規定應予點交，則此查封後無權占有，依舉重明輕之法理，拍定人即得逕主張點交。若起訴者，應以欠缺權利保護要件駁回之，故上開最高法院決議於強執法修正後，對點交之主張亦應修正。

四、查封前債務人（即出租人）與承租人訂立租賃契約，但於查封後始將租賃之不動產交付承租人占有者

按「拍賣之不動產可否點交，以查封時之占有狀態為準。」，「出租人與承租人訂立租賃契約後，將租賃物交付承租人占有前，經執行法院查封者，承租人不得主張係查封前與債務人訂約承租該不動產，阻止點交。」（應行注意事項第57項第2款前段、第10款）。又若以債務人為保管人，債務人雖得為從來之管理或使用（強執法第78條前段），但不得為事實及法律上之處分，否則對債權人不生效力。因此，依民法第425條規定，出租人於租賃物交付後，將其所有權讓與第三人者，其租賃契約，對於受讓人，繼續存在；如出租人未交付租賃物，其租賃契約之效力並不

---

[139] 參照最高法院67年8月29日第9次民事庭總會決議。

及於所有權之受讓人。而不動產經查封後，債務人對之喪失處分權，不能再爲交付，故查封時不動產經查明仍爲債務人所占有，尚未依租賃契約交付承租人占有，縱承租人於查封後提出租賃契約聲明異議，主張查封前已與債務人訂約承租該不動產，但查封時既尚未經交付取得占有，縱其契約爲眞正，亦無權阻止點交，執行法院應以裁定駁回其異議[140]。民法第425條第1項修正後，亦增加規定須「承租人占有中」始有買賣不破租賃之適用，亦可參考。

五、承租人於查封後始因租賃關係而占有者

依強執法第99條第1項規定「債務人應交出之不動產，現爲債務人占有或於查封後爲第三人占有者，執行法院應解除其占有，點交於買受人或承受人；如有拒絕交出或其他情事時，得請警察協助。」，即承租人之占有如係在查封後，雖因租賃關係而占有，仍應受查封效力所拘束，承租人即不得主張爲有權占有。從而，拍定後，拍定人得聲請點交。

六、查封時占有人承租中，但承租之時間，起點在抵押權設定登記後，並經法院裁定除去租賃權者

經執行法院裁定除去租賃權，得否點交？在強執法於85年10月9日修正公布前，在實務上曾有不同之見解，有認爲因執行法院並無實體認定權，執行法院並無權對租賃關係存在事實之認定，故不得以裁定除去租賃權，即對有租賃關係存在而是否得點交乃實體認定之權，應由拍定人於拍定後另行訴訟解決之。此可由修正前對拍賣公告之是否得點交無須於該公告中註明，證明之（參照修正前強執法第81條第2項規定之拍賣公告應載明事項）。又修正前之強執法第99條規定得點交之情形，僅規定查封後爲第三人占有者，始得點交，對查封前占有者，則未規定，故退而言

---

[140] 參照司法院80年6月27日80院台廳一字第04742號頒「提示法院拍賣不動產執行點交改進事項第七項」。

之，縱認執行法院得以裁定除去租賃權，惟該第三人即承租人之占有係在查封前，拍定人亦不得主張點交。另有認為執行法院雖無實體認定權，但對於租賃關係有礙抵押權之效力者，執行法院仍得依職權或依聲請予以除去。後說為多數說，司法院大法官會議第304號解釋亦採同後說，理由認為「所有人於抵押權設定後，在抵押物上所設定之地上權或其他權利使用收益之權利於抵押權有影響者，在抵押權人聲請拍賣抵押物時，發生無人應買或出價不足清償抵押債權之情形，即須除去該權利而為拍賣，並於拍賣後解除被除去權利者之占有而點交於拍定人，乃為使抵押權人得依抵押權設定時之權利狀態而清償必要。」（參見上開解釋理由書）。修正後，為免爭議，已於強執法第99條第2項明文規定經執行法院裁定除去租賃權者，應予點交。惟經裁定除去租賃權，即影響承租人權利甚大，故宜於合法通知該除去租賃權裁定給承租人後，始進行拍賣，以讓承租人有異議之機會，而維其權益。而該執行命令應送達於債務人及受除去處分之人，並副本通知抵押權人及其他債權人[141]。第三人對執行標的物無論於抵押權設定前或後取得租賃或其他權利，而其屆期為拍賣前屆滿者，雖依強執法第78條規定，已查封之不動產，以債務人為保管人者，債務人仍得為從來之管理或使用，但一經查封，即有限制處分之效力，故屆期為拍賣前屆滿者，債務人不得再為續租或其權利之設定，故仍得點交，從而自無聲請除去之必要。但應注意者，對耕地承租契約部分，依耕地三七五減租條例第5條規定「耕地租佃期間，不得少於六年；其原約定租期超過六年者，依其原約定。」，即每六年更換約一次，雖該更換之新租約期間在抵押權設定之後，惟依同條例第20條規定「耕地租約於租期屆滿時，除出租人依本條例收回自耕外，如承租人願繼續承租者，應續訂租約。」，該規定意旨在實現憲法第143條第4項扶植自耕農之農地使用政策，及憲法第153條第1項改良農民生活之基本國策，並合理分配農業資源，故耕地三七五租約縱

---

[141] 參照司法院民事廳頒法院辦理民事執行實務參考手冊，96年6月8日印行，第272頁。

定有租期，並於租期屆滿，除出租人依耕地三七五減租條例收回自耕外，如承租人願繼續承租者，應續訂租約，即其間之租賃關係並非因租期屆滿而當然消滅，尤其租賃期間，承租人死亡之情形，其繼承人自繼承開始時，除民法繼承編另有規定外，依民法第1148條規定，承受被繼承人財產上之一切權利、義務，即耕地租賃權為財產權之一種，並非專屬於被繼承人本身，故如被繼承人即承租人死亡時，被繼承人之耕地承租權，自為繼承之標的，繼承人除有不能自任耕作外，均得承受被繼承人所遺之耕地租賃權，是如屬耕地三七五租約雖定有租期，然並不因租期屆滿及承租人死亡而當然消滅。因此，抵押權人在設定抵押權時，對於租期屆滿或原承租人死亡，原耕地三七五租約關係將繼續存在之情況，應在抵押權人得預測評價之範圍內，在此情形，所訂立之新耕地三七五租約，僅係就原已存在之租賃關係，予以確認及延續，自應認係在抵押權設定之前，即已成立耕地三七五租賃關係，自無民法第866條第1、2項規定之適用，此與抵押權人於設定抵押權時，評價租賃權將因租期屆滿而消滅之情形者有別[142]。惟耕地租賃如係在89年1月4日以後始新成立者，依農業發展條例第20條第1項規定，即不再適用上開規定，為此，於上揭期限後所新成立之農業用地租賃契約而定有期限者，其租賃關係於租期屆滿時消滅（參見同條例第21條第2項），即此情形，於拍賣前屆滿者，執行法院仍應予點交，不必另行除去抵押物上之負擔處分，故於拍賣前應更正拍賣條件為得點交，因此審核耕地租賃時，不能僅以本次租賃期間為準，尚應審究是否於之前已有租賃情形，以決定是否得以除去該租賃，應注意之。

---

[142] 參照最高法院96年度台抗第444號裁定「抵押權人在設定抵押權時，對於租期屆滿或原承租人死亡，原耕地三七五租約關係將繼續存在之情況，應在抵押權人得預測評價之範圍內，在此情形，所訂立之新耕地三七五租約，僅係就原已存在之租賃關係，予以確認及延續，自應認係在抵押權設定之前，即已成立耕地三七五租賃關係，自無民法第866條之適用。」；51年台上字第1858號判例「耕地租約於租期屆滿時，除出租人依本條例收回自耕外，如承租人願繼續承租者，應續訂租約，耕地三七五減租條例第20條有明文。故租約期滿時，承租人如有請求續租之事實，縱為出租人所拒絕，租賃關係亦非因租期屆滿而當然消滅。」

七、查封時經查爲空屋或債權人陳報爲無人使用者，嗣經拍定，於點交時，承租人始提出有租賃關係，主張有權占有者

第三人爲承租人，雖於抵押權設定前（或後）承租，經債權人查報或執行法院調查爲空屋或債務人自住，而承租人未於拍定前聲明有租賃關係者，是否點交，有不同見解，本文認爲以得點交爲當，以維公權力[143]。蓋查封時，雖債務人或第三人不在場，但查封仍須在現場張貼公告，及日後亦須通知債務人（強執法第76條第1項、第113條準用第63條前段規定），而債務人或承租人均不表示意見，以保護承租人之占有利益，按「權利睡覺不保護」之法理，自應予點交[144]。至於若債權人陳報不實者，是否應負民事損害賠償責任及刑法第214條之使公務員登載不實罪嫌者，乃另一問題，此不贅論。

八、查封時爲債務人或第三人占有，於拍定後，拍定人與該占有人訂立租賃契約，同意由該占有人繼續占有該查封標的物者

依民法第941條規定承租人爲對於他人之物而占有，該他人爲間接占有人，又占有方式除了直接交付占有外，尙包含簡易交付、占有改定、指示占有等方式（民法第761條），而不動產之拍賣於拍定後，嗣經拍定人與現占有人訂立租賃契約，而使現占有人重新取得占有之使用權源。因占有人與拍定人合意，使出租人（即拍定人）取得間接占有。此際，應認該不動產已交付於拍定人，即取得占有之點交目的已完成，故縱日後原占有人即債務人或第三人於租期屆滿或其他違約情事，不履行交還租賃物時，自不得再依強執法規定請求點交，應另行訴訟解決之。

---

[143] 請參照拙著，法院拍賣動產不動產實務，86年5月，第139頁以下。

[144] 參照台灣高等法院台中分院85年度抗更（一）字第533號民事裁定，亦採同說。

第三目　點交與不點交之情形

壹、得點交之情形

一、查封時不動產為債務人及其占有輔助人占有時（強執法第99條第1項前段，應行注意事項第57項第2款）。但夫妻關係存續時所為之債務，於夫妻離婚後，而不同居，然妻仍占有使用原夫之不動產時，該不動產於執行法院執行時，則不予點交，因查封時妻已非夫之占有輔助人[145]。又共同債務人或連帶債務人中一人雖經執行法院執行，而由其他共同債務人或連帶債務人占有時，因非執行之債務人，故不予點交，縱於執行時追加其他共同債務人或連帶債務人亦同[146]。而上開所指債務人及其占有輔助人尚包括：

（一）債務人之一般繼承人，如強執法第4-2條規定之繼受人。

（二）占有輔助人包括民法第942條規定之受僱人、學徒、家屬或基於其他類似之關係，受他人之指示，而對於物有管領之力者，僅該他人為占有人，不問其占有是在查封前或查封後，均得點交之。如公司之經理、職員等亦包括在內。另債務人另成立公司在該不動產上使用，債務人家屬亦同在該不動產使用，宜認視同占有輔助人，仍應予點交，即不因債務人另設公司而受影響，因實際使用者，係債務人自己及其家屬，故認為應予點交。

（三）家長之範圍，包括民法第1122條規定之以永久共同生活為目的而同居之親屬團體，及民法第1123條規定之雖非親屬，而以永久共同生活為目的同居一家者，視為家屬之人，故與戶口名簿未必

---

[145] 參照86年法律座談會彙編，台灣高等法院編印，第195至197頁。

[146] 參照司法院民事廳頒法院辦理民事執行實務參考手冊，96年6月8日印行，第292頁。

　　　　一致，尤應注意。

（四）拍定標的房屋現有公司設立於其內，而該公司之法定代理人為
　　　債務人或其他共同生活之家屬，實際使用者為債務人及其家屬
　　　者[147]。

二、查封後為第三人占有（強執法第99條第1項）。第三人之占有原因如
　　係租賃權，已經執行法院裁定除去（強執法99條第2項後段）。倘於
　　拍定前承租之第三人亦未聲明異議者，拍定後應解除被除去權利者之
　　占有而點交於拍定人[148]。此種租賃契約不因債務人或第三人訂立而
　　受影響。

三、第三人之占有原因為地上權，已經執行法院裁定除去（強執法第99條
　　第2項後段）。

四、第三人對其在查封前無權占有不爭執（強執法第99條第2項前段）。

五、第三人或債務人於點交後復占有（強執法第99條第3項）。

六、債務人對現實占有之應有部分（應行注意事項第57項第5款）。所謂
　　「現實占有之應有部分」，簡言之，即共有人之分管部分而言。按分
　　管者，即共有人約定各共有人間之占有位置及面積，但因係相互間之
　　約定，故可能依應有部分比例占有，亦可能共有人超過或不足其應有
　　部分，故與共有人因分割而按一定之應有部分比例分割而占有者不
　　同。又因分管在法律上具有準物權之性質，即共有人於與其他共有人
　　訂立共有物分割或分管之特約後，縱將其應有部分讓與第三人，其分
　　割或分管契約，對受讓人仍繼續存在[149]，從而分管契約對買賣契約
　　之當事人具有約束力。易言之，買受人對出賣人與共有人間訂立之分
　　管契約應為繼受。既為繼受，當然對出賣人（即債務人）占有部分即

---

[147] 參照司法院民事廳76年2月20日廳民二字第1882號函。

[148] 參照司法院大法官會議解釋第304號解釋暨理由書。

[149] 參照最高法院48年台上字第1065號判例。

得主張點交，以維法律秩序之安定[150]。至於若非因分管而占有，債務人之占有於法無據時，為免日後再生訴訟糾紛，應不予點交[151]。又於98年1月23日修正公布（同年7月23日施行）民法第826-1條第1項規定「不動產共有人間關於共有物使用、管理、分割或禁止分割之約定或依第八百二十條第一項規定所為之決定，於登記後，對於應有部分之受讓人或取得物權之人，具有效力。其由法院裁定所定之管理，經登記後，亦同。」，更明確規定應有部分之分管位置須登記始生效力，以示公信，故查封時，即可從土地登記簿謄本查知分管情形，並免生將來點交範圍之疑義。

七、債務人於查封後遷離，第三人始占有者。

八、出租人與承租人訂立租賃契約後，將租賃物交付承租人占有前，經執行法院查封者（應行注意事項第57項第10款）。因債務人經查封後，依強執法第78條前段規定，如以債務人保管人者，債務人雖得為從來之管理或使用，但已喪失處分權，故不能再為將不動產標的物交付[152]。

九、承租人於租期屆滿後拍賣仍占有者。按承租人於租賃屆滿後，並不發生民法第422條規定之不定期租賃之情形。按強執法第98條第2項以及第99條第2項之規定，將如有影響抵押權之租賃權排除後，法院仍應將不動產之點交，顯係為保障債權人之債權得以迅速獲得充分之實現，且同法99條第2項亦規定查封前無權占有人，法院應點交不動

---

[150] 參照司法院大法官會議解釋第349號解釋。

[151] 參照司法院第37期司法業務研究法律問題案結論採乙說，另反對說（甲說）：依強執法第99條之規定，得點交之不動產僅限於現為債務人占有或查封後為第三人占有者或是查封時無權占有或是經排除其占有之權源者，租約到期並非前揭情形，且該第三人亦非點交命令效力所及，因此於拍賣條件中自不可註明拍定後點交之條件。

[152] 參照司法院80年6月27日（80）院台廳字第04742號頒「提示法院拍賣不動產點交改進事項第7項」。

產，則租賃關係既已屆滿，承租人已成爲無權占有人，爲使債權人之債權獲得實現，並免訟累，於此情形，應類推適用強執法第99條第2項之規定及「舉重明輕」之法理將不動產點交，因此法院於拍賣條件中應予註明拍定後點交之[153]。

十、不動產之從物（民法第68條第2項），含增建、擴建部分，而非屬獨立之建物者。

十一、土地之出產物（民法第66條第2項），但如應點交之土地，如有未分離之農作物事先未併同估價拍賣者，則應俟有收穫權人收穫後，再行點交（應行注意事項第57項第3款）。

十二、第三人爲承租人，雖於抵押權設定前承租，惟於查封時未能得知是否承租，經債權人查報或執行法院調查爲空屋或債務人自住，而承租人未於拍定前聲明有租賃關係存在，致執行法院因而拍定者，是否得以點交？實務之見解不一，有認爲在未點交前，執行程序尚難謂終結，故第三人仍得依強執法第12條聲明異議，此時執行法院仍可爲形式上之審查，如認爲租約無誤時，可以公告不當拍賣程序有瑕疵，撤銷拍賣程序，再繳交已發之權利證明書，重新公告不點交再行拍賣，如調查結果認爲租約不實在，可駁回第三人之聲明異議，俟確定後仍得逕予點交[154]；有認仍應點交，以「保護得標人之權利」之法理。因查封時並有現場張貼公告，承租人不表示有租賃關係存在，按權利睡覺者不受保護，故不予保護，縱於點交時承租人始提出法院公證書之租賃關係存在，亦不受影響，且拍定後執行程序已終結，亦無從執行[155]二說各依立場不同，而有不同之結論。但依強執法第99條之立法本旨，以保護拍定人之利益爲優先之原則，以後說較爲可採。至於如債權人假陳報爲空屋而影響承租人

---

[153] 最高法院67年8月29日第9次民事庭總會決議。

[154] 參照民事法律專題研究第129至132頁，司法院第11期司法業務研究會。

[155] 同註151。

之權利，應負民事賠償責任或可能涉有刑法第214條使公務員登載
不實嫌疑，是另一問題，已如前述。

十三、第三人爲使用借貸（無償借住）於抵押權設定後始借住，並經執行
法院裁定除去者，得點交。依民法第866條規定「不動產所有人，
設定抵押權後，於同一不動產得設定地上權及其他權利。但其抵押
權不因此而受影響。」，即抵押權設定後，不動產所有人仍得將
該不動產借予他人使用，使用借貸即屬「其他權利」，而租賃權
既得依聲請或職權除去其租賃關係，係依無租賃狀態逐行強制執
行[156]。又抵押權設定前占有者，抵押權人並無排除之權利，即無
從排除。

十四、第三人因買賣關係而占有不動產者，雖第三人有合法之權源而占
有，但如於抵押權設定後而占者，依上開「舉重明輕原理」及司
法院大法官會議第304號解釋，仍得除去占有後點交之。

十五、抵押人甲將其所有不動產爲債權人乙設定抵押權後，將不動產所有
權移轉登記予第三人丙，但仍占有該不動產，乙於債權屆清償期聲
請法院對丙拍賣抵押物，拍定後，執行法院仍應點交該不動產於拍
定人，因甲既設定抵押權予乙，則甲爲乙之債務人，雖嗣將抵押物
所有權移轉予丙，但抵押權並未隨同移轉，乙仍爲抵押權人，惟依
民法第867條後段之規定，抵押權不因此受影響，乙自得對現所有
權人丙聲請法院拍賣抵押物，甲、丙均屬強執法第99條第1項規定
之債務人，執行法院自得點交不動產予拍定人，否則易使抵押人利
用此方式移轉抵押物所有權予他人，因執行法院拍定後不點交，影
響拍賣價金，有違抵押權之追及效力（但有反對說[157]）。蓋抵押

---

[156] 參照最高法院74年台抗字第227號判例，86年司法院第31期司法業務座談會紀
　　錄。

[157] 反對說見民事法律問題研究彙編第九輯（第860至862頁）
　　甲說：甲既已將不動產所有權移轉予丙，乙爲實行抵押權拍賣抵押物自應以丙爲
　　　　相對人而聲請法院拍賣抵押物，丙爲執行債務人，該不動產於查封前爲第

權設定後，抵押物所有權之移轉而以新所有權人爲債務人聲請拍賣抵押物，而債務人仍爲原所有權人，新所有權人乃債權人實行抵押權時之所有權人，並非實際債務人，顯然新所有權人乃繼受原所有權人債務人亦爲執行債務人，依繼受之法理，自無不使新所有權人負同一義務，惟此才能保障抵押權人，符合物權追及效力。

十六、保管人或管理人，如強執法第4-2條第2項規定管理人，或查封後之第三保管人等，亦得聲請點交之。

十七、未經公證之不動產租賃，其期限逾五年或未定期限者（民法第425條第2項），因在長期或未定期限之租賃契約，對於當事人之權利義務，影響甚鉅，宜付公證，以求其權利義務之內容合法明確，且可避免實務上常見之假租賃弊端，即債務人於受強制執行時，與第三人虛僞訂立長期或不定期之租賃契約，以妨礙債權人之強制執行，故於此情形，得點交。又上開所指期限逾五年，而未公證者，是指整個租賃契約均不得對抗債權人，而非指五年內得對抗，逾五年部分始不得對抗，爲當然之解釋，故宜注意之。

十八、僅拍賣房屋，而坐落土地爲共有者，例如違章建物等，如無其他不點交之原因，仍應予點交。

貳、不點交之情形

一、拍賣應有部分，債務人未現實占有者。

三人甲占有，則甲非查封之效力所及，與強執法第99條第1項規定不合，執行法院不得點交。司法院民事廳研究意見亦採甲說，認爲「強執法第99條所稱債務人，執行事件之債務人，甲將不動產爲債務人乙設定抵押權，將不動產所有權移轉登記與丙。嗣乙基於抵押權追及效力，聲請拍賣抵押物之不動產，其執行事件之債務人即應爲丙，而非甲。則查封時不動產雖仍爲甲占有中，但甲爲執行事件之第三人，且非於查封後始占有，依強執法第99條第1項之規定，執行法院自不得對之執行點交。研究結論採甲說，尚無不合。」，足爲參考。但反對說，徒增法律問題複雜性，且影響整個不動產之價格甚大，故爲不當，是爲本文所不採。

二、不動產上有租賃權，未經法院裁定除去者，若因而拍定，則租賃關係隨同移轉，即為拍賣條件之一，不點交（強執法第98條第2項前段）。

三、不動產上之用益物權，如地上權、永佃權、地役權及典權，未經法院裁定除去者（強執法第98條第2項）。

四、僅拍賣土地，有債務人或第三人房屋占用中者。

五、查封前第三人有權占有者，如使用借貸關係而占用。

六、於不動產上有承租權、地上權者，經執行法院裁定除去，但於拍定前抗告者，須待上級法院（如高等法院）裁定以決定是否點交，如經上級法院廢棄原執行法院之除去租賃權，即表示仍有租賃關係存在者不點交；如經上級法院駁回抗告者，即維持原執行法院之裁定除去租賃關係，予以點交。故執行法院於拍賣前，應注意是否有承租人、地上權人抗告，如有，宜停止拍賣，即拍賣條件變更，待該裁定確定後再定期拍賣，以免影響應買人之權益。另有謂執行法院裁定除去抵押物上承租人之租賃權而為拍定，債務人或承租人對該裁定聲明異議，異議程序尚未終結，不動產即告拍定，則得點交[158]。但此尚有疑義，因債務人或承租人對該裁定聲明異議，應已生遮斷力，如謂異議程序尚未終結，不動產即告拍定，而得點交，則當事人之異議權將受影響，恐不公平，故值商確。

七、拍賣條件中有註明不點交之情形，按拍賣性質上為買賣，如於拍賣條件註明不點交，縱原因違法或不當情形，則因不點交之條件已成為買賣契約內容之一部分，故不予點交[159]。

八、債務人為自然人，雖為法人之股東、董事或其他代表人，除了有其他得點交之原因外（如查封後無權占有），則不點交，因自然人與法人為不同之人格故也。

---

[158] 參照司法業務座談會第31期第26號提案。

[159] 參照最高法院60年台上字第4615號判例。

九、不動產租賃契約，經公證者，其期限逾五年或未定期限者，而未經除去租賃者，不點交。

十、不動產租賃契約未經公證，其期限未逾五年，而未經法院除去租賃者，不點交。

十一、土地及其土地上之房屋同屬一人所有，而僅將土地或僅將房屋所有權讓與他人，或將土地及房屋同時或先後讓與相異之人時，土地受讓人或房屋受讓人與讓與人間，或房屋受讓人與土地受讓人間，推定在房屋得使用期限內，有租賃關係，其期限不受民法第449條第1項規定之限制（民法第425-1條第1項），於此情形，在不動產拍賣亦有適用，故認為其間有租賃關係存在，在未被除去前，仍不點交。

第四目　執行點交之程序

壹、執行點交之實務上見解

　　點交係對非屬查封之不動產部分，即房屋內或土地上之動產等遺留物，除應與不動產同時強制執行外，應取去點交債務人或其代理人、家屬或受僱人，該動產如為第三人占有者，亦同（強執法第100條第1項，第3項）。如果在點交時，債務人或占有之第三人不在場，無法接受點交時，應將動產暫付保管，向債務人為限期領取之通知，債務人逾期不領取時，得將遺留物拍賣之，而提存其價金，或為其他適當之處置（強執法第100條第2項，應行注意事項第57項第6款）。因此，債權人如欲對該價金執行時，因該價金並非拍賣所得，故應依其他財產權之執行方法執行。而點交之目的在實現拍賣不動產之交付，與動產之換價不同，故拍賣遺留物時並無如拍賣動產之二次限制，且無須先行查封，即可逕行拍賣遺留物，惟實務上在點交時仍有下列之問題：

一、通知債務人或第三人前來領取遺留物，依債務人或第三人之戶籍地通知無法送達，是否須再為公示送達？

按強執法第100條第2項規定之法條用語是通知，而非送達。因此只要依戶籍謄本通知，而未能通知者，自無須再為公示送達，以免拖延時日。且通知債務人（或第三人）前來領遺留物乃拍定人為實現其權利，與確定私權不同，故無須再為公示送達（但有反對說[160]）。

二、拍定人取得不動產所有權後，是否一律須點交始得占有？

按執行法院查封不動產，如由債務人或其家屬保管，因債務人依強執法第78條規定仍得為從來之管理使用，若債務人不交付，應聲請點交。如保管人為第三人或債務人如拒絕交付固亦得聲請點交，但若第三人或債務人同意交付，亦得因交付而占有，則危險負擔亦自交付占有時起由拍定人負擔（民法第373條前段）。

三、不動產拍定後，關於聲請點交有無次數或期限之限制？

按點交請求權係強執法規定之公法上請求權，而拍定人依強執法第99條規定請求，故無次數及期限之限制[161]。僅該條規定，如點交後原占有人復占有該不動產者，執行法院雖得依聲請再解除其占有後點交之，但拍定人再聲請點交時，應徵執行費（強執法第99條第3、4項），以促拍定人善盡保管之責，避免原占有人復占有。

四、強制執行標的之不動產於查封後始為第三人無權占有者，嗣經依法拍賣，拍賣價金並已分配完畢，買受人具狀請求點交不動產時，始發現上情，此後因執行點交程序所衍生之費用，是否列入執行費而予優先受償？

實務上見解不一，通說認為所謂債權人因強制執行而支出之必要費用，係指為得全體債權人之共同利益而支出，如無此項費用之支出，強制

---

[160] 但有反對說認債務人所在不明時，應為公示送達，參見楊與齡編著強制執行法論，85年10月修正版，第578頁。

[161] 參照台灣高等法院暨所屬法院67年度法律座談會民事執行類第24號提案。

執行即不能開始或接續者而言。該費用性質上屬公共利益，故強執法乃規定得就強制執行中之債務人財產優先受清償。而本件其執行點交之相關費用，並非為全體債權人之共同利益而支出，自不得列入執行費用，而予優先受償；且因價金已受分配完畢，如再列入執行費，勢必須重新收回全部分配額，重新製表分配，如有不能收回之情形，徒增困擾，且違反強執法第32條規定之參與分配期間。故應由買受人類推適用強執法第29條規定對債務人聲請確定其費用額後，聲請對債務人其他財產執行[162]。

五、債務人所有之房屋，經依建築物登記簿謄本資料，依法查封、鑑價、公告、拍賣，於點交時發現有部分面積為地政機關登記錯誤，如何處理？

如登記面積比實際面積較少時，則應以實際查封之面積點交之，至於買受人是否有不當得利乃另一問題[163]。反之，若比較實際面積多時，仍應以實際查封之面積予以點交之，再由拍定人持權利移轉證明書前往地政機關辦理更正。另拍賣物買受人就物之瑕疵無擔保請求權（強執法第113條、第69條），故拍定人不得執此請求解除契約，或撤銷買賣。

六、查封時經陳報土地為空地，嗣債務人將系爭土地上興建房屋後出租予第三人時，於點交時，得將該房屋拆除予以點交之，因第三人係查封後占有[164]。

---

[162] 參照司法院第37期司法業務研究會法律問題提案乙說，另反對說如下：

甲說：本法第29條第1項謂「因強制執行而支出之費用」包括聲請強制執行應繳納於國庫之規費及強制執行之必要費用，例如對於執行標的物之調查、鑑定、管理、公告登報等。本法修正後，於第99條規定執行之不動產查封後為第三人占有之情形，列入應予點交範圍，該執行點交行為，即為執行程序之一部分，其因而所生之費用，堪認係執行之必要費用，自應列入執行費而獲優先受償。

丙說：由買受人向執行法院聲請對第三人確定其費用額，可對第三人之財產執行。

[163] 參照台灣彰化地方法院66年第四季司法座談會研究結果、前司法行政部民事司台（67）民司函字第274號復台灣高等法院。

[164] 參照司法院36年院解字第3583號解釋、最高法院44年度台抗字第6號裁定。

貳、拍定人（或承受人）聲請點交之執行程序

　　按拍賣之不動產，拍定人（或承受人）自領得執行法院所發給權利移轉證書之日起，取得該不動產所有權（強執法第98條第1項），因此拍賣之不動產現尚為債務人或第三人占有中，拍定人（或承受人）尚須領得執行法院所發給之權利移轉證書之日起，始得向執行法院聲請點交所承購之不動產（應行注意事項第57項第1款）。第一次拍定人或承受人聲請點交者不必繳交執行費，但如第一次之點交後「原占有人復即占有該不動產者，執行法院得依聲請再解除其占有後點交之。」，「前項執行程序，應徵執行費。」（強執法第99條第3、4項），按再點交程序之實施，係因受點交義務人於違反點交命令之效力而導致之另一點交程序，其程序之費用自應另行徵收，並應依強執法第28條第1項規定，由該受點交義務人負擔之（參照強執法第99條第4項之立法理由）。而不動產經點交後，原占有人復占有該不動產，由拍定人或承受人聲請再解除其占有者，其聲請應另分新案（應行注意事項第57項第8款）。

參、當法院接到拍定人（或承受人）聲請點交時，其處理方式

一、命占有人自動履行

　　拍定人（或承受人）聲請點交不動產是依據強執法第99條規定而來，屬第4條第1項第6款「其他依法律之規定，得為強制執行名義者」之人，故如債務人或第三人仍占有者，執行法院得定期間命債務人或第三人遷讓（強執法第128條第1項前段）。實務上，一般以定十五日之期間為自動履行期間，並命拍定人於期間屆滿時向執行法院陳報債務人或第三人履行情形，若占有人為債務人時，屆期仍不履行者，得拘提、管收之，或處新台幣3萬元以上30萬以下之怠金，其續經定期履行而仍不履行者，得再處怠

金（強執法第128條第1項後段），故不論債務人有無強執法第21條、第22條之情形，均得拘提、管收之，但應注意管收期限，仍受強執法第24條規定三個月之限制（應行注意事項第68項）。若占有人為第三人者，則無上開拘提、管收規定之適用。惟實務上，大部分均不對債務人拘提、管收，而逕依下述方法處理。

二、履勘現場

履勘現場主要目的：

（一）查明不動產之現況：包括不動產之坐落地點，及屋內占有人之遺留物情形，應命書記官逐一記載，是否屬拍賣範圍內之標的，如是否為從物？傢俱用品大小，有無神明、祖先牌位擺設等等，均應載明，以便預估將來定遷讓時，應準備工作。

（二）了解債務人或第三人之態度及狀況：債務人或第三人等受點交之人等身體狀況及占有人多少，以及意願如何都影響點交工作之準備，以便請求警察或縣（市）政府社會局人員協助。

（三）居間協調：拍定後點交不動產所用之強制力乃不得已之手段，故經到場履勘時，若能雙方當事人協調，則可節省人力、物力。如占有人雖於執行法院所定期限內搬遷，但同意延後三個月內遷讓，雙方若能協調，亦無不可。

三、執行點交

強制執行之點交是件非常須技術性，除了須法理兼備外，尚須一些技術性的工作，都須事前作最周詳之準備才能事半功倍。故執行之不動產是屬應點交者，現為債務人或第三人占有，執行法院於拍定後即應依法嚴格執行點交，亦不因事後債務人將該不動產移轉予第三人占有而受影響？（應行注意事項第57項第2款），執行遇有困難，須有關機關協助者，得請求協助之（強執法第3-1條第1、2項），於函請有關單位協助時，所需

費用，可請拍定人（承受人）先行預繳。又執行時宜注意[165]：

---

[165] 參見拙著「不動產經法院拍定後之點交實務」論文，見司法周刊第841期。

附件：司法院頒「提示執行法院查封及點交不動產改進事項」

一、執行法院拍賣不動產之查封及點交，除法令別有規定外，依本改進事項之規定執行之。

二、查封之不動產，爲債務人或其占有輔助人占有者，應於拍賣公告載明拍定後點交。如查封時爲第三人占有，依法不能點交者，則應詳載其占有之原因及依法不能點交之事由，不得記載「占有使用情形不明，拍定後不點交」之類似字樣。

三、執行法官或書記官至現場查封時，遇債務人不在現場或因其他情事致未能查明不動產占有使用情形時，除應爲勘驗或以其他方法查明外，並應善盡強執法第71-1條規定之調查職權，詳實填載不動產現況調查表，必要時得以拘提、管收或科以罰鍰之方法行之，務期發現占有之實情，未查明前，不宜率行拍賣。

前項所稱以勘驗或其他方法查明不動產占有使用情形，得以下列方法爲之：

（一）開啓門鎖，進入屋內，將屋內佈置情形，製成略圖或照相，如有信件、書本、筆記本，或其他載有姓名之物品者，並將情形記明筆錄。

（二）向債務人之鄰居或大廈管理員，查詢不動產之占有人。

（三）向徵收水、電、瓦斯等費用之機關，調查繳納費用之人，或向戶政機關函調該戶之戶籍謄本資料。

四、查封不動產之應有部分時，應於查封筆錄記明債務人之現在占有狀況，及其他共有人之姓名、住所，並於拍賣公告載明其現在占有狀況及拍定後依其現實占有部分爲點交。如依法不能點交者，亦應詳載其原因事由，不得記載「拍賣不動產應有部分，拍定後不點交」之類似字樣。

五、查封之不動產已設有負擔，或債務人之權利拍定仍受限制，應於查封筆錄及拍賣公告內載明。且如他人對之有優先承買權等情形，亦應於拍賣公告內載明。共有物應有部分於拍定後，如法院已盡調查之能事，仍無法查悉或送達共有人，致不能通知其優先承買者，即毋庸公示送達。

六、第三人於查封後始占用拍賣之不動產，拒絕交出者，執行法院除應嚴格執行，解除其占有，將不動產點交買受人或承受人外，如遇有竊佔執行標的物，恐嚇勒索投標人、得標人，僞造借據、租約或涉有其他罪嫌時，應即移送該管檢察官依法偵辦。債務人受點交後復占有該不動產者，亦同。

七、債務人或第三人於查封時主張查封之不動產訂有租賃者，執行法院應命提出租約，即時影印附卷，如未能提出租約或未訂書面者，亦應詢明其租賃起迄時間、租金若干及其他租賃條件，逐項記明查封筆錄，以防債務人事後勾串第三人僞訂長期或不定期租約，阻撓點交。債務人或第三人於查封後提出租賃契約，主張查封之不動產已有租賃關係者，執行法院宜爲相當之調查，如發現其契約有冒用他人僞造訂約情事時，應依前項規定辦理。

八、第三人對其在查封前無權占有不動產不爭執，或其對該不動產之租賃權業經執行法院除去，而有第六項規定情事者，亦得依該項規定辦理。

（一）遇有抗拒者，得請警察協助（強執法第3-1條第2、3項）。

應按具體個案需要而酌定警員人數，必要時亦得請女警協助，並事先與警察主管協調配置及任務分組。

（二）請債權人預先僱工及搬運器具。

（三）門窗深鎖者，並請鎖匠開鎖。

（四）有祖先牌位、神像者，得請地理師（先生）退神等，以合民俗，

（五）有自殺傾向者，得請省（市）立醫院派救護車協助。

（六）有放火、危害鄰居者，得請消防隊派消防車協助。

（七）債務人或占有人為年邁之人，得洽縣（市）社會局派員協助或收容。

（八）建築物增建或界址不明，得會同地政人員到場協助。

（九）如須斷水、斷電者，可請自來水公司、電力公司派員協助。

（十）其他。

四、點交後之執行行為

（一）執行書記官應製作點交筆錄，詳載點交現況，並請在場之執行人員於筆錄上簽名。

（二）承買人應簽具點交切結及接管不動產切結。

（三）張貼點交公告，點交完成後應於標的物現場張貼點交公告以公告周知。

肆、如何辦好點交工作

　　強制執行之執行是非常須要技術性的工作，除了法理具備外，尚須一些技術性，尤其點交業務，都須事前作最周詳之準備才能事半功倍。且查封與點交具有關聯性，故司法院於89年2月1日（89）院台廳民二字第03171號函頒「提示執行法院查封及點交不動產改進事項」（如註解附件）以供執行參考，足見拍賣不動產時是否得點交在實務上極為重要。

第四章　對其他財產權之執行

第一節　對其他財產權執行之概念

一、意　義

　　所謂對其他財產權之執行是指債權人請求對於債務人之動產、不動產以外之財產權執行之意。易言之，即對於以債務人為債權人對第三人有債權之執行，即以債務人對第三人之債權為執行標的。如圖示：

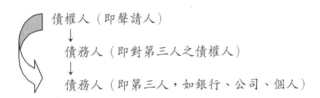

債權人（即聲請人）
↓
　債務人（即對第三人之債權人）
　↓
　　債務人（即第三人，如銀行、公司、個人）

二、種　類

（一）債務人對於第三人之金錢債權（強執法第115條、第115-1條）。

（二）債務人基於債權或物權，得請求第三人交付或移轉動產、不動產、船舶、航空器之權利（強執法第116條、第116-1條）。

（三）債務人所有動產、不動產及前二項以外之財產權，即前二項權利以外之有獨立財產價值之權利。例如商標權、專利權、著作權、礦業權、當鋪經營權等。

三、要　件

（一）須為獨立之權利

　1. 得獨立處分之權利，雖係將來發生之債權或附條件之債權，仍得

為執行之對象，例如將來之薪津債權、租金等。

2. 如權利本身不得獨立處分者，不得為執行之對象，例如質權、抵押權等擔保物權等，惟抵押權所擔保之債權，係債務人對第三人之金錢債權，自得為強制執行之標的。抵押權執行之權利，抵押權亦應一併移轉（民法第295條第1項前段規定）。

（二）須具有財產價值者

即權利本身具有財產價值而言，反之，如撤銷權、選擇權、解除權等因無財產價值，故不得為執行之標的。

（三）須得讓與

一般財產權原則上均得讓與，縱使當事人有特約不得讓與，仍得為執行之標的，但依民法第294條第1項第1、3款之規定，則有下列不在此限：

1. 以當事人間信任關係為基礎之權利：如本於僱傭契約之僱主對勞工之勞務請求權等，不得為執行之標的。

2. 以一定身分存在為前提之權利：如繼承權、扶養請求權等，係專屬性之權利，不得為執行之標的。

3. 以附隨特定身分而獨立之權利：如應繼分、派下權等，不得為執行之標的。但基於特定身分而取得之財產權利仍得為執行標的，如繼承不動產之公同共有權利，及基於派下權而取得之財產分配權利等。

（四）法律規定禁止扣押或強制執行者

常見者列舉如下：

1. 強制汽車責任保險法第25條

保險人於被保險汽車發生汽車交通事故時，依本法規定對請求權人負保險給付之責。

保險人應於被保險人或請求權人交齊相關證明文件之次日起十個

工作日內給付之；相關證明文件之內容，由主管機關會商相關機關（構）訂定公告之。

保險人因可歸責於自己之事由致未在前項規定期限內為給付者，自期限屆滿之次日起，應按年利一分給付遲延利息。

第一項請求權人請求保險給付之權利及未經請求權人具領之保險給付，不得扣押、讓與或提供擔保。

2. 著作權法第20條

未公開發表之著作原件及其著作財產權，除作為買賣之標的或經本人允諾者外，不得作為強制執行之標的。

3. 營業秘密法第8條

營業秘密不得為質權及強制執行之標的。

4. 貿易法第16條

因貿易談判之需要或履行協定、協議，經濟部國際貿易局得對貨品之輸出入數量，採取無償或有償配額或其他因應措施。

前項輸出入配額措施，國際經貿組織規範、協定、協議、貿易談判承諾事項或法令另有規定者，依其規定；未規定者，應公開標售。

第一項所稱有償配額，指由經濟部國際貿易局與有關機關協商後公告，以公開標售或依一定費率收取配額管理費之有償方式處理配額者。

出進口人輸出入受配額限制之貨品，不得有下列行為：

一、偽造、變造配額有關文件或使用該文件。

二、違規轉口。

三、規避稽查或未依規定保存相關生產資料或文件。

四、不當利用配額，致破壞貿易秩序或違反對外協定或協議。

五、逃避配額管制。

六、未依海外加工核准事項辦理。

七、利用配額有申報不實情事。

八、其他妨害配額管理之不當行為。

輸出入配額，不得作為質權或強制執行之標的。除特定貨品法令另有規定外，無償配額不得轉讓。

輸出入配額之分配方式、程序、數量限制、利用期限、資料保存期限、採有償配額之收費費率與繳費期限、受配出進口人之義務及其有關配額處理事項之辦法，由主管機關依各項貨品之管理需要分別定之。

5. 戒嚴時期不當叛亂暨匪諜審判案件補償條例第15條

請領本條例所定補償金之權利，不得扣押、讓與或供擔保。

6. 二二八事件處理及賠償條例第15條

請領本條例所定賠償金之權利，不得扣押、讓與或供擔保。

7. 信託法第12條

對信託財產不得強制執行。但基於信託前存在於該財產之權利、因處理信託事務所生之權利或其他法律另有規定者，不在此限。

違反前項規定者，委託人、受益人或受託人得於強制執行程序終結前，向執行法院對債權人提起異議之訴。

強執法第十八條第二項、第三項之規定，於前項情形，準用之。

8. 犯罪被害人權益保障法第72條

受領犯罪被害補償金及暫時補償金之權利，不得扣押、讓與、抵銷或供擔保。

犯罪被害人或其遺屬得檢具保護機構出具之證明文件，於金融機構開立專戶，專供存入犯罪被害補償金或暫時補償金之用。

前項專戶內之存款，不得作爲抵銷、扣押、供擔保或強制執行之標的。

9. 第一屆資深中央民意代表自願退職條例第16條

請領退職酬勞金之權利，不得扣押、讓與或供擔保。

10. 社會救助法第44條

依本法請領各項現金給付或補助之權利，不得扣押、讓與或供擔保。

11. 替代役實施條例第27條

替代役役男身心障礙或死亡應予撫卹者，由主管機關發給撫卹令及撫卹金。

撫卹金發給規定如下：

一、死亡者：發給死亡撫卹金，以其遺族爲受益人。

二、身心障礙：發給身心障礙撫卹金，以其本人爲受益人。

第一項撫卹金之領受權利及未經具領之撫卹金，不得扣押、讓與或供擔保。

12. 陸海空軍軍官士官服役條例第50條

軍官、士官請領退除給與權利，自退伍除役之次月起，經過十年不行使而消滅。但因不可抗力事由，致不能行使者，自該請求權可行使時起算。

支領月退除給與人員，支領期間，其各期請求權，自應領日之次月起算。

13. 軍人保險條例第21條

請領保險給付金之權利，法院不得扣押或供債務之執行，亦不得抵押、轉讓或擔保。

14. 軍人撫卹條例第29條

請領撫卹金之權利及未經具領之撫卹金，不得作為扣押、讓與或供擔保之標的。

撫卹金領受人得於金融機構開立專戶，專供存入撫卹金之用。該專戶內之存款不得作為扣押、抵銷、供擔保或強制執行之標的。

撫卹金領受人有冒領或溢領情事者，支給或發放機關應就其冒領或溢領之款項覈實收回，不受前二項規定之限制。

15. 政務人員退職撫卹條例第11條

政務人員或其遺族依本條例請領離職儲金本息、一次給與或依原政務官退職酬勞金給與條例與原政務人員退職酬勞金給與條例請領退職酬勞金、遺屬年金或遺屬一次金之權利，不得作為讓與、抵銷、扣押或供擔保之標的。但政務人員之離職儲金本息、一次給與或退職酬勞金依第三十四條規定被分配者，不在此限。

前項各項給與，一律採金融機構直撥入帳方式發給。

第一項各項給與之領受人，得於金融機構開立專戶，專供存入離職儲金本息、一次給與、退職酬勞金、遺屬年金或遺屬一次金之用。該專戶內之存款，不得作為抵銷、扣押、供擔保或強制執行之標的。

第一項各項給與之領受人有冒領或溢領情形者，支給或發放機關應就其冒領或溢領之款項覈實收回，不受第一項及前項規定之限制。

16. 海商法第4條

船舶保全程序之強制執行，於船舶發航準備完成時起，以迄航行至次一停泊港時止，不得爲之。但爲使航行可能所生之債務，或因船舶碰撞所生之損害，不在此限。

國境內航行船舶之保全程序，得以揭示方法爲之。

17. 財政部所屬鹽務員工退休辦法第15條

請領退休金之權利不得扣押讓與或供擔保。

18. 經濟部臺灣製鹽總廠人員退休、撫卹及資遣辦法第42條

請領退休金及領受撫卹金之權利，或未經其遺族具領前之撫卹金，不得扣押、讓與或供擔保。

19. 交通部所屬郵電事業人員退休規則第15條

退休金之享受權，不得扣押讓與或供擔保。

20. 交通事業人員撫卹規則第19條

撫卹金之領受權，不得扣押讓與或供擔保。

21. 交通部郵電事業人員退休撫卹條例第33條

請領退休金、撫卹金、撫慰金或殮葬補助費之權利，不得作爲扣押、讓與或供擔保之標的。

22. 中華電信股份有限公司非資位現職人員退休撫卹辦法第33條

請領退休金、撫卹金、撫慰金或殮葬補助費之權利，不得作爲扣押、讓與或供擔保之標的。

23. 中華郵政股份有限公司非資位現職人員退休撫卹辦法第30條

請領退休金、撫卹金或撫慰金之權利，不得作爲扣押、讓與或供

擔保之標的。

24. 老人福利法第12條

中低收入老人未接受收容安置者，得申請發給生活津貼。

前項領有生活津貼，且其失能程度經評估為重度以上，實際由家人照顧者，照顧者得向直轄市、縣（市）主管機關申請發給特別照顧津貼。

前二項津貼請領資格、條件、程序、金額及其他相關事項之辦法，由中央主管機關定之；申請應檢附之文件、審核作業等事項之規定，由直轄市、縣（市）主管機關定之。

不符合請領資格而領取津貼者，其領得之津貼，由直轄市、縣（市）主管機關以書面命本人或其繼承人自事實發生之日起六十日內繳還；屆期未繳還者，依法移送行政執行。

25. 保險法第123條

保險人破產時，受益人對於保險人得請求之保險金額之債權，以其保單價值準備金按訂約時之保險費率比例計算之。要保人破產時，保險契約訂有受益人者，仍為受益人之利益而存在。

投資型保險契約之投資資產，非各該投資型保險之受益人不得主張，亦不得請求扣押或行使其他權利。

26. 都市更新條例第57條

權利變換範圍內應行拆除或遷移之土地改良物，由實施者依主管機關公告之權利變換計畫通知其所有權人、管理人或使用人，限期三十日內自行拆除或遷移；屆期不拆除或遷移者，依下列順序辦理：

一、由實施者予以代為之。

二、由實施者請求當地直轄市、縣（市）主管機關代為之。

實施者依前項第一款規定代為拆除或遷移前，應就拆除或遷移之期日、方式、安置或其他拆遷相關事項，本於真誠磋商精神予以協調，並訂定期限辦理拆除或遷移；協調不成者，由實施者依前項第二款規定請求直轄市、縣（市）主管機關代為之；直轄市、縣（市）主管機關受理前項第二款之請求後應再行協調，再行協調不成者，直轄市、縣（市）主管機關應訂定期限辦理拆除或遷移。但由直轄市、縣（市）主管機關自行實施者，得於協調不成時逕為訂定期限辦理拆除或遷移，不適用再行協調之規定。

第一項應拆除或遷移之土地改良物，經直轄市、縣（市）主管機關認定屬高氯離子鋼筋混凝土或耐震能力不足之建築物而有明顯危害公共安全者，得準用建築法第八十一條規定之程序辦理強制拆除，不適用第一項後段及前項規定。

第一項應拆除或遷移之土地改良物為政府代管、扣押、法院強制執行或行政執行者，實施者應於拆除或遷移前，通知代管機關、扣押機關、執行法院或行政執行機關為必要之處理。

第一項因權利變換而拆除或遷移之土地改良物，應補償其價值或建築物之殘餘價值，其補償金額由實施者委託專業估價者查估後評定之，實施者應於權利變換計畫核定發布後定期通知應受補償人領取；逾期不領取者，依法提存。應受補償人對補償金額有異議時，準用第五十三條規定辦理。

第一項因權利變換而拆除或遷移之土地改良物，除由所有權人、管理人或使用人自行拆除或遷移者外，其拆除或遷移費用在應領補償金額內扣回。

實施者依第一項第二款規定所提出之申請，及直轄市、縣（市）主管機關依第二項規定辦理協調及拆除或遷移土地改良物，其申請條件、應備文件、協調、評估方式、拆除或遷移土地改良物作業事項及其他應遵行事項之自治法規，由直轄市、縣（市）主管機關定之。

27. 銀行法第112條

信託投資公司之債權人對信託財產不得請求扣押或對之行使其他權利。

28. 期貨交易法

第51條

期貨結算機構收取之結算保證金,應與其自有資產分離存放。

期貨結算機構、結算保證金存放機構或期貨結算會員之債權人,非依本法之規定,不得對結算保證金請求扣押或行使其他權利。

期貨結算機構應將結算會員所繳交之結算保證金,依自營與經紀分離處理。

第70條

期貨商應於主管機關指定之機構開設客戶保證金專戶,存放期貨交易人之交易保證金或權利金,並與自有資產分離存放。

前項期貨商或指定機構之債權人,非依本法規定,不得對客戶保證金專戶之款項請求扣押或行使其他權利。

第86條

期貨信託事業及基金保管機構就自有財產所負債務,其債權人不得對於基金資產請求扣押或行使其他權利。

29. 證券投資人及期貨交易人保護法第37條

證券商依法令開設存放客戶款項之專戶,及因業務接受客戶委託所取得之資產,與其自有財產,應分別獨立。

證券商除為其客戶辦理應支付款項或運用資產者外,不得動用前項款項或資產。

證券商就其自有財產所負債務,其債權人不得對第一項專戶款項及因業務接受客戶委託所取得之資產請求扣押或行使其他權利。

30. 民防法第11條

第九條各項給付之請領權，自可行使之日起，二年內不行使而消滅。但依本職身分另有規定者，從其規定。

前項請領權，不得作為讓與、抵銷、扣押或供擔保之標的。

31. 不動產經紀業管理條例

第8條

前條第三項營業保證金由中華民國不動產仲介經紀業或代銷經紀業同業公會全國聯合會統一於指定之金融機構設置營業保證基金專戶儲存，並組成管理委員會負責保管；基金之孳息部分，得運用於健全不動產經紀制度。

前項基金管理委員會委員，由經紀業擔任者，其人數不得超過委員總數之五分之二。基金管理委員會之組織及基金管理辦法由中央主管機關定之。

第一項營業保證基金，除本條例另有規定外，非有依第二十六條第四項之情形，不得動支。

經紀業分別繳存之營業保證金低於第七條第三項規定之額度時，中華民國不動產仲介經紀業或代銷經紀業同業公會全國聯合會應通知經紀業者於一個月內補足。

第9條

營業保證金獨立於經紀業及經紀人員之外，除本條例另有規定外，不因經紀業或經紀人員之債務債權關係而為讓與、扣押、抵銷或設定負擔。

經紀業因合併、變更組織時對其所繳存之營業保證金之權利應隨之移轉。

其因申請解散者，得自核准註銷營業之日滿一年後二年內，請求退還原繳存之營業保證金。但不包括營業保證金之孳息。

第26條

因可歸責於經紀業之事由不能履行委託契約，致委託人受損害時，由該經紀業負賠償責任。

經紀業因經紀人員執行仲介或代銷業務之故意或過失致交易當事人受損害者，該經紀業應與經紀人員負連帶賠償責任。

前二項受害人向中華民國不動產仲介經紀業或代銷經紀業同業公會全國聯合會請求代為賠償時，視為已向基金管理委員會申請調處，基金管理委員會應即進行調處。

受害人取得對經紀業或經紀人員之執行名義、經仲裁成立或基金管理委員會之決議支付後，得於該經紀業繳存營業保證金及提供擔保總額內，向中華民國不動產仲介經紀業或代銷經紀業同業公會全國聯合會請求代為賠償；經代為賠償後，即應依第八條第四項規定，通知經紀業限期補繳。

32. 全民防衛動員準備法第38條

第三十六條各項給付之請領權，自可行使之日起，二年內不行使而消滅。但依本職身分或其他法律另有規定者，從其規定。

前項請領權，不得作為讓與、抵銷、扣押或供擔保之標的。

33. 公營事業移轉民營條例第10條

依本條例領取公保、勞保補償金之從業人員，如再參加各該保險並請領養老或老年給付時，承保機構應代扣原請領之補償金，不受勞工保險條例第二十九條不得讓與、抵銷、扣押或供擔保之限制。但請領之養老或老年給付較原請領之補償金額低時，僅代扣請領金額。

承保機構依前項規定代扣之款項，應繳還原事業主管機關。

34. 公教人員保險法第37條

被保險人或其受益人領取各項保險給付之權利，不得作為讓與、抵銷、扣押或供擔保之標的。但被保險人有下列情形之一者，承保機關得自其現金給付或發還之保險費中扣抵：

一、欠繳保險費。

二、欠繳依法遞延繳納之自付部分保險費。

三、溢領或誤領保險給付。

35. 中華電信股份有限公司從業人員退休撫卹及資遣辦法第17條

請領退休金及領受撫卹金之權利，自請領（受）事由發生之次月起，經過五年不行使而消滅；死亡補償之受領補償權，自得受領之日起，因二年不行使而消滅。但因不可抗力之事由，致不能行使者，其時效中斷；時效中斷者，自中斷之事由終止時，重行起算。

前項請領退休金及撫卹之權利，不得讓與、扣押或供擔保。受領死亡補償之權利，不得讓與、抵銷、扣押或供擔保。

36. 勞動基準法

第56條

雇主應依勞工每月薪資總額百分之二至百分之十五範圍內，按月提撥勞工退休準備金，專戶存儲，並不得作為讓與、扣押、抵銷或擔保之標的；其提撥之比率、程序及管理等事項之辦法，由中央主管機關擬訂，報請行政院核定之。

雇主應於每年年度終了前，估算前項勞工退休準備金專戶餘額，該餘額不足給付次一年度內預估成就第五十三條或第五十四條第一項第一款退休條件之勞工，依前條計算之退休金數額者，雇主應於次年度三月底前一次提撥其差額，並送事業單位勞工退休準備金監督委員會審議。

第一項雇主按月提撥之勞工退休準備金匯集為勞工退休基金，由中央主管機關設勞工退休基金監理委員會管理之；其組織、會議及其他相關事項，由中央主管機關定之。

前項基金之收支、保管及運用，由中央主管機關會同財政部委託金融機構辦理。最低收益不得低於當地銀行二年定期存款利率之收益；如有虧損，由國庫補足之。基金之收支、保管及運用辦法，由中央主管機關擬訂，報請行政院核定之。

雇主所提撥勞工退休準備金，應由勞工與雇主共同組織勞工退休準備金監督委員會監督之。委員會中勞工代表人數不得少於三分之二；其組織準則，由中央主管機關定之。

雇主按月提撥之勞工退休準備金比率之擬訂或調整，應經事業單位勞工退休準備金監督委員會審議通過，並報請當地主管機關核定。

金融機構辦理核貸業務，需查核該事業單位勞工退休準備金提撥狀況之必要資料時，得請當地主管機關提供。

金融機構依前項取得之資料，應負保密義務，並確實辦理資料安全稽核作業。

前二項有關勞工退休準備金必要資料之內容、範圍、申請程序及其他應遵行事項之辦法，由中央主管機關會商金融監督管理委員會定之。

第59條

勞工因遭遇職業災害而致死亡、失能、傷害或疾病時，雇主應依左列規定予以補償。但如同一事故，依勞工保險條例或其他法令規定，已由雇主支付費用補償者，雇主得予以抵充之：

一、勞工受傷或罹患職業病時，雇主應補償其必需之醫療費用。職業病之種類及其醫療範圍，依勞工保險條例有關之規定。

二、勞工在醫療中不能工作時，雇主應按其原領工資數額予以補償。但醫療期間屆滿二年仍未能痊癒，經指定之醫院診斷，

審定為喪失原有工作能力，且不合第三款之失能給付標準者，雇主得一次給付四十個月之平均工資後，免除此項工資補償責任。

三、勞工經治療終止後，經指定之醫院診斷，審定其身體遺存失能者，雇主應按其平均工資及其殘廢程度，一次給予失能補償。失能補償標準，依勞工保險條例有關之規定。

四、勞工遭遇職業傷害或罹患職業病而死亡時，雇主除給與五個月平均工資之喪葬費外，並應一次給與其遺屬四十個月平均工資之死亡補償。其遺屬受領死亡補償之順位如下：

（一）配偶及子女。

（二）父母。

（三）祖父母。

（四）孫子女。

（五）兄弟姐妹。

第61條

第五十九條之受領補償權，自得受領之日起，因二年間不行使而消滅。

受領補償之權利，不因勞工之離職而受影響，且不得讓與、抵銷、扣押或供擔保。

勞工或其遺屬依本法規定受領職業災害補償金者，得檢具證明文件，於金融機構開立專戶，專供存入職業災害補償金之用。

前項專戶內之存款，不得作為抵銷、扣押、供擔保或強制執行之標的。

37. 勞工保險條例第29條

被保險人、受益人或支出殯葬費之人領取各種保險給付之權利，不得讓與、抵銷、扣押或供擔保。

依本條例規定請領保險給付者，得檢具保險人出具之證明文件，

於金融機構開立專戶，專供存入保險給付之用。

前項專戶內之存款，不得作為抵銷、扣押、供擔保或強制執行之標的。

被保險人已領取之保險給付，經保險人撤銷或廢止，應繳還而未繳還者，保險人得以其本人或其受益人請領之保險給付扣減之。

被保險人有未償還第六十七條第一項第四款之貸款本息者，於被保險人或其受益人請領保險給付時逕予扣減之。

前項未償還之貸款本息，不適用下列規定，並溯自中華民國九十二年一月二十二日施行：

一、消費者債務清理條例有關債務免責之規定。

二、破產法有關債務免責之規定。

三、其他法律有關請求權消滅時效規定。

第四項及第五項有關扣減保險給付之種類、方式及金額等事項之辦法，由中央主管機關定之。

保險人應每年書面通知有未償還第六十七條第一項第四款貸款本息之被保險人或其受益人之積欠金額，並請其依規定償還。

38. 就業保險法第22條

被保險人領取各種保險給付之權利，不得讓與、抵銷、扣押或供擔保。

被保險人依本法規定請領保險給付者，得檢具保險人出具之證明文件，於金融機構開立專戶，專供存入保險給付之用。

前項專戶內之存款，不得作為抵押、扣押、供擔保或強制執行之標的。

39. 勞工退休金條例第29條

勞工之退休金及請領勞工退休金之權利，不得讓與、扣押、抵銷或供擔保。

勞工依本條例規定請領退休金者，得檢具勞保局出具之證明文件，於金融機構開立專戶，專供存入退休金之用。

前項專戶內之存款，不得作為抵銷、扣押、供擔保或強制執行之標的。

40. 勞工退休金條例年金保險實施辦法

第6條

年金保險契約約定之權利，不得讓與、扣押、抵銷或供擔保。要保人及被保險人不得以保險契約為質，向保險人借款。

第53條

勞工退休年金保險單條款應記載下列事項：

一、勞工離職後未就業或離職後再就業自行繼續提繳年金保險費時，要保人應轉換為勞工。

二、勞工離職後未就業或離職後再就業自行繼續提繳年金保險費時，應提供彈性繳費之方式，年金保險契約不因停止繳費而喪失效力或減損保單價值準金。

三、年金保險契約約定之權利，不得讓與、扣押、抵銷或供擔保。

四、年金保險費提繳及退休金請領期間之平均收益率，扣除行政費用後，不得低於當地銀行二年定期存款利率。

五、第五條、第七條、第十六條第一項、第三十五條、第三十六條、第三十八條、第四十條至第四十八條及第六十七條規定之事項。

41. 藥害救濟法第19條

申請藥害救濟之權利，不得讓與、抵銷、扣押或供擔保。

受領藥害救濟給付，免納所得稅；受領藥害救濟給付之權利，免納遺產稅。

42. 全民健康保險法第59條

保險對象受領核退自墊醫療費用之權利，不得讓與、抵銷、扣押或供擔保。

43. 農民健康保險條例第22條

被保險人或其受益人領取各種保險給付之權利，不得讓與、抵銷、扣押或供擔保。

經保險人撤銷或廢止保險給付之核發者，已領取之保險給付有應繳還而未繳還情事，保險人得自保險給付對象請領之保險給付扣減之。

44. 鐵路法第5條

鐵路機構管有之資產及其運送物，非依法律，不得檢查、徵用或扣押。

45. 公路法第8條

公路事業所有之資產及其運輸物品，非依法律，不得檢查、徵用或扣押。

46. 電信法第4條

電信事業之資產及設備，非依法律不得檢查、徵用或扣押。

47. 航業法第5條

航業所有之資產及其運送之物品，非依法律不得檢查、徵用或扣押。

48. 駐華外國機構及其人員特權暨豁免條例第5條

駐華外國機構得享受左列特權暨豁免：

一、館舍不可侵犯，非經負責人同意，不得入內。但遇火災或其

　　　他災害須迅速採取行動時，得推定已獲其同意。

二、財產免於搜索、扣押、執行及徵收。

三、檔案文件不可侵犯。

四、豁免民事、刑事及行政管轄。但左列情形不在此限：

　　（一）捨棄豁免。

　　（二）爲反訴之被告。

　　（三）因商業行爲而涉訟。

　　（四）因在中華民國之不動產而涉訟。

五、電信及郵件免除檢查，並得以密碼之方式行之。其需設置無
　　線電臺者，應經外交部及有關機關之核可。

六、稅捐之徵免比照駐華使領館待遇辦理。

七、公務用品之進出口比照駐華使領館待遇辦理。

八、其他經行政院於駐華使領館所享待遇範圍內核定之特權暨豁
　　免。

49. 合作社法第20條

社員非經合作社之同意，不得讓與其所有之社股，或以之擔保債
務。

社股受讓人或繼承人，應承繼讓與人或被繼承人之權利義務。受
讓人或繼承人爲非社員時，應適用第十一條及第十四條之規定。

50. 公寓大廈管理條例第19條

區分所有權人對於公共基金之權利應隨區分所有權之移轉而移
轉；不得因個人事由爲讓與、扣押、抵銷或設定負擔。

51. 民用航空法第22條

航空器，除本法或其他法律有特別規定外，自開始飛航時起，至
完成該次飛航時止，不得施行扣留、扣押或假扣押。

52. 郵政法第8條

郵件、郵政資產、郵政款項及郵政公用物，非依法律，不得作為檢查、徵收或扣押之標的。

53. 船員法第50條

第四十一條醫療費用、第四十四條失能補償、第四十五條及第四十六條死亡補償及第四十八條喪葬費，其請求權自得請領之日起，因二年間不行使而消滅。

前項請求權不因船員之離職而受影響，且不得讓與、抵銷、抵充、扣押或擔保。

（五）強執法規定不得為執行之標的者

1. 如強執法第52條、第53條、第122條等規定不得為查封或扣押。其中強執法第122條於100年6月29日、107年7月13日總統令再次修正，第122條第1項規定「債務人依法領取之社會福利津貼、社會救助或補助，不得為強制執行。」第2項「債務人依法領取之社會保險給付或其對於第三人之債權，係維持債務人及其共同生活之親屬生活所必需者，不得為強制執行。」第3項「債務人生活所必需，以最近一年衛生福利部或直轄市政府所公告當地區每人每月最低生活費一點二倍計算其數額，並應斟酌債務人之其他財產。」第4項「債務人共同生活親屬生活所必需，準用前項計算基準，並按債務人依法應負擔扶養義務之比例定其數額。」第5項「執行法院斟酌債務人與債權人生活狀況及其他情事，認有失公平者，不受前三項規定之限制。但應酌留債務人及其扶養之共同生活親屬生活費用。」，藉以對債務人生存權保障予以明確化，符合憲法第15條規定之生存權保障。強執法第122條第1項所稱社會福利津貼，係指低收入老人生活津貼、中低收入老人生活津貼、身心障礙者生活補助、老年農民福利津貼及榮民就養給付等其他依社會

福利法規所發放之津貼或給付；又所稱社會救助或補助，係指生活扶助、醫療補助、急難救助及災害救助等。強執法第122條第2項所稱社會保險，係指公教人員保險、勞工保險、軍人保險、農民保險及其他政府強制辦理之保險。強執法第122條第2項所稱維持債務人及其共同生活之親屬生活所必需，係指依一般社會觀念，維持最低生活客觀上所不可缺少者而言。是否生活所必需，應就債務人之身分地位、經濟狀況、其共同生活之親屬人數及當地社會生活水準等情形認定之（應行注意事項第65項第1至3款）。其立法理由為（一）債務人依法領取之社會福利津貼、社會救助或補助，多為政府照護社會弱勢族群之措施，俾維持其基本生活。各相關法規雖多明定依法請領各項現金給付或補助之權利，不得扣押、讓與或供擔保，但該等權利實現後，如仍予強制執行，有違政府發給之目的，宜明定債務人依法領取之該等津貼、救助或補助，不得為強制執行，爰增訂第1項；（二）現行社會保險係指公教人員保險、勞工保險、軍人保險、農民保險及其他政府強制辦理之保險。債務人依法領取之社會保險給付，其金額多寡不一，如係維持債務人及其共同生活之親屬生活所必需者，宜明定不得為強制執行，爰修正第2項，此修正與同法第52條規定「查封時，應酌留債務人及其共同生活之親屬二個月間生活所必需之食物、燃料及金錢。前項期間，執行法官審核債務人家庭狀況，得伸縮之。但不得短於一個月或超過三個月。」以酌留債務人及其家屬生活必需物之意旨相符。因此，債務人應領之薪資、津貼或其他性質類似之收入，除酌留債務人及其他共同生活之親屬生活所必需者外，始得為強制執行（應行注意事項第65項第4款）。其中以最近一年當地區每人每月最低生活費一點二倍為計算債務人及其共同生活親屬生活所必需之標準，得參考內政部主計處每年統計之各縣市各人及家庭生活支出，予以審酌預留生活費之標準，惟仍應斟酌債務人其他財產，以免重複保留生活所必需。至強制執行債務人之財產逾越上開範圍而為執行時，債務人得聲明異議，以資救濟。

2. 依上開規定之立法理由，謂該等權利實現後仍不得強制執行（扣押），惟將公務員領取之退休金存入銀行或郵局，是否得強制執行？依實務見解，認為公務人員請領退休金之權利不得扣押，固為公務人員退休法第26條所明定，惟該條文所稱請領退休金之權利，係指退休人員尚未領取之退休金，對其退休前任職之機關得請求領取之權利，係屬一身專屬權利，故不得扣押之，惟退休金經領取後，則請領退休金之權利即因已行使而不存在，因此將領取之退休金存入銀行或郵局，與將其他收入之金錢存入銀行或郵局相同，均已變成其對存款銀行或郵局之一般金錢債權性質，此種對存款銀行或郵局請求付款之權利，殊難謂係公教人員請領退休金之一身專屬權利，除有其他不得強制執行之情形外，尚難以其為公務員退休金而謂不得強制執行。簡言之，即退休金領取後存入銀行或郵局，已成為存款人之權利，而非請領退休金之權利，自得為強制執行之標的[1]。但此見解已與上開立法理由所稱上揭該等權利實現後，仍不得為強制執行之立法本旨有違。且現行實務上民間對金錢之提領方式，無論薪水、津貼、獎金等，通常均以轉帳方式存入個人銀行、郵局等金融機構帳戶，目的乃為發放之便利及安全性，並非債務人於第三人將其退休金存入其銀行、郵局或其他金融機構，即謂其已領取，實乃基於發放作業之故也。故於轉帳入債務人銀行帳戶即謂其一身專屬權利喪失，更有疑義，故上開見解，實值商榷。

3. 強執法第122條第2項規定，債務人依法領取之社會保險給付或其對於第三人之債權，係維持債務人及其共同生活之親屬生活所必需者。所指親屬，指以永久共同生活為目的而同居之親屬團體，及雖非親屬，而以永久共同生活為目的同居一家之家屬而言（民法第1222條、第1223條）。又所謂維持債務人及其共同生活之親屬生活所必需者，應依個案而定，並應考慮債務人及其家屬之生存支出，並得參考一般

---

[1] 參照最高法院94年度台抗第241號裁定、97年度台抗字第348號裁定。

消費性支出，如行政院主計處每年均有公布各縣市國民消費性及非消費性支出表，較符合實際及立法旨趣。是法律應配合時代變遷而為上開修法，故在執行實務上，除了重在實現債權人之權利外，仍須兼顧債務人之生存權利之平衡，始為適當。至依國民年金法第2條第2項規定「被保險人在保險有效期間發生保險事故時，分別給與老年年金給付、生育給付、身心障礙年金給付、喪葬給付及遺屬年金給付。」而有上開四種給付，其本質上應屬「社會保險給付」性質。雖因加計金額或基本保障之制度而具有「福利津貼」之性質，仍非屬「社會福利津貼」；另同法第31條第1項規定「本法施行時年滿六十五歲國民，在國內設有戶籍，且於最近三年內每年居住超過一百八十三日，而無下列各款情事之一者，視同本法被保險人，得請領老年基本保證年金，每人每月新臺幣三千元至死亡為止，不適用本章第三節至第五節有關保險給付之規定，亦不受第二章被保險人及保險效力及第三章保險費規定之限制：一、經政府全額補助收容安置。二、領取軍人退休俸（終身生活補助費）、政務人員、公教人員、公營事業人員月退休（職）金或一次退休（職、伍）金。但有下列情形之一者，不在此限：（一）軍人、政務人員、公教人員、公營事業人員領取一次退休（職、伍）金且未辦理政府優惠存款者，未領取公教人員保險養老給付或軍人保險退伍給付，或所領取公教人員保險養老給付、軍人保險退伍給付之總額，自年滿六十五歲當月起以新臺幣三千元按月累計達原領取總額。（二）原住民領取一次退休（職、伍）金。三、領取社會福利津貼。四、財稅機關提供保險人公告年度之個人綜合所得稅各類所得總額合計新臺幣五十萬元以上。五、個人所有之土地及房屋價值合計新臺幣五百萬元以上。六、入獄服刑、因案羈押或拘禁。」第2項「前項第五款土地之價值，以公告土地現值計算；房屋之價值，以評定標準價格計算。但有下列情形之一者，應扣除之：一、土地之部分或全部被依法編為公共設施保留地，且因政府財務或其他不可歸責於地主之因素而尚未徵收及補償者。二、屬個人所有之唯一房屋且實

際居住者。但其土地公告現值及房屋評定標準價格合計得扣除額度以新臺幣四百萬元為限。三、未產生經濟效益之原住民保留地。」第3項「於本條中華民國一百年六月十三日修正之條文施行前,依第一項第二款第一目規定累計已達原領取總額者,不予補發老年基本保證年金。」,及同法第35條至53條規定發給之老年基本保證年金、身心障礙基本保證年金與原住民給付等項給付屬「社會福利津貼」性質,故此部分依強執法第122條第1項規定,即不得為強制執行之標的。另老年年金給付、生育給付、身心障礙年金給付、喪葬給付及遺屬年金給付。因具有「社會保險給付」性質,其是否係「維持債務人及其共同生活之親屬生活所必需者」而不得為強制執行之標的,應由執行法院本於職權調查而認定之[2]。

4. 依家事事件法第193條規定「未成年子女扶養費債權之執行,不受強執法第一百二十二條規定之限制。但應酌留債務人及受其扶養之其他未成年子女生活所需。」,尤應注意。

(六)實務上認為不得為其他財產權之執行者

1. 押租金或提供商人之承銷貨物之保證金,租賃期間內之租金或承銷貨物之貨款是否全部清償,無以確定,故不得對之為執行[3]。

2. 紡織品出口配額,性質上為紡織品出口之特許條件,並非獨立權利,故不得為強制執行之標的[4]。

3. 債務人之派下權,為對祭祀公業財產之公同共有權利,債權人不得請求執行。

4. 債務人對可繼承財產之應繼分,應不得單獨作為執行之標的,例如不

---

[2] 參照內政部101年4月11日台內社字第101045972號函。

[3] 參照台灣高等法院55年民事執行座談會。

[4] 參照司法院民事廳頒法院辦理民事執行實務參考手冊,96年6月8日印行,第322頁。

得公告拍賣債務人對某不動產上之應繼分。

5. 土石採取權，依土石採取規則第5條及第2條之規定，土石採取權，除須土地所有人之承諾外，尚須行政機關之核准始能發生。核其性質，實係兼有私法上財產權及公法上特許權之特質。從而該項權利不得移轉於第三人，自不適於充當法院強制執行之標的[5]。

6. 獨資商號之名稱。因與人之姓名同屬人格權，不得為強制執行之標的[6]。

7. 商號之營業權。因尚非具體之權利，而係商號各種權利與利益之泛稱（如商號之設備、資財、與第三人間之權利等），此種權利與利益，雖得以其個別之權利與利益為執行之對象，但營業權本身究非獨立與具體之權利，自不能為強制執行之標的[7]。

第二節　對其他財產權之執行方法

依強執法第115條第1項規定，債務人對於第三人之金錢債權，經扣押後，欲使債權人之債權獲得清償，須為換價之處分，而換價之方法有四：即收取命令、移轉命令、支付轉給命令與準用對於動產執行之拍賣或變賣。以上各種方法，其性質及效果互有不同，究以何種命令為當？執行法院有裁量之權，是以何者對債權人最為有利？依最高法院102年度台上字第1605號判決意旨「執行法院對於動產及不動產之拍賣，性質上屬於私法上之買賣行為（本院80年台抗字第143號判例參照）。同理，執行法院因對於其他財產權之執行，依強執法第115條第2項之規定，將一定金錢數額之債權，移轉於債權人代替金錢之支付，以清償執行債權及執行費用

---

[5] 　參照前司法行政部56年2月6日臺字第754號函。

[6] 　同註4。

[7] 　參照司法業務座談會第21期第29號提案結論。

所核發之移轉命令，乃使債權人取得債務人對於第三人之債權人地位，性質上與民法第294條第1項前段所規定債權讓與（法律行爲中之準物權行爲）之情形相當，自須具備法律行爲之生效要件，始生效力。又法院核發移轉命令後，於移轉之債權範圍內，有使執行債權消滅之效力，具有代物清償之效果，縱債權人嗣未獲清償，其已消滅之執行債權亦不能再行回復。因此，執行法院所核發之移轉命令，須其所移轉之債權，得以一定之金錢數額表示之債權額而能即時明確決算，即具有券面額者，始得發生換價受償之執行效力，俾免強令債權人接受難獲清償之債權致有悖交換之正義（即以兩種顯不等值之債權互換，係違反正義）。而附有對待給付之金錢債權，是否具有該券面額？因該對待給付能否確實履行，難以預料，自不能單純以其現在形式之債權額定之，尚須具備現實即時得明確決算充當清償之金額，方克稱之。倘執行法院因未行使形式上審查權，或經行使後仍未能發現債務人對第三人之金錢債權，確附有對待給付；或於債權人知悉有對待給付之場合，未詢問債權人意見並經其同意即逕予核發移轉命令者，均應認爲該移轉命令違反 公共秩序所蘊含之交換正義等值原則而歸於無效，此觀強執法第115條第3項於85年10月9日修正時，有鑑於金錢債權附對待給付，因難以依移轉命令之換價命令辦理，乃增設其規範，明定執行法院就此得依特別換價程序爲之，即得依債權人之聲請，準用對於動產執行之規定拍賣或變賣之益明。」準此，執行法院應依各別情況而異，故執行法院於核發前，除應審酌具體情形外，並得詢問債權人之意見，以保護債權人之利益。此就上述各執行命令分述如下。

第一目　發扣押命令

就債務人對於第三人之金錢債權爲執行時，執行法院應發扣押命令禁止債務人收取或爲其他處分，並禁止第三人向債務人清償（強執法第115條第1項）。扣押命令爲具有保全性質之執行命令，亦爲下列各項執行命

令之前置命令。執行法院所發之扣押命令應以書面爲之，以便送達債務人及第三人[8]，故扣押命令一般爲收取命令、支付轉給命令、移轉命令等之先前執行行爲，僅在禁止爲一定之處分而已，尤其保全程序之假扣押、假處分均核先發扣押命令。而扣押命令之效力：

一、執行法院核發之扣押命令違反土地管轄、或已提出停止執行之裁定後所爲之扣押命令，或超額查封之扣押命令，並非當然無效，僅得撤銷而已[9]。

二、扣押命令有誤寫、誤算而顯然錯誤之更正者，經更正扣押命令之效力溯及原發扣押命令送達第三人時發生效力[10]。

三、扣押命令之效力僅及扣押後，至扣押前第三人對債務人已取得之權利，仍主張抵銷。依民法第340條規定「受債權扣押命令之第三人，於扣押後，始對其債務人取得債權者，不得以其所取得之債權與受扣押之債權爲抵銷。」，意即在扣押前存在之債權，第三人得主張抵銷，如銀行之債務人有存款，但貸款之利息未繳，如事實原因發生在扣押命令之前，即得主張抵銷，並得對法院之扣押命令於十日內提出異議。而強執法之執行固採禁止雙重查封（強執法第33條至第33-2條），即對於已開始實施強制執行之債務人財產，他債權人再聲請強制執行者，已實施執行行爲之效力，於爲「聲請時」及於該他債權人，應合併其執行程序[11]，惟強執法之執行係個案各別執行，與破產

---

[8] 參照最高法院55年台上字第1607號判例。

[9] 參照司法院民事廳頒法院辦理民事執行實務參考手冊，96年6月8日印行，第324頁。

[10] 同註9。

[11] 參照最高法院99年度台抗字113號裁定「按就不動產所爲金錢請求權之強制執行，債務人應供強制執行之責任財產『時之基準』，固以對債務人之不動產實施查封時，爲其強制執行之開始時期，惟因我國採禁止雙重查封之立法例，乃於強執法第33條規定，對於已開始實施強制執行之債務人財產，他債權人再聲請強制執行者，已實施執行行爲之效力，於爲聲請時及於該他債權人，應合併其執行程序，並依前二條之規定辦理。是以前後各債權人之執行程序既經合併，則其先

法上規定之清理債務時，破產債權非依破產程序，不得行使之整體執行者不同（破產法第99條），故依民法第340條規定之受債權扣押命令之第三債務人於扣押後，始對其債權人取得債權者，不得以其所取得之債權與受扣押之債權爲抵銷，所稱之「扣押」，應指債權人本身之扣押而言，並不包括債務人之另案其他第三人債權人之扣押。

四、未到期之債權，縱爲讓與，不得對抗扣押命令。按債權讓與契約，其讓與之債權以日後發生爲已足，故將來債權之讓與契約，固可有效成立，但其債權屬繼續性給付者，因未到期之給付於讓與契約成立時尚未存在，無從移轉，自應於各期給付期限屆至時，始生債權移轉效力。又實施查封後，債務人就查封物所爲移轉、設定負擔或其他有礙執行效果之行爲，對於債權人不生效力（強執法第51條第2項）。準此，執行債務人雖得就其對於第三人之繼續性給付之債權與他人訂立讓與契約，惟該債權一旦經法院扣押，關於未到期之給付部分之讓與，對執行債權人不生債權移轉之效力[12]。

第二目　發收取命令

若執行法院發扣押命令後，而第三人於十日內無異議者，債權人得請求執行法院發收取命令。但應注意者，本件聲請執行之終結是須於債權人收取完畢始終結，故於債權人收取前有他人再聲請強制執行或參與分配者，執行法院於收案後，因有他人再聲請強制執行或參與分配，應改發支付轉給命令或重新核發收取命令並債權人之債權額平均分配，即第三人將

執行程序之查封效力，對於後事件之執行債權人仍然存在，自可引爲後執行事件之查封效力，即後執行事件於該他債權人聲請時，亦發生潛在之查封效力而合併於先執行程序，並於先執行程序撤回或被撤銷時，該潛在之查封效力即告溯及顯現。」足供參考。

[12] 參照最高法院90年度台上字第1438號判決。

扣押部分交付執行法院按分配程序分配。而第三人於執行法院依第115條第1項發收取命令前，得將對債務人之金錢債權全額或扣押部分提存於清償地之提存所（一般均爲法院之提存所），且第三人於依執行法院准許債權人收取或向執行法院支付轉給債權人之命令辦理前，又收受其他扣押命令，而其扣押之金額超過債務人之金錢債權未受扣押部分者，應即將該債權之全額支付扣押在先之執行法院，若因而提存或支付時，即應向執行法院陳明其事由（強執法第115-2條），執行法院應以「後案併入前案執行」之處理。又執行法院發扣押、收取命令前宜詢問債權人意見再核發，或債權人於聲請執行狀中已表明者始核發，至第三人收受執行法院之收取命令得於送達後十日內表示異議（強執法第119條第1項）。實務上常將扣押命令及收取命令一併核發，即不先發扣押命令，而逕發扣押收取命令，以節省執行程序，但缺點在使第三人少了一次異議之機會。

第三目　發支付轉給命令

係指債務人對第三人之金錢債權轉予執行法院，再由執行法院分配予各債權人。實務上以有多數債權人，或債務人對第三人之債權附有期限、條件等適用之。其執行程序於債權人收受執行法院發給之債權金錢時始終結，故於收受後其他之債權人即不得再對其已收取之金錢分配。但現執行法院爲省事，對有第三人參與分配者，仍不逕發支付轉給命令，而對原所發之收取命令，以有第三人參與分配爲由，將該執行命令撤銷，仍發收取命令，惟將新的收取命令，改以按債權人之債權額比例由債權人逕向執行第三人收取，如此，亦可節省執行法院定期製作分配表分配之困擾。

第四目　發移轉命令

一、一般在發移轉命令前都先發扣押命令，而後始再發予移轉命令。而所

謂移轉命令是指執行法院以命令將債務人之第三人金錢債權移轉予債權人而言。實務上，發移轉命令之情形並不多見，一般而言，執行法院在發移轉命令時，須債務人對第三人之債權很明確者，較易爲之。因此，若附有條件、期限、被扣押之債權於法律或性質上不許扣押、讓與、抵銷或多數債權人參與分配者，均不適宜。執行法院所發之移轉命令，因係將債權主體移位給債權人，故於執行命令送達第三人，而第三人無異議，於期限屆滿即生效力，此際債權人即成爲債權主體，一切附隨於該債權之權利亦隨之移轉於債權人，如利息、從權利（如抵押權）等，至第三人於接到執行法院所發之移轉命令，所得對抗債務人之事由，均得對抗債權人，如第三人對債務人之債務已抵銷等。又移轉命令經生效後（第三人無異議或未於十日內異議者），執行程序即爲終結，他債權人即不得再參與分配。依強執法第118條第1項「第一百十五條、第一百十六條、第一百十六條之一及前條之命令，應送達於債務人及第三人，已爲送達後，應通知債權人。」第2項「前項命令，送達於第三人時發生效力，無第三人者，送達於債務人時發生效力。但送達前已爲扣押登記者，於登記時發生效力。」。一般對薪資執行所發之移轉命令是屬有第三人之情形，故以移轉命令送達於第三人時發生效力。而移轉命令即有代物清償及準物權之性質，故於移轉命令生效後，即由執行債權人取得債務人對第三人之債權人地位，直接對第三人有求償權，而債權人與債務人間之債權關係，依民法第319條規定「債之關係消滅」，即與日本民事執行法第160條規定「扣押命令及轉付命令已確定之情形，扣押債權人之債權及執行費用，於轉付命令有關金錢債權存在爲限，按證書面額視爲轉付命令於第三債務人時已清償。」相同。執行債權人即不得再對債務人，依原債權請求，另債務人之其他債權人亦不得對原債權人因移轉命令而取得之債權聲明參與分配，理論上，具有優先受償之權利。

二、扣押之債權因執行法院核發移轉命令，即由債務人移轉與債權人，如上所述，具有代物清償之性質，該執行債權於移轉範圍內因清償而消

滅，縱因第三人無資力致未獲清償，已消滅之執行債權亦不再回復，債權人應負擔第三人無資力之危險。因此，倘第三人無資力或其資力顯難以清償債權人之債權時，均不適於發給移轉命令，避免強使債權人承擔不能獲償之危險[13]，尤應注意，以確保債權人之權利。

三、就債務人對第三債務人（下稱第三人）金錢債權之執行，執行法院固應發扣押命令禁止債務人收取或為其他處分及禁止第三人向債務人清償，並得詢問債權人意見，以命令許債權人收取（收取命令），或將該債權移轉於債權人（移轉命令）；如認為適當時，得命第三人向執行法院支付轉給債權人（支付轉給命令），或將扣押之金錢債權拍賣或變賣，以價金清償債權。惟若以移轉命令將扣押之金錢債權，依券面額移轉於債權人代替金錢支付者，該扣押之債權因移轉命令，已由債務人移轉與債權人，其性質與民法之債權讓與並無不同，該移轉命令自應於送達第三人時發生效力（強執法第118條第2項），債務人亦於此時喪失其對第三人之債權人地位，而由執行債權人於移轉範圍內取得對第三人之債權人地位而成為該債權主體，該部分執行程序即告終結，債權人縱未依強執法第120條第2項規定對依第119條第1項聲明異議之第三人起訴，執行法院亦無從於執行程序終結後，依第三人之聲請而撤銷執行命令（包括扣押命令及移轉命令），故強執法第120條第3項所稱之「撤銷所發執行命令」，應不包括「移轉命令」在內。其次，按假扣押之財產，如係債務人對第三人之金錢債權，該金錢債權之終局執行債權人聲請執行而為換價後，假扣押之債權人就其保全之債權，當然發生參與分配之效果，其應受分配之金額並應予提存。於此情形，因移轉命令有使執行債權人獨占扣押債權，以滿足其債權之效果，復以假扣押債權人已成為參與分配之債權人，倘該終局執行債權人與假扣押執行債權人之債權總和超過債務人對第三人之金錢債權金額者，執行法院即應發支付轉給命令，不得發移轉命令，如

---

[13] 參照最高法院100年度台抗字第522號裁定。

發移轉命令即屬無效，不生債權移轉之效力，執行法院並應依職權就此無效之移轉命令予以撤銷（最高法院101年度台上字第136號裁定意旨參照），值得參考。

第五目　拍賣或變賣

適用本項之命令，係因「金錢債權附有條件、期限、對待給付或其他事由，致難依前項之規定辦理者，執行法院得依聲請，準用對於動產執行之規定拍賣或變賣之。」（強執法第115條第3項），即不適合前述二、三方式發收取命令及支付轉給命令時才依本項拍賣或變賣方式執行之。如就債務人基於債權或物權，得請求第三人交付或移轉動產或不動產之權利為執行時，執行法院除以命令禁止債務人處分，並禁止第三人交付或移轉外，如認為適當時，得命第三人將該動產或不動產交與執行法院，依關於動產或不動產執行之規定執行之。若是基於確定判決，或依民事訴訟法成立之和解、調解，第三人應移轉或設定不動產物權於債務人者，執行法院得因債權人之聲請，以債務人之費用，通知登記機關登記為債務人所有後執行之（強執法第116條）。

第三節　執行命令之效力

第三人於執行法院發第115條第2項命令前，得將對債務人之金錢債權全額或扣押部分提存於清償地之提存所。第三人於依執行法院許債權人收取或向執行法院支付轉給債權人之命令辦理前，又收受扣押命令，而其扣押之金額超過債務人之金錢債權未受扣押部分者，應即將該債權之全額支付扣押在先之執行法院。第三人已為提存或支付時，應向執行法院陳明其事由（強執法第115-2條）。而對人之效力，則有下列不同：

第一目　有第三人之情形

以執行命令送達於第三人時發生效力（強執法第118條第1項、第2項前段），若無法依一般送達方法送達者，應公示送達，並應自最後登報之日起算異議之十日期間（強執法第30-1條準用民事訴訟法第152條前段）。再者，金錢債權附有已登記之擔保物權者，如抵押權等，執行法院應即通知該管登記機關登記其事由（強執法第115條第4項），該登記機關即屬第四人，則登記機關受其拘束之時點亦以受通知時發生。

第二目　無第三人之情形

即執行命令之對象無第三人，如商標權、專利權等，則以送達於債務人時發生效力，但送達前已為扣押登記者，於登記時發生效力（強執法第118條第1項、第2項後段）。如扣押債務人之商標權，執行命令先送達到智慧財產局登記者，雖嗣後債務人依公示送達才完成合法送達者，仍以登記時發生效力。

第四節　第三人對執行命令救濟之處理

第一目　第三人於送達後十日內聲明異議之程序

一、聲明異議之程序

應以書狀聲明之，並向執行法院聲明異議（強執法第119條第1項後段），僅以言詞陳明不生異議之效力。又以書狀聲明時不必繳納聲請費用，即向法院統一收發處遞狀即可。

二、聲明異議之事由（強執法第119條第1項前段）

（一）第三人不承認債務人之債權。

（二）第三人不承認債務人之其他財產權存在。

（三）第三人對執行命令所載之債權數額有爭議。

（四）第三人有其他得對抗債務人請求之事由者，如扣押命令收受前已對債務人有債權主張抵銷者，或期限尚未屆至、條件未成就等。

三、執行法院對第三人異議之處理

對第三人之聲明異議應先將該聲明異議轉知債權人，並諭知債權人對於第三人之聲明異議認為不實時，得於收受執行法院通知後十日內向管轄法院民事庭提起訴訟，並應向執行法院提出起訴之證明及將訴訟告知債務人（強執法第120條第1項、第2項），即債權人應將起訴狀之收狀證明告知執行處。

四、執行法院對債權人未於執行法院通知十日內起訴之處理

執行法院對於債權人未於法院通知十日內對第三人起訴者，執行法院得依第三人之聲請撤銷先前所發之執行命令，惟是否逾十日未起訴，執行法院應先向本院民事庭分案室查明。若第三人未聲請撤銷執行命令者，執行法院不得依職權撤銷執行命令（強執法第120條）。

第二目　第三人未於送達後十日內聲明異議者之處理

一、執行命令因而確定，並具有執行力，故得依債權人之聲請，逕向第三人為強制執行（強執法第119條第2項），即該執行命令屬於強執法第4條第1項第6款所規定執行名義之一種，並以之對第三人之財產，

不問動產、不動產或其他財產均得聲請強制執行。上開強執法第119條第1項之「法院命令」，包括執行法院依第115條第1項、第2項、第116條第1項及第117條規定對第三人所發之命令在內；又強執法第119條第2項所謂「執行法院命令」，係指同項所稱「將金錢支付債權人，或將金錢、動產、不動產支付或交付執行法院」之命令而言，不包括移轉命令在內（應行注意事項第64項第1、2款）。即包括收取（或交付）命令、支付轉給命令，但不包括移轉命令及讓與管理命令，因移轉命令及讓與管理命令本質上具有準物權之性質，即一經執行法院核發執行命令，第三人未依強執法第119條規定聲明異議者即發生移轉或讓與之效力，其執行程序即爲終結，自無待執行法院再爲執行之必要，故不包括在內。至於第三人事後不依移轉命令或讓與管理命令爲移轉占有或讓與管理，乃存在於債權人與第三人間之關係，爲另一法律關係，非原移轉命令或讓與命令所得加以執行。另執行法院對該第三人逕爲強制執行時，應另行分案辦理（應行注意事項第64項第3款），因實現債權目的相同，故實務上採不另繳納執行費[14]，因係屬另一執行程序，且於執行完畢前，債權人之債權尚未獲得滿足，原案不得報結，並有中斷時效之效力[15]。又依強執法第119條第2項之規定，逕對第三人強制執行結果，如不足清償全部債務時，僅能以原債務人爲債務人，而不能以第三人爲債務人名義核發債權憑證[16]，因對三人逕爲強制執行乃前執行程序之延續之故也。

二、第三人於收受扣押命令十日後始聲明異議者，第三人於收受扣押命令後，不於十日內提出異議者，債權人依強執法第119條規定，得對第三人逕爲強制執行，因此若逾期始提出異議者，執行法院僅得通知第三人另提起異議之訴，至於實體上有關債權讓與是否成立之爭執，

---

[14] 參照最高法院64年7月8日第6次民事庭總會決議。

[15] 參照楊與齡編著強制執行法論，85年10月修正版，第700頁。

[16] 參照73年7月20日司法院民二字第553號函。

應由當事人於另行訴訟解決之[17]。按強執法第115條第1項規定：「就債務人對於第三人之金錢債權爲執行時，執行法院應依職權禁止債務人收取或爲其他處分，並禁止第三人向債務人清償。」此即所謂之「禁止命令」，亦稱「扣押命令」，與動產、不動產之查封同爲凍結債務人處分權之方法。而第三人不承認債務人之債權或其他財產權之存在，或於數額有爭議時，應於接受法院命令後十日內，提出書狀，向執行法院聲明異議（強執法第119條第1項）。此之所謂「十日」期間，爲法定不變期間，第三人於接到執行法院禁止命令後已逾十日始爲聲明者，應認其異議不合法而以裁定駁回之，並即核發收取移轉或支付轉給命令。惟第三人嗣於接獲執行法院所發上開各處分命令後，仍得依強執法第119條第1項之規定，更行聲明異議[18]。

三、第三人提起異議之訴之救濟：即第三人雖逾十日之法定期間聲明異議，但因執行命令之確定僅具有形式之確定力，故第三人仍得以強執法第119條第1項所定之事由（見前述聲明異議之事由），提起第三人異議之訴，並得於提起時準用第18條第2項規定聲請供擔保而停止執行（強執法第119條第3項、第4項），即另具狀向民事庭聲請願供擔保停止執行。

第五節　實務上對其他財產權執行案例之處理

一、對有限公司股權之執行

（一）有限公司之組織是以由一人以上股東所組成，股東以出資額爲限，對公司負其責任之公司（公司法第2條第1項第2款、第99條）。有限公司大多屬較閉鎖之家族性企業，具相當之屬人性，即原則上

17　參照司法院94年第4期民事業務研究會－強制執行專題第22則案結論。

18　參照司法院（76）廳民二字第2463號函。

除了公司章程另有訂定外，每一股東不問出資多寡，均有一表決權（公司法第102條第1項），至於股東出資多寡可由股東名冊查知。因此，現行法乃規定有限公司應於設立登記後將各股東之出資，發給憑證，稱為「股單」[19]以為證明。然股單與下述之股票性質不同，因有限公司股單之股份（股權）不一，但股份有限公司發行之股票每股面額均一，且股票得為無記名式，而股單則否，是為其差異，故於強制執行上自不相同。又股單性質上僅為股東對公司權利之表彰，為股權之出資證明，並非有價證券本身，性質上屬強執法第117條規定之財產權，故其執行程序仍應依強執法第115條規定對於其他財產權之執行方法。即先對第三人有限公司發扣押命令，禁止債務人就其出資額為處分，將副本抄送債權人及登記機關經濟部商業司（或台灣地區為經濟部中部辦公室）或台北市、新北市、台中市、台南市、高雄市建設局商業管理處，並禁止第三人有限公司就債務人之出資為移轉過戶及變更章程，以防止債務人違法移轉，或為其他處分[20]。上開扣押命令應於送達第三人有限公司時發生效力。又該有限公司之資本額實收在新台幣5億元以上者，其主管機關為經濟部商業司，其資本額實收未滿5億元而所在於直轄市者，其主管機關為台北市、新北市、桃園市、台中市、台南市、高雄市建設局商業管理處，其公司所在地於台灣者，主管機關則為經濟部中部辦公室[21]。對債務人之有限公司股份之執行，性質上不宜發收取命令、支付轉給命令，宜核發讓與命令，而以拍賣、變賣或作價交債權人承受等方法，即以所

---

[19] 參照林詠榮著商事法新詮（上），五南圖書印行，第404頁。

[20] 參照司法院司法業務研究會第三期研究結論。

[21] 參照司法院民事廳頒法院辦理民事執行實務參考手冊，96年6月8日印行，第342、341頁。

得價金清償債權人[22]。

（二）有限公司之股權，性質上是屬較不易確定之價額，故宜將之送鑑定機關鑑定其價額，以為拍賣底價之參考。鑑價機關原則上可函請產業公會為之，所需費用，請債權人前往預納。並得為執行費用優先受償（強執法第29條）。

（三）有限公司之出資額與股份有限公司之股份二者之拍賣條件有不同，前者因具有屬人性，宜注意公司法第111條之規定。依公司法第111條第1項規定「股東非得其他全體股東過半數之同意，不得以其出資之全部或一部，轉讓於他人。」第2項「前項轉讓，不同意之股東有優先受讓權；如不承受，視為同意轉讓，並同意修改章程有關股東及其出資額事項。」第3項「公司董事非得其他全體股東同意，不得以其出資之全部或一部，轉讓於他人。」第4項「法院依強制執行程序，將股東之出資轉讓於他人時，應通知公司及其他全體股東，於二十日內，依第一項或第三項之方式，指定受讓人；逾期未指定或指定之受讓人不依同一條件受讓時，視為同意轉讓，並同意修改章程有關股東及其出資額事項。」，即拍賣有限公司之出資額時，拍賣公告應依公司法第111條第4項規定記載「本件出價最高之應買人，應俟本院依公司法第111條第4項之規定，通知公司及全體股東於20日內依同法條第1項或第3項之方式指定受讓人，逾期未指定或指定之受讓人不依同一條件受讓時，始得合法承買。」，以促應買人注意。

（四）拍定後，執行法院即應依債權人檢附之公司股東名冊記載，對公司其他股東及公司為上開拍賣之通知。公司其他股東如逾期未指定受讓人或指定之受讓人不依同一條件受讓者，即可通知原拍定人繳款（或已繳保證金者，繳尾款），繳清後執行法院並應通知主管機關就該公司章程內股東姓名、住居所、出資額等逐為變更登

---

[22] 參照司法業務研究會第11期第37號提案。

記。主管機關變更登記後，並應將變更情形通知該公司董事或執行業務股東自行更正各股東公司章程及股東之記載，同時將變更登記完畢之記載副本抄送執行法院查照[23]。

（五）有限公司若對執行法院所發執行命令，不承認債務人之股權存在，或數額有爭議時，得依強執法第119條第1項規定，向執行法院聲明異議。但若該有限公司無異議者，則債權人得聲請執行法院為換價程序。

---

[23]　（一）參照前司法行政部67年5月9日67民字第04009號函。

（二）司法院司法業務研究會第3期案：

法律問題：對於有限公司股東之出資及股份有限公司股東之股份，如何強制執行？

研討意見

甲說：

1. 有限公司股東之出資憑證為股單，性質上不是有價證券，因此對於有限公司股東之出資強制執行，應依對於其他財產權之執行程序辦理，即依強執法117條，準用第115條對債務人發禁止處分命令，並通知公司，後再依第117條之規定，酌量情形，命令債務人讓與其出資，在命令讓與出資時，應將公司得指定受讓人之意旨，作為讓與之條件，法院將股東出資轉讓他人時，應通知公司及其他全體股東於20日內，依公司法第111條第1項或第3項之方式，指定受讓人，其他股東不依上開程序指定受讓人或指定之受讓人不依同一條件受讓時，視為同意法院之命令讓與，並同意修改章程（公司法第117條）。

2. 對於股份有限公司股東之股份強制執行，分兩種情形而述之：

(1) 股份有限公司已發行股票者（無論記名或無記名），因股票為有價證券，參照強執法第59條第2項之規定，應依對於動產之執行程序辦理。即執行法院須查封、占有股票，後依拍賣動產之程序拍賣，如為有市價之股票，亦得逕依市價變賣（強執法第67條）。

(2) 股份有限公司未發行股票，應適用對於其他財產權之執行程序執行，即先對債務人發禁止處分命令，並通知公司後酌量情形發讓與命令，而以讓與價金作清償之用。

乙說：

對於有限公司股東之出資及股份有限公司之股份強制執行時，均依強執法第59條第2項之規定，依對於動產之執行程序辦理。

結論：採甲說。

二、對股份有限公司股權之執行

詳見本編第二章第六節第一目。

三、薪資或其他繼續性給付債權之執行

執行法院宜發扣押及收取命令，並於函文中請債權人於收取情形向執行法院陳報，如支薪單位非屬其管轄區，應移送他法院或囑託他法院執行。因是類「對於薪資或其他繼續性給付之債權所為強制執行，於債權人之債權額及強制執行費用額之範圍內，其效力及於扣押後應受及增加之給付。對於下列債權發扣押命令之範圍，不得逾各期給付數額三分之一：一、自然人因提供勞務而獲得之繼續性報酬債權。二、以維持債務人或其共同生活親屬生活所必需為目的之繼續性給付債權。前項情形，執行法院斟酌債務人與債權人生活狀況及其他情事，認有失公平者，得不受扣押範圍之比例限制。但應預留債務人生活費用，不予扣押。」（強執法第115-1條第1、2、3項），依應行注意事項第62-1項規定「本法第一百十五條之一第二項各款債權扣押金額上限，應以債務人對第三人各期債權全額之三分之一定之。（二）對於本法第一百十五條之一第二項各款所定債權發扣押命令，除有同條第三項有失公平之情形外，扣押後餘額，不得低於依本法第一百二十二條第三項所定數額。（三）對繼續性給付之債權發移轉命令後，案件得報結，並於執行名義正本上註記執行案號、執行費用及第三人名稱等字句，影印附卷後，將之發還債權人。（四）債權人如依本法第一百十五條之一第四項但書規定聲請繼續執行時，執行法院應另分新案辦理之。（五）執行法院對繼續性給付債權核發移轉命令後，經第三債權人就同一債務人之同一繼續性給付債權聲請併案執行或參與配者，執行法院應撤銷未到期部分之移轉命令，改發按各該參與分配或併案執行債權額比例分配之移轉命令。」以為執行實務之運作，但就移轉命令已核發並生準物權效力，得否撤銷改發其他執行命令，顯與法理不合。上開執行方法著重兼保障債務人之基本生活，即執行給付具有週期性、規則性者，執

行法院僅發一次執行命令即效力及於債權額、執行費用得受償執行完畢止，故發扣押收取命令，由債權人逕行領取。一般執行法院為考慮薪資通常為債務人及其共同生活之親屬生活所必需之情形（強執法第122條），故常扣押全部薪資之三分之一，而全部薪資係含一切通常性及臨時性收入之獎金、加班費、福利金在內。再者，於執行中遇有參與分配者，即宜改發支付轉給命令，或按全部債權總數於薪資三分之一範圍內，由各債權人平均分配，而非各債權人各得扣取三分之一。又上開所指三分之一之薪資僅指一般情形而言，如債權人能證明債務人不須酌留三分之二，如債務人僅單身一人，亦得扣取薪資三分之二等，又所指扣薪三分之一是指稅前或債務人扣繳薪資支出前而言。且債務人離職者，執行命令即為終止。嗣由於近年來民事執行業務量遽增，司法院乃研究修正強執法以因應，遂於89年2月2日修正公布強執法部分條文，目的在疏解各法院民事執行處之案件量，以減輕各執行人員之壓力，其中對於薪資或其他繼續給付之債權之執行方法，於第115-1條增訂第2項「前項債務人於扣押後應受及增加之給付，執行法院得以命令移轉於債權人。但債務人喪失其權利或第三人喪失支付能力時，債權人債權未受清償部分，移轉命令失其效力，得聲請繼續執行，並免徵執行費。」再者，對於第三人不確定給付之金錢，如經執行法院逕發移轉命令雖能即以結案，但對債權人權利之行使是否有影響不無疑義。因而有下列之疑義及解決方法：

（一）過去實務上對薪資執行之見解，在最高法院曾有提案「甲欠乙3萬元，乙取得執行名義後，乃就甲在丙公司之薪金債權聲請強制執行。執行法院於63年5月對丙公司發移轉命令，命丙公司將63年6月1日起至64年3月止甲所有每月3千元之薪金移轉讓與乙。63年7月甲以有消滅乙請求之事由發生，乃對乙提起執行異議之訴，乙能否以強制執行程序業經終結為抗辯？有甲、乙兩說，究以何說為當？請公決。甲說：發移轉命令後，債務人對於第三人之債權即移轉於債權人，在移轉命令所載金額限度內，視為債務人已向債權人為清償，故應認執行程序業已終結。乙說：將來薪金請

求權,可能因債務人之離職,或職位變動,或調整薪資,而影響其存在或範圍,凡此種非確定之債權,均不適於發移轉命令,在該債權未確定受清償前,執行程序尚不能謂已終結。決議:採乙說。[24]」在過去之實務見解,認為對薪資之執行,因薪資屬債務人對第三人不確定之債權,故不宜發移轉命令,因而現行實務上也很少對薪資發移轉命令。又依該決議見解值得肯定者,認為「該債權未確定受清償前,執行程序尚不能謂已終結」,也促成85年10月9日修正強執法第115-1條第2項但書中段「債權人未受清償部分,移轉命令失其效力,得聲請繼續執行。」之立法論據。但移轉命令既具有債權讓與性質,債權人本質上須承受債務清償之危險責任,因此,移轉命令執行後是否仍得再對債務人執行,足使人生疑。

(二)債權人對債務人在第三人受僱之薪資是否屬於得以確定之債權?
　　從強執法115-1條第2項之增修條文規定,立法者已將對薪資或其他繼續性給付之債權,視為「可確定之債權」。但對「可確定之債權」實則應分別以論,即債權人對債務人之債權與債務人對第三人之債權(如受僱人與僱主),對於前者之債權及執行費均屬能確定固無爭論;但後者,則因受僱人之職務調動、工作加班等因素而薪資不確定,故無從知悉上開二者之債權是否對等,既屬不確定之對等情形,竟核發移轉命令,理論上已有疑義。惟修法後即規定得發移轉命令,應以債權人所聲請執行者屬較單純性,如單一債權人聲請,或僅執行扣薪者始發移轉命令,否則宜發其他命令如支付轉給或扣押收取命令等。

(三)執行法院對繼續性給付債權核發移轉命令後,經第三債權人就同一債務人之同一繼續性給付債權聲請併案執行或參與分配者,執行法院應撤銷未到期部分之移轉命令,改發按各該參與分配或

---

[24] 參照最高法院63年5月28日63年度第三次民庭庭推總會議決議(六)。

併案執行債權額比例分配之移轉命令（應行注意事項第62-1條第3款）。但理論上尚有疑義，因對債務人之薪資發移轉命令時，如債務人有多數債權人不同時間聲請執行時，將有違團體分配原則。依強執法第32條第2項規定「逾前項期間聲明參與分配者，僅得就前項債權人受償餘額而受清償；如尚應就債務人其他財產執行時，其債權額與前項債權餘額，除有優先權者外，應按其數額平均受償。」，即在標的物拍賣、變賣終結或依法交付債權人承受之日一日前，其不經拍賣或變賣者，應於當次分配表作成之日一日前，以書狀聲明者均得參與分配（強執法第32條第1項），即屬團體分配原則，以使除了有優先權者外，能平均受償，且因移轉命令具有債權讓與、準物權性質，經執行法院核發移轉命令確定後即生效力，除了法律另有規定外，如強執法第115-1條第2項但書等，故理論上應不得再核發其他執行命令，故上開見解實屬可疑。但實務上為公平起見，對債務人之薪資發移轉命令後，其他債權人再參與分配時，執行法院應撤銷未到期部分之移轉命令，改發按各該參與分配或併案執行債權額比例分配之移轉命令。

（四）執行法院對第三人發移轉命令後，執行債權人可否聲請對原債務人再執行其他財產（含參與分配）？又債權人以同一執行名義聲請執行扣薪、動產、不動產時，是否執行扣薪後即不得執行其他財產？或仍可併同執行？經發移轉命令後，命令未失效前，債權人可否對債務人追加執行？見解不一，但原則上，應以法院所發執行命令之內容而定，且為確保債權人之利益（見立法理由），應無不可。但理論上似有疑義，因如債權人對債務人之金錢債權全部經執行法院發移轉命令後，自應認執行債權人對債務人之「債權」與債務人對第三人之「債權」為對等的代物清償，使債之關係消滅，自不得於移轉命令未失效前再對債務人聲請執行其他財產，且從強執法第115-1條第2項但書規定「債務人喪失其權利或第三人喪失支付能力時，債權人債權未受清償部分，移轉命令失其

效力，得聲請繼續執行。」之反面解釋，在執行命令未失效前，即該移轉命令仍屬有效時，應認執行債權人仍得繼續受清償，自不得再對債務人其他財產聲請執行，此應立法之疏失。如解釋上認以保護執行債權人之利益，仍得執行，則法理上顯有疑義。但如以執行方法中雖得發移轉命令，然以債權人對債務人之金錢債權，既屬可分，而以一部債權發移轉命令，理論上固無不可，但為避免實務上運作之困難，宜由債權人聲請並指定債權金額。至嗣後債務人對於是否因第三人之給付而清償其債務之情形，除了由債權人於聲請再對債務人之其他財產執行時陳明外，債務人亦得依強執法第14條之規定以異議之訴主張之。

（五）執行法院發移轉命令後，可否撤銷改發其他執行命令？按債權人之債權如以全部受償之情形而聲請執行法院發移轉命令時，因該執行命令生效後，執行程序已終結，自不得再請求改發其他執行命令[25]。

（六）對發移轉命令後，原執行名義如何處理？卷宗如何保存？因85年10月9日修法後，對執行扣薪之移轉命令如何保存卷宗之問題上發生疑義，有認為應予保存至債權人之債權全部受償為止，甚或永久保存；有認為得將原執行名義以附記方式後發還予債權人，以避免卷宗保存困難。二說以後說較為簡便，是為可採。其中所謂將

---

[25] 參照司法院司法業務研究會第49期研究專輯第70則：

　　法律問題：對債務人之薪津核發移轉命令後，他債權人聲請執行或參與分配，執行法院可否撤銷移轉命令，依債權比例另行核發移轉命令或准許參與分配？

　　甲說：肯定說。

　　　　債務人之財產為全體債權人之總擔保，故就債務人尚未到期之薪津債權，可撤銷原移轉命令，改依全體債權人之債權比例另行核發移轉命令。

　　乙說：否定說。

　　　　法院既已核發移轉命令，其執行程序即告終結，自無准許其他債權人參予分配或另行改發換價命令之理。

　　決議：採乙說。（惟89年11月台灣高等法院法律座談會多數採甲說）

原執行名義附記是指在執行名義上記載執行法院、發移轉命令之案號、執行受償之債權金額（如一部或全部債權金額）、執行費等，後將附記之執行名義影印，影本附卷，正（原）本發還予債權人，避免債權人聲請再執行或於他法院聲請執行時，調卷之不便（應行注意事項第62-1項第1款）。

（七）債權人依強執法第115-1條第2項但書聲請繼續執行時是否應另分新案或調前案執行？經執行法院發移轉命令，執行程序已終結，卷宗即予報結歸檔，應另分案辦理（應行注意事項第62-1項第2款）。

（八）債權人可否依強執法第115-1條第2項但書規定聲請發債權憑證，或於依第2項前段規定第一次聲請時即預計一部分不能受償，而聲請一部分發債權憑證，一部分聲請發移轉命令，遇此情形執行法院應否准許？按強制執行程序之進行是採當事人進行主義，又債權人所聲請之金錢債權是屬可分之債，則債權人以一部分聲請發移轉命令，一部分以債務人將來之薪資不能受償，且陳明現無財產可供執行，而聲請發債權憑證者，依修正後之強執法第27條第2項規定「執行法院得逕行發給憑證。」觀之，故應無不可。

（九）已對第三人發移轉命令後，債務人之其他債權人再聲請發移轉命令時，是否受強執法第122條規定之限制？實務上對債務人之薪資所發移轉命令，原則上因兼顧第122條規定之第三人應給付債務人之薪資債權，部分係為維持債務人及其共同生活親屬生存所必須之支出，而僅執行所得薪資三分之一者（依案情而異），其餘薪資所得部分即不得執行。執故，其他債權人即不得對債務人未執行之薪資部分聲請發移轉命令，以符人道原則。

（十）強執法第115-1條第4項但書規定之債務人喪失其權利或第三人喪失支付能力時，債權人債權未受清償部分，移轉命令失其效力，得聲請繼續執行者，「免徵執行費」，應是當然之理。而所指「債務人喪失其權利」者，如債務人辭職、受解僱而離職等；所

指「第三人喪失支付能力」，如第三人公司解散、破產等。又按執行法院依執行名義所爲之執行力，對物之執行效力於強執法第5-1條規定「執行名義係命債務人分期給付者，於各期履行期屆至時，執行法院得經債權人之聲請，繼續執行之。」，於第115-1條第1項規定「對於薪資或其他繼續性給付之債權所爲強制執行，於債權人之債權額及強制執行費用額之範圍內，其效力及於扣押後應受及增加之給付。」[26]，後者雖無「繼續執行」之立法文義，但均屬於對執行客體之效力，即對物執行效力及於將來之給付。易言之，無須再取得執行名義即得繼續執行債務人或第三人應給付予債權人之財產，是屬繼續執行而已。故強執法第115-1條第4項但書之「繼續執行」文義自應作相同之解釋。又因強制執行而支出之費用，依強執法第29條第2項規定「得就強制執行之財產優先受清償。」，而執行法院發移轉命令即屬執行程序中之執行方法，自應優先受償。因此，債權人於取得執行法院所發移轉命令確定後，對於應受償之執行費既已繳納，且屬繼續執行，故執行法院自不得於再聲請執行時，重複徵收。

（十一）有執行名義債權人僅對連帶債務人中之一人聲請執行扣押薪資時，經執行法院發移轉命令，則消滅時效是否中斷？依民法第129條第2項第5款規定消滅時效因起訴而中斷，而開始執行行爲或聲請強制執行與起訴有同一效力。即開始執行行爲或聲請強制執行亦發生中斷時效之事由，但因執行法院經發移轉命令將執行債權人對債務人之債權移轉與第三人，則執行債權人與債務人之債權關係理論上即因而不存在，僅存在執行債權人與第三人之關係，故對債務人已無時效中斷之問題，但於強執法第115-1條第2項但書規定「債務人喪失其權利或第三人喪失支付能力時，債權人債權未受清償部分，移轉命令失其效力，得聲請繼續執

---

[26] 日本民事執行法第151條、德國民事訴訟法第832條、第833條均有相同之規定。

行。」，即縱將債權移轉與第三人後有上述情形而未受清償部分，債權人仍得對原債務人聲請繼續執行，顯然應認為對第三人執行扣押薪資期間視為仍對原債務人繼續「執行行為」，否則何以得對原債務人聲請繼續執行？故認為有中斷之適用，並於上述「債務人喪失其權利或第三人喪失支付能力」等事由終止時，即發生上述事由，時效重行起算（民法第137條第1項）。而執行連帶債務人中之一人薪資時，經執行法院發移轉命令時，對其他連帶債務人之時效如何計算？依民法第276條第1項規定「債權人向連帶債務人中之一人免除債務，而無消滅全部債務之意思表示者，除該債務人應分擔之部分外，他債務人仍不免其責任。」，第2項「前項規定於連帶債務人中之一人消滅時效已完成者，準用之。」，即連帶債務人與執行債權人之對外關係，係各別存在。但因執行扣薪通常係長期存在，才能滿足執行債權，則經執行扣薪之連帶債務人將很難時效完成，而與其他連帶債務人比較將造成不公平。

（十二）債務人經債權人聲請強制執行，並由執行法院就其薪資債權核發扣押及移轉命令後，復經法院裁定開始更生後，對於債務人不得開始或繼續訴訟及強制執行程序（消費者債務清理條例第48條第2項前段）。所謂不得繼續強制執行程序，並未限定僅有移轉命令，自應包含所有執行程序（含扣押命令及換價命令）。且薪資債權係屬繼續性給付，債務人各期薪資債權發生時，第三人始依法院核發之扣押命令及移轉命令，同時為扣押並移轉於債權人。是依上開規定意旨，既不得開始強制執行，第三人自不得就債務人薪資債權予以扣押，故執行法院原核發之扣押命令及移轉命令，均應停止[27]。

（十三）對於薪資或其他繼續性給付之債權所為之強制執行，經執行法

---

[27]　參照98年度民事執行實務問題研究專輯第8則提案結論。

院先後核發扣押命令及移轉命令，若嗣後法院裁定債務人開始更生，對裁定開始更生以後持續發生之薪資或其他繼續性給付債權，所核發之扣押命令及移轉命令均應停止繼續執行，或仍應繼續扣押，僅停止債權人繼續收取？依消費者債務清理條例第48條第2項規定，法院裁定開始更生或清算程序後，對於債務人不得開始或繼續訴訟及強制執行程序。同條例施行細則第18條並進一步闡明，「執行法院依強執法第115-1條第4項規定核發移轉命令，執行債務人薪資或其他繼續性給付之債權者，於法院裁定開始更生或清算程序後，應停止強制執行；債權人債權未受償部分，非依更生或清算程序，不得行使其權利。」是對於薪資或其他繼續性給付債權之強制執行，因效力及於扣押後債務人繼續應受及增加之給付，如尚未開始執行，不得核發執行命令自不待言，若已發執行命令，如不停止已核發之執行命令（含扣押）之執行，而准許繼續扣押，無疑是對裁定開始更生或清算後才陸續發生之債權為執行，已明顯與上開規定相違背。故對於薪資或其他繼續性給付之債權所為之強制執行，若嗣後法院裁定債務人開始更生，除非經法院依上揭條例第19條規定裁定准許為繼續扣押之保全處分，否則不論是扣押或移轉、收取等執行命令均應停止繼續執行[28]。

（十四）依85年10月9日修正公布之強執法第115-1條規定，既對於債務人之薪資得聲請發移轉命令，因移轉命令之性質在執行實務上有如前所述疑義及難行之處，或許有結案之便利，但對債權人之權利及危險責任影響很大，故執行法院在實務上仍必須謹慎，以免民怨及訟爭，將來修法時，已有建議將該條文刪除。

---

[28]　參照台灣高等法院暨所屬法院99年法律座談會民執類提案第27號。

四、商標權之執行

法院應先發扣押命令，並將命令送達登記機關智慧財產局，並以債務人收受送達或智慧財產局完成登記時發生扣押之效力（強執法第118條第2項），再依拍賣方式定期拍賣，必要時宜先送估價。又因商標專用權現行商標法第33條規定「商標自註冊公告當日起，由權利人取得商標權。」採註冊主義，且「商標權之移轉，應向商標專責機關申請登記，未經登記者，不得對抗第三人。」（商標法第42條），故查封時應注意該規定，避免拍賣時違反該強制規定而無效。又商標之註冊具有因表彰自己營業之商品，確具使用意思，欲專用商標，故於拍賣時，公告中應載「買受人承買後申請商標專用權移轉登記時，應符合商標法第2條之規定，未符合者，危險由拍定人負擔。」。

五、專利權之執行

得執行之標的含「專利申請權及專利權」（專利法第6條第1項），執行法院於執行時亦應先發扣押命令，通知債務人及函智慧財產局登記，並於送達債務人或登記在先者發生效力，又專利權與商標權同採註冊主義及移轉對抗主義，且專利權之價值得先予鑑價後拍賣，拍賣時執行法院應注意專利法第64條之規定，若拍賣之專利權為共有之應有部分時，應先詢問其他共有人是否同意，未得共有人全體同意（不含債務人），不得以其應有部分讓與他人（專利法第62條規定之發明專利外，其他之新型專利依第120條，設計專利依第142條規定亦準用之），即未得其他共有人同意不得拍賣，但得強制管理，以管理之收益清償債權人之債權，不可撤銷扣押。

六、著作權之執行

尚未發表之發明或著作不得查封（強執法第53條第1項第6款），即「未公開發表之著作原件及其著作財產權，除作為買賣之標的或經本人允諾者外，不得作為強制執行之標的。」（著作權法第20條），且著作人格

權專屬於著作人本身，不得讓與或繼承（著作權法第21條），故得為強制執行之標的限於著作財產權（著作權法第36條第1項），及著作已完成者始得為之。又著作權採創作主義，即著作人於著作完成時即享有著作權（著作權法第10條）。故執行時應先發扣押命令，並於命令送達債務人發生效力，至於內政部智慧財產局雖為著作權管理之主管機關，但登記並非生效要件，故縱將副本抄送內政部智慧財產局登記亦非扣押之生效時點，仍應以送達債務人時始生扣押之效力。於扣押後宜鑑價，再定期拍賣，拍賣時得將著作財產權全部或部分讓與他人或與他人共有（著作權法第36條第1項），即得一部分拍賣或拍賣與共有人多人亦可。

七、實務上對其他得為其他財產權之執行方法

實務上有下列諸項，執行法院並得因其性質先發扣押命令或逕發扣押收取命令，其執行方法約略如下：

（一）銀行股東所未繳足之股款[29]，宜發扣押、收取命令。

（二）銀行、合作社、郵局之債務人存款[30]，宜發扣押、收取命令。

（三）合夥出資返還請求權及利益分配請求權[31]，宜發扣押、收取命令。

（四）債務人因他案提存法院之擔保金，應先發扣押命令，再俟提存所函復執行法院得為收取或移轉時，再發收取命令或移轉命令，不得以未經其他機關如民事庭裁定准許發還即予駁回[32]。

---

[29] 參照司法院25年院解字第1581號解釋。

[30] 參照司法院34年院解字第2898號解釋。

[31] 參照最高法院29年上字第592號判例。

[32] 參照

甲、57年4月24日台灣高等法院法律座談會。

乙、錄自鍾慧芳著民事強制執行案件實務處理解析，司法研究年報第九輯上冊第1191頁至1194頁，有關債權人請求就債務人提存之擔保為執行之分析：

（一）債務人若為假扣押、假處分、假執行或為免假扣押、假處分、假執行及為停止強制執行而提存擔保金者，其性質既為債務人對第三人之金錢債權，執行法院自可依債務人對於第三人之金錢債權程序執行，然

（五）互助會之會款，宜發扣押、收取命令[33]。

因情節不同，故執行法院之執行方法亦因之不同。

（二）其情形可分下列數項：

1. 聲請執行之債權人爲受擔保利益人者受擔保利益人（債權人）對擔保金之提存人（債務人）享有之債權有二：

(1) 爲損害賠償債權，即受擔保利益人因擔保金之提存人爲執行假扣押、假處分、假執行或免假扣押、假處分、假執行或停止執行等所受之損害，得向提存人請求賠償之權利。

(2) 爲普通債權，即損害賠償債權以外之債權，例如本案之債權。
因之：

A. 損害賠償債權之執行：受擔保利益人就其損害依民事訴訟法第103條、106條規定對擔保金享有權利質權，故受擔保利益人可以執行名義（強執法第4條第1項第6款）聲請執行。此時執行法院應先發扣押命令，禁止提存人向提存所收取擔保金或爲其他處分行爲，並禁止提存所將擔保金發還提存人，再發移轉命令，將擔保金債權移轉與受擔保利益人，使受擔保利益人取得擔保金債權後，依民事訴訟法第104條第1項向民事庭聲請裁定返還。

B. 普通債權之執行：因非損害賠償債權，對擔保金無權利質權存在，應依普通債權之執行名義執行。此時執行法院應先發扣押命令，後再行換價程序。

2. 聲請執行之債權人非爲受擔保利益人者

(1) 受擔保利益人主張損害賠償債權：

A. 受擔保利益人行使質權：受擔保利益人既已就擔保金行使權利質權，因質權有優先性，則執行法院不得爲非受擔保利益人之債權對擔保金執行（但如受擔保利益人行使質權後尚有剩餘，執行法院自仍得執行）。

B. 受擔保利益人未行使質權：受擔保利益人即未行使質權，即無優先權，執行法院可爲非受擔保利益人強制執行，然既已有受擔保利益人聲請執行，故此時僅應視爲參與分配。

(2) 受擔保利益人無損害賠償債權：

A. 受擔保利益人已就普通債權聲請執行時，此時應視爲參與分配。

B. 受擔保利益人未聲請強制執行時，若提存人之擔保金屬於民事訴訟法第104條第3項者，執行法院應依扣押命令、移轉命令或收取命令執行。反之，執行法院應依扣押命令、移轉命令或附條件之收取命令（即發予「俟民事法院裁定准予返還擔保金確定後，始准收取」之收取命令執行）。

---

[33] 參照台灣高等法院66年民事執行座談會。

（六）工程款之執行，宜先發扣押命令，再發收取命令，但不得發移轉命令[34]。

（七）債務人另案參與分配之分配款，宜先發扣押命令，再發收取命令或移轉命令。

（八）信用合作社社股之執行，宜先發扣押命令，再依動產執行之方式，定期拍賣社股，雖合作社法第20條第1項規定「社員非經合作社之同意，不得讓與其所有之社股或以之擔保債務。」，但此係指拍賣合作社社股，非信用合作社社股，且僅在限制社員自由讓與，不得限制法院之強制執行。惟拍賣係屬合作社之社股時，社員應具備合作社法第11條、第12條規定之資格及限制，如須年滿二十歲，或未滿二十歲但有行為能力及未受褫奪公權或破產者等，並將此條件列為拍賣條件，公告應買。

（九）慰問金之執行，即節慶時各單位之慰問金，執行方法同（七）。

（十）合作社理監事保證金之執行，因合作社理監事之資格保證金，於任期屆滿時請求發還，故應先發扣押命令，再依債權人聲請準用動產執行之規定拍賣或變賣之（強執法第115條第3項[35]）。

（十一）生活補助費及眷屬津貼之執行，宜逕發扣押、收取命令[36]。但應注意是否有強執法第122條規定不得執行之限制。

（十二）當舖營業權之執行，此與商號之營業權不同。宜先發扣押命令，再估價、拍賣。按當舖因案被法院強制執行時，其營業權可依強制執行程序轉讓，除受讓人須無當舖業管理規則第4條各款之情事外，並應依當舖業管理規則有關規定辦理。其為退役軍人所設立者，其受讓人亦應為退役軍人[37]。

---

[34] 參照台灣高等法院66年民事執行座談會。

[35] 參照司法行政部57年10月3日台57民決字第6225號函。

[36] 參照最高法院53年台上字第432號判例。

[37] 參照內政部臺內民408897號函及司法院74年4月15日（74）秘台廳（一）字第01229號函。

（十三）電話租用權之執行，宜先發扣押命令，禁止債務人處分，並將公
文函電信總局，並請將欠繳電話費函覆執行法院，以便拍賣時公
告註明，惟拍賣仍應注意：1.電話租用權（亦稱電話使用權）為
一方支付對價，使用他方供給之電話機，而與各方通話之權利，
屬於財產權之一種，得為強制執行之標的。執行法院與電信機關
辦理電話租用權強制執行事件，應注意聯繫。另尤應注意者，若
電話使用人欠繳電話費時，執行法院應於拍賣公告內載明該事
項，並註明由買受人自行處理字樣，以促應買人注意；2.執行法
院對於債務人之電話租用權之強制執行，應依強執法第117條之
規定，準用第115條、第116條規定辦理。並於實施查封後，除命
令禁止債務人處分外，應開列債務人姓名、住居所，如係法人或
團體者，其名稱、事務所或營業所及電話號碼、裝機地點，通知
該管電信（話）局登記其事由，並禁止過戶。對於電信（話）局
應退還債務人租用權保證金予以執行時應依強執法第115條以下
之規定執行之[38]。

（十四）對第三人持有債務人之書據執行（如所有權狀），宜先發扣押命
令，並命第三人將債務人之書據交出，逾期不交出者，執行法院
得依債權人之聲請強制將該書據交出，並得以公告宣示未交出之
書據無效，另作證明書發給債權人（強執法第121條），執行方
式同強執法第101條規定。

（十五）對合夥人之股份執行，宜先發扣押命令，再發收取或移轉命令。
依民法第685條之規定，合夥人之債權人就該合夥人之股份聲請
扣押，應於二個月前通知合夥人，經通知後有為該合夥人退夥之
效力，故經扣押後，再發收取命令或移轉命令以行使權利[39]。

---

[38] 參照司法院69年9月2日（69）台廳一字第02707號、交通部64年7月8日交郵
（64）6373號函頒辦理電話租用權強制執行事件注意要點。

[39] 參照最高法院29年上字第592號判例。

（十六）銀行定期存單，如屬可轉讓之有價證券者，應依對動產執行方法
為之（強執法第59條第2項），其他之公債票、國庫券等，亦屬
之；如屬不可轉讓之定期存單，則其性質僅係債權憑證，應係執
行債務人在金融機構之存款，故依其他財產權執行，宜核發扣押
命令、收取命令、支付轉給命令或移轉命令等[40]。其他之信託憑
證或未發行公債票、國庫券之公債、國庫權利等，其執行方法亦
同。

（十七）對於彩券經銷商之執行[41]：

1. 彩券經銷商占有之樂透券運作機器，因屬技術廠商所有，非
該經銷商所有，故該經銷商之債權人不得對之強制執行。

2. 彩券經銷商占有之現金、即時樂彩券，為經銷商所有之動
產，得對之執行，但應注意有無強執法第122條、第52條、第
53條禁止執行之限制規定，若有則不得對之執行，若無則得對
之執行，因經銷商多為弱勢人民，其執行是否影響其生活，並
應斟酌之。

3. 彩券經銷商對主辦銀行之佣金及存款部分，係屬對第三人財
產權之執行，固得對之執行，並依對其他財產權之執行方
法，對之強制執行。

---

[40] 參照司法院74年3月8日廳民二字第0164號函。

[41] 參照司法院民事廳頒法院辦理民事執行實務參考手冊，96年6月8日印行，第348
頁。

第五章　對於公法人財產之執行

第一節　得為執行之公法人主體

依強執法第122-1條規定「關於金錢請求權之強制執行，債務人為中央或地方機關或依法為公法人者，適用本節之規定。但債務人為金融機構或為其他無關人民生活必需之公用事業者，不在此限。」，即公法人負有金錢債務者，仍應依法為執行，以符合公平正義原則。本條規定之公法人，原則上以中央或地方機關或依法為公法人者，為其範圍。公營事業除採公司或社團組織者外，係分別隸屬中央或地方機關，亦有本節適用。惟本節之所以對公法人強制執行加以限制者，係因其經管之事務攸關公共利益。倘對其管有之財產，不問性質如何，一律逕予執行，足以影響其公共事務之進行，損及公眾福祉。如其機關為國營金融機構或其他無關公眾利益之公營事業者，性質上與私營事業無異，對其強制執行，既無損及公眾利益之虞，自無加以限制之必要，故為例外規定，以期其平。又關於命債務人報告一年內之財產狀況，及拘提管收之規定，均係就私人為債務人時而為之規定，性質上不適用於公法人為債務人時之執行程序[1]。故得為執行之公法人主體。如：

一、中央機關：如中央政府之五院、各部會等均包括在內。

二、地方機關：如省、縣、鄉、鎮（市）機關均包括在內。

三、依法為公法人：如公立學校、公立醫院、水利會等均包括在內。

四、有關人民生活必需之公用事業：鐵公路單位、自來水公司或依官股超過百分之五十以上股權之公司均包括在內。但依該條但書規定「債務人為金融機構或為其他無關人民生活必需之公用事業者，不在此

---

[1] 參照強執法第122-1條之立法理由。

限」，即如國營人壽保險公司、台灣中小企業銀行等不包括在內。另如依國家賠償法規定受委託承辦公務之私法人或個人者，亦不包括。

第二節　執行名義之範圍

依強執法第122-1條前段規定「關於金錢請求權之強制執行。」，即得適用本節之規定者，僅限於金錢請求權之執行而已，而金錢請求權之執行包括對動產、不動產及其他財產權之執行。至於其他如應為一定行為、不行為、物之交付請求權或保全執行等均不包括在內，主要因法律規定及性質上均不適用本節。

第三節　對公法人之執行方法

一、發自動履行命令或支付轉給命令

依強執法第122-2條規定「執行法院應對前條債務人先發執行命令，促其於三十日內依照執行名義自動履行或將金錢支付執行法院轉給債權人。」，第2項「債務人應給付之金錢，列有預算項目而不依前項規定辦理者，執行法院得適用第一百十五條第一項、第二項規定，逕向該管公庫執行之。」，即債務人為政府機關或其他公法人，其應給付之金錢列有預算項目，經通知而不自動履行或支付執行法院者，執行法院得逕向該管公庫執行之。反之，債務人為政府機關或其他公法人時，如其應給付之金錢，不在原列預算項目範圍內，應由該機關於原列預算內之預備金項下支付或另行辦理預算法案撥付（應行注意事項第65-1項第2、3款）。如為上開預算項下仍不給付者，得依強執法第115條第1項、第2項規定其他財產權之執行為之，逕予強制執行，均屬金錢請求權之執行，故無拍賣、變賣之問題。為此，如應給付之金錢請求權並無編列預算者，即非強制執行

之標的。又如「債務人管有之非公用財產及不屬於前條第一項之公用財產，仍得強制執行，不受國有財產法、土地法及其他法令有關處分規定之限制。」（強執法第122-4條），即非公用財產而無礙公益者，均得強制執行，但仍應受上揭限制，例如中央機關興建工程而與他人訂有承攬契約者，若依民法第513條規定，承攬人登記有法定抵押權者，且其債權編有預算者，自得強制執行，若未編有預算者，除了另外預算撥付外，不得強制執行，以免影響公益。

二、對公法人執行之限制

（一）依強執法第122-3條第1項規定「債務人管有之公用財產，為其推行公務所必需或其移轉違反公共利益者，債權人不得為強制執行。」，即為推行公務之需要，維護公共利益，故債權人不得聲請強制執行，但是否「為其推行公務所必需或其移轉違反公共利益者」常非債權人所得查知，故同條第2項規定「關於前項情形，執行法院有疑問時，應詢問債務人之意見或為其他必要之調查。」，雖得詢問，但不受債務人陳述之限制，執行法院仍得本於職權為必要之調查及認定。另拘提、管收、財產報告等規定，即強執法第20條至第25條之規定，於公法人強制執行時，不適用之（強執法第122-1條第2項）。

（二）對政府機關或其他公法人管有之公用財產強制執行時，應擇其非推行公務所必需或對之執行不影響公共利益者行之？（應行注意事項第65-1項第4款）。

（三）假扣押債權人聲請對公法人財產執行時，執行法院仍須於三十日之履行期過後，始得強制執行。

三、對於公法人執行之原則

（一）盡力促其自動履行，並得求其上級監督機關協助。

（二）力求不致停頓公務或有礙公共利益及秩序。

（三）應兼顧政府聲譽及威信[2]。

---

[2] 參照司法院民事廳頒法院辦理民事執行實務參考手冊，96年6月8日印行，第351頁。

第六章 對於船舶及航空器之執行

第一節 船舶及航空器執行之意義

所謂「對船舶及航空器之執行」，係指執行法院為實現債權人之金錢債權，而對於債務人所有之船舶或航空器實施之執行程序而言。雖船舶及航空器具有動產之性質，惟其具有較高價值，所有權之變動以登記為公示方式，即非登記不得對抗第三人之特性（船舶登記法第3、4條，民用航空法第19、20條），故強執法第114條第1項、第114-4條第1項規定，其強制執行之程序準用不動產執行之規定。

第二節 對於船舶之強制執行

一、適用不動產執行程序之船舶

依強執法第114條第1項規定「海商法所定之船舶，其強制執行，除本法另有規定外，準用關於不動產執行之規定；建造中之船舶亦同。」。所稱建造中之船舶，係指安放龍骨或相當於安放龍骨之時起，至其成為海商法所定之船舶時為止之船舶而言（應行注意事項第61項第1款）。而海商法第1條規定之船舶者，係指在海上航行，或在與海相通之水面、水中航行之船舶。第3條規定：「左列船舶，除因碰撞外，不適用本法之規定：一、船舶法所稱之小船。二、軍事建制之艦艇。三、專用於公務之船舶。四、第一條規定以外之其他船舶。」，縱因嗣後該船舶因海難沉沒或失去動力航行而拖回陸地，以待解體處理，解釋上，仍認為海商法上之船舶。至建造中之船舶適用於不動產執行之規定，故應以查封時之狀態為準，故如查封時為建造中之船舶即適用不動產執行程序，縱日後建造完成而不屬

海商法所定義之船舶，其執行程序仍不受影響，但有反對說[1]。依海商法第6條規定「船舶除本法有特別規定外，適用民法關於動產之規定。」，即除了海商法所定義之船舶外，其他船舶仍適用一般動產執行程序。又因我國船舶登記法第4條規定「船舶應行登記之事項，非經登記，不得對抗第三人。」，即有關船舶之登記採對抗效力，故不問登記與否，均準用不動產執行程序。

二、對於船舶實施拍賣之執行程序

（一）確實審核債權人之聲請是否符合法定程式、船舶是否確為債務人所有及有無超額查封等問題。

（二）船舶證明文件之審核

債權人請求查封船舶，須附具該船舶文書，如為外國船舶無從取得，仍應提出其他必要之證明資料，並應向航政主管機關查證（船舶法第11條第2項）。

（三）管轄權之審查

1. 管轄法院：應以應執行之標的物所在地即船舶停泊港之法院，為管轄之法院。
2. 於執行時應審核該船舶是否已進入管轄法院之停泊港，縱該船已進入領海，但尚未進入管轄法院之停泊港，仍不得查封。一般港務局係以防波堤為港區之界限，實務上亦以船舶進入防波堤為有管轄權認定之標準，船舶已否入港，債權人應提出船舶停港證明。
3. 查封後，船舶始離開停泊港者，原實施查封之法院仍有其管轄權。
4. 船舶於實施查封之時點，已非執行法院所可管轄者，縱令在債權人聲

---

[1] 參照楊與齡編著強制執行法論，85年10月修正版，第621頁。

請強制執行之後船舶始離開，亦無從爲查封。此時，受理執行之法院應依聲請或依職權以裁定移送於現時停泊港之管轄法院（強執法第30-1條準用民事訴訟法第28條）。

（四）保管費之預納

船舶停靠港內，須繳納各項稅捐及規費。故執行法院應依船舶種類、噸位向港務局及海關查詢各項稅費之數額，以便酌定債權人應預納之保管費。

（五）查封之實施

1. 備妥封條、筆錄等必要文件，並帶同法警到場，以保護執行人員之安全。
2. 向海關、港務局查明該船舶文書、入港資料等，並請航政機關、港警所或其他有關機關派員到場協助。
3. 登輪後，向船長出示證件說明查封之意旨，並命船長提出船舶文書等，拒絕提出者，應載明其事由。
4. 一般終局執行，或非航行國內船舶之假扣押、假處分保全程序執行，宜採封閉、追繳契據方法爲之。必要時，亦得併用揭示等二種或三種方式。
5. 國境內航行船舶之假扣押、假處分保全程序執行，得以揭示方法爲之（海商法第4條第2項）。
6. 船舶於查封後，應取去證明船舶國籍之文書，使其停泊於指定之處所，並通知當地航政主管機關（強執法第114-1條，應行注意事項第61項第2款）。
7. 選定保管人：船舶經查封後，得委託航政機關、船長或其他妥適之人或機關、團體保管，並得許可爲必要之保存及移泊行爲（應行注意事項第61項第5款）。

（六）查封後拍賣前之準備

1. 查封登記等手續之辦理

(1) 函囑航政機關為查封登記，並請其告知船舶抵押權、租賃權之設定情形。

(2) 函囑海關禁止辦理結關。

(3) 函囑航政機關之港務局禁止船舶出海。

(4) 國境內航行船舶之假扣押、假處分保全程序，以揭示方法執行時，得頒發船舶航行許可命令，明示准許航行之目的港、航路與期間，並通知航政主管機關及關稅局（應行注意事項第61項第2款）。

(5) 船舶查封後應使其停泊於指定之處所，執行法院得因當事人或利害關係人之聲請，經債權人同意後，准許其航行，不得依職權為之（強執法第114-1條第1項）。

（七）准許提供擔保撤銷船舶之查封

1. 債務人或利害關係人得以債權額及執行費用額或船舶之價額，提供擔保金額或相當物品，聲請撤銷船舶之查封。所謂債權額包括參與分配之債權額（應行注意事項第61項第6款）。

2. 前項擔保，得由保險人或經營保證業務之銀行出具擔保書代之。擔保書應載明債務人不履行義務時，由擔保人負責清償或併賠償一定之金額（強執法第114-1條第3項）。

3. 應提供之擔保金額，於執行名義所載債權額及執行費用額低於船價時，以債權額及執行費用額之總和為準，如高於船價，則應以船價為準。尤其注意者，上揭擔保人就債權額及執行費用額提供擔保者，於擔保提出後，他債權人對該擔保不得再聲明參與分配（強執法第114-1條第5項）。

4. 以現金提供擔保者，與本法第58條提出現款聲請撤銷查封，並無差

別，不生續行執行之問題。但以物品或擔保書提供擔保者，得就所為之擔保續行執行，擔保人不履行義務時，並得因債權人之聲請，逕向擔保人為強制執行（強執法第114-1條第3、4項）。

（八）囑託鑑價

拍賣船舶，執行法院應囑託船舶製造業者、航政機關、船長同業公會或其他妥適之人或機關、團體估定其價額，經核定後，以為拍賣最低價額（應行注意事項第61項第7款）。

（九）詢價及拍定公告之擬定

1. 鑑價後應通知債權人、債務人詢價，並通知抵押權人或已知之優先權人行使權利。
2. 船舶置港容易生銹，鑑價、詢價後應速定拍賣期日。
3. 關於保證金之酌定，宜較一般不動產成數高，以免拍定人拒納尾款，拖延程序。
4. 拍賣船舶之公告，除記載強執法第81條之事項外，並應載明船名、船種、總噸位、船舶國籍、船籍港、停泊港等其他事項，並揭示於執行法院、船舶所在地及船籍港所在地航政主管機關之牌示處（強執法第114-2條第2項）。

（十）船舶之變賣

船舶得經應買人、債權人及債務人之同意變賣之。惟如賣得價金足以清償債權人之債權者，無須債權人同意（強執法第114-2條第3、4項）。

（十一）船舶拍定後之處理及分配表之製作

1. 船舶應具備之文書，於船舶拍賣或變賣繳足價金後，應命債務人或船長交出，或以直接強制方法將其取交買受人或承受人，對於船舶有關

證書，並得以公告方式宣告該證書無效，另作證明書發給買受人或承受人（應行注意事項第61項第9款）。船舶買受人自領得執行法院所發權利移轉證書之日起，取得該船舶所有權。

2. 製作分配表

(1) 執行法院應就主張優先權者為形式上之審查，關於船舶之優先權及抵押權應依船籍國法、不得以該船籍國法不承認我國法而拒絕適用該船籍國法（強執法第114-3條、應行注意事項第61項第10款）。

(2) 外國船舶經拍賣後，當事人對優先權與抵押權之存在所擔保之債權額或優先次序有爭議者，應由主張有優先權或抵押權之人，訴請法院裁判；在裁判確定前，其應受償之金額，應予提存（強執法第114-3條）。未有爭議不受影響部分，先為分配。

三、對於船舶實施之保全程序

（一）依海商法第4條第1項規定：「船舶保全程序之強制執行，於船舶發航準備完成時起，以迄航行至次一停泊港時止，不得為之。但為使航行可能所生之債務，或因船舶碰撞所生之損害，不在此限。」，該規定雖僅以假扣押示範，至假處分是否包括在內，通說及實務上見解採肯說為多數說[2]，即船舶假扣押、假處分保全程序之強制執行，於船舶發航準備完成時起，以迄航行至次一停泊港時止，不得為之。

（二）所謂船舶發航準備完成，指法律上及事實上得開行之狀態而言。例如船長已取得當地航政主管機關核准發航與海關准結關放行及必需品之補給已完成，並已配置相當海員、設備及船舶之供應等屬之；所謂航行完成，指船舶到達下次預定停泊之商港而言；所謂為使航行可能所生之債權，例如為備航而向之購置燃料、糧食及修繕等所生債權是（應行注意事項第61項第3款）。

2　同註1，第627-628頁。

（三）一般終局執行、爲使航行可能所生之債權所爲之保全執行、船舶碰撞所生損害賠償之債權所爲之保全執行，於任何時間均可實施查封（強執法第114條第2、3項）。

（四）爲使船舶航行可能所生之債權，應以該航次所生之債權爲限，並不包括前航次使船舶航行可能所生之債權在內。

第三節　對於航空器之強制執行

一、航空器執行之意義

　　所謂航空器係指民用航空法所定航空器而言，故依強執法第114-4條第1項規定「民用航空法所定航空器之強制執行，除本法另有規定外，準用關於船舶執行之規定。」，而民用航空法第2條第1款規定「航空器：指任何藉空氣之反作用力，而非藉空氣對地球表面之反作用力，得以飛航於大氣之器物。」，即除了上揭規定，其執行程序適用不動產之執行程序外，其餘仍適用一般動產之執行方法，如不適飛行之航空器之拆卸或棄置之航空器等。

二、就航空器執行之例外情形

　　即除了準用船舶之執行程序外，因航空器之特殊性，於民用航空法及強執法另有規定如下：

（一）航空器查封之限制

1. 航空器除民用航空法或其他法律有特別規定外，自開始飛航時起，至完成該次飛航時止，不得施行扣押或假扣押（民用航空法第22條）。
2. 所謂飛航時起至完成該次飛航時止，指航空器自一地起飛至任何一地降落之一段航程而言（應行注意事項第61項第13款）。

（二）查封航空器之保管

因航空器之維護，需要專門之技術人員與設備，非一般機關所能勝任，故查封之航空器，得交由當地民用航空主管機關保管，該機關亦得指定專業機構協助（強執法第114-4條第2項）。

（三）航空器之拍賣程序

1. 航空器為現代精密科技之產物且具有國際性，為期廣為知悉，航空器第一次拍賣期日，距公告之日，不得少於一個月（強執法第114-4條第2項）。
2. 拍賣航空器之公告，除記載本法第81條第2項第2款至第5款事項外，並應載明航空器所在地、國籍、標誌、登記號碼、型式及其他事項（強執法第114-4條第3項）。
3. 拍賣航空器之公告，執行法院應通知民用航空主管機關登記之債權人。但無法通知者，不在此限（強執法第114-4條第4項）。
4. 至機場實施查封航空器時，應會同航空站航務組派員執行之，查封之公文並應載明查封之航空公司名稱及航空器編號，俾便航空站配合限制飛航[3]。

---

[3]　參照台北國際航空站85年7月24日北站（85）業字第1180號函。

第七章　參與分配

第一節　參與分配之程序

第一目　何謂參與分配

一、意　義

　　稱參與分配者，謂有執行名義或有優先權之債權人利用他人之金錢請求執行程序，而平均或優先分配受償也。依新修正之強執法之立法，已將原第35條、第36條刪掉，即將原無執行名義之債權人得參與分配之規定予以刪除，自修正後即不得參與分配。因此，得參與分配之債權人除了須有執行名義者外，若屬無執行名義者，須依法對於執行標的物有擔保物權或優先受償之債權人始得參與分配（強執法第34條），以配合塗銷主義之立法意旨。

二、要　件

（一）須有多數債權人

　　如僅一債權人則毋庸作成分配表。而所指多數債權人除了併案、參與分配之債權人外，尚包括稅捐機關之稅金債權人，如稅捐稽徵法第6條第1項之一般稅捐及第2項之土地增值稅、房屋稅、地價稅、營業稅等在內。

（二）須均為金錢債權

　　指對人執行名義之金錢債權而言（應行注意事項第18條第2款），如民事確定判決、和解、調解、支付命令等金錢請求之債權。但如對物之執行名義兼有金錢請求之債權者，如應為一定行為之拆屋還地，同時有不當

得利之請求者，就該不當得利部分，因屬對人執行名義之一，亦得參與分配。又如假處分，依民事訴訟法第532條第1項規定，爲金錢以外之請求之保全處分，但如屬對人執行名義部分，如給付扶養費（民事訴訟法第579條）、國家賠償法第11條第2項關於醫療費、喪葬費之假處分等，均得參與分配。

（三）須對同一債務人

　　強制執行因多數債權人對債務人執行而須作成分配表，故不因是否併案而受影響。惟應注意者，因強制執行採當事人進行主義，故債權人如對債務人聲請強制執行，而請求強制執行僅指明執行債務人之A筆不動產，則執行法院仍不得就其他債務人所有之B筆不動產予以價金分配。但通常如債權人未於聲請書狀予以指明者，應認對債務人所有財產於拍賣時全部予以分配。尚應注意下列情形：

1. 債務人所有全部之財產爲債權人債權之總擔保，常由數債權人分別對債務人所有不同之財產聲請執行，執行法院亦分由不同案號執行。聲明參與分配之債權人，須表明對於債務人何項財產執行所得參與分配，惟縱未記載執行債權人之姓名以及執行案號，於參與分配並無影響。

2. 聲明參與分配之債權人於聲請狀上僅列債務人姓名，而未列案號、執行債權人之姓名或表明對何項財產執行所得參與分配，執行法院應先通知命其陳報究係參與何案之分配，如逾期仍未陳報，則僅應予列入已知之執行案件分配之。

3. 對執行債務人某一部分財產聲明參與分配後，執行所得款項不敷清償各債權人之債權，而債務人尚有其他財產可供執行，並經債權人中之一人或數人聲請繼續強制執行者，他債權人仍應受分配，以符合原聲請參與分配之眞意。

（四）須係對終局執行為之

終局執行始有分配價金之情形，如僅爲保全程序則不得爲之，故對假扣押之執行參與分配，如聲請者，爲無執行名義之債權人，如強執法第34條規定擬制參與分配之抵押權人等，則應裁定予駁回，如係有執行名義之債權人聲請參與分配，則應予調卷執行。

（五）須債權人之債權條件成就、期限屆至或已供擔保

按執行名義附有條件、期限或須債權人提供擔保者，於條件成就、期限屆至或供擔保後，始得開始強制執行。執行名義有對待給付者，以債權人已爲給付或已提出給付後，始得開始強制執行（強執法第4條第2、3項），否則應以不合法裁定駁回其參與分配之聲請。但如於執行法院裁定前，業已補正者，則其不合法之情形已不存在，即不得再以裁定駁回其參與分配之聲請[1]。但尚應注意者，依法對於執行標的物有擔保物權或優先受償權之債權人，不問其債權已否屆清償期，應提出其權利證明文件，聲明參與分配。執行法院知有此優先債權人者，應通知之。知有債權人而不知其住居所或知有前項債權而不知孰爲債權人者，應依其他適當方法通知或公告。經通知或公告仍不聲明參與分配者，執行法院僅就已知之債權及其金額列入分配（強執法第34條第2、3項），故對於執行標的物有擔保物權或優先受償權之債權人，縱其債權尚未屆至，仍應列入分配，不得予以駁回。

---

[1] 參照司法院82年5月1日廳民二字第07829號函、71年2月9日廳民二字第0111號函。

第二目　聲請參與分配之程序

一、須以書狀聲明

依強執法第32條第1項規定「他債權人參與分配者……，以書狀聲明之。」，即無論有無執行名義參與分配（無執行名義得參與分配者僅限強執法第34條規定之有擔保物權或優先權之人），均應以書狀表明，並應記載法定必備之程式，如當事人及法定代理人，請求實現之權利（強執法第5條）。參與分配者，實務上為避免不能受清償，其他參與分配之債權無法受償之情形，現行各法院對於聲請參與分配者，均逕向民事執行處收文處遞狀，而不向服務處之統一收發室遞狀，以達迅速將債權人參與分配狀，儘速轉交給各承辦書記官登錄後，轉呈執行法官核示。

二、繳納執行費

依85年10月9日修正強執法，對參與分配是否繳納執行費作重大變革，一改以前舊法，修改為所有參與分配無論有無執行名義之債權人參與分配均須繳納執行費（強執法第28-2條第2項），即與一般聲請強制執行案件相同，除了執行標的金額或價額未滿新台幣5,000元免繳納外，每百元收七角，即徵千分之七之執行費（強執法第28-2條第1項，現已提高為千分之八）。僅對執行標的物有擔保物權或優先權之無執行名義債權人參與分配時，若未繳執行費時，其應納之執行費，就執行標的物拍賣或變賣後金額扣繳之。執行法院將未參與分配而已知之債權及金額，依職權列入分配者，其應納之執行費，亦同。執行法院對此未繳費之無執行名義參與分配權人，不得予以裁定駁回[2]。

---

[2]　有認為對於執行標的物有擔保物權或優先受償之債權人參與分配，未備法定程式者，認係非屬法定必備要件，參照司法周刊第812至814期，前台灣高等法院台中分院法官林輝煌著從實務觀點談強制執行之修正。

三、程序之審核

執行法院對於參與分配之債權人參與分配，除了依前述執行法官之審核程序外（見第二編第二章第三節），對參與分配者為有無執行名義之債權人或優先權之債權人而異其規定與做法：

（一）有執行名義之債權人參與分配（不含下述之無執行名義債權人）

有執行名義之債權人參與分配，除了應提出強執法第6條規定之證明文件外，並須繳納執行費，這些都是聲請參與分配之程序，為法定必備之程式，參與分配債權人聲請要件未具備時，執行法院應定期命其補正，逾期未補正者，除了參與分配之債權人應提出之證明文件，係與執行法院同一之第一審法院，並得調卷查明外（強執法第6條第2項），應以裁定駁回其聲請（應行注意事項第19項第2款、強執法第30-1條準用民事訴訟法第121條）。易言之，執行法院仍得調卷查明者，不得逕予駁回。再者，經審查程序合法者，即應列入分配。

（二）對於執行標的物有擔保物權或優先受償權之債權人參與分配（含有執行名義之上述債權人）

在法律上所指具有優先權之債權，除了民法第860條之抵押權外，尚有比抵押權次位在先者，如海商法第24條第1項第1款至第5款之船舶優先債權，及次序在抵押權後之優先權，如稅捐債權（稅捐稽徵法第6條第1項），勞動基準法第28條第1項之勞工債權等[3]。對次序在抵押權之前者固無問題，另次序在抵押權後之優先權，即一般理論上所稱之債權優先權，其效力雖不及抵押權，得對債務人之一般財產執行，不限於執行之標的物，但因其就執行標的物而言，雖僅是債權優先權而已，惟仍有優先於其

---

[3]　稅捐稽徵法第6條第1項規定「稅捐之徵收，優先於普通債權。」，勞動基準法第28條第1項規定「雇主因歇業、清償或宣告破產，本於勞動契約所積欠之工資未滿六個月部分，有最優先受償之權。」

他一般有執行名義之債權人之效力，且就對該執行標的物而言，亦因拍賣而消滅其優先受償之權利，故實務上對於債權優先之債權人之聲明參與分配程序之審查，仍與一般抵押權人之聲明參與分配程序相同，即無須先另取得執行名義始得參與分配。故強執法第34條第2項前段所指「優先受償之債權人」，包括債權優先之債權人。實務上亦認為稅捐稽徵法第6條第1項規定就供優先受清償之財產，並未規定以應稅之特定物品為限，當然包含納稅義務人之一切財產在內。供優先受清償之財產既包含納稅義務人之一切財產，則強執法第34條第2項所謂依法對於執行標的物有擔保物權或優先受償權之債權人，自包括有稅捐債權之稅捐稽徵機關在內。又強執法第34條第3項既規定對於前項債權人應通知或公告之，經通知或公告後該債權人仍不聲明參與分配，執行法院應就已知之債權及其金額列入分配，足見該第2項規定之債權人，其聲明參與分配之時間，不受同法第32條第1項規定「他債權人參與分配者，應於標的物拍賣、變賣終結或依法交債權人承受之日一日前，其不經拍賣或變賣者，應於當次分配表作成之日一日前以書狀聲明」之限制[4]。但有反對說，認為稅捐債權雖可優於普通債權受償，但其參與分配仍應受強執法第32條第1項規定參與分配時間之限制，因此強執法第34條第2項所謂之優先受償權人，並不包括稅法上之優先受償權[5]，但反對說，已為近來最高法院所不採。又本次新修正強執法採剩餘主義及塗銷主義，即上述債權人不聲明參與分配，其債權金額又非執行法院所知者，該債權對於執行標的物之優先受償權，因拍賣消滅，其已列入分配，而未受清償部分，亦同（強執法第34條第4項、第98條第3項前段）。故對上述之債權人不問其債權已否屆期，均應提出證明文件聲明參與分配，若上述債權人未參與分配，而為執行法院所知悉者，並應通知之。知有債權人而不知其住居所或知有上開債權（如民法第513條規定承攬人之法定抵押權，不知債權多少？），應依其他適當方法通知或公

---

[4] 參照最高法院95年度台上字第534號判決。

[5] 參照司法業務座談會第49期第16號提案結論。

告之。經通知或公告仍不聲明參與分配者，執行法院僅就已知之債權及其金額列入分配。其應徵收之執行費，於執行所得金額扣繳之（強執法第34條第2項、第3項），故對參與分配之上述債權人無論有無執行名義均應參與分配，對上述之債權人若不知其設址或住居所，應先命原聲請執行之債權人查報，並請該債權人檢附公司登記卡或戶籍謄本，再按址通知行使權利。若原債權人逾期未陳報，或經二次通知仍未陳報者，則執行法院應依職權向直轄市或縣（市）政府建設廳（局）或戶政機關函查，不得依強執法第28-1條第1款予以駁回原債權人之強制執行聲請，因上開查報上述債權人之設籍資料，原債權人僅有協助之義務，並非其於執行程序中應為之必要行為。且上述債權人之參與分配並不受強執法第32條第1項規定之限制（應行注意事項第19項第5款），亦即縱使到最後製成分配表後，上述債權人仍得對分配表聲明異議或提起分配表異議之訴，以重新獲得分配。故無論上述之債權人有否執行名義，或未繳納參與分配之執行費（因得於拍賣所得金額中扣繳），因非屬法定必備程式，均不得以裁定駁回（應行注意事項第19項第3款前段）。再者，經審核合法者，則上述債權人之債權即得於本件標的物拍賣時優先受償，又執行法院並無實體審查權，經形式審查合法後，即應列入分配，縱當事人有爭議仍應諭知另行訴訟，執行法院不得逕予裁定駁回之。

四、通知債權人及債務人

　　即對執行名義之債權人或對於執行標的物有擔保物權或優先權之債權人參與分配者，對於原債權人及已參與分配之債權人、債務人均應通知，使其知悉，以維護其權益。

第二節　參與分配之情形

第一目　實務上對得參與分配之情形

一、聲明參與分配

　　參與分配之債權人，知悉執行法院對債務人在強制執行時，即檢具證明文件，具狀向法院聲明參與分配。以此方法聲明參與分配時，應註明本案執行之案號、債務人姓名、住所及執行標的物，以便執行法院併入本案參與分配。

二、併案執行

（一）如後案聲請強制執行時，不知債務人已為前案另一債權人聲請強制執行中，現行實務上是以同一債務人，以電腦分案時分給同一股承辦。因此，如相同之債務人均會分給同一股併案辦理（強執法第33條）。且債務人之財產乃公、私法上債權之總擔保，因此，除了私法上債權人得聲明參與分配，公法上，政府機關依法令或本於法令之處分，對債務人有公法上金錢債權，依行政執行法得移送執行者，得檢具證明文件，聲明參與分配（強執法第34-1條，行政執行法已於87年11月11日修正公布施行，於90年1月1日成立行政執行署），故執行法院於實施強制執行時，發現債務人之財產業經行政執行機關查封者，不得再行查封。執行法院應將執行事件連同卷宗函送行政執行機關合併辦理，並通知債權人。若行政機關就已查封之財產不再繼續執行時，應將有關卷宗函請執行法院繼續執行（強執法第33-1條）。易言之，以最先受理之行政執行處或民事執行處為執行機關，後受理者，併入前案受理之執行機關，且基於「合一執行程序原則」及「查封、拍賣優先原則」，

無論公、私法上之強制執行均禁止再查封，故執行法院已查封之財產，行政執行機關不得再行查封，行政執行機關應將執行事件連同卷宗函送執行法院合併辦理，並通知移送機關。若執行法院就已查封之財產不再繼續執行時，相同地，應將有關卷宗送請行政執行機關繼續執行（強執法第33-2條）。例如甲向法院民事執行處聲請強制執行，嗣地方稅捐機關乙向行政執行處聲請強制執行，後經該行政執行處發現均係執行債務人同一財產，因而依上開規定將案件移送法院民事執行處，移送後，雖經甲撤回執行，法院民事執行處應以乙係公法上之稅務債權，而將案件退回該行政執行處繼續辦理，但適用上則有下列之疑義：

1. 以上揭案例而言，另有債權人丙之私法上請求，向法院民事執行處聲請繼續執行者，經併案執行後，甲始撤回執行，則因法院民事執行處仍有受理之權限（即對丙有強制執行之權限），雖前行政執行處之乙案件，經甲撤回後，而受理在先，宜仍應由民事執行處繼續辦理執行之。反之，函送行政執行處之案件有類似之情形，其執行程序，應爲相同之處理。

2. 以上例論，於行政執行處或民事執行處不再繼續執行時，何時將卷宗函送民事執行處或行政執行處？法無明文。依強執法第33-2條第3項、第33-1條第3項既明定應將卷宗送請民事執行處或行政執行處繼續執行，故若有不再繼續執行之情事者，應維持已實施之執行程序，迅將卷宗函送併案機關，並通知債權人、債務人（應行注意事項第18-1項第1、2款），註明已實施程序之進度，避免延誤，但應注意者，所謂不再繼續執行者，應指執行程序終結前不再繼續執行而言，若執行程序終結者，則無函退併案之情形。

3. 稅捐機關依稅捐稽徵法第24條第1項前段規定「納稅義務人欠繳應納稅捐者，稅捐稽徵機關得就納稅義務人相當於應納稅捐數額之財產，通知有關機關不得爲移轉或設定他項權利……」之

禁止處分者，執行法院仍應依一般正常程序實施查封，但應通知該禁止處分之稅捐機關。

（二）在執行法院之併案情形，實務上之處理方式有

1. 本案為終局執行，後案亦為終局執行者，則後案之部分即併入前案，並予報結[6]。但應注意者，若前案日後執行中撤回，但併案部分未撤回者，則不得將前案報結，應繼續執行。

2. 本案為終局執行，後案為假扣押者，則假扣押之保全程序併入本案，並予報結。但本案日後於執行中撤回者，則假扣押之保全程序因尚存在，故不啟封。

3. 本案為終局執行，後案為假處分，因假處分不能禁止執行法院之執行[7]，故仍應依前述之辦理。

4. 本案為保全程序之假扣押或假處分，後本案為終局執行者，則本案執行時，不得再行查封，應調保全程序卷（即假扣押、假處分卷）後接續執行，日後於執行中本案撤回者，因有保全程序，故亦不啟封。

5. 金錢債權之執行與非金錢債權之執行競合情形：即原債權人係依金錢債權之終局執行，而併案之債權人非依金錢債權之執行名義聲請執行；或原債權人非依金錢債權之執行名義執行，而併案之債權人依金錢債權之終局執行聲請執行，本質上，二者執行目的不同，無法併存，即無法併案執行，則如何處理？理論上有不同之見解，惟實務上係依聲請之先後處理，但聲請執行在後者係基於物權而生之請求權者，應優先於聲請在先之金錢債權而執行。例如乙占有之不動產，甲本於金錢債權聲請查封拍賣以清償欠款；丙基於所有權之物之交付請求權（如依強執法第15條規定提起第三人異議之訴之勝訴判決）聲請強制執

---

[6]　參照司法院77年6月8日院台廳一字第04102號函。

[7]　參照最高法院62年2月20日民事庭會議決議及司法大法官釋字第182號解釋。

行請求交付者，應撤銷甲之查封，執行交付不動產予丙[8]。但因強制執行兼採查封及終局執行優越之原則，故如執行法院已為終局執行者，則依土地登記規則第141條第2項規定，如有法院確定判決申請移轉、設定或塗銷登記之權利人為原假處分登記之債權人，應檢具法院民事執行處或行政執行分署核發查無其他債權人併案查封或調卷拍賣之證明書件，如得予以塗銷。故依最高法院100年度台上字第367號民事判決意旨，不動產經法院囑託辦理查封、假扣押、假處分登記後，在未為塗銷登記前，登記機關既應停止與其權利有關之新登記，則對該不動產相關權利登記之請求，即處於給付不能之狀態，法院自不得命為該相關權利之登記。即如目前仍於假處分、假扣押執行中，則債務人對該標的物已喪失處分之權能，處於給付不能之狀態，無從塗銷或移轉該土地之所有權登記，法院自不得命相關權利之登記，亦無從命為土地之返還。

6. 刑事扣押與民事強制執行競合情形：

(1) 扣押物為犯罪被害人所有者，依刑事訴訟法第473條立法意旨及刑法第38-1條之立法理由（六）為優先保障被害人因犯罪所生之求償權，則因非屬犯罪行為人即債務人所有，應認被害人得請求發還。

(2) 扣押物為犯罪所得，屬於犯罪行為人者，實務上，因保護立場不同而有不同見解，有認為國家權利優先說，最高法院106年度台抗字第669號刑事裁定意旨採之；有認國家權與人民權利平等說，最高法院107年度台抗字第445號刑事裁定意旨採之。而此爭議，臺灣高等法院暨所屬法院106年11月8日106年法律座談會民執類提案第1號：法律問題：債務人甲為某刑事案件之被告，其所有之土地及座落其上建物各一筆，

---

[8]　參照楊與齡編著強制執行法論，85年10月修正版，第348、349頁。

前經地檢署為保全追徵，聲請法院依刑事訴訟法第133條之2第1項規定裁准扣押，並經囑託地政機關為禁止處分之登記。現有某普通債權人執對甲之執行名義聲請強制執行該房地並已拍定，斯時該刑事案件尚未經法院判決確定。試問，關於地檢署上開保全追徵之扣押，其於分配表應否列計？

討論意見：

甲說：否定說。按強制執行，依左列執行名義為之：一、確定之終局判決。二、假扣押、假處分、假執行之裁判及其他依民事訴訟法得為強制執行之裁判。三、依民事訴訟法成立之和解或調解。四、依公證法規定得為強制執行之公證書。五、抵押權人或質權人，為拍賣抵押物或質物之聲請，經法院為許可強制執行之裁定者。六、其他依法律之規定，得為強制執行名義者，強制執行法第4條第1項定有明文。所指其他依法律規定得為執行名義者，諸如強執法第23條、票據法第123條、公司法第305條、消費者債務清理條例第74條第1項、第140條等由法律明確規定得為強制執行者為是。又罰金、罰鍰、沒收及沒入之裁判，應依檢察官之命令執行之。前項命令與民事執行名義有同一之效力，刑事訴訟法第470條第1項前段及第2項定有明文。惟此條係規定刑罰執行之方法，故所指裁判，應指確定裁判而言，則依反面推論，僅為保全追徵之扣押所為之命令，在刑事判決尚未確定前自非法定之執行名義，無從參與分配。至於依刑事訴訟法第133條第6項規定，其扣押僅具有禁止債務人處分之效力，亦非得為執行名義之依據，故分配表自毋庸列計追徵之債權額。

乙說：肯定說。按犯罪所得，屬於犯罪行為人者，沒收之。

前二項之沒收，於全部或一部不能沒收或不宜執行沒收時，追徵其價額，刑法第38條之1第1項前段、第3項分別定有明文。次按可為證據或得沒收之物，得扣押之。為保全追徵，必要時得酌量扣押犯罪嫌疑人、被告或第三人之財產，刑事訴訟法第133條第1項、第2項亦有明文。則檢察官為保全追徵犯罪價額之必要，經法院裁准而為之前項刑事扣押，性質上與民事假扣押保全債權之性質應無二致，其未規定得為執行名義應屬立法疏漏，應可類推適用強執法第五章有關假扣押執行之規定，將其追徵之債權列入分配，並依強執法第133條後段規定提存其應受分配之金額，嗣刑事判決確定後再由地檢署依刑事訴訟法第473條之規定辦理。否則，倘依否定說見解認其於刑事判決確定前不能參與分配，因審理程序冗長，期間僅需債務人之其一債權人聲請強制執行（不問是否係因犯罪所生損害之債權），於拍定後均可使追徵保全之效力消滅，應非立法者制定該沒收制度之原意。至於應列入分配之追徵債權額，在尚未判決確定前，則應參考刑法第38條之2規定由地檢署以估算認定。

初步研討結果：採乙說。

審查意見：

（一）採乙說。

（二）因刑事執行與民事執行、行政執行競合時相關程序未臻明確，建請司法院會同法務部訂定前開事項之業務聯繫辦法，以供相關機關遵循。

研討結果：

（一）經提案機關同意，乙說理由倒數第3行「至於應列入……」以下全刪除。

（二）審查意見理由（二）第2行「法務部」修改爲「行政
院」。

本文認爲：國家權利與人民權利除涉及公權力之作用外，如
違禁物等屬之。若不是，則因沒收及追徵爲國家司法檢察權
介入而取得權利，實與人民權利取得相同，故以平等說較付
時代潮流之趨勢，應爲可採，且依最高法院107年度台抗字
第445號刑事裁定意旨「（一）對於國家沒收或追徵財產之
執行，「交易安全維護」及「犯罪被害人保護」，均優先於
「徹底剝奪犯罪不法所得」原則。刑法第38條之3第2項所
謂「第三人對沒收標的之權利或因犯罪而得行使之債權均不
受影響」，解釋上當然包括第三人於沒收標的或爲追徵目的
而扣押之財產上，原已存在權利之存續及行使，或被害人因
犯罪而得行使之債權，均不因沒收裁判確定或扣押而生任何
障礙。方符交易安全維護及犯罪被害人保護優先之立法目
的，以及憲法第15條所定人民之財產權應予保障之本旨。
（二）抵押物經扣押後，依上開說明，抵押權人仍得行使抵
押權，聲請拍賣抵押物。若經拍定，執行法院於核發權利移
轉證書時，其刑事扣押之效力，當自動移轉至抵押物之拍賣
所得，於法律所定不受影響之各項權利依法行使後，仍有餘
額時，在該餘額限度內，繼續發生禁止原所有人領取、處分
之效力。執行法院應函請爲扣押之機關、刑事案件繫屬之檢
察署或法院，或由上開機關等依職權或拍定人之聲請，通知
地政機關塗銷禁止處分登記，俾利拍定後辦理移轉登記，以
達保全沒收、追徵同時兼顧交易安全維護之目的。」又依刑
事訴訟法第473條第1項「沒收物、追徵財產，於裁判確定後
一年內，由權利人聲請發還者，或因犯罪而得行使債權請求
權之人已取得執行名義者聲請給付，除應破毀或廢棄者外，
檢察官應發還或給付之；其已變價者，應給與變價所得之價

金。」立法理由「又因犯罪而得行使請求權之人，如已取得執行名義，亦應許其向執行檢察官聲請就沒收物、追徵財產受償，以免犯罪行為人經國家執行沒收後，已無清償能力，犯罪被害人因求償無門。」是較符合憲法第15條規定之人民財產權之保障，而依刑法第38-3條第3項「沒收裁判，於確定前，具有禁止處分之效力，故如有其他民事執行之保全扣押時，得併案扣押，如有民事執行之終局執行時，檢察官應估算金額列入分配，如已確定者，依刑事訴訟法第470條第2項「前項命令與民事執行名義有同一效力。」得列入分配；若沒收裁判尚未確定者，則應依強執法第134條規定予以提存。

三、擬制參與分配

即對於執行標的物有擔保物權或優先權之債權人，經執行法院通知或執行法院知悉而逕列入分配者，實務上運用最多者為抵押權。又其中有關普通抵押權（或稱普通抵押權）及最高限額抵押權，因強執法關於塗銷主義之規定，其優先受償之債權於參與分配時，受分配之債權範圍應如何列入，在適用上尚有諸多疑義。抵押權所擔保之債權未到期者，得否參與分配。實務上，既有上揭不同見解。否定說，認為依強執法第4條第2項規定「執行名義附有條件、期限或須債權人提供擔保者，於條件成就、期限屆至或供擔保後，始得開始強制執行。」，期限未屆至之執行名義即不得執行，如不許參與分配，將有失公平[9]。肯定說，認為因強執法已採塗銷主義，對存在於不動產上之抵押權，將因拍賣而消滅，故不問其所擔保之債權，是否屆清償期均應參與分配，以保障其權利。依新修正之

---

[9] 參照張登科著強執法，86年2月修訂版，第489頁。惟該書所述並未就是否指普通債權人參與分配及優先權之債權人參與分配均包括在內，因在普通債權人參與分配，則以否定說可採，但有優先權之債權人參與分配，則因強執法第34條第2項已明文規定，強制參與分配。

強執法第34條第2項規定，是採肯定說。故修正後，有優先權之債權人不問債權是否屆期，均應聲明參與分配。又因是被強制的參與分配，債務人對於優先權之債權人而言，並非任意違約，故本文認為對優先權之債權被強制的參與分配後，債務人所擔保之債務，才喪失期限利益，既非任意違約，因此，優先權之債權人自不得請求遲延利息及違約金。又抵押權雖因拍賣而消滅，「但如抵押權所擔保之債權未定清償期，或其清償期限尚未屆至，而拍定人或承受抵押物之債權人聲明願在拍定或承受之抵押物價額範圍內清償債務，經抵押權人同意者，不在此限。」（強執法第98條第3項但書）。即拍定後，對未定期限或未到期之優先債權，拍定人或承受人得於法院通知繳納尾款期限內（通常為七日），與抵押權人商議不塗銷該抵押權，而由拍定人或承受人繼受該抵押權人之債務，即民間俗稱之「揹胎」（台語），以符交易習慣。為此，於對當事人及拍定人或承受人均屬有利，爰例外採取承受主義（見該法條之立法理由）。又抵押權因型態不同，其參與分配之處理方式亦有不同：

（一）普通抵押權（或稱一般抵押權）

依民法第860條規定「稱普通抵押權者，謂債權人對於債務人或第三人不移轉占有而供其債權擔保之不動產，得就該不動產賣得價金優先受償之權。」，即對於債務人或第三人不移轉占有而供擔保之不動產，得就其賣得價金受清償之權也。而抵押權之性質既係從屬於債權而存在，則債權人於主債務人不能清償者，自得就抵押物拍賣而受清償[10]。可從土地、建物登記簿謄本上登載為「抵押權新台幣○○元」，「普通（或一般）抵押權新台幣○○元」等查知。因此，普通抵押權是先有債權存在，再有該債權所擔保之抵押權。故在擬制參與分配時，即應以土地、建物登記簿謄本登載之金額全部列入分配，並以該金額扣繳執行費。因強制執行程序為非訟程序，至於其他債權人、債務人對普通抵押權之債權額有爭執，應另以

---

[10] 參照最高法院46年台上字第1098號、70年台抗字第306號判例。

訴訟解決之。

（二）最高限額抵押權

依民法第881-1條第1項規定「稱最高限額抵押權者，謂債務人或第三人提供其不動產為擔保，就債權人對債務人一定範圍內之不特定債權，在最高限額內設定之抵押權。」第2項「最高限額抵押權所擔保之債權，以由一定法律關係所生之債權或基於票據所生之權利為限。」第3項「基於票據所生之權利，除本於與債務人間依前項一定法律關係取得者外，如抵押權人係於債務人已停止支付、開始清算程序，或依破產法有和解、破產之聲請或有公司重整之聲請，而仍受讓票據者，不屬最高限額抵押權所擔保之債權。但抵押權人不知其情事而受讓者，不在此限。」，即最高限額抵押權係指所有人提供抵押物，與債權人訂立在一定金額之限度內，擔保現在已發生及將來可能發生之債權之抵押權設定契約而言。此種抵押權所擔保之債權，除訂約時已發生之債權外，即將來發生之債權，在約定限額之範圍內，亦為抵押權效力所及。雖抵押權存續期間已發生之債權，因清償或其他事由而消滅，原訂立之抵押契約依然有效，嗣後存續期間內陸續發生之債權，債權人仍得對抵押物行使權利[11]，即乃預定抵押物應擔保債權之最高限額所定之抵押權。可從土地、建物登記簿謄本上登載為「最高限額抵押權○○元」，「本金最高限額抵押權○○元」等記載查知，且抵押權所擔保者含原債權、利息、遲延利息、及實行抵押權之費用，但契約另有訂定者，不在此限（民法第861條），故除了原債權外，其餘利息、遲延利息自不以經登記為必要[12]。惟抵押權乃物權，至契約另有約定如違約金，則須登記才能發生效力。故上揭土地、建物登記簿謄本上雖僅登載為「本金最高限額新台幣○○元」，其約定利息、遲延利息及約定登記擔保範圍內之違約金，亦為抵押權效力所及，僅受最高限額○○元之限制

---

[11] 參照最高法院66年台上字第1097號判例。

[12] 參照最高法院73年度台抗字第239號判決。

而已，亦即其利息、違約金連同本金合併計算，如超過該限額者，其超過部分，即無優先受償之權[13]。又最高限額抵押權所擔保之債權即屬不確定，經法院查封後，所擔保之債權是以何時爲確定（即決算期）？依民法第881-12條第1項第6款規定，以抵押物因他債權人聲請強制執行經法院查封，而爲最高限額抵押權人所知悉，或經執行法院通知最高限額抵押權人者，最高限額抵押權所擔保之債權即告確定[14]，亦即以執行法院通知最高限額抵押權人行使抵押權之收受送達時爲「知悉」之時。從上得知最高限額抵押權人之債權即屬不確定，因此，最高限額抵押權經執行法院通知而不行使抵押權者，應視爲無債權存在，即列爲「零」，不列入分配。惟實務上雖對未行使抵押權之最高限額抵押權人之債權額仍以「最高限額」列入分配[15]，但頗有爭議，本文認爲以採反對說爲當，此將正反理由分析如下[16]：

肯定說：應依土地、建物登記簿謄本所登記之最高限額金額全部列入分配。

理由：

1.「執行法院既無法得知最高限額抵押權之債權額，如既認爲其債權額不存在而不列入分配，對該最高限額抵押權人之權益顯受影響，應認爲其債權額爲登記之最高限額，全部列入分配。如債權人或其他債權人對於該債權金額有不同意者，可依強執法第39條規定，聲明異議解決。」。

2.「不動產所有人設定抵押權後，得將不動產讓與他人，但其抵押權不

13　參照最高法院75年5月31日民事庭總會決議。

14　參照謝在全著，民法物權下冊，80年2月初版，第167頁，及最高法院78年度第17次民事庭會議決議。

15　參照86司法院第31期司法業務研究提案結論、張登科著強執法，86年2月修訂版，第497頁。

16　以下肯定說與否定說之理由，均參照司法院86年第31期司法業務研究意見整理。

因此而受影響，此抵押權之追及效力，爲民法第867條所明定。且實務上有債務人提供有不動產（抵押物）擔保，以借用現金爲目的，而與債權人設定最高限額抵押權，在抵押權存續期間，陸續向債權人借用款項，於不逾約定最高限額之範圍內，固爲抵押權效力所及。然債務人於此抵押關係存續中，將抵押物讓與第三人，並已爲所有權移轉登記，此後即喪失其供擔保債務人之身分，如再向債權人借用款項，自非屬原設定抵押權所擔保之範圍。受讓人祇須將抵押物所有權移轉登記前所擔保而已發生之債務，按約定最高限額悉數清償，原設定之抵押權即應因而歸於消滅之見解。執行法院之拍賣，亦爲買賣之一種，因拍賣而生抵押物讓與之效力，仍應有民法第867條之適用，易言之，最高限額抵押權人之對抵押物優先受償者，其最高額度可得而知，執行法院進行抵押物之強制執行拍賣，如爲貫徹剩餘主義及塗銷主義之精神及保護拍定人之利益（強執法第34條立法說明），拍定後應塗銷該最高限額抵押權登記，係執行法院知悉之債權額，亦不應影響最高限額抵押權人之權益。故應以該登記簿上登記之約定限額，係執行法院知悉之債權依強執法第34條第3項規定列入分配，並於執行標的物拍定後，通知地政機關塗銷該最高限額抵押權登記。如他執行債權人或債務人對該債權存在與否或金額有爭執，則另行訴訟解決。」。

否定說：不列入分配。

理由：

1. 「按所謂最高限額之抵押權契約，係指所有人提供抵押物，與債權人訂立在一定金額之限度內，擔保現在已發生及將來發生之債權之抵押權設定契約而言。此種抵押權所擔保之債權，除訂約時已發生之債權外，即將來發生之債權，在約定限額之範圍內，亦爲抵押權效力所及。雖抵押權存續期間內已發生之債權，因清償或其他事由而減少或消滅，原訂立之抵押契約依然有效，嗣後在存續期間內陸續發生之債權，債權人仍得對抵押物行使權利。足見最高限額抵押與一般抵押不同，其最高限額並非最高限額抵押權所擔保之實際債權額，實際債權

額之多寡在結算前並不確定，如實際發生之債權額不及最高限額時，應以其實際發生之債權額爲準。又最高限額之抵押權人經執行法院通知或公告後，依同法第34條第2項規定，應提出債權證明文件，聲明參與分配，如其未聲明參與分配或聲明不合法律規定，執行法院僅得以已知之債權及其金額爲限（同條第3項），列入分配。如執行法院爲相當之調查，仍不知其債權金額者，自無從將之列入分配，況現今設定最高限額抵押者，以金融業之貸款爲例，其實際發生之債權額，顯少爲最高限額，如以最高限額列入分配，實與常情有違，且此無異鼓勵實際債權額低於最高限額。又如以最高限額列入分配，甚至，更助長債權人與第三人事先設定虛偽之最高限額抵押於債務人受強制執行時，利用上開方法牟取不法利益之弊端，蓋雖其根本無債權證明文件可提出，惟第三人如主張該抵押契約爲通謀虛偽意思表示，提起塗銷登記之訴，必因無法舉證而敗訴，故應以其債權爲執行法院所不知不列入分配爲妥。」。

2. 「按最高限額抵押權於抵押權成立時，可不必先有債權存在，縱經登記抵押權，因未登記已有被擔保之債權存在，如債務人或抵押人否認先已有債權存在，或於抵押權成立後，曾有債權發生，而從抵押權人提出之其他文件爲形式上之審查，又不能明瞭是否有債權存在時，法院自無由准許拍賣抵押物。在最高限額抵押權人不行使抵押權復不聲明參與分配，更難以知悉其債權存在，惟執行法院本無實體審認權，對最高限額抵押權所擔保之債權是否存在，並無認定之權限，自應以其債權非執行法院所知，不予分配，並依強執法第34條第4項規定辦理，於執行標的物拍定後，以該最高限額抵押權人之優先受償權已歸於消滅，通知地政機關塗銷該最高限額抵押權登記。」。

本書認爲：

按執行事件乃非訟事件，又不能爲實體認定。爲此，得參與分配之最高限額抵押權人既不行使抵押權，或陳報其債權，自應以原設定最高限額登記時之情形認定其債權金額，而設定時，其債權即未必

發生或尚未發生，何以得將最高限額抵押權所登記之「最高限額」爲債權人之債權額列入分配？且債務人之財產爲全體債權人之總擔保，而最高限額所擔保之債權通常均未全數達到最高額，乃社會信貸之常態，如以登記最高額列入分配，則不行使權利，反而受到保護，而行使權利之債權人則須訴訟才確保，豈不是鼓勵其他債權人訴訟。又依強執法第34條第3項「……知有債權人而不知其住居所或前項債權而不知孰爲債權人者，應依其他適當方法通知或公告之。經通知或公告仍不聲明參與分配者，執行法院僅就法院已知之債權及其金額列入分配。……」。抵押權僅是從權利，並非債權本身，故設定於土地及建物登記簿謄本上之最高限額抵押權，僅是從權利之設定登記而已，其債權本身，尚未爲執行法院所知。因此，如執行法院將自己所不知之債權列入分配，顯與該法條規定不合，以全額之抵押權所擔保之債權列入分配，又須扣繳全額債權參與分配之執行費予國庫，似有與民爭利之嫌，且須債權人或債務人聲明異議或對分配表提起訴訟才能解決，亦非妥當。故採肯定說，主張將所登記之最高限額抵押權金額全部列入分配頗有商確之餘地。

（三）共同抵押權（或稱總括抵押權）

即多數擔保物爲同一債權而擔保。依民法第875條規定「爲同一債權之擔保，於數不動產上設定抵押權，而未限定各個不動產所負擔之金額者，抵押權人得就各個不動產賣得之價金，受債權全部或一部之清償。」，即除了當事人另有約定外，抵押權人得以其所擔保之債權全部行使權利，故在擬制參與分配時，應依前揭方式處理外，並以債權總額列入分配。又民法擔保物權爲解決抵押物一部分爲債務人、一部分爲第三人所有之情形，爲免相互追索之困擾，於96年3月28日（同年9月28日施行）增修民法第875-1條規定「爲同一債權之擔保，於數不動產上設定抵押權，抵押物全部或部分同時拍賣時，拍賣之抵押物中有爲債務人所有者，抵押權人應先就該抵押物賣得之價金受償。」，內部分擔擔保債權金額之計

算方式，則依民法第875-2條規定，「爲同一債權之擔保，於數不動產上設定抵押權者，各抵押物對債權分擔之金額，依下列規定計算之：一、未限定各個不動產所負擔之金額時，依各抵押物價值之比例。二、已限定各個不動產所負擔之金額時，依各抵押物所限定負擔金額之比例。三、僅限定部分不動產所負擔之金額時，依各抵押物所限定負擔金額與未限定負擔金額之各抵押物價值之比例。計算前項第二款、第三款分擔金額時，各抵押物所限定負擔金額較抵押物價值爲高者，以抵押物之價值爲準。」，第875-3條規定「爲同一債權之擔保，於數不動產上設定抵押權者，在抵押物全部或部分同時拍賣，而其賣得價金超過所擔保之債權額時，經拍賣之各抵押物對債權分擔金額之計算，準用前條之規定。」，第875-4條規定「爲同一債權之擔保，於數不動產上設定抵押權者，在各抵押物分別拍賣時，適用下列規定：一、經拍賣之抵押物爲債務人以外之第三人所有，而抵押權人就該抵押物賣得價金受償之債權額超過其分擔額時，該抵押物所有人就超過分擔額之範圍內，得請求其餘未拍賣之其他第三人償還其供擔保抵押物應分擔之部分，並對該第三人之抵押物，以其分擔額爲限，承受抵押權人之權利。但不得有害於該抵押權人之利益。二、經拍賣之抵押物爲同一人所有，而抵押權人就該抵押物賣得價金受償之債權額超過其分擔額時，該抵押物之後次序抵押權人就超過分擔額之範圍內，對其餘未拍賣之同一人供擔保之抵押物，承受實行抵押權人之權利。但不得有害於該抵押權人之利益。」以供參考。

（四）法定抵押權

法定抵押權，指依法律規定而發生之抵押權而言。此種抵押權，非由當事人之意思所設定即可成立，並可準用民法物權編抵押權章之規定（民法第883條），法定抵押權即因法律規定而發生，通常非執行法院所得查知故在執行查封時，宜將查封公告牢固貼於多數人得見聞之處，便於公告周知，維護法定抵押權人之權益。又依強執法第34條第4項規定，經適當方法通知及公告後，法定抵押權人不聲明參與分配者，其債權金額又非執

行法院所知者，則其法定抵押權將因拍賣而消滅，亦無從擬制參與分配。又法定抵押權分爲應登記及毋庸登記之法定抵押權：

1. 應登記之法定抵押權

如民法第513條第1項規定「承攬之工作爲建築物或其他土地上之工作物，或爲此等工作物之重大修繕者，承攬人得就承攬關係報酬額，對於其工作所附之定作人之不動產，請求定作人爲抵押權之登記；或對於將來完成之定作人之不動產，請求預爲抵押權之登記。」第2項「前項請求，承攬人於開始工作前亦得爲之。」第3項「前二項之抵押權登記，如承攬契約已經公證者，承攬人得單獨申請之。」第4項「第一項及第二項就修繕報酬額所登記之抵押權，於工作物因修繕所增加之價值限度內，優先於成立在先之抵押權。」，與修正前（88年5月5日施行前）舊法之差別，將舊法之承攬所生之債權改爲承攬關係報酬額、在增加工作物價值之限度內有更優先之受償權，及修正法定抵押權改採登記主義，又依該法條之立法理由認爲「由於法定抵押權之發生不以登記爲生效要件，實務上易致與定作人有授信來往之債權人，因不明該不動產有法定抵押權存在而受不測之損害，爲確保承攬人之利益兼顧交易安全，爰將本條修正爲得由承攬人請求定作人會同抵押權登記，並兼採『預爲抵押權登記』制度。」，即應先爲抵押權登記始得發生抵押權之效力。而地政機關爲配合上開民法第513條規定法定抵押權之登記要件情形，土地登記規則第117條第1項規定「承攬人依民法第五百十三條規定申請爲抵押權登記或預爲抵押權登記，除應提出第三十四條及第四十條規定之文件外，並應提出建築執照或其他建築許可文件，會同定作人申請之。但承攬契約經公證者，承攬人得單獨申請登記，登記機關於登記完畢後，應將登記結果通知定作人。」第2項「承攬人就尚未完成之建物，申請預爲抵押權登記時，登記機關應即暫編建號，編造建物登記簿，於他項權利部辦理登記。」，以資配合[17]。故民法修正

---

[17] 土地登記規則第34條第1項「申請登記，除本規則另有規定外，應提出下列文

後無論爲普通抵押權、最高限額抵押權或此部分之法定抵押權等均應向地政機關登記始發生抵押權之效力，以保護交易之安全。另有關民法第513條所稱之建築物，係指建築物本身結構體而言，倘承攬之工作爲木工、水電或僅爲小部分之泥作工程，應認已附合於房屋結構體，自不生法定抵押權之問題。倘承攬人僅承作內外牆之粉刷、瓷磚、馬賽克、地坪、圍牆、大門砌磚等小部分泥作工作，則此承攬之工作，因非建築物之結構體等主要工程，亦非建築物之重大修繕工作，即不生法定抵押權[18]，尤應注意。有抵押權所擔保之債權，係優先於普通債權而受償，抵押權無論此部分法定抵押權、普通抵押權、最高限額抵押權，均依登記（即抵押權生效，但民法第513條第4項除外）之先後爲受償次序[19]。

2. 毋庸登記之法定抵押權

如國民住宅條例第17條規定「政府出售國民住宅及其基地，於買賣契約簽訂後，應即將所有權移轉與承購人。其因貸款所生之債權，自契約簽訂之日起，債權人對該住宅及其基地，享有第一順位之法定抵押權，優先受償。」，即規定以自契約簽訂之日爲法定抵押權之成立日，故以此日與

件：一、登記申請書。二、登記原因證明文件。三、已登記者，其所有權狀或他項權利證明書。四、申請人身分證明。五、其他由中央地政機關規定應提出之證明文件。」第2項「前項第四款之文件，能以電腦處理達成查詢者，得免提出。」；第40條第1項「申請登記時，登記義務人應親自到場，提出國民身分證正本，當場於申請書或登記原因證明文件內簽名，並由登記機關指定人員核符後同時簽證。」第2項「前項登記義務人未領有國民身分證者，應提出下列身分證明文件：一、外國人應提出護照或中華民國居留證。二、旅外僑民應提出經僑務委員會核發之華僑身分證明書及其他附具照片之身分證明文件。三、大陸地區人民應提出經行政院設立或指定之機構或委託之民間團體驗證之身分證明文件或臺灣地區長期居留證。四、香港、澳門居民應提出護照或香港、澳門永久居留資格證明文件。五、歸化或回復中華民國國籍者，應提出主管機關核發之歸化或回復國籍許可證明文件。」。

18　參照最高法院89年度台上字第1727號判決。

19　參照最高法院63年台上字第1240號判例、63年6月14日民事庭總會決議、民法第865條。

其他抵押權比較分配次序。其他如民法第824-1條第4項規定之裁判分割後對補償金受償人有法定抵押權等均屬之。

第二目　參與分配之期限

因強執法第34條第1項、第2項規定將得參與分配之債權人分為對人執行名義之債權人及依法對執行標的物有擔保物權或優先受償之債權人二種，因性質不同，故對參與分配之期限亦有不同：

一、對人執行名義之債權人參與分配之期限

因強執法對參與分配之立法採團體分配主義（執行程序終結後即不得參與分配，如價金已由債權人領取，即不得對債權人已領取之價金請求分配）。故依強執法第32條第1項「他債權人參與分配者，應於標的物拍賣、變賣終結或依法交債權人承受之日一日前，其不經拍賣或變賣者，應於當次分配表作成之日一日前，以書狀聲明之。」第2項「逾前項期間聲明參與分配者，僅得就前項債權人受償餘額而受清償；如尚應就債務人其他財產執行時，其債權額與前項債權餘額，除有優先權者外，應按其數額平均受償。」，本法條所指之他債權人，應包括一般有執行名義之債權人及有債權優先權之無執行名義債權人。此等債權人參與分配之期限有四：

（一）拍賣終結日一日前

所謂拍賣終結日一日前，即指拍定日一日前而言[20]，故如執行法院於第一次未拍定，再行拍賣者，則以再行拍賣而拍定日一日前為參與分配之期限，因此縱拍定人拍定後未繳納尾款（價金），而再行拍賣，此情形再拍賣僅具有追償原拍賣價金之性質，故仍以原拍定人或承受人承受日一日

---

[20]　參照司法院33年院解字第2776號解釋。

前爲參與分配之期限[21]。

而所謂「承受日一日前」之意義爲何？

甲說：

指該特定期日之「前一日」。（一）上開條文修正理由載：「關於聲明參與分配之時期，本條第1項規定『應於標的物拍賣或變賣終結前』或『應於當次分配表作成前』爲之。其聲明是否逾期，係以特定之『時』爲認定之基準點，惟參與分配書狀之投遞，與拍賣、變賣之終結或分配表之作成，在時間上孰先孰後，輒因分秒之差，而茲紛擾。實際上何者在前，亦難以認定，易生弊端，爰修正爲『應於標的物拍賣、變賣終結之日一日前』或『應於當次分配表作成之日一日前』爲之，以求明確。顯見上開條文之修正係爲避免拍賣、變賣之終結或分配表之作成當日遞狀之時間認定問題。」。（二）參諸上開條文之司法院研究修正委員會會議研討過程是：「建議將『拍賣、變賣終結日或分配表作成日』改爲『拍賣、變賣終結之日一日前』，『當次分配表作成前』改爲『當次分配表作成之日一日前』，亦即將得參與分配之期日縮短了一日」關於修正文字，雖有建議修正爲「終結之日前」或「終結之一日前」，最後決定修正爲「終結之日一日前」，足見修正後之得參與分配期日僅較修正前少一日，至少即拍賣、變賣之終結或分配表之作成當日。綜上所述，上開條文所稱應於「之日一日前」應可認定係指該特定期日之「前一日」。

乙說：

指該特定期日之「前二日」。（一）上開條文所謂「之日一日前」，揆諸立法文義解釋，自應指該特定期日之前二日而言，否則條文自應定爲「之日前一日」即可。（二）民法有關期日、期間之計算方式，依第120條第2項規定，以日、星期、月或年定期間者，其始日不算入。參諸該法條立法理由，以一日未滿之時間爲一日，恐受未滿一日期日之不利益，實爲不當也。是而前揭條文所謂「之日一日前」，其計算方式應爲該特定之

---

[21]　參照楊與齡編著強制執行法論，85年10月修正版，第333頁。

日不算入,而以前一日以前所有時點即「前二日」提出聲請,始謂合法。實務上:

採甲說[22],但採甲說將有滯礙難行,蓋修正強執法第32條所規定之「一日之前」,目的乃在解決因臨時遞狀參與分配,致執行法院措手不及之困難,就以台中地院民事執行處拍賣為例,台中地院之拍賣是星期一至星期五,每日早上9時30分起拍賣,如參與分配之債權人係於拍賣前一日下午約5時參與分配,恐參與分配狀尚未送到執行法官處,及來不及通知債權人、債務人,債權人、債務人將難以知悉參與分配人之狀況,且依強執法第91條第1項規定承受之要件,須於拍賣期日到場表示承受,今有一債權人之債權額新台幣100萬元表示承受,而參與分配之債權人有新台幣1億元,則拍賣標的物價值亦為新台幣100萬元,則該債權人因承受時,執行法院不及依強執法第34條第5項規定之通知,則依債權分配比例,其原意如無人參與分配,則除了執行費、土地增值稅等外,原不需繳納價金,然因有巨額之參與分配債權人參與分配,致其仍要補繳相當差額價金,恐與其承受之原意有違,且若認法院為一體性,則未及通知債權人而致其受損害,亦將引起糾紛,恐非立法本意,況執行法院為進行該標的物之拍賣程序,自查封以迄拍賣有相當時日,仍未見參與分配,其未盡速參與分配之近似權利睡覺狀態,有無保護之必要,亦有可疑,故衡量權利、義務之得失,本書認為除了技術性能克服讓債權人、債務人得以知悉參與分配之情形,否則應以乙說為當。

(二)變賣終結日一日前

所謂變賣終結日一日前,即指不經拍賣而以變賣方式執行受償而言,故應以變賣契約成立之日為變賣終結日,至於買受人日後是否繳納價金,則非所問。

---

[22] 參照91年法律座談會彙編,台灣高等法院編印,第180至182頁。

（三）依法交債權人承受之日一日前

　　所謂依法交債權人承受之日一日前，即指交債權人承受包括拍賣而無人應買、承賣人拍賣不合拍賣條件、依第80-1條規定拍賣無實益而交債權人承受、或依第95條第3項特別拍賣程序而交債權人承受而言，在該債權人承受日一日前，即為參與分配期限。所謂「依法交付債權人承受」，是指債權人聲明承受，而經執行法院核准承受之日而交付債權人承受之日，故債權人聲明承受日未必就是交付債權人承受之日。又債權人經執行法院交付承受後未繳納價款而再行拍賣者，仍以原交付債權人承受日為參與分配期限，理由同（一）。

（四）當次分配表作成之日一日前

　　所謂當次分配表作成之日一日前，即指不經拍賣或變賣執行標的物，如債務人於執行中自動繳交價金予執行法院，或強制管理而收取之價金等，而由執行法院製作分配表分配，則經執行法官核定分配表之日，即為當次分配表作成日為參與分配之期限。

二、依法對於標的物有擔保物權之債權人參與分配

　　所指依法對於標的物有擔保物權之債權人參與分配之擔保物權之債權人包括次序位於抵押權之前者，如海商法第24條第1項第1款至第5款之船舶優先債權等，此類參與分配之債權人除了自動參與分配外，因修正後強執法採塗銷主義，故縱未自動參與分配，亦須擬制的被強迫參與分配，且都具有物權優先權，因此，此類債權人之參與分配不受強執法第32條第1項規定之限制，即縱於拍賣、變賣後，或依法交債權人承受後，只要在價金分配前，亦得參與分配（應行注意事項第19項第5款）。另有關稅捐機關已就債務人之不動產為禁止處分登記之稅捐債權，如營業稅、關稅等，因稅捐乃公法上之債權，依稅捐稽徵法第6條第1項之規定，優先於普通債權，故亦不受參與分配聲明時期之限制。

三、逾期參與分配之債權人處理情形

這裏所指逾期參與分配之債權人，僅指有執行名義之一般債權人及無執行名義之債權優先債權人而已，並不包括對標的物有擔保物權之債權人。又逾期參與分配之情形有三：

（一）未於強執法第32條第1項所定之日前參與分配者

按他債權人參與分配者，應於標的物拍賣或變賣終結前，以書狀聲明之，而逾上開期間聲明參與分配者，僅得就債權人受償餘額而受清償（強執法第32條）。此項情形，於有執行名義之債權人聲明參與分配，亦有其適用[23]。

（二）於強執法第32條第1項所定之日雖已聲明參與分配，但聲明程序不備，如未繳納執行費、未附執行名義正本等，經執行法院裁定命其補正，而債權人未補正經執行法院駁回聲明，或雖尚未經執行法院裁定駁回，而於強執法第32條第1項所定之日後始補正者，是否合法，有不同見解：有認為「按債權人聲請強制執行或聲明參與分配應預納執行費，此固為必須具備之程式，惟此項程式之欠缺非不能補正，執行法院應定期間先命補正，必債權人逾期未補正，始得以其聲請或聲明不合法，以裁定駁回之，此觀強執法第30-1條準用民事訴訟法第249條第1項但書規定自明。又債權人於所定期間內補正者，應認其程式自始未欠缺，即令已逾法院之裁定期間，但於執行法院尚未認其不合法予以駁回前，其補正仍屬有效；故債權人於強執法第32條第1項所定期日之前，以書狀聲明參與分配，而未預納執行費者，執行法院尚不得因該期日已過，即認毋庸裁定命其補正，而得逕以其聲明參與分配為不合法予以駁回，或謂其逾期始聲明參與分配，僅能就其他債權人受償餘額而

---

[23]　參照最高法院66年台上字第3661號判例。

受清償。」[24]；有認「無執行名義之債權人於標的物拍賣終結前聲明參與分配，而未提出其債權之證明，並釋明債務人無他財產足供清償，嗣縱於拍賣終結後，債權尚未受分配前，提出債權之證明，並釋明債務人別無其他財產足供清償，亦難謂此項欠缺業已補正，仍應受強執法第32條第2項規定之限制，僅得就其他債權人受償之餘額而受清償[25]。二說，以後說為當，因強執法第32條規定之期限，因已執行相當時間，且為使債權人之分配明確，應認縱補正期間未滿，但已逾強執法第32條規定之期限，仍不得於當次分配為宜，故應視為逾期參與分配。無執行名義之債權人，於標的物拍賣終結前，聲明參與分配，如未提出其債權之證明，並釋明債務人無其他財產足供清償，嗣雖取得執行名義，在標的物拍賣已終結，債權尚未分配之際，又補行提出執行名義，亦難謂前項證明或釋明之欠缺業已補正[26]。

（三）逾強執法第32條第1項所定參與分配之日始參與分配之債權人者，「僅得就前項債權人受償餘額而受清償；如尚應就債務人其他財產執行時，其債權額與前項債權餘額，除有優先權者外，應按其數額平均受償。」，即採以第32條第1項所定期日為一團體債權分配，超過期限僅能就該團體債權受償餘額再分配，如無餘額而為有執行名義之債權人，應依強執法第27條規定發債權憑證，如屬無執行名義者，即予退回。

---

[24]　參照最高法院97年度台抗字第127號裁定。

[25]　參照最高法院21年上字第3078號判例、69年台上字第2101號判例，及高等法院91年法律座談會民事執行類第11號提案、司法院77年4月26日廳民二字第518號函。

[26]　參照最高法院68年度第15次民事庭會議決議。

第三節　參與分配之效力

第一目　參與分配之效力及於整個執行程序

依強執法第33條規定「對於已開始實施強制執行之債務人財產，他債權人再聲請強制執行者，已實施執行行為之效力，於為聲請時及於該他債權人，應合併其執行程序，並依前二條之規定辦理。」，強執法雖規定併案執行之情形，惟對一般聲明參與分配及擬制參與分配亦有適用，亦即後案參與分配之債權人聲明參與分配效力溯及自前案聲請強制執行所進行之一切執行程序，如前案已進行之查封，則查封之效力對後案之參與分配之債權人亦有效力，故於前案查封後債務人所為之處分行為，亦不得對抗後案參與分配之債權人。但倘若經前案債權人於執行程序進行中撤回者，則對原參與分配之後案債權人將發生下列三種情形及其處理方式：

一、參與分配之債權人為有執行名義之債權人者，因強制執行之發動須有執行名義之債權人始有權利，故若前案之債權人撤回執行時，執行法院應詢問有執行名義之參與分配債權人是否繼續執行，若願意繼續執行，則應按前案執行之程度（如已進行至鑑價）接續執行，如前案已進行至鑑價程序，參與分配之債權人可接續詢價、拍賣等。前案所進行之執行程序不失其效力。

二、參與分配之債權人為無執行名義之債權人者，因無執行名義債權人並無發動強制執行之權利，故若有執行名義之債權人撤回後，而參與分配之債權人為無執行名義之債權人，應逕予啟封報結，並將其等聲請參與分配之證明文件退還。但不動產執行中，聲請強制執行之債權人撤回執行後，尚未啟封，此際其他有執行名義之債權人聲請強制執行，則是否有強執法第33條之適用？實務上，見解不一，有認為按強制執行之查封行為乃公法上之處分行為，故未經執行法院撤銷前，其查封行為依然存在，又債務人之財產為債權人之總擔保，故案件雖經

原債權人撤回，但尚未啓封前，他債權人聲請強制執行，自得援用，則原查封之效力對他債權人亦屬有效，即「債務人在查封未撤銷前，就查封物所為之處分，對於債權人無效。」[27]。但本書認為此見解甚為不當，因強制執行係採當事人進行主義，執行案件是否進行，應依有執行名義之債權人意思而定，既經有執行名義債權人撤回執行，則未有其他有執行名義債權人併案或參與分配時，執行程序應為終結，而查封登記僅為附隨執行之行為，故經撤回後，未塗銷登記前，有其他債權人聲請強制執行時，應一併辦理塗銷登記及查封登記，始為正當。

三、有執行名義或第一順位抵押權之債權人聲請強制執行後，其餘後順位抵押權因而擬制參與分配，若無其他有執行名義人參與分配。嗣債務人到院清償聲請強制執行之債權人之債權時，執行法官應命書記官計算執行費用及債權後繳納之，並通知債權人前來領取，毋庸再作分配表，因未經法院拍賣，其餘後順位並不發生塗銷抵押權及參與分配之問題，故也。並於債務人清償後即予啓封，於債權人受償後通知其餘擬制參與分配之債權人後，報結。

第二目　價金分配

所謂價金分配是指有多數債權人參與分配，而經執行法院製成分配表分配而言。

一、製作分配表及分配方法

（一）依強執法第31條規定「因強制執行所得之金額，如有多數債權人參與分配時，執行法院應作成分配表，並指定分配期日，於分配期

27　參照最高法院63年台上字第1240號判例、63年6月14日民事庭總會決議、民法第865條。

日五日前以繕本交付債務人及各債權人，並置於民事執行處，任其閱覽。」，實務上對分配表之製作是由書記官擬製，再呈執行法官、司法事務官核示，製作時對全部債權人無論是否得分配到價金均應列入表內，尤其是擬制參與分配之抵押權人之債權，縱分配金額為零亦應列入，並將分配表通知抵押權人。

（二）書記官應於買受人繳交價金後，其依法應扣繳土地增值稅者，應於稅捐機關查復增值稅額後，五日內製作分配表，指定分配期日，迅速分配（應行注意事項第16項第6款）。

（三）執行名義所命給付之利息或違約金，載明算至清償日者，應以拍賣或變賣之全部價金交付與法院之日或債務人將債權額現款提出於法院之日視為清償日（應行注意事項第16項第3款）。

（四）土地增值稅、拍賣土地之地價稅、拍賣房屋之房屋稅、拍賣或變賣貨物之營業稅，應依稅捐稽徵法第6條第3項扣繳，不適用強執法關於參與分配之規定（應行注意事項第16項第4款）。

（五）分配期日，如有部份債權人對分配表異議，應依強執法第40條規定更正分配表而為分配，或就無異議之部分，先行分配，不得全部停止分配（應行注意事項第16項第8款），因分配表之作成具有形式之確定力。

（六）實行分配前，應由書記官將應分配於各債權人之金額開立三聯單，再送請執行法官審核，經核實無誤後蓋章，後於分配時一聯交債權人收執，並於五日內向法院出納室辦理領款，一聯交由法院出納室於債權人前往領取時核對，另一聯附卷。

（七）實行分配時，應由書記官作成分配筆錄（強執法第37條），並由到場之債務人及各債權人簽名或蓋章。

二、價金分配之順序

依強執法第38條規定「參與分配之債權人，除依法優先受償者外，應

按其債權額數，平均分配。」，因強執法對拍賣所得價金之分配是採團體主義及平等分配主義，故只要在強執法第33條規定得分配之期日內，無論是公、私債權，除了優先權外，均平等分配，實務上經常發生之債權及分配之次序如下：

（一）執行費

執行費及其他為債權人共同利益而支出之費用（強執法第29條）：執行費包括聲請參與分配、併案債權人之執行費、登報、鑑價、非執行人員之旅費等，但債權人取得執行名義之費用，因非為共同利益而支出，故不包括在內。保全程序之執行費是否包括在內？否定說認為：（一）假扣押執行只是在保全債權人之債權將來得順利受償，必待本案勝訴確定有保全之債權，假扣押之執行才屬正當。本案訴訟若敗訴，其保全執行即欠缺正當性，假扣押債權人所支出之執行費，即不能求償於債務人，亦即不得列入分配。如為部分敗訴，就敗訴部分之執行費，不得列入分配。（二）縱假扣押執行對本案執行之其他債權人有益，但此為執行之必然效益與假扣押之執行費無必然之關連。肯定說認為：（一）執行費得優先受償，此為強執法第29條所明定。執行費係依執行名義而定，假扣押裁定為執行名義之一，假扣押債權人依假扣押裁定聲請執行所繳之執行費，屬強執法第29條之執行費。（二）縱然假扣押債權人本案訴訟全部敗訴，債務人仍須先聲請撤銷假扣押裁定，確定後才可撤銷假扣押執行，可知本案敗訴並不當然構成撤銷假扣押執行之原因，故本案敗訴與假扣押執行之執行費之正當與否無必然之關係。（三）況如假扣押執行後，被調卷拍賣，假扣押之執行對全體債權人應屬有益，其執行費亦屬有益費用，如採否定說於部分勝負時按比率折算，假扣押執行費既屬對全體債權人有益，即應予分配，則如假扣押債權人全部敗訴，其所支出之執行費並無勝負之比率，如何定其共益額，必生困擾。實務上認（一）執行費係就債務人之財產執行所得優先受

償，如允許僅取得部分勝訴判決之假扣押債權人受償全部假扣押執行費，則勢必損及債務人及債權人之利益。（二）執行費性質上固屬「共益費用」，惟於假扣押所支出執行費之場合，必債權人本案勝訴確定之部分始有保障之必要，否則無異鼓勵債權人濫用假扣押制度。（三）債權人倘以本案確定判決聲請強制執行，僅能就其勝訴部分受償執行費；則其於本案訴訟前以假扣押之裁定聲請執行，不論嗣後本案訴訟是否全部勝訴，均能受償全部執行費，對債務人顯失公平[28]。但本書認為，保全程序之假扣押債權人既為有執行名義債權人之一，且假扣押保全程序無論是被調卷執行或併案執行，均為合一執行之一部分，應屬公益費用，宜以列入分配，故以肯定說較可採。又85年10月11日強執法修正後拍定，而債權人於85年10月11日前就取得之執行名義之費用，依強執法第141條規定「本法施行前，已開始強制執行之事件，視其進行程度，依本法所定程序終結之。其已進行之部分，不失其效力。」，準此，如已聲請強制執行或聲明參與分配者，其取得執行名義之非共益費用，亦得優先受償[29]。另外，如參與分配之債權人如為扶養費請求權之執行，因依家事事件法第189條規定，為暫免繳執行費，於分配時，始由執行所得扣還之，故應注意之。

（二）土地增值稅、地價稅、房屋稅、營業稅：稅捐稽徵法係於96年1月12日修正施行，而增訂第6條第1項規定「稅捐之徵收，優先於普通債權。」第2項「土地增值稅、地價稅、房屋稅之徵收，優先於一切債權及抵押權。」，第3項「經法院或行政執行署執行拍賣或交債權人承受之土地，執行法院或行政執行署應於拍定或承受五日內，將拍定或承受價額通知當地主管機關，依法核課土地增值稅、地價稅、房屋稅，並由執行法院或行政執行署代為扣

---

[28] 參照司法院95年第2期民事業務研究會—強制執行專題第8則討論意見結論。

[29] 參照86年司法院第31期司法業務研究會研究提案。

繳。」，後於100年11月23日再次修法第6條第2項「土地增值稅、地價稅、房屋稅之徵收及法院、行政執行處執行拍賣或變賣貨物應課徵之營業稅，優先於一切債權及抵押權。」，第3項「經法院、行政執行處執行拍賣或交債權人承受之土地、房屋及貨物，執行法院或行政執行處應於拍定或承受五日內，將拍定或承受價額通知當地主管稅捐稽徵機關，依法核課土地增值稅、地價稅、房屋稅及營業稅，並由執行法院或行政執行處代為扣繳。」，此有問題者，乃上開核課之點應以何時為準，本書認為應以權利移轉證書核發日為準（強執法第94條第2項、第98條第1項）。惟上開優先受償權，如屬土地增值稅、地價稅、房屋稅或營業稅之滯納金、遲延利息等，則因非屬上開稅金之本身，故應屬稅捐稽徵法第6條第1項之稅捐優先而非第2項之優先受償權。又其中土地增值稅之課徵原則上以公告現值為主，但拍賣價格低於公告現值者，以拍賣價格課徵（86年修正之土地稅法第30條第1項第5款、第2項、財政部86年3月28日台財稅第861887227號函），又作農業使用之農業用地移轉給自然人者，得申請免徵土地增值稅，宜注意。

（三）海商法第24條第1項第1款至第5款，對同法第25條所規定之標的物，有優先抵押權而受償：

1. 海商法第24條規定「下列各款為海事優先權擔保之債權，有優先受償之權：

一、船長、海員及其他在船上服務之人員，本於僱傭契約所生之債權。

二、因船舶操作直接所致人身傷亡，對船舶所有人之賠償請求。

三、救助之報酬、清除沉船費用及船舶共同海損分擔額之賠償請求。

四、因船舶操作直接所致陸上或水上財物毀損滅失，對船舶所

　　　有人基於侵權行為之賠償請求。

　　五、港埠費、運河費、其他水道費及引水費。

　　前項海事優先權之位次，在船舶抵押權之前。」

2. 海商法第25條規定「建造或修繕船舶所生債權，其債權人留置船舶之留置權位次，在海事優先權之後，船舶抵押權之前。」

3. 海商法第27條規定「依第二十四條之規定，得優先受償之標的如下：

　　一、船舶、船舶設備及屬具或其殘餘物。

　　二、在發生優先債權之航行期內之運費。

　　三、船舶所有人因本次航行中船舶所受損害，或運費損失應得之賠償。

　　四、船舶所有人因共同海損應得之賠償。

　　五、船舶所有人在航行完成前，為施行救助所應得之報酬。」

（四）有抵押權等擔保物權之債權：如抵押權，原則上，其順位應以各抵押權成立生效之先後為次序，依登記（即抵押權生效）之先後為受償次序。

（五）有勞工未滿六個月之工資：依勞動基準法第28條第1項規定「雇主因歇業，清算或宣告破產，本於勞動契約所積欠之工資未滿六個月部分，有最優先受清償之權。」，但該規定是為特定事由而發生，並非特定標的物而發生，解釋上應僅屬債權優先權，僅優先於普通債權及無擔保之優先權，故其次序仍在上開債權之後[30]。

（六）稅捐債權：依稅捐稽徵法第6條第1項規定「稅捐之徵收，優先於普通債權。」。其中各項稅捐之受償，地方稅優先於國稅，鄉（鎮、市）稅優先於縣（市）稅（地方稅法通則）。

（七）利息（包括遲延利息）及違約金，按「執行名義所命給付之利息及違約金，載明計算至清償日止者，應以拍賣或變賣之全部價金

---

[30]　參照台灣高等法院73年法律座談會第21號提案結論。

交付與法院之日或債務人將債權額現款提出於法院之日視爲清償日。」（應行注意事項第16項第3款），即以該日期爲利息及違約金之截止日。又如由債權人承受而主張債權抵繳者，以陳報狀到達法院或債權人到法院陳明，經法院核准之日爲清償日。其中有關違約金部分，其分配次序是否與利息、遲延利息同一順位，法無明文，依民法第323條前段規定「清償人所提之給付，應先抵充費用，次充利息，次充原本。」，至違約金有認與利息同一順位，有認與本金同一順位，因違約金，有屬於懲罰性之性質者，仍得依民法第233條規定再請求遲延利息，如屬損害賠償約定之性質者，爲依契約預定其賠償額，不得更請求遲延利息[31]。因此，如屬懲罰性之違約金，倘先予抵充，將對債務人有利，因可免除將來之利息，但如損害賠償性質之違約金先予抵充，則對債權人不利，因將來不能再請求利息，故上開二說，以何者爲當，執行法院仍應依職權爲適當之調查，現行實務上，如未經當事人主張，原則上將違約金列入與利息同一順位分配。

（八）普通債權本金，並以平均分配之。依民法第321條規定「對於一人負數宗債務而其給付之種類相同者，如清償人所提出之給付，不足清償全部債權額時，由清償人於清償時，指定其應抵充之債務。」，又第322條第1項第3款「獲益及清償期均相等者，各按比例，抵充其一部。」，執行法院雖代債務人爲出賣人，並受領拍定人所繳交之價金，而具有清償人之地位，但爲公平受償原則，均不予指定受償之特定債務，以免紛爭，故對於對人之執行名義所載之債權額，應予比例平均分配。

（九）依強執法第133條規定所應提存之分配金額，係指假扣押所保全之債權，依分配程序所應分配於假扣押債權人部分之金額而言。假扣押債權人須俟假扣押所保全之債權，獲得本案勝訴確定判決或

---

[31] 參照最高法院62年台上字第1394號判例。

有其他終局執行名義後，始得就該提存之分配金額受償[32]。

第四節　對分配表錯誤之救濟

執行法院對分配表之製作，雖具有形式之確定力，但無實質之確定力，故如當事人有正當理由，仍得於分配後提起不當得利之訴訟解決[33]。但為免訴訟而拖延時日，因此，債權人及債務人對分配表有錯誤應得異議以謀救濟。

第一目　聲明異議

一、得聲明異議之人

包括有執行名義之債權人及依強執法第34條第2項規定有擔保物權或優先受償權之債權人，及債務人在內（強執法第39條第1項前段）。

二、聲明異議之原因

不限於對分配表金額之計算及分配之次序為限，即對於分配表所載各債權人之債權或分配金額有不同意，亦得提起（強執法第39條第1項，後段為新修正增訂）。若分配表性質上為執行處分行為，如有誤寫、誤算時，依強執法第30-1條準用民事訴訟法第232條規定，得依職權予以更正[34]，因經更正之分配表須重新送達，依民事訴訟法第232條第3項規定得抗告之法理，應認就更正後之分配表，債權人及債務人得聲明異議。

---

[32] 參照最高法院86年度台上字第1480號判決。

[33] 參照最高法院62年台上字第1893號判例。

[34] 參照司法業務座談會第21期第16號提案結論。

三、聲明異議之期限

限於執行法院所定分配期日一日前為之（強執法第39條第1項），因執行法院之收狀與承辦股之人員，均非同一人，為配合實際，故提前須於分配期日一日前，以避免臨時提出而影響分配程序之進行。但債權人對於分配金額之計算及分配之次序如有不同意，固得於分配期日前向執行法院聲明異議，惟如明顯錯誤、遺漏之瑕疵，如債權人請求列入分配之法定遲延利息，執行法院漏未列入分配，債權人雖未聲明異議，不應視為放棄遲延利息分配請求權，執行法院原分配表之製作既有不合，於發放執行款項前發現，仍得依債權人之聲請或職權撤銷有關前分配表之執行程序，重新製作分配表再予送達債權人，如有他參與分配之債權人聲明異議，再依強執法第12條或第39條至第41條規定辦理。因依強執法第31條規定作成之分配表，性質上應屬執行處分之一種，該分配表之執行處分，倘有遺漏或錯誤，執行法院自得逕依職權更正之[35]。

四、聲明異議之程序

（一）應以書狀為之

若以言詞向執行法院陳述者，不生效力；具狀時應向執行處收文處逕行遞狀，並按債務人及各債權人之人數檢附繕本，以便通知債務人及各債權人表示意見。

（二）應記載法定事項

聲明異議狀中「應記載異議人所認原分配表之不當及應如何變更之聲明（強執法第39條第2項），如分配次序應將增建拍賣所得價金列入普通債權分配；或利息計算錯誤，應更正為年息百分之五計算等等。

---

[35] 參照民事法問題專題研究第10期，第167、168頁，司法院第21期司法業務研究會提案。

五、執行法院對聲明異議之處理

執行法院遇有各債權人及債務人對分配表聲明異議時，原則上應暫停原定之分配表分配，並依下列情形處理：

（一）程序不合法

如未以書狀表明，或未記載應記載事項時，執行法院應定期命其補正，但聲明異議人之補正期限，仍受原分配期日之限制，即如於分配期日前仍未補正者，執行法院得按原分配表所定分配期日分配。

（二）聲明異議為正當者

1. 分配期日債務人及有利害關係之債權人均到場之情形：此際如經執行法院認為正當，而到場之債務人及有利害關係之他債權人不為反對之陳述或同意者，應即更正分配表而為分配（強執法第40條第1項），亦即消極的不表示意見或積極的同意，均應照更正分配表重新分配。又如有無異議之部分應先為分配（強執法第40條第2項）。

2. 分配期日一部分之債務人及有利害關係之他債權人到場，一部分未到場之情形：經一部分到場之債務人及有利害關係之他債權人不為反對之陳述同意更正之分配表後，執行法院應即將更正之分配表送達於未到場之債務人及有利害關係之他債權人（強執法第40-1條第1項），此際如債務人及其他有利害關係之他債權人於收受送達後三日內不為反對之陳述者，視為同意依更正之分配表實行分配（強執法第40-1條第2項前段），即執行法院以更正之分配表再定分配期日，並送達於未到場之債務人及其他有利害關係之債權人，而未到場之債務人及其他有利害關係之債權人僅得於受送達三日內表示是否反對之陳述，三日內未表示即視為同意按更正之分配表分配，因此，執行法院再定之新的分配期日，即不得再表示異議，再表示異議者，應以裁定駁回之，仍按更正之分配表分配。

（三）聲明異議全部為無理由者

　　執行法院宜訊問債務人及其他利害關係之債權人意見，如其等之人同意按聲明異議之債務人或債權人意見更正者，因強制執行之進行乃採當事人進行主義，故仍應予更正，再分配。但如經到場或未到場之債務人及其他利害關係之債權人為反對之陳述者，執行法院應轉知聲明異議之債務人或債權人得向執行法院之民事庭，對為反對陳述之債權人或債務人提起分配表異議之訴，並應於十日內向執行法院為起訴之證明，否則視為撤回其異議之聲明，經證明已起訴者，應將該債權應受分配之金額予以提存。實務上，在操作時宜注意若未於十日內向執行法院為起訴之證明者，仍應向本院民事庭查詢是否有起訴之紀錄，又該十日之期限除了異議人到場經當場告知外，應以聲明異議受通知之日起算（強執法第40-1條第2項後段，第41條第1項、第3項、第4項），及若聲明異議人於執行法院通知前已依同一事由就爭執之債權先行提起其他訴訟者，如確認某債權人之債權不存在之訴等，即毋庸再行起訴，此際只要將已起訴之繕本向執行法院陳明，執行法院即應待該判決確定，再依該判決實行分配（強執法第41條第1項但書）。有認異議為無理由者，應以裁定駁回之。但理論上仍有問題，因若以裁定駁回之，則法律上並無規定不得抗告，一旦經異議人抗告，則勢必要停止分配，且強執法第41條第1項已明文規定應諭知為異議之債務人或債權人提起分配表異議之訴之情形亦不合。故本文以為不得對無理由者，予以裁定駁回。

（四）聲明異議一部分為有理由，一部分為無理由者

　　執行法院先就無人表示異議之部分先行分配（強執法第40條第2項），另對異議認為有理由者應依前揭（二）之方式處理，對異議認為無理由部分，則應依前揭（三）之方式處理。

第二目　分配表異議之訴

一、分配表異議之訴提起之原因是否爲債務人或債權人而有不同

（一）債權人提起之情形

只要債權人對分配之次序、分配表所載各債權人之債權或分配金額有不同意者，均得提起。按對於分配表爲異議之債權人，向執行法院對爲反對陳述之債權人，依強制執行法第41條第1項規定提起分配表異議之訴者，僅得以債權存否（即主張被告之債權不成立、已消滅、期限未到或未受分配之原告債權存在）或分配金額（即主張被告分配金額不符、債權無優先權或未受分配之原告債權有優先權）等爭執爲限，此觀同法第39條第1項規定自明。倘繼承人之債權人對被繼承人保證契約之債權存否及其金額並無異議，祇就執行標的物是否爲繼承人固有財產？或認該保證契約之債權由繼承人固有財產清償，有依101年施行法第1條之3第2項規定，對繼承人顯失公平之情形者，應僅屬繼承人得否依強制執行法規定聲明異議或提起異議之訴之範疇，究與對保證契約之債權存否及該債權分配金額爲爭執有間，尚非分配表異議之訴所得救濟（最高法院103年度台上字第2697號判決意旨參照）。又債務人或債權人於分配期日前對分配表異議，如異議未能終結，因執行法院對實體問題之異議事由，不得調查認定，有待訴訟解決，故強制執行法第41條第1項規定，爲異議之債權人或債務人，得向執行法院對爲反對陳述之債權人或債務人提起分配表異議之訴。即執行債權人倘未依上開規定，對其他參與分配債權人提起異議之訴，以判決變更原分配表之金額，或撤銷原分配表重新製作分配表，自不得再以實體事由爭執其他參與分配債權人分配之金額（最高法院106年度台上字第792號判決參照），值得注意執行法院之權責及債權人、債務人之救濟權利。而強制執行法多數債權人分配，係考量公平主義及執行作業流程，

採團體分配主義，依強執法第32條規定，以一定期限內債權平等受償為原則，參之最高法院103年度台上字第446號判決意旨，債權人提起分配異議之訴，獲有勝訴判決之利益自應及於其他參與分配之債權人，從而執行法院得據以更正分配表，而對其他分配之債權人並予以重新分配，始符合公平、經濟及訴訟上誠信原則。

（二）債務人提起之情形

對無執行名義之債權人者，則提起之原因與債權人提起之原因相同，但對有執行名義之債權人提起者，僅限於強執法第14條規定之事由為限，即僅限於債權已消滅或其他妨礙債權人請求之事由為限，如已清償、時效已完成等，至於其他事由，則不得提起（強執法第41條第2項）。

二、分配表異議之訴提起之期限

限於聲明異議人受通知之日起算十日內（強執法第41條第3項、第4項），該十日為法定期間。該十日期間，如係執行法院依職權更正者，應以更正後分配表送達之時間為計算，否則如以更正前原分配表之送達時間計算，可能將使債權人及債務人之訴訟權喪失，難謂公平。

三、分配表異議之訴提起之程序

須向執行法院所屬之民事庭起訴，並以反對陳述之債權人或債務人為被告，並依一般訴訟程序進行。

四、是否提起分配表異議之訴之效果

（一）未於規定之十日內為起訴者，經執行法院向民事庭分案室查證屬實者，視為撤回其異議之聲明，或雖起訴，但逾上開十日者亦同（強執法第41條第3項）。惟若分配表作成後，債權人、債務人均未於分配期日到場表示無異議，嗣於分配期日債務人始提出確認

債權不存在之確定證明時，請求不發該債權予該債權人時，執行法院仍應停止分配，應認為是執行程序終結前（指參與分配之執行程序而言）聲明異議，其異議為有理由，執行法院不得將該債權之分配款分配予該債權人。

（二）於規定之十日內為起訴，並向執行法院為起訴之證明者，執行法院應將債權應受分配之金額予以提存，待將來訴訟結果以決定分配（強執法第41條第3項），故提存時，書記官應加註上開原因，以促注意。

五、分配之其他問題

（一）分配完畢後，如債權人有溢領而退還之款項時，執行法院應重新製作分配表並依原分配次序次再為分配。

（二）如債權人聲明異議之事由，非屬強執法第39條之事由者，應依強執法第12條規定辦理，且因屬執行程序終結後之異議，而係對分配異議，故不能以執行程序終結後為理由駁回。例如債權人僅有一人，對執行法院之案款發放有不服，即應依第12條規定處理等。

第三編

關於物之交付請求權 之執行

第一章　物之交付請求權之意義及執行方法

一、「關於物之交付請求權」之意義

　　所謂「關於物之交付請求權」係指債權人爲實現其對物之占有，而請求執行法院強制債務人交付占有之行爲也，而強執法第三章所指關於物之交付請求權之執行標的僅指有形之動產及不動產而言。執行名義係命債務人交出船舶、航空器或建造中之船舶而不交出者，亦包括在內，即得準用交付動產、不動產之執行方法執行之（強執法第124條第3項），但不包括意思表示（強執法第130條），因關於物之交付請求權是屬於非金錢債權之執行方法，與金錢債權程序中須經查封、拍賣不同，但使用強制執行力者相同，故強執法第125條規定「關於動產、不動產執行之規定，於前二條情形準用之。」，即僅在性質相容者，準用之。

二、「關於物之交付請求權」之執行方法

　　「關於物之交付請求權」之執行方法有二，一爲直接執行方法，即將動產、不動產直接取交予債權人。一爲間接執行方法，即以強制力宣告無效，另以代替物爲之。

第二章　動產之交付請求權之執行

第一節　動產之交付請求權執行之意義及範圍

　　強執法第123條第1項規定「執行名義係命債務人交付一定之動產而不交付者，執行法院得將該動產取交債權人。」，故應交付之動產，應依執行名義而定，且須現為債務人或第三人占有中。其範圍較廣，包括禁止查封之動產，如強執法第53條第1項所列各款之物品，但應交付之動產須明確、特定，若執行名義係以種類指定不能特定者，依民法第200條第1項規定「債務人應給以中等品質之物。」，以避免執行困難，即執行名義之確定判決，僅命債務人交付一定種類、數量之動產，而未載明不交付時應折付金錢者，執行法院不得因債務人無該動產交付，逕對債務人之其他財產執行。惟命交付之動產為一定種類、數量之代替物者，本應由債務人採買交付，債務人不為此項行為時，執行法院得以債務人之費用，命第三人代為採買交付。此項費用，由執行法院定其數額，以裁定命債務人預行支付，基此裁定，得就債務人之一切財產而為執行（應行注意事項第67項）。

第二節　動產交付請求權之執行方法

一、直接執行方法

　　依強執法第123條第1項規定應交付之動產現為債務人占有者，所指之債務人包括債務人本人，占有輔助人（民法第942條），如受僱人、學徒或同居共財之人，及為債務人之繼受人（強執法第4-2條），如繼承人、為債務人或其繼受人占有請求標的物之人，如保管人、管理人等，但第三

人與債務人非上開之關係，僅有交付債務義務者，依民法第761條之簡易讓與方式，得以命令讓與代替占有，即命令債務人對第三人之請求權移轉與債權人。因此，強執法第126條規定「第一百二十三條及第一百二十四條應交付之動產、不動產或船舶及航空器爲第三人占有者，執行法院應以命令將債務人對於第三人得請求交付之權利移轉於債權人。」，此讓與命令係屬有第三人之執行命令，故以執行命令送達於第三人時發生執行效力（強執法第118條第2項前段）。即執行法院依強執法第126條規定對第三人發移轉命令或讓與命令，第三人不依執行法院命令履行者，債權人僅得訴請交付，因移轉命令或讓與命令具有準物權效力，且一核發該執行命令，即生效力，故在債權人未取得對第三人之執行名義前，不得逕對第三人強制執行（應行注意事項第64項第2款）。且如應交付之動產已經其他債權人查封者，依查封及終局執行優先原則，應以先執行者優先，後之扣押命令即不生效力。

二、間接執行方法

「債務人應交付之物爲書據、印章或其他相類之憑證而依前項規定執行無效果者，得準用第一百二十一條、第一百二十八條第一項之規定強制執行之。」，立法理由主要因上開文件係屬證明文件，若依上開直接方法執行時，仍執行無效果者，將影響債權人之權利，不易變更登記或行使權利，故仿造強執法第101條之規定，以因應實際需要。即得依強執法第121條規定「債務人對於第三人之債權或其他財產權持有書據，執行法院命其交出而拒絕者，得將該書據取出，並得以公告宣示未交出之書據無效，另作證明書發給債權人。」，實務執行方法：

（一）發執行命令，命債務人定期履行交出書據、印章或其他證明文物，逾期不履行者，除了得依強執法第128條第1項規定得予拘提、管收之外，並得處以新台幣3萬元以上30萬元以下之怠金，其經執行法院再定期履行，仍不履行者，亦同。

（二）債務人逾期仍不履行執行命令者，執行法院得宣告債務人應交付之書據、印章或其他類似之憑證無效，另作證明書發給債權人。債權人取得執行法院所發給之證明書，與取得上開書據、印章或其他憑證有同一效力，即得憑以辦理，行使其權利。

三、依動產擔保交易法爲占有、取回標的物之執行

（一）動產抵押權人占有抵押物而不自行拍賣，而聲請法院拍賣抵押物者，依司法院大法官會議釋字第55號解釋：「質權人如不自行拍賣，而聲請法院拍賣時，即應先取得執行名義」，即聲請法院爲許可強制執行之裁定，始得強制執行，執行法院並依動產之執行方法爲之[1]。

（二）審查事項[2]：

　　1. 債權人應提出之聲請狀，是否已敘明有動產擔保交易法第17條第1項規定債務人不履行契約或抵押物被遷移、出賣、出質、移轉或受其他處分，致有害於其抵押權之行使，及第30條之情事。

　　2. 債權人是否提出動產抵押契約書及動產抵押設定登記書，或附條件買賣合約書及動產擔保交易設定書。

　　3. 上述契約書或合約書是否已載明逕受強制執行，及是否已經主管機關登記。

　　4. 確定執行之標的是否正確。例如：汽車車號、車身及引擎號碼、車身顏色、車輛廠牌、車輛型式等是否正確等。

（三）依動產擔保交易法第17條第2項規定，債務人或第三人拒絕交付抵

---

[1] 參照最高法院52年度第1次民、刑庭總會會議決議（七）及最高法院52年台抗字第128號判例。

[2] 參照司法院民事廳頒法院辦理民事執行實務參考手冊，96年6月8日印行，第354至356頁。

　　　　押物時，抵押權人得聲請法院假扣押，如經登記之契約載明應逕
　　　　受強制執行者，得依該契約聲請法院強制執行之。

（四）該取回之標的物不限於現尚在債務人占有中，或第三人是否為善意
　　　　第三人，執行法院均可對之逕行強制交付。

（五）債務人不履行契約時，並已將自行占用之汽車（或其他動產）交付
　　　　債權人（抵押權人）占有，或債權人（抵押權人）已自行取得占
　　　　有者，債權人（抵押權人）即不得再依動產擔保交易法第17條規
　　　　定聲請執行[3]。但如債權人（抵押權人）尚未占有，債權人（抵押
　　　　權人）仍得依動產擔保交易法第17條規定聲請執行[4]。

（六）附條件買賣契約，買受人先占有之動產，在未依約定支付一部或
　　　　全部價金，或完成特定條件時，不論該動產在行政程序（手續）
　　　　上登記為何人之名義（如汽車在監理業務，行車執照一般登記為
　　　　債務人所有），所有權固然屬於出賣人所有，但警察機關移置該
　　　　車輛係依據道路交通管理處罰條例第35條規定之「違規車輛」而
　　　　訂頒之上開注意事項所為之行政處分，該行政處分處罰之對象雖
　　　　係汽車駕駛人，但實寓有對「物」之效力，在該行政處分未被有
　　　　權審認之機關（如地方法院行政訴訟庭[5]）撤銷前，對其他機關均
　　　　有拘束力，執行法院尤無從審查該行政處分之合法性、妥當性，
　　　　且該行政處分未被撤銷之前具有執行力，其效力除及於受處分人
　　　　外，對其他利害關係人亦有效力，果該違規車輛依法已在行政機
　　　　關（或如檢察機關基於刑事偵查扣押情形下）移置保管下，該行
　　　　政機關即非一般第三人，當可暫時排除執行法院取交之行為，換
　　　　言之，應構成執行障礙事由，執行法院不得逕為執行[6]。

---

[3]　參照台灣高等法院92年法律座談會第29號提案結論。

[4]　參照台灣高等法院93年法律座談會第32號提案結論。

[5]　依民國101年9月6日生效施行之行政訴訟法第301條規定。

[6]　參照台灣高等法院92年法律座談會第28號提案結論。

第三章　不動產之交付執行

第一節　不動產之交付請求權執行之意義及範圍

一、不動產交付請求權執行之意義

　　所謂不動產交付請求權執行之意義，是指依執行名義命債務人交出不動產而不交出，由執行法院以強制執行力強制債務人遷出之行為而言。主要是在強制債務人交出不動產之占有，故其執行方法與不動產之點交相同（強執法第125條準用之），如何執行應依執行名義所載（強執法第4條第1項第1款），但分割共有物之訴因本質上含有給付判決之性質，雖法院判決僅判決各共有人分得部分，而未命拆屋還地，但執行名義當然含有拆卸土地上房屋之執行力[1]，尤應注意。又交付不動產之行為具有相當程度之技術性，實務上，運用最多者以遷讓房屋、拆屋交地等案件最多，值得注意。

二、不動產交付請求之執行範圍

（一）應依確定執行名義內容定之。而執行名義應明確、可能、確定，即執行之標的物範圍明確，可能實現、及得以確定執行之範圍，如有不明確者，應參酌判決理由。

（二）非獨立之不動產，如附屬物、附加物等未具獨立性之建築物（民法第811條），及未分離之出產物（民法第66條），均屬應交付之範圍。

（三）交還土地之執行名義含拆除地上物應一併執行：按確定終局判決之

---

[1]　參照最高法院44年台抗字第6號判例，75年1月14日民事庭總會決議、司法院院解字第3583號解釋。

執行名義命債務人返還土地，雖未明白命其拆卸土地上之房屋，而由強執法第125條所準用之同法第100條法意推之，該執行名義當然含有使債務人拆卸房屋之效力[2]。如該執行名義既命債務人返還土地予債權人，復因債務人在其上所建造之地上物無法與土地分離而獨立存在，是命債務人返還土地確定判決執行力之客觀範圍，除債務人於該確定判決事實審言詞辯論終結前，在該土地上所建造而有處分權之地上物外，尚包括債務人於確定判決事實審言詞辯論終結後，始新建造之地上物在內，亦即確定終局判決之執行名義係命債務人返還土地者，其執行力概及於強制執行時債務人在該土地上有處分權之地上物[3]。亦即確定終局判決之執行名義係命債務人返還土地者，其執行力概及於強制執行時，債務人在該土地上有處分權之地上物。於此情形，倘債務人主張返還土地之該執行名義成立後，有足以使執行名義之請求權及執行力消滅之事由發生（諸如債權人將土地出賣予債務人、債務人已未再占有該土地等是），或執行名義所命給付有暫時不能行使，致發生妨礙債權人執行請求之事由（諸如債務人與債權人另訂約取得土地使用權之類）者，亦僅屬其是否依強執法第14條第1項規定，提起債務人異議之訴以資救濟之問題，於上開確定判決執行力之客觀範圍初不生影響，執行法院尚不得就上開權利義務關係之實體事項為認定，並拒斥強制執行，進而駁回債權人強制執行之聲請。

第二節　不動產交付之執行方法

依強執法第124條第1項規定「執行名義係命債務人交出不動產而不交出者，執行法院得解除債務人之占有，使歸債權人占有。如債務人於解除

---

[2]　參照司法院院解字第3583號著有解釋、最高法院44年台抗字第6號判例。

[3]　最高法院93年度台抗字第947號、100年度台抗字第482號裁定意旨參照。

占有後，復即占有該不動產者，執行法院得依聲請再為執行。」，實務處理方式為：

一、命債務人自動履行

　　執行法院宜酌定期間命債務人自行遷讓，實務上，一般以定十五日之期間為自動履行期間（應行注意事項第66項第1款），並命債權人於期間屆滿時，向執行法院陳報債務人履行情形。依強執法第128條第1項規定「依執行名義，債務人應為一定之行為，而其行為非他人所能代履行者，債務人不為履行時，執行法院得定債務人履行之期間。債務人不履行時，得處新臺幣三萬元以上三十萬元以下之怠金。其續經定期履行而仍不履行者，得再處怠金或管收之。」，其中處怠金並無次數之限制；另有關管收之要件須執行法院第二次以後經續定期履行而仍不履行者，始得管收之。管收方法準用強執法第21條至第22-5條規定，尤應注意管收期限，仍受強執法第24條規定三個月之限制（應行注意事項第13項）。惟實務上，大部分均不對債務人管收，而逕依下述方法處理。

二、履勘現場：履勘現場主要目的

（一）查明不動產之現況

　　包括不動產之坐落地點，及增建、是否為房屋之一部分、屋內債務人之物品情形，應命書記官逐一記載，是否屬執行範圍內之標的，如是否為從物？家具用品大小，有無神明、祖先牌位擺設等等，均應載明，以便預估將來定期遷讓時，應準備之工作。

（二）了解債務人之態度及狀況

　　定期拆除房屋前，應作充分準備，如有界址不明之情形，應先函地政機關派員於執行期日到場指界；如債務人有拒不履行之情形，宜先函電力、電信、自來水機構屆時派員到場協助，切斷水電；債務人家中如有患

精神病或半身不遂之類疾病之人，債務人藉詞無處安置拒絕拆遷時，宜先洽請適當之社會救濟機構或醫院，予以安置；如債務人有聚眾抗拒之虞，宜先函請警察、憲兵、醫護等單位，派員協助執行（應行注意事項第66項第3款）。

（三）居間協調

執行不動產所用之強制力乃不得已之手段，故經到場履勘時，若能雙方當事人協調，則可節省人力、物力，如債務人雖未於執行法院所定期限內搬遷，但同意延後三個月內遷讓，雙方若能協調，亦無不可。又應執行拆除之房屋，如係鋼筋混凝土建築，價值較高，得斟酌情形先行勸諭兩造將房屋或土地作價讓售對方，無法協調時，再予拆除（應行注意事項第66項第2款）。

三、執行交出行為

執行交出不動產行為應由執行法官親自至現場指揮。因此，執行之不動產為債務人占有，執行法院應依法嚴格執行，不得任意停止執行，並須使債權人確實占有標的物（應行注意事項第66項第4款）。又執行遇有困難，須有關機關協助者，得請求協助之，於函請有關單位協助時，所需費用，可請債權人先行預繳，並可為執行費用。又執行時宜注意：

（一）遇有抗拒者，得請警察協助（強執法第3-1條第2、3項）。應按具體個案需要而酌定警員人數，必要時並得請女警協助，並事先與警察主管協調配置及任務分組。

（二）請債權人預先僱工及搬運器具。

（三）門窗深鎖者，並請鎖匠開鎖。

（四）有祖先牌位、神像者，得請地理師（先生）退神，或安置於適當之廟宇，以合民俗。

（五）有自殺傾向者，得請署（市）立醫院派救護車協助。

（六）有放火、危害鄰居者，得請消防隊派消防車協助。

（七）債務人或占有人為年邁之人，得洽縣（市）社會局派員協助或收容。

（八）建築物增建或界址不明，得會同地政人員到場協助。

（九）如須斷水、斷電者，可函請自來水公司，電力公司派員協助。

（十）其他。

四、執行後之執行行為

（一）執行書記官應製作執行筆錄[4]，詳載執行現況，並請在場之執行人員於筆錄上簽名。

（二）債權人應簽具執行切結及接管不動產切結。

（三）張貼執行公告，執行完成後應張貼執行公告以公告周知。

五、不動產交付執行之建議

　　不動產交付之執行極須技術性，執行後應諭知債權人確實占有，以避免債務人再為占有，但若債務人再為占有者，仍得依原執行名義再聲請執行，惟應再徵執行費（強執法第124條第2項），即再執行並無時間、次數之限制[5]，但限於原債務人或執行名義效力所及之人，如債務人之受僱人、同居人等為限，實務上以調原執行卷再執行之。

---

[4] 按法院依法製成之筆錄，為公文書之一種，苟非確有反證足以證明其記載不實，即不容空言指為錯誤（最高法院20年台上字第264號判例意旨參照）。再強制執行程序，準用民事訴訟法之規定，強制執行法第30條之1定有明文。是有關執行程序所定程式之遵守，依民事訴訟法第219條之規定，專以筆錄證之。

[5] 參照最高法院83年度台抗字第543號裁定。

第四編

關於行為及不行為
請求權之執行

第一章　關於行為及不行為請求權之執行之意義及執行方法

一、「關於行為及不行為請求權之執行」之意義

強執法第四章所指之「關於行為及不行為請求權之執行」之意義，係指債權人依執行名義請求執行法院對債務人為一定行為或不行為之執行行為，以實現執行名義所載之結果。依執行名義內容須債務人為一定積極行為或消極不行為之情形，前者，如應於某報紙第一版刊登道歉啟事；後者，如容忍債權人通行等。又因執行名義雖為一定行為或不行為，常含有某種行為或不行為之義務，如容忍他人通行，含有債務人應除去地上障礙物之義務[1]，故執行名義有無附隨行為或不行為義務，應依具體案件而定。

二、「關於行為及不行為請求權之執行」之執行方法

「關於行為及不行為請求權之執行」之執行方法，分為直接執行及間接執行，但由於執行名義即命債務人為一定行為或不為一定行為，顯然裁判時既難為一定行為或不為一定行為，因此，採取直接執行方法顯然較為困難，故本章之執行以間接執行為主，例外才以直接執行為之，如交付子女之執行（強執法第128條第3項）。

---

[1] 參照楊與齡編著強制執行法論，85年10月修正版，第735頁。

第二章　關於行為請求權之執行

第一節　可代替行為請求權之執行

所謂可代替之行為，係指依執行名義之內容，債務人給付之標的為第三人得代為履行者而言，如給付勞務，債務人應僱工完成搬運之勞務等。既因屬可代替之執行，故其執行方法為：

一、命第三人為履行

依強執法第127條第1項規定「依執行名義，債務人應為一定行為而不為者，執行法院得以債務人之費用，命第三人代為履行。」，是否命第三人代為履行，依當事人進行主義原則，應依債權人之意思為之，又所指代為履行之行為應指定之行為，不包括物之交付請求權之行為及得轉換為金錢請求權之執行，前者，因物之交付請求權之行為強執法已另有規定（強執法第123條、第124條），後者，應依金錢執行方法執行之，二者均不屬之。

二、命債務人預付或債權人預納代執行之費用

依強執法第127條第2項規定「前項費用，由執行法院酌定數額，命債務人預付或命債權人代為預納，必要時，並得命鑑定人鑑定其數額。」，因若僅命債務人預先支付履行之費用，亦多不支付，故實務上，多係由債權人代為預納，嗣再依強執法第29條第1項規定，聲請確定其費用之數額後，再對債務人之一切財產執行取償（應行注意事項第67項），故增列執行法院得命債權人預納履行之費用（見該條之立法理由）。因此，經債權人預納費用後，得聲請執行法院裁定確定其執行費用，若其數額核定有困難或有爭議時，得予以鑑定其數額，以示公信。

第二節　不可代替行為請求權之執行

所謂不可代替之行為，係指依執行名義非第三人所得代替，必須由債務人親自為之者而言，如須債務人專業知識行為之給付者，如專業演講、鑑定等，故其執行債務人之履行方法，除了強制其履行外，尚須以一定之公權力介入，如管收、科處罰鍰等方式強制其履行，是以間接執行為原則，但不可代替行為中涉及道德行為或法律規定不得強迫為之者，不適用之，如「夫妻同居之判決」（強執法第128條第2項），或訂婚後之結婚義務（民法第975條），為例外規定。強執法規定之執行方法如下：

一、命定期履行

依強執法第128條第1項前段規定「依執行名義，債務人應為一定之行為，而其行為非他人所能代為履行者，債務人不為履行時，執行法院得定債務人履行之期間。」，實務上，依案件之性質而定，原則上以定十五日之履行期間，並知會債權人，於期間屆滿報告債務人是否履行。

二、管　收

依強執法第128條第1項後段規定「其續經定期履行而仍不履行者，得再處怠金或管收之。」，即若依前揭方法債務人仍不履行時，得管收之。實施對人之強制處分行為，以強制債務人履行，管收債務人時，不論有無強執法第21條及第22條之情形，均得為之，但管收期間，仍應受本法第24條規定之三個月及再管收僅有一次之限制（應行注意事項第68條第1款），縱債務人不履行，經執行法院再繼續定期履行者，仍應受上開限制，執行管收之次數，全部不能超過二次，尤應注意。

三、科處怠金

依強執法第128條第1項中、後段規定債務人若仍不履行者，得「處新

臺幣三萬元以上三十萬元以下之怠金。其續經定期履行而仍不履行者，得再處怠金。」，科處怠金與管收不同，科處怠金並無次數限制，只要債務人有不履行之事由存在，繼續執行時即得為之。

四、直接執行方法

依強執法第128條第3項規定「執行名義，係命債務人交出子女或被誘人者，除適用第一項規定外，得用直接強制方法，將該子女或被誘人取交債權人。」，利用直接強制執行時，因交出子女及被誘人行為，尚涉及人身自由，故執行時應考慮適當方法，且以消極的限制或控制債務人之行使對子女或被誘人之權利，予以強制執行為宜，必要時得通知有關機關為適當之協助（強執法第129-1條），如通知縣（市）社工人員或警察人員協助之，以免影響子女或被誘人之心理。由於交付子女及被誘人與一般財產之執行迥異，涉及當事人自由及影響社會秩序等，故司法院於93年5月間另頒交付子女或被誘人強制執行事件作業要點：

（一）法院於收案後，應迅速執行；依聲請狀之記載或依執行名義之內容，債務人有可能偕同子女或被誘人出境，顯有履行義務之可能而故不履行者，得先函請內政部入出國及移民署或行政院海岸巡防署限制債務人出境。

（二）發限期自動履行命令：發限期自動履行命令予債務人，請其自動履行，並告知逾期不履行應受之處罰（得拘提、管收或處新台幣3萬元以上30萬元以下之怠金），及法院亦得使用直接強制方法將子女或被誘人取交債權人之旨。法院發自動履行命令時，應斟酌履行期間之長短及是否指定履行地點。

（三）通知兩造到院調查：債務人未於期限內自動履行者，宜先通知兩造到院，調查債務人自動履行之可能性、何時自動履行、債權人之意見、子女或被誘人之狀況（作息、背景）暨其他必要事項等，以擬定適當之執行方法。

（四）通知有關機關爲適當之協助：如債務人仍不願履行，或子女、被誘人無配合意願者，得依強執法第129-1條規定，洽請子女就讀學校、兒童福利機關、少年福利機關或其他社會福利機關爲適當之協助，實地了解債務人及子女或被誘人之狀況，予以適當之心理輔導，於必要時，得請求該等機關協助執行，以勸導債務人或子女、被誘人配合履行。依家事事件法第195條第1項規定「以直接強制方式將子女交付債權人時，宜先擬定執行計畫；必要時，得不先通知債務人執行日期，並請求警察機關、社工人員、醫療救護單位、學校老師、外交單位或其他有關機關協助。」第2項「前項執行過程，宜妥爲說明勸導，儘量採取平和手段，並注意未成年子女之身體、生命安全、人身自由及尊嚴，安撫其情緒。」宜參考。其立法理由爲法院必須以直接強制方式交付子女時，通常係因間接強制方法已無效果。實務上發現，債務人於此情況，常有許多情緒性作爲或聚眾頑抗，法院執行時更應審愼處理，故宜注意事項，以促請注意。

（五）下列情形，宜先施以間接強制方法：

1. 違反子女或被誘人意願者。

2. 以強制力拘束子女或被誘人身體自由，始能交付者。

（六）法院定履行期間，債務人不依限履行者，得依強執法第128條第1項規定直接強制命債務人交出子女或被誘人外，並得依同條第3項規定適用第1項之規定，第一次時科處怠金新台幣3萬元以上至30萬元以下之罰金；再次定期履行不履行時得再科處怠金，並得管收之。

五、會面探視之執行

詳見第八編家事事件法之履行確保及執行。

第三章　關於不行爲請求權之執行

所謂「關於不行爲之執行」係指債權人依執行名義，命債務人消極的不得爲一定行爲之意思，如禁止工廠排放臭氣、噪音、廢水及其製造公害之行爲，債務人應容忍債權人通行之義務等均屬之。關於債務人不行爲之義務，原則上與債務人應爲一定行爲之義務相同，以間接執行方法爲原則，執行方法：

一、間接執行方法

其執行方法與應爲一定行爲之間接執行相同（強執法第129條第1項）。

二、直接執行方法

依強執法第129條第2項規定「必要時，並得以因債權人之聲請，以債務人之費用，除去其行爲之結果。」，實務上以先命債權人預納費用，於依法執行後，再依債權人聲請裁定其執行費用額，並得對債務人其他財產執行之（強執法第29條第1項）。又執行方法以「除去其行爲之結果」，故以公權力之作用排除之，如執行名義係命債務人應容忍通行者，得將通行地之地上物排除之，以達到行爲之結果，故執行名義雖爲消極之義務，但執行行爲確爲積極行爲。因此，執行法院在實施積極行爲遇有困難時，自得請求有關機關協助（強執法第129-1條），如請求警察協助，水、電機關爲斷水、斷電或主管工務局之協助等。若執行後，債務人違反與執行名義相同之再容忍或不行爲義務時，如再阻礙通行等情，爲了強化執行效果，執行法院得依債權人之聲請再爲執行（強執法第129條第3項），但應另繳納執行費（強執法第129條第4項），以避免債權人再取得執行名義費時及影響公權力執行之公信力。

第四章　意思表示請求權之執行

一、意思表示請求權之執行之意義

所謂「意思表示請求權之執行」係指債權人依執行名義請求債務人為一定意思表示，以發生一定法律效果之行為而言，如請求債務人協同辦理所有權移轉登記等。

二、執行方法

（一）無對待給付之意思表示請求權之執行

意思表示請求權之執行雖為不可代替之行為，但因只要債務人為一定之意思表示即發生法律上之效果，故執行上自無須執行法院為一定之行為介入，以免繁瑣之執行程序，故強執法第130條第1項規定「命債務人為一定之意思表示之判決確定或其他與確定判決有同一效力之執行名義成立者，視為自其確定或成立時，債務人已為意思表示。」，即採擬制的為意思表示，無須開始為執行行為[1]，亦即債權人只要持執行名義之確定判決或相同效力之執行名義，即為執行效果，如債權人持確定判決之意思表示執行名義即可單獨至地政機關辦理移轉過戶登記也。而所謂確定判決包括附帶民事判決及本國法院許可之外國民事判決（強執法第4-1條）。又所謂與確定判決同一效力者，如在法院民事庭之和解、調解（民事訴訟法第380條第1項、第416條第1項），鄉鎮（市）民事調解成立之調解（鄉鎮市調解條例第27條第2項前段）等屬之。為此，法條既明定意思表示於判決確定時，視為已為意思表示，如許宣告假執行，使意思表示之效力提前發生，即與法條規定不合，故偕同辦理不動產移轉登記之判決，須自判決確

---

[1] 參照最高法院49年度台上字第1225號判例。

定時 方視為已為意思表示，而不得宣告假執行（台灣高等法院93年度重家上字第19號判決參照），應值得注意。

（二）有對待給付之意思表示請求權之執行

依強執法第130條第2項規定「前項意思表示有待於對待給付者，於債權人已為提存或執行法院就債權人已為對待給付給予證明書時，視為債務人已為意思表示。公證人就債權人已為對待給付予以公證時，亦同。」，即債權人取得對待給付之證明書時，擬制為意思表示，其中依提存法之提存及公證法之公證者，既由提存書、公證書以為證明已為對待給付，自毋庸再聲請執行法院給予證明，但若未為上開對待行為之證明時，得聲請執行法院為之，並為提存給予證明書（應行注意事項第68-1項），但實務上均不依該方法執行，因聲請法院給予證明書時，執行法院仍命債權人至法院提存所為提存行為，自無須另贅工夫。

第五章　繼承財產或共有物分割之執行

第一節　前　言

　　強執法第131條第1項「關於繼承財產或共有物分割之裁判，執行法院得將各繼承人或共有人分得部分點交之；其應以金錢補償者，並得對於補償義務人之財產執行。」第2項「執行名義係變賣繼承財產或共有物，以價金分配於各繼承人或各共有人者，執行法院得予以拍賣，並分配其價金，其拍賣程序，準用關於動產或不動產之規定。」故本條規定據以強制執行之執行名義，分為二項：一為繼承財產之裁判，另一為共有物分割之裁判。而依本條項聲請強制執行者，僅限於確定之裁判為限，不包含民事和解、調解在內，因經法院之裁判才有形成力。其中法院裁判分割共有物時，共有人透過法院以裁判方法解決，故其分割方法自應受民法及其他法律限制，且因分割之標的物為農地或建地，其限制亦略有不同。其中：

一、繼承財產之裁判之執行：強執法第131條1項係就繼承人依繼承財產分割之裁判所分得之遺產為他繼承人占有而拒絕交付，或他繼承人應以金錢補償而拒絕支付之情形，明定繼承人得以該裁判為執行名義聲請強制執行，請求他繼承人交付或支付金錢，無須另取得執行名義。惟分得之遺產如係被繼承人對於第三人之債權，則第三人係負清償義務之債務人，非上開條文所指占有遺產而應為點交，或應以金錢補償之義務人，自無上開條文之適用。又債權人對於強執法第二章第二節至第四節及第115條至第116條之1所定以外之財產權為強制執行，須有執行名義，始得為之。而於繼承財產分割之裁判未併命他繼承人應以金錢補償者，繼承人不得逕以該裁判為執行名義，聲請對於他繼承人之財產為強制執行（最高法院104年度台抗字第422號裁定意旨參照）。又分得之遺產如係被繼承人對他繼承人之債權，則他繼承人係

負清償義務之債務人，非上開條文所指占有遺產而應為點交，或應以金錢補償之義務人，自無上開條文之適用；於繼承財產分割之裁判未併命該債務人清償之情形，分得債權之繼承人不得逕以該裁判為執行名義，聲請對於該債務人之財產為強制執行（最高法院101年度台抗字第896號裁定意旨參照），故執行時應詳加審查，以免誤為執行。

二、共有物分割之裁判之執行：按裁判分割係法院基於公平原則及符合經濟利益，而採用之適當方法，故其方案，除由當事人提出外，法院亦得本於上開原則，自行提出適當分割方案，不受當事人主張之限制。共有人間之分管契約，係共有人就共有物之使用、收益或管理方法所訂定之契約，而共有人請求分割共有物，參之最高法院85年度台上字第53號判決意旨，應解為有終止分管契約之意思，是系爭土地之分管契約，已因共有人提起分割共有物訴訟，而當然終止。且分管契約與協議分割契約不同，前者以共有關係繼續存在為前提，後者以消滅共有關係為目的，故裁判上分割共有土地時，並非必須完全依分管契約以為分割，而應斟酌土地之經濟上價值，並求各共有人分得土地之價值相當，利於使用。又依民法第1164條前段規定，繼承人得隨時請求分割遺產，故共有人因共有物分割之方法不能協議解決，而提起請求分割共有物之訴，應由法院依民法第824條命為適當之分配，不受任何共有人主張之拘束，及不得以原告所主張分割之方法不當，遽為駁回分割共有物之訴之判決。且依民法第1148條第1項前段規定「繼承人自繼承開始時，除本法另有規定外，承受被繼承人財產上之一切權利、義務。」，故被繼承人死亡後留遺產時，其繼承人係當然繼承，不須登記即概括、當然取得。而分割共有物乃對共有物之處分行為，以消滅彼此間之共有關係，依民法第759條規定「因繼承、強制執行、公用徵收或法院之判決，於登記前已取得不動產物權者，非經登記，不得處分其物權。」，是請求裁判分割共有物時，對已繼承未辦理繼承登記之不動產，應先辦理繼承登記始得請求分割。但實務上為便利起見，起訴之共有人若為繼承人或對造之共有人為繼承人時，得

於起訴時一併主張請求辦理繼承登記及分割共有物。且基於一物一權原則，使土地建物以一人單獨所有，故除法令限制規定外，各共有人自得隨時請求分割共有物。但因不動產利用恆須長期規劃且達一定經濟規模，始能發揮其效益，若共有人間就共有之不動產已有管理之協議時，該不動產之用益已能圓滑進行，是法律對共有人此項契約自由及財產權之安排，自應充分尊重。惟約定不得分割之期間以不超過五年爲原則（民法第823條第2項前段），以免影響共有關係消滅爲目的之清算程序。至共有人間雖訂有禁止分割期限之契約，但在該期限內如有重大事由，法院仍得斟酌具體情形，認爲該共有物之通常使用或其他管理已非可能，或共有難以繼續之情形。例如：共有人之一所分管之共有物部分已被徵收，分管契約之履行已屬不能或分管契約有其他消滅事由等，法院亦得准共有人請求裁判分割。以下詳論之。

第二節　裁判分割之訴訟前要領

一、管轄法院：依民事訴訟法第10條規定「因不動產之物權或其分割或經界涉訟者，專屬不動產所在地之法院管轄。其他因不動產涉訟者，得由不動產所在地之法院管轄。」故對不動產起訴請求裁判分割時，應向不動產所在地之法院起訴，且此分割共有物訴訟既爲專屬管轄，則如向其他法院起訴者，依同法第28條第1項規定，法院應依職權或依當事人聲請移轉於有管轄權之法院。

二、調解先行原則：依同法第403條第1項第3款規定「不動產共有人間因共有物之管理、處分或分割發生爭執者。」即裁判分割應先行調解。

三、裁判費之徵收：依同法第77條之11規定「分割共有物涉訟，以原告因分割所受利益之價額爲準。」即以共有人之一之應有部分（即分別共有之持分）核算其應徵之裁判費，而該核算之價額，如屬公同共有者，以潛在之應有部分核算其價額，嗣後共有人之任何一人上訴，均以此爲計算，不因共有人之一之持分額多或少而受影響，其上訴價額

亦不受影響。一審爲應徵訴訟裁判費爲其價額之百分之1.1，二、三審各應徵其價額之百分1.65。價額之利弊？依同法第466條規定，有關上訴利益之計算部分，對於財產權訴訟之第二審判決，如因上訴所得受之利益，不逾新台幣150萬元者，不得上訴第三審。故如共有人之一人爲起訴之原告者，其核算之持分額價額未逾150萬元時，即不得上訴第三審，於二審判決即終結確定。至裁判分割之裁判費負擔，依民事訴訟法第80條之1「因共有物分割、經界或其他性質上類似之事件涉訟，由敗訴當事人負擔訴訟費用顯失公平者，法院得酌量情形，命勝訴之當事人負擔其一部。」且因裁判分割具有相當性質之非訟性，故原則上，裁判費由兩造共有人依其持分比例分擔之，其裁判費包括各審級之訴訟費用、地政測量費、鑑價費等等。

四、起訴當事人之選擇：以土地建物登記簿謄本所記載之共有人爲準。最高法院90年度第12次民事庭會議認爲，共有物之協議分割與裁判分割，皆以消滅各共有人就共有物之共有關係爲目的。而協議分割契約應由全體共有人參與協議訂立，方能有效成立，並須全體共有人均依協議分割契約履行，始能消滅共有人間之共有關係，該契約所訂分割方法，性質上爲不可分，故共有人中之一人或數人提起請求裁判分割或履行協議分割契約之訴，其訴訟標的對於共有人全體必須合一確定，應以其他共有人全體爲被告，於當事人之適格始無欠缺。且其應受判決事項之聲明，應爲命兩造依協議分割契約所訂分割方法協同辦理分割登記，不得僅命被告就原告自己分得部分協同辦理分割登記。學說稱裁判分割訴訟爲固有必要共同訴訟，故依同法第56條第1項第1、2款規定「訴訟標的對於共同訴訟之各人必須合一確定者，適用下列各款之規定：一、共同訴訟人中一人之行爲有利益於共同訴訟人者，其效力及於全體；不利益者，對於全體不生效力。二、他造對於共同訴訟人中一人之行爲，其效力及於全體。」即共有人之一人不服第一審判決而上訴者，其效力及於同造之其他共有人，即列爲視同上訴人。

五、繼承與裁判分割訴訟：共有之不動產之共有人中一人死亡，他共有
　　人請求分割共有物時，為求訴訟之經濟起見，許原告就請求繼承登記
　　及分割共有物之訴合併提起，即以一訴請求該死亡之共有人之繼承人
　　辦理繼承登記並請求該繼承人於辦理繼承登記後，與原告及其餘共有
　　人分割共有之不動產（最高法院70年度第2次民事庭會議決定《二》
　　參照），故如土地建物登記簿謄本上之當事人已死亡者，應以其繼承
　　人為當事人，並得於分割共有物訴訟一併提起，聲明就死亡之被繼承
　　人之繼承人就其繼承部分辦理繼承登記，及分割共有物，以利一次終
　　結訴訟。又依民法第1151條規定「繼承人有數人時，在分割遺產前，
　　各繼承人對遺產全部為公同共有。」而依最高法院98年度台抗字第18
　　號裁定意旨「公同共有物未分割前，公同共有人中一人之債權人，雖
　　不得對於公同共有物聲請強制執行，但對於該公同共有人公同共有之
　　權利，得請求執行（司法院院字第1054號解釋（二）參照），是得與
　　公同關係分離之權利（即與公同共有財產本體分離之權利），本得為
　　強制執行之標的，即難謂無假扣押之實益。」即在遺產分割前得為查
　　封或其他保全之執行程序，但不得進行拍賣等終局執行程序，因公同
　　共有物之處分及其他之權利行使，除法律另有規定外，應得公同共有
　　人全體之同意（民法第828條第3項）。公同共有人請求與他公同共有
　　人共有一物之其他分別共有人分割共有物，係公同共有權之行使，
　　依上開法條規定，應得公同共有人全體之同意。惟法律另規定者，如
　　民法第1164條「繼承人得隨時請求分割遺產。但法律另有規定或契約
　　另有訂定者，不在此限。」即繼承人除有上揭規定之例外情形外，原
　　則上，自無須全體繼承人同意始得為之，任何一繼承人均得隨時請求
　　遺產分割。準此，繼承人之債權人聲請強制執行其繼承被繼承人之遺
　　產時，因繼承人怠於聲請遺產分割，為保全債權人之債權，自得依民
　　法第242條規定行使代位權，代繼承人起訴請求裁判分割，於查封後
　　代位行使裁判分割訴訟所支出之一切訴訟費用，包括裁判費及一切必
　　要費用（如測量費、鑑定費等），因屬為強制執行之公益而支出之費

用，自得請求依強執法第28條規定列入執行費用之一部分，而優先受償。再民法第1164條所定之遺產分割，實務上通說認，係以遺產為一體，整個的為分割，而非以遺產中個個財產之分割為對象，亦即遺產分割之目的在遺產公同共有關係全部之廢止，而非個個財產公同共有關係之消滅，從而自不得單獨就針對特定不動產、動產或其他財產權執行。故繼承人之債權人所請求遺產分割者，係部分遺產公同共有關係之消滅而非遺產公同共有關係全部之廢止，則其請求與民法第1164條規定不符，應不予准許（最高法院86年度台上字第1436號判決、88年度台上字第2837號判決參照）。再依民法第819條第1項「各共有人，得自由處分其應有部分。」，又依繼承登記法令補充規定第106條立法理由所載「將遺產之公同共有關係終止改為分別共有關係，性質上亦屬分割遺產方法之一」，故繼承人之債權人請求將遺產分割為分別共有後，即得據以進行拍賣等終局強制執行程序，無須待實物分割裁判確定始終局執行。

第三節　法院酌定分割要領

分割共有物，以消滅共有關係為目的。法院裁判分割共有土地時，除因該土地內部分土地之使用目的不能分割（如為道路）或部分共有人仍願維持其共有關係，應就該部分土地不予分割或准該部分共有人成立新共有關係外，應將土地分配於各共有人單獨所有，不受共有人原來約定使用方法之拘束。因而分割共有物即不受分管契約之拘束，仍應盡量依各共有人使用現狀定分割方法，以維持現狀，減少共有人所受損害。是法院為裁判分割時，需衡酌共有物之性質、價格、經濟效用及公共利益、全體或多數共有人利益、意願等因素，並兼顧公平之原則。通常審理時常見之斟酌事項：

一、公平及符合經濟效益：按共有人因共有物分割之方法不能協議決定，

而提起請求分割共有物之訴，固由法院依民法第824條規定命為適當之分配，不受任何共有人主張之拘束；惟法院裁判分割共有物，仍應斟酌各共有人之意願、利害關係及其分得部分所得利用之價值等情形，為適當公平之分割。故共有人各自提出之分割方法，縱未就共有土地全部為完整之規劃，法院仍應斟酌其意願是否妥適，不能棄置不顧。又法院命以金錢補償之，其受分配之不動產價格情形，應以言詞辯論終結時之狀態為其基準（最高法院98年度台上字第1598號判決、94年度台上字第1067號判決參照）。

二、占用位置：共有物係屬全體共有人所共有，在分割前，各共有人固得約定範圍而使用之，但此項分管行為，不過定暫時使用之狀態，與消滅共有關係之分割有間。故共有物經法院判決分割確定時，先前共有人間之分管契約及使用借貸契約，即應認為終止。共有人先前依該契約占用分割判決仍判歸其他共有人之部分共有物，即成無權占有，其他共有人自得依強執法第131條規定逕行請求或依民法第767條、第821條之規定另行起訴請求返還（最高法院85年度台上字第1046號判決，其他如84年度台上字第2886號判決等均採相同見解）。

三、分割土地與相鄰土地之所有權人關係：基於共同使用之本旨。

四、地形之影響：例如：山、河、溝渠或斷堐等等。

五、巷道：原則上，按原共有比例維持共有。是否為對外通路及留迴轉道，應一併考量。另農地不得多分一筆為道路、寺廟（為共有）等（農發條例第16條第2項），故法院都應斟酌之。

六、持分面積：分配為同一面積為原則。例外才增減持分之面積，例如，為方便建築而增減分配面積等，基於共有人之處分主義，部分共有人得約定仍保持共有，但倘共有未陳明仍保持共有者，除法令另有規定外，法院即應予分割為單獨所有。

七、土地上坐落之地上建物：建地上之建物與土地分配人，以同一人取得為原則。另農業發展條例修法後，依第18條規定，土地及地上建物之所有權人應為同一人。

第四節　裁判分割共有物之方法

一、依民法第824條第1、2、3項規定「（第1項）共有物之分割，依共有人協議之方法行之。（第2項）分割之方法不能協議決定，或於協議決定後因消滅時效完成經共有人拒絕履行者，法院得因任何共有人之請求，命爲下列之分配：一、以原物分配於各共有人。但各共有人均受原物之分配顯有困難者，得將原物分配於部分共有人。二、原物分配顯有困難時，得變賣共有物，以價金分配於各共有人；或以原物之一部分分配於各共有人，他部分變賣，以價金分配於各共有人。（第3項）以原物爲分配時，如共有人中有未受分配，或不能按其應有部分受分配者，得以金錢補償之。」即裁判分割以原物分配、價金補償爲原則，變賣爲補充方法。按分割共有物，究以原物分割或變價分配其價金，法院固有自由裁量之權，不受共有人主張之拘束，但仍應斟酌當事人之聲明，共有物之性質、經濟效用及全體共有人利益等，公平裁量。必於原物分配有困難者，始予變賣，以價金分配於各共有人，如法院僅因應有部分所占比例不多或甚少之共有人，即以其應有部分無法分得足供建築用或其他使用之面積，即將共有土地變價分割，不顧原可按其應有部分使用土地之其他共有人利益，尤其此等共有人對共有物在感情上或生活上有密不可分之依存關係，則其所定之分割方法，難謂適當及符合公平原則（最高法院98年度台上字第2058號判決參照）。

二、依民法第824條第3、4項規定「（第3項）以原物爲分配時，如共有人中有未受分配，或不能按其應有部分受分配者，得以金錢補償之。（第4項）以原物爲分配時，因共有人之利益或其他必要情形，得就共有物之一部分仍維持共有。」同法第824條第5、6項規定「（第5項）共有人相同之數不動產，除法令另有規定外，共有人得請求合併分割。（共有物－法律並不限制是否持分相同）（第6項）共有人部

分相同之相鄰數不動產，各該不動產均具應有部分之共有人，經各不動產應有部分過半數共有人之同意，得請求合併分割。但法院認合併分割爲不適當者，仍分別分割之。」故應注意（一）同一共有人不限相鄰土地，但非同一共有人要注意是否相鄰及達土地二分之一以上；（二）分割標的物爲建地與農地不同，並應注意是否有土地法第31條規定之最小面積限制及農業發展條例、耕地分割執行要點之特別規定。例如：地籍測量實施規則第224條規定「土地因合併申請複丈者，應以同一地段、地界相連、使用性質相同之土地爲限。」又同規則第225條之1復規定「第二百二十四條所稱之使用性質，於都市土地指使用分區，於非都市土地指使用分區及編定之使用地類別。」，另依土地法施行法第19條之1「兩宗以上之土地如已設定不同種類之他項權利，或經法院查封、假扣押、假處分或破產之登記者，不得合併。」因兩宗以上之土地，如已設定不同種類之他項權利，或經法院查封、假扣押、假處分或破產之登記者，合併後其效力僅及於合併前原土地之範圍，惟於合併後在登記簿上即無從顯示其合併前之情形，如有就合併前之土地拍賣時，拍定人亦無法申辦移轉登記，故明定其不得合併，以利地籍管理。從而依內政部96年6月28日台內地字第0960102809號參照土地法施行法第19條之1規定，若2筆土地設定之抵押權、地上權之內容一致，於重測地籍調查時申請合併爲1宗土地者，應予否准。

第五節　分割共有物之標的物

一、建　地

（一）原則上，均得予以分割：不受面積之限制，但如屬畸零地者，應注意各縣市畸零地使用規則之限制及建築可能性。又所謂「因物之使用目的不能分割」，如已闢爲道路等，即屬不得裁判分割，但

尚未闢道路用地者，仍得分割。且所指不能分割包括上揭所指變賣在內，從而如屬不能分割者，法院應判決駁回之。

（二）公寓專有部分與其所屬之共有部分，因受公寓大廈管理條例第4條第2項、民法第799條第5項規定之限制，不得分別移轉，故不得將土地、建物之應有部分及房屋之專有部分再分割，原持分部分仍應保持共有。

（三）民法第823條第1項規定共有物之分割與限制者「各共有人，除法令另有規定外，得隨時請求分割共有物。但因物之使用目的不能分割或契約訂有不分割之期限者，不在此限。」

二、耕地（農業用地）

（一）耕地分割之限制

依農業發展條例第16條第2項後段規定「其分割後之宗數，不得超過共有人人數。」則得否增加一筆，包括分割後之共有巷道？實務上，有肯定說：最高法院96年度台上字第2479號、台中高分院97年度上更（一）字第1號及最高法院93年度台上字第91號、台中高分院91年度上字第376號等判決採之。否定說：最高行政法院97年度判字第24號判決採之。現行地政實務採否定說。另該條例第16條第1項前段規定「每宗耕地分割後『每人』所有面積未達○・二五公頃者，不得分割。」所指每一個人，是指單獨分得之面積須達○・二五公頃而言，如共有人二人以上，即須達○・五公頃。其中該條例第16條第1項但書第3、4款規定「三、本條例中華民國八十九年一月四日修正施行後所繼承之耕地，得分割為單獨所有。四、本條例中華民國八十九年一月四日修正施行前之共有耕地，得分割為單獨所有。」又依105年5月6日新修正耕地分割執行要點第9點「依本條例第十六條第一項第三款及第四款規定辦理耕地分割，應分割為單獨所有。但有下列情形之一者，不

在此限：（一）耕地之部分共有人協議就其應有部分維持共有。（二）依法院確定判決或和解筆錄就共有物之一部分由全體繼承人或全體共有人維持共有。」第10點「繼承人辦理繼承登記後，將繼受持分移轉予繼承人者，得依本條例第十六條第一項第三款規定辦理分割。」第11點「依本條例第十六條第一項第四款規定申辦分割之共有耕地，部分共有人於本條例修正後，移轉持分土地，其共有關係未曾終止或消滅，且分割後之宗數未超過修正前共有人數者，得申請分割。」「依前項規定申請分割，其共有人人數少於本條例修正前共有人數者，分割後之宗數，不得超過申請分割時共有人人數。」該參考依據應併注意之。但依內政部91年8月15日台內地字第0910010422號函釋示，本條例第16條第1項第3款規定，其立法意旨係為促進產權單純化，故同意繼承人得於繼承時，同時主張分割為單獨所有；原繼承人既未主張分割為單獨所有，部分共有人復將繼受持分移轉他人，其關係屬農業發展條例修正施行後之共有關係，自不得援引本條例第16條第1項但書第3款規定辦理分割，即繼承之身分關係已不存在，自應受每宗耕地分割後每人所有面積未達○・二五公頃者不得分割之限制，尤應注意之。另每人因分割所得面積未達○・二五公頃者，不得分割，但依民法第826條之1規定，得為分管登記，惟該規定係自98年7月23日起施行，於施行後登記始生分管之效力。而分管約定，依最高法院48年台上字第1065號判例「共有人於與其他共有人訂立共有物分割或分管之特約後，縱將其應有部分讓與第三人，其分割或分管契約，對於受讓人仍繼續存在。」及參照司法院大法官第349號解釋，對於善意第三人具有拘束力，是該修法前縱未登記，而第三人屬可得而知有分管契約存在，基於法律不追溯既往原則，具有物權效力，即得拘束下一手取得不動產之人，該繼受人雖登記為共有人，得依原分管約定，主張繼續使用原分管位置，其他共有不得對其排除。另分管契約簽定後，共有人間即受

拘束，共有人分管約定之位置、面積與共有人間之持分比例未必相等，故共有人不得以分管後之占有面積多或少而對他共有人主張權利。

（二）農業用地未解除套繪前禁止分割

1. 依農業用地興建農舍辦法第12條第1項「直轄市、縣（市）主管建築機關於核發建造執照後，應造冊列管，同時將農舍坐落之地號及提供興建農舍之所有地號之清冊，送地政機關於土地登記簿上註記，並副知該府農業單位建檔列管。」第2項「已申請興建農舍之農業用地，直轄市、縣（市）主管建築機關應於地籍套繪圖上，將已興建及未興建農舍之農業用地分別著色標示，未經解除套繪管制不得辦理分割。」第3項「已申請興建農舍領有使用執照之農業用地經套繪管制，除符合下列情形之一者外，不得解除：一、農舍坐落之農業用地已變更為非農業用地。二、非屬農舍坐落之農業用地已變更為非農業用地。三、農舍用地面積與農業用地面積比例符合法令規定，經依變更使用執照程序申請解除套繪管制後，該農業用地面積仍達零點二五公頃以上。」第4項「前項第三款農舍坐落該筆農業用地面積大於零點二五公頃，且二者面積比例符合法令規定，其餘超出規定比例部分之農業用地得免經其他土地所有權人之同意，逕依變更使用執照程序解除套繪管制。」第5項「第三項農業用地經解除套繪管制，或原領得之農舍建造執照已逾期失其效力經申請解除套繪管制者，直轄市、縣（市）主管建築機關應將農舍坐落之地號、提供興建農舍之所有地號及解除套繪管制之所有地號清冊，囑託地政機關塗銷第一項之註記登記。」因此未解除套繪前農業用地得否分割，實務上有不同見解。

2. 案例：甲、乙、丙等三人共有A農業用地，甲經乙、丙等二人同意並出具土地使用同意書，而申請興建B農舍，經主管建築機關依農業用地興建農舍辦法第12條之規定，於A地地籍套繪圖上全

部著色標示管制，嗣乙請求甲變更B農舍使用執照解除超過其應有部分土地套繪管制部分，甲不願配合，乙得否訴請分割A地？

(1) 肯定說：農業用地興建農舍辦法（下稱農舍辦法）第12條第2項雖規定「已申請興建農舍之農業用地，直轄市、縣（市）主管建築機關應於地籍套繪圖上，將已興建及未興建農舍之農業用地分別著色標示，未經解除套繪管制不得辦理分割。」然該辦法係依據農業發展條例（下稱農發條例）第18條第5項之授權而訂定，稽之該條項所定：「前四項興建農舍之農民資格、最高樓地板面積、農舍建蔽率、容積率、最大基層建築面積與高度、許可條件、申請程序、興建方式、許可之撤銷或廢止及其他應遵行事項之辦法，由內政部會同中央主管機關定之。」足見其授權訂定之內容，僅限於農舍興建之資格、程序及要件，不及於已興建農舍之農業用地分割之限制，且上開條例亦無已興建農舍之農業用地，須提出未經套繪管制或解除套繪管制之證明，始得辦理分割或相類似意旨之明文，參以農發條例第18條第4項規定「已申請興建農舍之農業用地不得重複申請。」可知上開辦法第12條第2項至第4項有關套繪及解除套繪管制之規定，乃在落實已申請興建農舍之農業用地不得重複申請之目的，非在限制已興建農舍之農業用地之分割。故農舍辦法第12條第2項就已興建農舍之農業用地所為分割之限制，顯已超過母法授權之範圍，應不生效力。從而，如題所示土地之共有人自得訴請分割該土地。

(2) 否定說：農舍辦法第12條第2項所定「已申請興建農舍之農業用地，直轄市、縣（市）主管建築機關應於地籍套繪圖上，將已興建及未興建農舍之農業用地分別著色標示，未經解除套繪管制不得辦理分割。」係內政部依農發條例第18條第5項規定所訂定之行政命令，目的在避免農地細分，乃

民法第823條第1項關於「除法令另有規定」之分割限制規定。故已申請興建農舍之共有農業用地，於未經解除套繪管制前，其共有人不得請分割，法院應依民法第823條第1項規定，駁回其分割之請求。

(3) 分析及結論：採肯定說者：最高法院105年度台上字第154號判決要旨：農業用地興建農舍辦法第12條第2項至第4項之規定，其目的在規範已興建農舍之農業用地之套繪及解除套繪管制事項，以落實農業發展條例第18條第4項「已申請興建農舍之農業用地不得重複申請」之查核管制規定，此觀內政部民國103年4月29日台內營字第1030804511號函文自明。本件裁判分割與該辦法之適用尚不相涉，核無違背法令可言。台中高分院104年度上易字第105號判決要旨：農業用地興建農舍辦法係依據農業發展條例第18條第5項規定授權所制定之法規命令，其本質上不得超越母法授權之範圍。而農業發展條例第18條第5項係規定「前四項興建農舍之農民資格、最高樓地板面積、農舍建蔽率、容積率、最大基層建築面積與高度、許可條件、申請程序、興建方式、許可之撤銷或廢止及其他應遵行事項之辦法，由內政部會同中央主管機關定之。」而農業發展條例對於已興建農舍之農業用地分割時，並無須提出未經套繪管制或解除套繪管制證明始能分割之限制或相類似之精神，則上開農業用地興建農舍辦法第12條第2項所為上開限制農地共有請求分割權利之規定，顯已超過母法授權範圍，應不生效力。且經套繪管制之農業用地於分割後，只要「仍繼續維持套繪管制」，即可達到原來農地農用之行政管制目的，自不得任意未經法律明文授權而限制人民分割農業用地之處分權。台中高分院104年度重上字第48號判決要旨：系爭土地之原物裁判分割並不受農業用地興建農舍辦法第12條第2項規定之限制，蓋本案於裁判分割確定

後，上訴人二人分割後所取得之土地，仍須繼續受建築套繪管制者（類似以共有土地之應有部分設定抵押權於分割後轉載至抵押人所分配之土地），是系爭土地以裁判分割之方式為之，並不會影響建築主管機關對原有法定空地之管制。內政部103年4月29日台內營字第1030804511號函要旨：已興建農舍之農業用地經法院判決共有物分割確定者，申請人得檢附法院確定判決書，逕向地政機關申辦分割，惟仍須依據農業用地興建農舍辦法第12條第2至4項等規定辦理解除套繪管制事宜。說明（節錄）：查本部74年7月17日74台內營字第330722號函說明二所示：「按共有物之分割，經分割形成判決確定者，即生共有關係終止及各自取得分得部分所有權之效力，並不以登記為要件。此有最高法院43年台上字第1016號、51年台上字第2641號判例可稽……」爰已興建農舍之農業用地經法院判決共有物分割確定，自得檢附法院確定判決書，逕向地政機關申辦分割，惟其套繪及解除套繪管制事項，仍須依農業用地興建農舍辦法第12條第2項至第4項規定辦理，以落實農業發展條例第18條第4項「已申請興建農舍之農業用地不得重複申請」之查核管制規定，並避免產生農民於農舍施工中或領得使用執照後逕向地政單位申請分割為數筆地號，造成農舍與其坐落農地面積、比例不符法令規定等情形。

採否定說者：①台中高分院106年度上字第277號判決要旨：農業用地興建農舍辦法第12條第2項所定已申請興建農舍之農業用地，直轄市、縣（市）主管建築機關應於地籍套繪圖上，將已興建及未興建農舍之農業用地分別著色標示，未經解除套繪管制不得辦理分割，係內政部依農業發展條例第18條第5項規定所訂定之行政命令，目的在避免農地細分，乃民法第823條第1項關於「除法令另有規定」之分割限制規

定。故已申請興建農舍之共有農業用地，於未經解除套繪管制前，其共有人不得請求分割，法院應依民法第823條第1項規定，駁回其分割之請求；②法務部104年12月3日法律字第10403514620函要旨：農業用地興建農舍辦法第12條第2項規定，為民法第823條第1項「除法令另有規定」之分割限制，但民法第824條所定裁判分割方法非當然導致土地細分、產權複雜結果，則變賣分割宜否一概認為屬限制之列，宜由主管機關審認，或基於法律明確性原則，作適度修訂。說明（節錄）：102年7月1日修正農業用地興建農舍辦法第12條第2項規定：「已申請興建農舍之農業用地……未經解除套繪管制不得辦理分割。」係屬民法第823條第1項「除法令另有規定」之分割限制，共有人於此情形下，應不得請求分割共有物，且不因其請求分割之方式為協議分割或裁判分割而有不同。惟貴部103年4月29日台內營字第1030804511號函說明三所述「已興建農舍之農業用地經法院判決共有物分割確定，自得檢附法院確定判決書，逕向地政機關申辦分割」，似未考量農舍辦法上開分割限制之規範意旨，恐有混淆「分割限制」與「分割效力」二者之虞；③內政部105年4月27日台內營字第1050804906號函要旨：有關已興建農舍並經法院判決分割確定之農業用地得檢附法院確定判決書逕向地政機關申辦分割之函釋停止適用（原內政部103年4月29日台內營字第1030804511號函停止適用）。說明：有關農業用地興建農舍辦法第12條規定相關函釋之處理如下，並自即日生效：一、停止適用本部103年4月29日台內營字第1030804511號函。二、上開號函停止適用前，已興建農舍之農業用地，並經法院判決分割確定者，得檢附法院確定判決書，逕向地政機關申辦分割；惟其套繪及解除套繪管制事項，仍應依農業用地興建農舍辦法第12條第2項至第4項規定辦理。綜合法律

　　令之沿革，應以否定說較可採（台中高分院108年1月23日民事庭會議決議採否定說）。

（三）編爲道路用地，但尚未避爲道路用者，得分割：民法第823條第1項但書所謂因物之使用目的不能分割，係指該共有物現在依其使用目的不能分割者而言。倘現在尚無不能分割之情形，則將來縱有可能依其使用目的不能分割情事，亦無礙於共有人之分割請求權。依都市計畫法第42條、第50條、第51條之規定，道路預定地屬於公共設施用地。於一定期限內以徵收等方式取得之，逾期即視爲撤銷，且於未取得前，所有權人仍得繼續爲原來之使用或改爲妨礙指定目的較輕之使用，並得申請爲臨時建築使用。故參之最高法院75年度第5次民事庭會議決議（一）見解，認經都市計畫法編爲道路預定地而尚未闢爲道路之共有土地，其共有人非不能訴請分割（最高法院70年度台上字第260號判決參照）。反之，如已徵收並避爲道路使用，則依土地法第234條、第235條之立法本旨，被徵收土地之所有權人對於被徵收之土地，其土地之權利義務，於應受之補償發給完竣時終止，故在補償費發給完竣後，即不得繼續使用該土地之權，準此，即不得再予分割。

（四）設定不同他項權者，不得合併分割：依土地法施行法第19條之1規定「兩宗以上之土地如已設定不同種類之他項權利，或經法院查封、假扣押、假處分或破產之登記者，不得合併。」即兩宗以上之土地，如已設定不同種類之他項權利，或經法院查封、假扣押、假處分或破產之登記者，合併後其效力僅及於合併前原土地之範圍，惟於合併後在登記簿上即無從顯示其合併前之情形，如有就合併前之土地拍賣時，拍定人亦無法申辦移轉登記，故依上開規定其不得合併分割，以利地籍管理。

（五）地目不同者，得否合併分割：民法第824條第5項「共有人相同之數不動產，除法令另有規定外，共有人得請求合併分割。」第6項「共有人部分相同之相鄰數不動產，各該不動產均具應有部分

之共有人，經各不動產應有部分過半數共有人之同意，得適用前項規定，請求合併分割。但法院認合併分割為不適當者，仍分別分割之。」即原則上，共有人相同數筆土地，或毗鄰土地者，依上開規定得合併分割。為促進土地利用，且避免土地過分細分，如相鄰各不動產應有部分過半數共有人之同意，即得請求法院合併分割。此時，各該不動產均具應有部分之共有人始享有訴訟權能。其於起訴後請求合併分割者，原告可依訴之追加，被告可依反訴之程序行之。又共有物分割方法如何適當，法院本有斟酌之權，故法院為裁判時，得斟酌具體情形，認為合併分割不適當者，則不為合併分割而仍分別分割之。該立法理由並揭明：共有人相同之數筆土地常因不能合併分割，致分割方法採酌上甚為困難，且因而產生土地細分，有礙社會經濟之發展，爰增訂第5項，以資解決。但法令有不得合併分割之限制者，如土地使用分區不同，則不在此限。此處之「共有人」並未限制需由全體共有人一同請求。而法令不得分割者，雖地籍測量規第224條第1項「土地因合併申請複丈者，應以同一地段、地界相連、使用性質相同之土地為限。」、第225條第1項「土地界址調整應以同一地段、地界相連、使用性質相同之土地為限。如為實施建築管理地區，並應符合建築基地法定空地分割辦法規定。」，惟依最高法院100年台聲字第933號民事裁定意旨，認該規定係針對土地因合併申請複丈者而設，與共有數筆之不動產合併分割尚為二事。然如地目、地段及使用分區不同者，例如分別為建、農等不同地目，因合併為一筆之融合性之分割方法，自不得合併為一筆再分割，此際自不宜合併分割（98年1月23日民法第824條立法理由五參照）。至於如地目、地段及使用分區雖不同，而共有人請求各別取得共有之地目、地段之土地，則應無不可，例如甲、乙二人共有A地為建地、B地為農地，由甲分配A為建地，乙分配B地為農地，則應無不可，此應屬分割方法，並非合併分割，即以各取得分割土地，

而對未分得者，以其他分割之土地為補償，應予以准許，以達方便分割目的。雖民法第824條第2項、第3項規定「價金分配」、「價金補償」等分割方法，然依上開規定，共有人以分配取得土地為優先原則，此觀諸民法第824條第2項第1款前段規定，首採「以原物分配於各共有人」甚明，故而地目不同，而共有人各取得不同地目之土地，並以其他未取得之地目之土地為補償，實與分割目的及公平分配原則並無違背，其分割方法，應無不當。

第六節　裁判分割後與抵押權之關係

依民法第824條之1規定「（第1項）共有人自共有物分割之效力發生時起，取得分得部分之所有權。（第2項）應有部分有抵押權或質權者，其權利不因共有物之分割而受影響。但有下列情形之一者，其權利移存於抵押人或出質人所分得之部分：一、權利人同意分割。二、權利人已參加共有物分割訴訟。三、權利人經共有人告知訴訟而未參加。（第3項）前項但書情形，於以價金分配或以金錢補償者，準用第八百八十一條第一項、第二項或第八百九十九條第一項規定。（第4項）前條第三項之情形，如為不動產分割者，應受補償之共有人，就其補償金額，對於補償義務人所分得之不動產，有抵押權。（第5項）前項抵押權應於辦理共有物分割登記時，一併登記，其次序優先於第二項但書之抵押權。」分割時，應注意上開規定及行使方法，以避免分得土地建物仍有抵押權存在，而影響其權利。

第七節　裁判分割與優先購買權競合情形之假處分

土地共有人請求分割共有物及多數共有人依土地法第34條之1規定處分共有物，其目的均在消滅共有關係，且均屬共有人固有之權利，少數

共有人縱提起分割共有物之訴，多數共有人並不因此即喪失其依上開土地法規定處分共有物之權利。共有人就上開權利之行使，如發生衝突（競合），共有人之一方，為防止發生重大之損害或避免急迫之危險或有其他相類之情形而有必要時，固非不得依民事訴訟法第538條規定，聲請為定暫時狀態之處分；但法院應就聲請人因假處分所得利益、不許假處分可能受有之損害暨相對人因假處分所受損害等情衡量之，尚不得僅因共有人提起分割共有物之訴，即謂為避免土地現狀變更，其得依民事訴訟法第532條規定聲請假處分，禁止其他共有人依上開土地法規定處分共有物（最高法院100年度台抗字第399號裁定參照）。因分割共有物與土地法第34條之1第1、4、5項規定之優先購買權，二者各為共有人之固有權，並不得以假處分互禁止另外一方主張權利。

第八節　法院裁判分割之執行名義效力

一、共有物之強制執行：依強制執行法第51條規定「（第1項）查封之效力及於查封物之天然孳息。（第2項）實施查封後，債務人就查封物所為移轉、設定負擔或其他有礙執行效果之行為，對於債權人不生效力。（第3項）實施查封後，第三人未經執行法院允許，占有查封物或為其他有礙執行效果之行為者，執行法院得依職權或依聲請排除之。」按共有物之應有部分經實施查封後，共有人（包含執行債務人及非執行債務人）仍得依民法第824條規定之方法，請求分割共有物。惟協議分割之結果有礙執行效果者，對於債權人不生效力，至於裁判分割，係法院基於公平原則，決定適當之方法而分割共有物，自不發生有礙執行效果之問題，債權人即不得對之主張不生效力（最高法院69年度第14次民事庭會議決議參照）。裁判分割確定後，實務上民事執行處的做法：（一）變更查封登記；（二）塗銷其他非債務人之分得部分土地或建物之查封登記（原登記為持分）；（三）改將查

封登記（擴張）為債務人所有全部（原登記為持分）。

二、遺產分割時繼承人之債權人得否行使撤銷權？有不同見解：（一）否定說：因具有身分特定關係，故依拋棄繼承既不得撤銷，基於舉重明輕理論，債權人亦不得撤銷；（二）肯定說，認為繼承人之一於本件繼承發生後，未辦理拋棄繼承，並將其繼承所得之遺產公同共有持分放棄，與其餘繼承人合意由其他繼承人單獨繼承，形同將其繼承之遺產贈與其他繼承人，而繼承人即屬無償取得所繼承之遺產，致債權人無法以繼承人繼承之遺產清償其債務，自屬有害及債權人之債權，自得請求撤銷該協議，故債權人本於民法第244條第1項、第4項規定之請求，應予准許（彰化地院105年度斗簡字第129號判決、台灣高等法院105年民事座談會參照）；（三）結論：實務上採肯定說。

三、裁判分割之執行點交：共有人間就土地使用定分管情形，一經起訴請求分割共有物，即應認為分管契約終止之意思，故原分管契約對法院分割共有物之裁判不受影響（最高法院85年度台上字第1046號判決參照）。至分割方法為變賣時，因經法院判決分割共有物確定者，無論所採行分割方法為何，均有使原分管契約發生終止之效力。僅分割方法採行變價分割時，因於該判決確定時，不當然發生共有物變賣之效果，共有物之所有權主體尚未發生變動，共有人間之共有關係應延至變賣完成時消滅而已。而分管契約既經判決分割共有物確定而消滅，共有物之用益及管理回復原來之關係，除非經共有人協議或依民法第820條第1項規定為決定，共有人不得任意占有使用共有物之特定部分（最高法院107年度台上字第879號判決參照）。故析分為：

（一）分得部分點交之（強執法第131條）：按分割共有物之裁判具有形成之訴及給付之訴之性質：就給付之訴之性質言，裁判分割之執行名義當然含有債務人拆除房屋之效力，但此僅指分得部分，如屬非分得之共有巷道，依強制執行法第131條規定，並無執行名義，須另行起訴請求排除。然若共有人於法院調解或和解成立者，因調解或和解並無形成力但有執行力，從而如當事

人於和解書載明「共有人願就占有道路土地上之地上物拆除」者，依民事訴訟法第380條之1規定，有執行力，即共有人之一得依和解書請求拆除巷道上之地上物，毋庸另行起訴請求排除。

（二）非分得部分不點交。如巷道、公廳等。共有人須另依民法第767條、第821條規定，另行起訴請求拆除地上物及交還土地等。

第九節 分割登記

一、土地登記規則第27條規定得單獨申請登記者，如「下列登記由權利人或登記名義人單獨申請之：四、因法院、行政執行分署或公正第三人拍定、法院判決確定之登記。十六、依民法第八百二十四條之一第四項規定抵押權之登記（即法定抵押權）。二十四、其他依法律得單獨申請登記者。」而土地登記規則第100條「依據法院判決申請共有物分割登記者，部分共有人得提出法院確定判決書及其他應附書件，單獨為全體共有人申請分割登記，登記機關於登記完畢後，應通知他共有人。其所有權狀應俟登記規費繳納完畢後再行繕發。」但應注意者，依土地登記規則第100條之1規定「（第1項）依民法第八百二十四條第三項規定申請共有物分割登記時，共有人中有應受金錢補償者，申請人應就其補償金額，對於補償義務人所分得之土地，同時為應受補償之共有人申請抵押權登記。但申請人提出應受補償之共有人已受領或為其提存之證明文件者，不在此限。（第2項）前項抵押權次序優先於第一百零七條第一項但書之抵押權；登記機關於登記完畢後，應將登記結果通知各次序抵押權人及補償義務人。」是依該規定足稽，從該第1項但書規定，如法定抵押權未登記前已清償者，即可持清償證明，免再為法定抵押權登記。如未清償而已為法定抵押權登記者，於登記後，應另行起訴以清償為由聲請法院塗銷登

記，因地政地機關無實體審查權，此尤應特別注意。

二、裁判分割，因涉及土地利用、國家土地政策及地政登記等，因此極為錯綜複雜，法院在審理時須多方面考量，以立於符合經濟原則，避免不公平分配。尤其常見多數共有人基於處分權主義，將部分分割之土地繼續維持共有，法律上固無違法，但以大吃小，致其他共有人不得不分配在不利位置，雖得以金錢補償，但卻與「有地斯有財」及共有人對土地之情感不合，種種情形，致衍生爭議不斷，所以裁判分割之法院及當事人須多點愛及包容，避免過分極端爭利。本文將司法實務運作之裁判分割介紹，期望能有利於對共有物分配之初步認知。

第五編

保全程序之執行

第一章　保全程序之意義及種類

第一節　保全程序之意義

所謂保全程序係指確保將來債權之實現，以確保將來終局執行爲目的之執行程序。由於訴訟之冗長，爲避免將來債權之實現困難，以防債務人將其財產隱匿、處分或變更財產之現狀，乃先予禁止債務人處分行爲。因此，爲維持債務人財產之現狀，故特設保全制度，用以確保債權之實現，故具有相當之迅時性、秘密性及暫時性，以求案件迅速執行，並防止債務人脫產。我國之保全制度係將假扣押、假處分之裁判與執行程序分別規定，前者規定於民事訴訟法第七編，後者規定於強執法第六章，與日本法制相同，與德國法制均規定在民事訴訟法（德國民事訴訟法第五章）不同。雖保全程序之假扣押、假處分裁定並無確定私權之裁判效力，但依強執法第4第1項第2款規定「假扣押、假處分、假執行之裁判及其他依民事訴訟法得爲強制執行之裁判。」，得爲強制執行之執行名義，其中假扣押、假處分之裁定仍得爲執行名義，得聲請法院強制執行。而其執行雖僅具有保全之性質，但由於「時代之進步，現代社會之法律思想，已經由傳統之事後損害賠償制裁方法，進入以事前之預防損害及實現權利保護措施，從而保全程序之裁定內容與保全執行方法，亦由傳統確保將來本案訴訟之執行，演進爲暫時滿足權利不受加害之執行。」[1]，例如民事訴訟法第579條第1項規定「法院對於未成年子女權利義務之行使或負擔，得依聲請或依職權命爲必要之假處分。」，國家賠償法第11條第2項規定「依本法請求損害賠償時，法院得依聲請爲假處分，命賠償義務機關暫先支付醫療費或喪葬費。」等，已由暫時性之保全措施演進爲履行性之本案執行，

---

[1]　參照陳榮宗著強執法，88年11月初版，三民書局印行，第653頁。

具有相當於終局執行之效力。即以履行性之假處分聲請強制執行，其執行程序與一般終局執行相同，須實現執行名義所載內容，其執行目的始為終結。

第二節　保全程序之種類

依我國民事訴訟法第七編所指之保全程序是指假扣押及假處分而言。故強執法第五章逐以「假扣押假處分之執行」命名，所謂假扣押、假處分之種類自應以民事訴訟法之規定分類，故依民事訴訟法規定保全程序之種類分為假扣押、假處分，而假處分又分為一般假處分及定暫時性狀態之假處分。

一、假扣押之裁定要領

（一）所謂假扣押者，依民事訴訟法第522條第1項規定「債權人就金錢請求或得易為金錢請求之請求，欲保全強制執行者，得聲請假扣押。」第2項「前項聲請就附條件或期限之請求，亦得為之。」，第523條第1項規定「假扣押，非有日後不能強制執行或甚難執行之虞者，不得為之。」第2項「應在外國為強制執行者，視為有日後甚難強制執行之虞。」，所謂不能強制執行者，如債務人浪費財產、增加負擔、或就財產為不利之處分，將成為無資力之情形等均是。所謂恐難執行者，如債務人將移往遠方或逃匿等屬之[2]。又依民事訴訟法第526條第1項規定「請求及假扣押之原因，應釋明之。」第2項「前項釋明如有不足，而債權人陳明願供擔保或法院認為適當者，法院得定相當之擔保，命供擔保後為假扣押。」第3項「請求及假扣押之原因雖經釋明，法院亦得命債權人供擔保後為

---

[2]　參照最高法院19年抗字第232號裁定。

假扣押。」，故債權人聲請假扣押裁定時，就其請求及假扣押之原因均應加以釋明，僅於釋明有所不足，而債權人陳明願供擔保或法院認為適當者，法院始得定相當之擔保，命供擔保後為假扣押。若債權人就其請求及假扣押之原因，有任何一項未予釋明，法院即不得為命供擔保後假扣押之裁定[3]，尤應注意。

(二) 就裁定供擔保金部分：債權人於釋明不足時，得以供擔保金方式補足，而擔保金提供之方式除了以現金外，亦得提供可轉讓定期存單（即銀行存款單）或國庫公債等代替之。又依民事訴訟法第527條規定「假扣押裁定內，應記載債務人供所定金額之擔保或將請求之金額提存，得免為或撤銷假扣押。」，即應裁定債務人得提供之反擔保金額，該金額應為債權人請求之全額。因假扣押制度，旨在保全債權人金錢債權將來之執行，故債務人如將請求之金額提存，亦足以達保全目的，而無假扣押之必要，從而規定應於假扣押裁定內記載債務人於提供反擔保後得免為或撤銷假扣押之事由。另債權人應以提供多少金額始得補足聲請假扣押之釋明？實務上通常以請求金額三分之一為債權人之擔保金，但民事庭法院仍得斟酌一切情形而定擔保金，如車禍事件之被害人聲請假扣押裁定，得衡情為適當之酌減等。又倘若其他法律另有明文規定者，則應依該規定為之，如職業災害勞工保護法第32條第2項規定「職業災害勞工聲請保全或假執行時，法院得減免其供擔保之金額。」即得予免供擔保金，但須勞工符合職業災害所發生之請求；依法律扶助法第65條規定「分會認為法律扶助事件顯有勝訴之望，並有聲請實施保全程序之必要者，受扶助人應向法院繳納之假扣押、假處分擔保金，其全部或一部，得由分會出具之保證書代之。」即得以法律扶助基金會各地方分會名義出具之保證書代替擔保金之全部或一部；依民事訴訟法第526條第4項規定「債權人之請求係基於家庭生活費用、扶養

---

[3]　參照最高法院97年台抗字第227號裁定。

費、贍養費、夫妻剩餘財產差額分配者，前項法院所命供擔保之金額不得高於請求金額之十分之一。」即債權人因上開事由請求假扣押裁定時，其擔保金為十分之一，否則違法。又因假扣押裁定為對人之執行名義，應不限於執行特定債務人財產，故不宜載特定執行標的物（但有反對說[4]）。

（三）抗告二審後之陳述意見：抗告後，有關二審是否須命當事人陳述意見？按民事訴訟法第528條第2項固規定，抗告法院為裁定前，應使債權人及債務人有陳述意見之機會，惟依強執法第132條第1項規定：「假扣押或假處分之執行，應於假扣押或假處分之裁定送達同時或送達前為之。」因假處分與假扣押同屬保全程序，其裁定不待確定即得為執行名義，為防止債務人利用此機會隱匿或處分其財產而達脫產目的，該等裁定之執行，應於裁定送達同時或送達前為之，以保障債權人權益。是抗告法院若通知債務人，使其有陳述意見之機會，無異使債務人事先知悉債權人對其聲請假扣押情事，此與上開強執法保護債權人之立法意旨有違，顯失公平，故民事訴訟法第528條第2項應限於債務人對法院准許假處分之裁定為抗告時，始有適用，從而自毋庸通知債務人陳述意見[5]。

二、假處分之裁定要領

（一）所謂假處分者，依民事訴訟法第532條第1項規定「債權人就金錢以外之請求，欲保全強制執行者，得聲請假處分。」第2項「假處分，非因請求標的之現狀變更，有日後不能強制執行或甚難執行之虞者，不得為之。」所謂請求標的之現狀變更，係指為請求標的之物，其從前存在之狀態，已有變更或將有變更而言，債務人就其

---

[4]　參照楊與齡著強制執行法論，85年10月最新修正版，第781頁。

[5]　參照最高法院101年度台抗字第117號裁定意旨及台灣高等法院暨所屬法院98年法律座談會民事類提案第30號研究結論。

物為法律上處分，如設定抵押權等，亦屬使其物現狀變更，因此，物之損毀或失其所在等情事亦足稱為現狀變更。故不僅指為請求標的之物，其從前存在之狀態有變更外，並包括已有之變更者在內[6]。

（二）依民事訴訟法第538條第1項「於爭執之法律關係，為防止發生重大之損害或避免急迫之危險或有其他相類之情形而有必要時，得聲請為定暫時狀態之處分。」，第2項「前項裁定，以其本案訴訟能確定該爭執之法律關係者為限。」，第3項「第一項處分，得命先為一定之給付。」，第4項「法院為第一項及前項裁定前，應使兩造當事人有陳述之機會。但法院認為不適當者，不在此限。」，所謂法律關係者，係指金錢以外凡適於為民事訴訟之標的，有繼續性者，皆屬之。如所有權、通行權、占有狀態、扶養義務、專利權等被侵害或有爭執時均是，如以專利權被侵害聲請假處分時，非不得禁止債務人發售與專利權有關之貨物或其他類似行為[7]。依民事訴訟法第538條規定，於爭執之法律關係，為防止發生重大之損害或避免急迫之危險或有其他相類之情形而有必要時，得聲請為定暫時狀態之處分。又債權人聲請定暫時狀態之處分，依同法第538-4條準用第533條再準用第526條規定，應就其請求及假處分之原因加以釋明，且兩者缺一不可。前開釋明如有不足，而債權人陳明願供擔保或法院認為適當者，法院始得定相當之擔保，命供擔保後為假處分。若債權人就其請求及假處分之原因絲毫未予釋明，法院即不得命供擔保後為定暫時狀態之處分。而所謂「爭執之法律關係，有定暫時狀態之必要者」，係指因避免重大損害或其他情事，有就爭執之法律關係，定暫時狀態之必要而言。此必要之情事即為假處分之原因，苟由聲請假處分之人提出相當證據以釋明其存在，即有就爭執之法律關係定暫時狀態之必要。是定暫時狀態假處分之聲請人，

---

[6]　參照最高法院20年抗字第336號、43年抗字第87號裁定。

[7]　參照最高法院61年台抗字第506號裁定。

除應釋明與債務人間有爭執之法律關係外，尚應提出有何防止發生重大之損害或避免急迫之危險或有其他相類之情形而有必要定暫時狀態處分之原因並釋明之。於其釋明有所不足時，法院方得斟酌情形，依債權人供擔保以補釋明欠缺之陳明，酌定其擔保金額，准為定暫時狀態之假處分。若法院認供擔保仍不足補釋明之欠缺，非不得駁回其定暫時狀態假處分之聲請[8]。至於所謂爭執之法律關係，有定暫時狀態之必要者，係指因避免重大損害或因其情事，有就爭執之法律關係，定暫時狀態之必要而言。至所稱法律關係，凡適於為民事訴訟之標的，有繼續性者皆屬之，無論其本案請求為給付之訴、確認之訴或形成之訴，均有其適用。申言之，假處分之目的係為保全強制執行，或就爭執之法律關係定暫時之狀態，苟合於前開條件，並經債權人主張及釋明有假處分之原因存在，或有定暫時狀態之利益，法院即得為假處分之裁定，債權人亦得提供擔保以代此項釋明之不足，聲請准為附條件之假處分裁定，至債權人起訴主張之實體上理由是否正當，則非屬保全程序之假處分裁定所能審究。因此假處分之聲請，債權人已依民事訴訟法第533條準用第525條之規定，表明並記載「請求〔包括假處分之對象（即將來聲請強制執行之標的）與所由生之法律關係（即本案請求之訴訟標的）〕及其原因事實」等合法必備之程式事項後，如具有「就金錢請求以外之請求，欲保全強制執行」及「非因請求標的之現狀變更，有日後不能強制執行或甚難執行之虞」之事由，並就此有效要件為釋明者，即應予准許。至將來給付之訴，有預為請求之必要者，依民事訴訟法第246條規定，應得為之，故附期限之法律行為或未到履行期等未到期之請求，債權人就金錢以外之請求權，現在雖尚不能行使，但有預為請求而有保全之必要，並合乎上揭聲請假處分之合法程式及有效要件者，依民事訴訟法第533條準用第522條第2項規定，法

---

[8] 參照最高法院94年台抗字第792號裁定。

院亦非不得准許之。至於債權人聲請假處分所主張之權利，債務人對之有所爭執者，應於現在或將來有訴訟繫屬時，請求法院爲本案之判決，以資解決，初非聲請假處分時先應解決之問題[9]。

（三）法律有禁止爲假處分裁定者，如農會法第49-2條、漁會法第51-1條規定農會、漁會選舉或罷免訴訟及總幹事聘、解任程序，除有關假處分之規定外，準用民事訴訟法之規定，因農會、漁會選舉之影響層面，不下於地方公職人員選舉，故法律明定農會、漁會選舉或罷免之訴訟，除有關假處分之規定外，準用民事訴訟法之規定，俾農會有選舉或罷免糾紛發生時，得準用民事訴訟程序加以處理，但民事訴訟法第538條假處分之規定，於上開事件即不適用之，以免因選舉或罷免訴訟陷業務於中斷，尤應注意。

（四）就裁定供擔保金部分：法院定擔保金額而爲准許假處分之裁定者，該項擔保係備供債務人因假處分所受損害之賠償。是以法院衡量利害關係之結果，若認實施假處分，對債務人將造成較大之損害，非不得酌定命債權人提供較高之擔保金額，以求平衡，尚不能因假處分對債務人造成較大損害，即置債權人不受繼續侵害之保護於不顧[10]。故酌定供擔保金時，應以實際可能受損害爲衡量基準，如金錢者，以法院辦案期間可能受相當利息之損害，並非請求執行標的物之全額價值爲準（計算方式：請參考本書第一編第五章、第二節、第二目）；又如假處分裁定在限定董事、監事執行職務，應斟酌於停止期間可能所受之損害，如難以酌定時，宜請債權人提出價值計算標準再酌定之。

---

[9]　參照最高法院100年台抗字第575號裁定。

[10]　參照最高法院96年台抗字第266號裁定。

第二章 保全程序之實施

第一節 通 則

　　保全程序之執行與終局程序之執行，均須由債權人以書狀聲請之（強執法第5條第1項），所指之債權人乃指聲請假扣押、假處分裁定之債權人而言。又聲請保全程序之強制執行時須具備一定之要件，如：

一、應以書狀聲請：假扣押者，其書狀應表明請求執行之債權金額、執行之標的；假處分者，應表明應執行之標的。

二、依假扣押、假處分裁定須供一定之擔保者，即須供擔保後始得開始強制執行者，須提出提存書、繳款收據（強執法第4條第2項）。經債權人供擔保後，若假扣押或假處分裁定內容為「債權人以新台幣一百萬元或等值之○○銀行可轉讓定期存單為債務人供擔保……」，提存後，如須變換提存物時，得向法院聲請變換提存物，但若擬變換為同一銀行可轉讓定期存款單者，無須另聲請法院裁定變換提存物，蓋待變換之定期存款單仍係假扣押裁定所載明之○○銀行定期存款單之故[1]。

三、依強執法第4條第1項第2款規定假扣押、假處分裁定得為執行名義，故應依強執法第6條第1項第2款規定提出該裁定正本，不得以影本代之。且保全程序之執行具有迅速性，須迅速執行，故參照德國民事訴訟法第929條第2項、日本民事執行法第174條第2項之規定，於強執法第132條第3項規定「債權人收受假扣押或假處分裁定後逾三十日者，不得聲請執行。」[2]，該期間為法定期間，期間之計算以債權人

---

[1] 參照台灣高等法院87年8月7日（87）院仁文明字第10593號函台灣彰化地方法院87年5月法律座談會紀錄結論及研究意見。

[2] 日本民事執行法第174條第2項規定為二個星期，德國民事訴訟法第929條第2項規

收受法院裁定送達之翌日起算,超過期間者,執行法院應以裁定駁回之(應行注意事項第69項第2款)。又強制執行事件具有相當程度之非訟事件性質,與訴訟事件尚有不同,況假扣押執行具有緊急性,如債權人取得假扣押裁定,久不聲請執行,實與緊急性有違,故無在途期間之適用[3]。強執法第132條第3項之立法目的乃因保全程序具緊急性,如債權人取得准許保全程序之裁定後,僅於第一次聲請執行時始有30日之限制,至於嗣後追加查封,則無上開規定之限制[4]。且如債權人不服假扣押裁定之擔保金額提起抗告,此際,所謂「債權人收受假扣押裁定後已逾三十日,不得聲請執行」,應以債權人收受高等法院之裁定日為準[5]。惟如撤回後,如再次聲請執行時已逾三十日者,即不應准許其執行[6],債權人應另行聲請假扣押裁定,再聲請假扣押執行。

四、應依強執法第28-2條第1項規定繳納千分之八執行費。雖民事訴訟法第83條規定於第一審辯論終結前撤回者,得於撤回後三個月內聲請退還所繳裁判費三分之二,但強制執行之性質與民事訴訟不同,故不適用之[7]。故超過三十日始聲請保全執行(假扣押或假處分執行),則所繳納之聲請執行費用,自均不退還。

五、依強執法第132條第1項規定「假扣押或假處分之執行,應於假扣押或假處分之裁定送達同時或送達前為之。」第2項「前項送達前之執行,於執行後不能送達,債權人又未聲請公示送達者,應撤銷其執行。其公示送達之聲請被駁回確定者亦同。」,其規定乃在於保全程

定與本法相同,均為三十日內須聲請執行。

[3] 參照台灣高等法院91年度法律座談會彙編第242、243頁。

[4] 參照台灣高等法院暨所屬法院94年法律座談會民事執行類提案第19號結論。

[5] 參照司法院94年第4期民事業務研究會—強制執行專題第24則結論。

[6] 參照台灣高等法院暨所屬法院94年法律座談會民事執行類提案第29號結論。

[7] 參照台灣高等法院89年2月17日致各地方法院函文。

序之執行具相當秘密性，避免事前送達而造成債務人脫產或其他損害行為。故於執行後不能送達時，執行法院應將其事由通知債權人，並命其於相當期間內查報債務人之住、居所。倘債權人逾期未為查報，亦未聲明公示送達或其公示送達被駁回確定者，執行法院應撤銷假扣押或假處分之執行（應行注意事項第69項第1款）。

第二節　假扣押之執行

一、依強執法第136條規定「假扣押之執行，除本章有規定外，準用關於動產、不動產、船舶及航空器執行之規定。」，所謂第五章之規定者指第133條「因執行假扣押收取之金錢，及依分配程序應分配於假扣押債權人之金額，應提存之。」，其中對所指「執行假扣押收取之金錢」者，如對第三人財產權之執行收取之金錢等，因向未分配，故債務人之其他債權人仍得參與分配，另經政府強制採購或徵收者，執行法院應將其價金或補償金額提存之（應行注意事項第70項），因假扣押中之財產，並不能阻止政府機關依法強制購買或徵收，其經政府機關強制購買或徵收之價金或補償金仍不失為保全財產之代位物或代替利益，故該規定應予提存，目的僅在宣示原查封禁止債務人任意處分財產之效力，繼續存在於該財產因政府機關強制執行購買或徵收後之代位物或代替利益，以保全債權人將來債權之實現，尚不因提存而生債務消滅之效果[8]。又「依分配程序應分配於假扣押債權人之金額」，如執行動產、不動產應分配之金錢，既係為假扣押之債權人而提存，依民事訴訟法第106條、第103條規定有質權之效力，故他債權人不得參與分配，但假扣押債權人因本案敗訴者，須將扣押之金錢返還予債務人或重新分配予其他債權人。又依強執法第134條規定「假

---

[8]　參照司法院大法官會議第504號解釋。

扣押之動產，如有價格減少之虞或保管需費過多時，執行法院得因債
權人或債務人之聲請或依職權，定期拍賣，提存其賣得金。」，該條
所指之動產如魚、新鮮食物等等，其執行方法與終局執行相同，僅不
得將賣得價金分配予假扣押債權人，且提存期間，他債權人仍得參與
分配。另對於債務人對第三人之債權或薪資執行時，強執法第135條
規定執行法院並得發「禁止處分清償之命令，並準用對於其他財產權
執行之規定。」為之。

二、因假扣押執行屬金錢債權之保全程序，假扣押裁定係屬對人之執行名
義，得對債務人之不特定財產為執行，故如以准許假扣押之裁定為執
行名義，祇須依該裁定之意旨就債務人之財產為扣押，除了法律另有
規定外，不得更為其他之執行（應行注意事項第71項）。但因執行法
院無實體審查權，故是否得強制執行應依執行名義為之，如假扣押裁
定載明「於本院轄區內之財產」執行者，該裁定自不得移轉或囑託其
他法院執行[9]，且應注意強執法第132條第3項規定，債權人應於送達
假扣押裁定後三十日內聲請強制執行。執行時如有未保存建物者，因
假扣押執行僅為保全性質，故予以查封後並記載執行筆錄即可，並不
通知地政機關辦理測量。

第三節　對人之保全執行

　　依強執法第132-2條規定「債權人依民法第一百五十一條規定拘束債
務人自由，並聲請法院處理，經法院命為假扣押或假處分者，執行法院得
依本法有關管收之規定，管收債務人或為其他限制自由之處分。」，而依
民法第151條規定「為保護自己權利，對於他人之自由或財產施以拘束、

---

[9]　參照最高法院23年抗字第2644號裁定「假扣押為保全將來強制執行之程序，與宣
示假執行者不同，故以准予假扣押之裁定為執行名義者，只依該裁定之意旨為假
扣押，以保全將來執行為已足，不得更為其他之執行。」

押收或毀損者，不負損害賠償之責。但以不及受法院或其他有關機關援助，並非於其時爲之，則請求權不得實行或其實行顯有困難者爲限。」，即依民法第151條前段實行，尚須符合該條但書之規定始得爲之。立法目的，謂以自己權力，實行享有權利，因而有害於社會秩序之行爲，當然在所不許，然非自由行使，則不得實行享有權利，或其實行顯有困難時，特於例外，許其依自己權力實行權利，以完全保護其利益。故強執法第5-2條第1項規定「有執行名義之債權人依民法第一百五十一條規定，自行拘束債務人之自由或押收其財產，而聲請法院處理者，依本法規定有關執行程序辦理之。」第2項「前項情形，如債權人尚未聲請強制執行者，視爲強制執行之聲請。」以充分保障債權人之自由權及財產權，是縱債權人尚未聲請強制執行仍視爲已爲強制執行之聲請。又因屬對人之緊急處分故經准許假扣押者，若債務人具強執法第22條第1項各款情事者，執行法院並得予以管收或限制住居（應行注意事項第69-2項）。反之，法院未爲裁定准許或不予管收者，應即將債務人釋放，並兼顧債務人之人權。

第四節　假處分之執行

依假處分之裁定內容可分爲：

一、暫保性之假處分

「假處分裁定，係禁止債務人設定、移轉或變更不動產上之權利者，執行法院應將該裁定揭示。」（強執法第139條），如禁止債務人設定抵押權、地上權等，其執行方法除了依不動產之執行方法函囑託地政機關登記外，並應至現場查封，予以揭示，張貼公告眾知。但如「假處分裁定，係命令或禁止債務人爲一定行爲者，執行法院應將該裁定送達於債務人。」（強執法第138條），執行方法應準用關於行爲、不行爲請求權之執行，並於假處分裁定送達於債務人時，命債務人應依假處分裁定內容爲

之,即送達假處分裁定除了發生裁定效力外,並為執行方法,如禁止法人董、監事執行職務等,即以送達債務人為執行方法。故一般假處分之執行,原則上為對特定物、行為之執行,即僅對特定標的為之,如行為、不行為,或特定標的物有效力,故予以查封或扣押時,即達其執行效果,其執行程序即完成。

二、履行性之假處分

假處分之裁定無待確定,即得聲請強制執行。又因屬定暫時狀態之假處分,故其所定假處分之效力,含有履行性質之效力,具有消極性及積極性之執行,前者,如通行權受侵害而聲請定暫時狀態時,非不得禁止債務人將為通行標的物之土地變更現狀,或除去設置障礙物以為通行,或為其他類似行為,命為回復從前存在之狀態、禁止繼續建築行為等[10],後者,如命債務人為定期履行扶養費(民事訴訟法第579條),與終局執行相同。其執行方法並「準用關於假扣押、金錢請求權及行為、不行為請求權執行之規定」(強執法第140條),如屬金錢給付之執行,並準用金錢請求權之執行程序辦理,即得拍賣債務人財產以受償(應行注意事項第72-1項)。但如假處分所保全之請求,得以金錢之給付達其目的,或債務人將因假處分而受難以補償之重大損害,或有其他特別情事者,法院始得於假處分裁定內,記載債務人供所定金額之擔保後免為或撤銷假處分;假處分裁定未依前項規定為記載者,債務人亦得聲請法院許其供擔保後撤銷假處分(民事訴訟法第536條第1項、第2項)。又除別有規定外,關於假處分之規定,於定暫時狀態之處分準用之(民事訴訟法第538-4條),俱見定暫時狀態之處分,雖非以保全執行為主要目的,惟仍屬保全權利之方法,原係法院為防止發生重大損害或避免急迫危險或有其他相類之情形認有必要時,為平衡兩造間之權利義務或利益而為之裁定,兩造當事人之權益固因此而受有影響,惟若定暫時狀態處分之保全權利方法,對債務人可能造

---

[10] 參照最高法院94年度台抗字第743號裁定。

成重大之損害，或債權人所受之損害非不能以金錢補償時，債務人得聲請供擔保免為假處分或撤銷假處分[11]。又其中如「假處分裁定，應選任管理人管理系爭物者，於執行時，執行法院應使管理人占有其物。」（強執法第137條），即選任管理人，係假處分裁定之方法，有無必要，應由法院於裁定時酌定之，若於裁定時認為無此選任之必要時，嗣後執行時即得不予選任。如假處分之裁定，係禁止債務人設定、移轉或變更船舶上之權利者，執行法院應將裁定揭示於船舶所在地，如該船係我國國籍船舶，應將裁定揭示於船籍港所在地，並通知船籍港航政主管機關登記其事由（應行注意事項第72項）。

第五節　保全執行之效力

一、假扣押、假處分裁定之效力，除了依強執法第4-2條規定之繼受人或為當事人、繼受人占有請求標的之人外，不及於其他第三人。

二、按假扣押、假處分之保全執行，依強執法第51條第2項規定「實施查封後，債務人就查封物所為移轉、設定負擔或其他有礙執行效果之行為，對於債權人不生效力。」第3項「實施查封後，第三人未經執行法院允許，占有查封物或為其他有礙執行效果之行為者，執行法院得依職權或依聲請排除之。」而此查封或扣押之效力及於將來併案及參與分配之債權人，故將來為本案調卷執行時，應以假扣押、假處分之保全執行時查封或扣押時狀態為準，而非以本案調卷時為準。

三、如在假扣押或假處分中之不動產經政府機關依法徵收時，其補償金即屬保全財產之代位物或代替利益，依民法第225條第2項、第881條、第899條之法理，及強執法第51條、第113條、第134條、第140條規定之意旨，原假扣押、假處分查封禁止債務人移轉財產權之效力，自仍

---

[11]　參照最高法院71年度台抗字第200號裁定、78年度台抗字第395號裁定。

應及於該徵收之補償金[12]，尤應注意。

四、依土地登記規則第141條第2項規定，如土地經法院囑託辦理查封、假扣押、假處分或破產登記後，債權人取得本案勝訴判決，而依法院確定判決聲請移轉、設定或塗銷登記之權利人為原假處分登記之債權人，執行法院核發查無其他債權人併案查封或調卷拍賣之證明書時，毋庸塗銷原假處分之查封登記[13]。

---

[12] 參照最高法院91年度台上字第2168號判決。

[13] 參照司法院民事廳頒法院辦理民事執行實務參考手冊，96年6月8日印行，第393頁。

第三章　保全程序之終結

　　保全程序之終結有因執行程序終結者，如依假扣押、假處分之所載執行名義內容執行完成者，如執行不動產之程序，於函囑託地政機關辦理查封登記，及到場執行查封行為即終結。但亦有因特別情事而撤銷執行程序，或併案執行而終結執行。

第一節　保全程序之撤銷

　　保全程序終結後，假扣押、假處分程序中因當事人有異議而聲請撤銷，使其恢復未執行之狀態。

一、撤銷之原因

（一）假扣押、假處分執行後，債權人聲請撤回執行者。

（二）假扣押債務人提供反擔保，而聲請撤銷假扣押執行者。但假處分「非有特別情事，法院不得許債務人供擔保而撤銷假處分。」（民事訴訟法第536條），故執行時尤應注意。但債務人不得僅提供部分擔保，而請求撤銷一部分之假扣押。

（三）經第三人提起異議之訴勝訴確定，而撤銷執行者（強執法第15、16條）。

（四）執行標的非債務人財產，經形式審查屬實，而撤銷執行者（強執法第17條）。

（五）依「假扣押、假處分或定暫時狀態之處分裁定經廢棄或變更已確定者，於其廢棄或變更之範圍內，執行法院得依聲請撤銷其已實施之執行處分。」（強執法第132-1條），但應注意者，保全程序之執行，如假扣押及一般假處分則無此問題，即按廢棄或變更之範圍

內予以廢棄或變更，如係履行性之假處分，因已執行終結，即對
於該執行處分撤銷前所生之效力，不生影響（應行注意事項第69-1
項），則應另行取得執行名義始得恢復原狀，或另行請求損害賠
償[1]。

（六）執行法院認為聲明異議有理由時（強執法第12條第1項）。

二、撤銷之方法

（一）經查封之不動產，應除去查封標示，並函塗銷查封登記。

（二）經查封之動產，應通知債務人自行除去查封標示，如查封之物品交
由債權人保管者，應命債權人將查封物品交還債務人，並請債務人
向法院陳報。

（三）扣押債務人對第三人之債權者，應通知第三人撤銷扣押命令。

（四）案件併他股執行者，應通知被併案股免除併案之執行。

（五）囑託其他法院執行者，應函告其他法院撤銷執行程序。

（六）部分撤銷者，僅就撤銷部分為啟封。

（七）有他債權人併案執行者，不得啟封，但應通知聲請人及債務人不啟
封之事由。

第二節　併案執行之處理

保全程序之執行時若有多數債權人，無論係基於對人、對物而再聲請
執行，應如何處理？因我國強制執行法係採「合一執行程序」原則，兼採
查封及終局執行優先原則[2]，故以最先聲請執行者，他債權人再聲請執行
時應予併案辦理之，但因對人、對物執行名義不同，而為下列之解決方
法。

---

[1]　參照司法院院解字第3585號解釋。

[2]　參照最高法院74年度台上字第341號判決。

一、終局執行與終局執行競合

（一）目的相同不相牴觸者

1. 對於已開始實施強制執行之債務人財產，他債權人再聲請強制執行者，應合併其執行程序並發生參與分配之效力，就拍賣之價金而受分配，即後案併前案處理（強執法第33條）。
2. 前執行程序因債權人撤回或被撤銷而終結者，應由後債權人繼續為其執行程序。

（二）目的不同互相牴觸者

1. 兩執行程序彼此目的不同相牴觸者，則僅得進行其中一執行程序，以先聲請執行者優先。
2. 後聲請執行者，並駁回在後之聲請執行，如於實體法上有排除前執行程序之權利，應提起第三人異議之訴，排除前執行程序後始得執行。例如交付動產之執行，如應交付之動產業經他債權人聲請查封，則不得執行交付。此際如動產交付請求權之債權人，有排除強制執行之權利者，應提起第三人異議之訴，排除強制執行後始得執行交付。

二、保全執行與終局執行競合

（一）假扣押執行與終局執行競合

1. 假扣押執行後，再聲請金錢債權之終局執行，毋庸重複踐行查封程序，直接調假扣押卷執行進行換價程序。即保全執行在先，後終局執行競合者；則終局執行時應調保全卷宗執行。此時如保全執行之債權人與債權相同者，再聲請本案執行者，不必另繳執行費，但由他債權人以本案聲請終局執行者，因債權人不相同，故仍應繳執行費。
2. 假扣押執行後，再聲請非金錢債權之終局執行，因彼此矛盾，不能並存，不許以在後之終局執行，推翻在前之假扣押執行。

3. 開始金錢債權之終局執行後，經他債權人聲請假扣押執行者，終局執行終結前，假扣押之聲請視為參與分配，其應受分配之金額應予提存，即終局執行在先，後保全執行在後競合者亦同，因假扣押屬金錢執行，故應併案執行，並將所分配金額提存之（強執法第133條）[3]。

4. 開始非金錢債權之終局執行後，他債權人再聲請假扣押執行者，應駁回在後之假扣押執行之聲請。

（二）假處分執行與終局執行競合

1. 先假處分執行後，再聲請金錢債權終局執行

(1) 禁止債務人就特定財產為處分行為之假處分，其效力僅在禁止債務人就特定財產為自由處分，並不排除法院之強制執行[4]。

(2) 禁止處分之假處分執行後，他債權人仍得就執行之財產為終局執行，就假處分之財產實施拍賣。

2. 開始終局執行後，他債權人再聲請假處分執行

(1) 開始終局執行（查封）後，仍得併案執行假處分。蓋在查封階段，兩者並不牴觸可以併存，且終局執行有被撤銷或撤回之可能，假處分債權人仍有聲請假處分執行之實益。

(2) 假處分無排除終局執行之效力。迨嗣後終局執行進行換價，假處分執行不得影響終局執行之換價程序，故於終局執行拍定交付後，假處分執行因標的物失其存在而消滅。

---

[3] 參照最高法院86年度台上字第1480號判決「依強執法第133條規定所應提存之分配金額，係指假扣押所保全之債權，依分配程序所應分配於假扣押債權人部分之金額而言。假扣押債權人須俟假扣押所保全之債權，獲得本案勝訴確定判決或有其他終局執行名義後，始得就該提存之分配金額受償。」

[4] 參照最高法院62年民事庭庭長會議決議。

三、保全執行與保全執行競合

（一）假扣押執行與假扣押執行競合

1. 後案併前案處理。即保全執行在先，後保全執行在後競合者：如係二者均爲假扣押者，則以後案併前案，並通知前案之假扣押債權人有併案之情形，不另爲查封或囑託登記（土地登記規則第138條）；如二者，一爲假扣押、一爲假處分，其處理方法相同，但如將來各取得本案勝訴判決執行時，因假處分有對物執行之效力，將有優先執行之效力。但如二者均爲假處分之對物執行時，若仍各取得勝訴判決執行時（如一爲本於租賃關係請求交付占有物、一爲本於所有權請求交付占有物等），執行法院僅得擇一執行之[5]。

2. 前案假扣押經撤回者，因有後案假扣押聲請存在，故不得啓封，但應通知債權人（前、後案）與債務人，並於通知書上載明：本案因尚有後案債權人請求併案查封中不啓封之旨。

---

[5]　（一）參照陳榮宗著強執法，88年11月，三民書局印行，第639、640頁。

　　（二）按假處分與假處分或假處分與假扣押間之強制執行競合時，依學者通說及司法實務界見解，係兼採查封及終局執行優越之原則，就債務人所有財產實施假處分於先，執行假扣押或另一假處分在後，而假扣押債權人就假扣押所保全之請求先取得執行名義，並聲請就假扣押之標的物爲終局執行時，實施在先之假處分，其效力並不能排除法院之終局強制執行，此即終局執行優越之原則。反之，實施假處分在先之債權人就其所保全之請求先取得執行名義，則可逕行請求實現該執行名義所載之內容（包括依確定判決申請地政機關辦理不動產所有權之移轉登記），執行在後之假扣押或假處分與之不相容部分之效力，即歸於消滅，此爲保全執行在先者優越之原則（最高法院74年度台上字第341號判決參照）。從而實施假處分在先之債權人就其所保全之請求取得命債務人辦理不動產所有權移轉登記之確定判決，其併案執行在後之假扣押或假處分與之不相容部分之效力，即應歸於消滅。除法院有調卷爲終局執行之情形外，實施假處分在先之債權人，即得據以依現行土地登記規則（舊法）第26條第4款之規定，單獨申辦移轉登記。（司法院82年5月10日（82）秘台廳民二字第5333號）。

（二）假處分執行與假處分執行競合

1. 先後假處分內容相同，後案併前案辦理即可。
2. 先後假處分內容不相同，若彼此不相牴觸時，可分別執行之。
3. 先後假處分執行相互牴觸者，以先聲請執行者優先，後聲請執行者應予駁回。

（三）先假扣押執行與後假處分執行競合：假扣押執行後，他債權人就同一財產聲請禁止移轉之假處分，此時可將假處分合併前案

1. 假扣押債權人先取得終局執行名義，就假扣押之財產實施換價，於拍賣後因假處分標的物失其存在，假處分失其效力。
2. 如假處分債權人就保全之請求先取得終局執行名義，因其移轉與假扣押效力牴觸，對假扣押債權人不生效力[6]。

（四）先假處分執行與後假扣押執行競合

1. 內容不牴觸者，假扣押則可併前案

   (1) 假處分債權人，就債權之請求先取得終局執行名義，得實現其執行名義之內容。

   (2) 假扣押債權人先取得終局執行名義，終局執行之債權人，仍得就假處分之財產實施換價，假處分之債權人，不得排除法院之強制執行，但有實體上得排除強制執行之權利者，得提起第三人異議之訴，以資救濟。

2. 內容相牴觸，不可再實施假扣押

---

[6]　參照最高法院74年度台上字第341號判決。

四、民事執行與行政執行之合併辦理

（一）實施執行前

1. 執行人員於實施強制執行時，發現債務人之同一財產業經行政執行機關查封者，不得再行查封。執行法院應將執行事件連同卷宗函送該管行政執行處合併辦理，並通知債權人（強執法第33-1條第1項、第2項、行政執行與民事執行業務聯繫辦法第2條第1項）。

2. 執行法院將事件函送行政執行處併辦時，應敘明如行政執行處就已查封之財產不再進行執行程序時，應維持已實施之執行程序原狀，並將卷宗送由執行法院繼續執行（應行注意事項第18-1項第1款）。

3. 執行法院於函送合併辦理前，應就聲請強制執行、移送行政執行之法定要件先行審查；法定要件有欠缺者，不得函送合併辦理（行政執行與民事執行業務聯繫辦法第4條）。

4. 執行標的物已為行政執行處執行假扣押、假處分者，執行法院得向行政執行處調取假扣押、假處分之執行卷宗，進行強制執行程序，並通知原移送機關（行政執行與民事執行業務聯繫辦法第5條第2項）。

（二）實施執行後

1. 執行法院就已查封之財產不再進行執行程序時，如有行政執行處函送併辦之事件，而移送機關公法上金錢債權尚未受滿足執行者，應維持已實施之執行程序原狀，將合併執行後之相關卷宗函送原行政執行處繼續執行，並通知原移送機關（應行注意事項第18-1項第2款、行政執行與民事執行業務聯繫辦法第3條第2項）。

2. 法院向行政執行處調取假扣押、假處分卷宗執行查封者，就該查封之財產不再繼續執行時，應維持已實施之執行程序或回復調卷執行前之原狀，將調取之卷宗退還原機關，並通知債權人或移送機關（行政執行與民事執行業務聯繫辦法第5條第3項）。

3. 執行法院於函送合併辦理之執行事件及調卷拍賣之假扣押、假處分事件，為執行拍賣之機關者，於不動產拍賣程序終結後，應記明該不動產之標示、買受人及原囑託登記之執行機關名稱、文號、原囑託登記事由與塗銷登記事由，囑託該管登記機關塗銷原查封、假扣押、假處分、破產登記及其他限制登記（行政執行與民事執行業務聯繫辦法第6條第3項）。

4. 執行法院就行政執行處函送合併辦理之執行事件，及向行政執行處調卷執行之假扣押、假處分事件，於為終局滿足執行後，應將執行結果通知行政執行處；除有必要外，卷宗無須退還，應予併案歸檔（行政執行與民事執行業務聯繫辦法第6條第2項）。

5. 執行法院對於行政執行處函送合併辦理之公法上之金錢債權部分，不能為滿足執行時，應將該部分執行事件，連同原函送之卷宗及合併執行後之相關資料，一併函送原行政執行處繼續辦理，並通知原移送機關（行政執行與民事執行業務聯繫辦法第7條第2項）。

五、金拍與法拍之併案執行

（一）按資產管理公司（Asset Management Company，簡稱為AMC）依金融機構合併法第11條第2項規定金融機構或金融機構不良債權之受讓人，就已取得執行名義之債權，得就其債務人或第三人所提供第一順位抵押權之不動產，委託經主管機關認可之公正第三人公開拍賣處理。

（二）資產管理公司處理金融機構之不良債權，得依下列方式辦理（同法第11條）：「金融機構讓與不良債權時，就該債權對債務人或保證人已取得之執行名義，其效力及於不良債權受讓人。金融機構或金融機構不良債權之受讓人，就已取得執行名義之債權，得就其債務人或第三人所提供第一順位抵押權之不動產，委託經主管機關認可之公正第三人公開拍賣，並不適用民法債編施行法第二十八條之

規定。公開拍賣所得價款經清償應收帳款後，如有剩餘應返還債務人。前項公正第三人認可之條件、業務範圍、負責人資格、廢止認可及公開拍賣程序等事項之辦法，由主管機關定之。第二項公正第三人得受法院之委託及監督，依強制執行法辦理金融機構或金融機構不良債權受讓人聲請之強制執行事件。」，財政部為因應資產管理公司之拍賣，乃訂定「公正第三人之認可及其公開拍賣程序辦法」（置於本章末），故拍賣條件及方式為：

1. 已取得執行名義，無論為對人或對物之執行名義均可。

2. 具第一順位抵押權，主要考量在於第一順位抵押權較單純，較不具爭議性，其中對不動產抵押固無問題，至該規定之拍賣是否亦包括動產抵押在內，法無明文，但有關動產抵押之拍賣，於動產擔保交易法第19條已另有「就地公開拍賣」之規定，故解釋上，應認不適用之。

3. 須經認可公正第三人，即依財政部核准之公正第三人（公正第三人認可及其公開拍賣程序辦法第3條、第6條規定）。

4. 須公開拍賣。其拍賣方式大抵與法院拍賣相同，依「公正第三人認可及其公開拍賣程序辦法」第16條、第18條規定，其拍賣之程序為：(1) 公正第三人接受委託；(2) 就拍賣之標的定底價；(3) 發布拍賣公告；(4) 進行拍賣；(5) 若未拍定再減價二次拍賣；(6) 拍定後塗銷抵押權並移轉登記。其中較特別者，為允許當事人得以「分期付款」方式繳交價金，不用一次付清，及拍賣方式得以「投標」、「競相喊價」或「電腦網路」等擇一為之，且該辦法並無不動產強制管理之規定，因強制管理本質與清理不良債權之目的有違，故應認為排除適用。

5. 依金融機構合併法第14條規定：「金融機構概括承受或概括讓與者，準用本法之規定。外國金融機構與本國金融機構合併、概括承受或概括讓與者，亦同。但外國金融機構於合併、概括承受或概括讓與前，於中華民國境外所發生之損失，不得依前

條第二項規定辦理扣除。金融機構依其他法律規定由接管人或清理人為概括承受、概括讓與、分次讓與或讓與主要部分之營業及資產負債者，除優先適用各該法律之規定外，準用本法之規定。金融機構為概括承受、概括讓與、分次讓與或讓與主要部分之營業及資產負債，其債權讓與之通知得以公告方式代之，承擔債務時免經債權人之承認，不適用民法第二百九十七條及第三百零一條規定。第一項外國金融機構與本國金融機構合併、概括承受或概括讓與申請主管機關許可應檢附之書件、應踐行之程序、準用本法規定之範圍及其他應遵行事項之辦法，由主管機關定之。」，即得以公告代替通知之方式，但如資產管理公司受讓資產後，再將資產轉讓與其他資產管理公司，因此時並非金融機構受讓，故無該條規定之適用[7]，即仍應依民法第297條及第301條規定辦理，否則不生讓與之效力。

（三）發生競合聲請執行時之處理

當資產管理公司同時或先後聲請法院強制執行與請求公正第三人為公開拍賣時，應依聲請之先後為之，以最先受理聲請者為拍賣機關，而該辦法為免去上揭競合困擾，乃於「公正第三人認可及其公開拍賣程序辦法」第12條規定公正第三人受託辦理不動產之拍賣時，應於受託後函請不動產登記機關於登記簿所有權部其他登記事項欄註記「公正第三人拍賣中」。如終止委託拍賣或發生不再拍賣時，公正第三人應於七日內函請不動產登記機關塗銷上開註記。此項登記並有便利第三人參與分配及債務人、利害關係人查悉不動產拍賣情形之作用。

（四）如資產管理公司，於債務人公司受重整裁定前，已受讓之債權或已開始強制執行之債權者，不受法院依公司法第287條第1項第4款裁定停止強制執行程序效力之拘束，即無停止強制執行之理由，應

---

[7]　參照台灣高等法院98年8月19日民事庭會議決議。

續行強制執行程序[8]，惟執行法院應注意者，即其受讓之時間，是否在重整裁定前，如有疑義應命債權人釋明。

公正第三人認可及其公開拍賣程序辦法

第一章　總則

第1條　本辦法依據金融機構合併法（以下簡稱本法）第十一條第三項規定訂定之。

第2條　公正第三人應本獨立、客觀與公正精神辦理第六條規定之業務，以平衡債務人及債權人之權益。

第二章　公正第三人之認可

第3條　符合下列條件之機構得向主管機關申請認可為公正第三人：

一、實收資本額新臺幣十億元以上之股份有限公司。

二、法人股東持股占已發行股份總數百分之五十以上。

三、員工五分之一以上應具有下列資格者：

（一）不動產估價師或實際從事估價上作五年以上專責估價人員十人以上。

（二）律師一人以上。

（三）會計師一人以上。

（四）建築師一人以上。

（五）土地登記代理人二人以上。

（六）不動產經紀人五人以上。

第4條　符合前條資格者，應填具申請書，並檢附下列文件向主管機關申請認可：

一、公司登記證件或發起人會議紀錄。

二、公司章程。章程應記載董事九人以上、監察人三人以上，其

8　參照台灣高等法院92年法律座談會彙編，第201-203頁。

中三分之一以上應由具法律、會計、建築學識及經驗之專家擔任，並報經主管機關核備。

三、股東或發起人名冊。

四、董事、監察人或預定董事、監察人名冊。

五、負責人身分證明文件。

六、實收資本額扣除累積虧損後仍達新臺幣十億元並經會計師簽證，或代收股款之銀行名稱、地址及發起人已依規定繳足股款證明。

七、業務章則。

八、其他經主管機關規定提出之文件。

經主管機關審查認可者，應發給認可證明。

第5條　前條第一項第七款業務章則，至少應記載下列事項：

一、組織結構及部門職掌。

二、不動產拍賣底價評定辦法及擬辦理各項拍賣作業流程。

三、不動產拍賣底價評定委員會之設置及組成。

四、不動產資料庫之建置。

五、內部管理及會計控制制度。

六、人員配置、管理及培訓。

七、經營業務之原則及方針。

八、計費標準。

第6條　經認可之公正第三人以辦理下列業務為限：

一、依本法第十一條第二項規定受金融機構或金融機構不良債權之受讓人之委託辦理抵押不動產之公開拍賣。

二、依本法第十一條第四項規定受法院之委託及監督，辦理金融機構或金融機構不良債權受讓人聲請之強制執行事件。

三、金融機構金錢債權評價業務。

四、其他經主管機關核准之業務。

第7條　公正第三人之董事、監事人不得有下列各款情事之一：

一、有公司法第三十條各款情事之一者。

二、曾任法人宣告破產時之董事、監察人或經理人或且（地位相等之人，其破產終結未滿三年或協調未履行者。

三、最近三年內在金融機構使用票據有拒絕往來或喪失債信紀錄者。

四、違反證券交易法、公司法、銀行法、保險法、信用合作社法、農會法、漁會法或管理外匯條例等規定，經受罰金以上刑之宣告，執行完翠、緩刑期滿或赦免後未滿五年者。

五、動員戡亂時期終止後，曾犯內亂、外患罪，經判刑確定者。

六、受宣告強制工作之保安處分或流氓感訓處分之裁判確定，尚未執行、執行未畢或執行完畢未滿五年者。受其他保安處分之裁判確定，尚未執行或執行未畢者。

七、曾犯刑法或其特別法之貪污罪、組織犯罪防制條例之罪。

八、曾犯刑法或其特別法之投票行賄、收賄罪、妨害投票或競選罪、包攬賄選罪，或利用職務上之機會或方法犯侵占、詐欺、背信或偽造文書罪，經判處有期徒刑以上之刑確定者。但受緩刑宣告或易科罰金執行完畢者，不在此限。

九、犯前五款以外之罪，經判處有期徒刑以上之刑確定，尚未執行或執行未畢者。但受緩刑宣告或受有期徒刑六個月以下得易科罰金者，不在此限。

十、有事實證明曾經從事或涉及其他不誠信或不正當活動，足以顯示其不適合從事公正第三人業務者。

董事或監察人為法人者，前項規定，於該法人代表人或指定代表行使職務之人，準用之。

第8條　公正第三人之經理人，除不得有前條第一項各款情事外，應具備下列資格之一：

一、具備第三條第三款所定資格之一並從事相關專業業務二年以上者。

二、具有碩士以上學位，曾任金融、估價、建築經理、仲介相關機構或公、民營企業主管職務二年以上，或曾在國內、外獨立學院以上學校任金融、估價、建築經理、仲介等相關課程講師以上職務三年，成績優良者。

三、大專以上學校畢業，曾任金融、估價、建築經理、仲介相關機構或公、民營企業主管職務三年以上，成績優良者。

四、曾任金融、估價、建築經理、仲介相關機構或公、民營企業主管職務五年以上者。

五、有其他事實足資證明其具備拍賣等專業知識或專業經驗，可健全有效經營公開拍賣業務，並事先報經主管機關核准者。

前項所稱經理人，包括總經理、副總經理、協理、經理、副經理。

第9條　依本辦法規定申請已獲認可者，如發現其申請事項或檢附件文件有虛偽不實者，主管機關得撤銷其認可。

第10條　經認可之公正第三人，有下列事由時，主管機關得廢止其認可：

一、未依第二條規定辦理業務。

二、辦理經認可之業務有未依規定辦理，情節重大，或違法經檢察官起訴者。

三、不符第三條或第四條第一項第二款規定之情形，經限期改善而未改善者。

四、未經核准辦理第六條規定以外之業務，經限期改善而未改善者。

五、違反第七條或第八條規定，經限期改善而未改善者。

第三章　公正第三人之公開拍賣程序

第一節　委託拍賣

第11條　委託拍賣契約應以書面為之，至少應記載下列事項：

　　　　一、債權人。

　　　　二、抵押權順位。

　　　　三、執行名義種類。

　　　　四、取得執行名義費用。

　　　　五、實際債權金額。

　　　　六、委託拍賣標的物。

　　　　七、拍賣方式。

　　　　八、拍賣費用。

第12條　公正第三人受託辦理不動產之拍賣，應於受託後函請不動產登記機關於登記簿所有權部其他登記事項欄，註記「公正第三人拍賣中」。

　　　　如終止委託拍賣或發生不再拍賣事由時，公正第三人應於七日內函請不動產登記機關塗銷前項註記。

第二節　訂定底價

第13條　公正第三人應設置五人以上之不動產拍賣底價評定委員會，決議受託拍賣之不動產底價並提報常務董事會或董事會備查。

　　　　前項底價評定委員會之成員，應有三分之二以上為建築師、不動產估價師或實際從事估價上作五年以上專責估價人員及不動產經紀人。

　　　　公正第三人受託公開不動產時，應依董事會通過之底價評定辦法，就土地及建築物分別覆實評定。

第14條　公正第三人依前條所定之拍賣底價，應通知抵押人、債務人及債權人給予陳述意見之機會。

　　　　抵押人、債務人或債權人對於所定之拍賣底價，如有異議應於通知到達之日起七日內併同事證向公正第三人提出陳述意見。

　　　　前項異議提出後，應即由評定委員會依據異議人所提事證及意見重新評核，如認為有理由者，應重新核定底價，無理由者底價即

　　　　　爲確定，並通知異議人。

第15條　公正第三人辦理不動產拍賣底價評定前，應至拍賣不動產現場查勘，並應拍照及作成查勘紀錄記載該不動產之使用情形。

　　　　　前項查勘紀錄，應記載下列事項：

　　　　　一、拍賣抵押土地時，該土地上之使用情形，如土地上有工作物或農作物時，其權利者。

　　　　　二、建築物之占有使用人，如非爲抵押人或債務人占有時，其占有使用人及占有之原因。

第三節　拍賣公告

第16條　公正第三人公開拍賣不動產應載明下列事項，透過電腦網路揭示並於總公司或分公司所在地公告至拍賣日期，及登載於全國性新聞紙連續三日以上：

　　　　　一、不動產之所在地，種類、實際狀況、占有使用情形及其他應記明之事項。

　　　　　二、拍賣之日、時、場所及方式。

　　　　　三、拍賣底價。

　　　　　四、交付價金之期限，其採分期給付者，其第一期應繳金額、期數及期限。

　　　　　五、定有應買賣資格或條件者，其資格或條件。

　　　　　六、閱覽不動產相關資料之處所及日、時。

　　　　　七、應繳納之保證金額及方式。

　　　　　八、得標人未依限繳足價金時，保證金之處理方式。

　　　　　前項公告事項內容並應通知抵押人、債務人及債權人。

第17條　拍賣期日距公告之日，不得少於七日多於十四日。

第四節　拍賣

第18條　不動產之拍賣，得以投標、競相喊價或以電腦網路方式爲之。

公正第三人利用電腦網路方式拍賣時，應事先擬具作業辦法經董事會通過，並報經主管機關核准後始得辦理。

拍賣應拍歸出價最高，且逾拍賣底價之投標人。

第19條　以投標方式之拍賣，投標人應以書件密封投入公正第三人所設之標匭。

前項書件，應載明下列事項：

一、投標人之姓名或名稱、年齡、身分證明文件字號或統一編號及地址。

二、願買之不動產。

三、願出之價額。

第20條　投標人不依前條所定投標方式為之，或應繳納保證金而未全額繳納者或出價未達拍賣底價，其投標無效。

第21條　以投標方式之拍賣，於投標結束後應立即由執行拍賣人員當眾開標，並朗讀之。

投標人願出之最高價額相同者，以當場增加之金額最高者為得標人；無人增加價額者，以抽籤定其得標人。

第22條　以競相喊價方式之拍賣，應設置公開競相喊價之場所，其設置及競價規則應由公正第三人擬具後報主管機關核備。

前項執行拍賣人員應對每次出價高喊三次後，如無其他較高出價，應以拍板或其他方法，為拍定之表示。

第23條　得標人未於公告所定期限內繳足價金，或其採分期給付價金而未繳足第一期應繳金額者，其得標無效。

投標之得標人發生前項情形時，公正第三人應對於本次所出價格高於底價之所有投標人，洽詢其於七日內，回復是否仍願按原出價價格承買，而以願按原出價價格承買者得標，並準用第二十一條第二項規定。

第24條　公正第三人應將拍定結果載明下列事項，通知抵押人、債務人及債權人。

一、得標價格。

二、應繳之土地增值稅。

三、應付之拍賣費用、取得執行名義之費用（依法院之訴訟費用確定證明核算）。

四、依執行名義所載之債權本金、利息及違約金計算應清償之金額。

五、抵押權人可受清償數額。

抵押人、債務人或債權人得於通知到達之日起七日內就前項第四款及第五款事項陳述意見，如有異議提出後，應即由公正第三人依據異議人所提事證及意見重新核計，如認為有理由者，應重新核計數額，無理由者數額即為確定，並通知異議人。

如無異議，公正第三人屆期應依前項第二款至第四款所定之順序分配，以清償債權人之抵押債權。如有剩餘應返還抵押人。

第五節　再行拍賣

第25條　拍賣不動產有列情形之一者，得經債權人同意後，由公正第三人定期再行拍賣二次：

一、無人應買。

二、雖有人應買，但投標無效。

三、依第二十三條第二項規定辦理，仍未能拍定者。

依前項規定再行拍賣時，得酌減拍賣底價，每次酌減數額不得逾百分之二十。

第26條　依前條再行拍賣如仍未拍定時，公正第三人應終止再行拍賣。但經抵押人同意者得再行拍賣一次。

公正第三人依前項但書再行拍賣時，得酌減拍賣底價，酌減數額不得逾上次拍賣底價百分之二十。

第27條　再行拍賣期日，距上次拍賣期日不得少於十五日多於三十日。

第六節　移轉登記

第28條　拍賣之不動產，買受人依拍賣條件繳足價金後，公正第三人應發給拍定證明書。

買受人得持前項公正第三人發給之拍定證明書，依土地登記規則逕向不動產登記機關申請權利移轉登記及抵押權塗銷登記，不須會同抵押人申請。

第29條　抵押人或債務人應交出之不動產，現為抵押人或債務人占有，買受人得依民事訴訟程序請求法院排除，或第三人於依第十五條規定作成查勘紀錄後不法占有，而涉有刑事犯罪行為者，買受人得以刑事事件向當地警察機關備案處理。

第四章　附則

第30條　本辦法自發布日施行。

第六編

強制執行程序之
不進行

第一章　駁回強制執行之聲請

駁回強制執行之聲請係因債權人聲請強制執行，於執行程序進行中有瑕疵而經執行法院裁定駁回而言，又因其原因不同，執行法院之處理情形亦有不同。

第一節　得補正之瑕疵

常見得補正之瑕疵如下：

一、債權人於執行程序中應為一定必要之行為，無正當理由而不為，經執行法院再定期限命為該行為，無正當理由逾期仍不為者（強執法第28-1條第1款）。如不引導執行人員到場查封等，經執行法院二次通知仍不為該行為者，得駁回強制執行之聲請，並非僅駁回該次之執行行為。

二、執行法院命債權人於相當期限內預納必要之執行費用而不預納者（強執法第28-1條第2款）。如執行費、鑑價費、勘測費、登報費等，經執行法院一次通知而不繳納者，即得以裁定駁回其強制執行之聲請，但對債權人聲明承受，而共有人死亡，債權人拒不陳報共有人之繼承人，以致執行法院無從通知共有人是否行使優先承買權時，可否依該規定駁回其強制執行之聲請？有認為執行程序已進行至拍賣無人應買，由債權人聲明承買，因共有人死亡，執行法院可依職權調查共有人之繼承人，以便通知共有人行使優先承買權，尚不得以債權人拒不陳報共有人之繼承人，即以裁定駁回其強制執行之聲請[1]；有認為債權人拒絕陳報共有人之繼承人，致執行程序不能進行，依強執法

---

[1] 參照司法周刊933期、張劍男著台灣高等法院87年法律座談會民事法律問題爭議舉例（三）文，採反對說。

第28-1條第1款規定，執行法院得以裁定駁回其強制執行之聲請[2]。後說，爲實務上所探，但二說，以前說較符合當事人之利益，且有利案件終結，故以前說較爲可探。

三、其他合法要件之欠缺情形，如債權人提出法院之民事判決，但未提出確定證明書，或其他強執法第6條第1項各款應提出之證明文件有欠缺，經定期命債權人補正而未補正者，即通知一次後仍未補正者，應以裁定駁回其聲請。

第二節　不得補正之瑕疵

常見不得補正之瑕疵如下：

一、無執行名義聲請強制執行者，包括依強執法第6條第1項規定應提出之證明文件，而無該證明文件者，除了依同法條第2項規定受聲請之法院係原第一審法院應予調卷外，若無執行名義聲請強制執行者，應以裁定駁回其強制執行之聲請，毋庸再定期命其補正。

二、執行名義附有條件、期限、或須債權人提供擔保者，而條件尚未成就、期限未屆至或債權人未供擔保者，自不得開始強制執行（強執法第4條第2項），若因而聲請強制執行，應以裁定駁回其聲請。

三、執行名義須爲對待給付者，債權人未證明已爲給付之情形，應以裁定駁回其聲請（強執法第4條第3項）。

四、以假扣押、假處分裁定爲執行名義聲請強制執行，於送達後逾三十日始聲請者（強執法第132條第3項）。

五、對非執行名義效力所及之人聲請強制執行者（強執法第4-2條第2項）。

---

[2]　參照台灣高等法院87年法律座談會紀錄。

第二章　撤回強制執行

　　強制執行採當事人進行主義，故執行程序是否進行悉依有執行名義之債權人意思。而撤回強制執行係消極的不進行執行程序，故無合一執行程序之適用。不進行執行程序除了基於債權人主觀之意思而撤回外，強執法另規定有視為撤回之情形，即具一定之條件，而無法完成時，被動地，視為撤回強制執行，但二者，其結果相同，均使執行程序消滅。又債權人撤回強制執行之聲請，因係有執行名義之債權人參與分配或併案執行而有不同，實務上之處理方式而有不同：

一、無有執行名義之債權人參與分配或併案執行之案件，經債權人撤回執行時，執行法院應視其情形，如到院撤回者，而委任代理人應提出委任狀，並載明有特別代理；若具狀撤回者，應核對撤回狀與原聲請狀之印章是否相符，如相符且合法者，須請書記官查有無其他併案或保全案件存在，現行已實施電腦化，故查詢亦較便利，若無上揭情形，即應啟封，並函登記機關（如地政機關、監理站）塗銷查封登記，退還執行名義等，並予報結。若有上揭情形，則報結，但不啟封。

二、有執行名義之債權人參與分配或併案執行之案件，經債權人撤回執行時，執行法院應詢問其他有執行名義債權人意見，是否繼續執行，如亦願撤回者，處理方式同前無有執行名義之債權人參與分配或併案執行處理；若欲繼續執行，則改由該債權人繼續執行（強執法第33條）。如屬不動產執行之併案或參與分配執行時，應通知地政機關為變更債權人登記。而此之變更登記，並非另行查封登記，故地政機應予受理辦理之（土地登記規則第138條）。

三、債權人撤回執行之聲請時，其餘參與分配之債權人均為無執行名義者，因無執行名義之債權人並無發動強制執行之權利，故逕依前述之無有執行名義之債權人參與分配或併案執行方式處理。

四、強執法規定其他法律規定視為撤回執行者，如強執法第10條第2項、第95條第2項等規定。其中第95條第2項規定之特別拍賣程序，債權人未於三個月內聲請另行估價或減價拍賣者，視為撤回該不動產之執行，其中如係調假扣押卷執行者，雖假扣押程序為保全程序，但債務人財產為債權人之總擔保，且假扣押為暫時保全狀態，以確保將來本案執行之實現，故經視為撤回該不動產執行後，假扣押執行應一併啟封，因假扣押執行已融合為本案執行之一部分，故併予啟封。但第三人調假扣押卷執行者，經執行法院視為撤回該不動產執行時，因消極行為之執行程序不合一，故原存在之假扣押執行仍不啟封。又如係調假處分執行卷執行者，因假處分裁定之性質為金錢以外之保全執行，並無金錢債權之實現問題（金錢債權之假處分除外），雖假處分裁定並不能禁止法院之強制執行，但因性質不同，故經第三人調卷執行後，如有強執法第95條第2項之事由而視為撤回者，對假處分之執行程序應不予啟封，將假處分執行卷退還保全股繼續保存。

五、未實施執行前（含本案執行、假執行、假扣押、假處分等），撤回執行時，債權人得聲請法院核發未執行證明，後依民事訴訟法第104條規定聲請法院裁定返還其提存金（物），但如已執行者，或誤為聲請執行而執行（如超過三十日仍聲請假扣押者），則應依該條第1項第3款規定，通知債務人二十日內行使權利，如逾期未行使者，始得聲請法院裁定准予領回提存金。另假處分執行後本案勝訴判決者，依土地登記規則第141條第2項規定，依法院確定判決申請移轉、設定或塗銷登記之權利人為原假處分登記之債權人者，「應檢具法院民事執行處核發查無其他債權人併案查封或調卷拍賣之證明書件。」，故原假處分執行之債權人取得勝訴確定判決後，即應聲請未執行證明書，而非撤回執行，再去辦理移轉登記。又因本法採查封及終局執行優先原則，故依土地登記規則第141條第2項規定意旨，執行債權人撤回時，應檢具法院民事執行處或行政執行分署核發查無其他債權人併案查封或調卷拍賣之證明書件，始得辦理塗銷查封登記。

（一）實務上認有下列各款情形之一，而債權人撤回執行，得核發未執行之證明：

1. 至現場執行時，因無法開啓門鎖，而未入屋內執行。

2. 至現場執行時，於開啓門鎖後，未執行任何標的前。

3. 扣押命令無法送達第三人。

4. 扣押命令送達第三人後，該第三人陳報：其對債務人無債務存在。

5. 核發自動履行命令後，僅至現場履勘，尚未執行前。

6. 核發自動履行命令後，尚未至現場執行或至現場尚未執行前。

7. 債務人於前述1至6項情形提供擔保免爲執行。

8. 已對於多數債務人其中之甲、乙實施執行程序，而於未對另一債務人丙實施執行程序前撤回執行，而聲請發給對丙之於執行程序實施前撤回執行證明。惟須特別注意，倘係爲債務人供擔保後，債權人對債務人之一部分於執行程序實施前撤回執行之聲請，仍不得返還提存物。故上述情形，宜將僅就丙部分發給於執行程序實施前撤回執行之意旨註明，避免錯誤。

（二）有下列情形之一，不得發給於執行程序實施前撤回執行之證明：

1. 已使用電子郵件辦妥查封登記，尚未至現場執行，而債權人撤回執行。

2. 至現場實施查封，並揭示封條完成執行程序後，因執行標的之不動產已移轉登記予第三人，致無法辦理查封登記時，債權人撤回執行。

3. 實施執行程序後，發現該項執行標的物確非債務人所有，而債權人撤回執行。

4. 債務人於執行標的物經查封後，在拍定、變賣前提供擔保免爲執行，而債權人撤回執行。

第三章　撤銷強制執行

　　撤銷強制執行之行爲者，除了解除前已執行之行爲外，並追溯回復爲未執行之原狀。故執行已終結者即不得撤銷，如對其他財產權執行，債權人已由第三人處收取之金錢部分，即不得撤銷。又撤銷乃執行法院本於公權力之執行者所爲之處分行爲，故縱經債權人撤回強制執行，但尚未經執行法院撤銷者，執行法院之強制執行程序尚未消滅，此觀之民法第881-12條第1項第6款規定「抵押物因他債權人聲請強制執行經法院查封，而爲最高限額抵押權人所知悉，或經執行法院通知最高限額抵押權人者。但抵押物之查封經撤銷時，不在此限。」，即最高限額抵押權之回復原設定之效力，須執行法院撤銷其查封始發生，而非經債權人撤回強制執行即得予以回復，尤應辨明。

第一節　法律規定及實務上認爲撤銷強制執行之情形

一、債權人撤回執行者，所指債權人是指有執行名義之債權人全部，後經執行法院撤銷其強制執行。

二、查封後發現非債務人所有者（強執法第17條），執行法院僅從形式之審查，如形式認非債務人所有，即應撤銷執行程序，如不動產非登記爲債務人所有、汽機車登記名義人非債務人等均屬之。

三、債務人或第三人得提起異議之訴，有理由者，由執行法院撤銷強制執行（強執法第16條）。

四、經執行法院駁回強制執行確定者，如強執法第28-1條各款情形。

五、拍賣無實益者，如強執法第50-1條，第80-1條情形。

六、債務人提出現款至執行法院繳清債權者（強執法第58條），即毋庸繼

續執行，因執行目的已達成。

七、債務人已提供反擔保者，在假扣押、假處分程序，債務人依假扣押、假處分裁定而提供反擔保者，固應撤銷執行程序（民事訴訟法第527條、第533條），在假執行之情形，實務上已修改過去不得提供反擔保而撤銷執行程序，因假執行僅是暫時執行之意，雖得終局執行，債務人提供反擔保，於債權人並無不利，故認為於執行程序終結，如拍賣，於拍定前均可供反擔保而撤銷執行處分。

八、依強執法第18條第2項規定，第三人之聲請或請求為有理由確定者，或第三人、債務人提起異議之訴勝訴確定者。

九、假扣押、假處分之裁定經撤銷確定者（民事訴訟法第529條、第530條、第533條）。

十、聲明異議有理由者，即程序問題經債務人或第三人聲明異議為有理由者，應將原處分或程序撤銷或更正之（強執法第13條第1項）。

第二節　撤銷強制執行之方法及效力

一、撤銷執行之方法

撤銷強制執行之處分應由執行法院依職權解除其處分，不必以裁定為之[1]，即以函登記機關塗銷查封（或扣押）登記，已為之封條並通知債務人自行除去即可。債權人聲請時應提出證明文件：

（一）聲請再審或聲請回復原狀，致使原確定判決經廢棄或變更，提出裁判正本及確定證明。

（二）對和解請求繼續審判或請求宣告調解無效，經判決勝訴確定，提出裁判正本及確定證明。

（三）廢棄宣告假執行之本案判決或廢棄假執行宣告之判決已宣示，提出

---

[1]　參照司法院36年院解字第3443號解釋。

　　裁判正本及確定證明。

（四）許可拍賣抵押物或質物之裁定，經抗告法院廢棄裁定確定，提出裁
　　　判正本及確定證明。

（五）假扣押、假處分之裁定，經裁定撤銷確定，提出裁判正本及確定證
　　　明。

（六）債務人或第三人提起異議之訴，勝訴確定，提出裁判正本及確定證
　　　明。

二、撤銷之效力

　　強制執行之處分經撤銷後，則執行處分失其效力，執行法院應為下列
行為：

（一）不動產之拍賣，應除去查封標示，並塗銷查封登記。

（二）動產拍賣，應除去查封標示，將查封物返還債務人。

（三）若於不動產房屋交付之執行中，應將執行中之動產，搬回房屋；但
　　　如已解除債務人之占有，使歸債權人占有，則執行程序業已終結，
　　　無從撤銷執行處分。

第四章　延緩強制執行

第一節　延緩強制執行之意義

　　所謂延緩強制執行，係指強制執行程序進行中，因債權人之聲請、債權人及債務人之合意或因特殊情形而暫緩執行，即暫時停止執行程序之進行，並非將原執行程序撤銷。如債權人與債務人私下和解，給予債務人之一定期間履行，而聲請執行法院暫緩執行，以避免拍賣，讓債務人能緩衝籌錢還債等。又聲請延緩執行之程式，無論用書狀或言詞陳述均可，惟如以言詞陳述應向執行法院書記官陳明，並記明筆錄及簽名。聲請延緩執行須在執行程序終結前，如拍賣、變賣或特別拍賣之拍定前，或未經拍賣、變賣者於價金分配前，始得為之，否則執行程序已終結，聲請延緩執行即無實益。

第二節　聲請延緩強制執行之原因及要件

一、由債務人聲請者，應得債權人同意（強執法第10條第1項），所謂得債權人同意之「債權人」是指有執行名義之債權人而言，無執行名義之債權人如強執法第34條第2項之擬制參與分配之優先債權人，則不包括在內，故執行法院收到債務人聲請延緩執行時，應詢問有執行名義之債權人，包括本案債權人、併案或參與分配之有執行名義債權人是否同意，且須全部債權人同意始得延緩執行，如有其中之一上開有執行名義之債權人不同意，執行程序仍要按序進行。

二、由債權人聲請延緩執行者，雖強執法第10條第1項未明文規定，但強制執行是採當事人進行主義，故亦無不可，惟如有其他有執行名義之債權人者，仍應詢其等是否同意，如經同意始得延緩執行。以上所指

債權人不包括無執行名義之債權人，因無執行名義之債權人，並無發動強制執行之權利。

三、聲請延緩執行之期間，依強執法第10條第2項規定「延緩執行之期限不得逾三個月。」，即經執行法院准予延緩執行者，從執行法院准許翌日起算三個月為限。且延緩期間屆滿後，債權人經執行法院通知而不於十日內聲請續行執行者，視為撤回其強制執行之聲請（強執法第10條第2項後段），以避免執行案件久懸不決。視為撤回後，執行法院查無併案執行之情形即應予啟封、塗銷查封登記、退還執行名義等，結案。該十日亦不扣除在途期間[1]。

四、聲請延緩執行之次數原規定為三次，但於89年2月2日修正之強執法改為二次（強執法第10條第2項），以加速結案。又基於「合一執行程序原則」，所指之二次是指整個執行程序進行中只有二次延緩執行之機會而已，並非指債務人有二次或各個債權人各有二次聲請權利，故如第一次經債務人聲請而延緩執行者，第二次縱非由債務人聲請，而由債權人聲請，亦僅有一次之機會，而不是指仍得再聲請二次。

五、依強執法第10條第1項規定，執行法院是否延緩執行，除有不得延緩之原因外，一經債權人聲請或債務人聲請並有執行名義債權人同意，即應予准許。

六、聲請延緩執行應於執行程序終結前為之，如執行法院於拍定後始收狀聲請延緩執行者即不應准許，應由拍定人繳納價金以保障拍定人之權益。

七、聲請延緩之債權人，除了本案及併案執行之債權人外，是否包括有執行名義之參與分配債權人？否定說認為不包括[2]，但本文認為依現行強執法，如為參與分配之有執行名義債權人，因本質上已具有獨立發

---

[1] 參照司法院第49期法律座談會紀錄。

[2] 參照台灣高等法院91年法律座談會彙編，第193-196頁；張登科著強執法，90年修訂版，第120頁。

動強制執行之權利，已與併案或本案之執行債權人相同，雖名為參與分配，惟本質上已無附隨性，故延緩執行仍應得參與分配之有執行名義債權人同意或共同聲請，始得延緩執行。

第三節　執行法院因特殊情形而延緩者

執行法院在「實施強制執行時，如有特別情事繼續執行顯非適當者，執行法院得變更或延展執行期日。」（強執法第10條第3項），如執行期日遇債務人婚喪喜慶、抗爭而未周詳準備、門鎖無法打開，而影響執行程序之進行或威信者，執行法院得變更或延展執行期日。而執行法院對變更或延展期日執行應記明執行筆錄，另變更或延展執行期日並不受強執法第10條第2項規定之三個月或二次之限制。

第五章　停止執行及強制執行之救濟

　　為免執行程序長期延宕，有損債權人之權益，故強制執行程序開始後，原則上不停止執行。於債務人提起訴訟，法院因必要情形或依聲請定相當並確實之擔保，依強執法第18條第1項、第2項規定，始得為停止強制執行之裁定。依最高法院98年度台抗字第375號裁定意旨，所謂必要情形，固由法院依職權裁量定之。然法院為此決定，應就其訴在法律上是否顯無理由，以及如不停止執行，將來是否難於回復執行前之狀態，及倘予停止執行，是否無法防止債務人濫行訴訟以拖延執行，致債權人之權利無法迅速實現等各種情形予以斟酌，以資平衡兼顧債務人及債權人雙方之利益。於債務人聲明願供擔保時，亦然。非謂債務人以起訴為由，且聲明願供擔保而聲請停止強制執行程序時，法院須一律予以准許，以債務人濫行訴訟以拖延執行（最高法院98年度第3次民事庭會議決【二】）。又該項擔保係備供債權人因停止執行所受損害之賠償，其數額應依標的物停止執行後，債權人未能即時受償或利用該標的物所受之損害額，或其因另供擔保強制執行所受之損害額定之。有關擔保金之核定金額，以該第三人本於此項異議權，請求排除強制執行所有之利益為準。惟若執行標的物之價值低於執行名義所載債權額時，其就訴訟標的所有之利益，僅為執行標的物不受強制執行，故訴訟標的之價額，應以執行標的物之價值為準（最高法院91年度第5次民事庭會議決議參照）。例如相對人於本件第三人異議之訴訴訟標的所有之利益應為新台幣（下同）1,838萬9,160元，則本件如停止執行未能即時受償預計所受之損害額，應為該數額按年息百分之五計算之遲延利息。並參以本案訴訟之標的金額已逾民事訴訟法第466條所定數額，屬得上訴第三審事件，至三審終結其期間推定為四年四個月（參照各級法院辦案期限實施要點第2條規定民事通常程序第一審審判案件期限一年四個月、民事第二審審判案件期限二年、第三審審判案件一年），

以此為預估聲請人獲准停止執行因而致相對人之執行延宕之期間。則本件因停止執行而未能即時受償所可能受之損害額應為398萬4,318元【計算式：18,389,160元×5%×（4 + 4/12）= 3,984,318元】。故第三人所應供之擔保金額應以398萬4,318元為適當（台中高分院106年度抗更字第277號參考），以此類推。

　　強制執行程序進行中因程序上或實體上之原因得停止執行，程序上則由執行法院裁定之，實體上之原因，因執行法院無實體審查權，則須由民事庭裁定之，此分述如下。

第一節　程序上之停止執行

一、在執行程序中原則上以不停止執行為原則，而停止執行為例外。即「當事人或利害關係人，對於執行法院強制執行之命令，或對於執行法官、書記官、執達員實施強制執行之方法，強制執行時應遵守之程序，或其他侵害利益之情事，得於強制執行程序終結前，為聲請或聲明異議。但強制執行不因而停止。」（強執法第12條第1項）。為「聲請」者，是指執行前之請求；為「聲明」者，是指執行後之異議。舉凡得為聲請、聲明異議之實例甚多，如未按時公告、未通知債務人於拍賣期日到場、未登報、定不動產底價為超過百分之二十以上者、拍賣無實益仍予拍賣等。又聲請或聲明異議，並非身分權，亦無專屬性，故第三人得依民法第242條規定代位行使其權利。

二、當事人或利害關係人對執行法院所為聲請或聲明異議准駁之裁定得抗告（強執法第12條第2項、第3項），如認為當事人或利害關係人之抗告為無理由者，應送二審法院審理；如認為有理由者，應逕行撤銷原處分或更正之，必要時或依聲請得定相當並確實之擔保，以裁定停止該撤銷或更正裁定之執行，且當事人對該撤銷或更正之裁定不得抗告（強執法第13條第2項、第3項）。

三、異議之時期

（一）原則上必須於執行程序開始後終結前。執行程序是否終結，應視聲請或聲明異議之內容分別定之。約略如下：

1. 執行名義之執行程序終結：所謂強制執行程序終結，係指執行名義之執行程序終結而言。如強執法第15條所定第三人異議之訴，以排除執行標的物之強制執行為目的，故同條所謂強制執行程序終結，係指對於執行標的物之強制執行程序終結而言。對於執行標的物之強制執行程序，如已終結，則雖因該執行標的物之賣得價金，不足抵償執行名義所載債權之全部，致執行名義之強制執行程序尚未終結，第三人亦不得提起異議之訴。對於執行標的物之強制執行程序，進行至執行名義所載債權之全部或一部，因對於執行標的物之強制執行達其目的時，始為終結，故執行標的物經拍賣終結，而未將其賣得價金交付債權人時，對於該執行標的物之強制執行程序，不得謂已終結，第三人仍得提起異議之訴，但已終結之拍賣程序，不能依此項異議之訴有理由之判決，予以撤銷，故該第三人僅得請求交付賣得價金，不得請求撤銷拍賣程序。強執法第14條所定債務人異議之訴，以排除執行名義之執行力為目的，故同條所謂強制執行程序終結，係指執行名義之強制執行程序終結而言，執行名義之強制執行程序，進行至執行名義所載債權全部達其目的時，始為終結。故執行名義所載債權，未因強制執行全部達其目的以前，對於某一執行標的物之強制執行程序雖已終結，債務人仍得提起異議之訴。但此項異議之訴有理由之判決，僅就執行名義所載債權，未因強制執行達其目的之部分排除其執行力，不能據以撤銷強制執行程序業經終結部分之執行處分。強執法第12條第1項所謂強制執行程序終結，究指強制執行程序進行至如何程度而言，應視聲請或聲明異議之內容，分別情形定之。

例如以動產及不動產爲執行標的物之強制執行，對於動產之強制執行程序已終結，而對於不動產之強制執行程序未終結時，如債權人主張查封拍賣之動產，爲法律上禁止查封之物，聲明異議，則同條項所謂強制執行程序終結，係指對於執行標的物之強制執行程序終結而言。如債務人主張依以強制執行之公證書不備執行名義之要件聲明異議，則同條項所謂強制執行程序終結，係指執行名義之強制執行程序終結而言。但在後之情形，認聲明異議爲有理由之裁定，僅得撤銷對於不動產之執行處分。至對於動產之強制執行程序，既經終結，其執行處分即屬無從撤銷[1]。故強制執行程序須進行至強制執行名義所載之債權全部達其目的時，始爲終結，如對分配表之製作異議，縱於拍定後，亦得聲明異議。

2. 依同一執行名義，但屬於一債務人或數債務人之數種財產爲強制執行者，如其中一種財產已經拍賣終結，並將賣得價金交付債權人時，對於該種財產之強制執行程序，即爲終結。對於他種財產之強制執行程序，雖未終結，亦不得對於業經終結之強制執行程序聲明異議或提起第三人異議之訴。至債務人聲明執行名義要件未備之異議或提起異議之訴，是否尚得爲之，應視執行名義是否尚應對於該債務人爲強制執行以爲斷[2]。

（二）聲請或聲明異議之事項

依強執法第12條第1項前段規定「當事人或利害關係人，對於執行法院強制執行之命令，或對於執行法官、書記官、執達員實施強制執行之方法，強制執行時應遵守之程序，或其他侵害利益之情事，得於強制執行程序終結前，爲聲請或聲明異

---

[1]　參照司法院院字第2776號解釋。

[2]　同註1。

議。」，種類甚多，惟均屬執行程序之救濟方法，如第二次不動產拍賣，執行法官、司法事務官定底價超過百分之二十，債權人未登報、不得超額查封、違反銀行法第12-1條第4項規定未就借款人先為查封等均屬之。故舉凡執行法官、司法事務官、書記官、執達員於執行強制執行事務，認有影響其權利者，均得聲明異議救濟，但如於執行程序終結後，始提出者，則應認其責問權已喪失，不得再以程序瑕疵而聲明救濟。又執行法院認抵押人於抵押權設定後，與第三人訂立之租約，致影響於抵押權者，得依聲請或職權除去其租賃關係，依無租賃狀態逐行強制執行。執行法院所為此種除去租賃關係之處分，性質上係強制執行方法之一種，當事人或第三人如有不服，應依強執法第12條規定，向執行法院聲明異議，不得逕行對之提起抗告[3]。

（三）聲請或聲明異議之效果

1. 無停止執行之效力（強執法第12條第1項但書），但如聲請或聲明異議有理由時，應將原處分或程序撤銷或更正之（強執法第13條第1項），如執行程序已終結者，無法撤銷或更正之。按當事人或利害關係人依強執法第12條第1項規定聲明異議，係於執行程序中向將來排除違法執行處分之手段，並非於執行程序終結後溯及排除違法執行之效果，故須於執行程序開始後，終結前為之，強制執行程序一經終結，即不許執行法院撤銷或更正原處分或程序。不動產之拍賣程序，係以拍定人已依強制執行法規定繳足價金，領得執行法院所發給權利移轉證書，謂為終結。苟拍定人已取得不動產權利移轉證書，即無再許當事人或利害關係人就該不動產執行程序聲明異議之餘地[4]。但執行法院拍賣共有人之應有部分，經他共

---

[3]　參照最高法院74年台抗字第227號判例。

[4]　參照最高法院100年度台抗字第856號裁定。

有人以外之第三人應買拍定，執行法院未完成法定優先承買程序，即准第三人應買，並發給權利移轉證書，因該不動產之拍賣執行程序已經終結，主張優先承買權之其他共有人即不得主張該買賣為無效[5]。聲明異議經裁定駁回確定，當事人復以同一理由聲明異議，經認為有理由，執行法院仍得為與前裁定相反之裁判。債務人以查封違背強制執行程序之規定聲明異議，經執行法院認為有理由，以裁定撤銷查封時，如依該裁定之意旨，原查封物非不得再予查封者，雖已進入拍賣程序，執行法院亦應再予查封，另行拍賣。有疑義者，若聲明異議在強制執行程序終結前，而執行法院或抗告法院為裁判時，強制執行程序已終結時，有認為縱為撤銷或更正原處分或程序之裁定，亦屬無從執行，執行法院或抗告法院自可以此為理由，予以駁回[6]。但此一見解實值得商榷，蓋當事人已合法聲明異議，應認已生遮斷力，有阻卻執行之效果，故本書認為執行法院應得撤銷，使能保障異議權人之利益，否則執行法院、抗告法院遲延裁定或執行法院促使執行程序終結，異議權人之異議將無法救濟。

2. 撤銷或更正裁定確定前，因必要情形或依聲請定相當並確實之擔保，得以裁定停止該撤銷或更正裁定之執行（強執法第13條第2項）。

（四）實務上常見之執行異議

1. 債務人被查封財產之價值，超過所負債務甚遠，而另有其他財產足供執行者，得為異議之事由。

2. 債務人被查封財產之價值，超過所負債務甚遠，而另有其他財產足供執行者，依強執法第12條第1項之規定，固得對該執

---

[5]　參照最高法院99年度台上字第1999號判決。

[6]　同註1。

行命令聲請或聲明異議。但此究非第14條所謂消滅或妨礙債權人請求之事由，尚無債務人據以提起異議之訴之餘地[7]。

3. 執行法院認抵押權人於抵押權設定後，債務人與第三人訂立之租約，致影響於抵押權者，得依聲請或依職權除去其租賃關係，依無租賃狀態逕行強制執行。執行法院所為此種除去租賃之處分，性質上係強制執行方法之一種，當事人或第三人如有不服，應依強執法第12條規定，向執行法院聲明異議，不得逕行對之提起抗告[8]。

第二節　停止執行之事由及程序

一、實體上之停止強制執行

實體上之停止強制執行須具有法定原因始得為之，否則不停止執行，依強執法第18條第1項規定「強制執行程序開始後，除法律另有規定外，不停止執行。」，故得否停止執行必須法律有規定者，始得停止，此就實務上經常發生之停止執行之原因如下：

（一）有回復原狀之聲請者（民事訴訟法第164條、強執法第18條第2項）。

（二）提起再審之訴者，對已確定之終局判決，有再審事由而聲請再審者，如民事訴訟法第496至497條規定之事由等。

（三）提起異議之訴者，係指向執行法院所屬民事庭提起異議之訴，並聲請停止執行[9]。但應注意者，依強執法第15條為第三人異議之訴，

---

[7] 參照最高法院48年台上字第1323號判例。

[8] 參照最高法院74年台上字第227號判例。

[9] 當事人提起異議之訴，在該異議之訴確定前，法院如認有必要，得依職權為停止執行之裁定；其在當事人願供擔保，聲請停止強制執行時，法院亦非不得依其聲請，定相當並確實之擔保，為停止強制執行之裁定。至該異議之訴實體上有無理

並聲請停止執行者，僅對該執行標的（或標的物）之執行程序聲請停止，不得將整個執行程序予以裁定停止，與強執法第14條規定不同。又強執法第18條第1項規定所指之異議之訴，包括下列：

1. 依強執法第14條第1項規定「執行名義成立後，如有消滅或妨礙債權人請求之事由發生，債務人得於強制執行程序終結前，向執行法院對債權人提起異議之訴。如以裁判為執行名義時，其為異議原因之事實發生在前訴訟言詞辯論終結後者，亦得主張之。」，原因消滅者如清償、抵銷等，但以執行名義成立後之事由為限。第2項規定「執行名義無確定判決同一之效力者，於執行名義成立前，如有債權不成立或消滅或妨礙債權人請求之事由發生，債務人亦得於強制執行程序終結前提起異議之訴。」，如票據法第123條本票裁定、民法第873條拍賣抵押物裁定、平均地權條例第78條第2項、仲裁法第37條第1、2項、國民住宅條例第21條、第23條、勞資爭議處理法第37條第1項之裁定等[10]。因執行名義成立時，債務人尚未有異議機會，故於執行名義成立前亦得主張，即執行名義成立前，所存實體上權利義務存否之爭執，許由債務人提起異議之訴，以謀救濟。亦即債務人就實體上權利義務之存否，在強制執行程序終結前，尚得提起異議之訴。倘未於該強制執行程序終結前加以爭執，依該執行名義所為之強制執行程序始成為終局之執行，以求程序之安定。至假扣押之裁定，係債權人就金錢請求或得易為金錢請求之請求，認有日後不能強制執行或甚難執行之虞，欲保全強制執行，以釋明原因或供擔保為條件，聲請法院於本案繫屬前或繫屬後判決前，先就本案請求裁定准許「暫時」強制執

由，則非法院於裁定停止強制執行時應予審酌之事項（最高法院93年度台抗字第723號裁定意旨參照）。

[10] 參照最高法院87年度台抗字第427號裁定。

行者。該債權人之權利是否存在，猶待其本案請求經法院實質審查後予以裁判始能確定。本案訴訟苟未繫屬，債務人即得依民事訴訟法第529條第1項規定，聲請假扣押之法院命債權人於一定期間內起訴，以確定實體上權利義務之是否存在。故以假扣押裁定為執行名義所進行之強制執行程序，當然伴隨應由本案訴訟法院實質審查之裁判，以資確定其權利義務，債務人即非無抗辯之機會，且於該本案請求經法院實質審查予以裁判確定前，實無從為終局之執行，自無強執法第14條第2項規定之適用[11]。又第3項規定「依前二項規定起訴，如有多數得主張之異議原因事實，應一併主張之。其未一併主張者，不得再行提起異議之訴。」，以符合新訴訟標的理論。但對執行名義係假執行、假扣押或假處分者，因假執行屬未確定判決先為執行，若當事人有不服，應依上訴或抗告救濟（民事訴訟法第455條）；

---

[11] 參照最高法院92年度台上字第2138號判決「按執行名義無確定判決同一之效力者，於執行名義成立前，如有債權不成立或消滅或妨礙債權人請求之事由發生，債務人亦得於強制執行程序終結前提起異議之訴，強執法第14條第2項固定有明文，惟該項之修正意旨，在於無實體上確定力之執行名義，因未經實體上權利存否之審查，債務人實無抗辯之機會，乃就此項執行名義成立前，所存實體上權利義務存否之爭執，許由債務人提起異議之訴，以謀救濟。即債務人就實體上權利義務之存否，在強制執行程序終結前，尚得提起異議之訴。倘未於該強制執行程序終結前加以爭執，依該執行名義所為之強制執行程序始為終局之執行，以求程序之安定。準此，得依此項規定提起異議之訴者，應限於依非訟事件程序審查而許可對之強制執行之債務人，如准許拍賣抵押物、准許本票強制執行等可為終局執行名義之裁定所載之債務人，始足當之。至假扣押之裁定，係債權人就金錢請求或得易為金錢請求之請求，認有日後不能強制執行或甚難執行之虞，欲保全強制執行，以釋明原因或供擔保為條件，聲請法院於本案繫屬前或繫屬後判決前，先就本案請求裁定准許『暫時』強制執行者。該債權人之權利是否存在，猶待其本案請求經法院實質審查後予以裁判始能確定。本案訴訟苟未繫屬，債務人即得依民事訴訟法第529條第1項規定，聲請命假扣押之法院命債權人於一定期間內起訴，以確定實體上權利義務之是否存在。故以假扣押裁定為執行名義所進行之強制執行程序，當然伴隨應由本案訴訟法院實質審查之裁判，以資確定其權利義務，債務人即非無抗辯之機會，且於該本案請求經法院實質審查予以裁判確定前，實無從為終局之執行，自無強執法第14條第2項規定之適用。」。

而假扣押、假處分之裁定，因其性質係保全程序，不生確定請求權本身之效力，債務人對請求權本身如有爭執，得聲請法院命債權人於一定期間內起訴以求解決（民事訴訟法第529條），故不宜提起異議之訴，否則應以不合法駁回其訴。

2. 依強執法第14-1條第1項規定「債務人對於債權人依第四條之二規定聲請強制執行，如主張非執行名義效力所及者，得於強制執行程序終結前，向執行法院對債權人提起異議之訴。」，但「債權人依第四條之二規定聲請強制執行經執行法院裁定駁回者，得於裁定送達後十日之不變期間內，向執行法院對債務人提起許可執行之訴。」，其中所指之執行法院係指該執行處所繫屬之民事庭而言。

3. 強執法第15條規定「第三人就執行標的物有足以排除強制執行之權利者，得於強制執行程序終結前，向執行法院對債權人提起異議之訴。如債務人亦否認其權利時，並得以債務人為被告。」，如第三人有所有權、典權、質權或留置權等情形而言[12]。即指第三人就執行標的物有足以排除強制執行之權利，於執行程序終結前，請求法院宣示不許就該標的執行而提起之訴訟[13]。

4. 實務上常見之幾則情形：

   (1) 附條件買賣：契約成立時，買受人僅取得占有、使用標的物之權利，買受人必須清償價金或依約定完成特定條件始取得

---

[12] 參照最高法院54年台上字第1289號判例。

[13] 倘執行標的物已拍定，未交付分配拍賣價金前，第三人仍得提起異議之訴，惟僅得請求交付賣得價金。又強制執行法第15條所謂就執行標的物有足以排除強制執行之權利者，係指對於執行標的物有所有權、典權、留置權、質權存在情形之一者而言。至於占有，依民法第940條之規定，不過對於物有事實上管領之力，自不包含在內（最高法院44年台上字第721號判例、68年台上字第3190號判例意旨參照）。

所有權。故買受人於取得所有權之前，不得提起第三人異議之訴。

(2) 違章建築：違章建築如已符合民法第66條規定之定著物要件，係獨立於土地外之不動產，依民法第759條規定，由原始建築人取得其所有權[14]。故違章建築不因其無從辦理所有權登記而喪失物權客體之資格，從而，違章建築之原始起造人得提起第三人異議之訴。

(3) 共有權：執行債務人為共有人之一，如對應有部分執行，依民法第819條第1項應有部分得自由處分，故其執行無侵害他共有人之權利，他共有人不得提起本法第15條第三人異議之訴。如對共有物執行，因侵害他共有人之權利，他共有人可提第三人異議之訴，以排除對共有物之強制執行[15]。執行標的物為共有土地時，縱執行債務人之人數超過土地法第34-1條要件時，他共有人仍可提起第三人異議之訴。按債權人不得為實行對部分共有人之債權，而侵害其他共有人之權利。對於共有物之執行，究屬侵害其他非執行債務人之共有人之權利，故無土地法第34-1條之適用。

(4) 依民法第759條取得不動產所有權者：第三人因繼承、強制執行、公用徵收或法院判決，於登記前已取得不動產所有權者，於該不動產被強制執行時，得提起第三人異議之訴。但上述法院之判決為形成判決而已，不包括給付判決或確認判決[16]。

(5) 留置權：留置權以占有留置物為要件，故留置權人之占有因

---

[14] 參照最高法院41年台上字第1039號判例、謝在全著，民法物權上冊，修訂三版，第28頁。

[15] 參照最高法院17年抗字第213判例、27年上字第317號判例。

[16] 參照最高法院43年台上字第1016號判例。

他人之執行而受侵害時，其得提起第三人異議之訴。

(6) 抵押權：不動產抵押權人僅能主張就該不動產強制管理中，其權利繼續存在，或拍賣後有優先受償之權，不得提起第三人異議之訴。動產抵押權，係指抵押權人對債務人或第三人不移轉占有而提供之動產設定抵押權以擔保其債權之受償。若抵押權人於依法占有抵押物而將之出賣前，僅得就抵押物主張優先受償之權，其無阻止物之交付或讓與之權利，故不得提起第三人異議之訴。另依民法第873-1條第1項規定「約定於債權已屆清償期而未爲清償時，抵押物之所有權移屬於抵押權人者，非經登記，不得對抗第三人。」，即所謂流抵契約，惟在抵押權人未取得抵押物之所有權前，因尚不能排除強制執行之執行，故仍不得對之提起第三人異議之訴。次按執行名義無確定判決同一之效力者，於執行名義成立前，如有債權不成立或消滅或妨礙債權人請求之事由發生，債務人固得依強制執行法第14條第2項規定，於強制執行程序終結前提起異議之訴。惟債務人異議之訴之目的在於排除執行名義之執行力，而抵押權人於其抵押債權未受全部清償前，依民法第873條規定，應得就抵押物之全部行使權利，抵押權所擔保之債權若經一部清償而一部消滅，抵押權仍爲擔保其餘之債權而存在。於此情形，其爲執行名義之拍賣抵押物裁定之執行力並未因而喪失，抵押人縱爭執抵押債權金額已部分清償，參之最高法院102年度台上字第543號判決意旨，亦無從以異議之訴排除該拍賣抵押物之部分執行程序。

(7) 典權：典權因強制執行而受妨礙者，典權人得提起異議之訴。但出典人之債權人，僅就典物爲禁止出典人讓與其所有權之假扣押或假處分，或僅就典物之所有權執行拍賣，而典權本身並不受強制執行之影響者，典權人不得提起異議之

訴[17]。

(8) 收取天然孳息之權利：未與土地分離之出產物，實務上認為得為強制執行之標的。對於此項土地出產物未收取前，得因收取而原始取得該出產物所有權之第三人得提起第三人異議之訴[18]。

(9) 占有：依民法第940條規定，占有為對物之事實管領力而已，故不得提起第三人異議之訴[19]。

(10) 租賃權：債權人請求拍賣債務人之不動產以供清償債務，第三人雖對該不動產有租賃權，然不動產之拍賣不影響於租賃權，該第三人顯無足以排除強制執行之權利，自不得藉此提起執行異議之訴[20]。

5. 對其他財產權執行之第三人，未於執行命令送達後十日內聲明異議，而提起第三人異議之訴者（強執法第119條第2、3項）。

（四）對於和解為繼續審判之請求者。即對法院所為和解有無效或得撤銷之事由而請求繼續審判（民事訴訟法第380條第2項）。

（五）提起宣告調解無效之訴、撤銷調解之訴者（民事訴訟法第416條第2項）

（六）對於許可強制執行之裁定提起抗告者，如拍賣抵押物裁定、拍賣質物裁定、本票裁定等屬之[21]。

（七）公司重整者，經法院民事庭裁定准予重整，或重整裁定前，已為中止強制執行之裁定者，強制執行程序即為當然停止或中止（公司法第287條第4項、第294條）。所指停止或中止強制執行程序是

---

[17] 參照最高法院51年台上字第345號判例。

[18] 參照最高法院74年3月5日民事庭決議。

[19] 參照最高法院44年台上字第421號判例。

[20] 參照最高法院44年台上字第561號判例。

[21] 參照司法院大法官會議第第182號解釋。

債權人依重整程序行使權利而言，如非依重整程序行使權利者，如公司法第290條第5項第7款規定，重整人行使取回權事件等，公司法規定應經監督人事前許可，係公司內部之監督，立法目的在避免公司濫權而已。但金融機構不良債權之資產管理公司，依金融機構合併法第15條第1項第6款規定，該債權不受公司重整之限制[22]。及依信託法第12條第1項但書規定「基於信託前存在於該財產之權利、因處理信託事務所生之權利或其他法律另有規定者」，仍不受限制，如終止信託關係，變更受信託財產登記等[23]。是債務人爲股份有限公司而經法院裁定准予重整者，應即停止強制執行程序，並通知債權人（應行注意事項第9項第3款）。

（八）債務人受破產宣告，或依破產法向法院聲請和解，經法院裁定許可，或向商會請求和解經商會同意處理，在法院裁定許可前或商會同意前成立之債權，除了有擔保物權或優先權（即別除權）者外，對於債務人不得開始或繼續強制執行（破產法第17條、第49條）。又債務人受破產宣告後應由破產管理人承受其地位（破產法第75條）。因此，縱有別除權部分不停止執行，仍應將債務人改以破產管理人爲債務人。故債務人如受破產之宣告，其屬於破產財團之財產，除債權人行使別除權者外，應即停止強制執行程序，並通知債權人（應行注意事項第9項第1款）。

（九）對於債務人之債權，於法院裁定開始更生或清算程序前成立，爲更生或清算債權者，除消費者債務清理條例別有規定外，不論有無執行名義，非依更生或清算程序，不得行使其權利（消費者債務清理條例第28條第1、2項）。故債務人經法院依消費者債務清理條例裁定開始更生程序者，除有擔保或有優先權之債權外，對於債務人不得開始或繼續強制執行程序。債務人經法院依消費者債

---

[22] 參照台灣高等法院法律座談會92年民事執行類第8號提案結論。

[23] 參照台灣高等法院法律座談會92年民事執行類第5號提案結論。

務清理條例裁定開始清算程序者，其屬於清算財團之財產，除債權人行使別除權者外，應停止強制執行程序，並均應通知債權人（應行注意事項第9項第6、7款）。

（十）依（債務人）發票人主張本票係偽造、變造者，於法院裁定送達後二十日內，得對（債權人）執票人向為裁定之法院提起確認之訴。（債務人）發票人證明已依期限內提起訴訟時，執行法院應停止強制執行，解釋上為當然應停止執行，無待民事庭法院另為裁定停止執行，但執行法院應審酌（債務人）發票人起訴之理由為主張本票係偽造、變造之事由，不含其他票據債權不存在等事由。但（債權人）執票人得聲請民事庭法院許其提供相當擔保，繼續強制執行，亦得依債務人（發票人）聲請許其提供相當擔保，停止強制執行，以擔保執行之進行或停止執行及保障當事人之利益，但是否供擔保停止執行或繼續強制執行非執行法院之權限，應向法院民事庭聲請之。另（債務人）發票人主張本票債權不存在而提起確認之訴如不合於上開主張本票係偽造、變造者，民事庭法院亦得依（債務人）發票人聲請，許其提供相當並確實之擔保，停止強制執行（非訟事件法第195條第2、3項）。

二、程序上之停止強制執行

（一）依強執法第13條第2項規定，執行法院對於當事人或利害關係人之聲請、聲明異議或抗告認為有理由時，應將原處分或程序撤銷或更正之。而於撤銷或更正之裁定確定前，因必要情形或依聲請定相當並確實之擔保，得以裁定停止該撤銷或更正裁定之執行。按當事人或利害關係人之聲請或聲明異議，依強執法第12條第1項後段規定固不停止執行，但避免聲請或聲明異議之正確與否影響當事人之權益，故依上開規定得以裁定停止該撤銷或更正裁定之執行。

（二）對債務人之被繼承人之公同共有財產聲請強制執行，而尚未辦妥遺產分割時，應停止執行，待辦妥遺產分割後，始得進行拍賣[24]。按公同共有之財產固得為強制執行標的，惟債務人公同共有之權利，如係基於繼承關係而來，則因繼承人於遺產分割析算完畢前，對特定物之公同共有權利，尚無法自一切權利義務公同共有之遺產中單獨抽離而為執行標的，故應俟辦妥遺產分割後，始得進行拍賣，是於辦妥遺產分割前，應停止執行。

（三）當事人聲請執行法官、司法事務官迴避時，除了有急迫情形仍應為必要處分外，應停止執行（強執法第30-1條準用民事訴訟法第37條）。

三、停止執行之程序

（一）前述1至6項應向民事庭聲請之，法院之民事庭因必要情形或[25]依聲請定相當並確實之擔保[26]，得為停止執行之裁定（強執法第18條第

---

[24] 參照司法院民事廳頒法院辦理民事執行實務參考手冊，96年6月8日印行，第243頁。

[25] 所謂必要情形，由法院依職權裁量定之，法院為此決定，應就強制執行法第18條第2項所列訴訟在法律上是否顯無理由，以及如不停止執行，將來是否難於回復執行前之狀態，暨倘予停止執行，是否無法防止債務人濫行訴訟以拖延執行，致債權人之權利無法迅速實現等各種情形予以斟酌，以資平衡兼顧債務人及債權人雙方之利益。於債務人聲明願供擔保時，亦然。非謂債務人以提起強制執行法第18條第2項所列訴訟為由且聲明願供擔保而聲請停止強制執行程序時，法院須一律予以准許（最高法院101年度台抗字第313號、100年度台抗字第824、655、574號裁定意旨參照）。

[26] 按法院因必要情形或依聲請定相當並確實之擔保，為停止強制執行之裁定者，該擔保金額之多寡應如何認為相當，屬法院職權裁量之範圍。惟此項擔保係備供強制執行債權人因停止執行所受損害之賠償，故法院定擔保金額時，應斟酌該債權人因停止執行可能遭受之損害，以為衡量之標準。而債權人因停止執行可能遭受之損害，於金錢給付之情形，係指債權人因停止執行延後受償，未能即時利用該款項，所可能遭受之損害而言（最高法院106年度台抗字第123號裁定意旨參照）。故實務上定擔保金額時，乃審酌爭訟事件之訴訟標的價額多寡，及參酌各級法院辦案期限實施要點第2條之規定，推定爭訟事件之訴訟期間，並以標的物

2項後段），執行法院即執行處並無上開權限，聲請人應向執行法院所屬民事庭具狀聲請之。故依強執法第18條第2項裁定停止強制執行之權限，惟審判法院有之，執行法院並無此項權限，其停止強制執行之裁定，如以提供擔保為停止強制執行之條件者，在提供擔保以前，不得停止強制執行。又當事人對於停止強制執行之裁定提起抗告時，執行法院應注意強執法第30-1條準用民事訴訟法第491條第2項規定「原法院或審判長或抗告法院得在抗告事件裁定前，停止原裁定之執行或為其他必要處分。」第3項「前項裁定，不得抗告。」之適用，在有停止該裁定執行之裁定前，執行程序應停止進行（應行注意事項第9項第4、5項）。

（二）前述7至10項者，債務人應向執行法院檢具如公司重整裁定、准予破產宣告裁定或對本票偽造、變造已提起確認之訴之證明聲請之。以上各項為當然停止，無須民事庭法院准許，亦免供擔保，即應停止執行。但如是依債務人即發票人聲請，許其提供相當擔保，停止強制執行，或發票人主張本票債權不存在而提起確認之訴不合於上開主張本票係偽造、變造者，而聲請准許其提供相當之擔保，停止強制執行者除外，仍應向法院民事庭聲請。

（三）經債務人或第三人聲請停止，因執行程序仍在，故債權人仍得撤回其強制執行[27]。

價值為依據，按法定利息年息為百分之五之利息而為計算所應供之擔保金額。

[27]　同註24，第127頁。

第六章　超額查封、超額拍賣與拍賣無實益

　　依強執法第50條規定「查封動產，以其價格足清償強制執行之債權額及債務人應負擔之費用者為限。」，第50-1條第1項規定「應查封動產之賣得價金，清償強制執行費用後，無賸餘之可能者，執行法院不得查封。」即禁止超額查封、超額拍賣之規定。在不動產拍賣時，於強執法第96條第1項規定「供拍賣之數宗不動產，其中一宗或數宗之賣得價金，已足清償強制執行之債權額及債務人應負擔之費用時，其他部分應停止拍賣。」，第2項「前項情形，債務人得指定其應拍賣不動產之部分。但建築物及其基地，不得指定單獨拍賣。」，亦有相同禁止超額拍賣之規定，但動產之價格與不動產不同，因動產之價格較易確定，故未如不動產均應經鑑價（強執法第80條），而有超額查封之規定，在不動產章節中並無明文規定。至於是否仍應依強執法第113條準用第50-1條之規定？學說見解不一，否定說認為，不動產尚未拍定前，價格常不確定，且若日後有多數債權人參與分配時，自尚難以查封時之狀況定其價額，故以不準用為當，外國立法例亦有類似之立法例以排除適用[1]。但以肯定說為可採。按「查封、拍賣債務人之財產，應以將來拍賣所得之價金足敷清償債權額及債務人應負擔之費用為限。債權人聲請執行債務人之多項財產時，應釋明其聲請執行標的之個別財產價值，並須以此為標準而加以選擇。」（應行注意事項第27項），應認為仍有超額查封之適用。至是否為超額查封，僅能由

---

[1]　（一）參照張登科著強執法，86年2月版，第341、342頁。
　　（二）依日本民事執行法第128條第1、2項，第146條第1、2項規定，均屬動產及對其他財產權之執行規定，但不動產並無相同之規定，足見不動產以不適用為當。

執行人員爲主觀認定，因未鑑價前，不動產之價格如何？土地增值稅多少等不確定因素，尚無從知悉，故僅能以主觀認定現存客觀事實，儘可能不過度查封，例如債權人之債權爲新台幣10萬元，聲請強制執行台北市西門町二幢房子，對其中一幢就有超額查封之情形，但如以新台幣1,000萬元爲查封同樣情形時，即不涉及超額查封，雖於查封後，拍賣該二幢房子時，每幢均超過新台幣1,000萬元，但只能依強執法第96條規定之禁止超額拍賣處理，因查封時之主觀上尚難認定爲超額查封故也。又民事強制執行，以實現債權人之債權爲目的，倘應查封之動產或不動產可能賣得之價金，經清償執行費及優先債權後，已無剩餘之可能者，債權人之債權即無實現之可能。故新修正之強執法特別增設拍賣無實益之規定，以禁止無益執行，避免徒勞無益。

第一節　動產拍賣無實益之情形

一、不得查封，依強執法第50-1條第1項規定查封前即發現查封物價值甚小，已不足清償執行費用者，即不應查封，以免無益之浪費。

二、雖查封，但不得拍賣：依強執法第50-1條第2項規定「查封物賣得價金，於清償優先債權及強制執行費用後，無賸餘之可能者，執行法院應撤銷查封，將查封物返還債務人。」，即於查封後始發現之情形亦即債權人如查封後繼續進行執行程序仍無法受償價金者，即應撤銷查封物，並將查封物返還債務人。

三、例外情形，即經執行法院詢問債權人之意見，如債權人聲明於查封物賣得價金不超過優先債權及強制執行費用時，願負擔其費用者，仍應予拍賣（強執法第50-1條第3項）。宜注意者：

（一）動產賣得之價金，如無其他優先權者（如動產抵押權），應注意拍賣價金之出價須在執行費之上，否則不予拍定，故依強執法第50-1條第3項規定拍賣之動產，其出價未超過優先債權及強制執行費用之總額者，應不予拍定（應行注意事項第27-1項第1

　　　　款）。

（二）如有優先權，拍賣定有底價者，底價應在執行費和優先權總額
　　　之上，否則不予拍定，未定底價者亦同。

（三）如拍賣之應買人出價未達前揭之價格而不予拍定時，債權人應
　　　負擔其費用，如是強執法第50-1條第1項是指全部執行費，因該
　　　項規定是從不得查封時起不得執行。如是同條第2項者，則僅須
　　　負擔該拍賣之費用，如登報費、非執行人員之執行費等。而該
　　　因無益拍賣所生費用，應由聲請拍賣之債權人負擔，聲請之債
　　　權人有二人以上者，依債權額比例分擔（應行注意事項第27-1項
　　　第2款）。

第二節　不動產拍賣無實益之情形

一、拍賣無實益之原因，須不動產之拍賣最低價額不足清償優先債權及
　　強制執行之費用者（強執法第80-1條第1項前段），即不應拍賣，這
　　情形之發生可能在第一次拍賣前經鑑價結果即發生，亦有可能不動產
　　經多次拍賣而未拍定始發生上開情形，故執行時每一次定拍賣時即應
　　注意。又所謂「不足清償優先債權」是指擬制的參與分配優先權之無
　　執行名義債權人（強執法第34條第2項），因此，拍賣時係由順位在
　　先之抵押權人或其他優先受償人聲請拍賣時，仍應予拍賣（強執法第
　　80-1條第3項），即該優先受償債權人為有執行名義並已聲請強制執
　　行，自有發動執行之權利。又清償之執行費包括土地增值稅，因土地
　　增值稅為最優先受償，並應予扣繳。簡言之，不動產拍賣得拍賣之情
　　形，須足以清償執行費、土地增值稅及無執行名義之優先債權，否則
　　不得進行拍賣，即拍賣無實益。

二、拍賣無實益之後續程序（強執法第80-1條）：

（一）執行法院應將無實益之事由通知債權人。

（二）債權人於受通知後七日內，得證明該不動產賣得價金有賸餘
可能或指定超過該項債權或費用總額之拍賣最低價額，並聲明
如未拍定願負擔其費用而聲請拍賣。若債權人七日內為該聲請
時，執行法院應定期拍賣，惟依強執法第80-1條第1項規定拍賣
不動產者，其拍賣最低價額，不得低於債權人依強執法第80-1條
第1項規定指定之拍賣最低價（應行注意事項第27-1項第1款），
故所定底價必須在執行費、土地增值稅及抵押權等其他優先權
（如船舶優先權、稅捐優先權等）總額之上，例如執行費經初
估為新台幣3萬元，土地增值稅（可先函稅捐機關依公告現值核
算，參照土地稅法第30條第1項第5款）30萬元，抵押之債權200
萬元，則此定底價時，應為233萬元以上。如以該底價拍賣而
未拍定者，債權人亦不承受時，執行法院應公告願買受該不動
產者，得於三個月內依原定拍賣條件為應買之表示，執行法院
於訊問債權人及債務人意見後，許其應買，但非須得債務人及
債權人同意，此即詢問其有無更高價格應買與否而已。債權人
復願承受者亦同。倘逾三個月無人應買或承受者，執行法院應
撤銷查封，將不動產返還債務人。又於上開三個月期間內應買
者，只要有人表示，並經執行法院准許，執行程序即為終結，
並不必等待三個月期滿始決定何人應買。如仍未拍定，則因無
益拍賣所生費用，應由聲請拍賣之債權人負擔，聲請之債權人
有二人以上者，依債權額比例分擔（應行注意事項第27-1項第2
款）。

（三）債權人經執行法院通知七日後未為任何聲請者，執行法院應撤
銷查封，將不動產返還債務人。實務上對債權人拍賣無實益，
除了以拍賣抵押物裁定聲請執行外，都發債證予債權人，以便
日後發現債務人之其他財產時，再聲請繼續執行之。

（四）拍賣無實益之例外：即若查封之不動產拍賣無實益，惟該不動
產已併付強制管理之情形，或債權人已聲請另付強制管理，而

經執行法院認為有實益者，應予強制管理（強執法第80-1條第4項），即不得撤銷查封將不動產返還予債務人。而強制管理之方法同不動產之強制管理（強執法第103條）。

第七章　發債權憑證

第一節　得核發債權憑證

一、須爲對人執行之執行名義始得發債權憑證，如支付命令、本票裁定、
民事判決、公證書之給付金錢部分、和解書、調解書、假執行或其他
依法律規定而有執行名義者等均屬之。縱屬少年法院命少年或對少年
負扶養義務人裁定，命負擔保護處分所需費用，於執行無效果時，亦
應發給少年法院債權憑證。故有強執法第27條第1項規定之情形時，
執行法院應命債權人於一個月內查報債務人財產，並得就其調查方
法，爲必要之曉示。債權人到期不爲報告，或查報無財產時，執行法
院應發給憑證，俟發現財產時再予執行。至於執行名義爲拍賣抵押物
或質物之裁定，屬對物之執行名義，如拍賣結果不足清償抵押權或質
權所擔保之債權者，其不足金額，須另行取得執行名義，始得對債務
人其他財產執行，不得依本條發給憑證（應行注意事項第14項第1、3
款）。

二、債權憑證性質上屬強執法第4條第1項第6款之執行名義。如執行法
院依強執法第27條規定，發給俟發見財產再予執行之憑證者，其因
開始執行而中斷之時效，應由此重行起算（應行注意事項第14項第2
款）。債務人如認消滅時效已過，則得提起債務人異議之訴，以資救
濟，而非聲明異議，因執行法院無實體審查權，不能就實體之時效事
項予審究。

三、債權人聲請執行，係依強執法第27條第2項逐行發給憑證者，徵收執
行費新台幣1,000元。但如經計算應徵收之執行費低於新台幣1,000元
者，依較少之金額計算徵收之。而債權人依此憑證再聲請執行，而依
第27條第2項逐行發給憑證者，免徵執行費。但債權人如以上開憑證

　　聲請強制執行債務人財產者，應補徵收按強執法第28-2條第1項規定計算執行費之差額。此爲民國100年6月29日修正強執法時所新增，因債權人取得債權憑證有時目的不在強制執行，可能是在報稅用、財產證明等等，且爲避免債權人未自債務人財產取償，反而先受負擔執行費之損害，立法意旨堪爲可採。

四、發債證之原因，依強執法第27條第1項規定「債務人無財產可供強制執行，或雖有財產經強制執行後所得之數額仍不足清償債務時，執行法院應命債權人於一個月內查報債務人財產，債權人到期不爲報告或查報無財產者，應發給憑證，交債權人收執，載明俟發見有財產時，再予強制執行。」，第2項「債權人聲請執行，而陳明債務人現無財產可供執行者，執行法院得逕發給憑證。」，其中第2項爲89年2月2日修法時新增，目的在加速結案，並將第1項之原規定二個月期限改爲一個月。

五、結果：實務上對經核發債證後，除了另有調卷執行，如假扣押、併案執行存在外，即予啓封，並塗銷查封登記、結案。

第二節　不得核發債權憑證

一、執行名義爲拍賣抵押物或質物之裁定，如拍賣結果不足清償抵押權或質權所擔保之債權者，其不足金額，須另行取得對人執行之執行名義，始得對債務人其他財產執行，故對上開裁定之執行名義不得發債證（應行注意事項第14項第3款）。但如債權人同時取得對人之執行名義者，就對人之執行名義，仍得核發債權憑證（應行注意事項第19項第3款）。

二、債權優先權參與分配之債權人，除了另有取得執行名義及繳執行費外，不發債證（應行注意事項第19項第3款），如稅捐債權雖得參與分配，但若未繳納執行費，實務上亦不發債證，其他亦同。

三、檢察官囑託執行罰金無效果者，應以退案終結其執行程序，不可發債權憑證[1]。

四、債權人表示無財產可供執行，而撤回強制執行後，再聲請核發債權憑證，不應准許。因撤回強制執行已生終結執行之效果，依強執法第30-1條準用民事訴訟法第263條第1項前段規定，視爲未聲請，執行法院對已終結之事件，不得再核發債權憑證。

五、依強執法第119條第2項規定對第三人逕強制執行，不足受償時，僅能對原債務人核發債權憑證，不能以第三人爲債務人核發債權憑證[2]。

六、受他法院囑託執行之事件，除了另有規定外，不得核發債權憑證[3]。因受囑託執行之事件執行完畢時，應函覆原囑託法院，由原法院民事執行處接續辦理之。

七、假扣押裁定之保全程序，於分配時，應將其假扣押債權之分配款提存（強執法第133條），待本案判決而定，故不能核發債權憑證。

第三節　核發債權憑證之爭議問題

一、執行法院依強執法第27條規定，發給俟發見財產再予執行之憑證，交債權人收執時，因開始執行行爲而中斷之時效，應由此重行起算（應行注意事項第14項第2款）。依民法第137條第1項規定「時效中斷，自中斷之事由終止時，重行起算。」，第2項「因起訴而中斷之時效，自受確定判決，或因其他方法訴訟終結時，重行起算。」，第3項「經確定判決或其他與確定判決有同一效力之執行名義所確定之請求權，其原有消滅時效期間不滿五年者，因中斷而重行起算之時效時

---

[1]　參照司法院台廳一字77年8月9日第05711號函。

[2]　參照台灣高等法院72年法律座談會民事執行類第20號提案結論。

[3]　參照司法院民事廳頒法院辦理民事執行實務參考手冊，96年6月8日印行，第160頁。

間為五年。」，故如時效中斷後為五年以上者，仍按原時效期間，但未滿五年者，延長為五年，如以支票為支付命令之請求為執行名義，因支票對發票人自發票日起算一年間不行使，因時效而消滅（票據法第22條第1項），又因支付命令經確定者與確定判決有同一效力（民事訴訟法第521條第1項），故以此為執行名義聲請強制執行，而發債權憑證者，即延長為五年，但如以本票裁定為執行名義對發票人即債務人聲請強制執行，因本票裁定並無與確定判決同一效力之規定，故仍依票據法第22條第1項規定之三年時效，尤應注意。

二、依強執法第27條規定對於法院核發債權憑證，並無次數之限制。故債權人以債權憑證聲請強制執行，如未發現債務人可供執行之財產，自得請求重新發給債權憑證[4]。

三、債權憑證記載之內容應依原執行名義之內容抄錄，如原執行名義債務人有數人，而債權人僅對其中部分債務人聲請執行，債權憑證仍應將全部債務人列載，並附註本件債權人僅對某某債務人聲請執行。如：

（一）同一執行名義，債權人聲請法院就連帶債務人中之一人執行，於執行不足，發給債權憑證時，應列載全部債務人姓名，並於請求執行內容記載債權人僅對某債務人聲請執行。

（二）不同執行名義，不同債務人，債權人聲請就其中一人執行，並主張係連帶債務，於執行不足，發給債權憑證時，應列載全部債務人姓名及給付內容，並記載債權人僅對某債務人聲請執行。

（三）同一執行名義，債務人甲、乙、丙應分別給付債權人100萬元、200萬元、300萬元，債權人僅對債務人甲聲請執行，於執行不足，發給債權憑證時，應列載全部債務人姓名及給付內容，並記載債權人僅對債務人甲聲請執行。

（四）債權人僅對債務人之部分債權聲請執行，於執行無著或執行不

---

[4]　參照司法院70年8月31日廳民二字第635號函。

足，發給債權憑證時，應記載執行名義內容所載債務人應給付
債權人之全部債權，並於債權人請求執行內容上記載債權人聲
請債務人給付若干元，及繳納若干執行費。

（五）債權人以甲法院發給對某A債務人之債權憑證，及乙法院以某
B債務人之判決正本（或債權憑證），向甲法院聲請對A、B執
行，並主張係同一債務，且因以前對A執行時已繳納執行費，故
不須再繳執行費[5]。於執行無結果時，應將原債權憑證及判決正
本附卷，重新發給債權憑證，並記載全部債務人姓名及已繳納
執行費若干，若聲請執行之金額超過原債權憑證所載執行之金
額，應先命補繳執行費始發債權憑證。

四、債權憑證應記載本件執行費用若干（包括執行費、測量費、鑑價費、
登報費、保管費、協助執行人員差旅費等），如有共益費用（如債權
人代位債務人保全債權之裁判費等），亦應一併記載。

五、經特別拍賣程序，視為撤回執行，核發債權憑證時，全部執行費、執
行必要費用及共益費用均應列入，但有反對說[6]，二說以前說較為可
採，因得核發債權憑證者均為對人執行名義，而以債務人之財產為債
權之總擔保，故宜全部列入。

六、執行名義為假執行之判決，亦可核發債權憑證，惟應記明本件係假執
行。

七、債權人持拍賣抵押物裁定聲請強制執行，拍定後不足受償，於發款
前，債權人提出另一普通債權執行名義主張係同一債權，請求就不足
部分聲請執行，並發給債權憑證，如符合強執法第27條規定者，應予
准許，且毋庸繳交執行費。

八、債權人聲請對債務人之財產為假扣押執行，經執行法院查封該債務
人之財產後，債權人本案判決勝訴確定，調假扣押卷執行拍賣，因拍

---

[5] 參司法院大法官會議第136號解釋。

[6] 參照司法實務研究會第49期會議紀錄。

賣不成而發債權憑證結案，執行法院應撤銷假扣押執行時之查封[7]。但有反對說[8]，就實證經驗而言，如採前說，債務人可能因而移轉登記，對債權人不利，況債權人亦已提供相當擔保，故本文認為不塗銷為當。

---

[7]　參照司法院82年5月1日廳民二字第7829號函。

[8]　同註6。

第七編

拘提、管收、限制住居
之執行程序

第一章　拘提、管收之意義

強執法上所謂之拘提，係指債務人或依法應爲債務人履行特定義務之人，而有法定原因，經執行法院強制其到場應訊之執行行爲。所謂管收，係指債務人或依法應爲債務人履行特定義務之人，有法定原因，經執行法院限制其身體自由之強制處分行爲。二者，均屬對債務人拘束身體自由之強制處分，亦屬間接執行行爲，因強制執行原以對債務人財產（或權利）爲執行對象，例外的才以債務人之身體自由爲執行，目的僅在逼迫債務人履行義務，以強化執行效果。故縱執行拘提、管收強制行爲，債務人之履行義務，並不因之而被免除（強執法第25條第1項）。而強執法對人之強制處分增列限制住居之規定（強執法第25條第2、3項），以應付實務之需要。

第二章　拘提、管收及限制住居之執行程序

第一節　拘提、管收之對象

一、債務人：所指之債務人應指強制執行之債務人而言，不包括實體法上雖為債務人，但非執行對象之人，如連帶債務人中之人雖應負連帶責任，但債權人聲請強制執行時因非執行對象，故不包括在內。又強執法規定債務人得為拘提、管收者，如第21條、第22條第1項、第77-1條第2項、第128條第1、3項、第129條第1項、第132-2條等規定。但債務人或強執法第25條第2項各款之人為現役軍人者，如予管收，應先知洽該管長官，認與軍事任務無影響者，始得為之（應行注意事項第12項第4款）。

二、依法應為債務人履行債務之人（強執法第25條第2項）：

（一）債務人為無行為能力人或限制行為能力人者，其法定代理人是否為無行為能力人或限制行為能力人，應依民法之規定。

（二）債務人失蹤者，其財產管理人：強執法第25條第2項第2款所謂財產管理人，應依家事事件法第143條規定：「失蹤人未置財產管理人者，其財產管理人依下列順序定之：一、配偶。二、父母。三、成年子女。四、與失蹤人同居之祖父母。五、家長。不能依前項規定定財產管理人時，法院得因利害關係人或檢察官之聲請，選任財產管理人。財產管理人之權限，因死亡、受監護、輔助或破產之宣告或其他原因消滅者，準用前二項之規定。」

（三）債務人死亡者，其繼承人、遺產管理人、遺囑執行人或特別代

理人：強執法第25條第2項第3款所謂繼承人，應依民法第1138條、第1144條之所定；所謂遺產管理人，應依民法第1177條、第1178條第2項及非訟事件法第146條至第149條、第153條之所定，並包括非訟事件法第154條所定之遺產清理人；所謂遺囑執行人，應依民法第1209條、第1211條、第1218條及非訟事件法第156條之所定；所謂特別代理人，應依強執法第5條第4項之所定（應行注意事項第12項第3款）。蓋債務人死亡，其繼承人拋棄繼承者，雖脫離該債之關係，但對被繼承人之遺產狀況，知之最詳，且拋棄繼承可於知悉繼承時起二個月內為之，依民法第1176-1條規定，拋棄繼承權者，就其所管理之遺產，於其他繼承人或遺產管理人開始管理前，應繼續管理之。強執法第5條第4項並增列特別代理人，有代債務人之遺產或其繼承人為執行債務人應為之義務，倘繼承人或特別代理人有違反義務，亦應有拘提、管收之適用。

（四）法人或非法人團體之負責人、獨資商號之經理人：強執法第25條第2項第4款所謂法人之負責人，在公司，應依公司法第8條之所定；在其他法人，係指法人之董事或與董事地位相等而執行業務之人，並均以有清償債務之權責者為限，如有管收情事，必要時得以限制住居代之（應行注意事項第12項第3款）。故如公司之負責人、清算人等，及非法人之團體，依民事訴訟法第40條第3項規定既認有當事人能力，自亦為執行當事人，其負責人有強執法第22條第1項各款之情形，自應有該條之適用。至於獨資商號如合夥組織者，可適用非法人團體之規定，又非法人團體既以所有人為主體，其經理人即非法人之負責人，故並有適用之。

三、依強執法第25條第3項規定「前項各款之人，於喪失資格或解任前，具有報告之義務或拘提、管收、限制住居之原因者，在喪失資格或解任後，於執行必要範圍內，仍得命其報告或予拘提、管收、限制住

居。」，立法目的主要在避免前列之債務人或依法應爲債務人履行債務之人，以解職或喪失資格來逃避債務或脫免拘提、管收之制裁。

第二節　拘提、管收之原因

因拘提、管收涉及人身自由，故須法律有明文規定者，始得爲之，依強執法之規定如下：

一、拘提之原因（強執法第21條第1項）

（一）經合法通知，無正當理由而不到場。
（二）有事實足認爲有逃匿之虞。

二、管收原因

（一）債務人有下列情形之一者，執行法院得依債權人聲請或依職權命其提供擔保或限期履行：1. 有事實足認顯有履行義務之可能故不履行；2. 就應供強制執行之財產有隱匿或處分之情事。債務人有上列各款情形之一，而有事實足認顯有逃匿之虞或其他必要事由者，執行法院得依債權人聲請或依職權，限制債務人住居於一定之地域。但債務人已提供相當擔保、限制住居原因消滅或執行完結者，應解除其限制。債務人無正當理由違反上開限制住居命令者，執行法院得拘提之。債務人未依上開命令提供相當擔保、遵期履行或無正當理由違反上開限制住居命令者，執行法院得依債權人聲請或依職權管收債務人。但未經訊問債務人，並認非予管收，顯難進行強制執行程序者，不得爲之。債務人經拘提、通知或自行到場，司法事務官於詢問後，認有前項事由，而有管收之必要者，應報請執行法院依前項規定辦理（強執法第22條）。按立法機關基於重大之公益目的，藉由限制人民自由之強制措施，

以貫徹其法定義務，於符合憲法上比例原則之範圍內，應為憲法之所許。關於「管收」處分之規定，係在貫徹公法上金錢給付義務，於法定義務人確有履行之能力而不履行時，拘束其身體所為間接強制其履行之措施，尚非憲法所不許。又人身自由乃人民行使其憲法上各項自由權利所不可或缺之前提，憲法第8條第1項規定所稱「法定程序」，係指凡限制人民身體自由之處置，不問其是否屬於刑事被告之身分，除須有法律之依據外，尚須分別踐行必要之司法程序或其他正當法律程序，始得為之。此項程序固屬憲法保留之範疇，縱係立法機關亦不得制定法律而遽予剝奪；惟刑事被告與非刑事被告之人身自由限制，畢竟有其本質上之差異，是其必須踐行之司法程序或其他正當法律程序，自非均須同一不可。管收係於一定期間內拘束人民身體自由於一定之處所，亦屬憲法第8條第1項所規定之「拘禁」，其於決定管收之前，自應踐行必要之程序、即由中立、公正第三者之法院審問，並使法定義務人到場為程序之參與，除藉之以明管收之是否合乎法定要件暨有無管收之必要外，並使法定義務人得有防禦之機會，提出有利之相關抗辯以供法院調查，期以實現憲法對人身自由之保障[1]。故執行法院應依公平合理之原則，兼顧公共利益與人民權益之維護，以適當之方法為之，不得逾達成執行目的之必要限度。管收義務人既足以使人喪失身體之自由，則法院於裁定前須先行審問程序，使管收之聲請人及義務人雙方均有陳述意見之機會，以供法院調查審酌對義務人應否予以管收，始符合憲法第8條保障人身自由之意旨。況法院於裁定拘提管收前應先行審問調查，乃屬法院之職責，不得違反，是法院均不得未經踐行此法定程序即裁定逕行拘提義務人予以管收[2]。上開強執法第22條之管收規定，

---

[1]　參照司法院大法官會議第588號解釋。

[2]　參照最高法院94年度台抗字第473號裁定。

於假扣押之執行，亦適用之（應行注意事項第11項第2款）。至債務人是否顯有履行義務之可能而故不履行，應參酌該義務之內容、債務人之資力、生活狀況及其他情形認定之（應行注意事項第12項第1款）。

（二）經執行法院命債務人報告財務義務及限期履行執行債務，而未履行者：依強執法第20條第1項規定「已發見之債務人財產不足抵償聲請強制執行債權或不能發現債務人應交付之財產時，執行法院得依債權人聲請或依職權，定期間命債務人據實報告該期間屆滿前一年內應供強制執行之財產狀況。」第2項「債務人違反前項規定，不為報告或為虛偽之報告，執行法院得依債權人聲請或依職權命其提供擔保或限期履行執行債務。」第3項「債務人未依前項命令提供相當擔保或遵期履行者，執行法院得依債權人聲請或依職權管收債務人。但未經訊問債務人，並認其非不能報告財產狀況者，不得為之。」，強執法雖未有如行政執行法第17-1條第4項規定「行政執行處於審酌義務人之生活有無逾越一般人通常程度而核發第1項之禁止命令時，應考量其滯欠原因、滯欠金額、清償狀況、移送機關之意見、利害關係人申請事由及其他情事，為適當之決定。」之防奢條款，但債務人依上開規定，實有報告財務義務及限期履行執行債務，而未履行者構成管收原因。而強執法第20條將債務人財產開示之規定，雖編列於第一章總則而規範，惟該項財產之開示制度涉及債務人財產之隱私權，為避免無法回復或彌補之損害，並以債務人之所以應負財產開示之義務，係因債權人執行名義所載之債權，具有實現其滿足程度之強制力與執行力，若未至得滿足債權人私法上請求權之情形者，即無權要求債務人開示財產責任之資訊，否則反而損害債務人財產資訊之自己決定權。再依強執法第20條第1項「已發見之債務人財產不足抵償聲請強制執行債權或不能發現債務人應交付之財產時，執行法院得依債權人聲請或依職權，定期間命債務人據實報告該期間屆

滿前一年內應供強制執行之財產狀況。」，所稱之「債權」當指執行名義業經債務人爲清償而得終局執行之確定債權而言。故依該條規定有關債務人查報財產之規定，依最高法院103年度台抗字第481號裁定意旨，自不包括假扣押裁定之保全執行在內，假扣押債權人殊無逕依該條之規定，聲請執行法院命債務人據實查報責任財產之餘地。

（三）拒絕執行法官、書記官爲不動產實際狀況、占有情形等調查者（強執法第77-1條）。

（四）執行名義命債務人交付書據、印章或其他類似憑證，而執行無效果者（強執法第123條第2項、第128條）。

（五）執行名義係命債務人爲一定行爲，而非他人所得代替，而不爲者（強執法第128條第2項）。

（六）執行名義係命債務人容忍或禁止債務人爲一定之行爲，而債務人違反者（強執法第129條第1項）。

（七）假處分執行時，命債務人爲一定之行爲、不行爲或容忍爲一定行爲、不行爲者（強執法第140條、第128條第1項、第129條第1項）。

（八）行政執行事件之債務人具有拘提、管收之事由時，亦得聲請法院爲拘提、管收，並應向行政執行處所在地之地方法院爲之（行政執行法第17條第8項）。其拘提、管收，除本法另有規定外，準用強制執行法、管收條例及刑事訴訟法有關訊問、拘提、羈押之規定（行政執行法第17條第12項）。依行政執行法第17條第1項規定「義務人有下列情形之一者，行政執行處得命其提供相當擔保，限期履行，並得限制其住居：一、顯有履行義務之可能，故不履行。二、顯有逃匿之虞。三、就應供強制執行之財產有隱匿或處分之情事。四、於調查執行標的物時，對於執行人員拒絕陳述。五、經命其報告財產狀況，不爲報告或爲虛僞之報告。六、經合法通知，無正當理由而不到場。」第2項「前項義務人有下列情形

之一者，不得限制住居：一、滯欠金額合計未達新臺幣10萬元。但義務人已出境達二次者，不在此限。二、已按其法定應繼分繳納遺產稅款、罰鍰及加徵之滯納金、利息。但其繼承所得遺產超過法定應繼分，而未按所得遺產比例繳納者，不在此限。」第3項「義務人經行政執行處依第一項規定命其提供相當擔保，限期履行，屆期不履行亦未提供相當擔保，有下列情形之一，而有強制其到場之必要者，行政執行處得聲請法院裁定拘提之：一、顯有逃匿之虞。二、經合法通知，無正當理由而不到場。」第4項「法院對於前項聲請，應於五日內裁定；其情況急迫者，應即時裁定。」第5項「義務人經拘提到場，行政執行官應即訊問其人有無錯誤，並應命義務人據實報告其財產狀況或為其他必要調查。」第6項「行政執行官訊問義務人後，認有下列各款情形之一，而有管收必要者，行政執行處應自拘提時起二十四小時內，聲請法院裁定管收之：一、顯有履行義務之可能，故不履行。二、顯有逃匿之虞。三、就應供強制執行之財產有隱匿或處分之情事。四、已發見之義務人財產不足清償其所負義務，於審酌義務人整體收入、財產狀況及工作能力，認有履行義務之可能，別無其他執行方法，而拒絕報告其財產狀況或為虛偽之報告。」第7項「義務人經通知或自行到場，經行政執行官訊問後，認有前項各款情形之一，而有聲請管收必要者，行政執行處得將義務人暫予留置；其訊問及暫予留置時間合計不得逾二十四小時。」第9項「法院受理管收之聲請後，應即訊問義務人並為裁定，必要時得通知行政執行處指派執行人員到場為一定之陳述或補正。」第10項「行政執行處或義務人不服法院關於拘提、管收之裁定者，得於十日內提起抗告；其程序準用民事訴訟法有關抗告程序之規定。」第11項「抗告不停止拘提或管收之執行。但准拘提或管收之原裁定經抗告法院裁定廢棄者，其執行應即停止，並將被拘提或管收人釋放。」，以符程序正義及人身保障，並顧債權人之利益。

第三節　管收、拘提之機關及執行

一、管收、拘提之機關

　　管收、拘提之機關為執行法院，即各地方法院（或分院）民事執行處法官。管收、拘提應分別用管收票、拘票（強執法第21-1條第1項、第22-1條第1項），均由執行法官簽名。簽收票應記載下列事項「一、應管收人之姓名、性別、年齡、出生地及住所或居所，有必要時，應記載其足資辨別之特徵。二、案由。三、管收之理由。」（強執法第22-1條第2項）；拘提應載下列事項「一、應記載拘提人姓名、性別、年齡、出生地及住所地或居所，有必要時，應記載其足辨別之特徵。但年齡、出生地、住所或居所不明者，得免記載。二、案由。三、拘提之理由。四、應到之日、時及處所。」（強執法第21-1條第2項）。債權人聲請管收債務人者，應分案由執行法院裁定之。司法事務官詢問經拘提、通知或自行到場之債務人後，認有強執法第22條第5項管收事由，而有管收之必要者，應依同條第6項規定，就有無管收必要之事實、理由及法律依據載明於報告書，向執行法院提出。執行法院於管收債務人前，仍須依強執法第22條第5項但書規定踐行管收前之訊問程序，不得以司法事務官之詢問代之（應行注意事項第11項第5至7款），以符合憲法第8條規定之人身自由保障之本旨。

二、管收、拘提之執行

　　拘提之執行，由執達員為之（強執法第21-2條），與刑事案件由法警執行不同。執達員執行拘提時，應將拘票二聯，以一聯交由債務人或其家屬，若債務人為現役軍人並應以拘票知會，請求該管長官協助（應行注意事項第10項第2款）。為執行管收時，執達員應將應管收人送交管收所。管收所所長驗收後，應於管收票附記送到之年、月、日、時，並簽名（強執法第22-2條）。又法律雖規定有管收條例及司法院依該條例訂有管收所

規則之規範，實務上，以法院並未設有管收機關前，均暫送看守所管收，但管收人應與刑事被告隔離（管收條例第8條）。又管收除了本法有規定外，並準用刑事訴訟法關於拘提、羈押等之規定（強執法第22-5條）。另如拘提、管收時應注意被拘提、管收人之身體及名譽（刑事訴訟法第103條第3項、第89條），尤應注意。

第四節　管收之障礙

一、管收之限制

依強執法第24條第1項規定「管收期限不得逾三個月。」第2項「有管收新原因發生時，對於債務人仍得再行管收，但以一次為限。」，執行法院對於管收期間應注意隨時提詢，一個月不得少於二次（應行注意事項第13項）。故執行法院於被管收人若有原因消滅、債務人提供擔保、期限屆滿、執行結束等事由時，應即釋放。

二、不得管收及停止管收（強執法第22-3條）

（一）因管收而其一家生計有難以維持之虞者。
（二）懷胎五月以上或生產後二月未滿者。
（三）現罹疾病，恐因管收而不能治療者。

三、被管收人之釋放（強執法第22-4條）

（一）管收原因消滅者。
（二）已就債務提出相當擔保者。
（三）管收期限屆滿者。
（四）執行完結者。

第五節　債務人之限制住居

一、債務人之限制住居之意義

　　所謂債務人之限制住居，係指限制債務人住居所在，使其不得遷徙或出國而言，即強執法第22條第2項之限制住居，包括禁止出境在內。執行法院為此處分時，應通知該管戶政、警察機關限制債務人遷徙，通知出入境管理機關限制債務人出境，並通知債務人（應行注意事項第11項第3款）。

二、限制住居之要件

（一）有法定事由：本法第22條第1項第1、2款之事由。

（二）有限制居住之必要：限制住居之目的，在於防止債務人逃匿或隱匿財產，妨礙執行程序之進行。有無限制住居之必要，執行法院得依職權或依聲請斟酌具體情形決定之。但已提供相當擔保者，應解除其限制（強執法第22條第2項）。而強執法第22條第2項規定，所稱「其他必要事由」，係限制住居必要性之概括規定，如債務人就應供強制執行之財產有隱匿或處分情事，雖其並無逃匿之虞，但若已無從執行（於物之交付請求權執行之情形）或無其他財產或剩餘財產顯不足清償債權者（於金錢請求權執行之情形）均屬之。又如債務人於短時間內多次遷移戶籍地址，圖以規避執行法院執行債權人與未成年人子女間會面交往探視權事件，此時即有限制債務人住居之必要。是否有其他必要事由，應由執行法院就具體個案依比例原則予以審酌（應行注意事項第11項第4款）。

第六節　擔保人之責任

　　因擔保人雖爲債務人之擔保，而有保證人之性質，但其本質仍非債務人，故強執法對其另有特別規定，如下：

一、強執法第22條第1項、第2項、第22-4條第2款有許可債務人提供擔保之規定，此項擔保，執行法院得許由該管區內有資產之人具保證書代之。

二、具保證書之人，如於保證書載明債務人逃亡或不履行義務時，由其負責清償或賠償一定之金額者，執行法院得因債權人之聲請，逕向具保證書人爲強制執行（強執法第23條第1、2項）。另行政執行法第18條「擔保人於擔保書狀載明義務人逃亡或不履行義務由其負清償責任者，行政執行處於義務人逾前條第一項之限期仍不履行時，得逕就擔保人之財產執行之。」亦有相同規定，即對具保證人之保證書有載明得「逕」強制執行者，得對具保人聲請強制執行，爲強執法第4條第1項第6款規定之執行名義，故毋庸另行取得執行名義再聲請執行之，且既屬對人之執行名義，故倘有未受償部分，仍得聲請發債權憑證，俟發現有財產時，再予強制執行[3]。又所謂負責清償，係指金錢債權之執行，由具保證書人負責清償執行債權金額而言。清償金額雖未記載，應可解爲即係執行債權之金額。又所謂賠償一定金額，指物之交付，或行爲、不行爲請求權之執行，由具保證書人賠償之金額而言。賠償金額須明確記載，如僅記載願意賠償，未載明其金額，即非一定

---

[3]　行政執行法第18條之擔保書係屬行政程序法第135條：「公法上法律關係得以契約設定、變更或消滅之。但依其性質或法規規定不得締約者，不在此限。」之行政契約（本署法規及業務諮詢委員會第43次會議決議參照）。又依強制執行法第23條規定，擔保人與原地方法院財務法庭之間成立者乃公法上保證契約，其實體之法律性質亦屬行政契約之一種，故除其內容牴觸強行法規外，仍有契約自由原則之適用；且締約後因法律變更，縱約定內容牴觸法律，亦以法律有溯及效力者爲限，契約無效；若法律未具溯及效力時，則當事人得選擇繼續履行或終止（吳庚著，行政法之理論與實用，增訂六版，第406頁參照）。

之金額[4]。但具保人並非債務人，故不得予管收、拘提（應行注意事
項第11-1項第2款）。

三、以保證書為執行名義，其內容應以金錢債權之強制執行為限，若為物
之交付請求權、行為不行為請求權之執行，因擔保人無法代為履行，
故不能對之執行。

---

[4] 參照司法院民事廳頒法院辦理民事執行實務參考手冊，96年6月8日印行，第
146、147頁。

第八編

家事事件法之
履行確保及執行

第一章　前　言

　　家事事件法於100年12月12日立法院三讀通過，且於101年1月11日總統華總一義字第10100003641號令公布。家事事件法履行之確保及執行編共計有三章（通則、扶養費及其他費用之執行、交付子女與子女會面交往之執行）、十條條文，其中實務上較無爭議之條文概為：第186條第2項為準用強制執行法執行，第187條為調查履行狀況及勸告履行，第188條為履行勸告之協力與費用負擔。第189條為扶養費之執行，暫免繳執行費，第190條為定期或分期扶養費等之執行，第191條為執行程序中以裁定加給強制金，第192條為以裁定加給強制金之情事變更，第193條為未成年子女扶養費不受強制執行法第122條之限制。而依家事事件法第186條規定：依本法作成之調解、和解及本案裁判，除法律別有規定外，得為強制執行名義。家事事件之強制執行，除法律別有規定外，準用強制執行法之規定，並得請求行政機關、社會福利機構協助執行。又家事事件法第194條、第195條有關交付子女與會面交往，交付子女或會面交往等非財產權之家事執行事件，現均由各地方法院民事執行處執行，雖得選擇以直接強制方法為執行，然因涉及親權行使及父母子女情感糾葛因素，較財產權執行事件複雜，家事事件法修法前所採直接強制執行方法，是否有違未成年子女之最佳利益？再未成年子女之扶養或親權之行使，如何審理及如何尋求義務人持續性地自動履行，法院如何促成當事人自動履行，如何結合各方資源，減少當事人求助的障礙，力求子女交付及會面交往之執行事件，能在實現私權過程中更為人性化，避免權利人於歷經裁判程序後，在執行過程中之再度衝突，且能進一步建構「服務性司法」及「友善司法環境」。

第二章　得爲強制執行之名義

　　依家事事件法第186條1項規定「依本法作成之調解、和解及本案裁判，除法律別有規定外，得爲強制執行名義。」，依家事事件法規定所爲命關係人爲一定給付或行爲之調解、和解及本案裁判者，如命給付家庭生活費用、給付扶養費、給付報酬或交付子女等裁判等，除法律別有規定外，須經強制執行程序始能實現者，其強制執行名義應以法律有明文規定者爲限，故依家事事件法規定之暫時處分之裁定及依同法第90條第1項所爲回復原狀之裁定，亦得爲執行名義。依家事事件審理細則第163條第2項規定「債權人執得爲執行名義之家事非訟事件本案裁判聲請強制執行，無庸提出裁定確定證明書。法院受理家事非訟事件本案裁判強制執行時，應注意該裁判是否已合法抗告、上訴。」，例如同法第82條第1項但書規定，有合法之抗告者，抗告中停止其效力，即不得繼執行。另執行費之徵收部分，其中有關扶養費執行之費用，依同法第189條規定「扶養費請求權之執行，暫免繳執行費，由執行所得扣還之。」，宜注意。主要因扶養債權人通常係屬經濟上弱者，關於扶養費請求權之執行，倘要求扶養債權人預納強制執行費用，或另行聲請執行救助，將增加扶養債權人之程序上不利益，爲貫徹程序利益保護原則，宜免除扶養債權人之執行費用預納義務，以減輕其程序上不利益之負擔，提高執行程序之使用效益。

第三章　家事財產事件之執行

1. 執行方法：依家事事件法第186條第2項規定「家事事件之強制執行，除法律別有規定外，準用強制執行法之規定，並得請求行政機關、社會福利機構協助執行。」，因家事事件之強制執行因涉及親權、未成年子女，為保護當事人及未成年子女之利益，於執行時有請求協助執行之必要時，得請求行政機關、社會福利機構協助執行。

2. 調查及協調：家事事件法所規定之調查及協調，乃實體法院協助執行法院促使債務人履行的方法，故依家事事件法第187條規定之履行調查及勸告，應由少年及家事法院為之，未設少年及家事法院之地區，由地方法院家事法庭法官為之（家事事件審理細則第164條）。如債權人於聲請強制執行中始聲請法院調查及勸告時，應移轉由少年及家事法院或家事法庭處理。家事法院（或庭）並自得依家事事件第17條規定，調查債務人之財產狀況或囑託其他機關協助。依家事事件法第187條第1項規定「債權人於執行名義成立後，除依法聲請強制執行外，亦得聲請法院調查義務之履行狀況，並勸告債務人履行債務之全部或一部。」第2項「前項調查及勸告，由為裁判或成立調解或和解之第一審法院管轄。」第3項「法院於必要時，得命家事調查官為調查及勸告，或囑託其他法院為之。」第4項「第一項聲請，徵收費用新臺幣五百元，由聲請人負擔，並準用民事訴訟法第七十七條之二十三第四項規定。」，按債權人於執行名義成立後依法固得聲請強制執行，惟為調整債權人與債務人之利害關係，避免因貿然採取強制執行手段所引發當事人間之尖銳對立，並貫徹費用相當性及程序利益保護等原則，規定於執行名義成立後，債權人除聲請強制執行外，

亦得聲請法院先行調查債務人履行義務之狀況，並依其調查之結果，致力消弭當事人間之情感上糾葛，勸告債務人自發性履行其債務之全部或一部。另有關履行勸告之協力及費用負擔：依家事事法第188條第1項規定「法院為勸告時，得囑託其他法院或相關機關、團體及其他適當人員共同為之。」第2項「勸告履行所需費用，由法院酌量情形，命債權人及債務人以比例分擔或命一造負擔，或命各自負擔其支出之費用。」，執行法院為履行勸告時得囑託其他法院、機關、機構、團體或其他適當人員共同協助處理，例如債務人居住於他法院轄區、於縣市政府設置之處所進行會面交往、請相關機關醫療機構、民間團體、心理師、社工人員、學校老師、債務人信賴之親友甚或外交單位等協助評估、勸告、溝通、安撫情緒等。至其勸告之措施可極為多元，例如評估債務人自動履行之可能性、何時自動履行、債權人之意見、未成年子女之意願、心理、感情狀態或學習生活狀況及其他必要事項等，以擬定適當之對策。勸告債務人就全部或已屆期之金錢或其他代替物之給付，提出履行之方式或採取其他適當之措施等。又勸告及調查之辦案期限為五個月（少年及家事法院審理期限規則第3條第1項第10款）。

3. 個案扶養費及其他分期費用之執行

(1) 按扶養費及其他費用之執行，有一次給付或分期給付者，倘為分期給付者，除依非訟事件法第127條第1項規定「法院依民法第一千零五十五條之規定，為酌定、改定或變更時，得命交付子女、未行使或負擔權利義務之一方與未成年子女會面交往之方式與期間、給付扶養費、交付身分證明文件或其他財物，或命為相當之處分，並得訂定必要事項。」第2項「前項扶養費之給付，法院得依聲請或依職權，命為一次給付或分期給付。」第3項「分期給付遲誤一期履行者，其後之期間視為亦已到期。」第4項「第一項裁定得為執行名義。」（家事事件

法第100條第3項），就分期給付之執行名義已載給付遲誤一期
履行者，其後之期間視為亦已到期，而得就全部債權執行，否
則依強執法第4條第2項之規定，執行名義附有期限者，於期限
屆至，始得開始強制執行，惟依強執法第5-1條規定，債權人
聲請強制執行之執行名義係命債務人分期給付者，於各期履行
期屆至時，執行法院得經債權人之聲請，繼續執行之。準此，
依家事事件法第190條第1項規定「債務人依執行名義應定期
或分期給付家庭生活費用、扶養費或贍養費，有一期未完全履
行者，雖其餘履行期限尚未屆至，債權人亦得聲請執行。」第
2項「前項債權之執行，僅得扣押其履行期限屆至後債務人已
屆清償期之薪資債權或其他繼續給付之債權。」，因關於命債
務人定期或分期給付家庭生活費用、扶養費或贍養費之執行名
義，倘要求債權人依上開規定聲請執行，將徒增債權人逐期聲
請之煩，而增加債權人之程序上不利益。倘債權人囿於上開限
制，於累積數期債權到期後始合併聲請執行，對於生計已陷困
窘之債權人而言，亦緩不濟急，故家事事件法第191條規定，
關於此類執行名義之強制執行程序，放寬上開之限制。且為避
免損害債務人之期限利益，就上揭債權之執行，僅得就履行期
限屆至之債權，執行債務人對於第三人已屆清償期之薪資債權
或其他繼續性給付之債權。

(2) 扶養費及其他分期費用之執行應屬金錢債權之強制執行，原則
上固採直接強制方法，由執行法院查封債務人之責任財產，將
之變價交付或分配予債權人，以滿足執行債權，惟執行名義係
命債務人應定期或分期給付家庭生活費用、扶養費或贍養費
者，債權人之該等債權，均係維持債權人生計所不可或缺，如
依一般金錢債權之執行程序進行，恐過於迂遠，且該等債權之
數額原已將債務人之資力列入主要考慮要素始予決定，通常債
務人沒有無資力履行之虞，為促使債務人確實依執行名義履行

債務，爰家事事件法另規定強制金之運用，依第191條第1項規定「債務人依執行名義應定期或分期給付家庭生活費用、扶養費或贍養費，有一期未完全履行者，雖其餘履行期限尚未屆至，執行法院得依債權人之聲請，以裁定命債務人應遵期履行，並命其於未遵期履行時，給付強制金予債權人。但為裁判法院已依第一百條第四項規定酌定加給金額者，不在此限。」第2項「法院為前項裁定時，應斟酌債權人因債務不履行所受之不利益、債務人資力狀態及以前履行債務之狀況。」第3項「第一項強制金不得逾每期執行債權二分之一。」第4項「第一項債務已屆履行期限者，法院得依債權人之聲請，以裁定命債務人限期履行，並命其於期限屆滿仍不履行時，給付強制金予債權人，並準用前二項之規定。」第5項「債務人證明其無資力清償或清償債務將致其生活顯著窘迫者，執行法院應依債務人之聲請或依職權撤銷第一項及前項之裁定。」，即立法上設間接強制金制度，除少年及家事法院於裁判時已酌定加給金額外，執行法院亦得依聲請命債務人給付強制金予債權人，以供債權人選擇利用。另為達到強制金間接強制之效果，執行法院為強制金之裁定，宜於命債務人遵期履行時，同時為之。又強制金係以違反包括強制金裁定在內之有關執行名義之執行債權履行命令為條件之制裁金，屬債務人新增之債務，該裁定係強執法第4條第1項第6款規定之另一執行名義，債權人如欲執行強制金裁定，應另為強制執行之聲請。執行法院為強制金之裁定，即以債務人具履行能力為前提，故如債務人欠缺支付能力而不能清償債務，或因清償該債務將使其生活陷於窘迫者，即不宜為間接強制。為對債務人施以心理上之壓力，以促使債務人履行債務，關於強制金之金額固委由執行法院為合理之裁量，惟為避免與債權金額失衡，宜適當限制僅每期執行債權之二分之一。且債務人如證明其無資力清償或清償債務將致其生

活顯著窘迫者，爲免徒增債務人之強制金負擔，造成對債務人過於苛酷之結果，執行法院得依債務人之聲請或依職權撤銷強制金之裁定。尤應注意者，上開規定係屬執行名義爲命定期或分期給付，債權人就已屆期部分聲請強制執行之情形，至於因遲誤一期未履行而視爲全部到期之情形，則不適用之。

(3) 強制金裁定確定後，雖不因執行債權之一部清償而當然隨之減免，惟如有債務人喪失或減少資力致無力清償債務或全部履行有困難之情事變更時，宜許債務人得聲請執行法院調整變更強制金裁定之內容，以符實際，故家事事件法第192條第1、2項規定於執行法院爲強制金裁定確定後，有情事變更者，執行法院得依債務人之聲請變更之。債務人爲此聲請，而執行法院於必要時，得以裁定停止強制金裁定之執行。該停止強制金之裁定，債權人不得聲明不服，以維護程序安定。

(4) 依家事事件法第193條規定「未成年子女扶養費債權之執行，不受強執法第一百二十二條規定之限制。但應酌留債務人及受其扶養之其他未成年子女生活所需。」依強執法第122條之規定，債務人對於第三人之債權，係維持債務人及其共同生活之親屬生活所需者，不得爲強制執行，惟扶養債務人之經濟能力已在執行名義作成過程中予以相當之考量，有別於一般金錢債權之執行名義，因此，關於未成年子女扶養費債權之執行，無需重複考量債務人及其共同生活親屬之家庭生活需要，故法律明定不受上開規定之限制。但爲維護債務人之基本生活需要及其他未成年子女受債務人扶養之權利，執行法院仍應酌留債務人及受其扶養之其他未成年子女生活所需。

第四章　子女交付、會面交往強制執行

壹、執行之法源

（一）依民法第1055條第5項規定「法院得依請求或依職權，爲未行使
或負擔權利義務之一方酌定其與未成年子女會面交往之方式及期
間。但其會面交往有妨害子女之利益者，法院得依請求或依職權
變更之。」，及依非訟事件法第127條第1項規定「法院依民法
第一千零五十五條之規定，爲酌定、改定或變更時，得命交付子
女、未行使或負擔權利義務之一方與未成年子女會面交往之方式
與期間、給付扶養費、交付身分證明文件或其他財物，或命爲相
當之處分，並得訂定必要事項。」，以兼未行使親權人之利益，
慰撫孺慕之情。而有關會面探視之執行，依家事事件法第186條第
2項規定「家事事件之強制執行，除法律別有規定外，準用強執法
之規定，並得請求行政機關、社會福利機構協助執行。」，按父
母基於親權請求交付子女或會面交往之強制執行，我國強執法僅
有第128條第3項規定：「執行名義，係命債務人交出子女或被誘
人者，除適用第一項之規定外，得用直接強制方法，將該子女或
被誘人取交債權人。」亦即，「交付子女」之執行，執行法院除
得拘提、管收債務人或對其處以怠金外，亦得用直接強制方法。
惟就會面探視部分，債權人（權利人）究應依強執法第128條之
不可代替行爲請求權之執行方法執行，或係依同法第129條之不
行爲請求權之執行方法爲之，我國強制執行法並無明文規定。是
法院於定對未成年子女權利義務行使負擔（簡稱子女監護）內容
及方法裁判之同時，酌定未負子女監護之責之一方與該未成年子
女會面交往之方式及時間，該裁判之性質交出子女之判決並不相

同。前者，負子女監護之責之一方，僅負協調或幫助會面交往之進行，無從強制子女與他方會面交往，亦不負積極交出子女之義務；交付子女，未負子女監護之責之一方，則有積極交出子女之義務。故負子女監護之責之一方，經執行法院定履行期間仍未盡協調或幫助會面交往進行之義務者，執行法院僅得依強執法第128條第1項規定處罰，不得依同條第3項處罰或用直接強制方法將子女取交債權人[1]。即有關子女會面探視之執行，不得為直接強制執行。

（二）依家事事件法第三章有關交付子女與子女會面交往之執行，第194條規定「執行名義係命交付子女或會面交往者，執行法院應綜合審酌下列因素，決定符合子女最佳利益之執行方法，並得擇一或併用直接或間接強制方法：一、未成年子女之年齡及有無意思能力。二、未成年子女之意願。三、執行之急迫性。四、執行方法之實效性。五、債務人、債權人與未成年子女間之互動狀況及可能受執行影響之程度。」，第195條第1項規定「以直接強制方式將子女交付債權人時，宜先擬定執行計畫；必要時，得不先通知債務人執行日期，並請求警察機關、社工人員、醫療救護單位、學校老師、外交單位或其他有關機關協助。」第2項「前項執行過程，宜妥為說明勸導，儘量採取平和手段，並注意未成年子女之身體、生命安全、人身自由及尊嚴，安撫其情緒。」，足供參

---

[1] 參照最高法院96年度台抗字第831號裁定「法院於定對未成年子女權利義務行使負擔（簡稱子女監護）內容及方法裁判之同時，酌定未負子女監護之責之一方與該未成年子女會面交往之方式及時間，該裁判之性質與交出子女之判決並不相同。前者，負子女監護之責之一方，僅負協調或幫助會面交往之進行，無從強制子女與他方會面交往，亦不負積極交出子女之義務；後者，未負子女監護之責之一方，則有積極交出子女之義務。故負子女監護之責之一方，經執行法院定履行期間仍未盡協調或幫助會面交往進行之義務者，執行法院僅得依強執法第128條第1項規定處罰，不得依同條第3項處罰或用直接強制方法將子女取交債權人。」。

考。故會面探視之執行，應透過勸告履行（促談），而重建債權人（權利人）、債務人（義務人）與子女之間的關係，並在促談、評估階段得以正視未成年子女的需求，共同修復過往不愉快的經驗及訴訟對立所造成之傷害等，而具多重屬性之會面交往、子女交付事件終局執行之方法，自與一般財產權僅關注在債權人應受到即時財產權益之保護及實現，而有所不同。實務上，多數義務人僅欲終止與權利人之關係，並無意傷害對方或影響子女，甚至盡力避免因訴訟導致相互怨懟或報復。然而，義務人因故無法自動履行執行名義時，法院有必要提供柔性措施，供雙方當事人再為商談，透過強制執行階段之促談，了解彼此困難，滿足未成年子女經歷父母分離所生心理、現實生活變動之需求，有效解決雙方因離婚、子女親權（監護）、扶養費爭奪等所衍生之相關訴訟問題。是在家事執行事件應建構促談方式，除了釐清行使親權之本質及內容外，尚需提升當事人共同承擔「父」「母」責任之意願，更重要的是透過促談，而有效推動雙方進行良性的對話，完整表達彼此利益與需求，並獲致平和終結案件的共識及協議，以達到情感修復及填補實質損害，並藉由促談，使義務人認知情緒綁架錯誤所生之後果，進而正向轉變情緒、降低抵抗執行之行為，在一方得以療傷止痛或進一步了解他方後，減少雙方自認為被害，而產生之負面情緒，透過修復促進、陪伴者協調計畫之執行，有機會學習分離後之相互合作，並為子女之利益，進一步實現合作式親權及雙核心家庭之價值[2]。司法院為因應子女之會

---

[2]　（一）參照台灣高等法院台中分院楊熾光法官著未成年子女交、會面交往執行－家事事件法施行後之發展架構，司法周刊第1584、1585期。

　　（二）台灣高等法院暨所屬法院99年法律座談會民執類提案第35號值得參考，摘錄如下：

法律問題：離婚判決主文中有關未成年子女會面交往部分，諭知：「被告得自本判決確定起，於每月第1、3週之星期六上午10時起至原告住處將未成年子女接往住處同居，但應於次日之週日下午4時前，將未成年子女

送回原告住處。」，債權人聲請就該部分強制執行，有下列問題：

1. 應依強執法第128條之不可代替行為請求權之執行方法執行或係應依第129條之不行為請求權之執行方法為之？

　　甲說：應適用強執法第128條之規定執行。關於現行探視權之行使，於判決中雖都以進行探視之一方（債權人）應於特定時日至有監護權之一方（債務人）住所進行探視，從文字上觀之，債務人似無需為任何行為，但究其意，並非債務人單純消極不作為即能達成債權人探視權之行使，債務人除不得阻撓債權人依判決進行探視外，還需有配合其探視之進行於指定時日，留置於住居所內，等待債權人前來。並於探視時間結束後，等待債權人送回未成年子女。此等皆與容忍或禁止債務人為一定行為之執行名義有所不同。故其強制執行時，應適用強執法第128條之規定辦理。

　　乙說：應適用強執法第129條之規定執行。關於現行探視權之行使，判決皆以有探視權之一方（債權人）應於特定時日至有監護權之一方（債務人）住所進行探視，並未科予債務人為任何行為之義務，故其屬債務人單純之容忍債權人進入其住居所。故應依強執法第129條之規定進行執行。

　　初步研討結果：採乙說。

　　審查意見：

(1)離婚判決主文中有關未成年子女會面交往部分，似未課予有監護權之一方（債務人）積極行為之義務，然亦指出進行探視之一方（債權人）至債務人住處接未成年子女，且需將未成年子女送回債務人住處。而未成年子女權利義務之行使及負擔既由債務人任之，則未成年子女係於債務人之保護及實力支配下，若無債務人之幫助及協調，則無法達成債權人與未成年子女會面交往之判決目的，應認債務人對債權人與未成年子女會面交往之進行具有協力義務，協調及幫助使未成年子女於週六留置於債務人住處，並於週日等待債權人將未成年子女送回債務人住處，始符合判決意旨（參照最高法院96年度台抗字第831號裁定意旨）。

(2)本件宜採甲說。

2. 若屬不可替代行為請求權之執行事件，則可否依強執法第128條第3項規定直接強制？

　　甲說：肯定說。關於探視權之行使，於判決中雖都以進行探視之一方（債權人）應於特定時日至有監護權之一方（債務人）住所進行探視，並無債務人應將未成年子女交付債權人的字眼，然若倘債務人不交出未成年子女，債權人顯無行使探視權之可能，解釋上應認執行名義之內涵當然包含交付子女在內，債務人不自動履行時，執行法院可依強執法第128條第3

面探視要領，於101年6月1日頒訂「少年及家事法院受囑託辦理交付子女與子女會面交往強制執行事件要點」如下：

1. 為利少年及家事法院於設執行處前，得加強連結相關資源，妥適處理受囑託辦理之交付子女與子女會面交往強制執行事件（以下簡稱子女強執事件），特訂定本要點。

2. 本要點所稱執行處，除第一點規定者外，係指少年及家事法院

項規定，以直接強制方法，將該子女取交債權人。

乙說：否定說。強執法第128條第3項規定，執行名義係命債務人交出子女或被誘人者……得用直接強制方法，將該子女或被誘人取交債權人。然關於探視權之執行名義，其內容通常係債權人得於何時至債務人住所進行探視，並無命債務人交出子女之文字，債權人進行探視之期間，債務人即監護人並不失其監護權，探視權之判決既無交付子女之文字，自不宜擴張解釋認債權人得憑探視權之判決，請求執行法院應依強執法第128條第3項規定，直接取交未成年子女。另探視權行使頻率往往係每月二次，每次約1到3天，一直需持續到子女成年或至年滿15歲止。此為長期間的義務履行，若父母無法依約或依判決自動履行，即使法院介入，亦難保其後長期間的履行。債權人聲請強制執行，法院進行直接強制，將使原本緊張的雙方關係更趨惡劣，若於強制取交後，行使探視權之一方於探視終了不願送回未成年子女，法院勢必又得依另一方之請求強制取交未成年子女予原債務人。此等作為雖保全了父母雙方之權益，然卻漠視未成年子女之利益，將其物化。未成年子女屢屢受到法院強制執行，而改變其正常作息，應非法律原制訂無監護權一方之父母得行使探視權之本意。故此種執行事件，應不宜進行直接強制，而以科處怠金或拘提管收之方式，對債務人施以壓力，促其自動履行為宜。。

初步研討結果：採乙說。

審查意見：探視權之判決並無交付子女之文字，債務人僅負有幫助及協調未成年子女與債權人會面交往之協力義務，且債務人之協力行為因未成年子女權利義務之行使及負擔係由其任之，屬不可代替行為，因不具代替性，其強制執行方法，採間接強制。且判決酌定未負子女監護之責之一方與該未成年子女會面交往之方式與強執法第128條第3項關於命交出子女或被誘人之執行核屬有別，前者僅負協調幫助未成年子女與債權人交往之協力義務，後者債務人需負交出子女之積極行為義務，故應採間接強制之方式，以金錢處罰或管收，予債務人心理壓迫，促其自行履行。

所在地及其管轄區域內之地方法院民事執行處。

3. 執行處受理子女強執事件，經定期命執行債務人（以下稱債務人）履行而不履行者，得於屆期不履行時，檢附限期自動履行命令影本、債務人抗拒執行命令情形、子女之意見、狀況等相關資料，囑託少年及家事法院協助處理。

4. 少年及家事法院處理子女強執事件必要時，得另分案號；處理期限不得逾四個月，但經執行債權人（以下稱債權人）及債務人書面同意者，得延長二個月；延長以一次爲限。

5. 少年及家事法院得視個案狀況，連結相關資源，評估債務人自動履行之可行性，參酌家事事件審理細則第166條所定之方法，研擬及執行解決方案；必要時，得洽請或囑託相關機關（構）、團體及其他適當人員協助之。

6. 前點解決方案涉及債權人、債務人之權利義務（如費用支付）事，應經其同意，並宜尊重滿七歲未成年子女之意願；定有試行替代方案者，該方案不影響原執行名義之效力。

7. 少年及家事法院得適時將處理狀況告知執行處，執行處亦得查詢之。

8. 少年及家事法院囑託相關機關（構）、團體及其他適當人員協助辦理子女強執事件時，應適時注意處理進度。

9. 有下列情形之一者，少年及家事法院得停止處理，並檢具解決方案內容及執行情形、子女狀況等相關資料，移請該管執行處續行辦理：

(1) 債務人已履行義務或有事實足認可自動履行。

(2) 有事實足認繼續處理，債務人仍無履行之可能。

(3) 債權人或債務人聲請停止處理。

(4) 債權人撤回強制執行之聲請。

(5) 逾第四點所定處理期限。

當事人或利害關係人依強執法第12條爲聲請或聲明異議者，

少年及家事法院認為有理由時，應將原處分或程序撤銷或更正之。認無理由者，得裁定停止受囑託執行，移請該管執行處續行辦理。

受託執行之事件有強執法第128條應管收或處怠金之情形者，少年及家事法院應即停止處理，移請該管執行處續行辦理。

10. 子女強執事件經債權人撤回強制執行之聲請或有其他應停止執行之情形者，執行處應即告知少年及家事法院，並請法院將相關資料檢還之。

11. 本要點未盡事宜及辦理流程、例稿等相關事項，少年及家事法院得斟酌其內部及地方資源、案件性質、個案需求等，自行決定或訂定相關規定。

貳、實務運作方法

按父母基於親權請求交付子女或會面交往之強制執行，我國強制執行法僅有第128條第3項規定：「執行名義，係命債務人交出子女或被誘人者，除適用第一項之規定外，得用直接強制方法，將該子女或被誘人取交債權人。」亦即，『交付子女』之執行，執行法院除得拘提、管收債務人或對其處以怠金外，亦得用直接強制方法。惟就『會面交往（探視）』部分，權利人究應依強制執行法第128條之不可代替行為請求權之執行方法執行，或係依同法第129條之不行為請求權之執行方法為之，我國強制執行法並無明文規定[3]。

---

[3] 參臺灣高等法院暨所屬法院99年法律座談會彙編（100年1月版），第434-443頁，民執類提案第35號。離婚判決主文中有關未成年子女會面交往部分，債權人聲請就該部分強制執行：其他另有問題：若可以依第128條第3項規定辦理，則執行時可否強制啟視債務人之住、居所？如其住居所內尚有其他家屬（如祖父母）得否亦對其施以強制力？問題：若可以依第128條第3項規定辦理，未成年子女於判決前即由祖父母照撫時，則原告可否仍持本判決為執行名義聲請強制執行？

一、交付子女或會面交往（會面探視）

當事人以「交付子女」或「會面交往」之執行名義，聲請強制執行時，執行法院得否以直接強制方法為執行方式？非無疑義。有採肯定見解者，認為我國並未如德國明文禁止會面交往部分，而依家事事件法第194條規定之文義，係「交付子女」與「會面交往」二者均可選擇採用直接強制方法。在家事事件法施行前，有採一部肯定（交付子女），一部否定（會面交往）見解者。例如，最高法院認為會面交往之強制執行僅得依強制執行法第128條第3項準用同條第1項之規定為處罰，尚不得直接依同條第3項規定為直接強制執行（有採反對見解者）。

二、實務運作之良性處理方法

家事事件之執行本具有相當濃厚的感情因素，故家事事件法施行後，亦有同認，會面交往之強制執行亦僅得依強制執行法第128條第3項準用同條第1項之規定為處罰，尚不得直接依同條第3項規定為直接強制執行者。就此最高法院96年度台抗字第831號裁定意旨認：「法院於定對未成年子女權利義務行使負擔（簡稱子女監護）內容及方法裁判之同時，酌定未負子女監護之責之一方與該未成年子女會面交往之方式及時間，該裁判之性質交出子女之判決並不相同。前者，負子女監護之責之一方，僅負協調或幫助會面交往之進行，無從強制子女與他方會面交往，亦不負積極交出子女之義務；交付子女，未負子女監護之責之一方，則有積極交出子女之義務。故負子女監護之責之一方，經執行法院定履行期間仍未盡協調或幫助會面交往進行之義務者，執行法院僅得依強制執行法第128條第1項規定處罰，不得依同條第3項處罰或用直接強制方法將子女取交債權人[4]」。是子

---

[4] 關於如何由義務人處取交子女之部分，中央警察大學鄧學仁教授認：日本現行之民事執行法並未設有特別規定，究竟應用直接強制或間接強制？在日本之實務上，目前仍是非常困難的問題。日本在學說上認為交付無意思能力之子女，應準用交付動產之直接強制方法為有力說。但有學者認為縱然是無意思能力之幼兒，

女會面交往（探視）之執行，不得爲直接強制執行。且參諸他國實務亦認除涉有（一）遭父母一方身體虐待；（二）父母一方藥物濫用（藥癮、毒癮或酒癮等）；（三）家庭暴力；（四）家長綁架小孩的威脅；（五）父母一方意圖破壞他方與孩子間的關係；（六）遭父母一方性虐待；（七）祖父母的訪視會面等案件類型，法院應積極直接介入外，其餘親子會面執行事件，並不適合使用直接強制之方法，以期能更尊重子女之意思、感情。故在解釋上，基於未成年子女最佳利益原則，應認必須間接強制執行方法無效果時，始得選擇直接強制執行方法。且必須是「先裁處怠金」，仍無效果後，才得管收債務人，除非有立即危害未成年子女之情狀下，否則不得在未先處怠金下，即逕予管收。如果在處怠金之前，尚有行家事事件法第187條、第188條所定「履行勸告」程序之必要或實益時，自應先進行履行勸告程序，亦不得逕予裁處怠金。

三、履行之確保

　　大多數離婚事件，基於子女最佳利益考量，父母均得以持續自由地與孩子接觸，惟於未自動履行，或當父母親的一方對孩子的接近，可能會對孩子有害時，應依循何法律加以救濟或規範？實務上亦無統一做法。爲促使執行義務人自動履行，並保護未成年子女身心健全發展並維護其最佳利益，更爲確保父母一方或子女之人身安全，則提供親子會面之場地及時間，建立適當的親子互動，以引導至自動履行及關係重建、修護，家事事件法第187條、第188條第1項發展新架構即專家促談、勸告履行[5]。此有別

仍爲具有獨立人格之個體，將其直接準用動產之規定予以處理，不無疑問。另日本大部分學者認爲，由執行人員以實力從交付義務人手中強制取得，例如於抱走無意思能力的嬰幼兒之案例中，執行人員以直接強制方法取得該子女，此從一般的道德感情或對於幼兒人權之尊重而言，或許可以容認（大阪高裁平14.1.15と高松高裁平14.11.15の2つの決定，弁護士野々山宏第21章監護、居所または面接交涉等に関する判決、決定もしくは契約の執行について子の面接交涉と間接強制の可否と要件。）

[5] 執行方案架構之附表（Family Court Service program處理流程圖）。

於一般財產權之強制執行關注在債權人應受到即時財產權益之保護與實現，而是著眼於關係重建之評估、促談與專業意見之彙整，目的在確保裁判的履行，保護未成年子女心理及身體安全，避免因直接強制執行而遭受心理壓力或精神傷害，並降低父母雙方對立之情緒，以期緩和父、母、子女三方情緒之衝擊。故為促使執行義務人自動履行，並保護子女身心安全及維護其最佳利益，法院在執行階段有必要提供柔性措施，供雙方再為商議，透過執行階段之促談，了解彼此困難，及子女生活變動之需求，有效解決雙方因離婚、扶養費、子女親權（監護）爭奪等所衍生之相關訴訟問題，改善當事人因誤會或不了解而造成對立仇恨關係，並引導至自動履行及關係修護。執行法院除得拘提、管收、處以怠金外，在尊重子女之意思、感情，尋求親和圓融的方法，適時運用間接強制方法，應較妥當。例如，執行行法院如管收債務人後，未成年子女必須立刻即時由親權行使負擔之人予以接手。是依家事事件法第195條規定，應先擬定執行計畫，請求相關單位協助，並先為勸導，採取平和、保護子女利益手段行之。又如已管收債務人，將子女交由債權人行使，即無再直接強制執行之必要。而債務人管收後，在合理確信不會再有爭搶子女等之不理性行為後，即無繼續管收之必要。是勸告履行（促談）之執行流程為：第一階段：初期準備評估階段（第188條第1項）→召開執行評估小組會議；第二階段：促進對話（關係重建）階段→三方會談，勸告履行（第195條第2項）；第三階段：建立共識階段（暫時替代方案）→擬定試行暫時定期替代方案，修護關係（第187條第1項）；第四階段：二次評估階段（完成執行風險評估）→直接強制執行前，擬定安全執行計畫（第195條第1項）。故在直接強制介入前，執行法院應連結兒少社福機構，協助交付子女與會面交往執行事件之評估、促談，與執行，並尋找短期替代方案、協助評估不能自動履行之因素及潛在執行之風險。避免因直接強制執行所遭受傷害，降低父母雙方因直接強制執行過程造成對立情緒，以期緩和父、母、子女三方情緒之衝擊（家事事件法第194、195條、家事事件審理細則第166條、強制執行法第128條）。

附　表

家事法庭有關交付子女與會面交往執行服務方案
交付子女與會面交往強制執行處理流程

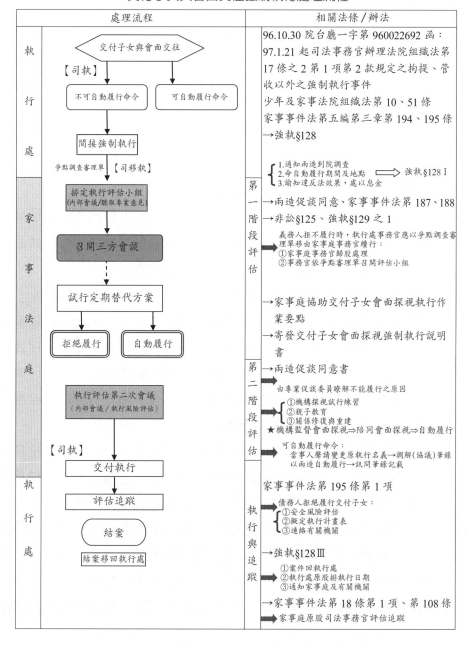

處理流程	相關法條／辦法
【執行處】 交付子女與會面交往 【司執】 不可自動履行命令　／　可自動履行命令 間接強制執行 爭點調查審理單　【司移執】 排定執行評估小組（內部會議/聽取專業意見） 召開三方會談 試行定期替代方案 拒絕履行　／　自動履行 執行評估第二次會議（內部會議/執行風險評估） 【司執】 交付執行 評估追蹤 結案 結案移回執行處	96.10.30 院台廳一字第 960022692 函： 97.1.21 起司法事務官辦理法院組織法第 17 條之 2 第 1 項第 2 款規定之拘提、管收以外之強制執行事件 少年及家事法院組織法第 10、51 條 家事事件法第五編第三章第 194、195 條 →強執§128 **第一階段評估** 1.通知兩造到院調查 2.命自動履行期間及地點　⇒ 強執§128 I 3.諭知違反效果，處以怠金 →兩造促談同意、家事事件法第 187、188 →非訟§125、強執§129 之 1 義務人拒不履行時，執行處事務官應以爭點調查審理單移由家事庭事務官續行： ①家事庭事務官歸股處理 ②事務官依爭點審理單召開評估小組 →家事庭協助交付子女會面探視執行作業要點 →寄發交付子女會面探視強制執行說明書 **第二階段評估** →兩造促談同意書 由專業促談委員瞭解不能履行之原因 ①機構探視試行練習 ②親子教育 ③關係修復與重建 ★機構監督會面探視⇒陪同會面探視⇒自動履行 可自動履行命令： 當事人聲請變更原執行名義→調解(協議)筆錄 以兩造自動履行→訊問筆錄記載 **執行與追蹤** 家事事件法第 195 條第 1 項 債務人拒絕履行交付子女： ①安全風險評估 ②擬定執行計畫表 ③連絡有關機關 →強執§128Ⅲ ①案件回執行處 ②執行處原股排執行日期 ③通知家事庭及有關機關 →家事事件法第 18 條第 1 項、第 108 條 ⇒家事庭原股司法事務官評估追蹤

附　件

會面探視之執行名義

臺中高分院100年度家上字第35號家事事件，案情：兩造離婚，父爲臺灣人士，母爲大陸人士（現居住臺灣），母擔任未成年子女甲、乙的監護人，父行使會面視權，其方法：○○（父）探視兩造所生未成年子女甲、乙之時間、方式及應注意事項：

壹、時間

一、第一階段（未成年子女甲、乙至年滿16歲止）

（一）○○（父）得於每月第一、三週之星期六上午九時探視未成年子女甲、乙，並得攜同出遊及攜回同住，至翌日即星期日下午七時前，將未成年子女甲、乙交還於○○（母）或其指定之人。

（二）於民國年份爲偶數年（例如民國100年、102年……）農曆除夕當日上午九時起，○○（父）得攜同未成年子女甲、乙出遊或返家同住，至大年初四下午七時前交還○○（母）或其指定之人。民國年份爲奇數年時，農曆除夕至大年初四期間，輪由○○（母）與未成年子女甲、乙同住，該五日中如遇○○（父）依（一）所示探視時間，○○（父）當日之探視權停止。

（三）於民國年份爲偶數年（例如民國100年、102年……）清明節當日上午九時起，○○（父）得攜同未成年子女甲、乙返家祭祖、掃墓或出遊，至同日下午七時前交還○○（母）或其指定之人。

（四）於民國年份爲偶數年（例如民國100年、102年……）端午節當日上午九時起，○○（父）得攜同未成年子女甲、乙出遊或返家，至同日下午七時前交還○○（母）或其指定之人。民國年份爲奇數年時，端午節輪由○○（母）與未成年子女甲、乙同住，該日如遇

○○（父）依（一）所示探視時間，○○（父）當日之探視權停止。

（五）於民國年份為偶數年（例如民國100年、102年……）中秋節當日上午九時起，○○（父）得攜同未成年子女甲、乙出遊或返家，於同日下午七時前交還○○（母）或其指定之人；如翌日仍為放假日，則於翌日下午七時前交還○○（母）或其指定之人。民國年份為奇數年時，中秋節輪由○○（母）與未成年子女甲、乙同住，翌日如為放假日，亦由○○（母）與未成年子女甲、乙同住，當日（或翌日）如遇○○（父）依（一）所示探視時間，○○（父）當日之探視權停止。

（六）於未成年子女甲、乙就讀學校之暑假期間，○○（父）除得於（一）所示探視日期以外，以不影響課業及安親輔導之情形下，得另行選擇二十日探視未成年子女甲、乙或攜出同遊或攜回同住，該二十日期間得連續或分開執行，但須於每年暑假開始前，將該選定之二十日通知○○（母）。

（七）○○（母）如欲將未成年子女甲、乙攜回大陸地區時，應先徵得○○（父）之同意；並於返回臺灣時，告知○○（父）。

二、兩造於未成年子女甲、乙年滿16歲後，有關探視會面權之行使應尊重未成年子女甲、乙之意願。

貳、方法

（一）得為見面、通信、通話之行為，但通話行為不得妨礙未成年子女甲、乙之日常生活作息。

（二）得為致贈禮物、交換照片、拍照等行為。

參、兩造應遵守事項

（一）兩造不得有危害未成年子女甲、乙身心健康之行為。

（二）兩造不得對未成年子女甲、乙灌輸反抗對造之觀念。

（三）○○（父）於探視期間，應履行因親權所為相關生活習慣、學業輔導、作業完成等義務。

（四）如未成年子女甲、乙於會面交往中患病或遭遇事故，○○（父）應為必要之醫療措施，並即通知○○（母），亦即在其會面交往實施中，○○（父）仍須善盡保護教養之義務。

（五）未成年子女甲、乙住址或聯絡方式或就讀學校如有變更，應隨時通知○○（父）。

（六）○○（母）應於○○（父）行使探視權時，準時將生未成年子女○○交付○○（父）或其指定之人。

（七）○○（父）應於探視期滿時，準時將生未成年子女甲、乙交還於○○（母）或其指定之人。

（八）○○（父）於探視當日遲到二個小時未前往探視者，除經○○（母）同意外，視同○○（父）放棄當日之探視權，以免影響○○（母）及未成年子女甲、乙之生活安排；但翌日如為探視日者，○○（父）仍得於翌日探視。

（九）○○（父）在偕同未成年子女甲、乙出遊時，應遵重其意願。

（十）本會面探視方法，兩造得再協商，但未得共識者，應依本方法行之。

第五章　其他家事事件執行之爭議

（一）債務人拒絕依強制執行法第128條第3項直接強制執行之執行方法？

　　1. 債權人於執行名義成立後，除依法聲請強制執行外，亦得聲請法院調查義務之履行狀況，並勸告債務人履行債務之全部或一部，法院於必要時，得命家事調查官為調查及勸告，如債務人仍拒絕履行，始依強執執行法處以拘提、管收、怠金（家事事件法第187條第1項、強制執行法第128條第1項參照）。

　　2. 得不先通知債務人執行日期，並請求警察機關、社工人員、學校老師或其他有關機關協助（家事事件法第195條第1項）。

（二）若未成年子女已有識別能力，其堅決反對探視權之執行？

　　1. 法院勸告債務人履行時，得囑託其他法院或相關機關、團體及其他適當人員共同為之，例如請相關機關、醫療機構、民間團體、心理師、社工人員、學校老師、債務人信賴之親友甚或外交單位等協助評估、勸告、溝通、安撫情緒等，亦得命家事調查官等調查（家事事件法第187條第3項、第188條第1項、家事事件審理細則第166條）。

　　2. 執行法院命交付子女或會面交往者，應審酌未成年子女意願，決定符合子女最佳利益之執行方法，擇一或併用直接或間接強制方法（家事事件法第194條第1項定、家事事件審理細則第166條第1項第1款、第2項）。

　　3. 法院得視實際需要囑託適當人員或命家事調查官，進行親職教育或親子關係輔導、未成年子女無意願時，予以適當之輔導，評估促成共同會談、協助履行（家事事件法第187條第3項、第188條第1項、家事事件審理細則第166條第1項第3、4款）。

（三）執行時可否強制檢查啟視債務人之住、居所？住居所屬其他家屬

（如祖父母）執行時未成年子女主要照顧者由祖父母照撫時？

1. 通知兩造到院「自動履行」：評估債務人自動履行之可能性、何時自動履行（家事事件審理細則第166條第1項第1款）。

2. 法院囑託相關機關團體或命家事調查官進行評估、勸告、溝通時，其勸告之措施儘可能多元，按實際情形，由相關機關人員陪同探視、促成共同會談或協助債權人或債務人擬定安全執行計畫或短期試行方案（家事事件法第187條第3項、第188條第1項、家事事件法審理細則166條第1項第4款、第6款）。

3. 若法院勸告債務人自發性履行其債務之全部一部無效時，債權人得依強制執行法聲請強制執行，手段上宜以拘提、管收、怠金為佳（家事事件法第187條第1項、第3項、第188條第1項、強制執行法第128條第1項）。

（四）「家勸」之執行案件所為之不服（抗告或異議），應由執行處法官或家事庭法官辦理？

實務亦有不同見解：1.停止處理（囑託辦理執行要點第9條）：家勸案依家事事件法細則166僅就執行名義視實際需要勸告債務人履行，債務人拒絕或債權人就短期試行方案異議→停止處理家勸　司家執（直接強制執行）；2.地方法院民事執行處（少家法院受囑託辦理交付子女與子女會面交往強制執行事件要點第2點）本要點所稱執行處，除第一點規定者外，係指少年及家事法院所在地及其管轄區域內之地方法院民事執行處；3.家事法庭法官（家事事件審理細則第164條）本法第187條所定之履行調查及勸告，由少年及家事法院為之。未設少年及家事法院之地區，由地方法院家事法庭法官為之。本件認依家事事件審理細則第164條規定，有關家事事件法第187條履行調查及勸告，由少年及家事法院為之。

（五）家事事件法第186條第1項兼具給付性質之本案形成判決（含調解、和解），得否為強制執行名義？

依立法說明：「依本法所為命關係人為一定給付或行為之調解、

和解及本案裁判（例如：命給付家庭生活費用、給付扶養費、給付報酬或交付子女等裁判），除法律別有規定外，有時須經強制執行始能實現，而強制執行名義以法律有明文規定者爲限，爰設本條規定。至於得爲執行名義之裁判，係以生效爲前提，自不待言。」。文義上似限「命關係人爲一定給付或行爲之本案裁判（含調解、和解），但「形成性」裁判（含調解、和解），是否包括在內？非無疑義。實務上，最高法院89年度台抗字第367號民事裁定[1]及台灣高等法院暨所屬法院99年法律座談會民執類提案第36號[2]研討結果，均肯認法院所爲酌定未成年子女權利義務之行使或負擔之形成判決，具有執行名義之效力，得聲請強制執行。此爲免當事人訟累，及考量家事程序之經濟性，應肯認此類兼具給付性質之形成判決（含調解、和解），亦具有執行力，而得爲執行名義。

（六）依家事事件法第125條第1項第2款所爲請求減輕扶養義務事件，如：「聲請人對相對人所負扶義義務減輕爲每月新臺幣○元。」性質爲何？

---

[1] 請求行使負擔對於未成年子女權利義務事件之確定判決，經判命未成年子女權利義務之行使負擔由一造任之，而未爲他造應交付子女之宣示者，倘子女猶在他造保護下，該一造將無從行使或負擔對其子女之權利義務，故解釋上即應認該確定判決所命由一造行使負擔對於未成年子女權利義務之內涵，當然含有他造應交付其保護下子女以使另一造得行使監護權之意義。苟其不交付子女，該一造自得依上開確定判決聲請強制執行交付子女，始符該確定判決之意旨。

[2] 按法院依民法第1055條之規定，爲酌定、改定或變更時，得命交付子女、未行使或負擔權利義務之一方與未成年子女會面交往之方式與期間、給付扶養費、交付身分證明文件或其他財物，或命爲相當之處分，並得訂定必要事項：第一項裁定得爲執行名義，非訟事件法第127條第1、3項定有明文，甲、乙間之離婚判決，既已明定未成年子丙之權利義務行使負擔由甲任之，乙竟於會面交往後拒絕將丙送回甲住處，顯已侵害甲對丙權利義務之行使負擔，且該主文中已諭知乙於會面結束後，應將丙送回甲住處，即包含「交付子女」，故甲得以該離婚判決爲執行名義，聲請交付子女之強制執行。否則，如強令甲每次發生此種情形，均須另取得交付子女之執行名義，實屬過苛，無從保障其對未成年子女權利之行使。

此兼具給付性質之形成裁判（含經調解、和解成立者[3]），亦應屬同法第186條第1項所定得為強制執行之本案裁判。權利人應得逕執上開兼具給付性質之減輕扶養義務之本案形成裁判，逕向法院執行處聲請對義務人為強制執行。權利人並毋庸再次聲請法院裁定命義務人給付扶養費（家事事件法第30條第2項、第101條第1項參照）。

---

[3]　家事事件法第30條第2項、第101條第1項參照。

第九編

新舊強執法之適用

第一章　新、舊強執法適用之規定

依強執法第141條規定「本法施行前，已開始強制執行之事件，視其進行程度，依本法所定程序終結之。其已進行之部分，不失其效力。」，因此，在執行時自應以上開規定爲依新舊法交替之適用之依據。主要理由，爲法之安定性，及爲保護當事人之利益，因執行程序通常須一段時間始完成執行，避免其間因法令變更，而剝奪當事人之利益。從而，無論於85年10月9日、89年2月2日之修法（下稱新法）均應依上揭規定爲之，如89年2月2日以前一般拍賣之次數爲六次，修法前，正進行中之第四次（甚或第五次、第六次）拍賣程序，仍應予以完成該次之拍賣程序，始合法，經該次程序終結後始得進入特別拍賣程序，不得逕予停止拍賣（但有反對說[1]）。

---

[1] 參見司法院89年2月24日舉行之「研商有關強制執行法及其他相關法案通過統一實務見解」結論。

第二章　實務上在新舊強執法適用之疑義

一、無執行名義之債權人於舊法時期已聲明參與分配者，雖強制執行程序至新法時期仍未終結者，其參與分配之聲明仍為有效，此時，執行法院應依舊法第35條、第36條規定處理（新法已對無執行名義之債權人參與分配刪除）。

二、聲明參與分配之債權人於舊法時期已「聲明」參與分配者，雖強制執行程序至新法時期仍未終結，其參與分配之「聲明」仍依舊法之規定發生效力，無須依新法第28-2條第2項之規定預納執行費，蓋預納執行費之發生原因在於其於「聲明」行為。又對有執行標的物有擔保權或優先權之債權人，因經執行法院擬制的參與分配，而於新法時才聲明參與分配，或才被列入分配（如一般抵押權），仍應扣繳執行費。

三、債權人雖於舊法時期已聲請強制執行或聲明參與分配，而執行法院於新法時期始為分配者，債權人就取得執行名義之費用，仍不得依舊法第29條第2項之規定就強制執行之財產優先受清償，蓋該規範之重點在於「分配」之順位，而非「聲請」強制執行或「聲明」參與分配之順位。

四、擔保物權人或優先受償權人，雖於舊法時期未聲明參與分配或已明白表示保留抵押權者，惟強制執行程序仍未終結者，應依新法第34條之規定聲明參與分配，縱未參與分配，執行法院於知悉該等擔保物權人或優先受償權人之債權金額者，仍應依職權列入分配，而該等債權人受通知或公告後仍不聲明參與分配，其債權金額又非執行法院所知者，該債權對於執行標的物之優先受償權，因拍賣而消滅，不予保留。

五、拍賣之不動產是否點交，以查封時之占有狀態爲準（應行注意事項第57項第2款），雖強執法第99條已有修正，如第三人於舊法時期查封，且於查封前無權占有不動產，該不動產於新法時期始拍定者，仍不得適用新法第99條第2項之規定，將不動產點交於買受人或承受人，蓋其規範之重點爲「查封」之效力，而非「拍賣」之效力。

六、不動產拍賣之次數，因強執法第95條第3項規定僅得拍賣六次。故舊法已進行少於六次者，新法依原定次數繼續拍賣，如超過六次者，應依強執法第95條第3項、第4項規定之特別拍賣程序進行，即如已進行至第九次拍賣，應以第九次拍賣爲底價通知債權人承受或公告第三人應買。

七、在舊法進行拍賣至新法而無實益之情形，仍應依新法第50-1條及第80-1條規定辦理。

八、拍賣動產於舊法第一次拍賣後，於新法再行拍賣時應改依修正後強執法第70條規定辦理，再行拍賣所出最高價不得不足底價百分之五十。

九、於舊法時強制管理不動產中，於新法實施後債權人仍不得准予承受，因新法第91條第1項規定承受須於拍賣期日到場，並於終結前聲明承受始得爲之。

十、於舊法取得執行法院所發之債權憑證，於新法實施行聲請強制執行時，不必補繳執行費〔舊法如經拍賣是徵千分之五，不經拍賣者繳千分之二點五，新法則無論是否經拍賣一律徵千分之七（93年9月1日起提高爲千分之八）〕。因強執法第27條規定發債權憑證交債權人收執，載明俟發現有債務人財產時，再予執行，是延續舊法之執行，故不用再補徵，但有反對說[1]。強執法爲解決此問題，於民國100年6月29日修正第28-3條第1項「債權人聲請執行，依第27條第2項逕行發給憑證者，徵收執行費新臺幣一千元。但依前條第一項規定計算應徵收之執行費低於新臺幣一千元者，依該規定計算徵收之。」第2項

---

[1] 參照司法院86年第31期司法業務座談會紀錄。

「債權人依前項憑證聲請執行，而依第二十七條第二項逕行發給憑證者，免徵執行費。」第3項「債權人依前二項憑證聲請強制執行債務人財產者，應補徵收按前條（第28-2條）第一項規定計算執行費之差額。」為適用。

附件一

<table>
<tr><td colspan="9" align="center">臺灣○○地方法院強制執行投標書</td></tr>
<tr><td>案號</td><td>年度</td><td colspan="3">字第</td><td>號</td><td>標別</td><td colspan="2">標　股別</td></tr>
<tr><td rowspan="3">投標人</td><td>姓名
（名稱）</td><td colspan="2"></td><td>簽名
蓋章</td><td></td><td colspan="4">法定代理人（簽名蓋章）</td></tr>
<tr><td>住址</td><td colspan="4"></td><td colspan="2">出　生
年　月　日</td><td colspan="2"></td></tr>
<tr><td>連絡
電話</td><td colspan="3"></td><td colspan="2">身分證統一編號
（營利事業統一編號）</td><td colspan="3"></td></tr>
<tr><td rowspan="3">代理人</td><td>姓名</td><td colspan="4"></td><td colspan="2">簽名蓋章</td><td colspan="2"></td></tr>
<tr><td>住址</td><td colspan="4"></td><td colspan="2">出　生
年　月　日</td><td colspan="2"></td></tr>
<tr><td>連絡
電話</td><td colspan="2"></td><td colspan="2">身　分　證
統　一　編　號</td><td colspan="4" rowspan="4">委任狀
　　委任人即投標人茲委任
　　先生（女士）為代理人，並有民事訴訟法第70條第1項但書及第2項規定之特別代理權。

委任人（簽章）

代理人（簽章）</td></tr>
<tr><td>編號</td><td>土地坐落
及面積</td><td>地號</td><td>權利
範圍</td><td colspan="2">願出價額（新台幣）</td></tr>
<tr><td>1</td><td>詳如公告</td><td></td><td></td><td colspan="2"></td></tr>
<tr><td>2</td><td>詳如公告</td><td></td><td></td><td colspan="2"></td></tr>
<tr><td>3</td><td>詳如公告</td><td></td><td></td><td colspan="2"></td><td colspan="4" rowspan="1"></td></tr>
<tr><td>編號</td><td>建　號</td><td>建物門牌</td><td>權利
範圍</td><td colspan="2">願出價額（新台幣）</td><td colspan="4">委任人（簽章）</td></tr>
<tr><td>1</td><td></td><td>詳如公告</td><td></td><td colspan="2"></td><td colspan="4" rowspan="3">代理人（簽章）</td></tr>
<tr><td>2</td><td></td><td>詳如公告</td><td></td><td colspan="2"></td></tr>
<tr><td>3</td><td></td><td>詳如公告</td><td></td><td colspan="2"></td></tr>
<tr><td>動　產</td><td colspan="8">物品名稱、數量詳如公告</td></tr>
<tr><td>總　價
（新台幣）</td><td colspan="8">　億　　仟　　佰　　拾　　萬　　仟　　佰　　拾　　元</td></tr>
<tr><td colspan="9">通訊投標如未得標，並聲請將保證金匯款至投標人本人帳戶，匯費自行負擔【另檢附本人帳戶之存摺封面影本及匯款入帳聲請書（下載網址：http://www.judicial.gov.tw/assist/assist03/assist03-04.asp 編號47）】

　　　　　　　　　　　　　　　　　　　同意請簽名：</td></tr>
<tr><td colspan="9">應買人須有法定資格者，其證明文件名稱及件數：</td></tr>
<tr><td>注意
事項</td><td colspan="8">請詳閱背面關於投標無效之情形；其他應注意事項請參考「地方法院民事執行處不動產投標參考要點」。</td></tr>
<tr><td>保　證　金
金　　　額</td><td colspan="5"></td><td>元</td><td colspan="2">未得標者領回
保證金簽名蓋章</td></tr>
</table>

※不動產附表不敷使用者，可由司法院網站http://www.judicial.gov.tw/assist/assist03/assist03-04.asp 編號45下載檔案。

　　有下列情形之一者，應認為投標無效。但第六款、第一四款、第二○款至第二二款情形，經執行法官在該件拍賣標的當眾開示朗讀投標書前補正者，不在此限：

一、投標時間截止後之投標。

二、開標前業已公告停止拍賣程序或由主持開標之法官宣告停止拍賣程序。

三、投標書未投入法院指定之標匭。

四、除執行分割共有物變賣判決之拍賣外，投標人為該拍賣標的之所有人。

五、投標人為未繳足價金而再拍賣之前拍定人或承受人。

六、不動產拍賣公告載明投標人應提出地方法院民事執行處不動產投標參考要點第二、三、四點所示證明（釋明）文件及委任狀，而投標人未提出。

七、投標人為未成年人，未由其法定代理人代理投標。

八、代理人無地方法院民事執行處不動產投標參考要點第四點所示之特別代理權。

九、以新台幣以外之貨幣為單位記載願出之價額，或以實物代替願出之價額。

一○、對願出之價額未記明一定之金額，僅表明就他人願出之價額為增減之數額。

一一、投標書記載之字跡潦草或模糊，致無法辨識。

一二、投標書既未簽名亦未蓋章。

一三、投標人提出之保證金票據，其發票人為非經金融主管機關核准之金融業者。

一四、投標人提出之保證金票據已記載法院以外之受款人，該受款人未依票據法規定連續背書。

一五、投標人提出之保證金票據為禁止背書轉讓之票據，其受款人為法院以外之人。

一六、未將保證金封存袋附於投標書。

一七、分別標價合併拍賣時，投標書載明僅願買其中部分之不動產及價額。

一八、投標書載明得標之不動產指定登記予投標人以外之人。

一九、投標書附加投標之條件。

二〇、拍賣標的為耕地時，私法人投標而未將主管機關許可之證明文件附於投標書。

二一、投標人為外國人，未將不動產所在地縣市政府核准得購買該不動產之證明文件附於投標書。

二二、拍賣標的為原住民保留地，投標人未將原住民之證明文件附於投標書。

二三、其他符合拍賣公告特別記載投標無效之情形。

附件二

案號	年度　　　字第　　　　　號		
投　標　人 法定代理人 代　理　人		簽名 蓋章	
保 證 金 票 據	☐ 支票 ☐ 本票 ☐ 匯票	發票銀行 名　　稱	票號
		付款銀行 名　　稱	金額

○○○○地方法院強制執行投標保證金封存袋

此　處　為
透明窗孔式

備註	一、保證金應以金融主管機關核准之金融業者為發票人之支票、本票或匯票放進封存袋內，將袋口密封。 二、未得標者領回時，其所蓋印章應與投標時之印章相同。 三、得標者，保證金即抵充價款；未得標者，由投標人當場簽名或蓋章並核對身分證明文件無誤後，領回本袋保證金。領回保證金後，應當場點清。

附件三

<u>　　　　　　　　</u>地方法院強制執行不動產通訊投標書件標封

【務必依實填載，否則可能導致投標無效】

開標日、時：___年___月___日___午___時___分

案號：___年度___字第___號／股別：___股

標別：

寄件人姓名：

住址：

電話：

寄送（雙掛號）□___郵局第___號信箱

【受限保管期限，勿用快捷郵件】

　　　　　　　□___縣（市）___鄉（鎮、市、區）___路___號

【寄送前請再確認拍賣公告寄達處所之記載，以免誤寄】

內含：　　□1.投標書暨保證金封存袋（含保證金）。

　　　　　□2.投標人身分證明文件：___影本___件。

　　　　　□3.未成年人或法人之法定代理人證明文件：（名稱）影本___件、國民身分證影本___件。

　　　　　□4.外國人購買不動產證明文件：（名稱）影本___件。

　　　　　□5.原住民證明文件：（名稱）影本___件。

　　　　　□6.主管機關許可私法人購買耕地證明文件：（名稱）影本___件。

　　　　　□7.其他依拍賣公告所定應提出之文件：

　　　　　□8.本人帳戶之存摺封面影本及匯款入帳聲請書。

附件四

繳納保證金聲請書

受　文　者	○○○○地方法院						
聲　請　人 姓　　　名						年　　　齡	
住所或居所	縣（市）	鄉（鎮）	村（里）	街（路）	段	巷　號　樓	
身　分　證 統一編號				簽　名　蓋　章			
案　　　號	年度　字第　　　號						
案　　　由	債權人○○○ 債務人○○○ 　　　執行事件						
拍　賣　日　期	中　華　民　國　　　年　　月　　日　　午　　時　　分						
繳　納　之 保　證　金　額	仟　　佰　　拾　　萬　　仟　　佰　　拾　　元整 （新台幣）						
聲　請　事　由	右開保證金，請迅予點收，並開立臨時收據二聯。						
法院收受 聲請書時間	中　華　民　國　　　年　　月　　日　　時　　分 （由法院出納室填記）						

注意：

一、本聲請書案號及案由、拍賣日期、保證金額，須依拍賣公告填寫。

二、聲請書由聲請人填妥後，逕送出納室洽交保證金。

三、本聲請書由出納室按收受先後編號裝訂成冊，以備查核。

國家圖書館出版品預行編目資料

強制執行法實務／盧江陽著.--四版.--臺北
市：五南圖書出版股份有限公司，2024.02
面；　公分
ISBN 978-626-366-975-8（精裝）

1.強制執行法

586.89　　　　　　　　　112022931

1R90

強制執行法實務

作　　者 ― 盧江陽（411.3）

發 行 人 ― 楊榮川

總 經 理 ― 楊士清

總 編 輯 ― 楊秀麗

副總編輯 ― 劉靜芬

責任編輯 ― 呂伊真

封面設計 ― 斐類設計工作室、姚孝慈

出 版 者 ― 五南圖書出版股份有限公司

地　　址：106台北市大安區和平東路二段339號4樓

電　　話：(02)2705-5066　傳　　真：(02)2706-6100

網　　址：https://www.wunan.com.tw

電子郵件：wunan@wunan.com.tw

劃撥帳號：01068953

戶　　名：五南圖書出版股份有限公司

法律顧問　林勝安律師

出版日期　2012年9月初版一刷（共二刷）
　　　　　2014年9月二版一刷（共二刷）
　　　　　2019年9月三版一刷（共三刷）
　　　　　2024年2月四版一刷

定　　價　新臺幣780元